2016

禹会年鉴

安徽省蚌埠市禹会区政府　主办
蚌埠市禹会区地方志办公室　编

方　志　出　版　社　出版

图书在版编目（CIP）数据

禹会年鉴. 2016 / 禹会区年鉴编纂委员会编. -- 北京 : 方志出版社, 2016.12
ISBN 978-7-5144-2332-7

Ⅰ. ①禹… Ⅱ. ①禹… Ⅲ. ①区(城市)—蚌埠—2016—年鉴 Ⅳ. ①Z525.44

中国版本图书馆CIP数据核字(2016)第326110号

禹会年鉴（2016）

编　　者：禹会区年鉴编纂委员会
责任编辑：张 颢
出 版 人：冀祥德
出 版 者：方志出版社
　　地址　北京市朝阳区潘家园东里 9 号（国家方志馆 4 层）
　　邮编　100021
　　网址　http://www.fzph.org
发　　行：方志出版社发行中心
　　电话（010）67110500
经　　销：各地新华书店
印　　刷：安徽省伟佳印务有限公司
开　　本：889×1194　1/16
印　　张：17.25
字　　数：667 千字
版　　次：2016 年 12 月第 1 版　2016 年 12 月第 1 次印刷
印　　数：0001～1000 册
ISBN　978-7-5144-2332-7　定价：260.00 元

编辑说明

一、《禹会年鉴》是禹会区人民政府主管的大型资料性年刊。2016 年创刊，以后每年出版一卷。旨在全面、系统、准确地反映禹会区政治经济和社会各项事业的基本情况，为读者了解和研究禹会提供基本资料。

二、《禹会年鉴》采用分类编辑法。主体内容设类目、分目、条目等结构层次，以条目为表现内容的基本形式。全书条目的标题统一用黑体加【】表示。

三、《禹会年鉴》2016 年刊着重反映禹会区 2014、2015 两个年度经济社会发展的基本情况。全书采用分类编排法，设特辑、大事记、区情辑要、区委、人大、政府、政协、纪检监察、社会团体、法治、武装、经济管理监督、工业、农业、交通管理、商贸旅游、财政金融、城区建设管理、城区规划与环境保护、教育科技、文化体育、社会生活、乡镇社区和附录等 24 个类目，1053 个条目。

四、本书所载资料、图片均由禹会区各部门及乡镇、风景区、社区等单位提供，经供稿单位审核后，由禹会区政府《禹会年鉴》编辑部总纂成书。

五、本年鉴主要统计数据均经撰稿单位核对。由于数据来源于各个部门，准确度不高，原则上以统计部门公布的为准。

六、《禹会年鉴》编辑出版工作得到全区各级各部门的大力支持和各有关单位的通力合作，谨此致谢。本刊疏漏之处，敬请批评指正。

禹会区地方志编纂委员会

《禹会年鉴》编辑部

《禹会年鉴》撰供稿人员

禹会区行政区域图

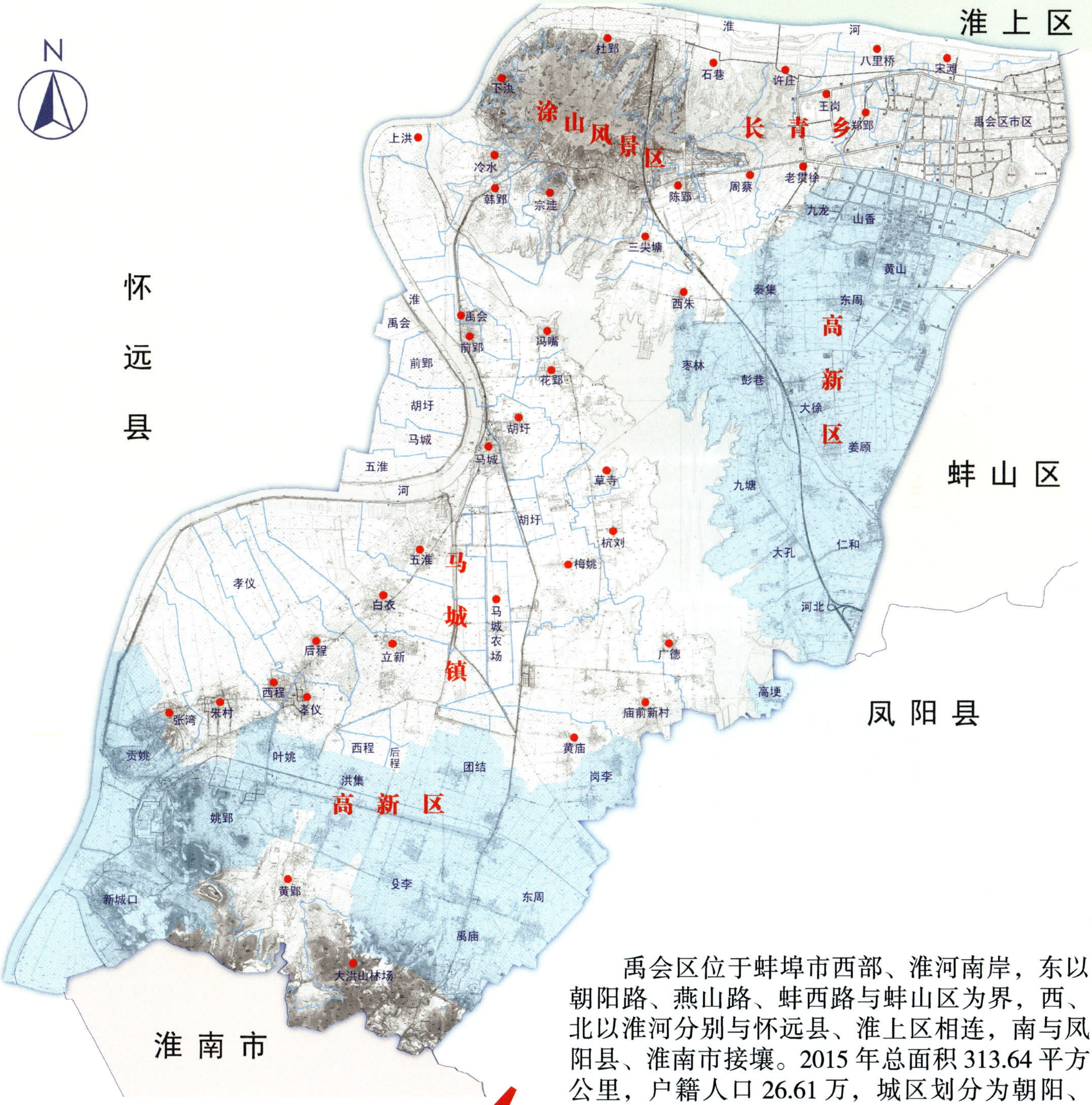

禹会区概况

禹会区位于蚌埠市西部、淮河南岸，东以朝阳路、燕山路、蚌西路与蚌山区为界，西、北以淮河分别与怀远县、淮上区相连，南与凤阳县、淮南市接壤。2015 年总面积 313.64 平方公里，户籍人口 26.61 万，城区划分为朝阳、秀水、迎淮、张公山、金域、大庆、锦绣、钓鱼台、喜迎门 9 个社区；另辖长青乡、马城镇两个乡镇及涂山风景区，共 39 个行政村。2015 年，全区实现地区生产总值 173.86 亿元，增长 11.4%；财政总收入 12.99 亿元，增长 10.8%，其中地方财政收入 8.75 亿元，增长 17%；固定资产投资 115.74 亿元，增长 17.4%；进出口总额 81608 万美元，增长 8.6%；社会消费品零售总额 27.82 亿元，增长 13%；城镇常住居民人均可支配收入 25683 元，增长 9.6%；农村常住居民人均可支配收入 10968 元，增长 9.6%。

1. 2014年8月4日，禹会区委召开二届九次全体（扩大）会议

2. 2015年12月25日-12月28日，禹会区人大常委会召开16届人民代表大会第6次会议

3. 2014 年 12.23-12.26，禹会区政协召开政协八届四次会议

4. 2015 年 2 月 15 日，禹会区纪律委员会召开二届五次全体（扩大）会议

5. 2015 年 4 月 10 日禹会区召开创建全国文明城市动员大会

6. 2015 年 2 月 7 日禹会区召开“适应新常态，实现新发展”大会

7. 国家AAAA景区——张公山公园

8. 蚌埠市美丽乡村中心村——禹会区宗洼村

9. 北京师范大学蚌埠附属学校

10. 2015 年 9 月 21 日，安徽财经大学商学院开工典礼

11. 蚌埠新港国际集装箱码头

12. 蚌埠通达汽车零部件有限公司金属燃油箱占国内客车市场份额的 80%。

13. 农历三月二十八，一年一度的禹会区涂山庙会

14. 国家级非物质文化遗产，“东方芭蕾”——花鼓灯

15. 安徽省保障房建设示范小区——禹会区喜迎门小区

16. 禹会区还原安置房——秀水新村

目　　录

禹会区人民代表大会

禹会区人民政府

会通四海

政协禹会区委员会

中共禹会区纪律检查委员会

社会团体

法　治

武装 消防 人防

经济监督管理

工业　园区建设

农　业

交通管理

商贸　旅游

财政　金融　税务

城区建设与管理

会通四海

城区规划　环境保护

教育　科技

文化 体育

社会生活

乡镇　社区

附　　录

特　载

●2014 年政府工作报告

●2015 年政府工作报告

2014年政府工作报告

——2014年12月25日在禹会区第十六届人民代表大会第五次会议上

区　长　陈建功

各位代表：

现在，我代表区人民政府向大会报告工作，请予审议，并请区政协委员和其他列席人员提出意见。

一、凝心聚力，务实创新，经济社会发展迈上新台阶

2014年是群众路线教育实践活动深入开展的一年，是十二五计划攻坚之年。一年来，全区上下在市委、市政府和区委的坚强领导下，在区人大的有力监督和区政协的大力支持下，认真学习、贯彻党的十八届三中、四中全会精神，主动适应经济发展新常态，围绕"产业提升、新区开发、旧城改造"三大任务，稳步实施"工业转型升级、城乡建设提升、文化旅游带动、农业集约发展"四大战略，工业转型步伐加快、产城一体加速发展、旅游文化品牌逐步提升、农业集约规模不断壮大。预计，完成地区生产总值144亿元，增长11%。财政收入12.4亿元，增长7.4%，其中地方收入7.5亿元，增长10.9%。固定资产投资98亿元，增长20%。社会消费品零售总额17.94亿元，增长13.8%。进出口总额7.38亿美元，增长20%。城镇居民人均可支配收入增长9%。农民人均纯收入9654元，增长11%。全面完成了年初确定的各项目标任务，为十二五目标的顺利完成奠定了坚实的基础。

（一）优化产业结构，实力禹会取得新发展

工业转型加速升级。深入推进主导产业"走出去"战略取得新突破，丰原集团巴西投资有限公司成立，匈牙利柠檬酸厂开工建设，营销网络实现全球化。安徽省历史上第二大海外并购项目——蚌埠玻璃工业设计研究院成功并购德国光伏企业阿旺斯公司，总部经济引领作用进一步彰显。八一化工等重特大企业发展迅速，带动引领作用明显。佳先股份在新三板成功上市，产品通过欧盟法规全球领头注册。中粮生化、丰原集团蝉联全省百强企业。盾构机关键零部件国产化通过国家评审。通达汽车零部件入选全市首批市级工业设计中心。丰原涂山制药、亚源印染等3个技改扩能项目竣工投产。总投资5亿元的安银金融机具主体完工，冠宜铸铝门等13个项目开工建设；总投资8亿元的祥兴箱包二期等5个项目签约待建。企业改制稳步推进。禹会区成为全市唯一一家首批省级信息消费试点区。

农村经济规模壮大。深入推进土地规模化经营，皖酒集团集中流转天河周边土地1000余亩。全区新增土地流转面积近4000亩，总计流转面积达5.5万亩，占承包经营面积近50%。新增金海种业、孔津湖农业开发等市级以上农业产业化龙头企业15家。龙达农业、鸿恩草鸡等55家农业合作社规模壮大。投资1000万元，完成广德、石巷等4座泵站提升改造。涂山石榴、孔津湖泥鳅等农产品参与农交会，远销海内外。涂山绿化、美化工作全面启动。全年造林近4600亩，超额完成年度目标任务。小麦"一喷三防"实现全覆盖，单产达492.5公斤，创历史新高。

第三产业稳步发展。淮河流域首个集装箱码头（蚌埠至太仓）正式运营，总投资约4.5亿元的新港二期正在建设。中粮生化申报海关AA类管理企业获批。恒天集团总投资2.5亿元的马城货运码头项目深入推进。商业聚集不断显现，引进瑶海家具商城，全球最大的体育用品零售商迪卡侬携手欧尚共同发展，总投资5亿元的合百大禹会商业中心项目运营良好。文化科技旅游项目深入推进，大禹文化产业园入选国家级文化产业示范园区。光荣使命网络科技有限公司注册成立，巨人网络实验区项目成功签约。投入近千万元的涂山景区提升工程顺利完工，总投资2500万元的禹王宫修缮项目稳步推进。

（二）坚持城乡统筹，宜居禹会展现新魅力

旧城改造加速推进。深入推进项目征迁，先后完成滨河3#、12#、13#、14#、15#、18#地块、吴湾二期等棚户区，新东王、老贯徐二期等城中村以及下朱自然村、中环线西段等大建设项目的征迁工作，累计完成征迁80万平方米，交付净地4650亩。安置房建设步伐加快，新开工安置房56万平方米，占目标任务的140%。滨河西片区2号、11号地块、老贯徐一期、东海新村等近30万平方米安置房全面竣工，占目标任务的118%，2500户居民即将回迁新居。兴光尚庭、荣盛锦绣香堤、柏庄春暖花开项目基本建成，总建设面积达90万平方米。观澜御湖世家、西湖观邸、信地潜龙湾、茗香金庭、金域蓝湾、柏庄跨界、银河中心、冠宜国际等8个商业综合体项目拔地而起，总建设面积达232万平方米。商品房销售逆势上扬，销售近40万平方米，同比增长40%。兴中路、长乐路打通工程全面开工，席家沟路拓宽建设启动，通达条件显著优化。

新区建设全面提速。坚持规划引领，马城镇（含天河科技园)总体规划获批。环境整治成效显著,实施大洪山封山治理,严打非法采石、采砂,拆除非法码头20处,拆解采砂船68条,保淮河水道安全畅通。安置房建设扎实推进,20万平方米马城新村建设规划通过评审。畅通工程全面实施,206国道(上洪村三岔路口至淮南界)一级公路建设征迁工作全面启动。总投资近2000万元的马孝路、庙前至广德等三条道路主体完工。马城快速公交枢纽完成选址,新区污水处理、供水、供气、通讯等综合配套专项规划编制完成。马城指挥部再次扩容,增派30个部门90余人服务马城发展。

产城一体不断融合。强力推进东海大道西段(北部全域、南部50米范围内)综合环境优化,交付净地2000余亩。天河周边综合开发规划编制完成,与蚌投集团共同注资1亿元成立天河开发公司,成功复制"高铁新区"开发模式。天河周边开发深入推进,北师大蚌埠附属学校一期工程近8万平方米教学设施投入使用,示范效应逐步显现;禾泉农庄等旅游项目建设步伐加快;安徽财经大学商学院进驻选址加速对接,上海儿童医院等项目积极跟进。

(三)注重蓄积后劲,活力禹会激发新动能

科技创新成果丰硕。深化与一机部设计院等科研院所合作,依托丰原集团等骨干企业,争创国家级研发平台,不断提升科技业创新能力。开展产学研合作活动6次,达成合作19项,促成佳先化工与韩国斗本公司开展国际技术合作,引进世界先进水平的水滑石项目。全年发明专利申请480件,占年度目标任务的110%,规模以上企业研发经费投入5亿元,占年度目标任务的104%,新认定国家高新技术企业8家,实现高新技术产业产值200亿元,争取科技部科技型中小企业创新基金、国家火炬计划项目各2项,省级科技计划项目9项,丰原集团和玻璃设计院被确定为全国知识产权示范企业,禹会区被认定为安徽省农村信息化示范区。

招大引强成效显著。积极适应新常态下产业结构调整趋势,坚持高位选择,瞄准国内100强、行业50强,先后促成伟光汇通、庭瑞、德尔、德成集团等一大批知名企业来区考察;赴东部华侨城、深圳英之健、上海交大等国内知名企业或机构开展招商引资。成功举办禹会区优质地产项目推荐座谈会,吸引碧桂园、信地置业、海亮地产等知名开发商参加。总投资近12亿元的国皖集团LNG加气站项目签约待建。预计,全年完成省外亿元以上新项目到位资金50亿元,直接利用外资12000万美元,增长39.8%。

融资保障不断增强。完善金融机构支持地方经济发展考核办法,提升银行业对地方实体经济的支持力度,成功举办"金融服务进百企"银企座谈会,签约放贷10亿元。佳先股份已成功在"新三板"上市,天润化工成功发行中小企业私募债1亿元。中晶化学、安银机具等企业上市准备工作稳步推进。冠旗艺术玻璃、伟瑞工贸等10家企业申请专利权质押贷款5000万元。在全市探索林权抵押贷款,争取资金近9000万元。通过建投、禹发等融资平台,争取国开行、农行、建行等新型城镇化和棚改项目授信41.83亿元,到位资金7.86亿元。

(四)实施九大工程,幸福禹会展现新成果

坚持民生为本,全年投入2.05亿元实施35项民生工程。深化社区综合管理体制改革,成功创建全国和谐社区示范建设城区、全省社会工作专业人才队伍建设先进区;全面落实计划生育利益导向提标扩面工程,成功创建国家级计划生育优质服务先进区;扎实开展义务教育均衡工程,通过国家督导评估验收。圆满完成第三次全国经济普查。应急管理、对台、外事侨务、民族宗教、档案、科技协作、保密等工作不断推进,老龄、妇女、儿童等社会事业蓬勃发展。

实施社会保障还福工程。投入500万元用于实现农村低保提标扩面388人,投入144.3万元开展城乡困难群众医疗救助591人。"老民师"等老字号补助得到落实。投入50万元实施残疾人康复工程,近600人受益。建立政府购买居家养老服务机制,发放80岁以上高龄津贴6363人次,231.9万元,发放民办养老服务机构运营补贴8家,27.8万元。健全保障机制还富于民,让百姓生活更暖心。

实施就业服务普惠工程。全年共开发就业岗位8463个,完成目标任务的121%,促进城镇登记失业人员实现就业4714人,接收退休人员3.7万人,服务率100%。城镇登记失业率3.8%,控制在4.5%以内。完善就业服务普惠于民,让百姓从业更省心。

实施教育质量提升工程。北师大附属学校示范作用显现,当年招生700余人;投入2000多万元用于实施"升级达标教育展翅"工程,城区学校339个班级全部实现"班班通";加大义务教育向农村倾斜力度,重点投入1200万元开展农村薄弱地区学校建设。提升教育质量共享于民,让百姓就学更倾心。

实施宜居环境优化工程。喜迎门、秀水新村等小区棚改安置房回迁安置2500户,公租房实物配租1020户。扎实开展大气污染防治百日行动,强力推进秸秆禁烧工作,多渠道利用秸秆,圆满实现禁烧"零火点",PM10污染指数达到省控目标。整治环境卫生薄弱区域,开展清扫无缝隙,保洁全覆盖工作。30个老旧小区综合整治全面推开,深入开展植绿补绿、拆除违章建筑、疏通生活管网、规范生活楼宇、清理占道经营等工作,塑造宜居环境于民,让百姓安居更舒心。

实施交通出行便捷工程。协调开通延伸139、133公交线路,解决东海大道至张公山新村的公交盲区问题,完成新船塘首末站建设,升级改造辖区内近20个候车站亭。投资180万元完成小街小巷改造12000平米,铺设管道约900米,更换窨井盖150座,11条主干道、193万平方米道路清扫保洁机械化、常态化。畅顺交通便捷于民,让百姓出行更称心。

实施公共文体融入工程。弘扬大禹文化,"涂山庙会"吸引游客近12万人,成功举办第三届郁金香花展和第二届蚌埠花博会,接待游客近百万人;投入370万元用于花鼓灯传承人生活补贴、文化场所建设和居民健身活动。组织开展全民健身体制监测和非物质文化遗产下基层活动,送影送艺500余场次。丰富文体资源融入于民,让百姓活动更开心。

实施健康服务贴近工程。依托第一、第四、123医院等区域优质医疗卫生资源,新建马城急救中心,着力打造禹会医疗服务圈;新农合参保27684户、91384人,参合率达112.3%。深入推进全民医疗档案全覆盖,成功创建省级卫生先进单位、卫生村各4家。促进健康服务贴近于民,让百姓就医更贴心。

实施平安禹会建设工程。投入755万元资金组织开展人民群众安全感和满意度"双提升"百日攻坚活动,打击犯罪,安装治安视频探头2500余个。建成基层综治维稳信访工作中心12个。区法院审判法庭开工建设。破获"天道助康"特大传销案件,教育训诫涉嫌人员600余人。严格落实企业安全生产责任,安全生产态势平稳。强化青少年思想引领工程,切实维护青少年合法权益。构建平安社会取信于民,让百姓生活更安心。

实施拓宽窗口服务工程。区级政务服务中心标准化建设全面完成,市场监管、劳动保障等5家单位现场办公;马城新区建设指挥部和行政服务中心紧密配合,驻点办公;精品社区创建稳步实施,建成村(居)级全程代办机构43个,一站式服务便民快捷;市长热线、OA电子政务、微博政务、微信政务服务模式多样化、信息化,实现"为民办事零障碍、窗口服务零距离"。拓宽政务窗口服务于民,让百姓办事更顺心。

(五)坚持学用并举,效能禹会实现新提升

工作机制不断创新。深入开展党的群众路线教育实践活动,学习土地集约利用、重大决策公开以及在化解政府债务、依法征收等方面的新政策,形成新优势,推动新发展。老贯徐安置房二期实施项目一体化招标(勘察、设计、施工),缩短建设周期4个月。推进学前教育设施集团化管理,提升配建教育设施使用效率和学前教育办学质量。质检、食药、工商实现职能整合,不断简化许可、强化监管,整顿规范维护市场经济秩序。

工作能力不断增强。全面推进依法行政,自觉接受人大及其常委会监督,主动接受政协民主监督。依法执行人大决议决定,办理人大代表建议29件、政协委员提案73件。政府规范性文件审查9件,办理行政复议、行政诉讼案件11件。力戒形式主义、官僚主义、享乐主义和奢靡之风,机关作风效能建设进一步加强。深入基层、深入一线,政府班子走访调研20余次,征求意见140余条,清理办公用房等35个即知即改问题整改到位。强化行政监察和审计监督,严肃查处违纪违法案件25件,反腐倡廉建设进一步加强。

服务意识不断提升。开展行政审批事项清理,消减行政审批(备案)事项3项。自觉践行群众路线,办理市长热线来件来电2135件,党政主要领导接待信访群众25批500人次,涂山—石巷断头路等群众关注热点难点问题得以妥善解决。社区一居一品建设不断深化,锦绣社区的"百姓QQ群"、张公山的"社区服务110"等特色服务方式深受欢迎。

各位代表,过去的一年,经济发展进入了新常态,面对宏观经济"三期"叠加的特殊时期,通过全区上下的共同努力,通过各位代表委员、各位企业家的鼎力支持,我们攻坚克难,破冰前行,顺利实现了主要经济指标两位数增长,这一成绩的取得实属不易。在此,我谨代表区政府,向全区人民,向各位人大代表、政协委员,向离退休老干部,向解放军官兵、武警指战员,向各民主党派、工商联和无党派人士,向各驻区单位干部职工,向参与、支持、关心禹会现代化建设的广大朋友,表示衷心的感谢和崇高的敬意!

在欣喜成绩的同时,我们更加清醒地认识到,当前我区经济社会发展中还面临诸多挑战和问题。工业经济转型迫在眉睫,新的带动性项目偏少,农业产业调整势在必行,三产提升仍有压力,征迁拆违、旧城改造任务繁重,民生改善任重道远。我们还清醒地认识到,政府职能转变远未到位,一些工作人员依法履职能力有待提高,"四风"问题时有体现。对此,我们一定高度重视,切实采取有效措施,认真加以解决。

二、迎难而上、砥砺奋进,让大美禹会建设更加出彩

2015年是十二五收官之年。从全国看,中国仍处在重要的战略机遇期,稳中求进是经济发展的总基调,伟大的中国梦深入人心、催人奋进。从全省看,促进皖北地区又好又快发展的若干意见正式印发,改革创新、主导产业发展、基本公共服务等十个方面发展迎来新机遇。从全市看,大建设、大发展以及重返全省第一方阵的战略成效逐渐显现。面对新形势、新机遇,我们必须主动适应经济新常态,解放思想,加快发展,开拓奋进,用好用活区内资源,谋划引进带动型项目,实现各项经济指标均保持在全市全省平均水平以上,推动经济社会发展迈上新台阶。

2015年政府工作的总体要求是:全面贯彻党的十八大及十八届三中、四中全会精神,以邓小平理论、"三个代表"重要思想、科学发展观为指导,坚持稳中求进工作总基调,坚持以经济转型和提升发展质量为中心,主动适应经济发展新常态,继续围绕"三大任务""四大战略",全面完成十二五计划,认真做好"十三五"谋划,坚持改革创新和依法行政,以项目建设为支撑,以稳中求进、进中向好,好中创优为目标,以提高人民群众幸福感为落脚点,深入推进产城一体,全力推进大美禹会、宜居禹会、和谐禹会、幸福禹会建设。

2015年全区经济社会发展的主要预期目标是：地区生产总值增长10%；规模以上工业增加值增长13.2%；财政收入增长10%；固定资产投资增长20%；社会消费品零售总额增长13%；进出口总额增长13%；城镇居民人均可支配收入、农民人均纯收入分别增长9%和11%；城镇登记失业率、人口出生率、单位生产总值能耗、国家要求削减的主要污染物排放均控制在市下达的目标以内。实现上述目标任务，我们要重点抓好以下六方面工作：

（一）推动产业集群建设，提升经济发展水平

推进工业转型升级。紧跟国家经济转型步伐，以优质增量带动结构调整，建立禹会经济发展新常态。抓龙头企业的引进培育，推进年产150万台欧Ⅵ发动机工业园建设、重点打造中建材住宅产业园、推动一机部机械装备工业园项目落地。通过一批园区平台促进专业化、集群化、集约化发展。抓优势企业的跨国发展，支持丰原集团与东欧、南美开展国际贸易等领域合作，服务玻璃设计院跨国发展战略，做大总部经济。抓企业上市发展，发挥企业融资功能，做精、做优中晶化学、行星工程机械、能源公司等专精特新企业。促进中粮沼气利用、三一重工机械装备制造、工程车轮辋等项目开工建设。打造智慧产业工业园，推动航空航天、电子科技、软件工程等高新技术产业发展。

优化产业平台承载。全面完成工业集中区道路接线工程，实现与中环线、黄山大道贯通，年内实现园区水电气各类基础设施全面完善。小微企业创业基地建设完成投资9亿元、建成标准化厂房面积8万平方米，力争吸收10家以上专精特新规上企业。加快实施马城工业园区基础设施建设，推进供排水、通讯、电力、道路等基础设施建设，加速对接经纬纺机等项目，打造马城新区产业承载平台。整合智慧城市项目的优势资源，依托银河中心、冠宜大厦等商业综合体项目，加快巨人集团、汇能大厦等电商项目推进速度，为网络营销构筑优质的“B2C”平台。深入与蚌投集团、城投公司合作，做大做强天河建设开发平台，依托涂山环境提升、东海大道综合整治，力争引进一批文化旅游、休闲创意项目落地。

激发创新内生动力。鼓励引导骨干企业联合高校、科研院所建立产业技术创新联盟，加强争创国家知识产权强县工程试点区和省农村信息化示范市区建设。调优专利资助政策，促进专利申请量质并举，力争万人发明专利拥有量超过全省平均水平。加强与国开行、各大商业银行及信托公司的合作力度，力争融资15亿元用于区域开发建设和棚户区改造。支持符合条件的企业上市，支持佳先股份增资发展，力争中晶化学、行星机械等企业在“新三板”上市。做大做强融资平台，着力提升建投、禹发、华兴、禹泰公司融资能力，紧扣全区社会经济发展和民生工程资金需求，力争做到融资结构最优化，融资成本最低化。提升专利撬动资金能力，深入开展专利质押贷款，解决中小型科技服务企业融资难题。

（二）聚集山水文化资源，提升三产支撑水平

加快西部综合开发。大力实施东海大道西段沿线环境整治工程，通过植树造林、绿化造景，提升涂山风景区的景观品质。深入与伟光汇通、巨人集团等企业对接，推进总投资60亿元天河古镇项目建设；支持禾泉农庄二期等旅游项目建设，提升旅游承载力。尽快落实安财商学院选址，推进禹王宫修缮工程。结合禹墟遗址公园谋划和花鼓灯生态村核心区建设，提升西部片区历史文化底蕴。

持续优化商业布局。在“363”发展框架的基础上，推进滨河新区、钓鱼台、张公山等三个商业组团构建，引进方正科技、89太阳城、欢乐星辰、银河中心等更多商业综合体项目，围绕青年创业、创新驱动、现代服务业发展、新型业态的集聚与引领，大力发展城市业态新经济。启动滨河景观廊道建设，完成投资2亿元的席家沟岸线景观改造，促进银河商业中心等商业综合体早日竣工，着力打造20万人的临湖亲水滨湖新社区。加快观澜御湖世家、荣盛锦绣香堤等商业综合体的建设步伐，加速培育商业形态，打造南部高端住宅、品牌商业街区，推进钓鱼台生活圈的打造。局部实施张公山区域旧城改造，依托合百大商业中心、白马购物中心、张公山美食广场，打造禹会区西部核心商业圈。

继续聚焦港口物流。结合蚌埠（皖北）物流保税区建设，完成新港二期项目，推动总投资2.5亿元的现代货运码头等基础设施建设，提升蚌埠新港集装箱码头的带动效应，发挥港口物流的综合服务优势，构建公路、铁路、水路相结合的综合运输体系。借助中粮生化、丰原集团等海关AA类管理企业的通关优势，推动企业外贸发展。加快推进华禹物流园搬迁。实施总投资12亿元的国皖集团LNG重型设备加气站建设。支持冷链、鲜活农产品等特殊物流的发展。

（三）夯实农业产业基础，提升农业增效水平

启动投资4亿元的淮河堤防加固工程和投资2亿元的席家沟北段岸线综合整治等重点工程。全面完成孔津湖、荆山湖排涝设施更新改造和石巷、洪集水库除险加固。启动环天河林带建设，做好206国道沿线、涂山、独山绿化，完成造林4000亩。全年流转土地4000亩。打造涂山万亩石榴产业园。全力支持龙达农业、独山河林业等龙头企业发展，提升孔津湖泥鳅、鸿恩草鸡、禹汇蔬果、涂山石榴、西朱睡莲等品牌效应。加快农村电子商务发展，努力打造3个省、市级“特色农业”示范乡镇和村。发挥禾泉等项目建设作用，加强与台湾走马濑现代农场、台湾农渔联合会的联系对接，着力发展天河生态渔业，推进天河古镇等项目建设，全面提升现代农业发展水平。

（四）强化城乡建设管理，提升产城一体水平

高起点、大手笔规划。围绕“三环六轴三带”，优先规划建设基础设施和产业项目，促进资源聚集，提升城市综合

服务功能和环境承载能力，力争做到“三级全覆盖、城乡一张图”，积极完善四大分区的功能定位，让碧水蓝天的天河周边成为休闲旅游资源集聚地，让历史厚重的涂山成为文化创意的集聚地，让生机勃勃的马城成为承建产业转移的集聚地，让人杰地灵的主城区成为新型业态集聚地。彰显禹会“半城山色半城湖，宜居宜业宜游地”的区域品位。

高标准、严要求建设。谋划实施续建、新开工市级大建设项目82个，投资突破120亿元，尽快启动滨河5#、6#棚户区、加快老贯徐、周蔡城中村改造、东海大道西段、206国道等区域征迁，完成征迁50万平方米。新开工安置房40万平方米，竣工安置房20万平方米。加快信地潜龙湾、荣盛锦绣香堤、观澜御湖世家、西湖观邸、茗香金庭、金域蓝湾、银河中心、柏庄跨界、和顺第九街等一批地产项目开发建设，提升城区整体形象。启动马城安置房项目开工，改善新区百姓居住环境。计划投资800万元实施黄郢、西朱、花郢、陈郢等“村村通网化工程”，投资50万元改造5条小街小巷。新增绿地面积20万平方米，提升改造绿地面积20万平方米，新建街头绿地(游园)2个，绿道建设3.2公里。

高效能、规范化管理。深入开展“三改一拆”，改造棚户区、旧厂区和城中村50万平方米，做到新生违章建筑及时发现、及时拆除，创建24个无违建村。健全文明创建动态管理考核长效机制，强化背街小巷、老旧小区环境专项整治，巩固文明创建成果，争取再创3家市级文明单位。扎实开展朝阳路、涂山路、东海大道等主干道的清扫保洁市场化试点工作，探索“管干分离、市场竞争”管理体制。推进马城镇垃圾收集转运工作，对未接管老旧小区的清扫保洁、垃圾清运工作全部接管，在全市率先真正实现城乡环卫一体化。全面提升物业管理服务水平。完善数字化城市管理信息平台，进一步提高城市管理的网格化、精细化管理水平。

(五)务实推进民生改善，提升群众生活水平

切实抓好保障型民生。大力开发就业岗位，积极鼓励和支持自主创业，适时组织辖区重点企业、用工大户企业，深入乡镇社区开展专项招聘活动，统筹解决企业“招工难”和群众“就业难”问题，确保全年新增就业7000人，下岗失业人员再就业4000人。巩固城乡居民社会养老保险全覆盖成果，加大社会保险扩面征缴力度，继续推进城镇居民大病保险补充医疗保险制度。严格执行公租房并轨制度，公开透明、公正公平做好公租房分配工作。

切实抓好发展型民生。投入资金2亿元，全面完成35项民生工程。继续开展“均衡发展教育展翅工程”，加快实施北师大蚌埠附属学校二期工程，投资2000万元加强马城区域学校标准化建设。与蚌埠二中教育集团联办总投资1亿元的钓鱼台九年一贯制学校，打造省级示范新迎河桥小学，让城南居民享受优质教育。积极争取上海复旦大学儿童医院项目落地，第一人民医院综合大楼主体完工，积极谋划孝仪医院项目，推进区疾控中心等开工建设。健全流动人口区域协作机制，严格落实“单独两孩”政策。广泛开展全民健身运动和各类群众性文化娱乐活动。尽快启动喜迎门社区养老服务中心项目，加快总投资3亿元的民政家园项目建设。建设大学生助残基地，积极争创省残疾人工作示范区。扎实开展双拥工作，争创全国双拥模范城“七连冠”。

切实抓好和谐型民生。深入推进宪法教育，圆满完成“六五”普法，争创省级法治文化建设示范城区。扎实开展领导干部接访、下访活动，推进信访积案化解。严格落实安全生产责任，加强道路交通秩序管理，强化食品药品安全监管，争创国家级食品药品安全示范区，有效遏制重特大安全事故。巩固大气污染防治成果，保持秸秆禁烧零火点。健全应急预案体系，切实提高防灾减灾救灾和应对突发事件能力。完善立体化社会治安防控体系，深化平安禹会建设。

(六)切实加强自身建设，打造人民满意政府

建设改革创新型政府。建立行政审批事项公开制度，探索负面清单管理模式，用政府权力的“减法”换取市场活力的“加法”。稳步推进政府职能转变和机构改革，完成卫计整合。完善政府工作创新制度，争取在政府融资平台、行政审批制约运行机制等方面积极探索禹会模式。深化农村综合改革，规范引导农村土地经营权有序流转，探索农业多元化可持续投融资机制等方面走出一条具有地域特色的农村改革之路。全面推广政务微博、政务微信，打造“指尖上的政民对话”新渠道。

建设服务效能型政府。加强禹会区政务服务中心建设，加快推进网上审批试点工作，努力做到“大厅之外无审批、大厅之内快审批”。制定公共服务清单，规范政府采购行为。在所有乡镇社区推行“一站式”全程代理服务，打通服务群众的“最后一公里”。全面推进电子政务，继续做好政风行风热线和市长热线办理，建立科学有效的绩效考评体系，精简会议文件，简化办事程序，提高办事效率。

建设法治透明型政府。坚持依法行政，自觉接受人大法律监督和政协民主监督。切实办好人大议案、代表建议和政协委员提案，争取满意率达100%。健全区、乡、村三级信息公开工作网络体系，建立执法卷宗公开制度，深入推进政务公开。严格落实党风廉政建设责任制，加强行政监察和审计监督，强化任期经济责任审计。严格执行中央八项规定，严控“三公”经费，完成公车改革。认真贯彻新预算法，坚持厉行节约反对浪费。强化管理、严格自律，努力建设一支信念坚定、为民服务、勤政务实、清正廉洁的公务员队伍。

各位代表，禹立潮头，自当扬帆远航；会通四海，更需策马扬鞭！让我们在市委、市政府和区委的坚强领导下，在区人大、区政协的监督支持下，凝聚禹会人民的智慧和力量，以敢为人先之念解放思想，以强毅果敢之气深化改革，以革故鼎新之力推动发展，为十二五完美收官、建设大美禹会和蚌埠重返第一方阵而努力奋斗！

2015年政府工作报告

——2015年12月26日在禹会区第十六届人民代表大会第六次会议上

区　长　陈建功

各位代表：

现在，我代表区人民政府向大会报告工作，请予审议，并请区政协委员和其他列席人员提出意见。

一、攻坚克难，跨越赶超，"十二五"实现圆满收官

2015年，是全面深化改革的关键之年，也是全面完成"十二五"规划的收官之年。在市委、市政府和区委的正确领导下，在区人大的监督指导和区政协关心帮助下，我们积极应对各种困难和挑战，全力以赴稳增长、增后劲、惠民生，着力为我市重返第一方阵构建战略支点，主要经济指标稳中有进，产业转型升级加快，民生事业全面进步，社会大局和谐稳定，较好完成确定的各项目标任务。预计，完成地区生产总值179.29亿元，增长12.15%。财政收入13.3亿元，增长13.5%，其中地方收入8.77亿元，增长17.19%。固定资产投资114.3亿元，增长16%。全社会消费品零售总额26亿元，增长13%。进出口总额8.28亿美元，增长10%。城乡居民人均可支配收入25683元、11113元，均增长11%。万元地区生产总值综合能耗、主要污染物减排任务全面完成。

(一)调结构、促转型，在适应经济新常态中实现稳增长

新型工业持续壮大。坚持工业强区发展战略，深入实施"调转促"行动计划，机械装备制造、汽车零部件、精细化工三大支柱产业进一步集聚，工业化率超过70%，工业贡献率达77.4%，成为推动经济增长的主引擎。安银金融机具、三一重工装备制造、冠宜型材等项目加快推进，增添经济发展新动力。中粮、玻璃工业设计研究院、丰原、八一等企业提质创优步伐加快，中粮生化BBCA牌柠檬酸、玻璃工业设计研究院超薄浮法电子玻璃入围首批安徽工业精品，丰原集团、涂山制药荣获"安徽省卓越绩效奖"，丰原集团、八一化工荣获安徽民营企业百强称号，玻璃工业设计研究院跻身全省首批行业技术中心，通达汽车零部件有限公司跃升为省级工业设计中心。中小企业发展激发新活力，安徽中晶光技术股份有限公司成功登陆新三板，汇能动力、新源热电、奥特机械、行星机械等7家企业正在进行新三板挂牌前期准备工作，形成了层次分明的上市后备企业梯队。以4家重点化工企业为代表的退市进园工作全面启动，在全市率先完成规划选址。

现代农业蓬勃发展。加大农业基础设施建设，总投资2000万元的马城高标准农田建设项目竣工；总投资4亿元的淮河黄苏段堤防加固工程完成规划。总投资近1亿元的农村安全饮水工程与蚌埠中环水务合作建设，在全省首创安全饮水建设管理PPP新模式。现代农业综合示范区项目对接顺利，天河农业旅游嘉年华项目正在进行规划。鼓励社会力量参与造林，完成造林3500余亩，超额完成市下达植树造林任务。扎实开展农村"两权"抵押贷款工作，农村土地确权登记试点工作全面启动，完成外业测绘13.8万亩，占全区耕地面积92%。新增流转土地4000亩，全区累计流转面积达5.6万亩，占承包经营面积的52%。禹会区现代生态农业产业化示范区成功升级市级现代农业示范区。粮食总产量11.36万吨，实现"十一连增"。

第三产业集聚升级。总投资10亿元的金域蓝湾、总投资6亿元的荣盛时代广场、总投资5亿元的银河中心、总投资2.2亿元的万象新天商业综合体全面建设，高端商贸资源进一步集聚。现代物流业加快发展，占地8.8万平方米的蚌埠新港二期工程配套区投入使用，开创蚌埠港集装箱运营新局面。积极打造互联网+电子商务平台，总投资10亿元的保通数据科技卫星通信及跨境电子商务平台项目、总投资2亿元的蚌埠巨人智慧科技智能项目完成公司注册，中通

智慧校园系统率先投入使用。禹王宫修缮工程规划方案正式获批，森禾现代花卉科技产业园二期项目进行新规划、新组合，禾泉农庄景区提升扩建项目进展顺利，蚌埠闸湿地公园一期工程完工，城市西部片区旅游品牌美誉度进一步提升。总投资超10亿元的安徽财经大学商学院新校开工建设，北师大附属学校二期工程主体封顶，蚌埠二中禹会实验学校正式挂牌，城市教育资源高地初具规模。

（二）打基础、强支撑，在强化要素保障中激发内生动力

项目建设扎实推进。引进亿元以上项目14个，市外亿元以上到位资金达58亿元，实际利用外商直接投资1.4亿美元，增长24%。持续开展招大引强，总投资超5亿元的中润机器人生产基地、总投资2亿元的齐星立体停车设备、总投资2亿元的东莞雅士电子产品加工制造等14个重点在谈项目深入对接；总投资5亿元的大连尚能风电等17个亿元以上项目签约待建，计划总投资超70亿元。科学编制“十三五”规划，谋划5000万元以上重点项目102个，68个亿元以上重大项目纳入省、市规划盘子，为“十三五”发展积蓄充足的项目。

平台建设逐步完善。禹会工业集中区基础设施不断完善，道路、供水、供电、供气、路灯等配套工程相续完成。新能源成套装备制造、安宇乳胶二期、燃气组合站等项目陆续开工，园区承载能力显著增强。马城开发建设方案编制完成，总投资5亿元的新型环保材料制品设备及制品生产基地项目启动报批，总投资2.5亿元的方圆机电火箭弹项目正在选址。小微企业创业基地建设步伐加快，总投资2亿元的六六房车生产制造基地完成注册，玻璃微珠新材料等重点在谈项目进展顺利，累计建成厂房面积8.13万平方米，“大众创业、万众创新”的服务平台作用进一步彰显。

融资能力显著增强。棚户区改造项目新获国开行授信贷款35.05亿元，放款14.07亿元，均居全市第一。深化与金融机构合作，农行2.2亿元贷款已获农总行批复，首批贷款1.1亿元投入棚户区改造和安置房建设。积极探索新型城镇化建设融资新渠道，与徽商银行共同设立禹发一号城镇化基金，募资规模达6.67亿元。积极申报国家资本金补助项目，纺织厂南宿舍棚户区、马城自来水厂等项目纳入国家专项建设基金。中实化学、中旭建设、亚源印染等3户企业纳入省中小企业直接融资后备资源库。专利权质押贷款总额突破6000万元，为企业技术创新和成果转化提供了资金保障。

科研创新成果丰硕。国家知识产权强县工程试点区和安徽省农村信息化示范区建设深入推进，新增国家高新技术企业3户，实现高新技术产业产值225亿元，增长25%，产值和增幅均居全市前列。企业创新能力进一步增强，规模以上企业研发经费投入达4亿元，玻璃工业设计研究院完成的“超薄浮法电子玻璃关键技术及成套装备的开发与应用”项目，获推荐省科技进步一等奖，中粮生物“高产赖氨酸菌种研发”等4个项目获省科技厅科技计划项目立项。入选省“特支计划”首批创新创业领军人才3人、省第四批战略性新兴产业技术领军人才4人，获国家科技重大专项补助6项，省科技重大专项3项。加快实现科技创新资源整合与共享，新增发明专利申请660件，发明专利授权130件，均超额完成年度目标任务。

（三）强功能、优环境，在规范管理中显著提升城市品质

旧城改造步伐不断加快。完成大建设投资27.8亿元，征迁面积75万平方米，交付净地面积4900亩，分别完成目标任务的112%、150%、169%；第一人民医院扩建、滨河西片区5#地块、老贯徐安置房三期等26个征迁项目如期完工，柴油机棚户区B区、原玻璃厂宿舍、公交公司宿舍棚户区、张公山一村棚户区、张公山公园两侧区域等9个项目正加快实施。完成棚户区（城中村）征迁面积57万平方米，占目标任务的102%。滨河西片区12#地块、禹都新天地、老贯徐安置房二期、纺南等4个项目相继开工，累计开工安置房面积62万平方米，安置房竣工面积42万平方米，回迁安置2500户，分别占目标任务的160%、210%、100%。征迁、拆迁、安置及大建设工作，在全市居于前列。

马城新区建设有序推进。206国道改造提升项目开工建设，马孝路改造工程、庙前—广德道路改造工程全面竣工，11条乡村道路改造项目正在施工，马城自来水厂建设项目开工建设，马城快速公交枢纽项目完成土地征迁。一批打基础、利长远、对全局具有支撑带动作用的项目落户新区，总投资8.5亿元的马城新区安置房项目即将开始土地报征，总投资2亿元的大连中嘉锆质新材料、总投资3亿元的金华新宇商业综合体等项目进入前期准备工作，总投资2.5亿元的马城货运码头即将动工，总投资12亿元年产12万平方米PC板新型住宅产业化基地项目进展顺利，马城新区呈现基础设施全面铺开、产业项目加速推进、产城融合不断加快的景象。

城乡管理水平持续提高。围绕文明城市创建，大力实施17项重点任务清单和重点区段县级领导包保制度，推进“九城同创”工作深入开展。集中整治背街小巷、农贸市场、经营性公共场所等重点区域，金厦花园菜市场等农贸市场提升改造工作完成，主次干道门头店招整治基本到位。累计投入5000余万元，改造老旧小区85个，拆除违建近7.34万平方米，新建、改建公厕17座，安装路灯近300盏、楼道灯16000余盏。城乡环境同创工作稳步开展。淮河河道及周边环境整治取得显著成效，清运堆沙场31处110万立方米，依法拆除采砂船78艘、非法小码头22座。建立大洪山林场非法采石综合治理联动机制，非法盗采行为得到遏制。人民群众生活环境有了很大改善，对创城工作满意度逐步提升。

(四)惠民生、促和谐，在统筹兼顾中全面推进社会事业

民生工程深入推进。圆满完成27项民生工程，累计投入1.67亿元。全区新增就业岗位8287个，转移农村劳动力1157人，分别占年度目标任务的127%、145%；接收退休人员3.8万人，服务率达100%；提前完成全年贫困残疾人生活特别救助任务。加强社会保障体系建设，城乡居民养老保险参保5.06万人，其中享受待遇1.7万人，参保缴费率达到100%。加大救助力度，城乡低保、五保供养等各类补助标准稳步提高。投入救助资金4420多万元，救助各类困难群众13.69万人次。发放租赁补贴金近300万元，在保租赁补贴705户，受益群众达1564人。

各项事业协调发展。扎实推进基层医改，取消基层医疗机构“收支两条线”。认真开展全国计生家庭养老照护试点工作，圆满通过省卫生应急示范区考核验收，长青乡顺利通过省卫生乡镇检查验收工作。党政领导干部教育督导考核工作再次获得省优秀等次，被认定为全国义务教育发展基本均衡县（区）。一批民生工程加速推进，投资2000余万的马城地区学校改薄建设工程稳步推进，张湾小学教学楼启动建设，梅姚小学、塘底小学、花郢小学教学楼开工建设。总投资4.4亿元的第一人民医院扩建项目开工建设，总投资3亿元的民政家园项目正在进行施工设计。

扎实开展大气污染防治百日行动，秸秆禁烧再次实现“零火点”。军政军民团结局面持续巩固，国防后备力量建设稳步发展。民族宗教、外事、侨务、对台、老年人、残疾人、妇女儿童、青少年等事业不断推进，市场监管、消防、审计、统计、工会、档案、机关事务管理等工作全面加强。

社会大局和谐稳定。扎实开展信访案件化解攻坚活动，省交办的信访积案化解率100%，市交办信访积案化解90%，实现了信访积案“清仓见底”。深入汲取天津港“8·12”事故、芜湖“10·10”餐馆液化气爆炸事故教训，重点强化危险化学品监管，安全生产事故起数、死亡人数双下降，安全生产态势保持平稳。深入开展平安禹会创建工作，严厉打击违法犯罪，刑事发案同比下降6.9%，群众安全感达到95.47%，公安开展的“双提升”活动取得显著成效。

过去的一年，我们深入开展“三严三实”专题教育活动，不断巩固党的群众路线教育成果，以张公山一村为代表的老旧小区征迁、以天润化工周边区域为代表的化工周边棚户区改造、以张公山二村为代表的老旧小区环境改善等一批群众反映强烈的突出问题得到全面整改。积极推进政府职能转变和机构改革，组建住建交通委、教育体育局、商务外事局、卫生计生委。持续深化行政审批制度改革，消减行政审批（备案）事项3项，向社会公布586项权力清单。扎实推进社区体制改革，圆满完成9个社区换届工作。公务用车改革制度基本完成，全年“三公”经费支出同比下降。自觉接受人大法律监督和政协民主监督，办理区人大代表议案、建议共42件，区政协提案69件。积极配合省委巡视组工作，查办巡视组移交的群众信访件68件，解决实际问题50余个，做到件件有落实，件件有反馈。深化党风廉政教育，旗帜鲜明反“四风”，查处违纪违法案件24件，给予党政纪处分22人，有的被移送司法机关，反腐倡廉建设进一步加强。

各位代表!

2015年，是禹会经济社会发展取得显著成效的一年，实现了“十二五”圆满收官。由此回顾五年的历程，“十二五”的五年是禹会区极为重要、极不平凡的五年，是实现重要转折的五年，更是广大干部群众凝心聚力、奋勇拼搏的五年。

这五年是经济发展提速增效，综合实力显著跃升的五年。“十二五”以来，全区经济保持快速增长，各项主要经济指标均高于全省平均水平。到2015年底，全区生产总值由2010年的62.57亿元增加到179.29亿元，年均增长12.15%以上；实现财政总收入13.3亿元，年均增长15%，其中地方财政收入8.77亿元，年均增长23.7%；固定资产投资114.3亿元，五年累计完成投资超400亿元，年均增长21%；规模以上工业企业从68户增加到85户；规模以上工业增加值由43.5亿元增加到108亿元；先后荣获“全国计划生育优质服务先进区”“全国和谐社区建设示范城区”“全国科技进步工作先进区”“全国法治县（区）创建活动先进单位”等诸多荣誉。

这五年是结构调整步伐加快，转变发展方式取得重要进展的五年。全区投资、消费、出口拉动经济增长的协调性增强，三次产业结构趋向合理，粮食实现连续11年增产，规模以上工业增长保持19%以上的速度，战略性产业保持12.7%增速；社会消费品零售总额年均增长24%以上。金融、物流等现代服务业加速发展，累计完成外贸进出口总额30.11亿美元，年均增长22.6%；服务业增加值从21.7亿元增加到38.5亿元，年均增长12%以上。先后实施了森禾花卉、冠宜箱包、安财商学院、北师大附属学校、小微产业园等一批在全市有重大影响力的项目，累计投资超过40亿元。总部经济发展取得新突破，玻璃工业设计院、丰原集团做大做强，丰原集团巴西淀粉糖、匈牙利有机酸、阿根廷农产品深加工、泰国柠檬酸等项目全面实施，玻璃工业设计研究院实施走出去战略，成功并购德国光伏企业阿旺西斯公司，综合建材一体化项目深入推进。玻璃工业设计研究院、中粮生化、丰原集团继续蝉联全省百强企业。佳先股份、中晶技术等2家企业成功在新三板上市。中旭建设、奥特机械等七家企业在上市准备中。2013年获省级信息化与工业化融合示范区，2014年被命名为全市唯一一家首批省级信息消费试点区。

这五年是城乡统筹发展格局加快形成，总体发展战略不断完善的五年。成功完成区划调整，接管马城镇和涂山

风景区，行政城区总面积达313平方千米，总人口34万人，城镇化率达到60%以上。以合百大禹会店、欧尚超市、金域名城金街口为中心的商业圈初步形成。以花博园、蚌埠闸湿地公园一期、禾泉农庄、涂山风景区上山道路提升改造、禹王宫修缮工程等一批重点项目为代表的环天河旅游带初见雏形。以北师大附属学校、安财商学院、蚌埠二中禹会实验学校为标志的城市西部教育提升工程扬帆起航。全面推进医疗体制改革，以第一人民医院综合改造等硬件建设为代表的居民医疗保障工作水平全面提高。以金域名城、御湖观澜世家、荣盛锦绣香堤、信地潜龙湾、和顺第九街等为代表的现代化生活小区全面提升城区品位。以滨河西片区、钓鱼台、酒精厂等为代表的棚户区改造项目从根本上改变了陈旧的城区面貌。以206国道、马孝路改造工程、马城自来水厂、马城快速公交枢纽、马城新区安置房等项目为代表的马城新区建设全面铺开。以禹会工业集中区拓展、马城工业园区筹备、中小企业产业园建设为基础的禹会工业布局展开新篇章。

这五年是基础设施建设强力推进，区位优势更加凸显的五年。“十二五”全区固定资产投资累计超过441.7亿元，年均增长20.8%。共实施和推进棚户区改造项目32个，累计完成拆迁2.05万户，拆迁面积约224.4万平方米；开工建设安置房近106.3万平方米，回迁安置5750多户；实施市级大建设项目52个，累计完成投资49.7亿元。投入1600万元深入推进生态宗洼、文化冯嘴等一批美好乡村示范点建设，完成102个小区的综合整治，老旧小区环境卫生实现环卫全接管，投入2亿元新增街头游园、城中绿地20余处，投入2.5亿元对张公湖、八里沟、席家沟等城市水体进行治理，投入5000余万元完成95个小区的美化亮化和52条小街小巷的维修改造。依托优势资源构筑产学研平台，实现产学研转化56项，搭建建投、禹发、禹泰等融资平台，争取各类资金57亿元。全区高新技术企业占规上工业企业的35%，组建国家、省级研发中心14个，2013年被确定为首批国家智慧城市试点区和国家知识产权强县工程试点区，荣获“2013年全国科技进步工作先进区”称号。

这五年是社会事业加快发展，人民生活明显改善的五年。“十二五”期间，我区累计投入民生资金8.17亿元，城、乡居民人均可支配收入增速分别达11%。教育均衡与教育品牌协调发展，累计投入8.8亿元，改造40所学校，年均投入2500万元实施“均衡发展、教育展翅”工程，全区义务教育普及率达到100%，初升高比例稳定在86%以上。公共文化事业进一步发展，覆盖城乡的基本公共文化服务体系初步建立，其中长青乡宗洼村列入省级“农民文化乐园”建设试点单位。大禹文化产业园被评为“国家级文化产业示范园区”，禹墟遗址被列为“国家级文物保护单位”，花鼓灯生态保护工程通过国家文化创新工程验收，冯嘴村花鼓灯传习所被省文化厅授予“安徽省非物质文化遗产传习基地”称号，禹会花鼓灯艺术教育基地和特色学校揭牌，区残疾人综合服务中心建成投入使用，荣获省“残疾人社区康复”示范县区称号。先后荣获全省社会工作专业人才队伍建设先进区、“2012—2013年度全国科技进步考核先进区”等荣誉称号。

这五年是各项改革持续推进，政府法治更加完善的五年。全面推进法治政府建设，坚持推行重点工作定期调度通报、重大决策社会风险评估等制度，出台规范了一系列的政府采购、财政审批、审计监督制度。严格落实中央八项规定和四风整治要求，完成办公用房制度改革和公车改革，车辆运维费用节支率达14%。完成工商体制改革、卫生计生改革和部分部门的职能调整工作，政府工作体制更加顺畅。完成社区体制改革，实现社区工作扁平化。完成医疗体制改革，提升全区医疗保障水平。完成环卫体制改革，小区清扫保洁覆盖率达100%。完成审批制度改革，探索负面清单管理模式，所有审批事项全部进入政务服务中心，承接市级下放权力35项。深化农村综合改革，探索农业多元化可持续投融资机制，引导农村土地经营权有序流转5.2万亩。全面推行政务公开，主动公开招投标、财政预决算、三公经费等百姓关注的重点领域信息2.53万条，实现应公开尽公开。畅通政民沟通新渠道，全面推广政务微博、政务微信，累计办理各类热线事项1.5万件。

各位代表！

2015年的工作成绩及“十二五”规划任务全面完成，这是市委、市政府和区委正确领导的结果，是禹会人民团结奋斗、顽强拼搏的结果。在此，我谨代表区政府，向全区人民，向各位人大代表、政协委员，向离退休老干部，向解放军官兵、武警指战员，向各民主党派、工商联和无党派人士，向各驻区单位干部职工，向参与、支持、关心禹会发展的广大朋友，表示衷心的感谢和崇高的敬意！

在充分肯定成绩的同时，我们更加清醒地认识到，前进道路上还存在不少困难和问题。主要是：经济和社会发展转型工作刚刚起步，工业经济集聚度不高，核心竞争力不强，特别是行业龙头、领军企业、“专精特新”小巨人偏少，结构调整产业转型升级需求更为迫切。农业基础仍然薄弱、服务业比重偏低、区域发展不平衡和居民收入水平总体不高等改善民生问题，还需要付出更大努力。同时，政府职能转变还不完全到位，一些部门思想解放不够、工作作风不实、执行落实不力，少数干部的群众观念淡薄，“四风”“不严不实”问题时有体现。对此，我们一定高度重视，采取更加有力的措施切实加以解决。

二、齐心协力，开拓创新，“十三五”扬帆奋进新征程

“十三五”期间是我区全面建成小康社会具有决定意义的关键时期。省委、省政府加快皖北地区发展的优势，合芜蚌自主创新综合实验区被纳入国家全面创新改革实验区，引江济淮工程已获国务院批准的机遇，将释放更大的市场活力，并对我区经济社会快速发展产生更大的影响。特别是《蚌埠市城区老工业区搬迁改造实施方案》已获省政府批复，必将对我区完善规划布局、促进产业升级、推进旧城改造等方面提供更广阔的发展空间。当前我们既面临难得的发展机遇，也面临着老工业区搬迁带来发展转型重组的挑战；同时如何做好马城和天涂新区建设及重大项目引进，加速推进棚户区、城中村、老旧小区改造和完善服务保障民生等问题亟待破题。为此，我们必须要准确把握发展新常态，加速经济发展转型升级，切实增强机遇意识和忧患意识，正视问题、破解难题，变中求新、求进、求突破，谱写禹会新篇章。

根据区委全委会通过的《中共蚌埠市禹会区委关于制定蚌埠市禹会区国民经济和社会发展第十三个五年规划的建议》，我区“十三五”发展的指导思想是：高举中国特色社会主义伟大旗帜，全面贯彻落实党的十八大和十八届三中、四中、五中全会精神，以马克思列宁主义、毛泽东思想、邓小平理论、“三个代表” 重要思想和科学发展观为指导，深入贯彻落实习近平总书记系列重要讲话精神，坚持“四个全面”战略布局，紧紧围绕“全面建成小康社会，稳居全市第一方阵”总目标，牢固树立“创新、协调、绿色、开放、共享”的发展理念，大力实施工业强区、绿色发展、创新驱动、协调发展、开放带动和民生优先战略，打造以战略性新兴产业为引领、现代服务业为支撑、现代都市农业为基础的现代产业升级版，奋力抢占经济社会发展制高点，建设好大美禹会、活力禹会、生态禹会、幸福禹会、平安禹会。

综合考虑，今后五年经济社会发展的主要奋斗目标是：力争“十三五”期间主要经济指标超过全市平均水平，地区生产总值年均增长11%，财政收入年均增长10%，其中，地方预算收入年均增长12%；固定资产投资年均增长13%。实际利用外资和进出口总额年均增长10%。城镇和农村居民人均可支配收入年均增长11%。城乡发展一体化新格局形成，实现各类社会保障全覆盖，科教文卫体等各项社会事业全面发展，全面建成小康社会。

为此，重点把握好以下五个方面：

（一）立足现有，创新发展，完善新布局

以“互联网+”行动计划和“中国制造2025”战略为引领，紧抓禹会老工业区搬迁改造的重大机遇，留住、培育、扶持玻璃设计院、丰原集团等发展总部经济，支持中粮生化做大做强现代服务业。着力打造禹会区高端装备业为主的工业集中区，城市西部现代服务业聚集区、马城新兴产业区、天涂旅游文化风景区等产业集群，构建多点支撑、多级发展、产城一体、功能完善的发展布局。着力提升改造传统优势产业，培育壮大高端装备和新型现代服务业，优先支持战略新兴产业，谋划智慧产业、建立新材料产业。力争将禹会区打造成为皖北一流的科技创新中心、区域自主创新的战略高地、高层次人才聚集中心、创新驱动的先行区，显现禹会“百业兴旺、璀璨卓越”的新布局。

（二）因地制宜，协调发展，构建新格局

以蚌埠市“363”框架为引领，优化“122”空间布局，加快打造以涂山路、东海大道、206国道为一线；涂山、天河、淮河景观为两翼；主城区、马城新区为核心的禹会新格局。紧抓退市进园契机，力争2018年全面完成棚户区改造任务，“十三五” 基本完成城中村改造任务。借助张公山、迎河、西部淮河岸线资源，重点打造张公山、朝阳路商住集聚区、大庆西部商贸物流区、东海大道政务商贸区等主城板块。围绕马城新区开发，发展现代农业和新兴产业，加快206国道、东海大道等周边城中村改造，加强公交枢纽、码头、自来水厂等基础设施建设，建成宜居宜业的产城一体化全区副中心。依托天河、涂山、淮河景观带，以创建国家级文化产业示范为契机，深化与中国农科院、美晨科技、蚌投集团、森禾现代科技、皖酒集团合作，谋划农业嘉年华、禹墟遗址公园和特色花卉产业园等项目，打造享誉省内外的大禹文博旅游胜地、天涂风景区原生态旅游度假地，构建禹会“青山碧水、繁花似锦”的新格局。

（三）生态为本，绿色发展，形成新体系

把建设资源节约型和环境友好型社会，作为绿色经济发展方式、调整经济结构的重要着力点。加快马城特色产业园、禹会工业园绿色型工业项目引进，形成绿色循环工业体系。强化土地集约利用，稳步推行新型农村土地流转模式。围绕特色农业主导产业发展，深化与国内一流农产品龙头企业合作发展，发挥森禾、禾泉等区域辐射作用，建成生态农业博览中心，形成绿色生态农业发展。加强大洪山、涂山等景点的生态保护，大力开展植被覆绿工作，保护生态资源。依托天河、涂山生态等旅游资源，以生态绿化、景观打造为重点，建设文化旅游、现代服务为一体的绿色景观旅游体系。落实大气污染防治行动计划，加大山、水、田、林、湖综合治理。加强天河等河湖水源保护，加强淮河岸线保护，开展河湖沿岸植树造林。力争地区生产总值能耗、能源消费总量和主要污染物排放完成省控目标任务。将我区打造成为绿色经济先进生产要素聚集区、可持续发展样板区和都市生态旅游发展示范区，形成禹会“钟灵毓秀、土沃泉甘”的新体系。

（四）重点突破，开发开放，深化新合作

充分利用好“两个市场”“两种资源”。抢抓一带一路、长江经济带建设和经济圈扩容机遇，聚集资源，大力支持玻璃设计工业研究院、丰原等企业壮大总部经济，带动禹会对外开发，带给禹会新的产业机遇、带动禹会企业集聚发展。积极学习借鉴上海浦东等自贸区的先进经验，完善行政体制改革，为企业“引进来”和“走出去”提供政策保障。借助丰原集团、玻璃设计院走出去的良好示范效应，支持一批有实力、有影响力的企业走出国门，输出人才、技术、设备。引进海外先进项目资源，实现多赢。以蚌埠

(皖北)物流保税区建设为契机,依托新港物流园,整合优化物流资源和物流网络,支持中粮生化“我买网”等现代服务业快速发展,谋划建设禹会跨境电商物流园,形成皖北国际快件及跨境电商货物集散转运中心。以国家级大禹文化产业园为平台,引进具有商务休闲、文化集聚的高端旅游品牌项目。推动现代服务业对外开放,深化禹会“合力纵横、通达五洲”的新合作,体现“禹立潮头、会通四海”的禹会精神。

(五)以人为本,共享发展,普惠新民生

按照全覆盖、保基本、多层次、可持续原则,坚持社会投入和政府投入并举,不断健全完善民生工程,切实加大民生保障力度,培育壮大社会服务产业,加快构建基本公共服务体系,切实解决人民群众最关心、最直接、最现实的利益问题,实现发展成果由人民共享。认真落实各项强农惠农政策,加大创建全国文明城市工作力度,加快推进基本公共服务均等化,坚持教育公益性原则,继续开展“均衡发展教育展翅工程”,全面优化办学条件,提升教育水平。打造以蚌埠二中禹会实验学校、北师大附属学校、安财商学院为中心的西部优质教育资源集聚区,实现基础教育优势资源共享。加快第一人民医院、禹会区疾控中心、马城中心卫生院等项目建设,构建完善医疗卫生体系。进一步加强食品、药品质量安全监管工作。完善禹会体育建设中心、“三馆一站”建设,打造“三十分钟文化圈”。大力推广足球运动,培养全民健身习惯。加强普法宣传力度,增强居民法制意识。力争2020年,完全建成覆盖城乡、人人享有的社会保障体系。建立统筹城乡的就业服务体系,社会登记失业率控制在4%以内。让小康社会福祉普惠禹会,体现“安居乐业、幸福安康”的新民生。

2016年是“十三五”规划的开局之年,也是打基础之年,做好2016年各项工作意义重大。

2016年全区经济社会发展主要预期目标是:地区生产总值增长11%;规模以上工业增加值增长11.5%;财政收入增长10%;固定资产投资增长13%;社会消费品零售总额增长12%;城镇、农村常住居民人均可支配收入分别增长11%。这些目标兼顾新常态,体现了稳中求进。

为此,我们将重点做好七个方面工作:

(一)全力推动工业转型升级

坚持服务为先,加快企业退市进园。今年9月,省政府正式批准同意《蚌埠市城区老工业区搬迁改造实施方案(2013—2020年)》。2016年,禹会区将根据市委、市政府统一安排,统筹兼顾、加快进度,确定企业搬迁改造计划,实现搬活企业、做大做强的目标。区搬迁改造工作领导小组将针对计划搬迁的37家企业做好指导,制定针对性的搬迁计划。对搬迁时间顺序、搬迁规模、投资额度、亟需解决问题建立台账制度,并对问题逐一调度、逐一解决。启动4家重点化工企业整体搬迁工作,其他搬迁企业采取“一厂一策、分类实施”的办法,灵活采取留区新建、战略重组、支持上市、异地迁建、改制关停等多种方式,在搬迁改造中促进产业转型升级、企业发展壮大。

注重招大引强,着力促进产业转型升级。一是打造高端装备制造产业集聚基地。大力推动丰原化工装备制造项目落地,促进三一重工装备制造建成,支持通达汽车零部件、江淮车轮等企业技术升级。加快对接总投资2亿元的齐星铁塔智能停车设备项目、总投资6亿元的泰信工程机械整机制造等重大在谈项目;争取总投资2亿元的六六房车项目、总投资6亿元的新能源成套装备制造、总投资9500万美元的新型环保材料纸杯机械及制品生产基地等项目开工建设。二是提升改造传统产业。以天一锅炉、晶菱机床等企业为载体,引进大企业、新技术,促进企业做大做强。盘活一些老资源,实施资产重组,促进企业转型。三是大力推动企业上市,做大做强我区企业。充分发挥佳先化工、中晶光等重点企业上市示范作用,做好汇能动力、新源热电、奥特机械、中旭建设、禾泉农庄、丰原食品等重点上市后备企业联络服务,在全区形成申报一批、辅导一批、改制一批、培育一批的上市后备企业梯队。四是抓好一批重点项目建设,加快推动安宇乳胶二期、大连尚能风电、方圆机电火箭弹、中润机器人、丰原食品等一系列项目开工建设,对我区经济发展形成重要支撑。

促进调转促工作,加大资金政策保障力度,一是在工业企业搬迁改造、工业污染区治理和生态恢复工作中,积极争取上级财政转移,同时,依靠自身融资,创新投融资模式,加强与银行合作,做好资金保证工作。二是政策上,帮助引导企业,积极申报国家发改委、工信部专项建设基金项目,用足用好国家、省、市出台的财税、土地等各项优惠政策。三是谋划区内扶持政策,以禹会区《关于聚焦工业促进经济持续健康发展的实施意见》为抓手,建立禹会区高端装备制造和现代服务业发展扶持基金,支持和引进企业发展。

夯实基础,强化平台建设要素。坚持抓大引强,继续完善各平台的要素配备,完善基础,体现园区优势,注重平台发展特点,更加明确三个平台的发展方向。以“大众创业、万众创新”理念,打造小微企业创业基地,推动东莞雅士电子项目、玻璃微珠项目建设。以“培育特色,突出装备”为理念,大力发展禹会工业园,推进豪士达纸杯机械及制品生产基地等项目开工建设。以“绿色建材、绿色食品”为理念,加快建设马城产业园,重点培育和发展绿色建材硅基材料及优势传统产业,争取大连中嘉锆质新材料生产线等项目尽快开工建设。

(二)培育壮大现代服务业

加快发展新型现代服务业。利用金域蓝湾、粮食一库、上海栈等旧城改造项目,打造淮河西路与朝阳路商业组团;借助观澜·御湖世家、欧尚超市、张公山公园景区等资源，打造东海大道与朝阳路商业组团；依托荣盛·西湖观邸、冠宜国际，打造朝阳路与燕山路商业组团，将朝阳路沿线打造成集商业旅游、高端住宅等融为一体的新型城市聚集区。促进中通国华与保利的合作，推动巨人智慧科技项目加快实施，民政园项目开工建设，实现现代服务业发展的新升级。

全力发展现代物流业。一是发挥新港一期运营优势，促成皖北集装箱物流中心和淮河黄金水运中心加快建设，做大航运服务业。二是加快新港物流二期项目建设，聚集一批大型快递业，谋划境外电商和“互联网+”企业入园。将大庆沿淮区域打造成交易配送、河海联运、商贸旅游一体的现代服务业基地，打造高效、立体联动的临港特色物流板块。三是加快推动禹通物流和中宏码头项目建设，做大生产型物流和生活型物流服务规模。

提高文化旅游产业竞争力。依托国家级大禹文化产业园的优势，谋划一批有影响力的旅游项目，积极对接保利、美晨科技等国内大企业，推动天河、涂山开发建设。加快推进黄柏郢大屠杀纪念馆爱国教育基地建设、提升禾泉农庄整体水平、完成禹王宫修缮工程、花鼓灯生态村核心区项目建设。重点开发涂山风景区、黑虎山公园天河风景区沿山道路建设项目，谋划禹墟遗址公园，争取国家资金支持。森禾二期展现新亮点，赋予新内容，得到新提升。积极推动皖北旅游集散地建设。加快旅游配套服务设施建设，积极实施“旅游业+”行动计划，构建跨行业、多业态的文化旅游产业聚集区。

（三）加快构建现代农业体系

加强农业基础设施建设和农村基础工作。要继续推进马城新区和涂山风景区的农田水利基础设施改造。以提升改造“八小工程”为重点，编制完成全区小型水利提升改造分年度实施方案，开展石巷、洪集、黑虎山三座病险水库的除险加固工程的建设施工。争取上级水利项目资金，做好独山河小流域和孔津湖洼地综合治理项目。启动投资4亿元的淮河一般堤防加固工程。做好辖区沿河沿湖、水利工程周边的环境整治工作，改善农村生产、发展的环境。

做强城市现代农业。围绕天河周边，培育特色板块农业。推进与上海光明米业集团合作的占地面积达3万~5万亩的现代农业综合示范区项目，推进总投资5亿元的农业旅游嘉年华项目。支持天河现代农业产业园、孔津湖农业示范园，做出样板、做出特色、做成带动农业发展的引擎。积极实施“互联网+农业”，完善农业社会化服务体系，全力推进特色农业产业化、规模化发展，将城边农业做成产城一体的新亮点。

（四）统筹推进新型城镇化

坚持以人为本，加快推进旧城改造进度。2016年旧城改造力争完成征迁面积50万平方米，交付净地3000亩，安置房建设3000套，安置房竣工3600套，回迁安置1678户。推进棚户区改造货币化安置，计划投资3.5亿元，完成张公山一村、张公山四村、张公山公园北门等棚户区和老贯徐、滨河西片区6号地块等城中村改造项目。积极将化工企业周边八里桥棚户区和王岗棚户区列为项目，争取国家资金支持，早日列入征迁计划。大建设投资总额预计达到25亿元，完成15个项目建设。

统筹城乡发展，实施美好乡村建设。一是推动城镇规划编制和依法实施，开展“多规合一”试点。二是完善城乡基础设施体系，加快推进总投资2亿元的206国道项目、总投资1亿元马城自来水厂项目、总投资1000万元的马城快速公交枢纽项目、昆仑燃气管道铺设项目、农村垃圾处理中心项目、马城镇二级医院项目、马城农民新村项目、村级活动场所和马城商业综合体项目建设，不断改善人居环境。三是持续实施美好乡村建设，以“三线三边”为突破口，深入推进城乡环境综合整治。把村庄整治建设同发展乡村旅游、农村特色产业结合起来，培育壮大村级集体经济，充分发挥村致富带头人作用，鼓励支持他们引导农民在建设新家园中创造新家业。

加强社区提升改造，推进创建全国文明城市工作。一是加紧推进老旧小区整建工程。力争完成89个老旧小区的基本整建，完成路面硬化约13万平方米，绿化补植3.3万平方米，更换下水道70千米，更换窨井5000座。二是加速推进背街小巷、广场游园的绿化和亮化。完成9条区管街巷破损路面、路牙石、窨井等基础设施维修，维修盲道15000米，对江淮路、大庆一路缺失绿化进行补植；新增街头游园2个。三是创新社区管理和服务手段，扩大社区服务覆盖面。全面整合社区室内群众性活动场所和公共资源，更换维修健身器材300件。不断完善社区网格化管理和信息化平台，加快建设智慧社区。通过提升改造，让社区路更平、草更绿、灯更亮、水更通、厕更净，在老旧小区注入物业，环境焕然一新的同时，激发市民参与创城的积极性，推动创城工作的深入开展，使我区创城工作勇居一流。

（五）切实加强生态文明建设

提高生态环境质量。持续加强淮河周边非法沙场、非法小码头的打击力度，保护河道地貌和生态环境；加大天河周边的退耕还林、退网还湖、退耕还湿力度，提高水质达标率；沿天河、淮河等主要河流两侧植树造林，构建沿河生态廊道；加强涂山、黑虎山、大洪山的森林资源保护，确保完成2800亩的植树造林计划；推进重大、重点生态保护和建设工程，争取总投资1.5亿元的席家沟和天河整治工程完工，总投资5000万元的大庆路桥西湿地公园项目开工建设。加强水源、林地、绿地、湿地等资源保护，新增城市园林绿化面积15万平方米，改造提升绿地25万平方米。

加大污染防治力度。持续打好大气污染防治攻坚战，继续推行全区全年全面秸秆禁烧，坚持道路扬尘、建筑工地带土、餐饮油烟直排整治工作常态化，依法拆除改造不

达标燃煤小锅炉，全面减轻扬尘污染和噪声污染。PM10浓度下降到88微克/立方米以下的水准。重点实施水污染防治行动计划，着力提高席家沟、八里沟水质，严格饮用水源保护，加强供水全过程管理，确保饮用水安全；加强淮河、天河生态环境保护，控制和规范淡水养殖，严格入河排污管理。禹会工业园区污水集中处理设施及配套管网完全达标运行。

加强农村环境治理。一是结合蚌埠市美好乡村建设，开展以农村道路保洁、家前屋后绿化美化、生活垃圾集中转运清理等为主要内容的农村环境综合整治；二是全面做好秸秆综合利用，加强张湾奶牛场、荒白山奶牛场等养殖场和天一锅炉厂等再生能源企业联系合作，促进秸秆饲料化、能源化综合利用；三是全面做好田间管理，清沟利渠，科学种植，科学施肥，培养农民良好健康的生活新方式。

(六)着力保障和改善民生

提高社会保障和就业水平。深入实施27项民生工程，继续保持民生投入高于财政增长，让禹会群众共享发展成果和改革红利。加强考核管理，提高民生工程建后管养水平。积极推进机关事业单位养老保险制度改革，加快推进各项社会保险人员应保尽保，确保各项社会保险待遇按规定支付。大力实施全民参保登记，进一步完善社会保障体系。继续扩大就业、力争新增实名制就业7000人。积极鼓励和支持下岗失业人员自谋职业和自主创业，力争完成小额担保贷款发放1200万元。完成公厕和农村危房改造任务。

着力促进社会和谐稳定。启动“七五”普法工作，深入开展以宪法为核心的法治宣传教育，推进社区矫正工作，做好法律援助工作，帮助弱势群体依法维权。完善人民调解、行政调解、行政复议等多元化纠纷解决机制，完善立体化数字化社会治安综合治理防控体系，全面推进“一村一警”。加强改进信访工作，推动及时就地解决群众合理诉求机制，深入开展社会矛盾排查化解。落实社会稳定风险评估，实施重大不稳定问题清单制度。加强安全生产和食品药品安全监管。进一步建立健全安全生产责任体系，特别是将抓好化工区域、危化品的安全生产工作提到重中之重的位置。深入开展经常性的重点领域事故隐患排查和专项整治，加大安全生产执法力度。加强应急平台和应急专业队伍建设，提高气象、地质、地震灾害防御能力，切实保障人民群众生命财产安全。

统筹发展社会各项事业。做好全区幼儿园建设提升发展规划，加快新建、改扩建幼儿园步伐，提高学前教育管理水平，全面提升学前教育供给能力。动工建设蚌埠二中禹会实验学校，北师大蚌埠附属学校二期工程建成，安徽财经大学商学院(一期)建成实现招生，继续提高农村学校改薄工作和支教工作水平，提高教育教学水平，让均衡教育惠及每个孩子。加强智慧校园建设，提高教育教学信息化水平。繁荣体育事业，全力备战安徽省第十四届运动会。具有现代特色的蚌埠民政园项目开工，备受关注的第一人民医院综合大楼主体建成。加快禹会区疾控中心搬迁，启动马城中心卫生院二级综合医院、搬迁孝仪医院、长青乡卫生院和涂山风景区社区卫生服务中心等项目，构建完善的医疗卫生体系。提升社会养老服务水平和医疗保障水平，满足老年人日益增长的医疗护理需求。实施全面两孩政策，促进人口均衡发展，提升计生服务水平。切实保障妇女儿童合法权益。加强国防教育和人民防空工作，抓好双拥优抚安置，认真做好征兵工作和民兵预备役工作，巩固军政军民团结大好局面。统筹做好民族宗教、档案、地方志、侨务、统计、审计、妇女儿童、共青团、老龄等工作。

(七)全面加强政府自身建设

加快推进法治型政府建设。严格执行人大及其常委会决议决定，自觉接受法律和工作监督，支持政协参政议政。扎实办理人大代表议案建议和政协提案，广泛听取民主党派、无党派人士和人民团体意见建议。深化行政执法体制改革，强化行政执法监督、规范行政权力运行。做深做细群众工作，及时化解难题，尽力减少行政复议和行政诉讼，健全政府法律顾问制度，规范行政诉讼案件的办理程序，提高行政应诉工作的效率和质量。

加快推进效能型政府建设。进一步提高行政效能，坚持“法无授权不可为”，全面清理行政审批项目。继续深入推进行政审批制度改革，深化落实行政审批“两集中、两到位”，提升行政审批效能。不断完善区政务服务中心和乡镇社区为民服务中心建设，规范前台办理，认真提升服务，打通服务群众的“最后一公里”。继续做好政风行风热线、市长热线和人民来信的办理工作。推动政府职能向创造良好发展环境、提供优质公共服务、维护社会公平正义转变，努力实现好、维护好、发展好人民群众的根本利益。

加快推进廉洁型政府建设。坚持从严治政，把“三严三实”的要求落实到每项政府行为中，认真落实中央八项规定，严格执行党风廉政建设责任制，政府系统深化党风廉政建设，细化措施、强化教育，全面推进惩治和预防腐败体系建设。加强廉政监察和审计监督，加大违纪违法案件查处力度，严肃惩治不正之风和腐败行为。健全厉行节约、反对浪费制度体系，确保“三公”经费只减不增，让过“紧日子”成为常态。

各位代表，伟大的中国梦催人奋进，十三五规划画卷已经展开，全面建成小康社会重任在肩。2016年是“十三五”开局之年，岁末年初，展望未来，我们豪情满怀，信心百倍。让我们在市委、市政府和禹会区委的坚强领导下，在区人大、区政协的监督支持下，以改革的精神、创新的理念和科学的方法，为全面建成小康社会，全力冲刺第一方阵，建设经济繁荣、社会和谐、人民幸福的美好禹会努力奋斗！

大事记

●2014 年大事记

●2015 年大事记

2014年大事记

1 月

4日 禹会区区委书记王庆国带队再次对全区重点项目建设进行巡查，全力推进重点项目建设，先后巡查北师大附属学校、冠宜箱包生产基地、高科能源装备制造项目、姜顾小微企业创业园、蚌埠新港集装箱码头、临港物流园建设和欧尚超市项目，区人大主任何光友、区委副书记况素琴、常务副区长孙如斌、副区长蒋敏娣等区主要领导陪同，区委办、政府办、发改委、商务局、教育局、经信委、长青乡等单位负责人参加巡查。

5日 禹会区区委书记王庆国率队到马城中学视察，副区长蒋敏娣、区教育局长李晋陪同视察。

7日 蚌埠一中与禹会区孝仪中学集团化办学签约仪式在马城镇孝仪中学举行。

11日 禹会区原张公山大塘D区拆迁户、75岁的高振中老人一家迎来新年的头等大喜事——喜迎门安置房分配。和高振中老人同样在当天首批参与选房的还原户有20户。

15日 禹会区区委书记王庆国及四大班子领导带着全区人民浓浓的拥军情，分别向蚌埠军分区及驻辖区部队送去9.5万元的慰问金，并向全体官兵致以节日的问候。

18日 区委书记王庆国主持召开元月份大建设及棚改工作推进会，要求对征迁拆违情况实行日通报。

2 月

11日 禹会区召开党的群众路线教育实践活动动员会，学习传达中央和省、市委关于深入开展教育实践活动有关精神，启动并全面部署禹会区党的群众路线教育实践活动。省委第五督导组组长马大伟，市委常委、组织部长周勇出席动员会议并作重要讲话。区委书记、区教育实践活动领导小组组长王庆国主持会议并作动员讲话。近200人参加会议。

11日 禹会区委、区政府召开全区改革发展大会，总结2013年工作，表彰奖励成绩突出的先进集体和先进个人，安排部署2014年工作，签订2014年产业经济、征迁拆违目标责任书。

12日 禹会区第二届纪律检查委员会第四次全体（扩大）会议召开。会议学习传达市纪委十届四次全会精神，总结回顾2013年全区党风廉政建设和反腐败工作，研究部署2014年工作任务。区委书记王庆国出席会议并发表重要讲话。

17日 安徽佳先功能助剂股份有限公司成功在全国中小企业股份转让系统（“新三板”）挂牌上市（股权简称：佳先股份；股权代码：430489）。

21日 禹会区举行市场监督管理局成立揭牌仪式，市工商局、市食品药品监督管理局、市质监局领导出席；禹会区区委书记王庆国、区政府区长陈建功参加揭牌仪式。

是月 锦绣社区被蚌埠市文化广电新闻出版局命名为“蚌埠市十大特色文化社区、蚌埠市十佳农家书屋”。锦绣社区被蚌埠市城市大建设及棚户区改造指挥部命名为“蚌埠市棚改工作先进集体”。

3 月

5日 区委书记王庆国出席禹会法院2013年度总结表彰大会并作重要讲话。

6日 安徽省委第五督导组、蚌埠市委教育实践活动联络二组一行，对禹会区前进路第二小学开展党的群众路线教育实践活动情况进行检查和指导。禹会区区长陈建功和区委组织部部长庞延轶以及教育局负责人参加检查指导调研和专题座谈会。

6日 区委书记王庆国主持召开拟挂牌项目调度会，对日化厂、吴湾路、新船塘、建设里等6个拟挂牌项目进行分析研究，明确目标任务和完成时限。

12日 胡启望副市长一行到禹会区开展大建设及棚改调研工作，听取禹会区全年工作安排，并对需协调解决的问题明确责任主体。

14日 滨河西片区1#地块启动还原安置工作，近1000套安置房供拆迁户选择。

14日 蚌埠市检察院征求意见建议座谈会在禹会区检察院召开，市检察院副检察长张永校、宣传处处长周献亮及区检察院党组班子成员参加会议。

15日 禹会区区委书记王庆国、区长陈建功、区委副书记况素琴以及区住建委、区农林水委、区安监局等主要负责人一行到马城镇视察“三线三边”整治工作进展情况。

15日 禹会区在欧尚超市广场隆重举行2014年“3·15”国际消费者权益日纪念宣传活动。

16日 禹会区残联开展“禹会区助残志愿者活动日”。区残联联合区团委、安徽电子信息职业技术学院、蚌埠医学院和社会助残志愿者300人，在南岗游园举办以“学雷锋志愿助残，献爱心扬中华美德”为主题的大型宣传和服务活动。

19日 区委书记王庆国调研全区征迁项目，先后来到新东王、六公里、滨河西片区3#地块，对征迁完成时限提出具体要求，并向一线征迁工作人员表示慰问。

21日 禹会区政府在中粮生化（安徽）股份有限公司

氨基酸生产部液氨球罐区开展危险化学品安全生产“三级联动”应急演练。演练共动用警力40余人，出动消防车2辆、救护车2辆，投入使用个人防护装备60余套，模拟疏散群众1000余人。

24日 蚌埠市委组织部长周勇到禹会区马城镇冯嘴村调研党的群众路线教育实践活动，禹会区委书记王庆国、区委组织部长庞延轶等陪同调研。

是月 锦绣社区被安徽省妇女联合会命名为安徽省‘三八红旗手’先进集体。

4 月

1日 禹会区委书记、区委教育实践活动领导小组组长王庆国到马城镇黄庙村和张湾村，调研指导党的群众路线教育实践活动。区委常委、组织部长、领导小组副组长庞延轶，区人大副主任、第二督导组组长郭泽滨，马城镇党委书记、镇党委教育实践活动领导小组组长年福永等参加调研。

11日 区委书记王庆国主持召开全区四月份大建设及棚改工作推进会，听取区大建办关于第一季度工作开展情况的汇报，并对结转项目收尾、新项目启动提出具体要求。

16日 区委书记王庆国主持召开滨河西片区13、14、18#地块征迁启动现场会，区住建委、国土分局、规划分局、征收办、迎淮社区参加会议，会议明确项目启动时间和责任单位及责任人。

17日 禹会区教育局组织区属各校校长、书记及教育局机关科室人员约60人，开展禹会区教育系统党的群众路线教育实践活动暨校校行观摩活动。区委书记王庆国、区政府区长陈建功以及市教育局副局长程燕等参加观摩活动。

17日 《蚌埠日报》以“禹会区检察工作实现三年大发展”为题，对区检察院进行专题报道。

18日 禹会法院党组书记、院长晏宝光受邀参加由最高人民法院《中国审判》杂志社主办的《中国审判》第八届理事大会暨“当代中国司法公开体系构建‘鄞州杯’”论坛并作主题发言。

26日 禹会法院知识产权庭审理的“(2013)禹知刑初字第2号”知识产权刑事案件入选最高人民法院“2013年中国法院50件典型知识产权案例”和《中国法院知识产权司法保护现状(2013年)》白皮书。

27日 一年一度的农历三月二十八涂山庙会举行。当日早晨6时至下午5时许，逛庙会人员络绎不绝，在上午9时(来自怀远)和下午3时许(来自蚌埠市区)出现两次人员高峰，全天上山游客约12万人。

5 月

6日 全市征迁现场观摩会在禹会区滨河西片区12号地块召开，市委主要领导在区主要领导的陪同下出席此次会议。现场会上，禹会区区委书记王庆国同志向市委书记周春雨等主要领导简介12号地块的拆迁情况，并讲解12号地块建设平面示意图。听取汇报后，周春雨同志对滨河西片区12号地块乃至整个禹会区的征迁工作表示肯定，同时对12号地块的后续建设工作给予指导，要求禹会区委、区政府克服各种困难，全力做好包括安置房在内的后续建设工作，为建设美好蚌埠，做出应有贡献。

8日 共青团蚌埠市委书记李星到禹会区宗洼村、冯嘴村调研共青团工作，禹会区政府副区长蒋敏娣和团区委负责人陪同。

9日 区委书记王庆国主持召开大建设及棚改工作五月份推进会，会议要求全区保持良好征迁态势，多措并举解决困难，结合群众路线教育实践活动开展好征迁及大建设工作。

17日 区司法局被省司法厅授予“全省社区矫正工作成绩突出单位”荣誉称号。

18日 是第二十四次“全国助残日”。禹会区司法局组织律师、法律工作者、法援志愿者通过设立宣传站，开展以“关心帮助残疾人、法律援助在行动”维权宣传活动。

23日 全市检察机关“敲诈勒索、寻衅滋事犯罪司法解释法律适用问题”研讨会在禹会区召开。市检察院副检察长杨仕兵、市检察院研究室和各县、区院分管调研工作领导、调研部门负责人，研讨活动部分论文作者以及承办省检察院课题的三个课题组主要执笔人参加会议。

27日 蚌埠市委书记周春雨、市长白金明、市纪委书记倪建胜、市委秘书长杨森及市相关部门负责同志到禹会区调研经济社会发展情况。市领导一行先后到张公山四村、一村、建材厂宿舍、柴油机厂棚户区及北师大蚌埠附校、蚌埠民政产业园(规划)、冠宜箱包公司和禹会区小微企业产业园等进行调研。

28日 禹会区教育局主办“快乐少年、放飞梦想”中小学生大合唱比赛。17支代表队激情高涨，合唱了34首经典歌曲。

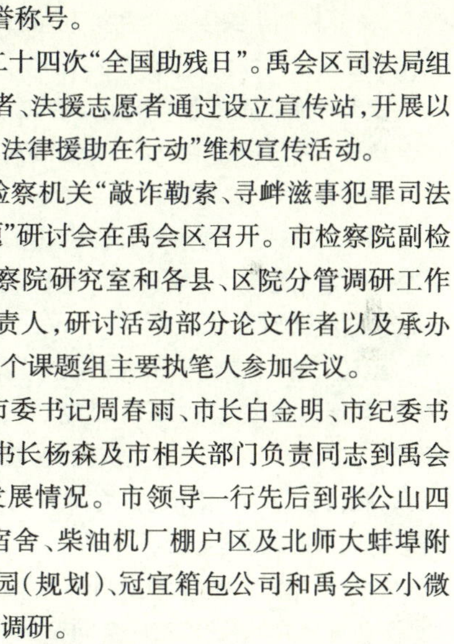

28日 禹会区委、区政府、区人大、区政协、区妇联、区教育局的领导深入到区属小学和幼儿园进行“六一”慰问。

是月 区团委被评为全市先进团组织。

6 月

5日　全市征迁拆违暨大建设(棚改)工作六月份观摩现场会举行。市委书记周春雨、市长白金明率各县区党政主要负责同志、市征迁拆违及大建设相关成员单位主要负责同志观摩调研禹会区老贯徐下朱自然村改造一期及安置房建设项目现场。区委书记王庆国向市领导报告项目进展情况。

10日　区委书记王庆国主持召开六月份文明创建征迁拆违推进会,会议通报全区五月份征迁拆违奖罚兑现情况,涂山风景区、长青乡对东海大道西段综合环境整治工作进行表态发言。

12日　禹会区召开征迁项目专题调度会，对滨河10#、18#地块项目再推进。会议研究了省水利物资股份公司蚌埠分公司、众鑫金属公司、环卫所等征迁事宜,分析了项目推进过程中存在的问题,提出了相应的解决措施,有效促进圈堤西路和淮河西路贯通，加快实现集中连片棚户区改造。

17日　禹会区召开村"两委"换届选举工作动员暨培训会,拉开村党组织委员会和第九届村民委员会换届选举工作的帷幕。长青乡、马城镇、涂山风景区所属39个行政村的负责人参加换届选举工作业务培训。

18日　市委督查组、市关工委到禹会区督查省委28号文件、市委15号文件精神的落实情况。

18日　蚌埠市检察院副检察长张永校带领市检察院办公室、侦监、公诉、控申、技术、案管六部门负责人莅临禹会区检察院调研指导。

20日　蚌埠市督导组在市教育局总督学王光辉同志带领下,到禹会区进行2013年度党政领导干部教育工作督导考核。禹会区区委书记王庆国、区政府区长陈建功及区人大、政协领导和区财政、教育等部门负责人出席并陪同督导组到禹会区属学校实地考查。

23日　在全国检察机关开展的第十六个"举报宣传周"活动首日,禹会区检察院会同市检察院、蚌山区检察院在朝阳路中段世纪联华商场西门处,共同开展法制宣传活动。此次宣传活动的主题是"依靠群众惩治职务犯罪,公开检务强化自身监督"。

是月　锦绣社区被中国科协、财政部命名为"国家科普示范社区"。

7 月

1—3日　禹会区大庆社区借助远程教育平台，组织党员干部看《焦裕禄》等红色经典影片、学革命历史、听专题讲座，为党员群众提供远教20余场，参学党员群众达200余人次，真正让远程教育成为社区教育实践活动的"助推器"。

2日　禹会区启动空压机厂宿舍棚户区项目。该项目东至红阳小区西墙,西至第一人民医院,北至红旗三路,南至涂山路,占地约9.5亩,居民246户,总建筑面积约13800平方米。

4日　在市委宣传部、市司法局、市文广新局、市依法治市领导小组办公室联合开展的全市法治文艺作品评比会上,禹会区王园园、赵文娟创作的《禹检儿女》作品获得全市法治文艺作品三等奖。

4日　禹会区蚌埠中实化学技术有限公司、蚌埠市新黄山玻璃制品有限公司、蚌埠玻璃工业设计研究院、蚌埠丰原涂山制药有限公司、安徽八一化工股份有限公司等5家企业进入安徽省2014年第一批拟认定高新技术企业名单。蚌埠市行星工程机械有限公司顺利通过高企复审。

7日　安徽省企业信用评价委员会公布安徽省2013年诚信企业名单,禹会区辖区企业蚌埠江淮车轮有限公司位列其中,并获得安徽省企业信用评价委员会颁发的奖牌和证书。

8日　区委书记王庆国主持召开禹会区三季度征迁拆违暨大建设(棚改)工作推进会,总结上半年工作,安排部署三季度任务。区长陈建功、征迁拆违分管领导、各项目领衔领导、区直相关部门、各乡镇、社区、涂山风景区及村两委主要负责人共80余人参加了会议。

15日　芜湖市棚改工作考察组一行莅临禹会区考察交流棚改工作,市推进办、市棚改办领导,禹会区常务副区长孙如斌陪同考察。

16日　禹会区区长陈建功主持召开村"两委"换届工作推进会。区委组织部长庞延轶、副区长杨向东以及区村"两委"换届选举工作领导小组、督查指导组、案件查办组成员及乡镇、风景区党(工)委书记、组织部长、乡(镇)分管领导参加会议。

22日　禹会区区委书记王庆国、区政府常务副区长孙如斌接见台湾农渔会联合资讯中心执行长——CEO徐嘉鸿一行。

23日　禹会区举行区委中心组学习会,学习习近平总书记在中央政治局第十六次集体学习时的讲话和省、市委关于党风廉政建设的文件精神,区委、区政府主要负责同志在学习中交流发言。

23日　省高院副院长汪利民一行，在市中院党组成员、副院长朱军等陪同下莅临禹会法院视察指导工作。

25日　禹会区委书记王庆国及区四大班子领导在建军节来临之际分别为蚌埠军分区及驻辖区部队送去11万元的慰问金,并对全体官兵致以节日的问候。

30日　安徽省政协副主席李卫华一行到禹会区最大的棚户区改造项目滨河西片区综合改造项目中的11号地

块开展民生工程巡视，蚌埠市政协主席顾世平、市委常委，常务副市长张孝成、禹会区政府区长陈建功、区政协主席何建超、区政府常务副区长孙如斌以及相关部门负责同志陪同巡视。

8 月

1日 禹会区所属9个社区的就业和社会保障工作站分别在所辖人员流动密集区域设点开展城镇居民医保工作宣传活动。各工作站站长以及全体劳动保障协理员、助老员参加了本次活动。活动期间共发放宣传材料23000份，接受500多人咨询。

5日 省党政领导干部教育工作督导专家组对本区进行督导评估，评估等级为“优秀”。

14日 全市征迁拆违暨城市大建设（棚改）工作8月份观摩现场会举行，与会领导一行实地查看禹会区日化厂及周边安置房建设项目和老贯徐村改造项目（二期）。区委书记王庆国汇报项目进展情况。

15日 禹会区启动滨河西片区10#地块项目。该项目东至西圈堤，南至涂山路，西至席家沟，北至规划线。项目占地约98亩，居民总户数202户，总建筑面积约14109平方米。

17日 禹会区人社局在马城镇召开城乡居民养老保险工作推进会。

18日 以安徽省人社厅厅长任予赞为组长的基层中医药服务能力提升工程督导组，在蚌埠市卫生局副局长李杭建的陪同下，对禹会区基层中医药服务能力提升工程进行督导、调研。

19日 蚌埠市政协副主席徐超一行到禹会区中小企业产业园进行调研并召开入园企业负责人座谈会。禹会区区委书记王庆国、区委副书记区长陈建功、区委常委副区长李欣、区政协副主席倪振辉、区经信委等部门主要负责人陪同调研和参加座谈。

21日 禹会区长青乡宗洼村法治文化广场建成。

22日 驻马店市确山县政府住建局、国土局、房屋征收办、盘龙镇政府等有关单位负责同志一行11人，到禹会区考察交流征迁拆违和大建设(棚改)工作。

9 月

1日 坐落在禹会区的北京师范大学蚌埠附属学校开学，近700名中、小学生入学。

4日 禹会区区委书记王庆国、区政府区长陈建功在区教育局领导的陪同下，深入到马城镇、长青乡慰问刘伟俐、王彩焕、袁旭光、吴志卫、常少亮等困难教师，并祝他们过好教师节和中秋节。

5日 共青团中央权益部副部长王锋一行在团省委权益部副部长刘中原陪同下，到禹会区检查团建工作，并在锦绣社区召开社区青年座谈会。蚌埠团市委书记季星、禹会区委副书记况素琴、团市委副书记龙晓娣、共青团禹会区委书记王岂、社区团支书代表、学校团委书记代表以及青年学生代表参加座谈会。

5日 禹会区开展“我们的节日·中秋”经典诵读展演暨禹会区“道德讲堂”总堂活动。

10日 禹会区隆重庆祝第30个教师节并召开表彰大会，禹会区委、区政府、区人大、区政协、区教育局以及市教育局的相关领导，禹会区各学校校长、书记、受表彰人员及教师代表300余人参加会议。

17日 区委书记王庆国主持召开9月份征迁拆违暨大建设(棚改)工作推进会。区长陈建功、征迁拆违分管领导、各项目领衔领导、区直相关部门、各乡镇、社区、涂山风景区及村两委主要负责人共80余人参加会议。

21日 为强化刑事法律援助工作，维护犯罪嫌疑人、被告人的合法权益，禹会区制作“法律援助联系卡”200份，发放到区法院、区检察院和区公安分局三家单位。

22日 禹会区司法局“手机普法短信”平台启用。

24日 区辖马城镇被省文化厅命名为“2014—2016年度安徽省民间文化艺术之乡”。

25日 副市长胡启望率队调研禹会区征迁项目零星遗留问题及攻坚项目扫尾进展情况，市政府副秘书长徐行忠、市纪委副书记尚殿松参加调研。区委书记王庆国及市相关部门负责人陪同调研。

25日 全国检察机关“信息化条件下的检务公开研讨会”在湖南省株洲市召开，禹会区检察院再次荣获“全国检察宣传先进单位”称号。会议期间，中国检察视频台对禹会区检察院党组书记、检察长王俊峰进行专访。

30日 禹会区卫生局组织社区、乡镇、爱卫成员部门、医疗机构开展以“讲究卫生除四害 整洁环境保健康”为主题的爱国卫生法制宣传周活动，此次宣传活动辖区所属社区、乡镇、爱卫成员部门、37家医疗机构，共60家单位计105人参加。

10 月

17日 禹会区完成吴湾路棚户区改造二期项目征迁工作。该项目共征迁84户，拆迁1.1万平方米，交付净地10亩。

22日 市委组织部王兵副部长一行到禹会区督查指导开行贷款项目相关工作，市住建委副主任孔峻枫陪同。

22日 禹会区人民法院被安徽省高院表彰为2014年全省法院司法新闻宣传工作先进单位。

26日 禹会区残疾人运动员孔琪在安徽省第六届残

疾人运动会上取得女子铅球项目金牌和标枪项目银牌，吕玉越取得中国象棋比赛银牌。

是月　禹会区暖心社工服务社成立，共招募229名会员。“暖心社”旨在着力解决独生子女死亡家庭在生活保障、养老照料、医疗保险、精神慰藉等方面遇到的特殊困难，为这类特殊的家庭带去新的希望。

是月　马城公交枢纽站完成选址。

11　月

6日　安徽省民政厅领导及相关业务科室莅临禹会区调研社会工作专业人才队伍建设试点工作。

7日　禹会区召开四季度征迁拆违暨大建设（棚改）工作推进会。区委书记王庆国、区政府区长陈建功等主要领导，区直相关部门、各乡镇、社区、涂山风景区及村两委主要负责人80余人参加了会议。

8日　禹会区正式启动滨河西片区5#、7#地块项目。该项目东至纬四路西侧，南至规划线，西至席家沟，北至胜利西路。居民总户数685户，总建筑面积约33290平方米。

13日　安徽省卫计委副主任朱庆一行到禹会区秀水社区调研督导计生特殊困难家庭社会关怀项目，蚌埠市副市长秦仲鑫、蚌埠市计生委主任刘雪洁、禹会区区长陈建功陪同。

15日　省政府召开评估反馈会，宣布蚌埠市禹会区通过义务教育均衡发展工作国家认定，禹会区成为蚌埠市首批义务教育均衡发展县区之一。

21日　禹会区卫生局召开强化家庭医生责任制工作推进会，辖区各社区卫生服务机构、乡镇卫生院、村卫生室的相关负责人参加会议。

22日　《新安晚报》（检察之光）基层采风栏目，以“看禹会如何逆袭”为题，对禹会区检察院进行专题报道。

28日　省高院民三庭、刑三庭负责人带领合肥市高新区法院、芜湖市经济开发区法院等相关同志组成的专题调研组莅临禹会区法院，就知识产权犯罪量刑规范化工作开展专题座谈调研。

28日　安徽省教育厅关工委常务副主任郝运福、秘书长李杨及教育部关工委主题活动组潘科等专家组成的皖北片市教育局关工委检查组莅临禹会区前进二小检查指导工作。

是月　禹会区荣获“全国和谐社区建设示范城区”称号，成为蚌埠市唯一一家由国家民政部认可的示范城区。

是月　马城镇（含天河科技园）总体规划获批。

是月　锦绣社区社会组织联合会被安徽省民政厅评为基层枢纽型社会组织。

12　月

2日　禹会区召开征迁档案管理工作培训会议。

6日　区依法治区领导小组办公室牵头，区司法局、区法院、区检察院、区公安分局、区工会、区团委、区妇联等十多个部门联合在迎淮社区围绕“弘扬宪法精神、建设法治禹会”主题，开展大型法制宣传咨询服务活动。

9日　蚌埠市委组织部副部长、市人社局局长孟祥光到禹会区位于马城镇的建华管桩有限责任公司、蚌埠冠宜箱包有限责任公司调研企业用工情况，到马城镇社会事务服务中心，调研乡镇就业和社会保障工作。禹会区区委书记王庆国、常务副区长孙如斌、副区长力卫阳、市人社局副局长朱冬民、禹会区人社局局长郭建国等陪同调研。

9日　区司法局联合区委宣传部、区政法委等部门举办法治禹会建设法律知识竞赛，来自区公检法、各乡镇、社区、涂山风景区的16支代表队参赛，经过预赛、决赛激烈比拼，共评选出一等奖1名，二等奖2名、三等奖5名。

10日　共青团安徽省委督查组到禹会区检查区域化团建工作。

16日　全市检察机关“学习贯彻党的十八届四中全会精神座谈会暨疑难案例研讨会”在禹会区检察院举行。

24日　省检察院技术处副处长黑广彬一行在市检察院技术处处长余胜国陪同下，莅临禹会区检察院调研指导中心机房、侦查指挥中心和涉密信息系统分级保护工作。

24日　省检察院法警总队总队长齐美满率检查验收组一行，在市检察院法警支队领导陪同下莅临禹会区院检查指导工作，对升级改造后的办案工作区进行检查验收并现场颁发“安徽省检察机关办案工作区准用证”。

30日　蚌埠市委书记周春雨一行到禹会区马城新区进行调研。禹会区委书记王庆国向其详细阐述了马城新区总体规划思路及发展方向，介绍了206国道提升改造项目、马城新区安置房项目、马城货运码头等重点项目进展情况。区长陈建功，区委副书记况素琴等陪同调研。

31日　禹会区朝阳三小内人声鼎沸，热闹非凡，该校首届迎新年模拟庙会盛大开幕。

是月　区人社局开展居民医保宣传工作，加大推广力度，提升居民医保政策知晓面。

本年度　禹会区秸秆禁烧工作实现全区零火点，获蚌埠市禁烧办颁发的“秸秆禁烧无火点示范区”荣誉称号。

本年度　禹会区政府金融工作被蚌埠市委市政府表彰为2014年度“新三板挂牌工作先进单位”。

2015年大事记

1　月

5日　禹会区马城镇冯嘴村法治文化园建成。

9日　禹会区卫生局、禹会区疾病预防控制中心在蚌埠市圣亚达商务酒店举办“埃博拉出血热疫情防控应急桌面演练”。区卫生局、区疾控中心、蚌埠市五院、马城镇卫生院等相关卫生应急工作人员共30余人参加。

13日　蚌埠市检察院征求意见座谈会在禹会区检察院召开。

18日　禹会区委、区人大、区政府、区政协主要负责同志在新春佳节到来前夕赴秀水新村，亲切慰问全区环卫工人，为他们送去慰问金和慰问品，并致以节日的问候和祝福。

21日　马城镇老干部支部被省老干部局表彰为“全省离退休干部先进集体”。

2　月

4日　蚌埠市副市长马三九在春节前夕到禹会区走访慰问冷水村部分困难党员干部，为他们送去慰问金和慰问品，致以节日问候和祝福。区委常委、常务副区长孙如斌、涂山风景区书记范宗林等一行人陪同。

7日　禹会区召开适应新常态实现新发展动员大会，表彰2014年度经济发展、征迁拆违和大建设、文明创建和城市管理及工作创新中取得显著成绩的先进集体和个人。

14日　区委书记王庆国主持召开禹会区征迁拆违工作督查推进领导小组会议。区四大班子、区直相关部门及各乡镇、社区参加会议。

17日　蚌埠市人大副主任宋家传到大庆社区考察老龄工作开展情况。

是月　禹会区人社局开展就业援助月“孔雀计划”返乡人员招聘会活动。

3　月

5日　区委书记王庆国主持召开禹会区三月份征迁项目推进会。

5日　“美丽禹会青春同行”青年志愿服务项目启动，20多支青年志愿者服务队伍，在张公山社区开展集中服务活动。

6日　蚌埠市“建设法治中国·巾帼在行动——万家联动·送法到家”三八维权月启动仪式在禹会区大庆社区举行，市妇联主席蒋鸿燕、区委副书记况素琴参加活动并作重要讲话，各乡镇、社区妇联主席参加启动仪式。

10日　蚌埠市政府副市长马三九、市政府副秘书长高文带领市工商质监局、市发改委、市食药局、市消协相关领导到禹会区欧尚超市开展“3·15”市场专项检查工作。

10日　禹会区组织机关干部、青年志愿者200多人，到宗洼村东面的地块进行义务植树活动，共栽上女贞2000多棵。

12日　区开行办组织召开征地拆迁项目开行用款培训会，对开行贷款使用程序及注意事项进行培训，各乡镇社区参加会议。

15日　禹会区在百大拓基广场围绕“携手共治 畅享消费”举行2015年“3·15”国际消费者权益日纪念宣传活动。

16日　中国荷金来农业股份有限公司执行总裁仪江天一行5人，在市委统战部和区统战部领导的陪同下，对禹会区农业等方面进行考察。区招商局领导与他们进行有关项目的介绍和合作商谈。

16日　市残联副理事长卢志强带领市残联专项调查验收组，对禹会区残疾人服务需求专项调查工作进行验收。

18日　安徽省卫计委家庭发展指导处处长胡友来一行，莅临禹会区大庆社区“城市生活e站”调研计生特殊家庭工作开展情况。禹会区区长陈建功、蚌埠市卫计委副主任王雪等陪同调研。

21日　旨在为助残志愿服务提供必要保障的全省首家“爱心助残志愿者活动基金”在禹会区成立。

25日　“蚌埠二中禹会实验学校（筹）”揭牌仪式在蚌埠十一中隆重举行。禹会区委书记王庆国、区长陈建功、市教育局副局长谢影、蚌埠二中校长李新义、区四大班子和区教育局各部门主要领导等出席揭牌仪式。

26日 蚌埠市财政局监督检查科一行按照省市相关文件精神，对禹会区盘活财政存量资金有关情况进行专项检查。

27日 禹会区爱卫会召开全区爱卫扩大会议。通报2014年全区爱国卫生工作情况，表彰在2014年卫生创建工作中获得省、市卫生先进荣誉称号的企事业单位和行政村。

4 月

3日 禹会区“大学生进基层开展志愿服务成为常态化”在安徽青年报上刊登。

4日 区委书记王庆国主持召开禹会区四月份征迁项目推进会。

10日 禹会区创建全国文明城市指挥部召开全区动员誓师大会。区长、创建全国文明城市禹会区第一副指挥长陈建功主持大会。区委书记、创建全国文明城市禹会区指挥长王庆国作动员讲话。

10日 市政协副主席薛惠祥一行16人到禹会区调研基层医疗改革发展情况，区政协副主席梅顺、区政协办公室主任张广斌及区卫生局相关人员陪同调研。

12日 共青团蚌埠市委书记季星、安徽青年报主编汪小雅到禹会区就强化青少年思想引领工作进行专题调研。

21日 市委老干部局一行在区委老干部局负责同志陪同下到马城镇传达全国、全省、全市老干部工作会议精神以及老干部“双先”事迹。

22日 蚌埠市纪委副书记吴争鸣、市纪委秘书长邵华勤一行，在市检察院副检察长杭巨平等人陪同下，莅临禹会区检察院检查指导“廉政文化建设示范点”创建工作，并现场颁发省级“廉政文化建设示范点”奖牌。

23日 禹会区第二家新三板上市企业“安徽中晶光技术股份有限公司”在北京举行中晶光股份全国中小企业股份转让系统(俗称“新三板”)挂牌上市仪式，蚌埠市副市长吴中尧、禹会区政府区长陈建功、蚌埠能源集团有限公司董事长李兑出席。

24日 明光市纪委、市妇联领导一行，在蚌埠市纪委宣传部部长何晓冬等人陪同下，莅临禹会区检察院就廉政文化进家庭开展考察交流。

26—28日 区委组织全区村“两委”干部暨大学生村官在新马桥干校培训。

30日 “岗位技能促振兴，奋斗的青春最美丽”——禹会“最美青工”表彰暨青春励志分享会在禹会区政府举行。团市委副书记龙晓娣，禹会区委副书记况素琴，区委宣传部副部长王兵，区工会主席杨洁，团区委及乡镇、社区、企业团委书记60余人参加会议。

30日 禹会区检察院团支部被表彰为2014年度“安徽省五四红旗团(总)支部”。

是月 禹会区在扬州市邗江区成立驻邗江区流动人口协会，并在邗江区邗上街道开通“办证直通服务窗口”。

5 月

4日 共青团禹会区委在蚌埠十中多功能厅组织开展以“与信仰对话、青春因奋斗而精彩”五四主题团日活动。禹会区各中学团委书记、区直属团组织青年团员、蚌埠十中新老团员200多人参加。

5日 蚌埠市年度考核工作组到禹会区考核县级领导干部。

6日 蚌埠市委书记周春雨、市长白金明带领各县区主要领导、市直机关主要领导视察禹会工业集中区机械装备制造产业园内金融机具项目建设情况。

14日 “禹会区人民政府职能转变和机构改革动员大会”召开，部署区政府职能转变和机构改革工作。

14日 禹会区委组织部召开禹会区卫生局和禹会区人口与计划生育委员会全体干部职工大会，宣布原卫生局与原人口和计划生育委员会合并，更名为禹会区卫生和计划生育委员会。李美玲任禹会区卫生和计划生育委员会主任，何蝉均、曹奕任禹会区卫生和计划生育委员会副主任。

15日 禹会区举办全区党员干部“三严三实”专题党课报告会，区委书记王庆国作专题报告。

15日 禹会区法院荣获全省“维护国防利益和军人军属合法权益工作先进单位”。

21日 市委常委、组织部长胡朝荣到禹会区作“三严三实”专题教育党课报告。

23—26日 是全国检察机关第十七个举报宣传周，主题为：“落实举报规定、推进反腐倡廉和规范执法”。禹会区检察院采取多种形式开展“举报宣传周”活动。

26日 区委书记王庆国主持召开禹会区征迁项目专题调度会。

26日 禹会区教育局更名为禹会区教育和体育局。

29日 市关工委领导胡德新、葛怀志、杨文祥一行，在禹会区关工委、区教育局关工委、马城镇关工委有关领导的陪同下，冒雨到马城镇的五淮、梅姚两个村级小学看望40名特困学生和留守儿童，并现场捐赠书包、文具、跳绳、棋类等10000余元的文体用品。

6 月

3日 安徽省政务服务中心副主任张克锁率省政务公开政务服务调研组一行来禹会区调研政务公开政务服务工作，蚌埠市政务服务中心主任丁跃明、禹会区委书记王庆国等陪同调研。

6日　禹会区召开全区农村党建观摩推进会和县级领导干部“三严三实”专题教育研讨会。

10日　禹会区政法委召开表彰会，对路遇车祸、携手相救的见义勇为先进个人刘先才和尹培同志给予表彰，授予两人“见义勇为先进个人”荣誉证书，并给两人各5000元奖励。

15日　蚌埠市民生办一行来区了解《蚌埠市2015年33项民生工程实施办法》落实情况。

19日　区司法局联合区安监局、区教育局、区人社局等部门开展内容丰富、形式多样的“安全生产咨询日”活动，营造了“关爱生命、关注安全”的浓厚氛围。

28日　禹会区开展防汛实战演练，区长陈建功主持演练并赴天河排涝站，淮河黄苏段以及黄疃窑排涝站现场视察指导防汛抢险工作。

7　月

9日　全省特殊家庭关怀救助工作经验交流会现场观摩禹会区大庆社区的暖心女儿志愿者服务队和锦绣社区的爱心储蓄银行。

9日　安徽省高级人民法院党组成员、副院长徐致平率省高院、蚌埠中院、禹会区法院56名法官前往装甲兵学院，开展三级法院“送法进军营”活动。

14日　禹会区卫计委一行9人，赴五河县、固镇县卫计委交流学习卫生应急示范县（区）创建工作。

22日　市检察院副检察长康燕一行到禹会区检察院调研民行控申检察工作。

30日　国务院安委会第十四督查组到禹会区督查粉尘作业和使用场所防范粉尘爆炸大检查工作开展情况，督查组组长、国家安全监管总局安全生产监察专员杨国顺和国家安全监管总局处长张宏元、教授（专家）钟圣俊一行检查了中粮生化氨基酸生产部和柠檬酸生产部。省安监局副局长李大华、市安监局局长张兆平全程陪同并参与全部检查活动。

28日　陈建功主持召开区安财商学院项目工作推进专题会议，研究解决安财商学院项目的土地报批、征地拆迁等相关事宜。

30日　禹会区统计局结合“三结三联三服务”活动，邀请蚌埠市畜牧技术推广中心高级畜牧师到马城镇立新村开展送科技下乡活动，为当地群众50余人传授土鸡养殖技术。

是月　蚌埠十中女子足球队在安徽省青少年足球锦标赛中荣获亚军，禹会区教育和体育局获得“安徽省社会体育先进单位”。

8　月

10日　安徽省人力资源和社会保障厅和省委防范和处理邪教问题领导小组授予禹会区委防范办为全省防范和处理邪教工作“先进集体”称号。

12日　区委书记王庆国主持召开兴光B、C区项目遗留问题专题调度会。

21日　禹会区青年社会组织孵化中心正式成立并接纳社会组织进驻，首批有13家公益社会组织在中心安“家”。

26日　禹会区区长陈建功、副区长胡兴文在区卫计委领导陪同下到马城镇中心卫生院检查工作。

28日　安徽省政府安委会第七督查组在组长、省国防工办总工程师郑超带领下来禹会区督查油气等危险化学品罐区专项安全大检查工作开展情况。抽查中粮生物化学（安徽）股份有限公司小酒精生产部的酒精罐区。市安监局局长张兆平、区政府党组副书记李军全程陪同并参与全部检查活动。

是月　投资1400万元的马城高标准农田建设项目竣工。

9　月

1日　全区新任职社区“两委”成员培训会召开。

2日　禹会区召开创建全国文明城市推进会，全面贯彻落实蚌埠市委推进会精神，动员组织全区对照任务指标，以更坚定的信心、更扎实的举措，全力以赴打好争创全国文明城市攻坚战。

21日 安徽财经大学商学院项目在禹会区开工建设。蚌埠市领导周春雨、白金明、何金良、顾世平、王诚、倪建胜、郑东涛、杨森、梁常信、胡启望、吴中尧,市政府秘书长姜晓天;安徽财经大学校长丁忠明;福建祥兴集团总裁薛行远出席开工奠基仪式。禹会区四大班子主要负责人参加开工仪式。禹会区区长陈建功代表禹会区致辞祝贺。

23日 禹会区委组织部、区政府办(法制办)邀请蚌埠市中级人民法院行政审判庭顾倩庭长为禹会区学习新《行政诉讼法》及行政应诉开展专题法治讲座。区四大班子全体人员,公、检、法领导班子成员,乡镇、社区领导班子成员,区直机关全体干部,区属企事业单位主要负责同志参加培训讲座。

26日 禹会区人社局组织工作人员对退休困难职工进行中秋节慰问。

是月 禹会区与厦门海沧区签订"中国好老师"互联互通项目。

10 月

8日 禹会区副区长胡兴文带领区卫计委和马城镇有关人员到马城镇中心卫生院调研卫生院建设和医改工作。

14日 省委老干部报告团4位成员到区作离退休干部"双先"事迹报告,区机关退休干部、区退教协教师等50名老同志听取报告。

22日 区卫计委5名卫生监督协管员参加市卫计委组织的"学习卫生法规知识,争做优秀协管员"技能竞赛。参赛人员发挥出色,并荣获集体二等奖。

27日 禹会区法院被表彰为"全省法院司法新闻宣传工作先进单位"。

是月 206国道改造提升项目开工建设。

是月 禹会区钓鱼台小学教师葛海燕被评为敬业奉献型"中国好人"。

11 月

11日 淮南市财政局一行按照省财政厅相关文件精神,对禹会区2014年度决算信息公开和2015年度预算信息公开工作进行检查。

23—24日 安徽省卫生和计划生育委员会组织以省疾控中心副主任苏斌为组长的"省级卫生应急示范区"验收评估组,对禹会区创建"省级卫生应急示范区"工作进行考核验收。

是月 共青团禹会区委组织推报的"阳光助残、青春同行"青年志愿服务项目,获安徽省第二届青年志愿服务项目大赛一等奖。

12 月

2日 区委副书记、区长陈建功主持召开禹会区征迁拆违工作推进会。区四大班子、区直相关部门及各乡镇、社区参加会议。会议要求,对列入市重点调度的柴油机厂棚户区B区,原玻璃厂宿舍棚户区、公交公司宿舍棚户区,张公山一村、四村项目组倒排计划,确保于12月25日前全面完成征收及拆旧任务。重点调度项目完成情况纳入区政府年终目标考核,实行"一票否决"。

2日 禹会区住房保障工作领导小组办公室发布禹会区第四批公共租赁住房实物配租通告。

2日 区司法局联合团区委、安徽财经大学,以创建全国文明城市活动为契机,在张公山社区开展以"创城在行动,法制在身边"为主题的法制宣传活动。

3日 蚌埠市党建观摩会在禹会区召开,与会人员实地参观禹会区金域社区、宗洼村、冠宜箱包企业。

4日 省高院民三庭庭长许徽一行到共建单位蚌埠市禹会区法院进行基层党建工作共建活动,并深入企业进行调研。

5日 区团委承办的全市"校地共建,青春创城"国际志愿者日纪念活动在金域社区举行,10余支志愿者服务队开展志愿服务活动。活动中,区团委与蚌埠医学院团委签订校地共建协议。

10—11日 禹会区法院院长晏宝光参加中国审判"荣昌杯"高端论坛并做典型发言。

16日 禹会区委书记王庆国主持召开全区县级领导干部"三严三实"座谈会。

21日 安徽省高级人民法院发布《关于对省内具有一审涉外商事案件管辖权的人民法院管辖范围及标准进行调整的通知》,蚌埠市禹会区人民法院自2016年1月1日起,集中管辖淮北市、亳州市、宿州市、蚌埠市、阜阳市的第一审500万元以内的涉外、涉港澳台商事纠纷案件。

23日 禹会区召开全区县级领导干部民主生活会。

25日 安徽省国家安全厅评定禹会区国安办为"二级国安办"。

29日 禹会区法院案例入选全国环境侵权十大案例。

31日 禹会区人民法院收到安徽省高级人民法院贺信,对禹会区法院在2015年取得的成绩表示祝贺。

31日 马城镇团委获全省农村基层团建示范乡镇。

是月 禹会区法院选为安徽省多元化纠纷解决机制示范法院并获安徽省关爱干警工作先进法院荣誉。

是月 投资2.5亿元的马城货运码头项目开工建设。

是月 禹会区教体局关工委被评为"安徽省关心下一代工作"先进集体。

是月 禹会区政府金融工作被蚌埠市委市政府表彰为2015年度"新三板挂牌工作先进单位"。

区情辑要

●建置地理

●自然环境和资源

●区划·人口

●禹会区 2014—2015 年机构设置及领导人名录

建置地理

【建置沿革】 1949年1月20日蚌埠解放，7月设西市区。1956年5月10日，蚌埠市西市区人民政府改为蚌埠市西市区人民委员会。1960年5月22日，成立蚌埠市东海人民公社和分社。1961年5月，恢复西市区人民委员会。1968年5月17日，成立西市区革命委员会。1980年7月21日，西市区革命委员会改为西市区人民政府。2004年2月29日蚌埠市区划调整，西市区更名为禹会区。2009年区划调整，取消街道编制，城区直接划分为朝阳、秀水、迎淮、张公山、金域、大庆、锦绣、钓鱼台、喜迎门9个社区。2013年区划再次调整，区辖9个社区和长青乡、马城镇两个乡镇、涂山风景区，共39个行政村。

【地理位置】 禹会区位于蚌埠市区西部，淮河南岸。北纬32°47′41″至32°57′08″，东经117°11′09″至117°21′18″，平均海拔高度23.5米。东以朝阳路、燕山路、蚌西路与蚌山区为界，西、北以淮河分别与蚌埠市所属怀远县、淮上区相连，南与凤阳县、淮南市接壤。2004年以前区域面积23平方公里；2004年2月区划调整后区域面积125.21平方公里；2009年原怀远县马城镇划归禹会区，全区总面积228.68平方公里。

禹会区人民政府位于涂山路429号。

自然环境和资源

【自然环境】 禹会区是禹会诸侯之地，因辖区内有禹会村而取名。此地丘陵起伏，山水相连，自然风光秀丽多姿：禹会区有涂山、张公山、大独山、黑虎山、小黄山、秦家山等。张公山1975年开辟为张公山公园，现为国家AAAA级旅游景区，山顶建七层塔名望淮塔，登高塔上，可俯察淮河穿越蚌埠市区之盛。涂山为大禹治水时会诸侯之地，现存有涂山禹王庙、启母石等，山下有禹会村，今辟为涂山风景区。

禹会区内禹会村的禹墟，4000年历史已成过去。禹墟发掘探源以实物佐证了“禹会诸侯、执玉帛者万国”的伟大业绩。

淮河闸风景区为国家级水利风景区，此水利枢纽被誉为“淮河上的葛洲坝”。区域内的天河集山岳、河湖、湿地自然景观一体，是建设中的湿地景区。

【自然资源】 禹会地区有着丰富的自然资源。常年平均气温15.6°C左右，年平均降水量950毫米左右。

水资源：禹会区境内有天河、九里塘，西北边是千里淮河，水资源丰富。天河 古称西濠水，位于禹会区区境，发源于凤阳山区西部武店东棺材山。天河全长33公里，流域面积357平方公里，年平均径流量9000万立方米。禹会区境内天河长16公里，水面宽600~1000米，其中湖洼段长9公里，形成自然天河湖。水域面积14平方公里，蓄水量2000万立方米。天河原是淮河小支流，可行小船。民国27年（1938年）黄泛后，下游淤积严重，尤以沈家岗至河口一段最甚，河渠淤塞几与两岸平地同高，致使积水不能泄淮。1959年修建天河闸，控制了淮水倒灌和天河的水位，始成为水产养殖水面。

植物：禹会区常见乔木有140余种，包括：雪松、黑松、马尾松、火炬松（台大松）、獐子松、金钱松（金叶松、金松）、赤松（日本赤松）、湿地松、杜松、罗汉松，柳杉、水杉、池杉、落羽杉、南洋杉，侧柏（柏树、扁柏）、铅笔柏、圆柏（桧柏）、龙柏、日本扁柏、日本花柏、绒柏、塔柏、柱柏、垂柏、圆球柏（玉柏）、偃柏、米针柏、鹿角柏、翠柏、香柏、刺柏（台柏）、竹柏，广玉兰（荷花玉兰、洋玉兰）、白玉兰等。

常见灌木有70多种，包括：麻叶绣线菊、李叶绣线菊、珍珠绣线菊，华北珍珠梅、榆叶梅，皱皮木瓜，火棘，棣堂，洋蔷薇、白花蔷薇（野蔷薇），月季，玫瑰，毛樱桃，紫穗槐，锦鸡儿，象牙红（龙芳花），圆叶胡枝、毛叶胡枝（山豆花）、细梗胡枝，截叶铁扫帚，欧洲山梅花（西洋山梅花）、绣球花（八仙花），芫花，糯米条，海桐，柽柳，木芙蓉（芙蓉花）等。

常见栽培植物有200多种，主要有：小麦、大麦、水稻、山芋、黄豆、黑豆、青豆、蚕豆、豌豆、绿豆、豇豆、红小豆、高粱、玉米、油菜、花生、芝麻、蓖麻、烟叶、薄荷、棉花、红麻、黄麻、苘麻、柽麻、大白菜、甘蓝、青菜、乌菜、菠菜、芹菜、疙瘩菜、辣椒、芫荽、莲藕、萝卜、胡萝卜、黄瓜、蕃茄、白米苋、红米苋、红柳苋等。

动物：禹会区饲养的动物及鱼类主要有：马、黄牛、山羊、驴、骡、猪、水牛、兔、狗、猫、奶牛、绵羊、鸡、鸭、鹅、鸽、鹌鹑、画眉、百灵鸟、鹦鹉，鲢鱼、鳙鱼、草鱼、青鱼、甲鱼、黄鳝、鲤鱼、团头鲂、罗非鱼、大阪鲫、金鱼、珍珠蚌、虾；饲养的昆虫主要有蚕、蜜蜂等。

野生的动物、昆虫主要有：野兔、野鸡、獾、刺猬、黄鼬、豹猫、夜鹰、蝙蝠、鼠、蛇、蟮、青蛙、蟾蜍、蜥蜴、壁虎、大雁、小燕、喜鹊、乌鸦、麻雀、野鸭、斑鸠、鹭、布谷鸟、啄木鸟、鸬鹚、鹌鹑、龟、鳖、蟹、黑鱼、泥鳅、田螺、蚌、蜗牛、沙蚕、蚯蚓、水蛇、蚂蟥、稻田虾、水蚤、水螽、蜈蚣、飞蝗等。

【地质地貌】 在漫长的地质历史中，经历长期的海洋环境，又受多次构造运动的影响，形成一系列褶皱和断层，亦发生数度岩浆活动，并伴以侵蚀和堆积作用，遂形成禹会区地质环境。新生代喜马拉雅运动，禹会区及邻近地区表现以大面积轻度升降为主。同期，淮河水系逐渐发育，禹会区成为缓丘、宽谷的地貌组合。全区地势总体较为平坦，略有起伏，西南、西北偏高，中东部偏低。平均海拔高度23.5米。

【土壤环境】 禹会区处于两个生物气候带交界处，地形地貌不一，成土母质类型多样，加之黄泛影响，导致土壤类型及分布复杂。区境土壤可划分为淋溶土、初育土、半水成土、人为水成土4个土纲，潮土、棕土、黄棕壤、沙礓黑土、水稻土5个土类，下领10个亚类、18个土属、27个土种。

【矿产资源】 禹会区地质构造复杂，矿产资源总体上相对贫乏。在已探明矿区（点）中，小型矿床主要为水泥用灰岩矿、水泥配料用黏土矿、砖瓦用黏土矿和矿泉水及建筑石料用花岗岩等。

【交通资源】 禹会区位置优越，交通便利，北有千里淮河第一港，合徐、界阜埠高速公路，朝阳路淮河公路，大庆路淮河公路桥穿境而过，京沪高铁、京台高铁纵横交错，毗邻蚌埠客运西站、新港码头、蚌埠机场。发达的交通，独特的位置给禹会区的发展插上腾飞的翅膀。

【工业科技资源】 辖区内拥有国家、省、市大中型企业30余家，规划和建设禹会现代机械装备产业园、临港物流园等10余个工业发展平台，规模以上工业企业67余家，其中上市企业3家，千亿企业14家、高新技术企业34家。辖区驻有信息产业部第四十研究所、第四十一研究所、机械工业第一设计研究院、玻璃工业设计院等科研院所，为实现产、学、研相结合提供了得天独厚的条件。

【人文景观】 禹会区古为涂山氏国，是华夏发祥地之源头，是大禹之子、华夏第一王——启的故乡，拥有名胜古迹数处。禹会村遗址位于涂山南5公里处，东侧为天河，西侧为淮水，现辟为涂山风景区。涂山风景区是远古时期大禹治水时会诸侯之地，大禹在此娶涂山氏为妻，并留下“三过家门而不入”千古佳话，现存有涂山庙、启母石等胜迹。每年农历3月28日前后3天为涂山禹王庙会，远近百姓纷纷前来祭祀朝拜，感戴大禹的治水功德，场面盛大。

钓鱼台遗址位于禹会区钓鱼台社区境内，有4个形状相仿大小不等的高墩，涨水时可不被水淹没。立在台上，似可钓鱼，故称钓鱼台，乡人以其大小不等也有称其为大陈迹、二陈迹、三陈迹、四陈迹。大陈迹台墩高5米，面积80平方米。经考证定为新石器时代晚期至殷商之前古人群聚生活的遗址。

禹会区内还有新石器时代晚期的梅堌堆遗址、西郊古墓群、孙叔敖墓、北洋军阀倪嗣冲建造的倪公祠等。

花鼓灯第一村冯嘴子村，位于蚌埠市禹会区西南部，这里自然环境优美，“天河抱村落，碧水绕家门。”冯嘴子最吸引人们的是首屈一指的“花鼓灯”艺术。在冯嘴子村，上至90岁的老人，下至三五岁的孩童，人人都是玩花鼓灯的好手。2004年，冯嘴子村被文化部确定为中国花鼓灯原生态保护区。2005年，冯嘴子村又被中国舞蹈家协会、中国艺术研究院舞蹈研究所命名为“中国花鼓灯第一村”。“中国花鼓灯第一村”花鼓灯艺术历史悠久，演出形式系统完整，内容丰富，舞姿优美，具有独特的汉族民间文化风格和地方特色。自清朝中期至今冯派花鼓灯已流传八代。村中的“花鼓灯艺术传习所”里，有冯嘴子村自然文化景观，冯派花鼓灯历史及保护成果。

张公山风景区是国家AAAA景区，地属禹会区，占地面积110.6公顷。该景区由张公山公园、张公岛、张公湖、锦江大酒店、张公山宾馆及张公湖周边休闲绿地组成。于1973年始建，其山顶建有望淮塔，蚌埠市标志性建筑之一。塔高35.33米，七层八角，建筑面积820平方米，塔名由已故全国政协副主席、中国佛教协会主席赵朴初先生题写，登塔可鸟瞰珠城全貌，观淮河两岸风景。张公山公园内有休闲咖啡厅、滨湖会所、半山茶社、临湖长廊等建筑；有苏州园林风格的园中园，内建淮河碑林。园西部有桂花园、岩石园、动物园；园北门有特色拱桥、照壁、地雕，南门有“珠蚌迎宾”“鼓雕塑”“公园LOGO”等雕塑。2009年被国家旅游局授予国家AAAA级风景区称号。

淮河蚌埠闸风景区坐落于蚌埠市禹会区黑虎山路1号，位于淮河中游，是国家AAAA级旅游景区和国家级水利风景区，总面积500公顷。景区以宏伟的蚌埠闸水利枢纽工程为依托，集湿地公园、别墅旅游度假、会务商贸洽谈、水利工程观光和公众科普教育为一体，素有“淮河上的葛洲坝”之称。其中蚌埠闸建于1958年，1960年蓄水，由节制闸、船闸、水力发电站、分洪道组成，是千里淮河第一闸。淮河蚌埠闸枢纽水利风景区地理位置优越，自然景色十分优美，游览项目丰富。水中有山，水上有桥，水光山色，浑然一体。树木苍郁，鸟语花香，假山、小桥、流水、荷塘，十月飘香的桂花树与数百种花卉树木，为淮河蚌埠闸枢纽水利风景区赢得了“都市鸟岛”的盛誉、“天然氧吧”的美称。水利枢纽工程气势磅礴，有淮北地区唯一的一座水力发电站和淮河上最大的船闸，是旅游观光、科普教育的好去处。

此外禹会区还有黑虎山景区、天河景区、石巷农家乐风景区、大禹文化广场等。

区划·人口

【区划】 2014年，完成禹会大通线15.511千米的行政区域界线联检。

禹会区辖长青、马城2个乡镇和朝阳、秀水、迎淮、张公山、金域、大庆、锦绣、钓鱼台、喜迎门9个社区居委会及涂山风景区管理委员会。

长青乡辖11个村(郑郢村、八里桥村、宋滩村、许庄村、石巷村、王岗村、老贯许村、周蔡村、西朱村、三尖塘村、宗洼村)。

马城镇辖21个村(马城村、胡圩村、梅姚村、五淮村、白衣村、立新村、黄庙村、庙前新村、张湾村、朱村、西程村、后程村、孝仪村、黄郢村、冯嘴村、禹会村、草寺村、杭刘村、广德村、花郢村、前郢村)。

涂山风景区管理委员会辖7个村(上洪村、下洪村、冷水村、韩郢村、杜郢村、陈郢村、涂山村)。

朝阳社区设5个网格:新康网格、新风网格、新光网格、新安网格、新阳网格。

秀水社区设3个大片区网格:向前片区网格(下设15个小网格)、席湾片区网格(下设14个小网格)、进步片区网格(下设18个小网格)。

迎淮社区设6个大片区网格:淮河路南片区(下设3个小网格)、淮河路北片区(下设2个小网格)、新船塘片区(下设3个小网格)、纬四路片区(下设1个富丽园网格)、胜利路片区(下设5个小网格)、淮上路片区(下设1个淮上网格)。

张公山社区设6个大网格：一村网格（下设7个小网格)、二村网格(下设5个小网格)、四村网格(下设7个小网格)、五村网格(下设5个小网格)、七村网格(下设7个小网格)、八村网格(下设10个小网格)。

金域社区设6个大网格:涂山网格(下设4个小网格)、吴湾网格(下设3个小网格)、六村网格(下设6个小网格)、三村网格(下设7个小网格)、新怡绿洲网格(下设7个小网格)、瑞城网格(下设5个小网格)。

大庆社区设35个网格(康乐第一到第五网格、友北第一到第十网格、胜西第一到第五网格、新龙第一到第五网格、如意第一到第五网格、丰原第一到第五网格)

锦绣社区设7个网格:锦绣网格、二麻网格、东海五村网格、东海六村网格、纺北网格、长青网格、华光九龙网格。

钓鱼台社区设5个网格:第一网格、第二网格、第三网格、第四网格、第五网格。

喜迎门社区设5个网格:第一网格、第二网格、第三网格、第四网格、第五网格。

【人口】 2014年年末,全区总户数89836户,总人口265550人,比上年增加2407人,增长率0.9%。其中,非农业人口172772人,占人口总数的65.1%。全区男性135703人,女性129847人,男女性别比为104.5(以女性人口为100)。2014年,全区出生人口2492人,其中,男性1334人,女性1158人,出生人口数比上年增加163人。死亡人口732人,其中,男性456人,女性276人。

2015年年末,全区总户数90604户,总人口266780人,比上年增加1230人,增长率0.5%。其中,城镇人口169418人,占人口总数的63.5%。全区男性136288人,女性130492人,男女性别比为104.4(以女性人口为100)。2015年,全区出生人口2411人,其中,男性1318人,女性1093人。出生人口数比上年减少81人。死亡人口1596人,其中,男性943人,女性653人。死亡人口比上年增加864人。

禹会区2014—2015年机构设置及领导人名录

(截至2015年12月31日)

中共禹会区委员会

书　记:王庆国

副书记:陈建功　况素琴

常　委:王庆国　陈建功　况素琴　孙如斌
　　　李　欣(2015年6月止)　庞延轶
　　　丁云兵　毛学超(2015年12月止)
　　　蒋敏娣　孟　辉　吴　宾　翟仁飞

区人大常委会

主　任:何光友

副主任:金月兰(2014年8月止)
　　　刘巧云　郭泽滨
　　　吕海翔(2014年12月任)
　　　滕　锋(2014年12月任)

区政府

区　长:陈建功

副区长:孙如斌　李　欣(2015年6月止)
丁云兵(2015年8月任)　胡兴文
力卫阳　杨向东　葛晨军(2015年9月任)
孙本龙(2015年8月止)
蒋敏娣(2014年11月止)
过劲松(2013年5月挂职两年)
施华东(2014年4月挂职两年)
张　涛(2015年10月挂职两年)

区政协

主　席:何建超

副主席:胥小波　倪振辉　章小林
梅　顺(2014年12月任)

区纪委

书　记:吴　宾

副书记:王昌成　韩春卫

常　委:高　燕　胡　民(2015年7月止)
章青山(2014年11月任)
马玉柏(2014年11月任)

区委办公室

主　任:朱冬民(2015年2月止)
王　志(2015年4月任)

副主任:郭　瑞　李陈军(2015年7月止)

区信访局

副局长:赵晓冬(2014年1月主持工作)
邵守琴　许黄河

区监察局

局　长:王昌成

副局长:邹德年

区委组织部

部　长:庞延轶

副部长:蒋国志　许祥顺

区委非公经济和社会组织工委

书　记:丛树伦

副书记:张　震

区编办

主　任:许祥顺

副主任:王　岂

区委老干部局

局　长:顾玉英

区委宣传部

部　长:丁云兵(2015年8月止)
孟　辉(2015年8月任)

副部长:王　兵

区委统战部

部　长:倪振辉(2015年8月止)
庞延轶(2015年8月任)

副部长:陈梓伟

区委政法委

书　记:毛学超(2015年12月止)

副书记:欧明贵

区综治办

主　任:李家诚

副主任:邵卫东　徐国军

区直机关工委

书　记:叶计划(2015年2月止)
王　勇(2015年2月任)

副书记:刘艳梅

区工会

主　任:杨　洁

区妇联

主　席:杨　洁(2015年2月止)
杨远方(2015年2月止)

区团委

书　记:王　岂

副书记:张　翠(2014年8月挂职一年)

区残联

理事长:徐群运

区科协

主　席:曹凤楼

区档案局

局　长:张国云

区机关事务管理局

局　长:施怀成

区人大办公室

主　任:张庆宝

副主任:李秀鹏　邢平静(2015年2月任)

区政协办公室

主　任:吴国成

副主任:张广斌

区政府办公室

主　任:诸葛成斌

区目标办

主　任:王文强

区应急办

主　任:赵晓冬(2015年2月任)

区政务中心

主　任:金　芳

区发改委

主　任:王志军(2015年2月止)
　　　徐晓明(2015年2月任)
副主任:许　芹

区教育局

(2015年5月更名教育和体育局)
局　长:李　晋
副局长:李士启　徐广田

区科技局

局　长:侯和胜(2015年2月止)
　　　刘祖朝(2015年4月任)
副局长:王先锋(2014年11月任)

区经信委

主　任:吕海翔(2015年2月止)
　　　侯和胜(2015年2月任)
副书记:丛树伦
副主任:李衍振(2015年1月任)

区民宗局

局　长:李保献

区民政局

局　长:袁　胜
副局长:冯金利　葛广飞(2015年2月任)

区司法局

局　长:张小乐
副局长:邵卫东　朱德全(2015年4月任)

区财政局

局　长:周传奇
副局长:谢红雨　沈如强　沈明德

区人社局

局　长:郭建国(2015年4月止)
　　　郑 大(2015年4月主持工作)
副局长:李　唐　陈　芳(2015年4月任)

区住建委

(2015年5月更名住建交通委)
主　任:戴　勇
副主任:郑　大(2015年4月止)
　　　张宪伍(2014年7月止)　贾　盛　王传志

区农林水利委

主　任:徐廷杰
副主任:盛天秀　吴志龙　蔡国栋(2015年8月任)

区文广旅局

局　长:胡袁娟
副局长:李　军　张　冰(2015年8月任)
　　　张　翠(2014年8月挂职一年)

区卫生计生委(机构改革新成立)

主　任:李美玲(2015年5月)
副主任:曹　奕(2015年5月)
　　　何蝉均(2015年5月)

区卫生局(与计生委合并)

局　长:刘祖朝(2015年4月止)
副局长:何蝉均(2015年5月止)

区计生委(与卫生局合并)

主　任:李美玲(2015年5月止)
副主任:曹　奕(2015年5月止)

区审计局

局　长:唐少侠
副局长:符文彬(2015年2月任)

区安监局

局　长:赵相国
副局长:王先锋(2014年11月止)
　　　耿　超(2014年11月任)

区行政执法局

书　记:吴　斌
局　长:陈东鲁(副局长主持工作2014年2月止)
　　　王　勇(2014年2月至2015年2月)
　　　赵　斌(副局长,2015年2月主持工作)
副局长:刘　强　徐玉柱　何玲玲

区统计局

局　长:姚纳新
副局长:成为志

区商务局

(2015年5月更名为商务外事局)
局　长:徐晓明(2015年2月止)
　　　王　蓓(副局长2015年5月主持工作)
副局长:王　蓓(2015年5月止)
　　　王克强(2015年8月挂职)

区市场监管局(2014年3月新成立)

局　长:钱德贤(2014年2月)
副局长:马　健(2014年2月)　鄢育岩(2014年2月)
　　　朱德全(2014年2月至2015年4月)

区环保局(2015年5月下划)

局　长:王胜利(2015年5月任)

禹会工业园区管委会

主　任:李衍振(2015年1月任)
副主任:杜业辉(2015年4月止)

区天河办

副主任:赵　斌

市公安局禹会分局党委

书　记:鲍佳淳
副书记:朱　勇
副局长:杨爱和　李荣健　房　涛　赵　浩

区法院

院　长：晏宝光

副院长：丁　辉　赵　峰　罗正环　吴文利

区检察院

检 察 长：王俊峰

副检察长：王　宁　闫西城　王　磊　马晓峰

长青乡党委

书　记：王　志（2015年4月止）
　　　　陈仁春（2015年7月任）

副书记：陈仁春（2015年7月止）
　　　　何德宏（2014年2月止）
　　　　葛　莉（2014年11月任、2015年7月止）
　　　　李陈军（2015年7月任）

党委委员：王　志　陈仁春　何德宏（2014年2月止）
　　　　葛　莉（2015年7月止）　金　芳（2014年11月）
　　　　李晓伍（2014年11月）　张　雷（2014年11月）
　　　　吴志龙　王德来（2015年1月任）

长青乡人大

主　席：王　志（2015年1月止）
　　　　周家顺（2015年1月任）

副主席：周家顺（2015年1月止）　张　雷

长青乡政府

乡　长：陈仁春（2015年7月止）
　　　　李陈军（2015年7月主持工作）

副乡长：何德宏（2014年2月止）
　　　　金　芳（2014年11月止）
　　　　吴志龙　陈茂齐（2015年3月任）

马城镇党委

书　记：年福永（2015年12月止）

副书记：邵会廷　周维刚
　　　　宋海坤（2014年11月任）

党委委员：年福永　邵会廷　年四方　马启喜　王化军
　　　　苏成德　周传永（2014年11月止）
　　　　陈光华（2015年1月任）
　　　　杜业辉（2015年4月任）

马城镇人大

主　席：孙本利（2015年1月止）
　　　　苏成德（2015年1月任）

马城镇政府

镇　长：邵会廷

副镇长：王化军　王会华（2014年8月止）
　　　　段中太（2015年4月止）
　　　　姚登星（2014年1月止）
　　　　陈一公（2015年4月任）

涂山风景区党工委

书　记：范宗林

副书记：梅　顺（2015年1月止）
　　　　曹家明（2015年2月止）

党工委委员：范宗林 梅 顺（2015年1月止）
　　　　曹家明（2015年2月止）　张　冰（2015年7月止）
　　　　吴　青（2015年5月止）　陈　芳（2015年4月止）
　　　　俞家润　王桂平　李　志
　　　　陶　治（2014年12月止）
　　　　贾雷芳（2015年7月任）
　　　　胡　民（2015年7月任）　李道寒（2015年7月任）

涂山风景区管委会

主　任：梅　顺（2014年12月止）

副主任：张　冰（2015年7月止）　贾雷芳（2015年7月任）
　　　　胡　民（2015年7月任）

朝阳社区党工委

书　记：滕　锋

副书记：梅正阳

秀水社区党工委

书　记：赵同永

副书记：徐　敏（2015年8月止）　李雪芹

迎淮社区党工委

书　记：何德宏

副书记：张俊琪（2015年1月止）　姚登星（2014年1月任）

金域社区党工委

书　记：张洪连（2015年2月止）　曹家明（2015年2月任）

副书记：盛宏凤　高　莹

张公山社区党工委

书　记：杨远方（2015年2月止）　彭　松（2015年8月任）

副书记：彭　松（2015年8月止）　徐　敏（2015年8月任）

大庆社社区党工委

书　记：李国芹

副书记：郁长立（2015年8月止）　竺　瑾
　　　　叶　峻（2015年4月任）

锦绣社区党工委

书　记：贾雷芳（2015年7月止）　葛　莉（2015年7月任）

副书记：岳亚泽(2015年4月止)　康怀春（2015年8月止）
　　　　郁长立（2015年8月任）

钓鱼台社区党工委

书　记：钱　勇

副书记：叶　峻（2015年4月止）　康怀春（2015年8月任）

喜迎门社区党工委

书　记：周　曙

副书记：尹绪梅　周传永（2014年11月任）

中共禹会区委员会

- ●综述
- ●组织
- ●老干部活动
- ●宣传
- ●统战
- ●机关党建
- ●信访
- ●机构编制
- ●精神文明建设
- ●档案管理

2014 综　述

【概况】 2014年，是全面深化改革新开局、贯彻作风建设新要求的一年。区委紧紧围绕“党的群众路线教育实践活动、全面深化改革、推动经济社会更好更快发展”这三件大事，统揽全局、协调各方，认真履行职责，团结带领全区广大党员干部群众，坚持稳中求进工作总基调，经济社会发展呈现出速度较快、质量提升、后劲增强、民生改善的良好态势。

党的群众路线教育实践活动，是党中央在新形势下坚持党要管党、从严治党的重大决策。区委认真贯彻中央、省委、市委部署，按照“照镜子、正衣冠、洗洗澡、治治病”总要求，以为民务实清廉为主要内容，以“三严三实”为标尺，以焦裕禄精神和沈浩精神为镜子，以贯彻落实中央八项规定精神为切入口，精心组织实施，扎实有序推进。活动从2月启动，到10月底基本结束。全区373个党组织、12192名党员参与此次活动。活动制定11个文件方案，1个总体的实施意见、1个面上的实施方案和农村、社区等9个不同领域的实施方案。全区共建立各级领导干部联系点373个，其中区领导联系点44个，实现基层党组织的全覆盖。建立“341”活动推进机制，深入开展“三访三谋三建设”活动，全区各级党组织公布各类整改清单、即知即改清单78批次，680余条，基本已整改完成。区委新建完善制度16项，废止制度5项，确保党员干部的宗旨意识得到全面、持续地体现，作风得到根本转变。

区委书记　王庆国

全面深化改革。区委牢牢把握改革正确方向，突出抓好整体谋划、机制建立、任务落实等关键环节，坚持问题导向，从制约经济社会发展最突出的矛盾入手，从群众反映强烈的领域改起。坚持用领导方式转变来推动发展方式转变，完善科学民主决策机制，认真解决转变政府职能、转变工作作风的问题。大力推行一线工作法，通过现场会、观摩会、专题调度会，不断提高一线决策、一线解决问题的能力。充分发挥经济体制改革的牵引作用，把有利于稳增长、调结构、防风险、惠民生的改革举措往前排。探索组织实施项目建设领域勘察、设计、施工一体化招标建设，同时推行住宅项目产业化模式建设，降低成本、提升效率，缩短安置房建设周期。按照“名园办分园”“名园管民园”的方式，推进学前教育设施集团化管理，提升配建教育设施使用效率和学前教育办学质量。深化社区管理体制改革，完善网格化管理机制，提高社区工作人员待遇。开展行政审批事项清理，消减行政审批(备案)事项3项。充分整合市场监管资源，简化许可、强化监管，全面完成市场监督管理体制改革。建立村情公示发布制度，全面推行“433”社区党建工作法，深入实施在职党员进社区和党员积分制管理，着力解决农村基层民主不够、社区党建思路不清和党员作用发挥不足的问题。建立“三单(问题清单、整改清单、结果清单)合一”的问题整改机制，使一批历史遗留问题和群众反映的热点难点问题得到有效解决。

经济建设。区委着力化解突出矛盾和问题，促进经济平稳健康发展。前三季度10项主要经济指标中，3项指标增速居全市前三位，4项指标总量居全市前三位。经济增长的结构更趋合理，二三产业占GDP的比重达到96.45%，同比提高0.42个百分点。规模以上工业增加值在15%以上，战略性新兴产业产值在24%以上，进出口总额在29%以上，地区生产总值在12%以上。全区经济总量连续四年在全市九个县区中处于领先位次。建立和落实领导干部联系重点企业和项目制度。工业化率比上年提高1.5个百分点。民营经济占全区地区生产总值的51.3%，比上年提高2个百分点。实行“项目帮办”机制，全程帮办企业立项、环评、图审等工作。年内，亚源印染技改项目等17个项目竣工，完成投资约5.2亿元。开工小微型企业创业基地项目等13个亿元项目，计划总投资约79.4亿元。禹会工业集中区“三纵三横”道路接线工程建设全面实施。通过融资平台争取授信41.83亿元。抓好高新技术企业的培育和发展，获新认定和重新认定国家高新技术企业8家，国家科技计划项目4个，省科技计划项目9个，省高新技术产品20个，实现高新技术产业产值200亿元，增幅10.5%。推进战略性新兴产业和传统优势产业融合发展，培育和发展中粮生化等战略性新兴企业14家，实现产值180亿元，增长11%，占全部工业产值的比重达50.8%，总量和增速均居全市第一位。新增服务业企业13个，培育服务业重点企业40家。生产性物流稳步发展，丰原物流、建华物流、华禹物流辐射带动作用明显。商贸经济日趋繁荣，合百大(禹会)商业中心、欧尚超市等大型商业项目联成商业网络，白马休闲购物广场、金街口商业步行街经营业态日趋完善。银河中心、金域蓝湾等一批城市综合体项目加快推进。加强文化与旅游等产业的融合发展，加强对“非物质文化遗产”的开发和传承保护，举办“涂山庙会”文化节、第三届郁金香花展和第二届蚌埠花博会等活动，加快天河周边开发建设、蚌埠闸水利风景区的分洪道景点、蚌埠花博园二期、禾泉农庄等一批文化旅游项目，同时对涂山禹王宫进行修缮。深入推进土地规模化经营，全区土地流转率达到49%，比去年提高2个百分点。新增15家市级以上农业产业化龙头企业，56家农业合作社规模壮大。大洪山环境整治全面推进，涂山绿化、美化工作全面启动。

民主政治法治建设。坚持和完善人民代表大会制度，支持人大及其常委会围绕全区经济社会发展大局依法履行职责，在马城新区规划和前期建设、土地流转、旧城改造回迁安置等过程中强化监督职能，积极行使重大事项决定权，依法做好人事任免工作，保障代表依法行使决定权、监督权。充分发挥人民政协民主协商重要渠道作用，积极支持人民政协履行职能，区政协围绕农村土地集约化发展、城市大建设、社区管理改革等方面积极开展视察活动和专题调研，提高了参政议政、民主监督的实效。完善同各民主党派、工商联、无党派人士的合作共事机制，积极开展非公有制经济领域统战工作。加强基层民主政治建设，支持群团组织依法按章开展工作。大力推进法治禹会建设，充分发挥法治的引领和规范作用，全面深化执法规范化建设，深入推进依法行政，促进司法公正。

思想文化建设。区委按照文化思想更先进、文化事业再加强、文化产业大发展的工作思路，全面推进区域文化改革发展。扎实做好意识形态工作，大力加强先进思想文化建设。大力弘扬“禹立潮头、会通四海”的禹会精神和“负责任、高效率、居一流”的工作氛围，着力培育和践行创新进取、责任担当、务实诚信、合作共赢等先进思想文化。深入开展爱国主义教育和志愿服务活动，全面推进精神文明创建工作，打造好人品牌。加强网络舆情的监测、收集和研判，掌握舆论引导主动权。加快推进文化强区建设，省级非物质文化遗产——余家皮影戏的精品剧目《金兜山》，成功入选“国家文化部优秀剧目扶持项目”，区文化馆风华艺术团被评为“蚌埠市十大特色文化团队”。扎实推进“送文化进基层”和“文化志愿者进社区演出”活动，送文艺下乡、进社区78场，送影479余场次，培育群众性体育社团7个。

生态文明建设。加强重点减排项目督查与调度，主要污染物减排目标控制在指标之内。扎实开展大气污染防治百日行动，圆满实现秸秆禁烧“零火点”。全区新增耕地4000亩，完成植树造林3500亩，新增绿地10万余平方米，提升改造绿地面积20万平方米。加大美好乡村建设力度，明确将宗洼村打造成全市美好乡村示范村、样板村的建设目标。本年末，宗洼村村庄规划、环境整治、公共基础服务设施建设三大项38个小项的建设工作全面完成。深入开展“三线三边”环境综合治理，辖区居民的生活环境明显改善。

民生和社会事业管理。坚持以人为本、民生优先，重视抓好以改善民生为重点的社会建设管理。坚持尽力而为、量力而行，持续加大民生投入，扎实推进35项民生工程，投入资金2.05亿元，占财政总支出的29%。深化社区综合管理体制改革，被评为全国和谐社区示范城区。全面落实计划生育利益导向提标扩面工程，成功创建国家级计划生育优质服务先进区。成立大学生助残志愿者基地，积极创建全省残疾人工作示范区。坚持教育优先发展，加大教育投入，通过国家义务教育均衡督导评估验收，北师大附属学校实现招生700人，钓鱼台区域九年一贯制学校建设进展顺利，投入1200万元用于马城、涂山风景区等农村学校建设。成功创建省级卫生先进单位4家，省级卫生村4家，深入推进全民医疗档案全覆盖。全区共开发就业岗位8463人，完成目标任务的121%，促进城镇登记失业人员实现就业4714人，完成目标任务的118%。全区新农合参合率达112.3%，比去年提高3个百分点。蚌埠民政家园社会化养老项目完成选址，投入755万元政法专项资金开展打击犯罪百日攻坚战行动，严格落实企业安全生产主体责任，食品安全和安全生产态势总体平稳，区级政务服务中心标准化建设全面完成。

平安禹会建设。坚持系统治理、依法治理、综合治理、源头治理，深入开展平安禹会建设。全面推进社会稳定风险评估机制，健全群众利益诉求和权益保障机制。深入开展领导干部接访下访，信访形势和信访秩序不断好转。加强社会治安防控体系建设，推进综治维稳信访工作中心(站)建设，依法打击各类犯罪活动，社会治安大局稳定。司法工作亮点频出，区法院作为全市唯一开展知识产权量刑规范化和环境保护案件的专业化审判试点单位，获得省高院高度评价。连续六年被评为全国网络宣传先进单位。区检察院被评为全国检察宣传先进单位和全市先进基层检察院。

项目建设。全年完成市级大建设项目投资18.8亿元，占目标任务的114%。完成新船塘西客站综合开发等结转项目10个，完成迎河休闲绿道等新开工项目12个。实现安置房开工56万平方米。东海大道西段综合环境整治全面推进，交付净地2000余亩。天河周边综合开发规划编制完成。兴中路、长乐路等3条主干路网提升改造全面完成。开展吴湾路、柴油机厂周边、长青路、六公里周边区域环境整治，结合文明创建动态化考评，对全区55个老旧小区开展综合环境整治。新区建设稳步推进，区委、区政府主要领导和相关职能部门搬迁到马城办公，工作重心逐步转移，投资近2000万元，实施马孝路、庙前—广德、石巷—杜郢三条道路提升改造。马城快速公交枢纽选址积极推进，206国道一级公路建设开始征迁。马城新区10万吨污水处理厂、现代水运码头等基础设施前期工作进展顺利。20万平方米新区安置房建设规划工作全面启动。

干部队伍建设。按照中央提出的好干部"20"字标准和省委提出的"五个褒奖重用、五个警醒惩戒"的用人导向，加强领导班子和党的干部队伍建设。坚持理想信念教育、业务能力培训与实践锻炼培养相结合的干部教育方式，综合运用好"干部大讲堂""干部在线教育""干部调学"等多种手段，全面提升干部队伍思想素质和能力素质。健全完善干部考核评价和管理监督机制，建立健全群众信访、电话举报和互联网"三位一体"的干部监督网络，全年先后提拔交流干部7批次、43人次。不断完善村干部"三位一体"保障体系，投入160余万元，调整提高并兑现了在职村干部报酬。深入推进服务型党组织建设，完善服务群众的工作机制。

党的建设。抓基层、打基础，不断提高基层党组织的凝聚力和战斗力。建立党建工作目标考核体系，实施层级发展战略。建立党建工作联系点制度，共建立联系点132个，解决实际问题1000余件。高度重视并切实加强党风廉政建设和反腐败工作。严格落实党风廉政建设责任制，突出加强廉政从政教育，教育引导干部既要树立底线思维，懂规矩、守纪律，更要树立高线思维，尽责任、做奉献。加强廉政文化建设，锦绣社区荣获市级廉政文化进社区示范点。积极配合市纪委加强张公岛廉洁文化主题公园二期建设。加强对省市区重大决策部署执行情况的监督检查。始终保持惩治腐败高压态势，严肃查处违纪违法案件。本年度，立案25件，结案26件(含去年5件)，移送司法机关6件，给予党纪处分21人、政纪处分4人。狠抓机关作风和效能建设，制定出台《区"反对四风、改进作风"的若干规定》《区机关效能建设工作意见》等五项制度，强力推进效能督查和问责工作，制定安装机关人员去向公示牌，每月开展2次明察暗访活动，印发效能问责通报17份，对发现的36个违反效能行为，涉及的36人进行了严肃处理。集中开展"小四风"专项整治、机关办公用房清理工作，坚持无会周工作制度，全面推行公务卡制度，严格公车管理。区委常委班子切实加强自身建设，坚持理论学习制度，组织25次集体学习。牢固树立正确的政绩观，严格执行民主集中制，严格按规矩议事、决策、办事，常委会组成人员共事共心、主动配合，相互尊重、相互支持。坚持真抓实干，加强调查研究，细化工作责任，强化督查调度。各位常委带头解放思想，开拓创新，带头发扬求真务实的工作作风，模范遵守中央八项规定和廉洁从政各项规定，努力以为民务实清廉、团结创新进取的实际行动取信于民，以优良的党风促政风、带民风。

【重要会议】 区委二届32次常委会议，1月26日召开，区委书记王庆国主持。陈建功、况素琴、孙如斌、张凤魁、庞延轶、丁云兵、毛学超、吴宾、朱冬民、翟仁飞出席。何光友、何建超列席会议。区直相关部门负责人在讨论有关议题时列席会议。会议讨论并原则通过2013年度党政机关目标管理考核工作实施方案，要求区考核办根据会议讨论意见修改完善后印发执行。会议审议并原则同意全区发展改革大会会议方案，决定近日召开全区发展改革大会。要求区委办公室、区政府办公室根据会议讨论意见，认真做好会议筹备，加强组织协调，保证会议顺利召开。会议讨论并原则同意《中共禹会区委常委会2014年工作要点(送审稿)》，要求区委办公室根据会议讨论意见修改完善后印发执行。会议讨论并原则通过《区2014年重点工作目标及责任分解表(送审稿)》《区2014年重大项目推进目标任务分解表(送审稿)》《区2014年大建设实施项目计划任务分解表(送审稿)》《区2014年招商引资目标任务分解表(送审稿)》《区2014年招商引资绩效考评办法(送审稿)》，要求有关部门根据会议讨论意见修改完善后印发。会议听取并原则同意关于设立马城新区开发建设指挥部的汇报。

区委二届33次常委会议，2月9日召开，区委书记王庆国主持。陈建功、况素琴、李欣、孙如斌、庞延轶、丁云兵、毛学超、吴宾、朱冬民、翟仁飞出席会议。何光友、何建超列席会议。区直相关部门负责人在讨论相关议题时列席会议。会议听取2014年全区发展改革大会表彰奖励情况的汇报，同意区政办提出的表彰奖励意见。会议听取区纪委二届四次全会筹备情况的汇报，原则同意区纪委二届四次全会的会议方案(送审稿)和《区纪委二届四次全会的工作报告(送审稿)》，决定近期召开区纪委二届四次全会。会议讨论并原则同意《禹会区关于实施植树造林重点工程若干意见(送审稿)》，要求区农委根据会议讨论意见修改完善后抓紧印发执行。会议审议并原则同意《2014年全区政法工作要点(送审稿)》，要求区委政法委根据会议讨论意见进一步修改完善后印发执行。会议听取区委组织部关于开展全区党的群众路线教育实践活动相关准备工作的汇报，讨论并原则同意活动的相关文件和材料，决定近期召开全区党的群众路线教育实践活动动员会。

区委二届34次常委会议，3月12日召开，区委书记王庆国主持。陈建功、况素琴、李欣、孙如斌、庞延轶、丁云兵、毛学超、吴宾、朱冬民、翟仁飞出席会议。何光友、何建超列席会议。区直相关部门负责人在讨论相关议题时列席会议。会议研究并原则同意调整部分常委分工有关事项。会议听取并原则同意禹会区与蚌投集团合作开发事项。会议听取并原则同意党的群众路线教育实践活动期间开展"三访三谋三建设"实施方案。会议讨论并原则同意《区离任村干部生活补助工作实施方案(送审稿)》，要求区委组织部根据会议讨论意见修改完善后抓紧印发执行。会议审议并原则同意2014年度政法信访工作，要求区委政法委、区信访局根据会议讨论意见进一步修改完善后印发执行。会议审议并原则同意2014年度组织、宣传、统战工作，要求区委组织部、宣传部、统战部根据会议讨论意见进一步修改完善后印发执行。

区委二届35次常委会议，4月29日召开，区委书记王庆国主持。陈建功、李欣、孙如斌、庞延轶、丁云兵、毛学超、朱冬民、翟仁飞出席会议。何光友、何建超列席会议。区直相关部门负责人在讨论相关议题时列席会议。会议学习传达习近平总书记在兰考县委常委会上的讲话精神，刘云山同志在安徽调研期间的讲话及“八要八不得”有关精神，赵乐际同志在全国第二批教育实践活动推进会上的讲话精神，并研究了扎实推进禹会区教育实践活动有关事宜。会议审议并原则通过《禹会区委理论学习中心组2014年度理论学习计划（送审稿）》，要求区委宣传部根据会议讨论意见修改完善后印发执行。会议讨论并原则同意《禹会区“三线三边”环境集中整治党政领导干部问责实施办法（送审稿）》《禹会区“三线三边”环境整治工作考核办法（送审稿）》《禹会区乡镇、社区、区直部门文明创建和城市管理动态测评办法（送审稿）》《禹会区“三线三边”环境整治工作评分细则（送审稿）》，要求区行政执法局根据会议讨论意见修改完善后，以区委办、区政办文件印发执行。会议审议并原则同意《关于调整区精神文明建设指导委员会成员的通知（送审稿）》。会议听取并原则同意区委政法委关于调整区社会管理综合治理委员会组成人员的汇报。会议讨论并原则同意区综治维稳信访工作中心（站）建设实施方案。会议审议并原则同意《关于成立区维护社会稳定应急处置指挥部的通知（送审稿）》。会议讨论并原则同意关于招聘治安协警员、交通协警员、城市管理协管员实施方案的汇报。

区委二届36次常委会议，6月16日召开，区委书记王庆国主持。陈建功、况素琴、孙如斌、庞延轶、丁云兵、毛学超、吴宾、朱冬民、翟仁飞出席会议。何光友、何建超列席会议。区直相关部门负责人在讨论相关议题时列席会议。会议讨论并原则通过《村党组织委员会和第九届村民委员会换届选举工作的实施意见（送审稿）》《村党组织换届选举工作日程安排表（送审稿）》《成立村党组织委员会和第九届村民委员会换届选举工作领导小组的通知（送审稿）》《关于建立区领导联系重点村党组织委员会和村民委员会换届工作制度的通知（送审稿）》《村党组织委员会和第九届村民委员会换届选举不宜提名为候选人的几种情形（送审稿）》《村党组织委员会和第九届村民委员会换届选举动员、培训会议工作方案》（送审稿），要求区委组织部、区民政局根据会议讨论意见修改完善后印发实施。会议听取区纪委监察局机关议事协调机构调整情况的说明，原则同意区纪委提出的调整安排意见。会议审议并原则同意《禹会区民兵应急分队建设实施方案》（送审稿），要求区人武部根据会议讨论意见修改完善后印发执行。会议听取并原则同意区出席市工会十八大代表候选人推荐工作情况的汇报。

区委二届37次常委会议，7月12日召开，区委书记王庆国主持。陈建功、况素琴、李欣、孙如斌、庞延轶、丁云兵、毛学超、吴宾、朱冬民、翟仁飞出席会议。何光友、何建超列席会议。区直相关部门负责人在讨论相关议题时列席会议。会议学习传达市委全委会会议精神。会议学习传达中央政治局第二批教育实践活动联系点县委常委班子专题民主生活会情况报告。会议讨论并原则同意研究调整部分常委分工事宜，要求区委办公室根据会议讨论意见印发执行。会议讨论并原则同意召开区委专题民主生活会相关事宜，要求区委组织部根据会议讨论意见，认真做好会议各项筹备工作，加强组织协调，保证会议顺利召开。会议讨论并原则同意研究《禹会区“反对四风、改进作风”的若干规定》（送审稿），要求区委办公室根据会议讨论意见印发执行。会议讨论并原则同意《区机关事业单位工作人员带薪年休假实施办法》（送审稿），要求区人社局根据会议讨论意见印发执行。会议审议并原则同意区直部门“三定”方案人员控制人数梳理情况的汇报。

区委二届38次常委会议，7月28日召开，区委书记王庆国主持。陈建功、况素琴、李欣、孙如斌、庞延轶、丁云兵、毛学超、吴宾、朱冬民、翟仁飞出席会议。何光友、何建超列席会议。区直相关部门负责人在讨论相关议题时列席会议。会议讨论并原则同意区委二届九次全体（扩大）会议方案（送审稿），要求区委办公室根据会议讨论意见，认真做好会议各项筹备工作，加强组织协调，保证会议顺利召开。会议审议并原则同意《区行政服务中心建设方案（送审稿）》，由区政办根据会议讨论意见，进一步修改完善后抓紧组织实施。会议听取区物业管理职能调整有关事项的汇报，讨论并原则同意将区住建委物业管理职能调整由区城市管理行政执法局负责。会议听取区建投公司关于招聘专业技术人员有关事项的汇报。由区人社局、区建投公司根据会议讨论意见抓紧做好专业技术人员的招聘工作。会议听取了区出席市妇女第十四次代表大会代表候选人建议人选产生情况的汇报，原则同意区妇联提出的21名出席市妇女代表大会代表候选人建议名单。

区委二届39次常委会议，8月20日召开，区委书记王庆国主持。陈建功、况素琴、李欣、孙如斌、庞延轶、丁云兵、毛学超、吴宾、朱冬民出席会议。何光友列席会议。区直相关部门负责人在讨论相关议题时列席会议。会议传达学习市委教育实践活动领导小组第五次（扩大）会议精神。讨论并原则同意党的群众路线教育实践活动区级整改问题第三批清单和全区教育实践活动“整改落实、建章立制”环节各项工作。会议审议并原则同意《区开展纪念全国人民代表大会成立60周年暨地方人大设立常委会35周年活动方案

（送审稿）》。会议听取并原则同意区中小学校领导班子及领导干部2013—2014学年度考核情况的汇报，并对确定为好班子学校中的优秀正职和副职进行票决。

区委二届40次常委会议，8月29日召开，区委书记王庆国主持。陈建功、况素琴、李欣、孙如斌、庞延轶、丁云兵、毛学超、吴宾、朱冬民、翟仁飞出席会议。何光友列席会议。区直相关部门负责人在讨论相关议题时列席会议。会议审议并原则同意《禹会区化工企业周边棚户区改造工作方案》（送审稿）。会议要求，区住建委要按照会议讨论的意见修改完善后抓紧实施，各责任单位要主动对接，加强配合，确保该项工作有序进行。会议听取并原则同意区委常委班子教育实践活动“两方案一计划”（送审稿）。

区委二届41次常委会议，10月25日召开，区委书记王庆国主持。陈建功、况素琴、李欣、孙如斌、庞延轶、丁云兵、毛学超、吴宾、朱冬民、翟仁飞出席会议。何光友、何建超列席会议。区直相关部门负责人在讨论相关议题时列席会议。会议传达学习了党的十八届四中全会会议精神、全省县级人大工作交流研讨会精神。会议审议并原则同意2013年度区党政机关目标管理考核情况和区机关事业单位工作人员年度考核情况的汇报。会议听取并原则同意社区工作人员工资待遇情况的汇报。会议讨论并原则同意关于与证券公司合作采取资管计划方式进行融资情况的汇报。会议研究并原则同意《禹会区加快楼宇经济和总部经济发展扶持奖励办法》（送审稿）。会议听取并原则同意党的群众路线教育实践活动第四批整改清单及制度建设情况的汇报。

区委二届42次常委会议，11月8日召开，区委书记王庆国主持。陈建功、况素琴、李欣、孙如斌、庞延轶、丁云兵、吴宾、朱冬民、翟仁飞出席会议。何光友、何建超列席会议。区直相关部门负责人在讨论相关议题时列席会议。会议传达学习了《中共中央关于湖南衡阳破坏选举案处理情况及其教训警示的通报》。会议审议并原则通过《关于贯彻“党政同责、一岗双责、齐抓共管”要求，进一步落实安全生产责任制的通知（送审稿）》，要求区安监局根据会议讨论意见修改完善后，以区委办文件印发执行。会议讨论并原则同意区党政机关搬迁工作方案事宜。会议听取并审议区人大党组《关于召开区十六届人大五次会议的请示》和区政协党组《关于召开区政协八届四次会议的请示》《关于调整区政协八届委员会规模的请示》。

区委二届43次常委会议，12月13日召开，区委书记王庆国主持。陈建功、况素琴、孙如斌、庞延轶、丁云兵、吴宾、毛学超、蒋敏娣、翟仁飞出席会议。何光友、何建超列席会议。区直相关部门负责人在讨论相关议题时列席会议。会议传达学习了全市党建工作会议精神。会议审议并原则通过部分区委常委分工事项，要求区委办公室根据会议讨论意见修改完善后，以区委文件印发执行。会议审议并原则通过落实党风廉政建设党委主体责任和纪委监督责任的实施意见（送审稿）。会议审议并原则通过2014年度目标考核方案（送审稿），要求区目标办根据会议讨论意见修改完善后，以区委办文件印发执行。会议审议并原则通过区委全委会有关事项，要求根据会议区委办公室按照讨论意见做好会议准备工作。会议听取并审议区“两会”有关事宜。会议研究区政府机构改革有关事宜。

区委二届44次常委会议，12月22日召开，区委书记王庆国主持。陈建功、况素琴、孙如斌、庞延轶、丁云兵、吴宾、毛学超、蒋敏娣出席会议。何光友、何建超列席会议。区直相关部门负责同志在讨论相关议题时列席会议。会议传达学习全市党的基层建设观摩会议精神。会议审议并原则通过“两会”选举办法和候选人名单。

2015 综　述

【概况】 2015年是全面完成“十二五”规划、统筹谋划“十三五”发展的关键一年，也是禹会区加快发展，各项事业迈上新台阶的重要一年。面对宏观环境持续趋紧、经济下行压力加大的复杂形势，区委带领全区干部群众学习贯彻党的十八大、十八届三中、四中、五中全会和习近平总书记系列重要讲话精神，以“三严三实”精神为统领，狠抓征迁建设、主导产业招商、城市精细化管理和提升社区建设水平“四件大事”，改造再造城市西部现代化中心，紧盯目标不松懈，加快发展不停步，经济社会保持平稳健康发展。

经济建设与发展改革。面对经济新常态，坚定不移地做大经济总量，提升质量效益。本年实现主要经济指标在全市位次前移，完成地区生产总值179.29亿元，增长12.15%；财政收入13.64亿元，增长16.35%，其中地方财政收入9.108亿元，增长21.73%；固定资产投资114.3亿元，增长16%；社会消费品零售总额26亿元，增长13%；进出口总额8.28亿美元，增长10%；城乡居民人均可支配收入分别为25683元、11113元，均增长11%。依靠改革破除制约发展的体制机制障碍，制定涉及经济和行政体制、民主法治、社会治理、党的建设等8个领域共102项改革任务，努力激发经济发展的新活力。在行政体制方面，大力推进简政放权和职能转变，深化行政审批制度改革，协同推进“放管服”，向社会公布586项权力清单，优化权力运行流程，充分激发市场、社会和基层的创造活力。推进政府机构改革，组建住建交通委、教育体育局、商务外事局、卫生计生委，整合分散和职能相近的行政机构，重新编制“三定”方案，理顺部门之间的职责关系，打造精干高效的政府组织体系。在农村、社区等基层领域，农村土地确权、城乡环卫一体化工作加快推进，完成基层医改打破基层医疗机构“收支两条线”，注重发展成果惠及于民。深化社区体制改革，出台《关于深化社区建设的实施意见》，加快打造规范化、标准化、网格化、信息化服务平台。在回迁安置等群众关心的热点领域，全市首批试行货币化安置。出台《关于聚焦工业促进经济持续健康发展的实施意见》，加强工业经济调度，健全各类帮扶机制，制定11个专项措施，强化资金、平台、用地等要素保障，大力提升工业综合竞争力和带动力，支持产业发展资金近1.2亿元。突出精准招商，深化央企对接，先后与中环保、玻璃设计院、恒天集团等央企签约。建立重点项目“四督四保”制度，以项目的连续性保障发展的连续性，对23个工业重点项目倒排工期，形成“开工一批、建成一批、投产一批”的良性滚动机制。企业创新创优能力显著提高，玻设院功能玻璃行业技术中心跻身全省首批行业技术中心，中粮生化BBCA牌柠檬酸入围首批安徽工业精品，中实化学、高科能源等6户企业获得市级“专精特新”企业称号。工业园区提质扩容，按期完成禹会工业集中区内道路、供水、供电等相关配套设施的建设，修改完善马城工业园区基础设施建设方案，机械装备产业园、小微企业创业基地等一批工业平台承载力不断提高。工业产业结构更趋优化，机械装备制造、汽车零部件、精细化工三大支柱产业进一步集聚，新材料、新能源产业支撑作用更加明显，全年完成战略性新兴产业产值179.35亿元，同比增长7.38%，占规模以上工业产值比重46%，工业化率比上年同期提高0.5个百分点，超过70%。现代农业步伐明显加快。粮食总产量11.36万吨，实现“十一连增”。新型农业经营主体快速发展，土地流转面积达5.9万亩，农民专业合作社发展到56家、家庭农场9家，市级以上农业龙头企业达到16家。农村安全饮水工程、马城高标准农田建设项目等重点工程相继竣工。大力发展集种植加工、休闲采摘、生态旅游为一体的现代农业产业，农业嘉年华项目、涂山石榴产业休闲旅游项目等有序推进。切实抓好总体规划、龙头带动，商贸物流业、文化旅游业和现代教育产业呈现良好势头，以合百大禹会商业中心、欧尚超市、金域名城金街口为中心的三大商圈初步形成，安徽财经大学商学院、北师大附属学校、蚌埠二中禹会实验学校等逐步聚集成西部教育高地，淮河闸风景区、蚌埠花博园、大禹文化产业园等带动生态旅游扎实起步。把支持实体经济发展作为稳增长的重要支撑，纵深推进“大众创业、万众创新”，积极推行“税融通”“助保贷”业务，构建多元化投融资体系，有效降低企业融资成本。稳步推进“营改增”改革，减轻交通运输业和六类现代服务业企业税负74家。中晶光技术成功登陆新三板，中实化学等3家企业纳入省中小企业直接融资后备资源库。

文明创建与工业区搬迁改造。紧紧抓住创建全国文明城市和城区老工业区搬迁改造两大重要机遇，一手抓旧城改造，一手抓新区升级，既要加快完善基础设施建设和城乡环境整治，又要注重城市布局规划和产城一体建设，切实提高城市化发展质量，加快城乡统筹发展步伐。一是在4

月份正式启动争创全国文明城市工作。坚持为民而创、全民动员，建立强有力的组织机构，制定责任明确的工作机制，拿出奖罚分明的监督措施，努力克服老城区基础差、问题多的短板，关注与群众生活密切相关的重点领域，下决心、大力气整治城市顽疾，投入近2000万元，完成102个老旧小区和9个农贸市场的整治改造任务，对朝阳路、纬四路等20条主次干道的路面、无障碍设施、停车泊位等进行修整规范。同时，在全区大力开展社会主义核心价值观宣传教育，努力提高市民素质，先后开展“走千家、进万户、访民生、解民忧”等主题活动，深入社区、学校、企业发放创城一封信7万余份，在省模拟测评中，入户调查满意度达到100%。积极发挥模范引领作用，共推报各级各类“好人”候选人83人，涌现出一批“中国好人”“感动江淮”优秀志愿服务者等先进典型。二是持续推进生态文明建设，加强重点减排项目督查与调度，主要污染物减排目标控制在指标之内。扎实开展大气污染防治百日行动，认真完成文明祭祀工作任务，圆满实现秸秆禁烧“零火点”。深入推进千万亩森林增长工程和“绿满珠城”行动，完成植树造林3500余亩，新增绿地43万余平方米，提升改造绿地面积20万余平方米。严厉打击非法采石采砂，大洪山林场、淮河沿岸生态环境得到有效保护。三是持续推进征迁拆违、大建设及棚改工作。着力提高城市建设的集约化和科学化水平，为争创全国文明城市提供更加有力的支撑。全区计划实施征迁项目35个，年内，滨河西片区5号地块、安财商学院用地、第一人民医院扩建、蚌埠闸南侧景观改造等26个项目如期完成，上海栈市场改造、柴油机棚户区B区、公交公司宿舍、原玻璃厂宿舍、张公山一村棚户区等9个项目正加快实施。全年大建设完成投资29.73亿元，征迁70万平方米，交付净地4600亩。安置回迁速度加快，截至11月份，回迁安置1900户，分配公共租赁住房803套，滨河西片区12#地块、禹都新天地、老贯徐安置小区二期、纺南等安置房项目相继开工，全年完成开工面积70万平方米，竣工43万平方米。在全市首批试行商品房实物安置，投入国开行贷款资金7.74亿，预计货币化比例可达90%。1—10月份，征迁大建设各项工作排名保持领先，棚户区改造、安置房开工全市第一，征迁、交付净地、安置房竣工居全市第二。四是抓住《蚌埠市城区老工业区搬迁改造实施方案》获省政府批复这一重大政策利好，紧盯规划布局、企业搬迁、旧城改造、产业培育、要素保障五项重点任务，按期完成中粮生化、丰原集团、八一化工、天润化工4家重点化工企业整体搬迁的规划选址，以及区域内46家企业的摸底调查工作。同时，超前谋划工业土地的二次开发利用，按照“一个中心、四大功能板块”的总体格局，结合全区“十三五”规划，拟重点构建禹会工业集中区高端装备制造基地、马城新兴产业特色园区、天河湖休闲观光度假、东海大道政务商贸、朝阳路商住聚集、大庆区域商贸物流六大功能分区，确保实现“搬活企业，搬美城市，搬乐百姓”，努力发展为全市“聚焦工业突破”的重要板块和全新增长极。

▲4月10日，禹会区创建全国文明城市指挥部召开全区动员誓师大会。

马城新区建设。加快马城新区建设，将其作为老工业区搬迁改造后，工业产业转移及战略性新兴产业培育的重要承载区。进一步完善基础设施建设，206国道改造提升工程开工建设，马孝路改造工程、庙前—广德道路改造工程全面竣工，11条乡村道路拓宽改造项目加快施工，马城自来水厂建设项目完成管道铺设实现通水，马城快速公交枢纽即将动工建设。一批打基础、利长远的重大项目落户新区，马城新区安置房、货运码头项目即将开工建设，新型住宅产业化基地项目全面推进，金华新宇商业综合体项目、大连尚能风电场开发等项目加速对接，马城新区作为区域副中心和新兴产业承载区的地位更为凸显。

民生和社会事业管理。持续加大民生投入，努力保持民生支出增幅高于财政支出增幅，全力实施全年27项民生工程，拨付约1.3亿元，民生支出增幅达51.8%，占财政支出比重87.5%。滚动推进一批民生工程项目，马城地区学校全面改薄有序实施，第一人民医院改造扩建项目加快推进，民政家园项目有效对接，乡镇文化站、农家书屋等文化惠民项目扩大覆盖，其中长青乡宗洼村列入省级“农民文化乐园”建设试点单位，全省残疾人工作示范区、省卫生应急示范区创建进展顺利。年内先后荣获全国计划生育优质服务先进单位、全国义务教育发展均衡区、全国和谐社区示范单位等荣誉。努力提高社会保障水平，完善就业、社保、医保、新农合、城乡低保、大病救助等社会保障体系，持续提标扩面，实现应保尽保、应发尽发。全年新增就业岗位7850个、转移农村劳动力920人，社会保险新增参保人数1331人，城镇居民医疗保险参保6.7万人，均超额完成年度目标。累计发放城市低保金额约2900万元、农村低保金额约549万元，低保补助标准提高10%。城乡医疗救助、困难群众临时救助、五保供养救助、孤儿基本生活保障进一步规范，加强各项社会救助制度的统筹衔接。

民主政治建设。发展社会主义民主政治，是推进国家治理体系和治理能力现代化的重要内容，要始终坚持党的领导、人民当家作主、依法治国，加强社会主义民主政治建设。区委充分发挥统揽全局、协调各方的领导核心作用，大力推进党委领导、依法治区与人民民主的有机统一，创造良好的外部发展环境。召开全区人大工作会议，坚持定期听取人大常委会关于重大事项、重大活动的报告，研究出台《进一步加强人大工作和建设的意见》，为人大工作适应新形势、推进新发展提供坚强保证。充分发挥人民政协民主协商重要渠道作用，积极支持人民政协履行职能，提高参政议政、民主监督的实效。完善同各民主党派、工商联、无党派人士的合作共事机制，积极开展非公有制经济领域统战工作。加强基层民主政治建设，支持群团组织依法按章开展工作。大力支持驻区部队建设，国防动员和后备力量不断加强，稳步推进国防教育计划，军民融合深度不断提高，双拥共建工作扎实有效。

法治建设。区委大力推进法治禹会建设，把中央关于全面推进依法治国的总体部署、市委关于全面推进依法治市的具体要求与禹会法治建设实践紧密结合，出台《关于全面推进依法治区的实施意见》，制定了一系列具有指导性和操作性的具体措施。持续推进“六五”普法宣传，开展“法律六进”等活动。深入推进依法行政，深化执法规范化建设，进一步规范执法行为。全力促进司法公正，区公安分局积极融入全区中心工作，依法保障重点项目顺利推动；区法院持续推进工作创新，不断提升审判质效和司法公信力；区检察院突出犯罪预防工作，获评“省级廉政文化建设示范点”。

平安建设。区委统筹各项社会管理措施，加快平安禹会建设。不断完善社会治安防控体系，“人、物、技”三防建设综合运用，城乡社区警务落实“一村一警”。认真开展打击违法犯罪专项行动，刑事发案同比下降6.9%，群众安全感达到95%，高于全市平均水平。信访形势进一步好转，县级领导定期接访、带案下访，“三支队伍”多级实时稳控，实现敏感时期“零进京”，扎实开展“信访案件化解攻坚月”活动，省交办的信访积案化解率100%、市交办信访积案化解率92%，实现了信访积案“清仓见底”。深入开展安全生产“铸安行动”，坚持“党政同责、一岗双责、失职追责”，安全生产形势持续稳定。食品药品安全和消防安全防范处置有力，白马商场火灾事故等应急事件得到平稳处置。

▲全区县级领导干部重温入党誓词

党的建设。从严管党治党，加强干部队伍建设，为加快科学发展提供坚强的组织保证。一是坚持思想引领，以党的最新理论成果武装头脑、指导实践、推进工作。区委把学习贯彻党的十八届四中、五中全会和习近平总书记系列重要讲话精神作为重大政治任务，始终在思想上政治上行动上与党中央保持高度一致。年内，先后28次以区委中心组理论学习、书记办公会、区委常委会、区委全委会等形式，第一时间传达学习，第一时间抓好贯彻落实。深入学习领会习近平总书记系列重要讲话精神和“三严三实”重要论述，读原著、学原文，进行6次专题研讨，切实做到真学真懂真信真用。结合学习宣传贯彻十八届五中全会精神，积极组织开展系列宣讲活动，深入基层乡镇、社区、学校和辖区企业，向群众面对面宣传阐释总书记重要讲话精神和“十三五”规划。突出学以致用，把总书记重要讲话精神与做好改革发展稳定各项工作紧密结合，将学习成果转化为务实管用的思路举措，为全区各项事业发展提供坚实的思想政治保证。二是组织开展“三严三实”专题教育。把这项教育活动作为一项重大政治任务，认真抓好学习教育，采取集中学习、专题辅导、个人自学、组织参观、交流研讨和观看教育影片、到联系点上党课等多种形式巩固学习效果，组织集中学习和专题辅导14场，抽查学习笔记23人次，组织召开三个专题研讨交流会6场，参学县级领导干部全部作专题交流发言。严格落实“三聚集三查找三确保”要求，把“三严三实”专题教育与解决中心工作、重点工作中的难点问题结合起来，建立县级领导干部在“三严三实”专题教育中包保“文明创建、信访维稳、征迁拆违、党的建设”的重点工作机制，共查摆问题整改清单148条，完成整改87条。深入开展“三个专项活动”，制定《关于开展乡镇干部“走读”问题专项治理工作意见》和《社区、村干部日常管理办法》，持续开展小“四风”整治活动，先后查处乱作为问题5起，对11名人员进行党政纪处理，查处违反效能规定问题2起，处理6人。积极筹备专题民主生活会，紧扣“六查六看”，采取多种方式，广泛听取党组织、党员群众、企业代表等多方面对区委常委会以及区委常委个人的意见建议。三是严格落实党委主体责任，保持党风廉政建设的高度自觉和反腐败的高压态势。坚持定期研究党风廉政建设工作，专题研究解决突出问题，出台《关于落实党风廉政建设党委主体责任和纪委监督责任的实施意见》，强化对权力运行的制约和监督。坚决支持纪委落实监督责任，突出纪委主业，推动纪委“转职能、转方式、转作风”。严格责任追究，全年接收信访举报50件，截至11月份，立案、结案18件，给予党政纪处分18人。强化廉政教育，突出抓好党员干部对新版《中国共产党廉洁自律准则》和《中国共产党纪律处分条例》的学习，认真开展廉政文化“六进”活动，努力在党员干部中形成“以廉为荣、以贪为耻”的良好社会氛围。全力支持配合省委巡视工作，查办巡视组移交群众信访件68件，解决实际问题50余个，严格对照巡视组反馈的4大类12项35个问题。四是抓好党的干部队伍建设。区委按照好干部“20”字标准，严明党的政治纪律和组织纪律，加快提升干部队伍建设水平。认真贯彻十八大以来党中央对领导班子建设提出的新要求，加大干部交流力度，优化干部资源配置，改善领导班子结构，交流县级领导干部5人。加强干部监督，突出抓好超职数配备干部整改消化、“裸官”任职岗位调整等专项整治工作，整改消化超职数配备领导干部8人。严格落实好干部标准和干部选拔任用条例，有针对性地安排优秀年轻干部到市直机关部门挂职、到区重点项目和经济发展一线帮助工作，提拔科级干部32人。贯彻落实县以下机关公务员职务与职级并行制度，首批晋升职级96人。强化干部日常监督管理，实施《禹会区在职党员干部“双重”管理办法》，强化对党员干部“八小时”之外的监督管理。五是抓基层、打基础。区委以基层服务型党组织建设为抓手，着力选好、用好、管好基层党组织带头人、完善基层组织民主管理制度、加强对基层的扶持保障，不断提高基层党组织的凝聚力和战斗力。严格落实基层党建工作责任制，健全“区、乡镇(社区)和村”三级党建工作责任体系，完善“月督查、季调度、半年观摩、年度考评”工作机制，建立“任务清单、问题清单、整改清单”，先后11次对党建重点工作任务落实情况进行通报，有效推动工作力量向基层下沉、资源向基层倾斜、服务向基层延伸。扎实推进“三年行动计划”，狠抓基层党建项目，全面落实为民服务“125”工作法，建成15个标准化村级活动场所，消除15个集体经济“空白”村，完成2个软弱涣散村党组织整顿工作，逐个突破基层党建的各项难题。以党群活动中心建设为抓手，大力开展服务型社区党组织创建活动，加大党建投入，拨付社区服务群众专项经费460万元，改造提升了3个高标准社区办公服务场所，着力构建社区党建工作新格局。以选优配强党组织带头人为切入点，推行社区网格支部书记专职化、选聘机关干部担任非公企业和社会组织党建指导员、圆满完成社区“两委”换届工作，党在基层的执政能力得到有效提升。六是发挥核心作用。区委常委会作为全区科学发展建设的领导核心，在全面深化改革、建设美好禹会的实践中肩负着重大责任。区委按照习总书记关于牢记“心中四有”、争作“四个表率”的要求，始终坚持加强自身建设。坚持理论学习制度，努力践行“三严三实”，严格用省委“六个坚持”“九不要”自我约束、指导实践，注重提高科学决断能力、统筹兼顾能力、处理复杂问题能力。严格执行民主集中制，带头建章立制，修订区委常委会议事规则，建立“五人小组”会议制度，严格按规矩议事、决策、办事。牢固树立正确的政绩观，敢于负责、勇于担责，在推动经济发展的同时，更加注重抓好打基础、利长远的事情。常委会组成人员共事共心、主动配合，相互尊重、相互支持，坚持真抓实干，加强调查研究，细化工作责任，强化督查调度。各位常委带头解放思想，开拓创新，带头发扬求真务实的工作作风，模范遵守中央八项规定和廉洁从政各项规定，以实际行动为各级领导班子和党员干部作示范、当表率。

【重要会议】 区委二届45次常委会议，1月5日召开，区委书记王庆国主持。陈建功、况素琴、孙如斌、庞延轶、吴宾、毛学超、蒋敏娣、翟仁飞出席会议。何光友、何建超列席会议。区直相关部门负责同志在讨论相关议题时列席会议。会议学习传达了市委十届十五次全体(扩大)会议精神。

区委二届46次常委会议，2月1日召开，区委书记王庆国主持。陈建功、况素琴、李欣、孙如斌、庞延轶、丁云兵、毛学超、吴宾、蒋敏娣、翟仁飞出席会议。何光友、何建超列席会议。区直相关部门负责同志在讨论相关议题时列席会议。会议学习传达了中央政法工作会议精神，审议并原则同意全区2014年政法工作及2015年工作计划。会议学习传达贯彻中纪委十八届五次全会精神、周春雨书记在市纪委调研时的讲话精神、落实三转相关要求等事宜。会议审议并原则通过区机关效能建设实施方案(送审稿)，要求区机关工委根据会议讨论意见修改完善后印发执行。会议审议并原则通过2014年度安全生产工作及2015年度工作计划(送审稿)，要求区安监局根据会议讨论意见修改完善后印发执行。会议研究并原则通过2015年度目标任务分解有关事宜，要求区目标办根据会议讨论意见修改完善后印发执行。会议审议并原则通过“新常态”大讨论实施方案。会议研究并原则通过全区适应新常态实现新发展大会，要求相关部门根据会议讨论意见共同做好会议筹备工作。会议研究并原则通过公务员和事业单位年度考核评先评优事项。

区委二届47次常委会议，4月7日召开，区委书记王庆国主持。陈建功、况素琴、李欣、孙如斌、庞延轶、毛学超、吴宾、蒋敏娣、翟仁飞出席会议。何建超列席会议。杨向东、倪振辉、区直相关部门负责同志在讨论相关议题时列席会议。会议审议并原则通过《关于调整社区综合管理体制改革工作领导小组成员的通知（送审稿）》《2015年深化社区建设工作方案（送审稿）》《禹会区社区网格化管理暂行办法（送审稿）》《禹会区社区公益性岗位人员管理暂行办法（送审稿）》《禹会区社区人员绩效考核暂行办法(送审稿)》《禹会区乡镇社区公共服务大厅标准化建设实施方案（送审稿)》《加快培育发展社区联合型社团组织的实施方案（送审稿）》，要求区社区服务中心根据会议讨论意见修改完善后印发执行。会议讨论并原则通过《2015年招商引资工作要点（送审稿）》《2015年招商引资目标和活动安排（送审稿）》《2015年招商引资工作奖励办法（送审稿）》《2015年招商引资绩效考评办法（送审稿）》《关于调整区招商引资工作领导小组成员的通知(送审稿)》。会议审议并原则通过《禹会区委全面推进依法治区实施意见(送审稿)》。会议审议并原则通过全区政法信访工作会议筹备方案，要求区委政法委按照会议要求做好会议的各项准备工作。会议研究并原则通过全区组宣统工作会议筹备方案，要求区相关部门按照要求做好会议的各项准备工作。会议审议并原则通过《2015年度禹会区干部培训计划（送审稿）》。会议讨论并原则通过《禹会区2015年度中心组理论学习计划(送审稿)》，要求区委宣传部根据会议讨论意见修改完善后印发执行。会议讨论并原则通过《2015年区直机关遴选工作人员方案(送审稿)》。会议研究并原则通过全区机关事业单位“吃空饷”人员的处理意见。会议讨论并原则通过《禹会区争创全国文明城市动员大会会议方案(送审稿)》《成立禹会区创建全国文明城市工作指挥部的通知(送审稿)》《禹会区创建全国文明城市重点区段包保工作方案(送审稿)》《禹会区创建全国文明城市2015年第一批重点任务清单(送审稿)》《调整区精神文明建设指导委员会成员的通知(送审稿)》《调整区文明创建城市管理工作包保领导的通知(送审稿)》《区文明创建城市管理动态考评奖惩办法(送审稿)》。会议审议并原则通过禹会区专项督查工作方案。

区委二届48次常委会议，5月14日召开，区委书记王庆国主持。陈建功、况素琴、李欣、庞延轶、丁云兵、毛学超、吴宾、蒋敏娣、翟仁飞出席会议。何光友、何建超列席会议。孙本龙及区直相关部门负责同志在讨论相关议题时列席会议。会议学习传达了全市第一季度县区观摩座谈暨二季度重点工作推进会议精神。会议听取了关于全市党的基层组织建设工作现场会精神暨“三严三实”专题教育党课报告会议精神的汇报。会议讨论并原则同意《全区县处级以上领导干部中开展“三严三实”专题教育实施方案（送审稿）》，要求区委组织部、区委办公室共同做好会议筹备工作。会议审议并原则通过《禹会区农村土地承包经营权确权登记颁证工作实施方案（送审稿）》，要求区农林水利委根据会议讨论意见修改完善后印发执行。会议听取了关于禹会区政府机构改革工作方案的汇报，原则同意区编办提出的工作方案。

区委二届49次常委会议，7月1日召开，区委书记王庆国主持。况素琴、庞延铁、丁云兵、毛学超、吴宾、翟仁飞、蒋敏娣出席会议。何光友、何建超列席会议。区直相关部门负责同志在讨论有关议题时列席会议。会议讨论并原则通过《禹会区机关事业单位工作人员请销假管理办法（送审稿）》，要求区人社局根据会议讨论意见修改完善后以区委办公室、区政府办公室文件印发执行。会议审议并原则通过《成立禹会区推进多元化矛盾纠纷调解项目建设工作领导小组（送审稿）》《禹会区健全人民调解、行政调解、司法调解“三调联动”工作体系项目建设实施方案（送审稿）》和《禹会区推进行业性专业性调解组织项目建设实施方案（送审稿）》。会议传达学习了《市委贯彻中央八项规定深入推进作风建设联席会议制度》《县处级领导班子及其成员贯彻中央八项规定精神深入推进作风建设责任清单（试行）》和《县处级领导班子及其成员贯彻中央八项规定精神深入推进作风建设考核评价办法（试行）》《2015年贯彻中央八项规定、省委省政府“三十条”、市委市政府“二十八条”任务分解方案》四个文件精神。讨论并原则通过《禹会区贯彻中央八项规定深入推进作风建设联席会议制度（送审稿）》《禹会区贯彻中央八项规定深入推进作风建设任务分解方案（送审稿）》《禹会区贯彻中央八项规定深入推进作风建设考核评价办法（送审稿）》。会议要求区委办公室根据会议讨论意见修改完善后以区委办公室文件印发执行。会议讨论并原则同意《区直有关部门贯彻实施〈中共禹会区委关于全面推进从严治党的实施意见〉重要举措分工方案（送审稿）》，要求根据会议讨论意见修改完善后以区委办文件印发执行。

区委二届50次常委会议，7月10日召开，区委书记王庆国主持。陈建功、况素琴、孙如斌、庞延铁、丁云兵、吴宾、蒋敏娣出席会议。何光友、何建超列席会议。区直相关部门负责同志在讨论有关议题时列席会议。会议学习传达了王学军同志在蚌埠市“三项考核”反馈会上的讲话精神。会议讨论并原则通过《禹会区关于开展查处发生在群众身边的“四风”和腐败问题专项工作方案（送审稿）》，要求区纪委根据会议讨论意见修改完善后印发执行。会议讨论并原则通过《2015年禹会区机关效能建设工作意见（送审稿）》。会议要求区机关工委根据会议讨论意见修改完善后印发执行。

区委二届51次常委会议，8月7日召开，区委书记王庆国主持。陈建功、况素琴、孙如斌、庞延铁、丁云兵、毛学超、吴宾、翟仁飞、蒋敏娣出席会议。何光友、何建超列席会议。杨向东及区直相关部门负责同志在讨论有关议题时列席会议。会议学习传达了省委九届十三次全体会议、市委十届十七次全体会议、第二季度全市项目推进会会议精神。会议审议并原则同意中共禹会区委二届十一次全体（扩大）会议方案，决定8月10日上午召开区委二届十一次全体（扩大）会议。会议要求区委办公室根据会议讨论意见，认真做好会议筹备，加强组织协调，严格会议纪律，确保会议顺利召开。会议审议并原则同意禹会区2014年度机关事业单位工作人员年度考核情况的汇报。会议审议《禹会区关于聚焦工业 促进经济持续健康发展的意见（送审稿）》，要求区发改委根据会议讨论意见，进一步修改完善，提请区委常委会、区政府常务会议研究决定。会议听取了禹会区社区“两委”换届选举工作进展情况的汇报。会议听取禹会区2011—2015年法治建设和法治宣传教育工作的汇报。

区委二届52次常委会议，8月29日召开，区委书记王庆国主持。陈建功、况素琴、孙如斌、庞延铁、丁云兵、毛学超、吴宾、翟仁飞、蒋敏娣出席会议。何光友、何建超列席会议。杨向东及区直相关部门负责同志在讨论有关议题时列席会议。会议学习传达了全市人大专题学习研讨会议精神。会议审议并原则同意今年全区安全生产工作情况的汇报。会议听取并原则同意省委第六巡视组赴禹会区巡视工作筹备情况的汇报。

区委二届53次常委会议，9月12日召开，区委书记王庆国主持。陈建功、况素琴、孙如斌、庞延铁、丁云兵、孟辉、吴宾、翟仁飞、蒋敏娣出席会议。何光友、何建超列席会议。区直相关部门负责同志在讨论有关议题时列席会议。会议研究并原则同意《禹会区职级并行与乡镇补贴工作方案（送审稿）》。会议强调，职务与职级并行制度和乡镇工作补贴制度政策性强，涉及面广，与全区干部切实利益密切相关，有关部门一定要精心组织，周密安排，扎实细致地做好各项工作。要加强学习，做好宣传引导，要加强领导，精心组织实施，要严格把关，执行好政策，真正把这两项惠及干部群众的好事办好。会议研究并原则同意《禹会区关于在包保重点工作中深入查找“不严不实”问题的通知（送审稿）》。要求区委组织部根据会议讨论意见修改完善后印发执行。会议讨论并原则同意《禹会区关于开展强化责任担当认真解决懒政怠政问题专项行动方案（送审稿）》《禹会区关于开展强化为民服务认真解决群众反映的突出问题专项行动方案（送审稿）》《禹会区关于开展查处发生在群众身边的“四风”和腐败问题专项工作方案（送审稿）》。要求区委组织部根据会议讨论意见修改完善后印发执行。

区委二届54次常委会议,10月20日召开,区委书记王庆国主持。陈建功、况素琴、孙如斌、庞延铁、丁云兵、孟辉、吴宾、翟仁飞、蒋敏娣出席会议。何光友、何建超列席会议。会议传达学习了市纪委有关文件精神。

区委二届55次常委会议,10月25日召开,区委书记王庆国主持。陈建功、况素琴、孙如斌、庞延铁、丁云兵、吴宾、翟仁飞、蒋敏娣出席会议。何光友、何建超列席会议。吕海翔、胡兴文、葛晨军、力卫阳、施华东、倪振辉、晏宝光、王俊峰及区直相关部门负责同志在讨论有关议题时列席会议。会议传达学习了全省农村基层党建工作会议暨优秀县委书记先进事迹报告会、全省加快调结构转方式促升级动员大会、全省落实安全生产责任谈心谈话会议、全省人大工作会议精神。会议审议并原则同意《禹会区人大常委会关于区“一府两院”工作人员任后监督的规定(送审稿)》。要求区人大常委会根据会议讨论意见修改完善后印发执行。会议研究并原则同意《禹会区创建全国文明城市工作责任追究实施细则(送审稿)》。要求区创城办根据会议讨论意见修改完善后,以区委办公室、区政府办公室文件印发执行。会议讨论并原则同意禹会区公务员晋升职级考核工作情况汇报,要求区委组织部根据会议讨论意见按照规定程序上报。会议审议并原则同意《禹会区落实党风廉政建设党委主体责任和纪委监督责任考核实施办法(送审稿)》《禹会区落实党风廉政建设党委主体责任和纪委监督责任述廉述责和接受评议实施办法(送审稿)》《禹会区落实党风廉政建设党委主体责任和纪委监督责任约谈实施办法(送审稿)》。要求区纪委根据会议讨论意见修改完善后印发执行。

区委二届56次常委会议,11月2日召开,区委副书记、区长陈建功主持。况素琴、孙如斌、庞延铁、丁云兵、孟辉、吴宾、蒋敏娣出席会议。何光友、何建超列席会议。区直相关部门负责同志在讨论有关议题时列席会议。会议传达学习了中共十八届中央委员会第五次全体会议精神。会议审议并原则同意禹会区“十三五”国民经济与社会发展规划编制工作,要求区发改委根据会议讨论意见修改完善后继续征求意见。会议研究并原则同意《关于聚焦工业促进经济持续健康发展的实施意见(送审稿)》。要求区发改委根据会议讨论意见修改完善后,以区委、区政府文件印发执行。会议研究并原则同意《禹会区社区服务群众专项经费管理办法(送审稿)》。要求区委组织部根据会议讨论意见修改完善后,以区委、区政府文件印发执行。

区委二届57次常委会议,12月7日召开,区委书记王庆国主持。陈建功、况素琴、孙如斌、庞延铁、丁云兵、孟辉、吴宾、翟仁飞、蒋敏娣出席会议。何光友、何建超列席会议。区直相关部门负责同志在讨论有关议题时列席会议。会议传达学习了全市党的基层组织建设观摩暨农村基层党建座谈会会议精神。会议研究并原则同意省委第六巡视组巡视禹会区反馈意见整改方案(送审稿)。会议研究并原则同意《禹会区“三严三实”专题民主生活会方案(送审稿)》,要求区委组织部根据会议讨论意见抓紧会议的各项准备工作。会议审议并原则同意禹会区第十六届人大六次会议、区人大工作会议、区政协第八届五次会议、区委二届十二次全体(扩大)会议筹备工作汇报。会议研究并原则同意《禹会区机关效能问责办法(送审稿)》《禹会区新闻媒体曝光机关效能问题督查办法(送审稿)》,要求区效能办根据会议讨论意见修改完善后印发执行。会议审议并原则同意《禹会区公务用车制度改革实施方案(送审稿)》,要求区发改委根据会议讨论意见修改完善后印发执行。会议研究并原则同意《禹会区基层公共文化资源整合实施意见(送审稿)》,要求区委宣传部根据会议讨论意见修改完善后印发执行。会议审议并原则同意禹会区机关各部门编制及领导职数审核工作的汇报。会议审议并原则同意禹会区人大常委会机构设置的汇报。会议要求,要严格贯彻上级文件精神,结合全区实际,做到区人大常委会人员编制和机构设置合理合规。会议研究并原则同意禹会区乡镇财政所实行垂直管理工作方案(送审稿)。会议要求,要严格各项政策措施,做好财政所人员划转及分流安置工作,做好各项保障措施,确保交接工作平稳过渡。会议审议并原则同意禹会区委“五人小组”会议规则(送审稿)。要求区委组织部根据会议讨论意见落实执行。会议研究并原则同意禹会区干部选拔任用工作基本规程(送审稿)。要求区委组织部根据会议讨论意见抓紧印发执行。

2014

组 织

【党的群众路线教育实践活动】 全区22个区管党(工)委、党组,373个基层党组织、12192名党员,参加了历时一年的教育实践活动,创新“问题整改三单制”“三访三谋三建设”等活动载体,走访党员干部群众3500余户、13000余人次,为群众办好事实事4000余件。以整风精神推进作风建设,全区整理办公用房1180平方米,查处侵占挪用专项补助资金44.4万元,查处侵害群众利益问题5件、处理27人。出台制度87项、修改68项、废止25项,广大党员参加了一次红脸出汗的专题民主生活会,普遍受到一次深刻的思想洗礼,“四风”问题得到有效整治。教育实践活动取得显著成果,得到省委活动办和市委领导的充分肯定,省市多家媒体17次报道和推广禹会区经验。

【干部教育培训】 2014年举办禹会干部大讲堂12期,各类培训班61期。其中,以贯彻学习党的重要理论和方针政策为重点,举办全区负责干部培训班12期,培训领导干部1300余人次;以提高业务能力为重点,举办农村实用人才、社会工作者等相关人员培训班34次，培训干部3100人次；以提高理论水平、法治能力为重点，举办党政干部培训班9次，参训2820人次；举办村（居）干部、大学生村官培训班6次，参训1320人次。此外，还选调县处级领导干部和科级干部参加省、市统一组织的调学任务，圆满完成上级调学计划；全区411名干部参加干部在线教育学习，实现参学率100%、考核通过率100%。

【干部队伍建设】 严格执行《党政领导干部选拔任用工作条例》，坚决做到“四种情况不上会、两种情况不讨论、一种情况不表决、一种情况不提拔”，全年，共7次对43名科级干部任职实行投票表决，对9名拟提拔任用的干部进行任前公示，对13名科级干部实行一年的试用期，对3名科级领导进行经济责任审计。创新实施干部培训培养和挂职培养机制，先后安排3名科级干部到乡镇挂职锻炼，选派100余名干部到区重点项目和经济发展、信访、拆迁一线接受实践锻炼。先后参与54次机关效能建设督查和抽查，对存在突出问题的责任单位、责任领导及直接责任人进行严肃问责。36人次被通报批评，4人被罚款，1人辞退，行政警告2人、记过1人。

【基层组织建设】 深化基层服务型党组织创建，推行为民服务“125”工作法，创新村情公示发布制度，顺利完成4个软弱涣散基层党组织整顿。严格换届程序，圆满完成村“两委”换届工作，并及时对新当选的268名村干部进行集中培训。探索社区党建工作标准化，创新党员队伍管理方式，推广党员积分制管理。在机关和事业单位党建领域，产生了法院、检察院、前进二小等在全市叫得响的党建工作先进典型。进一步规范非公组织党建工作，非公企业党组织组建率达到100%。稳妥做好不合格党员处置工作，党员结构进一步优化。加大基层党员干部关心关爱力度，离任村干部补助做到应补尽补，全年共有450多名离任村干部享受补助。

深入实施人才强区战略，创新干部教育方式，扎实推进各类人才队伍建设。建立健全人才工作领导机构和工作机构，逐步完善党委统一领导、组织部门牵头抓总、相关部门密切配合、社会力量广泛参与，一级抓一级、层层抓落实的人才工作格局。制定实施《禹会区干部教育年度计划》、《禹会区加强人才队伍建设的意见》《禹会区人才工作联席会议制度》等各类人才工作制度。全年新引进各类人才78人，培养高技能人才485人，培训农村实用人才2200人，落实并兑现2014年人才政策资金近20万元。

2015

组　　织

【干部队伍管理】 坚持好干部“20字”标准，认真落实《干部任用工作条例》，完善《干部选拔任用工作基本规程》。全年，共提拔重用干部45人次，交流干部24人次，转任非领导职务及免职15人次。制定《禹会区委“五人小组”会议规则》，强化干部监督管理，落实党员领导干部诫勉谈话和函询、述职述廉、个人重大事项报告制度、经济责任审计制度和干部试用期制度。对30名拟提拔任用的干部进行任前公示，对15名科级干部实行一年的试用期，对3名科级领导干部进行经济责任审计，对4个部门进行预算执行情况审计，对1个单位进行财政财务收支审计。以社区居委会换届为契机，选准配强“两委”班子成员，8个社区配备抓党建工作的专职副书记。

【干部人才队伍建设】 制定实施《干部人才教育年度工作计划》《人才工作联席会议》等工作制度，采取“请进来”与“走出去”相结合的方式，加强干部人才的教育培养。完成市辖区青年干部培训班，四区联办复旦大学科级干部培训班等主体班次4期；举办村“两委”干部、大学生村官培训班，新一届社区干部培训班等专题培训班18期，累计培训干部人才7000余人次。创新人才工作载体，先后开办“青年论坛、杏林论坛、校长论坛”三大论坛，安排7名科级干部到乡镇挂职锻炼，选派50余名干部到区重点项目和经济发展、信访、拆迁一线接受实践锻炼。促成禹润生态农业与安徽农科院、广源再生资源与天津医药研究所等产学研合作10项，引进和承接28名清华大学博士生到区开展社会实践活动。

【党建工作】 层层落实党建工作责任，建立健全党建工作月督查、季推进、半年观摩交流、年度考核验收制度，认真落实为民服务“125”工作法，实施党建工作“三个清单”、村社区干部工作日志等各项工作制度。全年，11次对乡镇、社区和村党组织党建工作开展情况进行督查通报，四次约谈乡镇社区党组织主要负责人。组织召开全区党建工作观摩交流推进会，推荐长青乡宗洼村、冠宜箱包公司和金域社区参加全市党建工作观摩。认真落实“联述联评联考”制度，组织全区19个党委、党工委主要负责同志在区委全委扩大会上进行述职评议。积极推进非公企业和社会组织信息核查登记管理工作，制定实施非公企业党建工作指导考核管理办法，形成以冠宜箱包公司为代表的“243”党建工作法。机关事业单位党建工作持续推进，深入开展“党员示范岗”创建和“三亮三创三比三评”活动，区教育局、市场监督管理局、朝阳三小在市党建工作督查中，得到市委督查组较好评价。

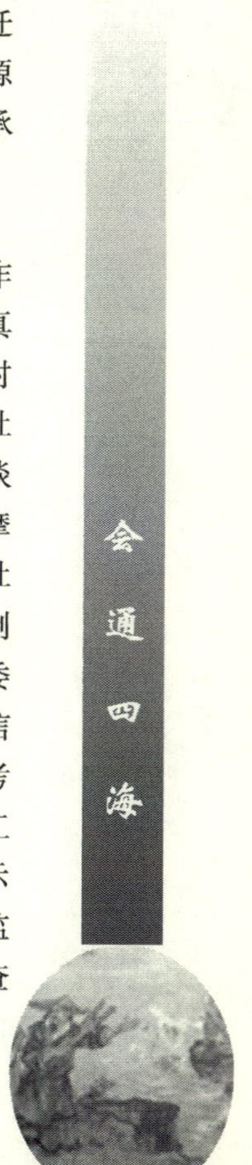

【基层民主与组织平台建设】 坚持和深化村情公示发布制度，围绕村民关心关注的问题，拓展“三务公开”的形式和内容，村级民主建设得到持续推进；全年，新建15个村级活动场所，完成年度任务的150%；消除15个集体经济“空白村”，完成年度任务的190%；白衣、杜郢两个软弱涣散村通过集中整顿，实现有效转化。创新社区党群活动中心建设的内涵外延，形成组织体系、平台载体、工作机制“三位一体”的党建工作新理念；推进网格支部书记专职化，保障和落实服务群众专项经费，引入社会组织参与社区服务管理，形成条块结合、项目化管理的社区党建工作新格局。金域社区党工委在新怡绿洲和金域名城两个小区成立业主委员会党支部，探索物业管理的新模式。

▲区委书记王庆国、区委组织部长庞延轶在立新村调研指导村集体经济发展情况

【“三严三实”专题教育】 认真落实省、市委关于“三严三实”专题教育各项工作部署要求，注重强化组织领导，建立“三单”推进机制。每周下发《“三严三实”周计划单》提示县级领导干部抓好重点篇目学习，每半月下发一次《县级领导干部学习资料调阅单》调阅部分领导干部学习情况，及时下发《调阅情况反馈单》对学习中存在的问题进行反馈，并要求限期整改。注重强化学习教育。采取“集中学习、专题辅导、个人自学、组织参观、交流研讨和观看教育影片、到联系点上党课”等多种形式巩固学习效果。专题教育活动中，共组织集中学习和专题辅导14场，35名县级领导干部为基层上党课38场次；利用6天时间，组织召开三个专题研讨交流会6场，参学县级领导干部全部作交流发言。在此期间，通过到小岗村参观学习、到蚌埠监狱开展警示教育、重温入党誓词、观看电影《第一书记》《建党伟业》等方式丰富领导干部的组织生活。制定下发《关于在“三严三实”专题教育中开展助推村级集体经济发展活动的通知》，组织区四大班子领导干部与全区39个村进行结对，通过“调查研究、摸清底数，理清思路、制定措施，跟踪督促、全面推进，总结验收、效果评估”等四个环节，建立健全农村集体经济发展的长效机制。建立了重点工作包保机制。认真落实“三聚集三查找三确保”要求，把“三严三实”专题教育与解决中心工作、重点工作中的难点问题结合起来，建立县级领导干部在“三严三实”专题教育中包保“文明创建、信访维稳、项目征迁、党的建设”的重点工作机制。通过在重点工作中对照24种“不严不实”的主要表现，督促县级领导干部共列出问题整改清单148条，并全部完成整改。

▲区委书记王庆国做“三严三实”专题党课报告

2014 老干部工作

【概况】 1984年3月，西市区委组织部内设老干部工作室，负责离职休养老干部的管理和服务。1989年5月，正式成立蚌埠市西市区委老干部科。1996年5月，区委老干部科更名为中共蚌埠市西市区委老干部局。2004年2月，更名为中共蚌埠市禹会区委老干部局，由区委组织部管理。主要负责贯彻落实党关于老干部工作的方针政策和规定，督促检查全区老干部政治待遇和生活待遇落实；组织走访、探视和慰问老干部活动，做好老干部的来信来访工作，编制离退休干部所需（活动）经费的预、决算，协同有关部门做好老干部的优待服务工作，健全完善老干部活动制度；组织老干部参加关心下一代工作，指导乡镇、社区和区直有关部门以及区属涉老企事业单位做好老干部工作。

2014年年底，禹会区有离休干部35人，其中享受地市级待遇1人，县（处）级待遇17人，科级待遇17人。区机关退休人员146人，其中县（处）级干部22人，科级干部89人，其他35人。

【老干部政治建设】 每月15日、20日下午分别为离退休老干部集中阅文阅报时间，老干部局从区委党办、政府办借阅文件供老干部阅读，让老干部及时了解党的路线方针政策和省、市重大决策部署。为离休老干部订阅《人民日报》《安徽日报》《蚌埠日报》《中国老年报》《安徽老年报》《开心老年》等报刊，供阅读学习。重大会议特邀老干部参加，让老干部参政议政。春节期间区四大班子领导分组走访慰问老干部。重大节日组织老干部开展活动，让老干部了解禹会区经济和社会发展情况，并听取老干部对全区工作的意见和建议。组织老干部就近参观考察工农业生产或市容市貌。

【服务老干部生活】 区委老干部局年内组织离休干部和保健干部参加市保健委安排的统一体检。本年度区委、区政府将退休人员的体检费用纳入区财政预算，年内安排一次体检。2014年，区委老干部局落实离休干部住房补贴待遇。按时发放老干部的各种生活津(补)贴。

【组织建设】 加强离退休党支部建设，选齐配强离退休党支部班子，发挥支部战斗堡垒作用，坚持组织生活制度、学习制度、报告工作制度、联系党员制度、党费收缴和管理制度等。每月10号组织支部委员、党小组长集中学习，每月20号组织全体退休干部学习或开展活动。年内开展党的群众路线教育实践活动，区机关离退休干部积极参与，做到离岗不离党，退(离)休不褪色，保持党员的先进性和纯洁性。在首届蚌埠市离退休干部“五星老人”评选活动中有7位老同志获得“五星老人”荣誉称号：“学习之星”沈礼康，“文艺之星”陈以英，“健康之星”陈宗和，“关爱之星”牛全起，“奉献之星”姚翠英、蔡永德、何俊盘。

【文化生活】 为丰富老干部的精神文化生活，区机关开辟两处老干部活动室，定期开放，为老同志提供良好的娱乐和学习环境。在原有老年大学大庆社区教学点的基础上，本年度又与蚌埠电大联合成立蚌埠电大老年大学、禹会区老年大学。根据老同志的个人兴趣爱好，将有共同爱好的老同志组织在一起，成立钓鱼小组、舞蹈小组、书法小组、唱歌小组、诗词小组、棋牌小组、法律服务小组、乒乓球小组、葫芦丝小组、太极拳小组，为老干部活动搭建平台，也为促进老干部友谊开通新渠道。老干部局组建QQ群、微信群，为老干部交流分享美好生活搭建平台。定期举办文体活动：区机关退休党支部、蚌埠市东方艺术团共同举办禹会区机关退休人员迎“元旦”联欢会，区机关退休党支部、区老龄分会举办象棋、扑克、麻将三个项目的比赛，参加在蚌埠七中举办的市“好思家杯”第五届老年智力运动会，区机关退休老干部举办诗歌演唱会，国庆、重阳节组织100多名离退休老干部参观北师大蚌埠分校、游览花博园等。各项活动的开展得到老干部们的普遍欢迎和热情参与。

【发挥余热】 在区委调整关心下一代工作委员会领导班子时，让老干部积极参与。充实区关工委青少年教育报告团成员，老干部向青少年讲历史讲传统，帮助青少年扣好人生的“第一粒扣子”、树立正确的世界观人生观价值观。区机关退休干部党支部创新活动载体，建立“老帮老”助老制度，即年轻的帮扶年龄大的、身体好的帮扶体弱多病的，通过日常走访、生活指导、送学上门、电话问候、通报情况等形式关爱帮扶对象。在党支部的倡议下，先后有25名年轻老干部志愿者和11位老人结对，进行“一对一”“多对一”的帮扶。

2015 老干部工作

【概况】 2015年年末，禹会区有离休干部29人，其中享受地市级待遇1人，县(处)级待遇14人，科级待遇14人。区机关退休人员164人，其中县(处)级干部22人，科级干部100人，其他42人。

【老干部政治建设】 区委老干部局经常组织老干部阅文阅报，对行动不便的，送学上门，方便离休老干部阅读。邀请老干部参加区重大政治活动，让老干部参政议政。春节前夕，区四大班子领导按照区委统一部署，分为九个小组，对区机关28位离休干部和实职退休县干进行普遍走访慰问。开展“进门入户暖心”活动，对全区所属34名离休干部普遍进行走访：一是结合本区实际情况制定禹会区“进门入户暖心”活动实施方案，对走访活动认真谋划；二是召开动员会。全区涉老单位分管领导参加会议，会上传达市局工作会议精神，对走访活动进行安排部署；三是开展走访慰问活动。在纪念中国人民抗日战争和世界反法西斯战争胜利70周年之际，区委书记王庆国、区委常委、组织部长庞延轶一行慰问了抗战时期离休干部刘同达，并为他佩戴上由中共中央、国务院、中央军委颁发的“中国人民抗日战争胜利70周年纪念章”。老干部局定期走访看望区机关离休干部，了解老干部思想、身体、家庭情况，使老同志感到组织上时刻关心着他们。春天，组织区机关离休干部、“五星”老人、区机关退休干部党支部中心组成员等28位老同志参观考察栖岩寺和星宇文化创意产业园。

【服务老干部生活】 组织离休、保健干部健康体检，老干部局将体检通知送到每一位离休、保健干部手中。区机关164名退休干部在第一人民医院体检中心健康体检。老干部健康体检充分体现区委、区政府对老干部的关爱，是落实老干部待遇的具体体现。按时发放津(补)贴。区委老干部局按照文件规定，确保老干部基本离休费按时足额发放。

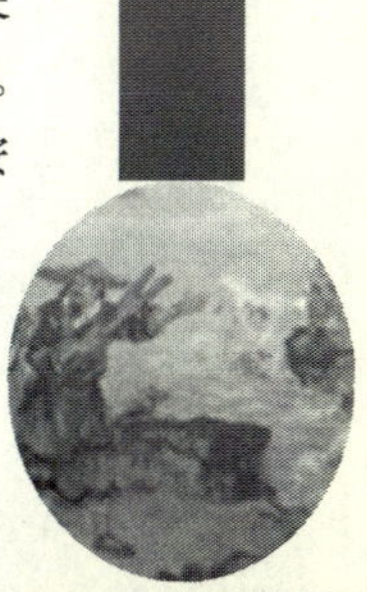

【组织建设】 退休干部党支部每月10号组织支部委员、党小组长开展集中学习，每月20号组织全体退休干部开展学习或组织活动，并形成制度化、规范化。退休干部党支部组织开展“适应新常态、掌握新要求、抢抓新机遇、主动新作为、实现新发展”大讨论活动，为禹会区的发展献言献策、发挥余热。开展“我最难忘的一件事”主题演讲活动，21位退休老同志先后上台演讲，他们以诗歌、散文、记叙文等多种文体讲述自己最难忘的一件事。在全市开展“展示阳光心态、体验美好生活、畅谈发展变化”为主题的征文活动，选送有11位老同志撰写的15篇征文参赛，夏长雪的《靠山村的玩灯人》获二等奖，潘荣高的《说道蚌埠大发展，细看蚌埠大变化》荣获三等奖。

【先进典型】 3月20日，区委老干部局召开机关全体退休老同志会议，传达市委老干部局《关于首届离退休干部“五星老人”的表彰通报》和省委组织部、老干部局《关于全省离退休干部“双先”表彰的决定》两个文件，全区7名“五星老人”的事迹在会上宣传通报。马城镇离退休老干部党支部争创“全省离退休干部先进集体”的先进典型经验，全省离退休干部先进个人、朝阳社区退休党员牛全起的事迹在全区广大离退休老同志中广泛宣传。

【文化生活】 定期开放两处老干部活动室，丰富老干部文化生活，提供学习、活动阵地，为老同志提供良好的娱乐和学习环境。老年大学大庆社区教学点以及蚌埠电大老年大学、禹会区老年大学正常开展教学活动，满足在禹会区居住的老同志的学习需求。3月2日，区机关退休党支部诗词兴趣小组成员用自己创作的诗词来表达新春的祝福、对祖国良好的祝愿及幸福的退休生活。4月14日，钓鱼兴趣小组一行9人来到蚌埠天河闸开展垂钓活动。5月13日，棋牌小组开展麻将、扑克比赛活动，32名老干部参赛。5月21日，区委老干部局、退休干部党支部为10对婚龄满五十周年以上的机关退休干部夫妇免费拍摄金婚纪念照。6月23日，禹会区老干部庆祝中国共产党成立94周年和纪念抗日战争胜利70周年文艺演出在区大礼堂浓情上演。7月11日至12日，老龄事业促进会禹会区办事处联合区委老干部局，组织32名老同志参加“三联木艺杯”蚌埠市第六届老年智力运动会。8月17日至20日，蚌埠市老干部(老同志)象棋、围棋比赛在市委老干部局活动中心举行，本区10名队员代表禹会区参加象棋比赛。

【关心下一代活动】 老干部局积极支持区关工委的工作，发挥退休干部在关心下一代工作中的引领作用。一是加强民营企业关工委工作。二是组织少幼儿书画作品参赛。三是开展“助学工程”：在前进路第二小学开展“助学工程”启动仪式，为该校的8名留守儿童(其中2名残疾)捐款2000元，捐助学习用品、食品等1000多元。四是积极争取市关工委对禹会区留守和贫困儿童进行捐赠。五是启动禹会区第三届“关爱明天、普法先行”青少年普法教育活动。

2014 宣 传

【概况】 2014年，禹会区宣传思想工作在市委宣传部和区委区政府的正确领导下，以“学习宣传贯彻十八届三中、四中全会和习近平总书记系列重要讲话精神”为主线，以“弘扬社会主义核心价值观”为导向，以“全面深化改革、推动禹会经济更好更快发展”为中心，较好地发挥了宣传思想工作内聚民心、外塑形象的独特作用，为实现全区经济社会持续健康发展提供坚强的思想文化保证。

【理论学习】 按照全年学习主题安排，为中心组成员购置《党委中心组》、十二届全国人大二次会议《政府工作报告》学习问答、《习近平总书记系列重要讲话读本》《习近平关于党风廉政建设与反腐败斗争论述摘编》《之江新语》《习近平谈治国理政》等相关学习书籍。以中心组(扩大)学习的形式，将区级机关、各基层单位中层以上干部及社区干部纳入到相关专题的学习中来，适时召开理论学习经验交流会，用互动方式增强学习效果。2014年，全区共组织国情、党情、经济、地震、书法专题知识理论讲座8场次、区委理论中心组学习14次、区级干部理论学习宣讲20余次。

【路线教育实践活动】 根据上级党的群众路线教育实践活动要求，结合禹会区实际，开展“读原文、学先进、树典型”“三结三联三服务”“五整五建” 专项行动、“三严三实”专题学习等活动，重点围绕“四风”问题开展批评和自我批评。针对班子和个人存在的问题进行深刻剖析。通过开展专项督查、举办主题演讲比赛、开展征文活动和编发简报等多种形式，切实增强群众路线教育实践活动的针对性和实效性。2014年共编发专题简报52期，报送信息100余条，撰写理论文章26篇。

【专题调研】 立足区情实际，着眼于解决实际问题，重点组织开展以“深入开展党的群众路线教育实践活动”“弘扬先进思想文化，推动禹会加快发展”为主题的调研实践活动。同时围绕“创建区域性文明示范城市，发挥精神激励作用”“如何提升公共文化服务能力”等重点任务进展情况和基层需求，认真分析，研究对策，用真实的事例、看得见的成果教育引导群众提高觉悟。2014年，完成市级调研课题3个，区级调研课题30个，编写理论宣讲范例3个，为《蚌埠宣传》供稿10余篇，刊登3篇。

【新闻宣传】 坚持大外宣理念，按照“三贴近”工作要求，各级通讯员深入实际，深入基层，深入群众，用群众语言报道群众生活工作中的事例。用消息、专访、图片、通讯特写等新闻宣传方式方法，全方位、多角度宣传全区经济社会发展成就，提升禹会新形象。2014年共发稿360余篇（条），其中，《蚌埠日报》179篇、其他报刊121篇、蚌埠电视台播出60余条。

【舆论引导】 依据2014年禹会区舆情信息需求要点，指导基层全面、及时、准确把握社会舆情动态，对突发事件、带有政治倾向及苗头性的社会动态，做到早发现、早研究、早上报、早处理，对群众关心的热点难点问题，积极主动引导，研究解决对策，为推动全区宣传思想工作上水平、上台阶提供有力保障。2014年，向市委宣传部研究室报送舆情信息380余条，荣获市委宣传部调研工作及舆情信息先进单位。

【网宣管理】 高度重视网评员队伍建设，及时培训和调整补充，确保区网评工作良好运转。坚持党管媒体原则不动摇，建立健全严格的内容审核、流程监控、责任追究等制度，认真管好用好禹会政府网、先锋网、教育网、新华频媒等宣传阵地，使各类网络阵地成为弘扬先进思想文化、联系人民群众、掌握社情民情、解决民生问题的新阵地。开展网评工作，加大网上舆情监控处置力度，牢牢掌握网络舆论的主动权和主导权。全年组织专题培训1次，参训人员60余人次，处置网上舆情19起，发帖、跟贴、复贴2340条，为《蚌埠发布》提供信息168条，编发区网络舆情专报15期，荣获2014首届市互联网政务峰会网络政务应用优秀奖。

【社会活动】 以理论指导实践为落脚点，结合党员教育“三项活动”开展，区委中心组成员深入基层、深入群众，积极开展县级领导干部讲党课活动，使党员的先锋模范作用和群众观念、基层党组织的凝聚力和战斗力得到加强和提升。年内，组织知识竞赛、社会实践、演讲比赛等各类党员教育活动15次、爱国主义教育活动11次。淮河蚌埠闸、禹墟博物馆、冯嘴子村花鼓灯第一村3个市级爱国主义教育基地活动开展成效显著。区爱国主义教育基地全年接待参观人员800余

▲市委常委，宣传部长王勇勇检查指导禹会区文明创建工作。

人次。组织“梦想起航”“社团大赛”“亮团行动”“走复兴路、圆中国梦” 爱国主义演讲比赛并参加市委宣传部和市教育局举办的中学生演讲、小学生讲故事比赛活动，荣获第二十届全国青少年爱国主义读书教育活动优秀组织奖。

突出抓好美好乡村示范村建设和“三线三边”环境集中整治工作。持续开展“五好文明家庭”“中国好人”“优秀江淮志愿者”等评选活动。全年推荐上报助人为乐、见义勇为、诚实守信、敬业奉献、孝老爱亲等“中国好人”候选人61名，其中有35名分别荣获“中国好人”“安徽好人”“蚌埠好人”“蚌埠十大新闻人物”等荣誉称号，为全区经济社会发展提供精神动力和道德支撑。成立了社区文体、青少年成长、交通劝导等10种不同类别的志愿服务队，登记注册文明单位进社区志愿者1764名。结合“3·5”学雷锋日“助残日”“植树节”等节日，开展“拥抱大自然、美丽禹会梦”义务植树造林、“中国梦”“雷锋精神”“文明礼仪”主题文化墙义务绘制、涂山传统庙会文明劝导引导、“送文化进乡村（城市）学校少年宫”等志愿服务活动。开展网络文明志愿服务活动，组织乡镇、社区及文明单位利用各种网络平台以传播倡导文明新风尚。

【群众文化活动】 扎实推进“三下乡”活动，组织好社科普及与文化惠民消费活动，做好博物馆、文化馆、乡镇文化站免费开放工作。年内，区馆站免费参观使用达30000余人次，放映公益电影180余场，捐赠图书1000余册，进行广场群众义演8场，花鼓灯专场汇报演出3场，观演群众达10000余人次，全面营造浓厚的群众文化氛围。

【文化项目】 实施重大项目带动战略，努力盘活现有的文化资产，加大文化产业项目招商引资和项目推介工作，发展文化旅游业等文化产业，切实落实文化事业和文化产业的发展任务，充分释放文化产业潜能，有效促进全区经济社会取得更大发展。培育扶持海峰印务、禾泉农庄、森禾花卉、禹王农业等民营文化企业做大做强。开展以“中国梦”

为主题的文艺创作活动，旨在通过多种文艺形式，培育和践行社会主义核心价值观，推出更多优秀作品，把人们寻梦的理想展示出来，把人们追梦的奋斗表现出来，通过初选全区共上报16个作品参加市里的评选。上报3个网络作品参加省优秀网络作品评选活动。原创剧目《金兜山》荣获文化部重点扶持的全国曲艺、木偶戏及皮影戏“优秀剧目”，《印象花鼓灯》荣获安徽省群星奖曲艺决赛“三等奖”。

▲安徽省军区领导参观禹墟博物馆

【《蚌埠·禹会诸侯之地》出版】 2014年8月，由蚌埠市委宣传部、市文广新局、市委外宣办编辑出版的禹会村遗址与淮河流域文明研讨会新闻作品集——《蚌埠·禹会诸侯之地》出版，得到了史学界、考古学界大家以及大禹文化研究者的热议。2013年年底召开的“禹会村遗址与淮河流域文明研讨会”，云集60多位全国各地权威专家学者，他们通过实地考察、对出土文物的观摩以及热烈的分析论证，最终达成“一锤定音”的结果：蚌埠就是“禹会诸侯”之地。此事件引起全国数十家媒体关注，以人民日报、新华社、中央人民广播电台、中央电视台、人民网、新华网为代表的36家主流媒体组成的“报道团”，利用报纸、电视、广播、网络等渠道，密集报道了这一文化事件。在此基础上，《蚌埠·禹会诸侯之地》这本集纳了81篇新闻报道、7幅专家题词、1篇考古发掘报告目录，以及200余幅彩色新闻图片的新闻作品集问世。据悉，此书使禹会村遗址在现有基础上得到更广泛的认知和推广，充分释放出历史考古的学术价值和社会效果，是文明探源考古成果向社会转化的成功范例，体现了蚌埠在传播、传承和传扬“大禹”这一珍贵历史财富方面的历史责任感和担当意识，值得一些地方借鉴和学习。《蚌埠·禹会诸侯之地》的出版为学术研究这个小圈圈与社会大众这个大圈圈搭起了一座畅通桥梁，是禹会村遗址考古成果的有力见证。

2015 宣传

【概况】 2015年，禹会区宣传思想工作以“学习宣传贯彻十八届三中、四中、五中全会和习近平总书记系列重要讲话精神”为主线，以“培育和践行社会主义核心价值观”为导向，以“全面深化改革、推动禹会经济更好更快发展”为中心，主动适应和引领经济发展新常态，内聚力量、外塑形象，为实现全区经济社会持续健康发展提供坚强的思想舆论支持和良好的精神文化条件。

【理论学习】 充分发挥区委中心组理论学习的龙头作用，带动全区党员干部深入学习《习近平谈治国理政》《习近平总书记系列重要讲话读本》等相关书籍和党的十八大、十八届三中、四中、五中全会精神。2015年，组织完成区委中心组理论学习15次，学习笔记400余篇，心得体会60余篇、调研报告28篇，中心组成员在市级报刊杂志发表文章13篇。长青乡业余党校荣获蚌埠市基层示范党校称号，蚌埠市行星工程机械有限公司被评为市级学习型党组织示范点。

【基层宣讲】 全面贯彻落实市委宣传部文件精神，积极组织专家学者深入各乡镇、社区、学校和辖区企业开展基层宣讲，统一思想、凝聚共识、指导行动。全年，组织开展“新常态”大讨论、“推进四个全面 建设美好蚌埠”、社会主义核心价值观内涵解读以及十八届四中、五中全会等专题宣讲87次，汇聚起强大的精神力量。

【调研工作】 立足区情实际，着眼于解决实际问题，重点组织开展以“新形势下利用新媒体开展政治思想工作”“网络舆情引导和网评员队伍建设”“加强宣传思想文化建设构建和谐社区”等主题调研实践活动。2015年，完成省、市级调研课题14个，其中《适应新常态 勇担新使命 奋力推进禹会经济社会更好更快发展》《精准发力 奋发有为 努力开创新常态下禹会发展新局面》均在《蚌埠工作》刊发。

【文明创建】 一是聚力争创全国文明城市。围绕创建全国文明城市重点工作，对照标准、细化清单，明确任务、专人负责。按照市区创城办要求，坚持一周一调度、一日一推进，先后召开创城工作调度会18次，实行重点路段、乡镇社区县级领导联系包保责任制和区直部门“任务单、催办单、督办单”三单交办制度，对创城工作落实情况、存在问题整改情况、创城任务清单完成情况进行督查通报、跟踪问责。共制作“图说我们的价值观”“讲文明 树新风”“新蚌埠市市民文明公约”等公益广告5000余块，累计发放创城宣传资料7万余份，核心价值观宣传册1万余册，向3000余家个体经营户发放了创建工作一封信，营造出浓厚的创城氛围。二是聚力培育和践行核心价值观。对照《禹会区培育和践行社会主义核心价值观行动方案》，组织开展系列主题活动。依托爱国主义教育基地，组织开展“勿忘国耻 圆梦中华”等爱国主义教育系列活动。通过开展专题讲座、参观走访、党团队日、祭扫烈士墓、开学第一课等活动，开展楹联、诗词征集展示等网上系列活动，弘扬伟大的抗战精神。三是聚力深化群众性文明创建。纵深推进志愿者服务活动，组织在职党员进社区开展志愿服务。深化道德模范、“最美家庭”、好人评选活动，2015年，禹会区葛海燕、吴华扬、张新国成功当选“中国好人”“安徽好人”“蚌埠好人”当选人数位于全市前列。扎实开展节俭养德、文明旅游、文明上网等群众性创建活动。

【新闻宣传】 坚持大外宣理念，突出“四个全面”战略布局、“三严三实”专题教育、十八届五中全会精神和创建全国文明城市等重大主题宣传，创新宣传方式，多角度、立体化、深层次宣传禹会经济社会发展成就和创城工作推进情况，唱响了主旋律、传播了正能量。“中国好人”钓鱼台小学葛海燕老师多次受到安徽日报、安徽广播电视、蚌埠日报等省市级主流媒体采访报道，引起热烈反响。全年编发《禹会新闻》6期，在省市级报刊杂志、广播电视发稿455篇（条）。在全市率先完成党报党刊征订任务，受到市委宣传部通报表扬。

【舆论引导】 积极完善舆情预警报告制度，全面、及时、准确把握社会舆情动态，对突发事件、带有政治倾向及苗头性的社会动态，早发现、早研究、早上报、早处理，牢牢掌握网络舆论的主动权和话语权。编发网络舆情专报8期，处置网上舆情16起，发帖、跟贴、复贴6218条，报送舆情信息427条，在全市名列前茅。2015年，禹会区4人荣获市级优秀网评员称号，1人获省级特约评论员，《白马舆情事件处置》作为全省先进典型案例刊登在《全省宣传思想文化工作情况选编》一书中。

【网宣管理】 坚持党管媒体原则不动摇，管好用好禹会政府网、先锋网、教育网、掌上禹会客户端、政务微博、微信等宣传阵地，使新媒体成为弘扬先进思想文化、掌握社情民情的主流阵地。深入开展网评培训工作，组织网络宣传专题培训6次，参训人员200余人。禹会区连续三年荣获网络评论工作先进单位。

【基层文化】 按照《禹会区基层公共文化资源整合实施方案》，全面启动基层公共文化资源整合工作，着力提升基层文化服务能力和水平。围绕重点工作，组织开展“三下乡”“电影进乡村”“理论进基层”等活动，加快文化信息资源共享。2015年，全区共放映公益电影468场，捐赠农家书屋图书3900册，进行广场群众义演65场，观演群众达1万余人次；开展以“中国梦”“欢乐珠城 温馨蚌埠”等为主题的系列文艺创作活动，旨在通过多种文艺形式，在辖区各中小学广泛开展“传统文化进校园”系列文艺演出30余场，全面营造了浓厚的群众文化氛围。以抗战胜利70周年为契机，组织全区开展“红色电影播放月”“寻找抗日英勇”等系列活动，共计播放电影12场，观影人数9000余人次，赢得辖区居民一致好评。

【文化产业】 加大文化产业项目招商引资和项目推介工作，大力发展文化旅游业等文化产业，切实落实文化事业和文化产业的发展任务。2015年，本区申报文化产业储备项目14个；海峰印刷、禾泉农庄、神龙笔业通过市民营企业100强；花鼓灯生态保护工程通过国家文化创新工程验收；冯嘴村花鼓灯传习所被省文化厅授予“安徽省非物质文化遗产传习基地”称号。

2014 统　战

【概况】 2014年，全区统一战线工作在区委的正确领导下，按照省委、市委统战工作的具体部署和要求，进一步巩固全区统一战线的良好局面，为建设美好禹会，贡献智慧和力量。主要做了以下几项工作：1.注重思想教育，汇聚正能量，不断增强统一战线凝聚力；2.发挥工商联优势作用，为美好禹会建设添砖加瓦。组织非公经济人士提出提案15项，捐资助学37.7万元，组织12家私营企业外出考察；3.坚持两个共同，围绕和谐稳定，扎实做好民族宗教工作，在全区评出50名文明宗教信徒；4.不断凝聚新生力量，继续做好新的社会阶层人士工作，着重做好引导非公经济人士健康成长以及党外知识分子工作；5. 注重加强港澳台海外统战工作，壮大爱国统一战线力量。区委统战部，在两节期间，组织慰问全区生活困难的“三胞三属”20人次；6.加强统战部自身建设，提升统战工作科学化水平。完成“新形势下基层统战工作问题研究”“以企业文化建设为引导，扎实推进非公经济领域统战工作”两个调研课题。

【汇聚正能量】 全年把学习贯彻落实党的十八届三中全会精神和开展党的群众路线教育实践活动，作为首要政治任务。组织统战干部和统一战线成员学习宣传，掌握精神实质，按照党的十八届三中全会对统一战线的新要求，统一思想，更好地推动统一战线各项工作。按照区委的统一部署，围绕“照镜子、正衣冠、洗洗澡、治治病”的总要求，以反对“四风”，“为民务实清廉”教育活动为主题，突出作风建设，加强统一战线队伍建设，增强统一战线的凝聚力。继续深化社会主义核心价值体系学习教育活动，使统一战线成员始终坚持正确的政治方向，突出活动主题、继承优良传统、传承政治薪火、增进政治共识，在市委统战部的统一组织下，积极开展“同心”实践教育活动，用先进典型示范带动。

【引导非公经济转型升级】 引导、支持和推动非公有制经济转型升级，引导非公有制企业参与市场化改革、健康发展，为改善民生献计出力。年内组织12家企业外出考察。30家小微企业聆听经济发展方面的讲座，完善党委政府与商会及非公有制经济人士联系制度，关心非公有制经济人士健康成长。积极在非公有制经济人士和非公有制企业中开展“我为重返全省第一方阵做贡献”大讨论活动，组织学习有关政策，4人参加市委党校举办的非公有制经济人士培训班，同时，以纪念中国光彩事业20周年为契机，引导广大非公有制经济人士和非公有制企业大力弘扬“致富思源、富而思进、扶贫济困、共同富裕、义利兼顾、德行并重、发展企业、回馈社会”的光彩精神，积极参与光彩事业和社会公益活动，为改善民生贡献力量。年内出资助学的有：蚌埠江淮车轮助学基金会出资36万元，中海关爱儿童基金会出资10.6万元，蚌埠行星人才教育基金会出资10.7万元，另外3家民企捐款1.7万元，合计59万元。

【民族宗教工作】 一是做好党的民族政策及法律法规宣传教育活动和民族团结进步创建活动，把全区各族人民的智慧和力量凝聚到“共同团结奋斗、共同繁荣发展”的主题上来，巩固和发展平等团结互助和谐的社会主义民族关系。协调配合有关部门做好少数民族流动人口的服务和保障工作，从劳动、就业、子女入学、医疗保障、法律援助等方面给予帮助，关心他们在生产生活方面的特殊需求。二是继续深入开展和谐宗教活动场所和文明信徒评比活动，促进宗教教堂点的和谐稳定。加强对全区13个宗教活动场所进行检查、指导；积极培养政治上靠得住、学识上有造诣、品德上能服众、关键时刻能起作用的爱国爱教人士。今年评出50名文明宗教信徒。三是扎实开展宗教活动场所财务监督管理。

【壮大统一战线力量】 一是做好宣传和落实对台工作的政策。做好“三胞三属”信访接待和重大节日走访慰问，全年走访慰问24人次。尤其加强与台胞台属的思想交流。台办起草了题为“顺应时代潮流，加强两岸交流”提案。二是加强与港澳台代表人士的联系。上半年，按照市台办统一部署，对辖区内的台湾同胞进行再摸底登记。与10人以上港澳台代表人士主动联系沟通，欢迎他们带外商到家乡投资兴业。中秋和国庆前夕，区召开40人参加的“三胞三属”座谈会，并组织参观了北师大新校区等经济和文化发展中的靓点。

【统战队伍建设】 在全区推进学习型、服务型、创新型统战干部队伍建设和反腐倡廉建设。在组织培训的基础上，鼓励统战干部加强自学，积极引导统战干部学习、理解、掌握党的统一战线创新理论，创造性地运用好民主协商、广交朋友、教育引导、真诚服务等方式方法，不断提升服务质量和水平，提升统战干部的精神风貌和激发统战干部的工作热情。加强统战信息工作，结合市下达的统战工作调研课题，深入基层，加强对新形势下基层统战工作调研，完成“新形势下基层统战工作问题研究”和“以企业文化建设为引导，扎实推进非公有制经济领域统战工作”两个课题调研。

2015 统　战

【概况】 2015年，禹会区统一战线工作部门按照“四个全面”的战略布局，主要做了以下工作：1.增进政治共识、献计出力，为禹会区经济和社会发展汇聚力量。2.围绕和谐稳定、团结协作，做好民族宗教工作，全区13个宗教活动场所11个达标，在全区评出35名文明宗教信徒。安徽省政府用于禹王宫道教场所建设资金70万元到位。3.适应发展新常态，因势利导，做好非公有经济领域统战工作。4条议案、13条提案被区委、区政府采用。组织非公有经济人士捐资助学16.7万元。4. 做好港澳台海外统战工作。区委统战部领导利用重点节日，走访慰问“三胞三属”困难家庭14户，同时倾听他们的意见和建议。区统战部起草的“顺应时代潮流，加强两岸交流”的提案，被作为区政协八届四次大会发言交流材料。5.努力凝聚新生力量，做好新的社会阶层人士工作，着重做好党外知识分子工作。6.强化自身建设，提升统战工作水平。一是加强统战干部队伍建设，培训24人；二是加强统战理论研究和统战信息工作。完成统战信息24篇，完成统战论文“加强乡镇统战工作研究”和“采取五项措施，创新统战工作”两篇。禹王宫维修工程启动，五木公司的《禹王宫维修工程设计方案》通过省文物局的批准，省政府的20万元设计费用和50万元的年度工程款专项资金到位。

【增共识聚力量】 通过专题学习、讲课辅导、集中培训等多种形式，增进政治共识，为禹会区经济和社会发展献计出力。9月中旬，组织全区统战干部和统战信息员学习中央颁发的《中国共产党统一战线工作条例(试行)》，市委统战部领导亲自授课解读，并对统战信息写作进行培训。区委统战部领导通过走访调研和开座谈会等形式改进统战工作，在倾听意见和建议的同时，注意引导社区、乡镇、村广大统战干部和统一战线成员正确领会“四个全面”战略布局的深刻内涵和中央、省、市、区委关于改革发展稳定的新思路新观点新要求。紧扣全市重返全省第一方阵的工作大局，发挥统战独特优势，谈心交心，统一思想，汇聚力量，支持统战成员立足“新常态”，围绕区域经济和社会发展，完成各项目标任务贡献智慧力量。

【非公经济】 开展非公经济人士理想信念教育实践活动，积极践行社会主义核心价值观，引导非公经济人士政治上自信、发展上自强、守法上自觉，坚定不移走中国特色社会主义道路，不断深化非公经济人士对中国特色社会主义的政治认同、思想认同和情感认同。非公经济人士积极参政议政，为禹会区的政治、经济和社会发展献计献策，年内提4条议案，13条提案。以开展活动为抓手，热情做好服务工作。积极组织开展培训、座谈、外出考察等多项活动，引导非公经济人士依法经营管理企业。区委统战部注重加强对工商联党组的领导和工商联工作的指导，充分发挥工商联的统战性、经济性、民间性和政府管理非公有经济的助手作用。教育引导广大非公有制经济人士和非公有制经济企业大力弘扬光彩精神，积极投身扶贫开发和公益慈善事业。年度内出资助学的有：安徽万宝玻璃有限公司和蚌埠新宇建筑安装公司共同出资3万元为贫困学生购买学习用品，中海关爱儿童基金会出资12万元，另外3家民企捐款1.7万元，合计16.7万元。

【民族宗教工作】 一是围绕团结进步，促进各民族交往交流交融。认真学习贯彻中央民族工作会议精神，深入开展民族团结进步创建和宣传教育活动，把全区各民族的智慧和力量凝聚到共同团结奋斗、共同繁荣发展的主题上来，巩固和发展平等团结互助和谐的社会主义民族关系。协调配合有关部门做好少数民族流动人口的服务和保障工作，从劳动、就业、子女入学、医疗保障、法律援助等方面给予帮助。二是维护和谐稳定，依法加强宗教事务管理。以全国宗教工作会议为契机，加强宗教法律法规的宣传普及，提高宗教界人士、信教群众的知法守法意识。加大抵御境外非法宗教渗透工作力度，加强佛教、道教教风建设。积极培养政治上靠得住、学识上有造诣、品德上能服众、关键时刻能起作用的爱国爱教人士，送上级民族宗教部门参加培训4人。全区13个宗教活动场所11个达标，被省市区分别授牌，评出35名文明宗教信徒。

【港澳台海外统战】 一是做好宣传和落实对台工作的政策。采取多种形式、利用各种媒体，加强对台工作的宣传；加强涉台事务的管理，积极做好“三胞三属”信访接待和重大节日走访慰问工作，全年走访慰问14人次。对特别困难的台属和侨属5人送慰问金。尤其加强与台胞台属的思想交流，针对两岸形势，起草了题为“顺应时代潮流，加强两岸交流”提案。二是加强与港澳台海外代表人士的联系。与10人以上港澳台海外代表人士主动联系沟通，欢迎他们带外商到家乡投资兴业。通过他们亲属邀请从美国、台湾来家乡考察的有3人。区统战部领导和招商部门领导陪同考察。

【凝聚新生力量】 一是引导非公有制经济人士健康成长。引导非公有制经济企业加强文化建设和党团组织、工会建设，关爱员工，积极构建和谐劳动关系。积极协助省、市统战部和工商联对非公有制经济人士情况问卷调查，了解他们的情况，关心他们的成长。二是开展对自由择业知识分子统战工作的调研，了解掌握归国留学人员和外资企业高管人员的思想动态，通过定期召开座谈会和会议培训形式，有针对性地做好教育引导工作，引导党外知识分子发挥人才和技术优势，增强他们的使命感和责任感，为全区经济社会发展献计出力。

【统战队伍建设】 强化自身建设，不断提升统战工作水平和能力。在组织开展“三严三实”的教育的同时，鼓励统战干部加强自学，积极引导统战干部学习、理解、掌握党的统一战线创新理论，创造性地运用好民主协商、广交朋友、教育引导、真诚服务等方式方法，不断提升服务质量和水平，提升统战干部的精神风貌和激发统战干部的工作热情，贯彻落实《条例》精神，自觉践行《蚌埠市机关效能建设基本规范》，加强统战三级网络建设，促进事务高效运转。加强统战理论调研和统战信息工作。统战信息员培训24人次。年内两次配合省、市统战研究的同时，深入基层，完成《加强乡镇统战工作研究》课题调研和《采取五项措施，创新统战工作》统战会议经验交流材料。

2014 机关党建

【概况】 2014年区机关党的建设工作紧紧围绕区委提出的“党的群众路线教育实践活动、全面深化改革、推动经济社会更好更快发展”这三件大事，全面加强机关党的思想、组织、作风、反腐倡廉建设和制度建设，转变机关作风，提高全区机关党建工作科学化水平，团结全区机关广大党员，为禹会区经济社会发展呈现快速度提供组织保证。

【党的群众路线教育实践活动】 按照区委党的群众路线教育实践活动统一安排部署，工委成立党的群众路线教育实践活动领导小组，制定活动实施方案，每个工委班子成员联系督导1至2个支部，同时，成立区机关群众评议组。召开区直机关动员大会，各机关各党支部召开支部党员大会进行再动员。采取专题会议学习和个人自学相结合的方式，组织全体党员干部认真学习规定学习内容。为使广大党员干部更好的掌握学习教育活动的内容，工委制定应知应会50题，并制作活动板报和专题简报。活动期间工委编发18期简报，上报59条信息，其中21条被区级以上简报、媒体采用。按照建设"服务型、效能型、廉洁型"三型机关要求，区机关工委始终围绕工作职责和中心工作，把强化服务意识、端正服务态度、改进服务作风、提高服务质量作为活动的主线，在机关大力开展作风整顿活动。制定《禹会区直机关工作人员文明服务礼仪规范》，进一步规范和加强机关工作人员文明服务，提高机关工作人员的精神风貌。加大效能建设监督检查力度，促进机关党员干部从严改进作风。与此同时，机关工委抓好自身建设，班子及成员通过深入调研走访、召开意见征集专题座谈会，面向服务对象及干部职工征集对班子及其成员在"四风"和服务群众方面存在的突出问题，梳理出"即知即改"问题清单共3批6类19条，对问题清单制定出具体整改方案，及时进行公示，接受群众监督。针对集中查摆出来的突出问题，进行认真细致地研究，逐项分析确定整改的努力方向和重点任务，制定《班子整改方案》，调整完善一系列规章制度，确保活动取得成效。

【机关党组织建设】 一是完善机关党支部党建工作目标责任制。严格实施机关党建目标考核，结合机关党建工作实际，完善《机关党建工作目标管理考核办法》，加强日常督促，保证目标任务落实。继续开展示范单位创建活动。二是党组织基础管理工作规范有序。指导15个机关党支部配齐配强党务干部；坚持推优入党、党员发展公示等制度，严把"入口"关。全年发展新党员4人，预备党员转正3人。认真执行党费收缴管理规定，督促党员按时按比例缴纳党费，全年区直机关共上缴党费3.4万多元。全年为党员订阅和配备学习资料、开展党员培训、表彰先进、慰问贫困党员、支持基层党组织开展活动。三是落实党员长效管理机制。完善机关党员教育、管理、监督等各个方面的基本规章制度，如"三会一课"、中心组学习、民主生活会、民主评议党员等制度。调整完善《工委班子成员联系机关党支部工作制度》和《机关党支部与社区及村党组织结对共建制度》，推动党员干部与群众打成一片。

【作风建设】 一是结合群众路线教育活动，开展服务基层活动。从转变工作作风入手，各部门与联系社区、村对接，每季度召开1次联系会，开展1次共建活动。二是继续开展"机关读书建设年"活动，通过开展读书心得交流，引导广大党员干部爱读书、读好书、善读书，着力营造人人学习、终身学习的良好氛围，不断提高干部的理论素养、专业素质和能力水平。10月28日，工委举办"爱岗敬业、服务群众"知识竞赛，来自区直机关8个支部组队参赛。三是制定《禹会区直机关工作人员文明服务礼仪规范》，规范和加强机关工作人员文明服务，提高机关工作人员的精神风貌。四是加大效能建设监督检查力度，开展每月2次明察暗访，每月2次考勤检查，每月4次工作人员行为规范的督查，促进机关党员干部从严改进作风。五是结合机关工青妇工作，组织开展各类喜闻乐见，有助推动工作的文体活动，丰富机关干部文化生活。

2015 机关党建

【概况】 2015年，区直机关党的建设工作围绕区委提出的以"三严三实"精神为统领，狠抓征迁建设、主导产业招商、城市精细化管理和提升社区建设水平"四件大事"，深化学习型党组织建设，狠抓作风，全面提升机关党员干部素质，为全区经济社会保持平稳健康发展提供保障。

【学习型党组织建设】 认真落实区委区政府提出的建设学习型党组织要求，开展党的理论中心组学习、"机关干部读书月"、一把手上党课以及专题讲座等学习活动，积极组织机关党员干部参加"禹会区干部大讲堂"讲座，注重机关党员干部党性认识的提升。深入开展"三严三实"教育"，教育引导党员干部以焦裕禄精神和"三严三实"要求为镜子，检查思想、素质、作风等方面的差距，解决"四风"突出问题，深入整改。落实机关干部下基层，到乡镇、社区、村倾听民意，为民办事，落实"我负责、我来办、马上办"，把学习型党组织建设落实到基层。

【组织管理】 严格实施机关党建目标考核，完善《机关党建工作目标管理考核办法》，加强日常督促，保证目标任务落实。开展示范单位创建活动，规范党组织基础管理工作。机关工委指导15个机关党支部配齐配强党务干部；坚持推优入党、党员发展公示等制度，严把“入口”关。全年发展新党员2人，预备党员转正4人。认真执行党费收缴管理规定，督促党员按时按比例缴纳党费，全年区直机关共上缴党费3.8万余元。落实党员长效管理机制。完善机关党员教育、管理、监督等各个方面的基本规章制度，如“三会一课”、中心组学习、民主生活会、民主评议党员等制度。调整完善《工委班子成员联系机关党支部工作制度》和《机关党支部与社区及村党组织结对共建制度》。

【作风建设】 一是扎实开展“三结三联三服务”活动。围绕“三严三实”教育活动主题，工委从转变工作作风入手，注重解决群众关注的热点难点问题，各部门党组织与联系社区、村及时对接，下基层、接地气，严格落实制度，区直13个党支部开展在职党员干部实行双重管理，党员干部进社区开展志愿服务活动。二是开展“我与新常态”征文演讲活动。禹会机关工委牵头负责，区委宣传部、区工青妇等单位协助配合，在全区开展以“适应新常态、掌握新要求、抢抓新机遇、主动新作为、实现新发展”为主要内容的征文及演讲比赛。活动收到征文47篇，18位选手参加演讲比赛，向市里推荐征文15篇，参加全市演讲比赛3人，其中1人获得三等奖。三是以效能建设为重点，着力推进服务型机关建设。今年机关效能工作从区纪委转到区直机关工委，及时制定《2015年禹会区机关效能建设工作意见》《禹会区机关效能建设明察暗访督查暂行办法》《蚌埠市禹会区机关效能问责办法》和《禹会区新闻媒体曝光机关效能问题督查办法》。开展每月2次明察暗访、2次考勤检查、4次工作人员行为规范督查。年内有20人因效能问题被问责，其中6人被追究领导责任。

【精神文明建设】 一是组织机关党员干部参加社区志愿活动。二是开展助残志愿服务队活动。三是开展“学雷锋、讲奉献、促文明”机关干部进社区参加“星期六义务劳动”活动。四是多次组织党员干部积极参与文明创建活动：参加交通路口志愿值勤活动，进社区进行“走千家、进万户”的创建全国文明城市宣传活动。全年组织机关人员参加社区志愿活动共8000余人次，参加交通文明志愿者活动4800余次。

【各类活动】 利用节庆日，因地制宜地开展机关干部喜闻乐见的文体活动。先后开展青年志愿者文明劝导活动、义务植树活动、“扶贫济困送温暖”捐款活动、登山比赛等。注重关爱职工生活，组织机关健康体检活动。及时看望生活困难和生病的干部职工，在春节、端午节，为机关工会会员送上节日礼品，及时把党组织的关怀送到职工身边，使大家都能感受到组织的温暖。

2014 信 访

【概况】 禹会区委、区政府信访局于2002年成立。其工作职责主要是拟定全区信访工作方案并组织实施，检查指导和协调全区信访工作。2014年，区信访工作按照省、市关于信访工作指示精神和决策部署，把维护重点时期社会大局稳定作为首要任务，进一步明确责任，加强领导，强化工作措施，确保全年信访维稳工作和社会大局总体稳定。全区信访系统以各级领导干部开门接访为牵引畅通信访渠道，以控制进京非访为重点逐步规范信访秩序，以化解积案为抓手着力减少信访矛盾，以信访制度创新为契机加强信访基层基础工作，保持全区信访大局平稳。全区一揽子解决问题的信访工作模式逐步建立。

【健全责任机制】 区委、区政府始终高度重视信访工作，建立和完善一把手负总责、亲自抓，分管领导总负责、具体抓，其他班子成员各负其责、配合抓的齐抓共管的工作机制。年内，区委、区政府主要负责同志多次主持召开全区信访维稳工作会议，对全区可能的信访隐患和重点信访案件进行全面梳理，对所有重点信访案件均建立三级包保责任制，将原有的区人大、政协领导包案统一调整区委、区政府领导领衔包案，明确责任单位主要负责人为第一责任人，村委会和居委会网格片党组织书记为包保稳控责任人。各责任单位对重点信访人落实24小时稳控值班机制，做到一人一个稳控预案，确保不出现非访现象。

【领导接访】 畅通信访渠道，领导干部大接访。区信访部门每周二、三、四、五上午均安排一名县级党政领导干部到区信访接待大厅进行接访，在区政府网站和区信访接待大厅公布领导接待日安排表，并利用区政府电子屏幕向群众公布领导接待日时间、地点、领导姓名、职务和分管工作，方便群众来访。每日安排一名党政领导干部坐班接访，安排一名区政法委同志专门负责接待涉法涉诉信访问题。领导干部开门接访时，陪同接访人员现场做好接访情况记录，信访局将信访事项进行转办、交办，开展跟踪督查，按有关规定向信访人反馈办理结果，确保事事有回音，件件有落实。本年度，区党政主要领导干部信访接待36次，接待信访群众37批逾500人次，办结化解32件；县级党政领导干部参加接待144次，接待群众150批逾千人次，现场答复和办结化解共计89件。同时，深入开展领导干部大走访活动，县级党政领导干部带案下访72次，其中党政主要领导带案下访12次。

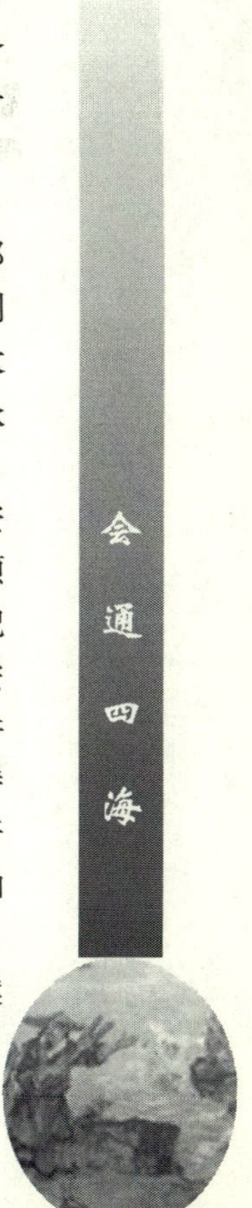

【信访维稳】 2014年，区信访工作每月召开专题调度会，尤其在全国“两会”期间，成立全国“两会”期间维稳信访指挥调度中心，由区分管领导牵头，会同区公安分局、区信访局、区维稳办、区人社局、区住建委等部门，每天下午4点坚持开展维稳信访重点问题指挥调度，对各乡镇（社区）和区相关部门重点信访案件及信访突发问题进行分析调度和督查督办，对重点信访案件和上报的情报信息进行全面分析，逐条梳理，重点研判，现场调度相关乡镇（社区）和区直部门逐件落实工作措施，做到不搞清情况不放过，不明确行踪不放过。通过坚持调度和落实工作措施，成功将重点信访人员、重点信访群体稳控在当地。

【信息员队伍建设】 在乡镇、社区发展信访信息员队伍，全区形成近300人的信息员队伍，每个重点信访个案均有专门的信息员搜集、报送信息，及时掌握信访重点人员动向，争取问题处置的主动权。

【信访难点】 群体性信访矛盾大量涌现，处置难度加大；信访老户缠访闹访局面仍没有得到根本改观；少数部门和乡镇、社区信访工作差距明显，力量不均衡，效果不明显；个别单位和领导存在解决信访问题时推诿、扯皮及不作为、乱作为现象，对信访工作支持不够，解决信访问题的办法不多、决心不大，不能切实做好信访工作，致使有的信访矛盾越拖越难解决，对全区信访工作带来一定影响。

2015 信 访

【概况】 2015年，在区委、区政府正确领导下，在市信访局的大力支持下，在各级、各单位、各部门的共同努力下，全区信访工作通过落实上级交办各项任务、采取“四亲自、三见面”的工作措施，畅通信访渠道，全年党政主要领导开门接访26批次、下访12批次，其他县级领导开门接访60批次，共接待群众千余人次。通过积极推进阳光信访、网上信访，开展信访积案化解，使一部分长期上访的信访老户、信访群体息诉罢访，有效化解不稳定因素。

【积案化解】 贯彻落实上级信访工作会议及相关文件精神，推动信访案件的化解工作，年初制定《禹会区信访积案化解工作计划》，坚持每月排查梳理信访矛盾隐患，每旬召开一次信访工作调度会，各级党政领导每月开门接访、带案下访活动，保证群众信访渠道畅通。加快推进积案化解，6月8日召开全区信访积案化解攻坚月动员大会，将30余件信访积案逐案进行交办。对全区重点信访隐患，各包案领导、各责任单位均按照“四亲自、三见面”的要求，逐案成立由区、乡（社区）、村（网格片）三级包保责任人组成的包保稳控工作组，确保每个工作组中有一名县级领导、一名科级领导及一名村(居)干部，并制定化解工作方案，主动上门入户与信访人沟通交流。区委、区政府主要领导坚持每月亲自主持召开信访案件调度会、督办会，对信访积案按照案件性质分批调度。区委、区政府6月28日召开全区信访稳定工作会议，通报全区1至5月份群众进京赴省去市上访情况及攻坚月以来案件化解工作进展情况，对攻坚月活动进行再动员、再部署。通过各项措施的落实，全区积案化解工作取得实效，截至11月底，国家、省交办11件信访积案已全部化解；市交办24件信访积案化解22件，化解率达92%，达到信访案件化解“攻坚月”任务目标要求。

【健全信访机制】 年内，全区信访工作建立健全“三人领导小组”的指挥调度和“三支队伍”的应急处置机制，切实规范信访秩序，畅通群众信访渠道，推进阳光信访、群众依法逐级走访。全区各乡镇、社区接入网上信访信息系统平台，6月底，系统延伸至部分区直部门，全区信访工作已逐步实现信息化，完成上级布置的信访信息系统纵向及横向接入任务。区信访局对全区基层信访干部进行5次集中培训，不断提高操作人员业务水平和办信办访效率。各乡镇、社区及区直部门全年录入信访案件、信访人信息总量超千条，全区网上信访信息系统录入率、办理及时率、答复率均达到90%以上。

【信访重点】 全区信访问题主要集中在涉法涉诉、拆迁安置、社会管理、劳动争议、“老”字号群体。面对大量信访问题，做好初信初访工作，确保事情解决在萌芽，人员稳定在当地尤为重要。全区各级各部门加强信息研判、初信初访办理、信访事项评议、群众满意度评议、督查督办等工作的合理管控，引导群众依法逐级走访，逐步推行诉访分离，保证大量信访问题化解在基层、息诉息访在当地。

2014 机构编制

【概况】 禹会区行政机构55家，其中政法类派出机构7家，工商质检部门机构7家，乡镇2家、法院、检察院各1家，区直部门38家；事业单位62家，其中：财政全额拨款54家，财政补助4家，经费自理3家，企业化管理1家。截至2014年年底，全区共有机关事业单位编制2816名，实有2478人；其中行政编制292名，实有268人；政法专项编制136名，实有110人；事业编制2388名，实有2100人。

【机构编制管理】 修订完善《禹会区机构编制委员会工作规则》《禹会区编办工作规则》等制度。建立机构编制管理集体议事规则，按规定程序和权限报批机构编制事项。执行中央编办《关于严格控制事业单位机构编制的通知》精神，按照市编办要求，对不同类别事业单位实行差别化的减编控编措施，财政供养人员只减不增。

【行政、事业单位体制改革】 1.分类推进事业单位改革。编制部门本着分类改革、分类管理、政事分开、管办分离的原则，对全区事业单位进行清理，按照社会功能将事业单位划分承担行政职能单位1个，从事生产经营单位2个，从事公益服务单位59个。2.工商质监食品药品监管体制改革。根据蚌政秘〔2014〕23号和蚌编〔2014〕23号文件精神，1月启动至2月21日区市场监督管理局挂牌，实现人、财、物平稳交接。3.机构和人员编制核查以及全面推行机构编制实名制管理。机构编制核查4月启动，年底结束，实现“四清”“三个掌握”“两个完善”，即机构清、编制清、领导职数清、实有人员清；掌握了全区机构编制和机关事业单位人员基本情况，掌握了全区编制内、编制外聘用人员情况，掌握了机构编制管理中存在的不足；完善了机构编制管理档案，完善了机构实名制系统信息，机构编制实名制管理。

【行政、事业单位机构增减、编制变动情况】 年内，设区市场监督管理局，为政府工作部门，正科级建制，区市场监管稽查大队加挂区食品药品投诉举报中心牌子，区市场监督管理局增挂食品药品监督管理局牌子。区委组织部挂区人才工作领导小组办公室牌子。撤销市天河中学、长青北路小学。核定北师大蚌埠附属学校教师编制64名。区最低生活保障局加挂区救助申请家庭经济状况核对中心牌子。区法院增设民事审判第四庭、审判管理办公室。区检察院增设计财装备科、职务犯罪预防办公室。

【机构编制管理其他目标任务】 完成机构编制申报审核（公务员编制计划使用申报、事业单位编制使用申报、人员调动编制使用申报）。完成2014年度全区49家事业单位年度报告工作。按照全市域名注册管理工作会议要求，对符合注册的单位进行梳理，采取代申请、代收费、统一集中办理、上门服务指导等方式，做好查缺补漏工作。全区57家符合条件的机关、事业单位完成注册。完成51家机关、事业单位的挂标单位挂标。

2015 机构编制

【概况】 禹会区行政机构56家，其中政法类派出机构7家，工商质检部门机构7家，乡镇2家，法院、检察院各1家，区直部门37家，派出机构1家；事业单位63家，其中：财政全额拨款55家，财政补助4家，经费自理3家，企业化管理1家。截至2015年底，全区共有机关事业单位编制2837名，实有2434人；其中行政编制298名，实有272人；政法专项编制143名，实有111人；事业编制2396名，实有2051人。

【机构编制管理】 严格按照规定设置机构。一是严格控制机构编制总量，实行以制度管编。二是规范出入编管理，实行核编准入制度。三是执行职数管理规定，领导职数配备均按照规定程序规范办理。

【行政、事业单位体制改革】 5月14日召开“禹会区人民政府职能转变和机构改革动员大会”，部署政府职能转变和机构改革工作，将区人口和计划生育委员会承担的拟订人口发展规划及人口政策职责划入区发展和改革委员会；将区政府办公室承担的外事职责与区商务局的职责整合，组建区商务和外事局；将区文化广电体育旅游局的体育管理行政职责与区教育局的职责整合，组建区教育和体育局；将区文化广电体育旅游局更名为区文化广电旅游局；将区住房和城乡建设委员会更名为区住房城乡建设和交通委员会；将区科学技术局更名为区科学技术和知识产权局；区城市管理行政执法局不再挂区市容管理局牌子，市容管理职责划入区城市管理行政执法局；区司法局增挂社区矫正大队牌子。基层司法所实行区司法局和乡镇政府双重管理、以区司法局为主的管理体制，司法所编制单列，专编专用。区政府政务服务中心调整为区政府派出机构。将下划的禹会区环保分局更名为禹会区环境保护局并纳入区政府工作部门序列。

【机构编制专项工作】 一是开展区级职权清理推行行政权力清单制度，拟定《禹会区深入开展区级职权清理推行行政权力清单制度的实施方案》，成立领导小组，确定区级职权清理行政权力清单单位名单28家，召开专门会议进行动员部署，会议研究，初步形成区级政府行政权力清单和责任清单，于2月17日网上公示。2月28日，全区有行政权力的23个部门(含监察局)两单情况(两单汇总表、两单、流程图、廉政风险点情况表)全部在市政府信息公开网进行公示。二是推进简政放权放管结合转变政府职能,成立行政审批改革组、投资审批改革组、职业资格改革组、收费清理改革组、商事制度改革组、教育和体育职能转变改革组、科技职能转变改革组、文化职能转变改革组、卫生计生职能转变改革组、体育职能转变改革组等10个协调改革小组,分别由相关职能部门主要负责人任协调改革小组组长,推进全区的简政放权、放管结合,政府职能转变工作。

【机构编制管理其他目标任务】 完成机构编制申报审核(公务员编制计划使用申报20名,事业单位20名、"三支一扶"计划14名,人员调动编制使用申报)。完成2015年度全区51家事业单位年度报告工作,为6家事业单位办理变更登记,对通过年检的全部事业单位实行年度报告网上公开。完成全区118家机构的中文域名注册工作,完成率109%。

2014 精神文明建设

【概况】 2014年,禹会区精神文明建设工作按照市委市政府提出的"再创辉煌,重返全省第一方阵"总体目标,以开展弘扬先进思想文化、践行社会主义核心价值观为根本,切实加强公民道德建设和未成年人思想道德建设,广泛开展和谐创建活动和群众性精神文明创建活动。在"三线三边"环境综合整治工作中,全区上下努力把辖区沿线建成"畅、洁、绿、美"的文明走廊,拆除域内有碍观瞻的大型立柱广告工作名列全市第一;文明创建和城市管理在全市文明创建考评排名中获得2次全市第二;长青乡宗洼村荣获第三届安徽省文明村镇称号;锦绣社区和喜迎门社区荣获第四届安徽省文明社区称号:其中,锦绣社区获得全省志愿年度"十佳社区";秀水社区被评为蚌埠市第三批"绿色社区";在好人推报评选工作中,辖区居民高绪贵、谢秀英分别当选2014年度"中国好人""安徽好人",沈红权等4人荣获安徽省"感动江淮"优秀志愿服务典型称号。

【文明创建】 自3月份开始,全市文明创建和城市管理实施动态考评,区文明办根据新的考评要求和办法及时调整工作思路,改进工作方法,细化分解考核任务,具体落实责任分工,做到"三个明确、一个树立",即:明确考核标准、明确任务分工、明确责任主体,树立争创一流的思想。根据市部署的专项创建活动内容制定全区专项创建方案及创建考核奖惩制度,将区属乡镇、社区及相关区直部门纳入到考核范围内,区委区政府领导带头包保乡镇、社区的文明创建和城市管理工作,每月检查评比,按照文明创建考核结果进行排名实施奖惩。在全市每月一次的文明创建和城市管理考评排名中,禹会区获得2次全市第二的好成绩。

【三线三边环境综合治理】 全区直接投入"三线三边"治理资金1008万元,完成景区周边环境整治项目18个,其中张公山风景区环境整治项目获得市旅游局考核验收一等奖、蚌埠闸水利风景区、禾泉农庄、森禾现代花卉科技产业园环境整治项目获得市旅游局考核验收二等奖。关停非煤矿山90座,拆除非法小码头、非法采砂点63个,清理违章搭建58615平方米,清理沿路废品收购点(站)52个,清理河滩非法耕种搭建230亩,粉刷建筑立面344950平方米,退网还湖18500亩,绿化面积6810亩。共拆除域内有碍观瞻的大型立柱广告50块,此项工作在"三线三边"整治工作中名列全市第一,沿线沿边环境面貌明显改观。

【思想道德建设】 禹会区积极参与全国、全省、全市组织的各类好人推荐评选活动,2014年,本区1人当选"中国好人",4人荣获"中国好人"候选人提名奖,占全市当选人数的50%;1人当选"安徽好人",占全市当选人数的25%;,4人当选安徽省感动江淮志愿者,1名荣获 "最感动江淮志愿者"提名奖;21人当选"蚌埠好人"。在春节、元宵节、清明、端午、中秋和重阳节等传统佳节期间,组织开展弘扬中华传统文化,经典诵读,深化"我们的节日"主题活动,营造浓厚节日氛围。按照"六个一"流程,开展道德讲堂活动,区文明办及11家省级文明单位每季度开展一次,参加人数近5000人次。创建活动的开展,为全区精神文明建设提供强大的精神动力和道德支撑。

【志愿服务活动】 年内,在喜迎门社区、金域社区、张公山社区、秀水社区创建社区星级志愿者服务广场,完成40%志愿服务广场创建目标任务。分别开展4场大型的"文明单位进社区志愿服务”活动，设立志愿服务项目20余个，大型歌舞表演等，500余名志愿者参加文明单位进社区志愿服务活动。在学雷锋月、“助残日”“植树节”“三线三边”环境整治、“9·20”全国公民道德日、“12·5”国际志愿者日分别组织志愿者深入乡镇、社区开展关爱空巢老人、关爱留守儿童、关爱残疾人、关爱农民工、捡拾垃圾、文明交通劝导、义务植树造林等志愿服务活动，累计有近10000名志愿者参加志愿服务活动。开展网上志愿者登记注册工作，登记注册学雷锋志愿者19825名。建立社区志愿服务工作督查考核制度，按照“社区所需，志愿者所能”的原则，以社区老年人、进城务工人员、下岗失业人员、残疾人和低保家庭等社会弱势群体以及农民工子女、留守儿童、特殊青少年群体等为重点对象，以“一助一”“多助一”的个体结对型开展志愿服务活动。组织各乡镇、社区及文明单位，建立网络文明传播志愿者队伍，利用互联网的各种先进手段，在新浪、腾讯等知名网站注册微博，积极传播节俭理念、道德箴言、好人好事，抑制网络脏话、文明交通、文明旅游、文明餐桌、绿色出行等文明理念，传播网络文明新风，倡导文明理念，全年辖区有129人参加网络志愿者文明传播活动，发微博2593条。

【未成年人思想道德建设】 召开全区未成年人联系会议，安排部署未成年人思想道德建设，以“立德树人”为根本任务，实施“少年蚌埠”行动计划，以体验教育为基本途径，开展“走复兴路、圆中国梦”爱国主义演讲比赛、“改陋习，做文明有礼蚌埠人”“学雷锋 做有道德的人”“美德少年评选”，培养青少年爱党、爱国、爱家乡的朴素感情。区教育局分别荣获“蚌埠市五四红旗团委”“蚌埠市德育工作年检一等奖”“蚌埠市少先队特色先进单位”“蚌埠市青少年科技创新大赛基层赛事优秀组织单位”“第二十届全国青少年爱国主义读书教育活动优秀组织奖”“安徽省关工委双创建先进单位”、蒋彤获得“安徽省优秀少先队员”称号。在全省二十九届青少年科技创新大赛中朝阳一小“伸缩式万向修枝剪”和石巷小学“快速翻谷器”荣获二等奖，张公山三小、师范二附小、长青中心校分别荣获全省青少年科幻画一、二等奖的好成绩。获奖率居全市之首。

【美好乡村建设】 美好乡村建设重点围绕城乡环境综合治理、“改陋习、树新风”等内容开展创建活动，挖掘和利用区域内自然资源（天河周边）和文化遗产（花鼓灯、禹墟历史文化）资源，并根据全市乡村文明“123”创建活动要求及村镇文明创建动态考评实施方案谋划创建活动，广泛开展“文明户”“文明村”“平安村”“和谐家庭” 等丰富多彩创建活动，积极培育现代文明村民，改善乡村文明环境，推进乡村文明和谐。

【文明单位管理】 从7月份起，根据全市的统一安排，对文明单位实行动态考核管理机制，区文明办积极对应工作布局，迅速将辖区内47家文明单位全部完成系统注册，并且按照考核要求，及时上报文明创建信息2000余条。对文明单位实施管理，就是让文明单位动起来，在单位内部形成自己的创建特色，并为全区的文明创建增添活力，区文明办适时组织市级以上文明单位走向社会、走进社区开展结对帮扶、公益慈善、医疗卫生、法律援助、交通劝导等10多个不同类别的志愿服务活动，47家市级以上文明单位志愿参加达3000余人次。

2015 精神文明建设

【概况】 2015年，在区委、区政府的正确领导下，在市文明办的指导下，按照争创全国文明城市总体目标，紧紧围绕精神文明建设工作的总体思路，扎实开展文明创建工作。在全市文明创建城市管理动态月度考评中，5、6、7月份取得文明创建全市“三连冠”的好成绩。做好文明单位创建管理，帮助4家全国文明单位、7家安徽省文明单位，36家蚌埠市文明单位做好动态管理系统电子台账上报工作。辖区单位市公交公司杨苗苗荣获全国第五届道德模范提名奖，蚌埠玻璃工业设计研究院彭寿荣获安徽省第四届道德模范提名奖，葛海燕等3人当选“中国好人”，田朝晖等9人当选“蚌埠好人”。

【培树好人典型】 制定出台“禹会好人”评选表彰活动标准和奖励机制，积极组织乡镇、社区、区直各部门推报身边好人。年内，全区有3人当选“中国好人”，1人当选“安徽好人”，9人当选“蚌埠好人”，占全市当选人数的18%。每月向中央文明网推报“好人线索”：6月推报30条，7月推报71条，8月推报80条，9月推报526条，10月推报300条，11月推报236条。

【道德实践活动】 依托道德讲堂，开展核心价值观教育实践活动，举办道德模范进军营、进基层巡讲5场，参加人数近1000人次；11家省级以上文明单位和36家市级文明单位全部设立道德讲堂室，按照“6+N”个流程每季度开展道德

讲堂活动。深化“我们的节日”系列活动，春节、元宵节、清明、端午、中秋、重阳等传统节日，组织文艺汇演、慰问帮扶困难群体、网上祭祀、包粽子比赛、邀老人出游等系列活动。围绕践行核心价值观，举办“践行核心价值 打造好人禹会”演讲比赛。组织中国好人、道德模范开展3场“2015道德模范巡讲报告会”“2015道德模范讲故事活动”，分别走进企业、社区、军营与干部群众部队官兵进行现场交流互动。参加市文明办举办的“2015蚌埠好人故事大赛”，分别荣获1个优胜奖、3个优秀奖的成绩。6月26日，参加市文明委举办的“诚信与法治”演讲大赛，荣获团体组织奖。9月份，区推报的优秀童谣曲目，5首获得全市佳作奖、17首获得优秀奖。10月份，3名同志获得“蚌埠市最美孝心人”称号。

【关爱道德模范】 出台礼遇和帮扶道德模范办法，筹建禹会好人馆，打造具有禹会特质的价值观品牌。春节期间探望慰问老、弱、病、残及生活困难的道德模范和身边好人，共计19人次，发放慰问物品及困难补助金7000余元。奖励各类好人奖励金35500元。发动志愿者和志愿服务组织，对行动不便的道德模范和身边好人，走进家门帮助打扫卫生、贴春联方式提供志愿服务。在全社会形成好人有好报的价值取向。

【三大文明行动】 开展“文明交通”“文明旅游”“文明餐桌”三大文明行动。集中组织开展文明劝导活动40余次，有800余名志愿者参加。11月始，驻区43家各级文明单位的志愿者每天在辖区15个路口开展文明交通志愿服务活动，劝阻不文明行为。建立文明旅游联席会议制度，向全社会倡导文明旅游、安全旅游、环保旅游的理念，印制和发放旅游文明行为指南和旅游文明公约2000余份。制定文明餐桌实施方案，倡议设立餐厅的各级文明单位均开展文明用餐不剩饭不剩菜光盘行动，张贴勤俭养德、文明就餐公益宣传，全面推进“文明餐桌”行动常态化。

【精神文明建设宣传】 围绕核心价值观、中国梦、争创文明城市等20项重点内容，组织好建筑围挡、城市出入口公益广告宣传。在主干道商业大街设置公益广告360余处、手绘文化墙2000余平方米、建筑工地封闭围挡144幅、公园（景区）内设置60厘米×40厘米公益广告320块、社区（小区）近600处、中小学校230处，并发动辖区内各级文明单位利用宣传橱窗、楼宇电视、LED显示屏等载体，滚动播放宣传核心价值观、讲文明树新风等内容字幕。同时向市民发放《告全体市民一封信》10000份。

【城乡环境治理】 以全域文明为统揽，落实《蚌埠市城乡环境综合治理实施方案》，推动“三线三边”向周边乡村、城乡结合部等重点区域延伸。区文明办和区美好办按照市里要求，对长青乡、涂山风景区、马城镇、沿206国道沿线等地段，加大环境整治的力度，每个季度进行检查考核。

【未成年人思想道德建设】 落实《全国未成年人思想道德建设工作测评体系》，设立联席会议制度，定期召开全区联席会议推进会，构建学校、家庭、社会“三位一体”工作格局，各联席部门开展净化校园周边环境专项整治行动，为未成年人提供全方位服务保障。以“习礼育德”为重点，开设“礼仪晨会课堂”、征集文明礼仪语丝、创编文明礼仪早操等形式，全方位营造讲文明懂礼仪的文化氛围。以“生命教育”为核心，在各中小学校建立心理咨询室，配备相应的器材和师资，定期开展培训、团训、心理辅导、以及面向社会的咨询活动，充分发挥心理辅导站（室）的作用，切实保障未成年人心理健康。建设乡村学校少年宫，年内覆盖100%的乡村中心学校。利用重要时间节点，组织开展“我们的节日”“祭奠英烈”“童心向党”“做一个有道德的人”等系列活动。把培育和践行核心价值观融入到课堂教学和校园文化，紧紧围绕24字基本内容，深入推进核心价值观进教材、进课堂、进头脑工作。在各中小学校园、教室张贴或书写上墙，让师生熟练背诵，促进广大师生对社会主义核心价值观的认知与认同。

【网站建设与文明传播】 建成“禹会区文明网站”，开辟“文明播报”“讲文明树新风”“道德建设”“思想文化”等9大板块，“禹会好人”“网络文明传播”等13个小版块，其中，“图说我们的价值观”“讲文明树新风”公益广告宣传通稿板块长期刊登在首页，“发现好人、学习模范”板块滚动播放。各乡镇、社区、各级文明单位向网站投递创建工作信息，及时更新区文明创建动态内容，倡导文明新风，推动文明宣传建设。印发《关于在全区开展“文明建网、文明上网”主题实践活动的通知》、举办“网络文明传播志愿者培训”，推动“文明上网、文明办网”深入人心，规范网上信息传播秩序，建立一支具有影响力的25人网络传播志愿者队伍，其中，志愿骨干6名，“好人”志愿者4名，特约评论员1名。每月积极开展网上传播信息工作，全年发、转微博1250条，发布博文25篇、发表评论250条。动员区直部门、乡镇社区以及文明单位在网络平台上注册微博、博客、论坛，时时关注国家、省、市文明网上的重大传播活动，积极发展健康向上的网络文化，传播文明，引领风尚，营造良好的网络文化环境。

2014 档案管理

【概况】 2014年，区档案管理坚持以法治档、归档、管档，注重档案法制建设，重点围绕档案资源建设、信息化建设、档案室建设谋划发展，做好机关文件材料的整理归档和区属单位部门档案管理的监督指导，确保档案安全管理。

【监督指导】 区档案部门履行档案行政管理职能，对区司法局社区矫正档案管理、区重大建设项目档案管理、长青乡、马城镇及涂山风景区管委会档案管理工作现场检查监督指导，按照业务标准要求指导这些部门对档案材料收集齐全、规范整理、安全保管，并监督落实到位。2013年区划调整，马城镇和涂山风景区管委会从怀远县划归禹会区管辖。区档案局对马城和涂山两单位档案归档工作进行对接指导，帮助指导两单位制定《文件材料归档范围和文书档案保管期限表》，确保档案在划转过程中不遗漏、不丢失、不损毁，合理规范归整。归档档案报经区档案局备案。

【机关文件材料归档】 推行新的《文件材料归档范围和文书档案保管期限表》，认真搞好年度文书立卷归档工作。邀请市档案局的领导和业务指导科的人员到区为各单位的领导和档案员进行档案基础知识讲解，并举办机关、乡镇、管委会、社区档案业务培训班。本年机关归档文书档案2141件，各类业务档案110卷。

【民生档案资源管理】 调整馆藏建设思路，突出民生档案在档案资源建设中的地位。开展民生档案排查登记和指导工作，对与群众利益密切相关的计划生育、婚姻、公证、社保等民生档案，进行排查登记和指导，做好民生档案管理和利用工作，监管民生档案的安全和完整。加大民生档案接收力度，截至2014年6月馆藏有关民生档案20538卷，以件计算的31619件，影像照片档案2430件，实物档案504件，资料416册。

【档案法制建设】 结合“6·9”国际档案日、《档案法》颁布等纪念活动，开展档案法律法规知识宣传普及活动。制作法制宣传展板2块，横幅2条，宣传资料1000份册，并购买宣传挂图、宣传手册等，利用业务培训、业务指导、走访交流、集中宣传等多种形式对所辖所属单位和群众开展普法宣传，并结合网上政务信息公开栏目，对档案法律法规进行解读宣传。

加强档案行政执法队伍建设，档案局2名工作人员通过全省档案行政执法资格考试并取得执法证。乡镇、风景区管委会、社区及区属（直）单位的档案员实行上岗培训制，岗前都经过市、区组织的档案法规、理论业务知识的集中培训。2014年共组织开展四次档案培训工作。

【档案信息化建设】 将档案信息化纳入区政府信息化建设整体规划。可利用电子政务网络进行政府公开信息的网上数据传输和档案公布。建立了档案信息数据异地备份制，档案目录全部实现计算机检索。

【档案室建设】 本年通过加强监督指导，各类档案室业务建设得到加强，区住建委设立专业档案室，管理大建设项目档案和征迁工作档案。区司法局社区矫正中心设立档案室，管理社区矫正工作档案和矫正对象档案。乡镇、社区档案室管理制度健全，做到分管领导和责任人明确，文件材料归档基本做到完整。推行村级建档，选定长青乡宗洼村为村级档案室建设试点，以起到带动示范作用。

【档案安全管理】 加强馆藏档案的安全保管工作，改善档案工作环境和档案工作硬件条件，配备完善相应的设施设备，确保档案实体的安全。建立档案安全应急方案、落实档案信息数据备份制度。建立健全档案安全保管制度，按照档案安全保管的要求，先后制定完善档案收集范围、保管利用制度、档案鉴定整理人员职责、档案馆安全保卫制度、档案安全责任制度等各项工作制度，并落实到人，全年没有发生危害档案安全事故的事件。积极做好进馆档案的整理工作，在档案接收的基础上，及时做好整理工作，做到馆藏档案全宗划分清楚，目录体系完整，为使用利用提供方便。

2015 档案管理

【概况】 2015年，禹会区档案工作在区委、区政府领导下，在市档案部门的指导下，以“服务区域经济社会发展，服务民生需求”为目标，不断完善档案服务功能，注重数字化档案馆建设，做好档案宣传和培训工作，对区属破产改制企业的档案进行发掘抢救，组织征迁和土地确权档案的整理、管理，做好档案利用为民生服务。

【数字档案馆建设】 制定《禹会区数字档案馆建设实施方

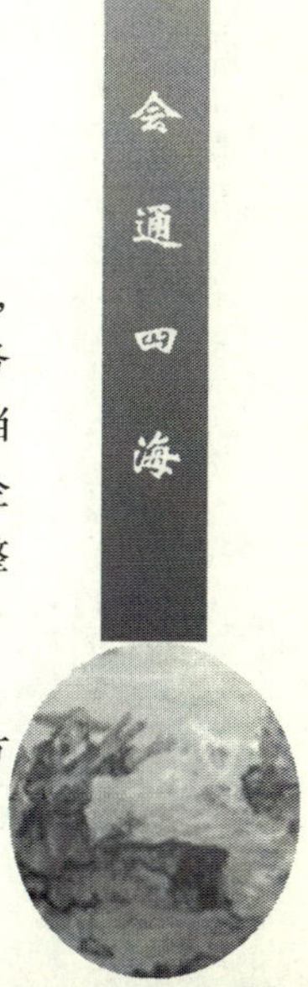

案》，全面启动数字档案馆建设工作，区政府一期拨付专项业务预算资金26万元，用于建设数字档案馆硬件平台和软件系统。开展政府采购招标工作准备，进行市场调查，制定招标需求方案，12月，一期硬件平台建设完成招标，数字档案馆建设工程有序推进，禹会区档案管理水平将得到一个显著提升。

【征迁档案管理】 按照市档案局和市推进办共同出台的《蚌埠市土地房屋征收档案归档整理暂行办法》，禹会区档案局与区征迁拆违和大建设部门进行工作对接，安排专人协助区大建设部门归档、整理各类征迁和大建设资料，查漏补缺，使拆迁档案实现规范化整理。区大建设征收档案工作实现从无到有，从资料随意堆放到规范有序管理，区档案管理内容扩展，覆盖面扩大，区委区政府的征迁工作档案有序管理，为以后建设历史做到有档可查。

【档案抢救】 从2014年8月起对区属破产改制企业积存档案状况进行调研，与区经信委共同制定集中抢救性整理工作方案，着手进行整理保护。区经信委牵头，抽调4名人员，专职集中整理，区档案局进行业务指导，对所存历史资料进行规范整理，电子目录著录，历时1年5个月，全部整理完成，共19家企业，接收进馆纸质档案13604卷。消除了这部分档案由于不安全保管带来的散失隐患，并即时发挥作用，当年就为退休职工独生子女认定、工龄认定提供原始依据15人次。

【土地确权档案】 按照省农委、省档案局《关于印发安徽省农村土地承包经营权确权登记颁证档案管理办法（试行）的通知》和禹会区两办《关于印发<禹会区农村土地承包经营权确权登记颁证工作实施方案>的通知》要求，积极筹划，精心组织，积极在这项重要的三农惠民工程中做好服务工作。一是明确专人负责业务指导，主动跟踪农村土地承包经营权确权登记颁证工作进展，确保档案工作和确权颁证工作同步进行。二是加强宣传培训，广泛树立档案管理意识。在全区召开的农村土地承包经营权确权登记颁证工作动员布置暨培训会议中，对来参会的乡镇、风景区管委会负责人及村“两委”负责人进行档案业务培训，进一步重申土地确权颁证档案工作中应把握的原则，并从文件材料的形成、积累、整理、归档、移交各环节讲解工作要求。三是勤于监督检查，保证工作落实。加强与区农林水委协调配合，建立监督检查机制，定期或根据工作进度开展深入乡镇村的指导督查。各乡镇村做到明确档案管理制度，明确档案管理人员，明确档案管理职责，明确档案管理要求，确保土地确权颁证档案的准确、完整、规范、安全。

【档案接收和利用】 坚持区机关文书立卷归档制度，本年接收文书档案2483件，照片档案215件。通过多次业务指导、协同配合，共整理、接收区民政局在养老院建设、城市社区居委会用房的基础设施建设上产生的基建工程项目资料8个项目、28卷基建项目档案。接收自2002年至2013年纪检监察档案共计130卷。此项工作在扩充馆藏档案的同时，也进一步体现了档案馆的综合功能，为保存各类文件资料起到重要作用。

【服务社会】 顺应档案馆建设由传统型对内部服务向公共服务型档案馆转型的要求，面向社会，面向基层，充分利用现有的档案管理设备和馆藏各种门类档案的优势，积极提供利用，本年，为群众提供退休工龄认定、独生子女认定、家庭财产分割公证、房屋拆迁产权认定等156人次，区级档案为民生服务的能力得到明显增强。

【档案宣传】 禹会区档案局积极开展“6·9”国际档案日活动。一是营造宣传氛围。制作2条大型标语横幅，在区政府驻地附近悬挂；订购80份《中国的世界记忆遗产》宣传册和《档案——与人类文明同行》宣传挂图，旨在通过辖区公共场所张贴宣传来提高社会对于档案的认识及档案工作的重要意义。二是开展档案知识竞赛活动。订制100份竞赛答卷，并在档案日组织全区档案员及相关工作人员开展知识竞赛答题活动，进一步提高全区档案工作人员的理论知识水平。三是开展“档案——与你相伴”征文活动。面向全区发布征文通知，最终通过筛选评选，产生一、二、三等奖。四是开展板报宣传活动。设计制作2块宣传展报，与全市档案系统集中开展展览活动。

禹会区人民代表大会

- 综述
- 重要会议
- 人事任免
- 议案建议办理选介

2014 综述

【概况】 1953年12月，区（原西市区）第一届人民代表大会第一次会议胜利召开，从此拉开禹会区社会主义民主政治建设的历史帷幕。1980年7月，区第八届人民代表大会第一次会议设立区人民代表大会常务委员会。

2014年，区人大常委会在中共禹会区委的正确领导下，全面贯彻党的十八大和十八届三中、四中全会精神，深入贯彻习近平总书记系列重要讲话精神，按照区十六届人大四次会议决议要求，紧紧围绕全区工作大局，紧贴发展目标，紧扣发展重点，紧抓民生热点，依法履行各项职责，充分发挥代表作用，改进作风，狠抓落实，较好地完成四次会议确定的各项工作任务。全年，常委会共举行常委会会议9次，召开主任会议16次，听取和审议“一府两院”专项工作报告24项，做出决议决定4项，下达审议意见书23份，组织视察21次，组织专题调研5次。高度重视人民群众来信来访，重要信访件常委会领导亲自督办，全年受理人民群众来信来访35件90余人次，有效化解社会矛盾。

【依法监督】 着眼经济发展，常委会听取和审议区人民政府关于2014年上半年国民经济和社会发展计划执行情况及下半年工作意见的报告，听取和审议2013年度本级决算草案和2014上半年预算执行情况的报告、2013年度区本级预算执行和其他财政收支的审计工作报告。听取和审议区法院关于知识产权审判工作情况的报告，听取和审议区检察院关于检察技术信息工作情况的报告，听取审议大气污染防治法实施情况的报告，听取审议区人民政府关于科学技术进步法实施情况的报告。常委会主任会议听取区人民政府关于马城新区规划和前期建设情况的报告，听取区人民政府关于旧城改造回迁安置情况的报告。对报告均提出意见、建议和工作要求。年内，常委会对劳动就业和社会保障工作、农村学校校园安全和标准化建设等工作进行专题视察，召开常委会或主任会议，听取报告，提出意见和建议，督促和支持区政府及相关部门改进工作、推动发展。配合市人大常委会开展食品安全法执法检查和调研工作，深入开展“食品安全江淮行”活动，听取专项工作报告，促进食品安全法的顺利实施。对2013年审议意见提出的公务车辆定点维修、农民建房审批滞后、教师队伍结构性缺编、美好乡村建设建后管理等问题，2014年继续跟踪督办，提出整改意见。

【民主政治建设】 禹会区人大常委会对本区经济社会发展“十二五”规划执行情况，在认真审议区政府关于“十二五”规划实施情况中期评估报告基础上，就完成好“十二五”规划目标任务等，提出审议意见。依法做出关于批准2013年财政决算的决定和关于批准2014年本级预算调整方案的决议，切实维护预算的法律性和严肃性。坚持党管干部和人大依法任免干部相统一的原则，全年共依法任免国家机关工作人员21人次，决定接受2名常委会组成人员和2名市、区人大代表的辞职请求，重新任命75名人民陪审员。

【代表活动】 组织部分市、区人大代表、区人大常委会专职委员、市区两级人大代表小组组长，分别参加全国人大、省人大、市人大培训基地组织的专题培训。结合纪念全国人大成立60周年暨地方人大设立常委会35周年活动，开展人民代表大会制度专题培训，60余名市、区、乡三级代表参

加学习。常委会负责人分组带领组成人员走访部分代表，向代表们通报全区经济社会发展情况和常委会工作，了解代表的工作和生活情况，认真听取代表对区人大常委会和“一府两院”工作的意见建议，对代表提出的意见和建议，进行梳理归类和交办督办。全年共邀请23名人大代表列席常委会，组织45名代表参加跟踪检查和调研活动。建成市人大代表工作室1个、区人大代表工作室11个。以代表工作室为阵地，有计划的安排代表接待选民、参加专题调研、参与中心工作，并为代表履职提供服务。以代表小组为单位，年内连续两次开展以“访民情、惠民生、强素质、促发展”为主题的“三级人大代表访选民”活动，倾听群众呼声，市、区、乡三级代表200余人次积极参与相关活动，其中召开各类与选民见面座谈会47场次，走访选民160余人次，梳理并交办各类意见建议80余条。常委会安排各代表小组推荐市、区部分代表开展述职评议活动。30名区人大代表回到选区，面对面向选民述职，接受群众评议；2名市人大代表向区人大常委会作履职报告，接受选举单位的依法监督。

【视察调研】 2014年，禹会区人大常委会分别组织常委和人大代表先后调研学校标准化建设情况、农村畜禽养殖污染防治工作；调研全区重点建设项目进展情况；调研全区中小工业企业发展情况；关注土地流转工作、调研养老事业发展情况；调研旧城改造回迁安置工作；调研全区妇幼保健及疾病预防工作；视察美好乡村示范村建设；调研马城新区规划和前期建设情况；调研上半年国民经济和社会发展计划执行情况；调研区法院知识产权审判工作。

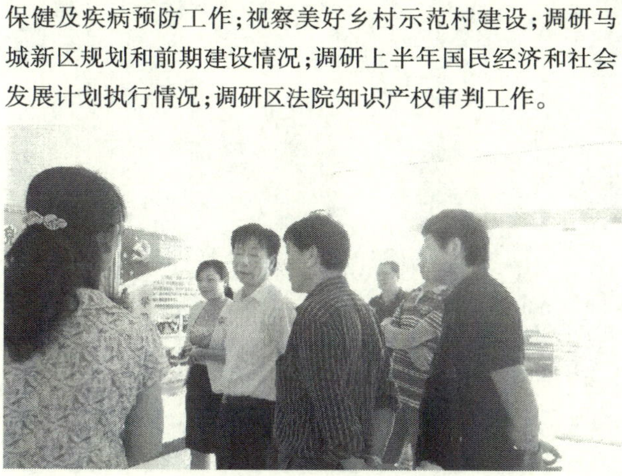

【自身建设】 常委会党组坚持理论学习、学法制度。常委会审议通过《关于建立禹会区人大常委会组成人员履职档案的意见》《禹会区人大常委会听取和审议“一府两院”工作报告进行满意度测评办法（修订）》等9项制度，推进常委会工作的制度化、规范化。常委会党组及班子紧紧围绕“为民、务实、清廉”的主题，以贯彻中央八项规定为切入点，扎实开展党的群众路线教育实践活动，圆满完成了学习教育、听取意见，查摆问题、开展批评，整改落实、建章立制等各个环节的任务，开展了“办公用房整治、超标配备公车整治以及小四风整治”等9项专项整治活动。常委会领导及机关干部主动参与招商引资、重点项目建设、秸秆禁烧等工作，积极参加文明创建、三线三边整治等活动，服务中心工作的能力得到提升。重视发挥新闻媒体作用，全年在市以上各级新闻媒体和网站、刊物上，发表宣传信息稿件110余篇。

2015 综　述

【概况】 2015年，区人大常委会在中共禹会区委的正确领导下，以开展“三严三实”专题教育活动为主线，全面贯彻党的十八大和十八届三中、四中、五中全会精神，深入贯彻习近平总书记系列重要讲话精神，围绕区委决策部署和禹会区改革发展稳定大局，坚持依法履职、民主决策，认真行使宪法和法律赋予的职权。全年共听取和审议“一府两院”专项工作报告26项，召开常委会12次、主任会议19次，补选市人大代表7名，接受1名市人大代表、4名区人大代表辞去代表职务，任免48名国家机关工作人员，作出决议决定11项，全面完成区十六届人大五次会议提出的目标任务。常委会领导带头接访，受理人民群众来信来访，全年共受理人民群众来信来访20件50余人次。

【依法监督】 本年度，区人大常委会围绕全区经济运行、财政预算执行、园区发展等重点工作，听取和审议区人民政府关于2015年上半年国民经济和社会发展计划执行情况及下半年工作意见的报告，听取和审议区人民政府2014年度本级决算报告、2014年度区本级预算执行和其他财政收支的审计工作报告。常委会主任会议听取区人民政府关于小微企业产业园建设情况的报告。听取区人民政府关于残疾儿童康复工作情况的报告，听取区人民政府关于计划生育特殊家庭关爱帮扶工作情况的报告，专题听取区人民政府关于城市市容管理工作情况的报告。均提出意见、建议和工作要求。常委会组织部分人大代表，深入马城新区实地视察调研中小学校教育改革升级达标情况，乡镇、村道路建设情况，农田水利建设情况并分别形成调研报告，主任会议听取调研报告，分别提出建议和工作要求。

【民主法制建设】 根据《预算法》和《安徽省预算审查监督条例》的规定，常委会依法做出关于批准2014年财政决算的决定、批准调整2015年财政预算的决定、批准滨河西片区胜利西路以南二标段棚改项目贷款本息纳入财政预算和政府融资租赁偿还资金列入财政预算等有关事项，切实维护预算的严肃性。常委会还听取和审议区人民政府关于政府职能转变和机构改革方案重大事项的报告，对政府加快转变职能、推进法治政府建设提出要求。制定实施区人大常委会关于任命人员向宪法宣誓的制度，全年24名被任命人员依法宣誓，作出庄严承诺。坚持拟任人员任前法律知识考试、作供职发言、颁发任命书等制度，增强拟任职人员的宪法意识和依法履职、接受监督的意识。研究出台禹会区人大常委会关于区“一府两院”工作人员任后监督的规定，为促进“一府两院”工作人员依法行政、公正司法提供依据。依法开展人大代表补选工作，12名人大代表资格得到确认。区人大常委会依法对《大气污染防治法》实施中涉及的餐饮油烟、小锅炉整治等情况进行检查，主任会议听取区人民政府的实施报告，要求区人民政府要着力加强环保队伍建设，提高监督、执法、监管能力，形成全区环保监督纵向到社区(村)的网格化监管体系。常委会还听取和审议区人民政府关于《农业技术推广法》实施情况的报告和执法检查组关于执法检查情况的报告，并进行满意度测评。常委会对全区民族宗教工作进行调研，对照政策法规，要求区人民政府依法规范民族宗教事务管理。常委会对全区开展“六五”普法工作情况进行视察检查，召开常委会专题听取区人民政府“六五”普法工作进展情况的报告，提出要深化对普法工作的基础性作用的认识，认真做好“六五”普法的考核总结工作。常委会听取和审议区人民法院关于行政审判工作、区人民检察院关于侦查监督工作情况的报告，建议区法院要充分发挥行政审判职能作用，加强队伍的思想作风和业务建设，确保廉洁公正高效司法；建议区检察院要树立办案必须经得起法律检验的理念，切实依法履行法律监督职责，加强队伍执法能力建设和思想政治建设，为廉洁公正司法提供保障。

【代表活动】 常委会负责人分组带领组成人员走访部分代表，向代表们通报区人大常委会工作，认真听取代表对区人大常委会和“一府两院”工作的意见建议，对代表提出的意见和建议，进行梳理归类和交办督办。邀请代表列席区人大常委会，全年共18名区人大代表列席常委会，组织45名代表参加跟踪检查和调研活动。年中对全区代表工作室建设进行检查，全年42名区人大代表回到选区向选民报告履职情况，大庆代表小组还集中举办部分人大代表述职报告会。健全代表联系群众制度，市、区、乡三级代表300余人次积极参与相关活动，密切代表与群众的联系。在三级代表中，开展以“知法守法、共建和谐”为主题的“代表观庭审”活动，年内有60余名人大代表参加活动，反响良好。各代表小组还结合自身实际，围绕全区中心工作，有重点地对养老机构、中小企业发展、特殊教育、重点征迁项目以及民生工程等进行专题视察调研，并提出意见和建议。组织部分市、区人大代表、区人大常委会组成人员、专职委员、区人大机关干部，分别参加省人大、市人大组织的学习培训、专题培训。开展“12·4”宪法日暨法制宣传教育日活动，邀请专家就依宪治国、依宪执政进行专题培训，160余名市、区、乡三级代表参加学习。

【视察调研】 2015年，禹会区人大常委会分别组织常委和人大代表先后调研辖区市容管理工作；调研老旧小区整治工作；调研民族宗教工作；调研政府职能转变和机构改革情况；调研全区“六五”普法工作；调研城乡道路建设工作；调研基层医疗卫生服务建设情况；调研大气污染防治工作；调研马城新区农田水利建设情况；调研财政预算执行和收支审计工作；调研区残疾儿童康复工作；调研上半年国民经济和社会发展计划执行情况；调研商业零售企业发展情况；调研计生特殊家庭关爱帮扶工作；调研区人民法院行政审判工作情况和区检察院侦查监督工作。

【议案、建议办理】 区十六届人大五次会议后，常委会及时将会议期间代表提出的41件议案建议，转交“一府两院”办理。对群众意见集中的4件重点建议，由主任会议成员分别领衔督办，常委会主任会议多次研究代表议案建议督办工作，上门督办、电话回访、跟踪督办，使代表议案建议办理质量有了新的提高，推动解决了一批关系群众切身利益的重大问题。

【自身建设】 召开全区人大工作会议，研究出台《关于加强和改进人大工作和建设的意见》，为人大工作适应新形势、推进新发展提供保证。常委会县级领导干部认真开展“三严三实”专题教育，加强理论学习，深入讨论交流，对照要求和规定，查摆问题和不足，按照问题清单逐项解决相关问题，把从严从实要求贯彻到人大工作和建设的各个方面。常委会组成人员深入基层，加强与代表联系，走到群众中，开展调查研究，主动参与招商引资、重点项目建设、征迁拆违、秸秆禁烧、创城等工作。围绕市人大常委会工作重点，市区联动开展重点工业项目、现代服务业发展等调研活动，服务中心工作。常委会单独成立预算工委，设立代表联络办公室，各社区均设立人大工委，专兼职人员相结合的工作队伍和工作机制不断完善。全年在省市媒体网站刊登各类宣传信息稿件120余条。

2014 重要会议

【区十六届人大常委会第18次会议】 2014年4月30日召开。会议听取区政府关于工商、质检、食药监管体制改革情况的报告；听取和审议区人民政府十二五规划实施情况的中期评估报告。

【区十六届人大常委会第19次会议】 2014年6月30日召开。会议听取和审议区人民政府关于2013年财政预算执行和其他财政收支的审计工作报告；听取和审议区人民政府关于2013年财政决算的报告，审查、批准2013年财政决算。

【区十六届人大常委会第22次会议】 2014年8月28日召开。会议听取和审议区人民政府关于2014年上半年国民经济和社会发展计划执行情况的报告；听取和审议区人民政府关于2014年上半年财政预算执行情况的报告；听取和审议区人民政府关于区第十六届人大四次会议代表议案和建议、批评、意见办理情况的报告。

【区十六届人大常委会第23次会议】 2014年10月29日召开。会议听取和审议区人民法院关于知识产权审判工作开展情况的报告，并进行满意度测评；听取和审议区人民检察院关于检察技术工作情况的报告，并进行满意度测评；听取和审议区政府关于大气污染防治工作情况的报告。

【区十六届人大常委会第24次会议】 2014年12月10日召开。会议听取和审议区人民政府关于《科学技术进步法》实施情况的报告，并进行满意度测评；听取和审议区政府2014年财政预算调整情况的报告。

【区十六届人大常委会第30次主任会议】 2014年3月27日召开。会议听取区人民政府关于全区农村学校校园安全和标准化建设情况的报告；听取区人大城建工委关于农村畜禽养殖污染治理工作的调研报告。

【区十六届人大常委会第32次主任会议】 2014年5月29日召开。会议听取区人民政府关于土地流转工作开展情况的报告；听取区人大内司工委关于禹会区养老事业工作开展情况的调研报告。

【区十六届人大常委会第37次主任会议】 2014年7月30日召开。会议听取区人大教科文卫工委关于妇女儿童保健和疾病预防工作情况的调研报告；听取区人民政府关于旧城改造回迁安置情况的报告。

【区十六届人大常委会第41次主任会议】 2014年9月26日召开。会议听取区人民政府关于马城新区规划和前期建设情况的报告；听取区人大农业工委关于美好乡村示范村建设情况的调研报告；听取区政府关于食品安全工作开展情况的报告。

【区十六届人大常委会第42次主任会议】 2014年11月27日召开。会议听取区人民政府关于2013年财政预算执行和其他财政收支审计中查出问题整改情况的报告；听取区政府关于区人大常委会审议意见办理情况的报告。

2015 重要会议

【区十六届人大常委会第28次会议】 2015年4月29日召开。会议听取和审议区人民政府"六五"普法工作情况的报告，并进行满意度测评；听取和审议区人民政府关于城乡道路建设情况的报告，并进行满意度测评。

【区十六届人大常委会第30次会议】 2015年6月26日召开。会议听取和审议区人民政府关于2014年财政预算执行和其他财政收支的审计工作报告；听取和审议区人民政府关于2014年财政决算的报告，审查、批准2014年财政决算。

【区十六届人大常委会第32次会议】 2015年8月27日召开。会议听取和审议区人民政府关于2015年上半年国民经济和社会发展计划执行情况的报告；听取和审议区人民政府关于2015年上半年财政预算执行情况的报告；听取和审议区人民政府关于区第十六届人大五次会议代表议案和建议、批评、意见办理情况的报告。

【区十六届人大常委会第33次会议】 2015年10月29日召开。会议听取和审议区人民检察院关于侦查监督工作情况的报告，并进行满意度测评；听取和审议区人民法院关于行政审判工作开展情况的报告，并进行满意度测评；听取和审议区人大常委会关于"一府两院"工作人员任后监督规定。

【区十六届人大常委会第35次会议】 2015年12月10日召开。会议听取区人民政府关于《农业技术推广法》实施情况的报告，并进行满意度测评；听取和审议区政府关于财政预算调整情况的报告。

【区十六届人大常委会第47次主任会议】 2015年3月27日召开。会议听取区人民政府关于市容管理工作情况的报告；听取区人大内司工委关于民族宗教工作的调研报告；书面听取区人民法院、区人民检察院关于第23次常委会审议意见办理情况的报告。

【区十六届人大常委会第50次主任会议】 2015年5月28日召开。会议听取区人民政府关于大气污染防治工作餐饮油烟、小锅炉专项整治工作的情况报告；书面听取区人民政府关于第24次常委会审议意见办理情况的报告；听取区人大农业工委关于马城新区农田水利建设情况的调研报告。

【区十六届人大常委会第52次主任会议】 2015年7月30日召开。会议听取区人民政府关于残疾儿童康复工作情况的报告;听取区人大教科文卫工委关于马城新区教育改薄升级达标工程调研情况的报告。

【区十六届人大常委会第54次主任会议】 2015年9月29日召开。会议听取区人民政府关于小微产业园建设情况的报告;听取区人民政府关于计划生育特殊家庭关爱帮扶工作的报告;听取区人大常委会关于区“一府两院”工作人员任后监督的规定。

【区十六届人大常委会第59次主任会议】 2015年11月27日召开。会议、听取区人民政府关于乡镇卫生院建设发展情况的报告;听取区人民政府关于2014年财政预算执行和其他财政收支审计中查出问题整改情况的报告。

人事任免

【禹会区第十六届人大常委会第17次会议】 2014年2月26日召开。

接受徐敏(女)辞去禹会区人大常委会委员的职务

决定免去:

毛学超禹会区人民政府副区长的职务

刘巧云(女)禹会区人大常委会代表资格审查委员会主任的职务

王梅(女)禹会区人大常委会农业与农村工委主任的职务

徐敏(女)禹会区人大常委会教科文卫工委副主任的职务

沈雪琴(女)禹会区人大常委会内司工委委员的职务

马祖望禹会区人大常委会人选工委委员的职务

决定任命:

李欣为禹会区人民政府副区长

王勇为禹会区城市管理行政执法局(市容管理局)局长

何光友为禹会区人大常委会代表资格审查委员会主任

刘巧云(女)为禹会区人大常委会农业与农村工作委员会主任

沈雪琴(女)为禹会区人大常委会科教文卫工作委员会副主任

邢平静为禹会区人大常委会内务司法工作委员会委员

周平为禹会区人大常委会内务司法工作委员会委员

李临珠(女)为禹会区人大常委会人事代表选举工作委员会委员

【禹会区第十六届人大常委会第18次会议】 2014年4月30日召开。决定任命:

施华东为禹会区人民政府副区长

【禹会区第十六届人大常委会第22次会议】 2014年8月28日召开。决定免去:

胡锦平禹会区检察院检查员职务的职务

金月兰(女)禹会区人大常委会副主任的职务

【禹会区第十六届人大常委会第23次会议】 2014年10月29日召开。决定免去:

梁晓红(女)禹会区人民检察院检察委员会委员、检察员的职务

姚斌禹会区人民法院审判员的职务

决定任命:

王磊为禹会区人民检察院副检察长、检察委员会委员

【禹会区第十六届人大常委会第24次会议】 2014年12月10日召开。决定任命:

力卫阳为禹会区人民政府副区长

【禹会区第十六届人大常委会第27次会议】 2015年2月27日召开。决定免去:

王勇禹会区城市管理行政执法局(市容管理局)局长的职务

侯和胜禹会区科技局局长的职务

王志军禹会区发改委主任的职务

徐晓明禹会区商务局(招商局)局长的职务

吕海翔禹会区经信委主任的职务

决定任命:

徐晓明为禹会区发改委主任

侯和胜为禹会区经信委主任

邢平静为禹会区人大办公室副主任

【禹会区第十六届人大常委会第28次会议】 2015年4月29日召开。决定免去:

刘祖朝禹会区卫生局局长的职务

郭建国禹会区人力资源和社会保障局局长的职务

程炳金禹会区人大财经工委副主任的职务

决定任命:

郭建国为禹会区人大常委会人事代表选举工作委员会副主任

刘祖朝为禹会区科学技术局局长

【禹会区第十六届人大常委会第29次会议】 2015年5月26日召开。决定任命:

李晋为禹会区教育和体育局局长

刘祖朝为禹会区科学技术和知识产权局局长

王胜利为禹会区环境保护局局长

戴勇为禹会区住房城乡建设和交通委员会主任

胡袁娟(女)为禹会区文化广电旅游局局长

李美玲(女)为禹会区卫生和计划生育委员会主任

【禹会区第十六届人大常委会第31次会议】 2015年7月23日召开。决定免去:

胡爱玲(女)禹会区人民法院审判监督庭庭长的职务
宋家伟禹会区人民法院马城人民法庭副庭长的职务
梁学勤禹会区人民法院马城人民法庭庭长的职务
沈斌禹会区人民法院民事审判第二庭庭长的职务
岳峰禹会区人民法院刑事审判庭庭长的职务
汪婕(女)禹会区人民法院民事审判第一庭庭长的职务
王江禹会区人民法院行政审判庭副庭长的职务
崇仪梅(女)禹会区人民法院刑事审判庭副庭长的职务
决定任命:
符文彬为禹会区人大常委会财经工委委员
于兵为禹会区人民检察院检察委员会委员
宋秀莲(女)为禹会区人民检察院检察委员会委员
马晓峰为禹会区人民检察院副检察长
崇仪梅(女)为禹会区人民法院立案庭庭长
王瑞青为禹会区人民法院刑事审判庭副庭长
王江为禹会区人民法院民事审判第一庭庭长
岳峰为禹会区人民法院民事审判第二庭庭长
李庆为禹会区人民法院民事审判第四庭庭长
沈斌禹会区人民法院审判监督庭庭长
葛洪乾为禹会区人民法院马城人民法庭庭长
许继武为禹会区人民检察院检察员
渐辉为禹会区人民检察院检察员
顾强为禹会区人民检察院检察员
胡海涛为禹会区人民检察院检察员

【禹会区第十六届人大常委会第32次会议】 2015年8月27日召开。决定任命:

丁云兵为禹会区人民政府副区长

【禹会区第十六届人大常委会第33次会议】 2015年10月29日召开。决定免去:

孙本龙禹会区人民政府副区长的职务
罗正环禹会区人民法院副院长、审判委员会委员的职务
陈龙区人民法院民事审判第一庭副庭长的职务
顾强区人民检察院检察员的职务
决定任命:
葛晨军为禹会区人民政府副区长
张涛为禹会区人民政府副区长

议案建议办理选介

【区十六届人大四次会议代表顾胜建议】 顾胜代表提出的《关于加快养老服务设施建设》的建议。该建议由区政府副区长杨向东同志领衔办理,区民政局为承办单位。区政府把“五保供养养老机构建设”列入政府十件大事之一。同时,积极协调市有关部门,在乡镇敬老院新(改)建规费的收取上与中小学危房改造享受同等优惠政策,并对符合条件的社会办养老机构给予一次性床位建设补贴(1000元)。区政府先后投入200多万元,新建、扩建乡镇敬老院2所,新(改)建院民楼2000多平方米,新增床位140张。马城敬老院和马城孝仪敬老院扩建工程正在有序推进。以实现“六个老有”为目标,开展生活照料(提供日间照料、家政服务等)、康复保健(保健咨询、疾病预防等)、精神慰藉(文体活动,谈心交友等)等服务,提升居民对社区的归宿感。朝阳社区创建的“爱心服务社”、张公山社区推行的“社区110”活动等便民服务措施,都成为养老服务新举措。

【区十六届人大四次会议代表石荣芹等建议】 石荣芹等代表提出的《关于建设美好乡村长效管理机制的建议》。由区政府副区长孙本龙同志领衔办理,区美好办为承办单位。自美好乡村建设工作启动以来,本区就成立了美好乡村建设工作领导小组,办公室设在区委办公室,区委副书记况素琴同志兼任办公室主任。负责对美好乡村各项工作进行整体谋划、综合协调和督查推进等工作,并建立完善美好乡村建设多元投入机制。区财政设立专项资金1000万元,用于推进全区美好乡村建设。同时,完善村民“一事一议”制度,扩大农村公共基础设施村民自建试点,提升农村综合承载力。

【区十六届人大五次会议代表顾胜潘成刚议案】 潘成刚代表提出的“马城镇乡村道路建设问题”的议案。该议案由区委常委、区政府常务副区长孙如斌同志领衔办理,区住建和交通委为承办单位。区划调整后,本区加大对马城镇基础设施投资,2014年改造城乡道路里程28.24公里,投入资金3006万元,其中争取上级补助资金902万元,区政府自筹2104万元。在马城镇投入改造资金2153万元,修建道路4条18.5公里,分别为:马孝路7.3公里、1030万元;广德—庙前6.8公里、603万元;范白路3.3公里、265万元;G206马城段1.1公里、255万元。2015年本区投资约1500万元对马城梅姚村、黄郢村、黄庙村、张湾村、白衣村等6条农村道路实施改造,改造里程约13.47公里。

禹会区人民政府

- 综述
- 依法行政
- 政务服务
- 人力资源和社会保障
- 目标管理
- 招商引资
- 外事侨务
- 安全生产监督管理
- 区机关事务管理
- 马城行政中心

2014 综 述

【概况】 2014年是十二五计划攻坚之年，也是党的群众路线教育实践活动在全区深入开展的一年。区政府在区委的坚强领导下，在区人大的有力监督和区政协的大力支持下，认真学习、贯彻党的十八届三中、四中全会精神，主动适应经济发展新常态，围绕“产业提升、新区开发、旧城改造”三大任务，稳步实施“工业转型升级、城乡建设提升、文化旅游带动、农业集约发展”四大战略，工业转型步伐加快、产城一体加速发展、旅游文化品牌逐步提升、农业集约规模不断壮大。全年实现地区生产总值142.08亿元，增长11.5%；财政收入11.72亿元，增长1.5%，其中地方财政收入7.48亿元，增长10.9%；规模以上工业增加值96.18亿元，增长12.8%；固定资产投资98.57亿元，增长20.1%；实际利用外资11239万美元，增长31%；进出口总额75121万美元，增长20%；社会消费品零售总额23.42亿元，增长13.8%；城镇居民人均可支配收入23433元，增长9.5%；农民人均纯收入10012元，增长11.8%。全面完成年初确定的各项目标任务，为十二五目标的顺利完成奠定了坚实的基础。

【重要会议】 区十六届人民政府第40次政府常务会议。1月22日，区长陈建功主持召开。区政府领导孙如斌、李军、胡兴文、孙本龙、杨向东、蒋敏娣、过劲松出席会议，区人大、区政协、区人武部领导郭泽滨、吴国成、庞锋汉应邀参加会议，区有关部门负责同志列席会议。会议听取并原则同意区民政局关于调整社区居委会工作人员基本津贴有关情况的汇报，由区民政局根据市文件要求办理，区财政局纳入财政预算。会议听取并原则同意区卫生局关于马城镇卫生院三年过渡安置人员最低生活保障费有关情况的汇报，由区卫生局按文件规定执行，区财政局纳入财政预算。会议听取并原则同意区卫生局关于2013年度民生工程基本公共卫生服务项目工作补助经费有关情况的汇报，由区卫生局根据会议讨论意见，对考核办法进行进一步修改完善。会议听取区卫生局关于进一步完善村卫生室运行机制和村医保障政策实施方案有关情况的汇报。会议原则同意按照省、市文件规定，发放退出村医生活补助费及村卫生室运行补助费。会议听取并原则同意区目标管理督查考核委员会办公室关于禹会区党政机关2013年度目标管理考核工作实施方案有关情况的汇报，由区目标考核办根据会议讨论意见进一步修改完善后执行。会议听取区建投公司关于调整秦集镇农民安置小区规划设计方案有关情况的汇报，原则同意委托原中标单位进行设计调整。会议听取区住建委关于纺织厂南宿舍一期地块宗地公开出让方案有关情况的汇报，要求区住建委根据会议讨论意见对方案进行细化完善，广泛开展招商推介，争取土地尽早出让。

区十六届人民政府第41次政府常务会议。2月13日，区长陈建功主持召开。区政府领导孙如斌、李欣、李军、胡兴文、孙本龙、杨向东、过劲松出席会议，区人大、区政协、区人武部领导郭泽滨、吴国成、庞锋汉应邀参加会议，区有关部门负责同志列席会议。会议听取并原则同意区教育局关于禹会区农村原民办教师教龄补助发放实施方案有关情况的汇报，要求成立相应的领导机构，具体负责教龄补助发放工作，确保政策执行到位。会议听取区教育局关于继续实施禹会区教育均衡发展教育展翅工程有关情况的汇报并原则同意按2013年度执行标准安排资金，因重大因素确需追加的，按相关程序依法办理。会议听取并原则同意区农林水利委关于禹会区植树造林重点工程实施方案有关情况的汇报，由区农林水利委根据会议讨论意见，对实施方案进行进一步修改完善。会议听取区农林水利委关于禹会区国有山林管理实施方案有关情况的汇报，由区农林水利委根据会议讨论意见对方案进行进一步修改完善后，另行研究后执行。会议听取并原则同意区农林水利委关于天河应急水源工程临时占地拆除复耕有关情况的汇报。会议听取并原则同意区财政局关于禹会区地方政府性债务管理暂行办法有关情况的汇报，要求本着规范行为与促进经济发展相结合的原则，按照省市文件要求，结合会议讨论意见修改完善，经政府法律顾问审核后印发执行。会议研究修订纳税大户法定代表人奖励政策事宜。

区十六届人民政府第42次政府常务会议。3月10日，区长陈建功主持召开。区政府领导孙如斌、胡兴文、孙本龙、过劲松出席会议，区人大、区政协、区人武部领导郭泽滨、吴国成、庞锋汉应邀参加会议，区有关部门负责同志列席会议。会议听取并原则同意区财政局关于乡镇财税体制改革有关情况的汇报并要求各乡镇、涂山风景区要按事权划分原则，认真抓好财税征收工作。会议听取并原则同意区财政局关于禹会区环天河周边区域开发建设合作框架协议有关情况的汇报，由财政局根据会议讨论意见，结合高铁新区开发建设模式，对方案进一步修改完善后提交区委

常委会审议。会议听取并原则同意区农林水利委关于天河水面整体承包经营方案有关情况的汇报，由区农林水利委根据会议讨论意见，对实施方案进行进一步修改完善。会议听取并原则同意区残联关于贫困老年残疾人生活补助金发放工作实施方案有关情况的汇报并要求切实加强宣传工作，认真组织审核和发放工作。会议听取区行政执法局关于三线三边整治经费安排有关情况的汇报并原则同意编制预算内容要求。会议听取并原则同意区商务局关于欧尚超市有限公司承诺函有关情况的汇报，由区商务局根据框架协议要求抓紧办理。会议听取并原则同意吴湾棚改区征收办公室关于吴湾棚改区域搬迁企业资产评估有关情况的汇报并要求严格按相关程序办理，同时做好做通相关企业工作。

区十六届人民政府第43次政府常务会议。4月14日、17日，区长陈建功主持召开。区政府领导孙如斌、李欣、李军、胡兴文、孙本龙、杨向东、蒋敏娣、过劲松出席会议，区人大、区政协、区人武部领导郭泽滨、吴国成、庞锋汉应邀参加会议，区有关部门负责同志列席会议。会议听取并原则同意区民政局关于加强社区建设实施方案有关情况的汇报，由区民政局根据会议讨论意见进一步修改完善提交区委研究后印发执行。会议听取并原则同意区行政执法局关于文明创建和城市管理考评动态测评办法有关情况的汇报，由区行政执法局根据会议讨论意见进一步修改完善后，提交区委常委会议审议。会议听取并原则同意区行政执法局关于城区防控违工作奖惩考评实施办法有关情况的汇报，由区行政执法局根据会议讨论意见修改完善后印发执行。会议听取并原则同意区农林水利委关于调整加快农村土地承包经营权流转促进农业规模经营奖补办法有关情况的汇报，要求区农林水利委牵头制订土地流转管理办法，待方案成熟后另行上会研究。会议听取区住建委关于滨河西片区（北区）13#、14#、18#地块征迁有关情况的汇报，会议原则同意该风险评估报告及房屋征收补偿方案。会议听取并原则同意区人社局关于协管员招聘有关情况的汇报，由区人社局严格履行招聘程序，择优聘用。会议听取并原则同意区经信委关于滨河西片区12号地块3家企业资产评估有关情况的汇报，由区经信委按会议讨论意见修改后抓紧落实。会议听取并原则同意区编办关于工商质监食品药品监督管理体制改革有关情况的汇报，要求各相关部门要按照职责分工，认真履职尽职，切实做好本职工作。会议研究林权抵押融资相关事宜。会议听取并原则同意长青乡关于六公里周边区域环境整治项目企业评估有关情况的汇报，由长青乡按会议意见抓紧办理。

区十六届人民政府第44次政府常务会议。5月21日，区长陈建功主持召开。区政府领导孙如斌、李欣、李军、胡兴文、杨向东、过劲松、施华东出席会议，区政协、区人武部领导吴国成、庞锋汉应邀参加会议，区有关部门负责同志列席会议。会议听取区住建委关于2014年农村公路建设有关情况的汇报并原则同意将该方案纳入近期建设规划。会议听取并原则同意区住建委关于2014年小街小巷维修有关情况的汇报，会议要求2014年小街小巷维修工程Ⅰ、Ⅱ段合并，同Ⅲ段共同在市平台招标，做到程序公开、公平、公正。会议听取并原则同意马城公交枢纽站建设有关情况的汇报，由马城新区建设指挥部根据会议讨论意见抓紧办理。会议听取区吴湾棚改区征收办企业组关于蚌埠市建筑工程质量检测中心房屋土地征收补偿有关情况的汇报，原则同意按市拆迁补偿相关规定，出具土地征收补偿标准。会议听取区经信委关于安徽佳先功能助剂股份有限公司“新三板”挂牌有关情况的汇报，会议原则同意按市政文件要求，兑现奖励政策。会议听取并原则同意区财政局关于与建行合作融资贷款有关情况的汇报，由财政局根据会议意见抓紧办理。会议听取区卫生局关于马城中心卫生院业务用房改扩建及垃圾水处理项目有关情况的汇报，会议要求由常务副区长孙如斌牵头，组织相关部门，实地勘察，对工程质量评估后重新提交会议研究；要求区财政局牵头，区住建委、建投公司配合，对区划调整涉及的结转、续建项目工程，认真梳理，召开专题会议，集中解决。会议听取并原则同意区卫生局关于钓鱼台街道平安社区卫生中心托管工作有关情况的汇报，由区卫生局根据会议讨论意见，对协议进一步修改完善。会议听取并原则同意区教育局关于转业士官钱正峰同志待遇有关情况的汇报，由区教育局遵照市机构编制委员会2013年第一次会议纪要严格执行。会议听取区教育局关于招聘编外小学、幼儿园教师有关情况的汇报，会议原则同意采取人事代理方式公开招聘38名教师，聘用人员享受同岗教师薪酬和社会保险待遇。

区十六届人民政府第45次政府常务会议。6月9日，区长陈建功主持召开。区政府领导孙如斌、李欣、李军、胡兴文、杨向东、蒋敏娣、过劲松、施华东出席会议，区政协领导吴国成应邀参加会议，区有关部门负责同志列席会议。会议听取区文广体旅局关于提高花鼓灯艺人生活补助有关情况的汇报，会议原则同意给予花鼓灯艺人提高生活补助。会议听取区住建委关于市第一人民医院病房大楼项目房屋征收有关情况的汇报，会议原则同意该实施协议及风险评估方案，由区住建委根据会议讨论意见进一步修改完善后，按程序报批实施。会议听取区委组织部关于2014年度村级活动场所建设有关情况的报告，由区委组织部根据会议讨论意见对方案进行进一步修改完善后，提交区委常委会议审议。会议听取并原则同意区招商局关于纳米级钛酸钡电子新材料项目有关情况的汇报，由区招商局根据会议讨论意见修改完善后，报政府法制办审核把关，会议要求李欣副区长牵头全权负责开工前各项准备确保项目顺利开工。会议听取并原则同意区经信委关于小微型企业创业基地建设发展协议有关情况的汇报，由区经信委根据会议讨论意见，对协议进一步修改完善后，按程序报批实施。会议听取区农林水利委关于土地流转有关情况的汇报，由区农林水利委根据会议讨论意见进一步修改完善后，提交区政府审议后印发执行。会议听取并原则同意区农林水利委关于西朱村土地承包有关情况的汇报，由区农林水利委根据会议讨论意见进一步修改完善，经政府法律顾问审核后，按程序报批实施。会议听取并原则同意区民政局关于社会救助方案有关情况的汇报，会议要求由杨向东副区长牵头，区民政、人社、财政、各乡镇、风景区管委会、各社区为主体，进一步细化工作方案，确保社会救助工作公开公平公正。

区十六届人民政府第46次政府常务会议。7月4日，区长陈建功主持召开。区政府领导孙如斌、李欣、李军、胡兴文、杨向东、蒋敏娣出席会议，区人大、区政协领导郭泽滨、吴国成应邀参加会议，区有关部门负责同志列席会议。会议听取并原则同意区审计局关于征地拆迁项目跟踪审计管理暂行办法的汇报，会议充分肯定跟踪审计工作的必要性，办法由区审计局根据会议讨论意见进一步修改完善后实施。会议听取并原则同意区审计局关于政府投资建设项目跟踪审计工作方案的汇报，由区审计局根据会议讨论意见进一步修改完善后实施。会议听取并审议通过区审计局2013年度预算执行和其他财政收支情况的审计报告，会议要求：重点抓好财政审计、重点项目、民生工程及重点建设等审计工作，进一步执行“三公”经费公开、“八项规定”和部门预算支出制度。会议听取并原则同意马城新区建设指挥部关于建华管桩码头申报及建设使用协议有关情况的汇报，会议要求，按会议讨论意见修改，交区政府法律顾问审核把关后实施。会议听取并原则同意区住建委日化厂地块代建有关情况的汇报，要求区住建委按照该地块目前工程建设情况并考虑企业实际困难提出付款依据，并报请区委研究。会议听取并原则同意区财政局关于安徽皖酒集团拆迁补偿和技改资金兑现事宜的汇报。按照市委专题会议纪要执行，由安徽皖酒集团提供技术改造相关资料备案后及时拨付。会议听取区吴湾棚改征收办关于蚌埠交投集团吴湾路资产评估相关事宜的汇报。会议原则同意评估报告，进一步降低赔付金额，在净地交付后予以拨付。会议听取并原则同意区政府办关于禹会区政务服务中心建设事宜的汇报，会议要求，由政府办牵头负责政务服务中心建设工作。

区十六届人民政府第47次政府常务会议。8月11日，区长陈建功主持召开。区政府领导孙如斌、胡兴文、孙本龙、杨向东、蒋敏娣、施华东出席会议，区人大、区政协、区人武部领导郭泽滨、吴国成、庞锋汉应邀参加会议，区有关部门负责同志列席会议。会议听取并原则同意区住建委关于承建市交警支队三大队四中队办公场所有关情况的汇报，由区住建委根据会议讨论意见，对方案进一步细化完善后抓紧组织实施。

会议听取区征收办关于滨河西片区5#、7#、10#，迎河桥小学周边及东海大道西段环境整治项目房屋征收有关情况的汇报，原则同意启动上述四个项目的征收工作，由区征收办根据会议讨论意见对征收方案进一步修改完善。会议听取并原则同意区农林水利委关于农村实用人才认定试点工作有关情况的汇报，由区农林水利委根据会议讨论意见进一步修改完善后，提交区政府审议后印发执行。会议听取并原则同意区天河办关于天河水产养殖场职工社保有关情况的汇报，由区天河办根据会议讨论意见修改完善后，提交区委书记办公会研究。会议传达了全市安全生产专题会议精神，听取了区安监局关于全区第二季度安全生产工作汇报，确定近期召开全区安全生产大会，确保全区重大安全隐患整改到位。

区十六届人民政府第48次政府常务会议。9月3日，区长陈建功主持召开。区政府领导孙如斌、李欣、李军、胡兴文、孙本龙、蒋敏娣、过劲松、施华东出席会议，区人大、区政协领导郭泽滨、吴国成应邀参加会议，区有关部门负责同志列席会议。会议听取并原则同意区人社局关于2013年度机关事业单位工作人员考核有关情况的汇报，由区人社局根据会议讨论意见，对方案进一步修改完善后，提交区委常委会议审议后执行。会议听取并原则同意区审计局关于《禹会区乡镇社区财政财务收支审计监督暂行办法》有关情况的汇报，由区审计局根据会议讨论意见，进行修改完善后，报区政府审核后印发执行。会议听取并原则同意区非法采石集中整治指挥部办公室关于大洪山林区及周边山体实施封山禁采有关情况的汇报，由区整治办根据会议讨论意见，对通告进一步修改完善，经区政府法律顾问审核把关后，按程序抓紧实施。会议听取区住建委关于渔民上岸安置有关情况的汇报，会议原则同意符合条件的25户上岸渔民廉租房改为安置房，安置在老贯徐及喜迎门安置小区。会议听取区征收办关于禹会区法院办公旧址征收有关情况的汇报，由区征收办根据会议讨论意见，对评估方案进一步细化完善，做到评估价格科学合理，评估审计监管到位，确保账目明确，产权清晰。会议还研究了政府融资工作。

区十六届人民政府第49次政府常务会议。9月25日，区长陈建功主持召开。区政府领导孙如斌、李欣、胡兴文、孙本龙、蒋敏娣、施华东出席会议，区人大、区政协、区人武部领导郭泽滨、吴国成、庞锋汉应邀参加会议，区有关部门负责同志列席会议。会议听取并原则同意区行政执法局关于老旧生活小区市容环境卫生专项整治有关情况的汇报，由区行政执法局根据会议讨论意见，对方案进一步修改完善后，按要求加快推进。会议听取并原则同意区行政执法局关于《禹会区物业管理暂行办法》有关情况的汇报，由区行政执法局根据会议讨论意见进行修改完善，经区政府法律顾问审核后，以禹会区物业管理办公室名义汇总印发执行。会议听取并原则同意区征收办关于法院房屋征收评估有关情况的汇报，由区征收办严格按程序抓紧落实。会议听取区住建委关于化工企业周边棚户区危房预征收有关情况的汇报，会议原则同意化工企业周边棚户区危房征收方案，由区住建委根据会议讨论意见修改完善，经区政府法律顾问审核后执行。会议听取并原则同意区建投公司关于马城货运码头及马城园区基础设施建设项目投资协议有关情况的汇报，由区建投公司根据会议讨论意见对协议进一步细化完善，经区政府法律顾问审核后执行。会议还研究了天河公司参与纺织厂南宿舍地块土地出让竞拍事宜。

区十六届人民政府第50次政府常务会议。10月22日，区长陈建功主持召开。区政府领导李欣、李军、胡兴文、孙本龙、杨向东、蒋敏娣、过劲松、施华东出席会议，区政协领导吴国成应邀参加会议，区有关部门负责同志列席会议。会议听取区经信委关于滨河西片区3家企业搬迁征收有关情况的汇报，会议原则同意该评估方案，会议要求由拆迁组会同区监察、审计等部门现场核查，确保拆迁方案评估价格科学合理。会议听取区住建委关于第一人民医院病房大楼扩建项目西侧地块房屋征收有关情况的汇报，会议要求区住建委根据会议讨论意见，对方案进一步修改完善，区推进办、朝阳社区予以配合，抓紧推进。会议听取区建投公司关于滨河西片区控制性详细规划修编设计合同有关情况的汇报，原则同意由工程主管部门直接委托原设计单位蚌埠设计研究院进行设计并支付相关费用，会议要求区住建委、规划分局根据市工程调整情况，结合规划调整要求，迅速做好、做实、做细修卷工作。会议听取区建投公司关于郑郢农民新村新增小区配套设施有关情况的汇报，会议原则同意本着节约原则，设定投资限额，由区建投公司支付资金并负责实施，严格按程序招投标。会议听取并原则同意区建投公司关于宋滩安置房转让协议有关情况的汇报，由区建投公司根据会议讨论意见对协议修改完善后执行。

区十六届人民政府第51次政府常务会议。11月12日，区长陈建功主持召开。区政府领导李欣、李军、胡兴文、杨向东、蒋敏娣、过劲松、施华东出席会议，区政协领导吴国成应邀参加会议，区有关部门负责同志列席会议。会议传达党的十八届四中全会精神，学习《中共中央关于全面推进依法治国若干重大问题的决定》，强调全区要深入学习领会十八届四中全会精神，抓好当前各项工作，全面推进依法行政，加快法治政府建设。会议传达市政府第27次常务会议精神，学习《安徽省人民政府关于进一步规范政府系统重大事项决策行为的意见》，强调，要深入领会文件精神，在实际工作中树立法治观念，切实将法治观念贯穿政府工作始终。会议听取区环卫所关于调整环卫临时工工资有关情况的汇报，原则同意该工资调整方案，区财政局核定后据实拨付。会议传达市大气污染防治工作会议精神，通报本区大气污染防治工作进展情况。会议要求，各责任单位要迅速传达会议精神，按照会议要求和部署，做到有工作方案、有实施办法、有人员队伍、有经费保障，严防死守，力争实现全年秸秆禁烧零火点目标。会议听取并原则同意区住建委关于2014年度公租房实物配租有关情况的汇报，由区住建委根据会议讨论意见对方案修改完善，经区政府法律顾问审核后印发执行。会议听取并原则同意区住建委关于《禹会区地震应急预案》有关情况的汇报，由区住建委根据会议讨论意见修改完善后印发执行。会议听取并原则同意区住建委关于购买市城投公司安置房有关情况的汇报，由区住建委以优于市场价格购买房源用于拆迁安置。会议听取东海大道西段环境综合整治项目被征迁单位征迁补偿有关情况的汇报，会议原则同意支付经严格审计通过的恒升日用品有限公司征迁补偿，怀远县理疗保健中心由企业组提供资料，审计部门予以复核后另行上会研究后确定。会议听取并原则同意区政务服务中心关于《禹会区政务服务中心管理办法》有关情况的汇报，由区政务服务中心根据会议讨论意见，修改完善后印发执行。会议听取区目标考核办关于2014年度主要考核指标完成情况的汇报，会议要求，各部门要对照差距，把工作做好做细做透，确保各项考核目标全面超额完成，区目标考核办每周一汇总考核指标进展，形成书面报告予以通报。

区十六届人民政府第52次政府常务会议。12月22日，区长陈建功主持召开。区政府领导孙如斌、李欣、胡兴文、孙本龙、力卫阳、杨向东、过劲松、施华东出席会议，区人大领导郭泽滨应邀参加会议，区有关部门负责同志列席会议。会议听取并原则同意区农林水利委关于《禹会区2015年植树造林工作实施方案》有关情况的汇报，由区农林水利委根据会议讨论意见，对方案进一步修改完善后印发执行。会议听取区经信委关于中粮生化土地征收储备有关情况的汇报，会议原则同意在摸清地上情况和界定标准的前提下，受蚌埠市土地储备中心委托，对261亩土地进行依法征收。会议听取并原则同意区园区办关于兑现金融机具项目建设扶持资金有关情况的汇报，要求区园区办就该项目是否按照协议要求全面开工建设，提交现场核实报告，经区委同意后，由区财政按固定资产形式落实奖扶资金。会议听取并原则同意区教育局关于教职工奖励性绩效工资纳入住房公积金缴纳基数有关情况的汇报，由区教育局与区财政局协商后，自2015年1月起执行新缴纳基数。会议听取并原则同意区编办关于《关于禹会区深入开展区级职权清理推行政府权力清单制度的实施方案》有关情况的汇报，由区编办根据会议讨论意见修改完善后印发执行。会议听取区编办关于《禹会区政府职能转变和机构改革方案》有关情况的汇报，会议原则同意该方案。会议听取并原则同意区政府办公室关于《政府工作报告》（讨论稿）起草

情况的汇报，由区政府办公室根据会议讨论意见进一步修改完善。

区十六届人民政府第53次政府常务会议。12月31日，区长陈建功主持召开。区政府领导孙如斌、李欣、李军、胡兴文、力卫阳、杨向东、施华东出席会议，区人大、区政协、区人武部领导郭泽滨、吴国成、庞锋汉应邀参加会议，区有关部门负责同志列席会议。

会议听取区财政局关于区政府与蚌埠能源集团借款协议及成立安徽汇能动力股份有限公司有关情况的汇报，会议原则同意采取蚌埠能源集团借款给区建投公司入股费用方式，双方共同出资成立汇能动力股份有限公司。会议听取并原则同意区财政局关于区政府与农商行合作融资有关情况的汇报，由区财政局根据会议讨论意见，对融资方案进一步修改完善。会议听取并原则同意区监察局关于区计生委社会抚育费征收工作中存在问题处理意见。

会议传达市委十届十五次全体(扩大)会议精神，回顾总结2014年工作，安排部署2015年经济社会发展任务。

2015 综 述

【概况】 2015年，是全面深化改革的关键之年，也是全面完成“十二五”规划的收官之年。区政府在区委的正确领导下，在区人大的监督指导和区政协关心帮助下，积极应对各种困难和挑战，全力以赴稳增长、增后劲、惠民生，着力为蚌埠市重返全省第一方阵构建战略支点，主要经济指标稳中有进，产业转型升级加快，民生事业全面进步，社会大局和谐稳定，较好完成确定的各项目标任务。全年实现地区生产总值173.86亿元，增长11.4%；财政总收入12.99亿元，增长10.8%，其中地方财政收入8.75亿元，增长17%；固定资产投资115.74亿元，增长17.4%；进出口总额81608万美元，增长8.6%；社会消费品零售总额27.82亿元，增长13%；城镇常住居民人均可支配收入25683元，增长9.6%；农村常住居民人均可支配收入10968元，增长9.6。万元地区生产总值综合能耗、主要污染物减排任务全面完成。

【重要会议】 区十六届人民政府第54次政府常务会议。2月12日，区长陈建功主持召开。区政府领导孙如斌、李欣、李军、胡兴文、孙本龙、力卫阳、杨向东、过劲松、施华东出席会议，区人大、区人武部领导郭泽滨、庞锋汉应邀参加会议，区有关部门负责同志列席会议。会议传达学习习近平总书记在中纪委五次全会上重要讲话精神。会议听取区住建委关于2015年农村公路建设有关情况的汇报，会议原则同意继续加大对农村基础设施投入，由区住建委根据会议讨论意见，对方案进一步修改完善。会议听取区教育局关于2015年继续开展禹会教育均衡发展、教育展翅工程有关情况的汇报，由区教育局根据会议讨论意见，对该方案进一步优化完善后，提交胡兴文副区长审核。会议听取并原则同意区经信委关于滨河西片区征迁项目企事业单位搬迁补偿协议有关情况的汇报，要求按照有关规定，对区环卫所进行资产评估、审计，加强国有企事业单位资产管理，积极争取项目资金。会议听取并原则同意区住建委关于蚌埠市勘测设计研究院等部门勘测、评估、设计相关费用有关情况的汇报。会议听取并原则同意区财政局《关于进一步加强财政支出管理的通知》有关情况的汇报，由区财政局根据会议讨论意见，进一步修改完善后印发执行。会议听取并原则同意区编办关于禹会区开展职权清理推行行政权力清单和责任清单有关情况的汇报。

区十六届人民政府第55次政府常务会议。3月13日，区长陈建功主持召开。区政府领导孙如斌、李欣、李军、胡兴文、力卫阳、施华东出席会议，区人大、区政协、区人武部领导郭泽滨、吴国成、庞锋汉应邀参加会议，区有关部门负责同志列席会议。会议听取区文广体旅局关于2015年冯嘴村花鼓灯艺术发展有关情况的汇报，会议原则同意该实施方案，编舞编曲根据实际需要另行研究确定。会议听取并原则同意区教育局关于2015年继续开展均衡发展教育展翅工程有关情况的汇报，由区教育局根据会议讨论意见，对方案进一步修改完善。会议听取区征收办关于206国道(马城段)项目征迁有关情况的汇报，会议原则同意根据征迁评估报告，抓紧启动该项目征迁工作。会议听取并原则同意区环卫所关于朝阳路等九条道路清扫保洁市场化有关情况的汇报，由区环卫所根据会议讨论意见，对方案进一步修改完善。会议听取并原则同意区建投公司关于加强区建投公司管理和发展规划方案有关情况的汇报，由区建投根据会议讨论意见，对方案进一步修改完善。会议听取并原则同意区安监局关于一季度全区安全生产形势有关情况的通报。

区十六届人民政府第56次政府常务会议。4月17日，区长陈建功主持召开。区政府领导孙如斌、李军、胡兴文、孙本龙、力卫阳、杨向东、施华东出席会议，区人大领导郭泽滨应邀参加会议，区有关部门负责同志列席会议。会议听取并原则同意区环卫所关于接管全部老旧生活小区有关情况的汇报，由区环卫所根据会议讨论意见，对方案进一步修改完善后抓紧执行。会议分别听取并原则同意区社区办、区人社局、区目标办、区政务服务中心、区民政局关于社区建设有关情况的汇报，并由上述部门根据会议讨论意见，分别对方案修改完善后按程序印发实施。会议听取并原则同意区住建委关于涂山风景区观景平台改造有关情况的汇报，由区住建委在预算控制范围内，按程序规范运作，在保证施工安全和工程质量的前提下，加快工作进度，确保5月中旬庙会前完成工程验收。会议听取马城镇关于206国道(马城段)征迁项目有关情况的汇报，会议原则同意由区审计局严格按照政策，对马城镇南窑厂征迁补偿费用进行跟踪审计，确保政策适用准确，补偿标准合理，程序严谨规范后按规定支付。会议听取区经信委关于利用上级支持政策，对蚌埠潜水泵厂、蚌埠市第三橡胶厂、蚌埠市无机化工厂等3家企业拟进行改制有关情况的汇报，会议原则同意参照集体企业改制政策，综合征迁范围和区财力实际，按照轻重缓急原则，确定最终改制方案。会议听取并原则同意区财政局关于华源投资公司筹建有关情况的汇报，由区财政局根据会议讨论意见，对筹建方案进一步修改完善后，提交区委审议。会议听取并原则同意区建投公司为安徽蚌埠建筑安装工程集团有限公司提供融资担保有关情况的汇报，由区财政局根据会议讨论意见，对融资协议进一步修改完善，确保权责明晰，手续严谨，风险可控，经区政府法律顾问审核后按程序实施。会议听取并原则同意区招商局关于2015年度招商引资目标任务有关情况的汇报，由区招商局根据会议讨论意见，对方案进一步修改完善后按程序印发实施。会议听取区环保分局关于秸秆禁烧农机购买有关情况的汇报，会议原则同意由区财政拨付秸秆禁烧补助资金用于农机购买。会议听取区监察局关于干部处理工作有关情况的汇报，会议原则同意根据《行政机关公务员处分条例》第十七条、第二十三条规定，给予张俊琪同志行政开除处分，由区监察局、区人社局、区编办按照规定要求，办理相关手续。会议听取并原则同意区征收办关于棚户区改造货币化购买商品房安置实施办法有关情况的汇报，由区征收办根据会议讨论意见，对方案进一步修改完善后按程序印发执行。

区十六届人民政府第57次政府常务会议。5月22日，区长陈建功主持召开。区政府领导孙如斌、李欣、李军、胡兴文、孙本龙、力卫阳出席会议，区政协、区人武部领导吴国成、庞锋汉应邀参加会议，区有关部门负责同志列席会议。会议听取并原则同意区农林水利委关于2015年秸秆综合利用机具及设备补贴有关情况的汇报，由区农林水利委根据会议讨论意见，对方案进一步修改完善后抓紧执行。会议听取并原则同意区农林水利委关于《禹会区农村土地承包经营确权登记颁证工作实施方案》有关情况的汇报，由区农林水利委根据会议讨论意见，进一步修改完善后印发执行。会议听取区教育局关于解决代课人员待遇及招聘编外教师有关情况的汇报，要求加快编制内新教师和“三支一扶”人员的招聘工作；抽调机关帮助工作的教师，要逐步回到学校教学；尝试建立按课时付费的授课机制；区教育局牵头，对全区50岁以上的代课教师人员进行摸查，制定解决方案后另行上会研究。会议研究北京师范大学蚌埠附属学校基础设施建设专项补助事宜。会议听取并原则同意区住建委关于马城自来水厂建设有关情况的汇报，要求争取项目10月份竣工。听取金伟熙城观邸建设相关问题的汇报。

区十六届人民政府第58次政府常务会议。6月8日，区长陈建功主持召开。区政府领导孙如斌、李军、胡兴文、力卫阳、施华东出席会议，区人大、区政协、区人武部领导郭泽滨、吴国成、庞锋汉应邀参加会议，区有关部门负责同志列席会议。会议听取区环卫所关于乡镇垃圾收集转运市场化有关情况的汇报，由区环卫所根据会议讨论意见，对方案进一步细化完善。会议听取并原则同意区农林水委关于蚌埠市禹发投资有限公司与安徽省赛德之星健康产品贸易有限公司农村土地承包经营权流转合作有关情况的汇报，由区农林水委根据会议讨论意见对协议进一步修改完善后，提交区委书记办公会议审议。会议听取区发改委关于禹会区国民经济和社会发展十三五规划有关情况的汇报，会议原则同意该方案，由区发改委牵头，以旬为进度加快推进，确保如期高质量完成规划编制工作。会议听取区综治办关于筹建禹会区社区戒毒宣传教育中心有关情况的汇报，会议原则同意该方案，由区综治办根据会议讨论意见，对方案进一步细化完善，做到方案严谨，预算合理，并严格按程序招标。会议听取并原则同意区教育体育局关于招聘编外教师有关情况的汇报，由区教育体育局根据会议讨论意见，对招聘方案修改完善后抓紧执行。会议听取并原则同意区目标办《关于进一步加强政府督促检查工作实施办法》起草情况的汇报，由区目标办根据会议讨论意见，对方案进一步修改完善后按程序印发实施。

区十六届人民政府第59次政府常务会议。7月6日，区长陈建功主持召开。区政府领导孙如斌、李军、胡兴文、孙本龙、力卫阳、施华东出席会议，区人大、区政协、区人武部领导郭泽滨、吴国成、庞锋汉应邀参加会议，区有关部门负责同志列席会议。会议听取区交通住建委关于2015年支路和小街小巷维修改造有关情况的汇报，原则同意该实施方案。会议听取区征收办关于柴油机厂棚户区(B)区国有土地房屋征收有关情况的汇报，会议原则同意该征迁补偿方案，由区征收办根据会议讨论意见，对方案进一步修改完善。会议听取区推进办关于张公山一村及张公山四村周边区域国有土地房屋征收有关情况的汇报，会议原则同意由区推进办根据会议讨论意见，对征迁补偿方案进行修改完善，待账目清楚明晰，核算准确无误后另行提交研究。会议听取区推进办关于原玻璃厂及公交公司宿舍周边区域国有土地房屋征收有关情况的汇报，会议原则同意该征迁补偿方案。会议听取区推进办关于滨河西片区11#三期周边区域国有土地房屋征收有关情况的汇报，会议原则同意该征迁方案。会议听取长青乡关于六公里周边区域环境整治项目企业征迁补偿有关情况的汇报，会议原则同意严格按政策进行征迁补偿。会议听取区农林水委关于黄苏段崩岸治理有关情况的汇报，会议原则同意为排除险情，保证淮河堤坝安全，根据市政府及市防汛指挥部要求，并经区委书记办公会研究同意，黄苏段崩岸应急治理工程采取邀标方式，根据市场确定价格。

区十六届人民政府第60次政府常务会议。8月29日，区长陈建功主持召开。区政府领导孙如斌、丁云兵、李军、胡兴文、杨向东、力卫阳、施华东出席会议，区委、区人大、区政协、区人武部领导况素琴、郭泽滨、吴国成、庞锋汉应邀参加会议，区有关部门负责同志列席会议。会议听取区民政局关于解决在企业退休的建国前老战士、53年前入伍老战士及原8023部队退役人员八一慰问经费有关情况的汇报，会议原则同意该方案，由区财政局及时拨付资金，区民政局按要求发放到位。会议听取区征收办关于张公山公园北门周边区域征收有关情况的汇报，会议原则同意由区征收办根据会议讨论意见对征迁方案进一步修改完善，按程序提交区政府审核同意后颁布征迁公告。会议听取并原则同意区政务服务中心关于《关于深化行政审批制度改革进一步加强行政审批工作的意见》有关情况的汇报，由区政务服务中心根据会议讨论意见，对方案进一步修改完善后，按程序印发执行。会议听取并原则同意区政府办公室关于《关于建立区行政调解复议诉讼领导小组联席会议制度的通知》有关情况的汇报，由区政府办公室根据会议讨论意见，对方案进一步修改完善后，按程序印发执行。研究白马事故调查及相关善后工作事宜。

区十六届人民政府第61次政府常务会议。10月6日，区长陈建功主持召开。区政府领导孙如斌、丁云兵、李军、胡兴文、施华东出席会议，区人大、区政协、区人武部领导郭泽滨、吴国成、庞锋汉应邀参加会议，区有关部门负责同志列席会议。会议听取并原则同意区交通住建委关于滨河西片区11#地块公共租赁住房实物配租有关情况的汇报，由区交通住建委根据会议讨论意见，对方案进一步修改完善后，严格按政策执行。会议听取并原则同意区交通住建委关于老贯徐安置房一期安置回迁工作有关情况的汇报，由区交通住建委根据会议讨论意见，对回迁方案进一步修改完善，提交区政府审核后严格执行。会议听取区交通住建委关于实施2015年农村公路养护工程有关情况的汇报，会议原则同意该实施方案，本着精简高效、节约资金的原则，科学设置管养机构。会议听取区交通住建委关于实施大庆二路西段工程建设有关情况的汇报，会议原则同意按照水泥路标准，严格设计招标，并抓紧时间，尽快启动。会议研究熙城观邸项目相关事宜。会议听取并原则同意区交通住建委关于大庆一村棚户区（103、104栋）、天润化工厂南侧棚户区、建材厂宿舍及周边棚户区、八里桥周边棚户区等区域国有土地房屋征收有关情况的汇报，由区交通住建委根据会议讨论意见，抓紧完善实施细则，加快推进。会议听取并原则同意区发改委《关于聚焦工业促进经济持续健康发展的实施意见》有关情况的汇报，由区发改委根据会议讨论意见，修改完善后，按程序印发执行。会议听取并原则同意区卫计委《关于进一步完善基层医药卫生体制综合改革的实施方案》有关情况的汇报，由区卫计委根据会议讨论意见，修改完善后，提交区委书记办公会研究。会议听取并原则同意区财政局《关于进一步规范区政府市级限额以下小型建设工程类和工程服务类项目招标管理工作的实施意见》有关情况的汇报，由区财政局根据会议讨论意见，修改完善后，按程序印发执行。会议听取区教育体育局关于拨付2014—2015学年度教育教学成果奖和农村教育工作特别贡献奖有关情况的汇报，会议原则同意该方案，做到合法合规，严格发放。会议听取区园区办关于禹会区工业园蒸汽热力管网建设模式有关情况的汇报，会议原则同意采取与蚌埠能源集团入股合作方式，共同推进蒸汽热力管网建设。

区十六届人民政府第62次政府常务会议。11月12日下午，区长陈建功主持召开。区政府领导孙如斌、丁云兵、李军、胡兴文、力卫阳、杨向东、葛晨军、施华东、张涛出席会议。区政协领导吴国成应邀参加会议，区有关部门负责同志列席会议。会议学习传达《中国共产党廉洁自律准则》及《中国共产党纪律处分条例》文件精神。会议要求，区政府党组要切实担当和落实好全面从严治党的主体责任，切实抓好学习宣传、贯彻落实。会议听取长青乡关于安财商学院教育用地项目剩余征迁补偿款有关情况的汇报，会议原则同意根据审核结果，对剩余征迁补偿款据实拨付。会议听取长青乡关于周蔡村征地项目遗留问题土地补偿款有关情况的汇报，会议原则同意按市信访工作会议意见办理，由长青乡理清账目关系，提交区财政支出管理领导小组会议专题研究。会议听取长青乡关于宗洼村征地项目遗留问题土地补偿款有关情况的汇报，会议原则同意根据安徽省国土资源厅《关于做好新征地补偿标准实施工作的通知》（皖国土资〔2010〕37号）文件标准，严格按政策执行。会议听取涂山风景区关于涂园新村二期10千伏配电工程余款有关情况的汇报，会议原则同意根据审核结果，据实拨付工程余款。会议听取区住建交通委关于辖区高速公路、国省道沿线和美好乡村刷白费用有关情况的汇报，会议原则同意拨付，并确保程序严谨、手续完善。会议听取并原则同意区住建交通委关于白马商场一层火灾后工程加固费用有关情况的汇报，由区交通住建委根据会议讨论意见对方案修改完善后，提交区委书记办公会议研究。会议听取区住建交通委关于拨付老旧小区改造一期工程款有关情况的汇报，会议原则同意据实拨付，按程序办理。会议听取区教育体育局关于发放农村中学教师到小学支教补助经费有关情况的汇报，会议原则同意发放，按程序办理。会议听取区教育体育局关于发放2014—2015学年度农村偏远薄弱学校补贴有关情况的汇报，会议原则同意2014年12月底前补贴参照原有标准发放，待新的政策明确后，按照新标准发放剩余补贴。会议听取并原则同意区财政局关于提高营业税改征增值税财政扶持政策比例有关情况的汇报，由区财政局根据会议讨论意见对方案修改完善后，提交区委书记办公会议研究确定。会议听取区财政局关于落实禾泉农庄相关优惠政策有关情况的汇报，为扶持企业发展壮大，依据2012年5月2日怀远县政府第11次县长办公会议纪要精神及旅游项目协议书，会议原则同意禾泉农庄享受相关优惠政策，由区财政局按相关规定办理。会议听取区财政局关于建华建材2014年税收返还有关情况的汇报，为扶持企业发展壮大，会议原则同意按照原协议要求，按程序办理。会议听取并原则同意区人社局关于对越自卫反击战战士社区协管员绩效津贴有关情况的汇报，由区人社局严格按程序办理，并督促社区做好绩效考核工作。会议听取马城镇关于解决张旭龙医疗费用有关情况的汇报，根据马城镇请求和市政法委意见，会议原则同意暂借马城镇相关治疗费用，并由区政法委对接市政法委，提供相关材料，确保程序合法、手续完备。会议听取迎淮社区关于解决刘焕林精神病治疗费用有关情况的汇报，由迎淮社区完善相关手续，并先行垫付治疗费用。

区十六届人民政府第63次政府常务会议。11月27日，区长陈建功主持召开。区政府领导孙如斌、丁云兵、李军、胡兴文、力卫阳、杨向东、施华东、张涛出席会议，区政协、区人武部领导吴国成、庞锋汉应邀参加会议，区有关部门负责同志列席会议。会议听取区住建交通委关于禹会区第四批公租房实物配租工作有关情况的汇报，会议原则同意该配租方案。会议听取区住建交通委关于中粮生化国有土地房屋征收有关情况的汇报，为加快推进中粮生化退市进园工作，根据省、市相关文件和会议精神，会议原则同意该征收方案。会议听取区人社局关于聘用社区退休人员有关情况的汇报，为充实社区工作力量，会议原则同意社区请求，由社区自聘退休人员，采取自愿义工形式，一年一聘，并给予适当经济补贴。会议听取区发改委关于《蚌埠市禹会区公务用车制度改革实施方案》有关情况的汇报，会议原则同意该实施方案。会议还研究奖励园区企业2012年度城镇土地使用税和吴湾路安置房项目复工事宜。

区十六届人民政府第64次政府常务会议。12月16日，区长陈建功主持召开。区政府领导孙如斌、丁云兵、胡兴文、力卫阳、杨向东、施华东、张涛出席会议，区人大、区政协、区人武部领导郭泽滨、吴国成、庞锋汉应邀参加会议，区有关部门负责同志列席会议。会议分别听取区政府办公室、区发改委、区财政局、区目标办关于《政府工作报告》《禹会区国民经济和社会发展第十三个五年规划纲要》《禹会区2015年国民经济和社会发展计划执行情况及2016年计划安排（草案）的报告》《禹会区2015年财政预算执行情况和2016年财政预算草案的报告》和《禹会区第十六届人大五次会议代表议案和建议、批评、意见办理情况报告》等材料起草情况的汇报，会议原则同意各项报告，由各起草部门根据会议讨论意见进一步修改完善。会议听取区编办关于《区直单位“三定”方案审核情况》的汇报，会议原则同意此方案，并要求根据会议讨论意见进行修改和完善，报区委常委会研究。会议听取区安监局关于“7·10”事故调查处理有关情况的汇报并原则同意该调查报告。会议听取并原则同意区安监局关于《2014年度安全生产目标管理先进单位和安全生产先进单位的表彰方案》的汇报。会议听取并原则同意区环保局《关于禹会区大气污染防治工作开展情况报告》，原则通过《禹会区水污染防治行动方案》。会议听取区财政局关于《关于进一步规范津补贴和有关工作奖励实施办法》起草情况的汇报，会议原则同意此方法，并要求进一步修改完善，报区委同意后下发执行。会议听取了区科技局关于拨付2015年度专利申请资助资金的说明，会议原则同意按规定拨付。

2014

依法行政

【概况】 2014年，区政府法制工作紧紧围绕区委、区政府中心工作，健全基层法制机构队伍，及时调整依法行政工作领导小组，配齐配强工作人员。区政府常务会议3次听取依法行政工作汇报，依法行政工作纳入区政府目标考核。年内，区级政务服务中心标准化建设全面完成，市场监管、劳动保障等5家单位现场办公，认真做好下放审批事项承接工作，推进规范运作，接受群众监督。马城新区建设指挥部和行政服务中心紧密配合，驻点办公，建成村（居）级全程代办机构43个，一站式服务便民快捷。市长热线、OA电子政务、微博政务、微信政务服务模式多样化、信息化，实现“为民办事零障碍、窗口服务零距离”。在大建设、房屋征收、征地拆迁等工作中严格执行风险评估和咨询论证增强行政决策公开透明度。

【制度建设】 区政府研究出台《禹会区人民政府行政应诉工作规则》，成立禹会区应诉工作协调领导小组，聘请4名法律顾问负责诉讼案件的应诉，行政复议、征迁拆违、政府决策等重大事项审核把关，既有效规范行政诉讼案件的办理程序，提高行政应诉工作的效率和质量，又更好地维护了政府形象。全年没发生违反规定单独设立的行政许可；及时清理规范性文件，按照市法制办要求，认真开展规范性文件备案工作，做到规范性文件及时上报。

【规范行政执法行为】 扎实做好执法资格年审、申报工作，认真开展执法文书公示，严格执行持证上岗，严明责任，接受群众监督。所有工程类项目招投标全部挂网公示，接受监督。设立行政执法人员岗位公示牌，明确责任范围，责任人，方便群众办事。开展执法卷宗评查活动，并组织开展优秀卷宗评选活动，规范执法行为。积极组织参加市政府法制办开展的行政执法人员业务知识培训，加强行政执法人员的法律法规、业务知识和职业道德教育。

【化解社会矛盾】 受理、应对行政复议和诉讼的应诉工作，共计受理行政复议案件3起，协调撤销2起，下达维持复议决定1起。建立“人民调解工作室”，发挥人民调解的品牌作用。全区共调处各类矛盾纠纷2615件，调解成功率为90%以上，无民转刑案件、无自杀性案件、无群体性械斗事件的发生。自觉践行群众路线，办理市长热线来件来电2135件，党政主要领导接待信访群众25批500人次，涂山—石巷断头路等群众关注热点难点问题得以妥善解决，按时回复，处理率达100%。

【依法行政宣传培训】 开展领导干部集体学法活动，利用区中心组、区政府党组会、常务会议等会议开展领导班子集体学法，组织学习“高法征迁十大案例”，提升依法行政水平。结合全区的“每月一课”学习制度，邀请省、市法学专家为政府领导授课，不断提高领导干部的法律素质和依法行政的能力。协调区司法局牵头，在马城地区广泛开展普法宣传，充分利用法制宣传栏、墙报、展板、法制辅导站、农民工普法学校等活动阵地，深入乡村宣传《刑法》《治安管理处罚法》《信访条例》《民用爆炸物品安全管理条例》等法律法规，通过以案释法和现身说法等形式开展法制宣传教育，引导群众学法、懂法、守法。

2015 依法行政

【行政审批】 制定印发《禹会区深化行政审批制度改革进一步加强行政审批工作的意见的通知》(禹政办〔2015〕32号)，全面清理行政审批项目，对项目投资备案、设立演出场所经营单位备案等3项备案审批事项予以取消。区级政务服务中心标准化建设全面完成，将区所有审批项目和密切服务群众的事项73项全部纳入区政务服务中心，市场监管、劳动保障等7家单位现场办公。马城新区建设指挥部驻点办公，建成村(居)级全程代办机构43个，一站式服务便民快捷。

【权利清单】 制定印发《禹会区深入开展区级职权清理推行政权力清单制度实施方案的通知》(禹政办〔2014〕43号)，完善权利事项增减调整动态管理机制。通过自查、审核、征求意见、会审等程序，区28个部门中有5个部门无行政权力事项，23个部门保留行政权力585项，其中行政审批53项，行政处罚386项、行政征收4项、行政给付30项、行政奖励5项、行政强制28项、行政确认10项、行政裁决3项、行政规划1项，其他权力64项，两单情况全部在禹会区政府网信息公开栏进行公开并启用政府权利清单运行平台。

【公共资源交易】 通过严肃政府采购预算，规范采购及公共资源交易单位的行为；强化政府的服务意识和法制意识；在区政府网站公开交易项目，开展公开、公平、公正竞争。执行《采购中心政府采购档案管理制度》，坚持做好档案管理的完整、合理、合法性，将56卷区级采购档案送区档案局归档。

【依法决策机制】 区政府印发《蚌埠市禹会区人民政府重大行政决策合法性审查规定的通知》(禹政〔2015〕35号)。区法制办对重大招商引资合同、以区政府名义签订的协议等共计审查23项。对大建设、棚户区、城中村改造等通告、决定审查15项。在大建设、房屋征收、征地拆迁等工作中严格执行风险评估和咨询论证增强行政决策公开透明度。同时，区政府常务会议3次听取具体工作合法性审查工作汇报，并对区安监局、市场监管局行政处罚决定再次合法复核8件。区政府聘请2名法律顾问负责诉讼案件的应诉，行政复议、征迁拆违、政府决策等重大事项审核把关。

【规范性文件管理】 按照《禹会区行政机关规范性文件制定程序规定》，对以区政府或区政府办公室名义制发的规范性文件，以及区政府部门报经区政府同意制发的规范性文件，进行审查。区部门涉及行政许可、行政处罚等工作实行规范性前置审查、备案审查和意义审查流程，报备率100%。2015年依法对规范性文件予以清理，并通过区政府官方门户网站“中国·禹会”公告公示栏予以向社会公示。

【规范行政执法行为】 做好执法资格年审、申报工作，认真开展执法文书公示，严格执行持证上岗，严明责任，接受群众监督。下发《关于启用法制监督平台的通知》，并对全区法制工作人员进行培训。2015年，区通过新系统成功申领执法证8件。按照《安徽省城市管理领域相对集中行政处罚权办法》，区政府深化行政执法体制改革，成立区住建交通委、卫生和计划生育委员会等政府组成部门的同时，继续完善执法体系。行政执法局按照现有法律法规出台《城乡防控违体系集中整治实施办法(试行)》。按照市政府办《关于进一步做好规范行政处罚权自由裁量权工作的通知》，区政府召开专题会议，对全区386项行政处罚权进行梳理，区直部门严格按照市直部门自由裁量权基准制度贯彻落实，细化符合实际的基准制度，完善行政处罚流程，并通过蚌埠市政务信息公开网行政处罚栏目予以公示。

【行政权力监督】 按照分级负责、党政同步监督的原则，对全区各级领导干部履职履责实行监督全覆盖。出台《关于印发禹会区乡镇社区审计监督暂行办法的通知》《关于印发禹会区征地拆迁项目跟踪审计管理暂行办法的通知》《禹会区区管领导干部经济责任审计分类管理办法》《关于印发禹会区政府投资建设项目跟踪审计工作方案的通知》《禹会区关于加强行政机关效能建设考评实施意见及问责办法》等一系列监管制度，健全监管机制，制约制度，查处纠正不作为等各类问题。

【社会矛盾化解】　区委区政府联合印发《禹会区行政调解复议诉讼领导小组联席会议制度》(禹办发〔2015〕34号)，受理、应对行政复议和诉讼的应诉工作，共计受理行政复议案件34起，行政赔偿16起，维持9起，驳回10期，协调撤销2起。共计受理行政诉讼案件26起，行政机关负责人及涉及部门负责人出庭26起，其中驳回4起，未审结22起。区政府办印发《关于建立政务舆情收集研判和回应机制的通知》(禹办发〔2015〕1号)。办理市长热线来件来电2135件，党政主要领导接待信访群众25批500人次，张公山老旧小区改造等群众关注热点难点问题得以妥善解决，按时回复，处理率达100%。全区各乡镇、社区接入网上信访信息系统平台，全区信访工作实现信息化，全区网上信访信息系统录入率、办理及时率、答复率均达到90%以上。按照《蚌埠市行政调解工作实施办法》，拓展调解工作领域，积极开展行政调解工作，共调处各类矛盾纠纷2615件，调解成功率为90%以上。

【法治能力建设】　组织开展领导干部集体学法活动，利用区中心组、区政府党组会、常务会议等会议开展领导班子集体学法，组织学习"高法征迁十大案例"，提升依法行政水平。结合全区"每月一课""省干部教育在线""干部大讲堂"等学习制度，邀请蚌埠市中级人民法院行政庭长为区政府副科级以上领导干部开展新行政诉讼法、行政复议法专题培训讲座2次。开办《禹会法治动态》宣传简报6期，时事宣传通报各类法治动态。通过政风行风热线媒体，由区政府主要领导做依法行政工作报告，弘扬法治文化。在马城地区广泛开展普法宣传，充分利用法制宣传栏、墙报、展板、法制辅导站、农民工普法学校等活动阵地，深入乡村宣传《刑法》《治安管理处罚法》《信访条例》《民用爆炸物品安全管理条例》等法律法规，通过以案释法和现身说法等形式开展法制宣传教育，引导群众学法、懂法、守法。

2015 政务服务

【概况】　2014年9月，禹会区人民政府政务服务中心升级改造完成，投入使用。政务服务中心主要负责政府部门单位进驻、委托事项办理的组织协调、监督管理和指导服务。2014年底，区市场监管局、国土分局、卫计委、人社局、文广旅局、行政执法局、发改委、残联等单位进驻并常设窗口开展办件服务或设置进驻综合窗口轮流值班办件服务。

2015年，禹会区政府政务服务中心在区委、区政府的正确领导下，在上级部门的指导下，积极贯彻落实国家、省、市简政放权各项工作部署，认真做好行政审批服务工作，不断改进工作作风，优化政务服务环境，以优质的窗口服务、高效的办件效率积极打造"为民、务实、廉洁、高效"的政务服务形象。

【政务服务宣传推广】　政务服务中心着力加强政府信息公开和政务服务工作业务培训和指导，全年开展各类区级政务公开和政务服务工作培训、宣传活动4次，组织开展"政务服务下基层"活动，进入马城镇集贸市场宣传政务服务知识1次。组织全区各乡镇、社区、部门完成了"政府信息公开整改提升月活动"。推进办事公开，着力加强行政审批事项办理结果公开，主动接受社会监督。2015年6月，省政务公开办对禹会区政务公开工作进行视察，对中心工作给予肯定。

【标准化建设】　政务服务中心扎实推进政务服务标准化建设，建立健全中心各项规章制度，强化窗口服务规范建设，更新完善区政务服务中心窗口标牌、无障碍设施等标准化服务设施。加快推进乡镇、社区公共服务大厅的标准化建设，印发《禹会区乡镇(社区)公共服务大厅标准化建设实施方案》，依据"统一场所标识、统一建章立制、统一服务规范、统一服务事项、统一人员安排"的要求，在区委、区政府的领导下统一部署，统筹推进，指导完成9个社区公共服务大厅的标准化建设，完善区政务服务体系建设，提升全区政务服务体系标准化建设水平。

【监督管理】　政务服务中心深入落实行政审批"两集中、两到位"改革，严格规范行政审批服务行为。根据区政府《关于深化行政审批制度改革进一步加强行政审批工作的意见》文件精神，强化进驻中心的行政审批事项办件监督和管理。2015年，进驻中心的行政审批和公共服务项目共计79项，共开设窗口11个，其中，常设窗口10个，有区市场监管局、国土分局、卫计委、人社局等四家单位进驻常设窗口开展办件服务；设立综合窗口1个，有区文广旅局、行政执法局、发改委、残联等8家单位进驻综合窗口轮流值班办件服务。

【阳光运行成果】　政务服务中心会同各窗口单位积极优化行政审批流程，规范办理环节，切实推行行政审批"阳光运行"。2015年累计办理各类行政审批及公共服务事项25387件，其中，行政许可事项6487件，行政确认事项6718件，其他公共服务事项12182件。行政审批事项提前办结率达到80%以上，承诺件承诺期内办结率100%，服务对象满

意率98%以上。

【示范窗口建设】 政务服务中心认真开展文明服务，发挥党员的示范作用，设立党员示范岗和志愿服务岗，开展“文明窗口”评选活动，积极开展岗位练兵优化服务工作，2015年评选出年度“服务之星”三名。本年度，区政务服务中心以优异的窗口服务获评市级“青年文明号”光荣称号，并获禹会区政府2015年度工作创新三等奖。

2014 人力资源和社会保障

【机构设置】 1987年6月，禹会区人民政府设立人事局，为正科级机构。1989年，劳动科改为西市区劳动局。2002年5月，在劳动局基础上组建西市区劳动和社会保障局，下设再就业服务中心。2004年2月，西市区人事局更名为禹会区人事局，西市区劳动和社会保障局更名为禹会区劳动和社会保障局。2009年，禹会区人事局与禹会区劳动和社会保障局合并，成立禹会区人力资源和社会保障局(以下简称人社局)。2015年年末，禹会区人社局共有在岗人员21人，其中公务员3人，事业编制6人，编外工作人员12人。

【主要工作职责】 对全区机关事业单位工作人员考试录用，“三支一扶”人员的招募，专业技术人员的综合管理和服务工作，军队转业干部安置管理和服务工作；引进国外智力工作，实施机关事业单位工作人员工资收入分配，福利和离退休政策；办理失业人员离退休手续，机关事业单位非领导人员人事档案管理和失业人员人事档案代理；社会保险管理和服务劳动用工管理和监察，就业培训与职业技能鉴定；岗位设置聘用管理，事业单位法人登记和年检管理工作。

【就业和社会保障】 2014年全区新增实名制就业12450人，下岗失业人员就业6718人，其中就业困难人员就业3842人，新增农村劳动力转移就业755人，推荐新增小额担保贷款3645万元，其中个贷推荐1645万元，劳动密集型企业贴息2000万元。接收退休人员3.7万人，服务率100%，新增社保扩面3356人。

【民生工程】 2014年总计开发政府公益性岗位550个，开展就业技能培训1194人次；城乡居民养老保险总计参保6.01万人，缴费人数达4.87万；城镇居民医保参保总计6.6万人，劳动力资源调查157037人。

【人事工作】 按照省、市人社部门统一部署，完成从2014年7月份开始执行的机关事业单位4062名工作人员生活性津贴调整；为17名科及科以下达到法定退休年龄的同志办理退休手续，落实退休工资福利待遇；完成2013年度机关事业单位工作人员年度考核，对全区2235名机关事业单位工作人员组织考核，其中197人受到区嘉奖。按上级有关调学要求，全年组织4批21名公务员参加调学，圆满完成调学工作任务。

【军转干部安置】 接收安置计划分配的军转干部2名；对全区379名企业退休军转干进行体检；上报1名生活困难企业退休军转干为市级慰问对象。

【人员考核、录(聘)用】 2014年，考入禹会区“三支一扶”高校毕业生14名(其中，支教10名、支农2名、支医2名，1名支医人员因病未能报到上岗)，最终录取13名；对6名服务期满，考核合格的“三支一扶”人员办理入编手续。

【退休审批申报】 按照退休审批规定和程序办理代理人员退休审批申报手续，全年共办理退休审批申报293人次，未发生一起违规申报。

【“老字号”人员补助发放】 自9月份起，共计录入、审核比对并发放补助“老字号”(离任村干部、民办教师、老拖拉机手、老兽医、老农技员、老公路养护工、老放映员)人员731人，代发放老字号补助共计160万元。

【劳动监察】 2014年，共受理劳动监察投诉案件48起，结案48起，结案率100%，案件涉及金额1606.025万元，涉及人数799人。其中农民工投诉案件23起，涉及人数769人，涉及金额1585.234万元。针对建筑单位拖欠工资问题，在“两节”期间，区人社局、市监察支队，联合区住建委、区经信委、区工商局、区公安局等多个部门组织召开专题会议，成立联合清欠领导小组，解决了浙江鼎泰等12家施工企业拖欠农民工工资案件，维护了400余位农民工的合法权益。

【劳动年审与仲裁】 2014年共为226户企业11960人进行劳动年审登记工作，其中省级诚信示范单位1户，市级诚信示范单位1户，A类企业8户，B级218家。全年共受理劳动保障仲裁案件21起，立案21起，结案21起，结案率100%。其中调解案件6起，裁决案件13起，撤诉2起。主要集中在生产和建筑行业，其中涉及劳动者73人，涉及工伤赔付案件3起，确定劳动关系及劳动争议案件19起。

【春风行动】 为满足2014年春节后一段时期进城务工人员就业需求和企业用工需要，根据省人力资源和社会保障厅、省总工会、省妇联《关于开展2014年春风行动的通知》(皖人社明电〔2013〕181号)的要求，禹会区人社局在2014

年1月10日至3月份开展了“2014年春风行动”专项活动，活动以促进就业困难人员就业、落实就业扶持政策、做好进城务工农民工、农村富余劳动力的有序流动和转移就业、消除城镇零就业家庭、农村零转移农户为目的，以通过提供就业服务援助、就业岗位援助、创业培训援助等多种形式，促进农村富余劳动力和进城务工农民工、困难人员就业，不断提高就业再就业的稳定性为目标。活动期间，共组织大型专场招聘活动1次，发放“春风卡”等宣传资料3000份，为875名求职者提供免费服务，其中女性求职者422人；本地企业吸纳农村劳动者就业共计398人，其中女性264人；为38人提供劳动维权服务和法律援助，其中女性维权者7人。

【城镇居民医保宣传活动】 为切实巩固居民医疗保险工作成果，区人社局在总结过去实施居民医疗保险工作的基础上，加大城镇居民医保工作宣传力度。一是根据中小学生参保特点，由各学校负责本辖区内学生医保政策的宣传；二是在现场办理参保手续的同时，发放相关宣传资料，开展政策讲解，为群众答疑解惑；三是通过典型事例的报道，让全社会了解居民医保的作用和意义，引导居民主动参保；四是开通咨询电话，随时接听居民政策咨询；五是在广场、车站等开展以“城镇居民基本医疗保险政策”为主题的宣传活动，发放宣传资料5000余份，接受居民咨询1500人次。

2015 人力资源和社会保障

【就业和社会保障】 积极完成市政府下达的就业和社会保障目标任务，截至2015年12月底，全区新增就业岗位7850个，完成全年目标任务的121%；转移农村劳动力920人，分别完成全年目标任务的115%；新增小额担保贷款2240万元，完成全年目标任务的102%，其中个贷1040万元，完成全年目标任务的104%；接收退休人员3.8万人，服务率达100%。

【民生工程】 全面完成承担的民生工程目标任务工作，开发公益性岗位550人，完成目标任务的100%；高校毕业生基层特岗共计开发132人，完成全年目标任务的100%；就业技能培训1137人，完成全年目标任务的134%；城乡居保参保4.01万人，完成全年目标任务的119%；当年缴费3.38万人，完成全年目标任务的127%；城镇居民医疗保险参保6.7万人，完成全年目标任务的106%。

【“老字号”人员补助发放】 2015年全年共计录入、审核比对并发放补助“老字号”(离任村干部、民办教师、老拖拉机手、老兽医、老农技员、老公路养护工、老放映员)人员907人，代发放老字号补助共计386万元。

【专项招聘会】 组织开展专项招聘会活动。召开“孔雀计划企业用工专场招聘”“民营企业招聘周”活动，累计提供40条2110个岗位信息，求职者1150余人，达成用工意向884人，较好地解决了下岗失业人员的就业问题。

【就业再就业工作】 加强困难群体帮扶，消除“零就业家庭”。积极做好就业困难人员的帮扶工作，在摸清底数的基础上，有针对性地制定再就业帮扶计划，对全区就业困难人员实行“一对一”结对帮扶，采取“送政策、送技能、送岗位、送服务”的四送服务，工作人员与重点帮扶对象积极开展“心贴心、手拉手”的帮扶活动，根据他们的需求有针对性地开展帮扶活动，累计消除“零就业家庭”76户，全区实现无“零就业家庭”。

【事业单位招聘】 全面落实公开招聘制度，强化招聘工作监督与管理，规范事业单位招聘程序。本着公开、公正、公平、竞争择优的原则，择优聘用城市管理协管员50人、建投公司工作人员6人、遴选工作人员8人、房管员5人、事业单位招考录用4人、编制内教师9人、编外教师46人、长青乡招聘工作人员8人。

【人事工作】 通过摸底与审核，本区拟首批晋升职级的公务员共100名，其中，拟晋升副科职级人选67名；拟晋升正科职级人选13名；拟晋升副处职级人选16名；拟晋升正处职级人选4名。根据禹会区公务员职级晋升考核工作方案及考核工作领导小组会议部署，三个考核组先后对100名职级晋升对象开展考核测评工作，通过召开民主测评会议，谈话考核等程序，对拟晋升职级人员进行综合考核。完成机关事业单位工作人员年终奖金和离休干部一次性生活补贴的审批兑现工作，事业单位工作人员正常晋升薪级增加工资等工作。落实公务员晋级晋档134人；事业单位晋升薪级1750人。区级年度考核嘉奖208人，其中公务员52人，事业单位156人；“三等功”人员12人，其中公务员8人，事业单位4人。

【工资福利兑现】 按照有关规定认真做好工资福利工作。按照工资政策规定，根据机关事业单位工作人员年度考核结果，落实机关事业单位工作人员的工资调整工作(2563人)；按照省、市人社部门统一部署，完成2014年10月份开始执行的国标调整工资(4373人)；根据相关文件规定，对新录用(9人)、转正定级(22人)、人员调动(26人)、职务晋升(132人)、学历兑现(3人)、强制措施(2人)等变动，及时准确办理相关的工资福利。

会通四海

【退休审批申报】 严格按照规定和程序办理退休审批申报工作，加强企业职工退休审批工作的管理，明确审批权限，规范审批程序，统一审批标准，按要求对到龄的54人，及时办理退休手续，落实退休工资福利待遇，全年为335名退休工人办理退休审批申报工作，办理退休去世抚恤金兑现20人，办理遗属补助11人。

【公务员初任培训】 在加强干部队伍作风建设同时，注重新录入公职人员业务素质的提升，参与各项工作技能与作风学习培训会议，提升工作技能，2015年共完成初任公务员培训10人。

【军转干部安置】 根据2015年禹会区接收的军转干部人员分配情况，截至2015年12月完成军转安置人员兑现待遇3人，并按文件精神落实有关政策，督促并做好企业军转干部人员的工资发放、体检工作，2015年度企业军转干部健康体检共374人。

【成立区级劳动人事争议仲裁院】 2015年9月22日，根据市政府常务会议精神，按照蚌编【2015】40号文件，成立禹会区劳动人事争议仲裁院，挂“禹会区劳动人事监察大队”牌子，为正科级全额拨款事业单位，隶属于区人社局管理，由市人社局驻区征缴监察办事处划转事业编制人员3名，领导职数1名。

【劳动仲裁】 2015年共受理劳动仲裁案件44起，立案44起，结案43起，结案率97.73%。其中调解案件14起，裁决案件23起，撤诉6起（庭前调解）。按照案件类型划分，确定事实劳动关系案件3起，支付工资（加班工资、双倍工资）案件19起，经济补偿金案件21起，补缴社会保险案件6起，支付工伤赔偿及待遇案件13起。有力地维护了123名劳动者的合法权益，涉及劳动报酬、工伤赔付、经济补偿金金额近600万元。

【劳动监察】 2015年共受理劳动监察投诉案件39起，结案39起，结案率100%。案件主要集中在建筑和生产行业，私营企业居多，案件涉及金额1885.17万元，涉及人数1277人；其中涉及农民工人数1244人，涉及金额1781.22万元。针对建筑单位拖欠工资问题，禹会区在“两节”期间成立常务副区长任组长的清欠领导小组，对区“重点监控单位”进行摸底排查，对有可能出现问题的单位进行现场监督发放。“两节”期间共办理拖欠农民工工资案件11起，为400余位农民工讨薪600余万元。有力地维护了辖区内“两节”期间的社会稳定。

【劳动用工年审】 全年年审企事业单位232家，年审人数12940人，全部合格，按时完成计划目标任务。安徽八一股份有限公司、安徽亚源印染有限公司分别被评为“安徽省诚信文明示范企业”“蚌埠市诚信文明示范企业”。

【非标工时审批】 2015年审批辖区内申请非标准工时制度企业27户，并对其中两家企业存在加班时间过长、未足额支付加班工资的违法行为进行了依法处理。

2014 目标管理

【概况】 2014年，全区目标管理工作按照“贯彻区委、区政府决策，强化实绩考核，创新督查考核方式，推动工作落实”的工作思路，积极探索目标考核工作新思路、新举措、新办法，不断健全考核体系，完善考核办法，强化机制创新，狠抓工作落实，各项工作稳步推进。

【健全考核体系】 按照“突出重点、服务大局，创新机制、注重实效”的工作思路，围绕发挥考核在推进工作落实中的导向作用，保持考核连续性，继续坚持注重经济发展目标、项目建设、地方财政收入等指标的考核，继续引导各级以经济发展为中心，推动全区科学发展，跨越发展，加快实现创优争先步伐。出台《禹会区党政机关2014年度目标管理考核工作实施细则》，实施动态管理，强化日常监督。按照区委、区政府2014年工作部署，分解下达2014年度工作考核目标任务。目标办对各单位的目标任务进行调整，增设“三线三边”环境整治、立体化治安防控体系建设等工作考核指标。印发《2014年禹会区重点工作目标及责任分解表》，对63个涉考部门涉及到的20项工作指标均分解落实到区直有关部门，纳入部门职能工作目标考核，明确任务，落实责任。

【动态监管】 目标办加强对各乡镇、各部门工作进展情况、目标任务完成情况的日常监督，强化动态管理。坚持平时考核与年终考核相结合，定量考核与定性考核相结合。平时考核采取季度总结、半年通报、重点督查等方式进行，其结果纳入年终综合考核计分范围。目标办定期对各部门目标任务完成情况进行督查汇总；对各乡镇、各部门半年工作目标任务完成情况进行通报；对月份目标任务中重要经济指标完成情况进行预估。从一个侧面警示和推动目标管理部门实现目标的主动性。

【考核组织】 年内，根据区目标管理督查考核委员会的工作要求，区目标办精心组织，周密安排，成立由区委分管副书记任组长，纪委、组织部、人社局共同参与的目标考核领导小组，完成对12个乡镇、社区，51个区直部门的考核，考核采取现场签字确认、数据全面公示、成绩定向反馈“三公开”，层层消化吸收对考核工作的各种不同意见和要求，全面接受社会各界监督，增强考核工作的公开性、透明性。现场考核结束后，集中时间、集中人员、集中精力，完成整个考核数据的审核、汇总、反馈、公示工作，直至完成总结表彰。

【督查交办事项】 区目标办每月定时对全区的重点项目、市长牵头重点项目、落实“老字号”群体政策措施等进展情况进行跟踪督查，并及时向领导反馈相关信息，为区委、区政府领导及时掌握项目进展，做出决策部署提供参考。对区委、区政府转办的督办件进行督查，确保相关责任部门按时上报办理结果，促进督办件的落实。

【其他事项】 区目标办主动与人大代表、政协委员面对面的沟通交流，相关议案、建议和提案全部按期办理完毕。按照市目标办交办工作：定期与马鞍山市郑蒲港新区对接沟通，做好对标赶超工作，为领导及时掌握对方的各项指标，改进工作措施提供参考依据；组织开展国务院稳增长促改革调结构惠民生政策措施落实情况自查，对涉及到禹会区的19项政策措施落实情况进行自查，找出存在问题，制定整改措施。

2015 目标管理

【概况】 2015年全区目标管理工作在区委、区政府正确领导下，在市目标办的精心指导下，区目标办按照区委区政府工作要求，积极探索目标考核工作新思路、新举措、新办法，不断健全考核体系，完善考核办法，强化机制创新，狠抓工作落实，部门工作稳步推进。

【完善考核办法】 区目标办总结分析研究上一年度目标考核实效，广泛征求乡镇和部门意见，充实完善2015年度目标考核评价体系，按照“突出重点、服务大局，创新机制、注重实效”的工作思路，出台《禹会区党政机关2015年度目标管理考核工作实施细则》(以下简称《细则》)，《细则》中增设创建全国文明城市工作、立体化治安防控体系建设等工作考核指标，注重经济发展。同时，对重点工作安排较高的考核分值，并对目标分值进行定性，未完成的不得分，突出体现对重点工作的奖罚，增强各级抓重点工作推进落实的紧迫感、压力感，切实调动工作积极性。依据禹会区政府工作报告，分解出6类94条目标任务，印发《2014年禹会区重点工作目标及责任分解表》。同时，明确责任单位、牵头领导，并下发至各分管领导和责任单位。实施动态管理考核，平时考核采取季度总结、半年通报、重点督查等方式进行，其结果纳入年终综合考核计分范围。目标办对各部门目标任务完成情况按季度进行督查通报。

【考核实施】 成立由分管副书记任组长，纪委、组织部、人社局等相关部门共同参与的目标考核领导小组，年初完成对12个乡镇、社区，51个区直部门2014年度目标完成情况的考核，现场考核结束后，集中时间，集中人员，集中精力，完成整个考核数据的审核、汇总、反馈工作。

【督查交办事项】 区目标办每周初对书记碰头会确定的工作事项进行梳理，并下发至各责任单位，要求各责任单位严格按照时限完成工作目标。同时将梳理出的工作上报至各分管领导处，请各分管领导按照完成时限督促各责任部门，落实相关工作，并督促各责任单位每周五反馈完成(进展)情况。对植树造林、创建全国文明城市等工作事项进行跟踪督查，并及时向领导反馈相关信息，为区委、区政府领导及时掌握项目进展，做出决策部署提供参考。同时，对区委、区政府转办的督办件进行督查，确保相关责任部门按时上报办理结果，促进督办件的落实。

【提案议案办理】 年内，区目标办收到市交办的人大代表议案2件、政协委员提案22件，区人大代表议案建议41件、政协委员提案70件，共计135件，涉及经济发展、民生改善、旅游文化、征迁大建设等诸多方面。分别交由35个单位办理，在办理期间，区目标办对议案、建议和提案办理工作每月进行督查通报。截至7月底，市转办和区人大、政协交办的议案、建议和提案均办复，且满意率或基本满意率为100%。

【制定出台《禹会区进一步加强政府督促检查工作实施办法(试行)》】 为使政务督查工作走上规范化、制度化、科学化轨道，提高工作水平。制定出台《禹会区进一步加强政府督促检查工作实施办法(试行)》，共9章28条，明确了督查主体、督查内容、督查方式。

2014 招商引资

【概况】 2014年，全区招商引资工作围绕产业定位，按照“做大做强工业、积极发展现代服务业和现代农业，带动全区旅游业，深入推进城市综合改造、不断完善基础设施建设”的工作思路，立足招大引强攻新，有针对性地不断加强与世界500强、国内100强、行业10强、民营企业100强、央企、上市公司等开展积极有效的对接，坚持贯彻以招商引资为抓手、促进全区经济发展的主战略，不断拓宽工作思路、拓展业务领域、积极进取，在创新招商方式，整合招商资源，拓宽招商领域，健全服务体系，提高服务水平等方面

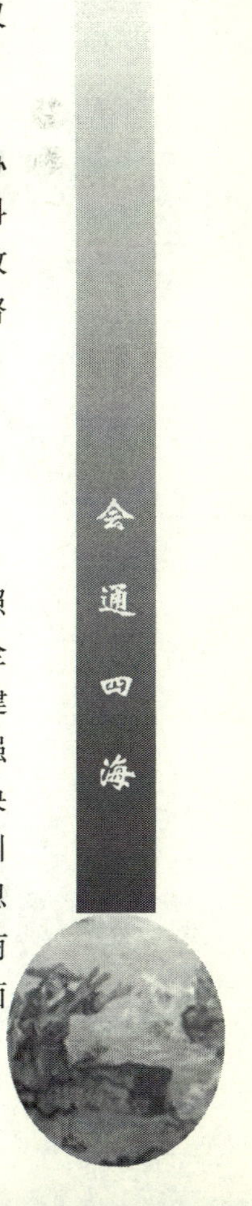

取得明显成效。全年完成省外亿元以上新项目到位资金约44.65亿元，总量位列蚌埠市(禹会、蚌山、龙子湖)三个城区第一；直接利用外资11239万美元，增长31%，增幅排名全市第二；新引进亿元以上项目9个，其中引进2个10亿元以上项目，1个30亿元以上项目。

【招商宣传】 9月19日，区招商局组织召开禹会区优质地产项目推介会，共邀请全国26家知名房地产企业来区考察洽谈。9月份至年底，区招商局组织开展“招商引资项目攻坚百日会战”活动，做好区领导及各责任单位外出的招商计划安排。活动期间，区领导多次带队前往福建、深圳、北京、上海、武汉等地进行招商洽谈，先后拜访北大方正、德成控股、彩诚实业、巨人网络、伟光汇通等一批知名企业和500强企业，一部分企业也来区进行回访考察，确定天河文化旅游古镇、安财商学院、皖北儿童医疗中心、彩诚文化综合体、欢乐星辰等10多个新的在谈项目；新签约高端智能装备制造产业基地项目、生物天然气综合利用示范工程项目、新型房屋产业生产基地项目等一批项目；与此同时，跟进编写百日会战简报，及时通报领导活动、责任单位相关动态、项目进展及取得的成果，受到市、区领导的一致好评。

【招商往来】 2014年，全区继续大力开展相关招商活动。先后接待外地客商考察团134次，祥兴集团、庭瑞集团、汇源果汁集团、建华管桩控股有限公司、德尔集团、中建六局、中国恒天集团、远大住宅工业有限公司、韩国斗本株式会社、伟光汇通集团、宝晖集团等一大批知名的海内外企业先后来区就相关项目进行实地考察；组织外出招商活动87次，分别前往东部华侨城、骏业塑胶有限公司、深圳银星投资集团公司、深圳英之健电子科技有限公司、北京保利集团、东莞香市生态园、长方照明股份有限公司、敏华控股有限公司、上海交通大学、山西经纬合力机械制造有限公司、巨人网络集团等国内知名企业或行业龙头企业。

【搭建承接产业转移发展平台】 加快马城新区以及马城工业园区的规划建设工作。为承接产业转移发展搭建好平台，区招商局积极配合园区办做好马城新区工业园的规划选址工作，并依托辖区4个国家驻蚌科研院所的科研创新能力的基础上，朝着传统与现代产业并举、中小企业结合、内外资共引等方向发展，不断完善研发、生产、创业、合作、辐射等五项功能。充分发挥老工业区企业优势和产业特点，不断培育特色经济。重点发展精细化工、机电一体化和新型机械、环保项目三大产业。立足高科技、高产出、高效益的“三高”目标，按照统筹兼顾、布局合理、功能配套的原则，采取多种灵活有效的形式，加大对园区的投入，完善园区基础设施和各项配套服务。尽快建立健全技术、信息、咨询等公共服务机构，引导资金、技术、人才等生产要素向园区汇集，促进产业集群的形成和发展。

2015 招商引资

【概况】 2015年以来，禹会区招商工作按照区委、区政府部署要求，在市相关部门的指导下，在区级各部门和乡镇、风景区、社区协调配合下，积极围绕本区产业定位，按照“做大做强工业(装备制造业)、积极发展现代服务业和现代农业，带动全区旅游业，深入推进城市综合改造、不断完善基础设施建设”的工作思路，立足招大引强攻新，进一步优化产业结构，为推进全区经济发展发挥应有的作用，并为今后的招商引资工作开展创造良好的产业对接条件。本年度全区招商引资完成市外亿元以上到位资金63.91亿元，完成全年任务的116.2%，总量位列三个老城区（禹会、蚌山、龙子湖)第一位；实际利用外商直接投资1.4亿美元，增长24%，增幅位居全市所有县、区第一，超额完成市政府下达的工作指标；引进亿元以上项目14个，其中1个20亿元以上的大项目。

【招商宣传】 年内，区招商局组织拍摄禹会区全新版本的招商引资宣传片，通过实地取景，文字详细描述和精良的后期制作，全景式、全方位地展现区情概况、区位优势、招商衔接资源以及未来的招商前景，打造了一张闪亮的招商引资名片。同时，做好项目编制推介工作，充分调动各方面的积极性，开动脑筋、认真谋划，在编制项目时，既注重对全区大项目的谋划，也抓好与大企业衔接，以投资拉动区域经济增长。对工业项目、地产项目、旅游开发项目、基础设施项目、商业项目、新农村建设项目、园区项目、资产盘活项目等8类64个招商项目重新编排印刷招商指南和招商项目册，提升项目内容，使招商引资项目库得到进一步充实。

【招大引强促成签约】 2015年，招商以装备制造和现代服务业为核心，以高端智能装备制造、汽车零部件、新材料、新能源、电子信息等产业为重点，紧紧围绕项目做文章，

“走出去、请进来”，着力开展区领导带头招商、小分队招商和点对点招商，先后赴北京、上海、深圳、浙江、江苏、福建、辽宁等地开展招商活动近50次；拜访上海良友集团、分享通信集团、沈鼓集团、青岛齐星铁塔有限公司、中工和强投资集团、北大方正集团、重庆勤牛工程机械集团、四川省机械研究设计院等130家企业及单位；接待盾安集团、浙大网新科技股份有限公司、深圳龙澄高科技环保有限公司、大连尚能科技有限公司、光明食品集团、山东美晨科技股份有限公司、巨人网络集团、深圳韩国人协会等120家企业及单位来区进行投资考察；确定立体停车设备生产基地、中粮食品电商平台、分享智能机器人产业园等35个在谈项目，促成环保纸杯机械制造、年产12万立方米PC构件、冠宜箱包研发基地等13个项目实现签约，计划总投资80亿元。

2015 外事侨务

【概况】 根据《中共蚌埠市委办公室 蚌埠市人民政府办公室关于印发〈禹会区人民政府职能转变和机构改革方案〉的通知》（蚌办〔2015〕25号）文件要求，禹会区商务局正式更名为禹会区商务和外事局，负责辖区内的外事侨务工作。禹会区外事侨务工作贯彻省委、市委外事工作领导小组会议精神，服务禹会区经济社会发展，加强外事管理，主动为侨胞服务，开展对外交往。

【对外交流】 发挥“三局一体”的独特优势，积极探索外事工作的新渠道、新载体，充分利用招商工作对外联系广、层次高、渠道多的优势，努力寻求外事工作为经济建设和社会发展服务的切入点和突破口。国庆期间，在市外事办的指导下，外事办顺利完成美国AEMI公司小丑演员一行18人的外事备案工作，使“欢乐蚌埠·AEMI世界小丑节”在区花博园顺利举行，此次活动创造性地将蚌埠文化产业发展的主题和全球化环境下的中国对外开放主题以喜闻乐见的方式对接，获得广大市民的喜爱。12月9日，匈牙利索尔诺克市政府代表团在合肥参加2015安徽中小企业跨境投资与贸易合作对接会后访问蚌埠市，就本区丰原项目的连接推进沟通交流。

【为侨服务】 一是进一步加强依法护侨，维护侨益，加大侨法宣传力度，落实好归侨在国内的合法权益，切实做好相关侨务工作；二是继续做好涉侨信访维稳工作，关注侨界民生，努力保持侨界稳定，社会和谐，2015年内本区无一起涉侨信访案件；三是健全和完善侨捐项目的监督管理制度，提升捐赠服务工作水平。

2014 安全生产监督管理

【概况】 2014年禹会区安全生产工作在区委、区政府的正确领导下，在区人大、区政协的监督、指导下，以党的十八大和十八届三中全会精神为指导，全面贯彻落实习近平总书记等中央领导关于加强安全生产工作的重要批示指示精神，不断强化“红线”意识和“底线思维”，深入推进隐患排查治理，以“六打六治”为重点持续开展“打非治违”专项行动，积极探索安全预防控制体系，强力推进辖区企业安全生产标准化建设和职业卫生基础建设活动，有效遏制较大以上安全生产事故和职业病发生，确保全区安全生产形势持续稳定和劳动者身体健康，为全区经济社会发展和建设和谐禹会提供了有力的安全保障。禹会区政府获得本年度全市安全生产目标管理先进单位。

【机构设置】 禹会区安全生产监督管理局隶属禹会区人民政府，负责综合管理禹会区安全生产监督管理工作。正科级建制。全局编制3人。

【安全监督检查】 本年度，禹会区安监局贯彻落实安全六项措施：一是强化“红线意识”，树立“底线思维”，不断健全安全生产责任体系；二是持续深入开展安全生产大检查和事故隐患排查治理工作；三是以“六打六治”为重点，持续开展“打非治违”专项行动，严厉打击非法违法行为；四是强化应急管理，不断提高事故应急处置能力；五是狠抓重点行业和领域的安全监管；六是开展劳动保护用品专项检查。

【重点行业领域专项整治】 一是加强危险化学品生产、储存企业的监管。二是油气输送管线安全专项排查。三是加强烟花爆竹安全监管。四是积极协调马头城铁矿采空区塌陷和沉降灾害治理。五是认真组织开展重点行业和领域专项检查。

【应急救援】 年内，区安监局修订完善《禹会区安全生产应急救援预案》及各专项安全生产应急救援预案，明确应急救援体系建设目标、内容、要求和步骤，做好物资保障工作，增强对突发事件的应急救援能力。

2015 安全生产监督管理

【概况】 2015年，禹会区安监安全生产工作把控制指标和工作职责层层分解落实，不断强化“红线”意识和“底线思维”，深入推进隐患排查治理，以“六打六治”为重点持续开展“打非治违”专项行动，积极探索安全预防控制体系，强力推进辖区企业安全生产标准化建设和职业卫生基础建设活动，有效遏制较大以上安全生产事故，职业病预防体系初步建立，确保全区安全生产形势持续稳定和劳动者身体健康，为全区经济社会发展和建设和谐禹会提供了有力的安全保障。禹会区政府获得2015年度全市安全生产目标管理先进单位。

【安全监督检查】 本年度，全区安监工作认真贯彻落实安全生产“三项行动”。一是执法行动全面铺开。加大安全生产执法力度，联合执法与专项整治双管齐下，确保各类安全生产综合检查和专项治理工作顺利开展。二是隐患排查进一步细化。将责任逐级分解，做到横向到边，纵向到底，形成多行业、大范围、深层次的隐患排查整改工作格局。三是宣传教育广泛开展，提高相关企业及员工的安全意识。加强基层安监体系建设。推进工矿商贸企业安全生产标准化建设。

【危险化学品生产储存整治】 为深刻汲取天津港瑞海国际物流有限公司“8·12”危险品仓库特别重大火灾爆炸事故和山东石大科技石化有限公司“7·16”着火爆炸事故教训，落实中央领导的有关指示、批示精神和全国、全省、全市的安全生产电视电话会议要求，禹会区党委政府以对人民生命财产高度负责的态度，立即在全区开展安全生产大检查。8月17日区委书记王庆国带领区政府分管领导、市危化品专家徐峰和区安监局执法人员采取“四不两直”暗查暗访的方式，对安徽八一化工股份有限公司、安徽佰仕化工有限公司开展危化品罐区和危险物品安全专项检查，在辖区八家危化品生产企业和重大危险源罐区共排查出21处一般安全隐患，检查组出具了现场执法文书，要求企业立即进行整改。王庆国要求企业要落实安全生产主体责任，做好安全隐患排查整治工作，加强现场管理，确保不发生安全生产事故，要求区安监局要深查问题，彻查隐患，对危险化学品相关企业的检查率须达100%。

8月18日，区长陈建功主持召开区政府安委会主要成员单位紧急会议。会议学习传达习近平总书记、李克强总理关于安全生产工作的批示指示和8月15日下午召开的全国安全生产会议精神，对正在开展的危险物品安全专项检查督查工作存在的问题与后期的工作进行研究布署，要求各责任单位务必要贯彻落实《层转关于立即开展危险物品安全专项检查督查的紧急通知》（禹安字〔2015〕6号）文件精神，全面排查辖区所有从事危险化学品、烟花爆竹、民爆物品、油气管线、城镇燃气等危险品生产、储存、运输、经营、使用和处置的生产经营单位，涉及危险品的港口、码头，并将检查情况登记造册。

【养老机构安全隐患整治】 为吸取“5·25”河南鲁山养老院火灾教训，深入贯彻落实蚌埠市人民政府办公室《关于印发开展蚌埠市养老机构安全隐患自查整改和检查督查工作方案的通知》，区安监局协同区民政局立即行动，组织专门力量、联合区消防大队、乡镇、社区等单位对辖区内的养老机构进行地毯式摸底排查。此次纳入排查的共有25所养老机构(其中，公办敬老院4所，在民政部门取得许可证的11家，没办证的10家)，通过此次排查全面提高民政系统及民办养老机构火灾防控能力，牢固树立“安全第一、预防为主”的安全生产意识。

【粉尘涉爆企业整治】 为深刻吸取6月27日台湾新北市八仙水上乐园发生的可燃性彩色粉尘爆燃事故教训，充分认识粉尘爆炸的严重危害性，举一反三，区安监部门组织开展粉尘作业和使用场所防范粉尘爆炸大检查，从法规标准、安全责任、使用管理、现场防控、人员组织、应急处置等方面认真查找存在的问题，加大整治力度，完善规章制度，强化责任落实，建立长效机制，有效防范和遏制粉尘爆炸事故的发生。7月30日，国务院安委会第十四督查组组长、国家安全监管总局安全生产监察专员杨国顺、教授（专家）钟圣俊一行到禹会区督查粉尘作业和使用场所防范粉尘爆炸大检查工作开展情况，检查了中粮生化氨基酸生产部和柠檬酸生产部，对本区在预防粉尘爆炸方面所做的工作给予肯定。同时针对一些不足也提出了整改建议。省安监局副局长李大华、市安监局局长张兆平全程陪同并参与全部检查活动。

【安全生产应急救援】 2015年，区安监局修订完善《禹会区安全生产应急救援预案》及各专项安全生产应急救援预案，明确应急救援体系建设目标、内容、要求和步骤，做好物资保障工作，增强对突发事件的应急救援能力。

2014 机关事务管理

【概况】 2014年，区直机关事务管理工作围绕服务中心工作，服务机关，落实厉行节约各项规定，在建设节约型机关上下功夫，夯实制度基础，强化服务保障，完成机关事务管理各项目标任务。2014年获全市首批节约型公共机构示范单位。

【节能宣传月】 为落实节能，实现节约，区直机关事务管理局6月在全区开展为期一个月的节能宣传月活动。宣传月期间，通过横幅、电子宣传屏等载体宣传节能知识，倡导干部职工主动关闭公共区域照明、景观照明灯及停开部分电梯活动。宣传收到良好效果，相当多的机关干部职工按宣传提示要求去做，自觉加入到锻炼身体爬楼梯不坐电梯的行列。

【机关综合管理】 区机关事务管理局定期组织物业管理技术人员对电梯、配电房、空调、水泵房等设备进行安全检查。全年维修更换办公大楼用水、用电电器等设备720处，确保区机关办公大楼安全无事故运行。日常加强对会议室环境、设备设施积极维护，检查，督促物业公司做好日常工作，保持良好的会议环境。全年共保障大小会议召开900多场次。

【节能管理】 落实市节能办关于加强节水、节电、节油、节约办公耗材的有关文件精神，完善配套管理制度，加大工作力度，定时检查水电设施，通过不间断地巡查关掉应关未关的用水用电设备。在节油方面，突出抓好公务车辆管理、节假日所有车辆实行封存管理，对进出车辆实行登记制度。实现能源资源消耗指标在去年的基础上下降4%的工作目标，并顺利通过全省首批省级节约型公共机构示范单位的验收。

2015 机关事务管理

【概况】 2015年区机关事务管理局在区委、区政府的正确领导下，紧紧围绕中心、服务大局，坚持强化管理、优化服务、深化保障的工作思路，锐意进取，开拓创新，圆满完成2015年各项工作任务。

【机构名录库建设】 根据国家及省市相关文件精神，在全区组织召开专题会议部署指导公共机构名录库建设工作，区机关事务管理局负责全区公共机构名录资料录入，为高效统计区公共机构用能情况打下良好基础。

【节能建设】 做好公共机构节能工作，6月在全区开展节能宣传月活动，通过横幅、电子宣传屏等载体宣传节能知识。公共节能宣传期间倡导干部职工关闭公共区域照明、景观照明灯及停开部分电梯。一手抓宣传，一手抓节能，全区机关更换LED球泡灯2053个、LED日光灯108支，年节约用电12.18万度。

【机关综合管理】 日常加强对会议室环境、设备设施积极维护，定期对电梯、配电房、空调、水泵房等设备进行安全检查，全年维修更换办公大楼用水、用电、电器等设备665处（次），确保区机关办公大楼安全无事故运行。全年共保障大小会议召开850多场次，会议环境保持良好。

【办公用房清理】 配合区相关部门做好办公用房清理整治。区机关事务管理局与区纪委、区委办、政府办、财政局协作开展办公用房清理工作，代拟了《关于落实党政机关和领导干部办公用房清理工作的整改方案》，配合相关工作人员对全区机关单位及乡镇、社区办公用房清理工作进行督促检查，对超标用房进行登记并指导整改。此次共清理办公用房13间，清理面积近800平方米。根据省、市文件要求做好公车改革的前期登记摸底工作，并制定了车改工作方案。

2014 马城行政中心

【概况】 2013年3月，蚌埠市正式启动新一轮行政区划调整工作。经省政府批准，原归属怀远县管辖的马城镇整建制划归禹会区管辖，禹会区政府于2013年7月决定成立禹会区马城新区发展建设指挥部，指挥部下设马城行政中心，中心内设综合部、经贸发展部、规划建设部、社会事业部、政法维稳部、纪检监察部六个部门，后设置马城行政中

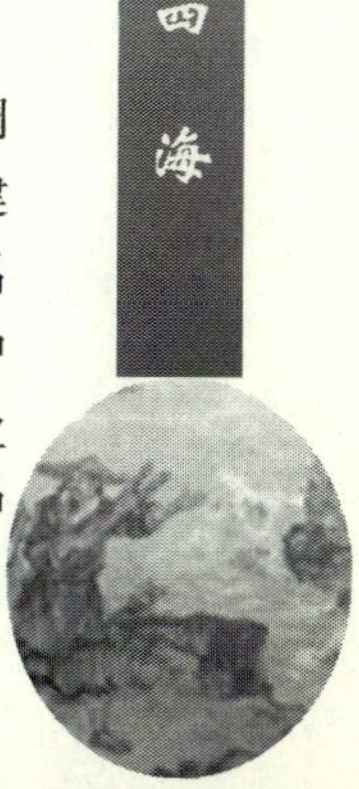

心服务大厅。

马城新区发展建设指挥部政委：区委书记王庆国兼任

马城新区发展建设指挥部总指挥长：区委副书记、区政府区长陈建功兼任

马城新区发展建设指挥部指挥长：区人大常委会主任何光友、区政协主席何建超兼任

马城新区发展建设指挥部常务副指挥长：区委副书记况素琴兼任

【主要工作职责】 马城行政中心全面负责马城新区发展建设的组织领导，协调处理新区开发建设过程中的有关问题；制定新区建设发展规划和年度计划，编制工业园区（工业集中区）建设规划、开发建设方案和年度计划，经批准后认真组织实施和管理；组织实施征地工作，负责土地开发、整理、复垦等有关工作；负责农业技术推广、林业、水利、农机等工作，贯彻落实国家和省市保障老年人、残疾人、孤儿和五保户等特殊困难群体社会福利救济政策、规章；承担禹会区政府职权范围内的审批审核、证照办理、申报发放等各类行政服务，受理与村镇建设、群众生活密切相关的行政审批事项和公共服务事项等。

【基础设施建设】 2014年，马孝路、庙前—广德道路改造提升工程建设完成，总里程13.3公里。G206一级公路南段改造提升项目，自涂山风景区至淮南交界处，全长23公里（禹会区辖区15.03公里），11月开始征地拆迁。

【产业配套设施建设规划】 马城工业园，选址在原206国道以西、新建206国道以东区域，计划开发建设用地约1603亩，年内开展前期规划工作；马城货运码头由中国恒天宏大投资有限公司在马城镇区内投资建设，码头设计吞吐量约160万吨，岸线长度320米，拟建4个1000吨级泊位及占地200亩的堆场。

【公共服务配套设施建设】 马城新区安置房位于规划的大庆西路以北、现206国道东西两侧，总用地面积约27万平方米（约407亩），总建筑面积57万平方米，项目于2月启动，完善规划设计方案；马城公交枢纽站，选址于新206国道以西，大庆西路以北，规划占地面积50亩，内设停车场（停放车辆70标台），项目获市发改委立项和选址意见书，区规划分局已向市公交公司出具马城公交枢纽站的规划条件。

2015 马城行政中心

【基础设施建设】 G206一级公路南段改造提升项目，自涂山风景区至淮南交界处，全长23公里（禹会区辖区15.03公里），10月中旬G206国道涂山风景区段开工建设，马城段征迁工作进入攻坚阶段；乡村公路改造项目，涉及马城镇黄郢、张湾、梅姚、花郢、黄庙、李统领共6个村的11条村内道路改造，于9月初开工建设，12月底竣工，建设总里程14.8公里。

【马城货运码头】 马城货运码头由中国恒天宏大投资有限公司在马城镇区内投资建设，码头吞吐量约160万吨，岸线长度320米，拟建4个1000吨级泊位及占地200亩的堆场。该项目在进行征地并组卷报批中。

【公共服务配套设施建设】 马城新区安置房位于规划的大庆西路以北、现206国道东西两侧，总用地面积约27万平方米（约407亩），总建筑面积57万平方米，规划用地许可证等已办理；马城公交枢纽站，选址于新206国道以西，大庆西路以北，规划占地面积50亩，内设停车场（停放车辆70标台），项目用地征迁工作已完成，待206国道附近区域施工一并建设；马城白衣水厂，规划近期供水规模日供水能力2.5万吨，远期供水规模日供水能力10万吨，项目管道铺设于7月15日正式开工建设，10月底建成通水，管网铺设100公里。

【产业发展】 新型住宅产业加工基地项目，选址于马城镇建华管桩公司生产厂区南侧，用地面积约112亩，计划建设年产20万立方米混凝土制品加工生产线和新型房屋装配工厂等，已完成方案设计等前期工作。

政协禹会区委员会

●综述

●重要会议

●重要活动

●提案办理选介

2014 综　述

【概况】 1984年4月，中国人民政治协商会议禹会区第一届委员会成立。2014年，区政协常委会围绕全面准确理解中共十八大、十八届三中、四中全会和习近平总书记系列重要讲话精神，把加强学习教育作为最重要、最基础的工作，结合政协履职活动特点，建立每周集中学习制度，主席、副主席带头以普通党员身份参加政协机关组织的集中学习活动，学习文件材料、观看电教片，学习中互相交流讨论。全年进行专题理论学习23次。把学习教育活动与履职工作紧密结合起来，尤其是与调研视察等履职活动紧密结合起来，实践活动与日常工作两手抓、两促进。

【协商议政】 全年共召开主席会议8次、常委会议4次，开展专题调研、视察活动32次，提交专项建议60余条，撰写调研报告和理论文章13篇，为促进党委政府中心工作发挥积极作用。八届三次全会前，结合学习实践活动，委员们组织调研活动，区政协领导班子成员深入农村、社区、企业，通过召开座谈会、访谈，掌握一手资料，每个专委会撰写大会发言材料二篇，提出加快禹会区经济社会发展的想法、意见和建议。针对马城镇区域的规划、建设、发展问题，区政协组织委员开展视察调研活动，提出建设性意见供领导决策参考。配合市政协在本区开展中小企业产业园建设情况调研、“民民合作”对接会、老旧小区文明创建等课题的专题调研，诚恳提出建议，得到市政协的认同和肯定。

【关注民生】 全年，立案交办提案81件，涉及民生类提案13件。上报市政协社情民意32篇，本区编辑社情民意专报2期、均得到落实。《关于加强社区养老服务中心建设，确保老有所养》《关于建议我区设立养老服务热线》《关于加大政府投资力度，大力发展社区居家养老模式》提案，区政府高度重视，把“五保供养养老机构建设”列入政府十件大事之一加以推进，给予政策性补贴，并投入200多万元，新建、扩建乡镇敬老院2所，新(改)建院民楼2000多平方米，新增床位140张。区政协港澳台侨委员会《关于维护失地农民利益》、张春笋委员《关于促进失地农民就业和社会保障》的提案，区人力资源社会保障部门加大被征地农民养老保险的宣传，积极落实城乡居民养老保险、被征地农民养老保险以及农民工参加城镇职工养老保险等政策，并为失地农民办理就业失业登记证2000余本，享受社保补贴218人，为自主创业的农民办理小额担保贷款59户315万元。

【提案办理】 重点提案的办理与区委、区政府积极协商。明确重点提案由分管领导领衔办理，开展专项督办活动10次。要求承办部门把提案办理工作融入党的群众路线学习教育实践活动之中，用实际行动回报政协委员对政府工作的关心和支持，用办理效果和质量来践行党的群众路线教育实践活动，交办会上有关部门为聘请的特约监督员颁发了聘书。在提案办理的过程中，区政府主要领导更是多次过问提案办理工作，并就安置房建设、道路维修等问题亲自到现场调研，有效地促进问题的解决。邀请区政协相关领导亲临现场指导，有效地保障办理工作的高效、快速推进。

【民主团结】 加强与各民主党派、工商联、人民团体和无党派人士的合作共事。通过召开座谈会、情况通报会、联合调研视察等形式，为他们在各种会议上发表意见、表达诉求、建言献策、开展社会活动提供服务、搭建平台，融洽合作共事关系，增强统一战线成效。认真贯彻党的民族宗教政策。加强与民族宗教界委员的联系和沟通，重视发挥民族宗教界委员的作用，经常深入宗教场所宣传政策，了解情况，化解矛盾，积极引导宗教与社会主义社会相适应，促进教派间在政治上的团结合作和信仰上的相互尊重。维护社会各阶层的利益。高度关注就业和社会保障、城乡征迁拆违和教育、医疗卫生等社会热点和敏感问题，认真做好人民群众来信来访工作，积极协助区委、政府做好协调关系、理顺情绪、政策引导的工作。鼓励和支持委员深入实际、深入基层，了解社会生活中的重要情况和群众关注的热点难点问题，进一步拓宽各阶层群众依法有序表达意见的渠道，为维护改革发展稳定大局，构建社会主义和谐社会做出应有贡献。

【政协队伍建设】 政协党组成员联系党外常委制度。党组成员按照分工，通过座谈、走访、谈心等形式，与所联系的党外常委保持经常性联系。政协常委联系委员制度、委员联系群众制度。常委每人联系2~9名委员，每位委员至少联系1~2名群众。建立政协委员基层工作站，实行政协领导定期走访委员制度。政协领导定期在中秋、春节前分别走访部分委员，每年安排不少于五分之一的委员进行走访。区政协十分重视发挥专委会的基础性作用，积极探索体现政协界别作用的方式和渠道。年初，区政协各专委会主动加强与各界别的工作联系，走访委员、各界别及有关单位，在开展调研等活动中，注重各界别委员的广泛参与，为各界别委员参加活动创造良好条件。

2014 重要会议

【八届四次会议】 政协禹会区八届四次会议12月23至26日召开。区委、区人大、区政府、区人武部领导，区法院和检察院主要负责人，区政协历届主席、副主席和驻会常委应

邀出席会议，区直各部门负责人列席会议。区委书记王庆国代表中共禹会区委对大会的召开表示热烈的祝贺。区政协副主席胥小波向大会作工作报告。区政协副主席倪振辉作区政协八届三次会议以来提案工作情况的报告。姚登波等7位政协委员分别从经济建设、城市管理、民生改善等不同角度作大会发言。会议补选政协禹会区八届副主席梅顺。大会表彰2014年度优秀提案、先进专委会、反映社情民意先进个人。会议一致通过政协禹会区八届三次会议以来提案工作情况报告，政协禹会区八届常务委员会工作报告及四次会议各项决议。

2014 重要活动

【下乡进校】 1月，区政协组织相关部门和委员到马城镇开展“科技三下乡”活动，为农民送技术、送服务，受到农民朋友的欢迎。法制专委会利用政法人员多的特点，组织政协委员开展“送法下乡”“送法进校”等活动。

【结对帮困】 文史资料委员会与前进二小及师范二附小结对，长期捐助两校困难家庭小学生，12月份一次捐助10名学生5000元；人口环境委员会开展计生特困家庭捐款救助活动。

2014 提案办理选介

【04号】 《关于落实国家智慧城市试点城区各项工作，建设绿色、低碳、集约、智能新禹会》的提案，得到区科技局的重视和具体落实，对加快推进智慧禹会建设起到积极的建言献策作用。

【011号】 《关于加大扶持中小微企业力度，进一步推进禹会区经济发展》的提案，区经信委全力推进禹会区小微企业创业园建设进度，占地380亩，计划总投资9亿元的禹会区小微企业创业园，建成后，可有效解决全区小微企业发展用地的迫切需求；马城工业园拟以建华管桩公司用地为核心，首期计划开发建设约1700亩用地，正在开展规划编制、用地报批等工作；在金融支持小微企业发展方面，区委、区政府通过多种形式的银企对接会，出台《禹会区银行业金融机构支持地方经济发展考核办法》，加大金融机构对中小微企业的支持力度。

【013号】 《关于马孝路应尽快维修改造》的提案，区住建委高度重视，积极办理，筹措资金近2000万元，实施马孝路、庙前——广德路等道路提升改造，改善马城区域群众出行条件。马孝路5.8公里的基础整平完成，铺设钢筋混凝土路面约600米。

【015号】 《关于多措并举,促进土地流转健康有序发展》的提案,区农林水利委制定《禹会区土地流转方案》,成立区、乡(镇)土地流转服务中心,率先出台规模流转土地奖补办法,吸引浙江森禾、南京禹王等外地客商。全区土地流转面积达5万余亩,占承包经营面积的49.62%。

【018号】 《关于加强社区养老服务中心建设,确保老有所养》提案,区政府高度重视,把"五保供养养老机构建设"列入政府十件大事之一加以推进,给予政策性补贴,并投入200多万元,新建、扩建乡镇敬老院2所,新(改)建院民楼2000多平方米,新增床位140张。

【025号】 《关于蚌埠市旧城改造后社区管理》的提案,区委、区政府高度重视,明确分管领导牵头,并由相关职能部门制定《关于加强社区规范化建设的决定》及配套制度,进一步深化社区改革,突出服务功能。

2015 综　述

【概况】 2015年,区政协常委会在中共禹会区委的坚强领导和区人大、政府的大力支持下,认真学习贯彻中共十八大、十八届三中、四中、五中全会和习近平总书记系列重要讲话精神,动员组织全体委员和社会各界人士,紧紧围绕全区工作大局,突出促进发展、关注民生、增进团结等工作重点,求真务实,开拓创新,切实履行政协职能,为推动禹会经济社会快速健康发展做出新贡献。政协机关深入开展职业道德、岗位职责、纪律作风大整顿大排查活动,开展机关效能建设和精神文明建设活动。自觉投身全区中心工作,区政协班子从讲政治、顾大局的政治高度,坚决服从和服务于区委的工作大局,领衔柴油机厂B区和滨河西片区13、14、18号地块的征迁任务;完成夏秋两季秸秆禁烧巡查任务;完成创建全国文明城市包保路段、社区的督导任务。

【参政议政】 区政协常委会紧紧围绕全区发展目标,服务中心工作,全年召开常委会议4次、主席会议8次。充分运用全委会议、专题协商座谈会等多种形式,积极为促进全区经济社会发展建言献策,履行政治协商职能。组织广大委员参加各种协商议政活动,统筹安排委员参与社会监督管理,参加政风行风监督测评,重要规划和重大项目的评审论证,重点工作的督查等民主监督活动。区政协领导班子成员积极参加全区各类重大活动和区委、区政府召开的重要会议,并提出建议意见。通过举行情况通报会、座谈会和委员担任特邀监督员等多种形式,倾听社会各界人士对有关工作的意见,并提出意见和建议供区委、区政府决策参考。区政协把专题调研作为政协建言献策、参政议政的一项重要工作,组织委员围绕事关全局的重大问题和社会热点难点问题开展调查研究。

【调研活动】 2015年主要就"十三五"规划建议、马城新区规划与建设、社会化养老服务、大气污染防治、安置房建设、特色农业产业、检察院工作等专题,组织委员开展调研。参加调研的委员深入企业、社区、农村,深入群众,广泛听取意见,认真分析研究,提出一些具有指导性和前瞻性的意见和建议。下半年针对整体经济下行压力较大的实际,区政协专门组织企业调研组,带领区工商联、发改委、经信委、商务局相关人员到本土企业、招商引资企业、本土外流企业进行走访调研,一是帮助相关企业解决能够解决的实际困难,二是掌握存在的问题,就区级层面能解决的问题提出意见建议,为区委、政府决策提供参考。

【关注民生】 常委会结合开展党的群众路线教育实践活动"回头看",注重把民情、民意反映作为政协履行职能的重要内容,积极协助区委、区政府做好新形势下的群众工作,促进群众关注的民生问题的解决。区政协注重发挥委员视察、委员提案、反映社情民意等形式的民主监督作用,重点围绕全区有关重要举措的贯彻落实情况、重大工程建设的实施进展情况和群众关注的热点难点问题,积极进行民主监督,为建设禹会新区、促进"三农"工作和民生的改善提出意见和建议,发挥反映社情民意的作用,推进以改善民生为重点的社会建设。

组织委员深入到养老场所、安置房建设工地、残疾人康复中心、蚌埠闸、花鼓灯第一村、工业园区、学校周边等地进行现场考察,并提出具有一定参考价值的意见建议。如关于大力推进养老事业发展方面提出的引进高端养老服务企业进行试点的建议,政府相关部门非常重视,在锦绣社区引进南山松养老服务中心进行试点,在设施配备、医疗服务方面比较优良,受到养老者欢迎。

【提案办理】 充分发挥提案在民主监督中的作用,区政协八届四次会议以来,共收到委员提案86件,经审查,立案70件。截至年底,70件提案全部办复。这些提案内容涵盖经济、政治、社会、文化等多个领域。在提案办理的整个过程中,政协加强与承办单位的联系,了解办理情况,与提案人和承办单位沟通交流,召开提案办理专题协商会,协助联系承办单位与提案人见面,落实办理措施。协调主办单位与协办单位的关系,同心协力办理提案。重视重点提案的办理,加大督办力度,坚持重要提案现场办,难点提案协商办,采取多种形式督办提案。加强跟踪服务,做好信息反馈。提案委坚持跟踪每一件提案办理的全过程,及时了解办理情况,使委员提案件件有落实、有答复。

【政协队伍建设】 认真贯彻落实中央“八项”规定，对调研视察、会务会风、联谊接待、机关管理等方面作出了详细的规定，并严格执行。政协机关坚持把自身建设作为提高履职能力和工作水平的基础性工作，通过抓学习、重践行、强作风，内练素质，外树形象，不断提高政协的履职能力和工作水平。组织委员学习中共十八大、十八届三中、四中、五中全会和习近平总书记系列重要讲话精神，学习市区重要会议精神，学习政协业务、经济、文化、科技以及法律法规等方面的知识；各专委会在组织开展活动中，都相应安排学习传达区委、政府和政协的文件精神、工作要求，增强广大委员履职为民的理念、参政议政的针对性；专门对新委员进行业务知识培训，聘请市政协委员授课，就如何履职、怎样撰写提案、反映社情民意等问题，结合自身履职实际进行讲解，使委员们受益匪浅；在机关干部中开展全省干部教育在线学习等形式多样的学习活动；选派干部参加省市区举办的各类培训活动，为提升机关干部综合素质提供平台，对提高全区政协工作水平起到积极的促进作用。

【公益事业】 广大政协委员在认真履职的过程中，还积极投身公益事业，致力扶贫济困，多做捐资助学、慈善救助、排忧解难的善事、好事。据统计，文史资料专委会慰问和长期帮扶特困中小学生15名，资助每名学生每学期500元的学费；港澳台侨联络专委会，一次捐助白衣中小学特困生50名，每生学习用品价值100元，现金500元，同时还为迎河桥小学特困生一次性捐助6000元；人口环境资源专委会慰问计生特别帮扶对象失独家庭5户，送去米面油及现金300元；委员单位欧神诺陶瓷销售团队举办“点亮希望，传递爱心”为禹会区贫困残疾人募捐活动，募得善款25000元用于资助贫困残疾人生活。全年，政协委员在扶贫、助学、救助活动中捐资达50多万元。区政协班子紧密结合区委、区政府“联乡包村，结对帮扶”工作要求，把“包村帮扶”与开展“三严三实”专题教育结合起来，班子成员分别深入杭刘、禹会、周蔡等村，慰问老党员、贫困户，慰问教师、看望困难学生。委员们还联合为马城镇杭刘村的村级活动场所建设捐款近两万元。在各种公益活动中，政协委员积极捐款捐物、奉献爱心，弘扬真善美、传递正能量。

【宣传工作】 通过参加全省、全市性的政协工作研讨会、座谈会、组织考察学习等，增进与各地政协的联谊交流，宣传禹会政协好做法好经验。通过接待外省、市政协来区考察，宣传区社会经济和改革开放成果。5月份省政协举办“政协江淮行”活动，新闻采访团来区采访，稿件《政协委员献智出力，助力蚌埠现代农业发展》《石榴大王心飞扬》《600岁“石榴王”嫁接新品种》等六篇新闻在各大媒体刊（播），宣传区政协委员的履职成果，展现委员们干事创业的良好形象。反映社情民意信息宣传工作卓有成效，委员撰写的《建议尽快在我省市区设立公共自行车租赁服务》的社情民意专报，得到省委、省政府及市委、市政府领导专门批示。

2015 重要会议

【八届五次会议】 区政协八届五次会议12月23至26日召开。区委、区人大、区政府、区人武部领导，区法院和检察院主要负责人，区政协历届主席、副主席和驻会常委应邀出席会议，区直各部门负责人列席会议。区委书记王庆国代表中共禹会区委对大会的召开表示热烈的祝贺。区政协副主席章小林向大会作工作报告。区政协副主席倪振辉作区政协八届四次会议以来提案工作情况的报告。贾利萍等7

位政协委员分别从经济建设、城市管理、民生改善等不同角度作大会发言。补选政协禹会区八届常委。大会表彰2015年度优秀提案、先进专委会、反映社情民意先进个人。会议一致通过政协禹会区八届四次会议以来提案工作情况报告,政协禹会区八届常务委员会工作报告及五次会议各项决议。

2015 提案办理选介

【06号】《扶品牌抓配套助小微,推动本地企业更好发展的提案》,得到区直有关部门的重视和采纳,在品牌扶持方面,区内有"好思家""皖国春秋""来比林"等3件商标获得安徽省著名商标认定;为75家企业和个体户申请注册102件注册商标,注册商标拥有量达800余件;在道路交通建设方面,进一步加快禹会工业集中区的基础设施建设,推动姜桥路、兴中路等路段建设,协调完善公交设施,不断满足园区交通需求。

【014号】《关于我区民营经济发展中存在的问题及建议》,区政府主要领导率先垂范,在深入企业了解情况、听取意见的基础上,成立了禹会区发展民营经济领导小组,从政策宣传、融资服务、用工服务、土地保障、招商引资、科技创新、行政审批等7个方面,有针对性地为民营企业提供全方位服务。

【016号】《关于在社区建立居家养老服务照料中心的提案》,由区政府分管领导领衔办理,区民政局主办。禹会区十分重视社会养老事业发展,被国家民政部表彰为"全国养老社会化服务示范城区"。全区现有社会养老院服务机构16所,其中,民办养老机构12所。同时,积极引进高品质养老服务中心进入社区,在锦绣社区引进南山松锦绣养老服务中心进行试点,提供居家养老生活设施,配备棋牌室、休息室、聊天室、图书阅览室、文艺室等一系列功能室;该服务中心与第五人民医院签订合作协议,约定对服务中心转送的老年病人,开通医疗服务绿色通道。禹会区将以南山松锦绣养老服务中心为试点,争取市政府政策、资金支持,以点带面,逐步推进,力争在9个社区都建立1~2个高品质养老服务中心。

【035号】《关于马城新区发展的几点建议的提案》,由区政府常务副区长领衔办理,马城新区建设指挥部主办。新区建设一是坚持高起点规划,马城区域总规已编制完成,规划范围约50平方公里,主要集中于马城主片区、孝仪片区、天河科技园区三个区域,其中马城主片区规划建设用地6.46平方公里。二是推进民生工程,今年3月,投资近2千万元,长7.3公里的马孝路、6公里的庙前—广德路竣工并投入使用,缩短了马城镇与市区的距离;同时完成老206国道马城街区的道路拓宽、绿化补植和路灯亮化工程。7月,区政府再筹资1000万元,启动马城区域11条村级道路的改造工程。马城农民安置房建设项目规划设计方案已获得批准,正在办理用地审批手续。马城公交枢纽方案设计和项目征迁工作已完成,即将开工建设。按照区农村饮水工程计划,在马城镇白衣村建设一座近期日供水能力2.5万吨,远期日供水能力10万吨的自来水厂,解决马城区域10万农村人口的用水问题。该工程11月底完成试水试压试验。

【040号】《关于打造石榴品牌,做活旅游文章的提案》,区政府指定分管领导领衔办理,区农林水利委主办。区划调整后,禹会区十分关注石榴产业发展,在推进石榴产业化、打造涂山品牌等方面狠下功夫:一是坚持规划先行。积极编制"十三五"期间石榴产业发展规划,打造集种植基地、加工、仓储、物流、文化等为一体的石榴产业链。二是突出示范引导。大力推进石榴产业化,建好示范片、改造老果园,以示范促发展。三是发挥大户带动作用。由公司、协会和承包大户建立标准化经果林基地,形成产业核心,同时带动周边农户自行发展,参与经果林基地建设。四是加大奖补力度。出台石榴产业发展政策,在资金筹措上给予一定补助。五是加快良种推广。实施特色石榴品种良种化,规模化种植,加强现有果园的标准化生产管理,加快丰产稳产园建设。

【043号】《关于进一步保护传承发扬禹会区花鼓灯艺术的提案》,由区政府分管领导领衔办理,区文广旅游局主办。在已出台的《禹会区花鼓灯艺术保护传承工作实施方案》中明确了花鼓灯保护与传承的组织领导和机构,本年,区政府在经费十分紧张的情况下,拨专款30余万元,用于花鼓灯艺术展演、文化交流、后备人才培养等。区文化馆配备相应器材,在抢救、挖掘、保护、研究花鼓灯艺术史料过程中做了大量工作,保护传承花鼓灯艺术的工作已见成效。

【044号】《关于七中与朝一小学合并整合的提案》,区委、区政府结合旧城改造和大建设的推进,以及马城新区建设,计划在"十三五"期间新建3所九年一贯制学校,本年,推进"蚌埠二中禹会实验学校"的建设。同时,区协调市教育局、蚌山区着手解决七中校内住户拆迁和土地置换问题,下一步,将通过开展七中校园建设、打造智慧校园及优化教师队伍等措施,打造和提升禹会教育品牌,待时机成熟,即大力推进蚌埠七中与朝阳一小的资源整合工作,实现资源共享和九年一体化管理。

中共禹会区
纪律检查委员会

●综述

●重要工作

●重要会议

2014 综　　述

【概况】 禹会区纪律检查委员会前身为西区市监察委员会，1959年12月设立。1960年5月，西市区监察委员会更名为蚌埠市东海社区人民公社监察委员会。1961年5月，恢复西市区监察委员会。1980年10月，成立中共西市区委纪律检查委员会。1984年2月，升格为中共西市区纪律检查委员会。1988年6月，西市区监察局成立。1993年4月，区纪委、区监察局合署办公。2004年2月，蚌埠市区划调整，更名为禹会区纪律检查委员会。其主要职能是主管全区党的纪律检查工作，负责贯彻落实市委、市纪委和区委关于加强党风廉政建设的决定，维护党的章程和其他党内法规，检查党的路线、方针、政策和决议执行情况，协助区委、区政府落实党风廉政建设责任制。主管全区行政监察工作，负责贯彻落实市政府市监察局和区政府有关行政监察工作的决定，监督检查区政府各部门及其工作人员和各乡镇人民政府、街道办事处及其主要负责人执行国家政策和法律法规、国民经济和社会发展计划及市政府、区政府颁发的决定和命令的情况。负责检查并处理区直各部门、各基层党组织和区管党员领导干部违反党的章程及其他党内法规的案件，决定或取消对于党员的处分；受理党员的控告和申述，必要时直接查处基层党的纪律检查委员会管辖范围内的比较重要或复杂的案件。负责调查处理区政府各部门及其工作人员、各街道办事处及其主要负责人违反国家政策、法律法规以及违反政纪的行为，并根据责任人所犯错误的情节轻重，作出撤职及撤职以下的行政处分（对涉及选举产生的领导干部按照法定程序办理）；受理监察对象不服政纪处分的申述，受理个人或单位对监察对象违纪行为的检举、控告。负责市委、市政府和区委、区政府关于政风建设和纠风工作的贯彻落实；组织开展全区性政风建设和纠风工作专项治理；查处政风建设和纠风工作中发现的违纪违规问题。负责作出关于维护党纪政纪的决定，制定党风党纪和廉政教育规划，配合有关部门做好党的纪律检查工作和行政监察工作方针政策和法律法规的宣传工作，对党员及国家工作人员进行遵纪守法、为政清廉的教育；组织和指导基层纪检、监察干部的培训工作。负责对全区党的纪检工作和行政监察工作理论及有关问题进行调查研究，拟定全区党风廉政建设的有关具体规定，组织协调全区党风廉政建设责任制工作。会同区委组织部和各基层党组织做好专（兼）职纪检、监察干部的管理工作。承办市纪委、市监察局和区委、区政府交办的其他任务。2014年，区纪委、区监察局先后获得征迁拆违、大建设及棚改优秀单位，区秸秆禁烧工作先进单位等荣誉称号。

【党风廉政建设】 2014年是深化改革、推进发展、全面加强党的建设的重要一年。以习近平同志为总书记的党中央和省委、市委高度重视党风廉政建设，旗帜鲜明地推进反腐败斗争，做出一系列重要指示和部署。区委坚决贯彻中央和省委、市委各项决策安排，认真落实主体责任，经常研究党风廉政建设和反腐败工作。区委主要负责同志多次就反腐倡廉建设作出批示、指示，严格要求广大党员干部，亲自推动重大问题的解决。全区县级领导干部公开作出“十二项承诺”、科级领导干部公开作出“十项承诺”，践行“三严三实”，发挥廉政表率作用。各级各部门严格执行党风廉政建设责任制，按照中央和省、市、区部署，精心组织，狠抓落实。各级纪检监察组织积极开拓创新，转职能、转方式、转作风，聚焦中心任务，强化监督执纪问责，全区党风廉政建设和反腐败斗争不断深入，取得新的进展和明显成效。

2014 重要工作

【纪律检查体制改革】 在中央和省、市对党的纪律检查体制改革稳步推进的大环境下，区委积极稳妥推进各项改革措施。狠抓党风廉政建设党委主体责任和纪委监督责任落实。区委出台《中共禹会区委关于落实党风廉政建设党委主体责任和纪委监督责任的实施意见》，将党风廉政建设和反腐败工作任务逐项落实到每位班子成员，明确任务职责，确保落实“两个责任”制度化、程序化、具体化。区委实施“党风廉政建设一把手工程”，制定《禹会区“反对四风、改进作风”的若干规定》，从改进调查研究、精简办文办会、规范婚丧喜庆、厉行勤俭节约、加强效能建设等方面，从体制机制上堵塞滋生不正之风的漏洞，逐步形成用制度管权管人管事的良好机制。区政府高度重视征迁领域的反腐倡廉工作，始终把廉政风险防控融入征迁工作全过程，先后制定《征迁项目工作经费使用办法》《征迁项目跟踪审计管理暂行办法》等文件，积极打造阳光、高效、廉洁的征迁环境。全力推进纪检监察机关“转职能、转方式、转作风”。区委中心组理论学习会专题学习省、市纪检监察机关“三转”工作推进会精神，区委主要领导对“三转”工作提出具体要求，进行再部署、再深化。开展规范纪委书记（纪检组长、纪工委书记）分工工作，区纪委书记不再承担征迁拆违、招商引资等与履行纪检职责无直接关系的工作，区直各派驻纪检组长不分管或承担驻在单位的其他业务工作。对区级纪检监察机关参与的议事机构进行了清理，由原来的64个减少至16个。按照避免职能交叉，聚焦主责业务的要求，拟定《禹会区纪委、监察局主要职责、内设机构和人员编制规定》，配齐配强监督检查和案件查办人员力量，确保区纪委监察局60%以上的人员直接从事监督执纪问责工作。

【纠正"四风"工作】 坚决贯彻落实中央八项规定和省委三十条、市委二十八条规定精神。坚持经常性检查与重要节点督查相结合，对违反作风建设规定的行为发现一起、查处一起，公开通报曝光，切实维护制度的严肃性、权威性。在元旦、春节、中秋等重要节点开展明察暗访活动，做到区管单位全覆盖。深化效能监察，明察暗访每月至少一轮，区直机关工作人员考勤每月至少一次，30名违规当事人和相关负责人受到问责。结合群众路线教育实践活动，在区级领导带动下，全区普遍开展践行"三严三实"承诺活动，149名科级以上党员干部向社会做出公开承诺。深入开展"小四风"专项整治工作，严禁吃喝风、红包风、赌博风，杜绝走读风。配合市纪委完成党政干部违规建房和多占住房问题专项清理工作。全年共查处违反中央八项规定行为问题15起，给予政纪处分4人，其中乡科级干部4人。认真抓好投诉受理工作，通过设立举报电话、政风投诉信箱等多种形式畅通群众诉求渠道，并通过发放意见征求表、召开座谈会、政风大走访等，多形式、多渠道地征求社会各界的意见和建议，实现"民声直通"，广泛接受社会监督和媒体的舆论监督。制定《禹会区办理热线信箱工作规则》，采取季度统计办结信息通报制度，建立督查督办动态机制，认真办理市长热线服务中心交办、转办工作。对白马商城业主投诉、金域名城夜市烧烤、翡翠山庄违法建设等反应强烈的问题进行跟踪督办，着力纠正损害群众利益的不正之风。

【重点工作监督检查】 围绕中央和省、市、区委重大决策部署和全区中心工作，开展监督检查，确保政令畅通、工作落实。监督检查方式从"一线监督"向"监督的再监督、检查的再检查"回归，把着力点放在职能部门和责任单位的履职尽责上。重点强化对征迁拆违、三边三线治理、文明创建、秸秆禁烧、大建设项目等工作的督查督办，为全区营造一个良好的发展环境。在监督中，正确处理纪检监察机关组织协调与业务主管部门依法履行职责的关系，做到牵头不包办，不错位，不越位。全程监督马城水厂各个标段的招投标，对个别参与投标单位提出的异议，及时予以核查并给与回复。对民生项目的资金使用和工程项目的落实情况，积极配合有关单位认真开展检查，确保各项惠民政策落到实处。开展全区工程建设项目备案情况专项督查，对辖区17家单位涉及40余个工程项目合同备案情况进行检查，对其中4家单位涉及11个项目存在的问题进行了通报，有效监管政府财政资金合理使用。对原水泥制品厂征迁区域3起职工群众投诉举报，及时进行认真调查处理，有效消除群众疑问，确保项目建设规范有序。

【违纪违规案件查处】 全年共接收信访举报132件（含重复件），其中上级转办81件，自收51件。初核违纪线索36件，同比上升260%，立案25件，同比上升56.3%，结案26件（含去年未结5件），同比上升136.4%，给予党政纪处分25人，其中乡科级6人，使用"两规"措施1人，移送司法机关6人。认真办理省、市纪委交办的案件线索。先后对迎淮社区党工委副书记张俊琪等人挪用计生抚养费和涂山风景区冷水村、马城镇马城村村两委换届选举中违法违纪案件进行重点查处，有效维护党纪政纪的严肃性和权威性。办案中注重发挥反腐败协调小组作用，积极探索加强执纪执法部门协作配合的有效途径，建立联席会议、线索移送、信息反馈等日常沟通联系机制，整合各成员单位优势，全年从审计、公安、检察机关抽调20余人次参与案件办理，增强反腐败工作合力。

【廉政教育和监督】 深入开展党风廉政宣传教育。组织全区副科级以上党政领导干部到孙家圩子革命教育基地和市检察院廉政教育基地开展廉政教育警示活动。开展廉政文化"六进"活动，积极推进省、市第六批廉政文化示范点和全省第二批廉政文化示范标兵申报工作。公安禹会分局被评为省级廉政文化示范点，锦绣社区被评为市级廉政文化示范点，社区新建的60米廉政文化长廊，既是反腐倡廉阵地，又成为靓丽的风景。纪检监察信息收集、整理和报送工作进一步规范，纪检信息宣传工作在市辖区中排名第一，禹会区纪检监察网站开通使用。强化对权力运行的制约和监督。启动乡镇、社区和区直部门党委（党组）主要负责人向区纪委全会述廉述责工作。为全区149名科级干部建立和完善科级干部电子廉政档案。加强拟提拔任用乡科级领导干部和评先评优对象的廉政审查工作，对9名拟提拔任用的科级干部和64个区级单位评先评优提供廉政鉴定，坚决防止带病提拔、违规表彰。会同区委组织部落实好领导干部重大事项报告制度，10名科级领导干部按规定报告了操办婚丧事宜情况。坚持抓早抓小，治病救人，认真执行约谈、警示制度，全年诫勉谈话、警示告诫9人。

【纪检监察队伍建设】 按照中央和省市统一部署，深入开展党的群众路线教育实践活动，着力解决领导班子和干部队伍在"四风"方面存在的突出问题。配齐配强班子，新提拔纪委常委2人，从基层选调2名业务骨干，增强纪检监察查办案件和执纪监督工作力量。注重纪检监察干部能力培养和实践锻炼，通过参加上级纪委办案和培训等多种形式培养纪检监察干部，全年1人参加中央纪委办案，4人次参加市纪委办案，6人次参加业务培训，纪检监察干部履职能力得到较大提升。

2014
重要会议

【区纪委二届四次全会】 2月12日召开。会议学习传达蚌埠市纪委十届四次全会精神，总结回顾2013年全区党风廉政建设和反腐败工作，研究部署2014年工作任务。区委书记王庆国出席会议并发表重要讲话。区委常委、区纪委书记吴宾同志主持会议并向全会作《聚焦中心任务，突出工作重点，不断开创党风廉政建设和反腐败工作新局面》的工作报告。

2015
综　述

【概况】 2015年，区纪委、区监察局先后获得市文明单位，区征迁拆违、大建设及棚改优秀单位，区文明祭祀工作先进单位，区秸秆禁烧工作先进单位等荣誉称号。

【党风廉政建设】 区委认真贯彻中央和省、市委的决策部署，坚持党要管党、从严治党，高度重视党风廉政建设和反腐败工作，积极履行主体责任。区委主要负责同志多次就反腐倡廉建设作出批示，并对重要工作亲自部署、重大问题亲自过问、重要环节亲自协调、重要案件亲自督办，全力支持纪检监察机关履行主责主业。县级领导班子和领导干部普遍坚持以上率下，认真抓好职责范围内的党风廉政建设，带头遵守、践行“三严三实”，发挥廉政表率作用，严格落实作风建设责任清单和考核评价办法，发挥积极的示范引领作用。各级党组织和广大党员领导干部不断强化责任意识，落实管党治党的政治责任，抓任务部署和工作落实。广大干部群众高度信任、大力支持、积极参与党风廉政建设和反腐败斗争。各级纪检监察组织转职能、转方式、转作风，聚焦中心任务，强化监督执纪问责，高压态势查处违纪行为，弛而不息推动作风建设，全区党风廉政建设和反腐败工作取得新进展、新成效，为建设美好禹会提供坚强的纪律保障。

2015
重要工作

【重点工作监督检查】 全区各级党组织认真组织学习新修订的《中国共产党廉洁自律准则》和《中国共产党纪律处分条例》，教育和督促党员领导干部严守纪律和规矩。严格落实请示报告制度，强化对纪律执行情况的检查，坚决纠正无组织、无纪律的行为。围绕中央重大决策部署和全区中心工作，加强对职能部门和责任单位尽职尽责情况的监督检查，持续跟踪问效，对职能部门落实创建全国文明城市、整治不文明祭祀、秸秆禁烧、教育招生等工作情况开展监督检查，严查失职渎职行为，确保政令畅通、工作落实。研究印发《禹会区党风廉政建设专项督查工作方案》，督查单位范围、督查内容做到辖区全覆盖。联合区委组织部、农林水利委等单位开展农民负担执法专项检查工作和农村集体“三资”管理专项治理工作。对部分村集体资金发放误工补助和“三资”管理不规范等问题，责令相关单位整改到位。开展严肃财经纪律专项治理工作，查出问题10余个，责令相关单位整改到位，共清退违规发放的各类补贴、奖励104.2万元，对涂山风景区违规购买土特产和服装等问题进行严肃处理。

【落实“两个责任”工作】 区委坚决贯彻中央和省委、市委各项决策安排，认真落实主体责任，经常研究党风廉政建设和反腐败工作。区委主要负责同志坚持定期听取全区党风廉政建设工作情况汇报，亲自推动重大问题的解决。区委进一步明晰党委的主体责任、纪委的监督责任和部门主要负责人第一责任人责任。将落实“两个责任”任务细化为3大项23个具体内容。出台《落实党风廉政建设党委主体责任和纪委监督责任考核实施办法》《述廉述责和接受评议实施办法》《约谈实施办法》三个办法等文件。强化考核结果运用，将考核结果作为对领导班子总体评价和领导干部业绩评定、选拔任用的重要依据。积极支持纪检监察机关落实“三转”，开展第三轮议事协调机构清理，进一步明确纪委书记(纪检组长)在党委(党组)中不分管与自身职能无关的其他业务工作。健全反腐败协调机制，整合纪检、检察、公安、审计等部门力量，加强纪检监察机关与组织人事、司法机关的联系协调，由纪检部门牵头，定期召开联席会议，规范在纪律处分执行中的相互衔接。认真实施2015年“党风廉政建设一把手工程”，及时听取重大案件情况汇报，加强统筹协调，及时排除办案工作中的干扰和阻力，做到有腐必反、有贪必肃。区纪委继续推进纪检监察机关“转职能、转方式、转作风”。根据省市纪委关于县区纪检监察机关内设机构改革意见，按照避免职能交叉，聚焦主责主业的要求，重新拟定《禹会区纪委、监察局主要职责、内设机构和人员编制规定》，配齐配强教育监督和纪律审查人员力量，确保区纪委监察局机关70%以上的人员直接从事监督执纪问责工作。

【纠正“四风”工作】 坚决贯彻落实中央八项规定、省三十条和市二十八条规定。坚持经常性检查与重要节点督查相结合，对违反作风建设规定的行为发现一起、查处一起，公开通报曝光。在元旦、春节、中秋等重要节点开展明察暗访活动，对三公经费等规定执行情况监督检查4次，做到区管单位全覆盖。2015年，有5人因违反中央八项规定受到处分，其中2人党内警告处分，2人诫勉谈话，1人警示告诫。坚决查处发生在群众身边的不正之风和腐败问题，重点查处基层干部与民争利，侵害群众利益的问题。对群众反映的政风行风问题及时交办，限期整改，广大群众对区政风行风建设的满意度不断上升。充分发挥典型案例的警示作用，对违反作风建设的典型案例坚持内部通报和一定范围内曝光，先后通报3期10人次，同时，转发上级纪委通报12次，促进党员干部受警醒、明底线、知敬畏、守纪律。认真落实市效能建设十项制度、《十不得》，制定《禹会区效能建设监督检查实施办法》。效能明察暗访每月至少一轮，区直机关工作人员考勤每月至少一次。上半年区纪委共发效能通报9期。下半年积极配合区机关党委做好效能建设工作，全年共牵头或配合两办、机关党委、组织、人社部门先后组织64次机关效能建设督查和抽查，20名违反效能建设当事人和相关负责人受到问责。

【纪律审查工作】 坚持对腐败问题“零容忍”，切实做到有案必查、有腐必惩。全年共接收信访举报55件(含重复件)，其中上级转办33件，自收22件，初核36件，立案24件，结案23件。党政纪处分23人(开除党籍5人、党内严重警告7人、党内警告8人、行政开除1人，行政记过1人，行政警告2人)，其中“双开”1人，记过警告科级2人。并对1名副科级领导干部严重违纪问题立案调查并采取“两规”措施，移送司法机关2人，没收违纪违规资金30多万元。开展查处发生在群众身边的“四风”和腐败问题专项工作，坚决纠正发生在群众身边的各种不正之风。共查办问题线索15起，给予党政纪处分13人，涉案金额49.79万元，公开通报曝光问题5起10人次。认真办理省委巡视组交办的案件线索。查办巡视组移交群众信访件19件，办结13件。先后对长青乡三尖塘村支部书记浦文喜等人违反财经纪律问题，马城镇原副镇长段中太等严重违法违纪问题进行查处，有效维护党纪政纪的严肃性和权威性。按照省市纪委要求，区纪委投入5万多元，建立标准化固定谈话场所2间，对谈话场所进行软包处理，安装视频监控设备，具备同步录音录像功能，进一步加强对纪律审查人员和陪护人员的教育、管理和监督，做到依纪依法、安全文明办案。加强案件审理和监督管理工作，坚持查办案件向同级党委报告的同时向上级纪委报告、乡镇纪委自查案件报送区纪委审核等制度，确保案件质量。强化纪律处分执行，跟踪问效，确保处分决定执行到位。

【廉政教育和监督】 坚持开展一月一次的“干部大讲堂”活动，传达省、市有关文件和党风廉政建设的精神。结合“三严三实”专题教育活动，开展廉政教育活动。强化纪律教育，认真学习贯彻中央新修订的《中国共产党廉洁自律准则》和《中国共产党纪律处分条例》，区纪委订购新版《准则》《条例》200余册，保证副科级以上领导干部人手一册。强化警示教育，通过不定期转发中央和省市典型案例通报、下发本区查处的案件通报、送警示教育光盘下基层、组织参观警示教育基地等形式，以身边人身边事为警示，进一步增强法制纪律和廉洁自律意识，筑牢拒腐防变的思想道德防线。全年转发相关案件通报12期，编发案件通报3期，点名通报曝光，取得良好警示效果。深入开展廉政文化

“六进”活动，积极推进省、市廉政文化示范点建设。大庆社区、十一中、张公山一小等三家单位申报市级廉政文化示范点，区检察院荣获第六批“省级廉政文化示范点”称号。加强信息发布和舆情处置工作，纪检监察信息收集、整理和报送工作进一步规范，全年上报宣传信息、网评文章和调研报告共100多篇，信息宣传工作在全区三类单位中排名第一。坚持乡镇、社区和区直部门党委(党组)主要负责人向区纪委全会述廉述责工作。加强对拟提拔任用乡科级领导干部和评先评优对象的廉政审查工作，坚决防止带病提拔、违规表彰。对30名拟提拔科级干部进行廉政审查，对拟表彰的评先评优单位和个人进行审核把关。会同区委组织部落实好领导干部重大事项报告制度，177名科级干部填写个人报告事项，8名党员领导干部按规定报告操办婚丧、出境游等情况。准确把握执纪监督“四种形态”，抓早抓小，对有一般性问题的党员干部及时进行批评教育、谈话提醒和组织处理，防止小错误演变成大错误。2015年，开展区纪委负责人同下级党组主要负责人谈话15人次，开展领导干部任前廉政谈话30人次。认真执行约谈、警示制度，全年诫勉谈话4人、警示告诫1人。

【纪检监察队伍建设】 继续深化纪律检查体制改革，推动党的纪律检查工作双重领导体制具体化、程序化、制度化。认真贯彻落实纪委书记、副书记提名和考察以上级纪委会同组织部门为主的精神，强化上级纪委对下级纪委纪律审查工作的领导和监督。落实“三转”要求，开展第三轮议事机构清理工作，区纪检监察机关现保留议事机构7个，主责主业进一步聚焦。在转变职能的同时，进一步转变工作方式，重点把监督检查的着力点放在职能部门和责任单位的履职尽责上，实现由“一线监督”向“监督的再监督、检查的再检查”转变。加强政治纪律和业务培训，按上级要求组织2批6人到上海复旦大学学习，组织3批5人到省党风廉政教育基地学习。积极参加全市纪检监察系统岗位大练兵活动，着力解决“基本职责不清、基本要求不明、基本能力不强”突出问题。认真组织全区纪检监察干部学习市纪委编印的《纪检监察干部应知应会读本》，组织全区纪检监察干部岗位大练兵应知应会知识考试。选派1名同志到市纪委跟班学习，组织3名同志参加市纪委组织的全区纪检监察系统信访知识竞赛，选派6名同志参加市纪委组织的岗位大练兵应知应会知识竞赛。

2015 重要会议

【区纪委二届五次全会】 2月15日召开。会议传达贯彻习近平总书记系列重要讲话和中央、省、市纪委全会精神，总结2014年全区党风廉政建设和反腐败工作重点，分析当前反腐倡廉工作面临的问题和形势，安排部署2015年工作。区委书记王庆国出席并做重要讲话，区委常委、纪委书记吴宾做题为《坚持从严治党、严明纪律规矩，坚定不移推进党风廉政建设和反腐败斗争》工作报告。会上，长青乡、锦绣社区和区教育局分别向区纪委二届五次全会作述廉述责报告，并接受区纪委委员的提问。

【禹会区查处发生在群众身边的“四风”和腐败问题专项工作会议】 7月22日召开。会议由区委常委、区纪委书记吴宾主持，会上学习传达省、市纪委有关会议精神。并就如何开展好专项工作进行部署。

社会团体

- 工会
- 共青团禹会区委员会
- 妇联
- 工商联
- 残疾人联合会

2014 工　会

【概况】 2014年，区工会在区委和市总工会的正确领导下，紧紧围绕全区工作中心和市总工会下达的目标任务，坚持一手抓发展，一手抓维权，积极履行工会职责，推动工会工作取得新进展。在建功立业活动中涌现出一批先进集体和先进个人，其中省级劳动竞赛先进集体1个、省五一劳动奖章1名、市级先进单位3个、工人先锋号3个、先进生产（工作）者14名、劳动竞赛优胜单位3个、劳动竞赛先进个人1名、市级五一巾帼标兵2名、市级女职工建功立业先进个人1名。

【技术创新工程】 动员全区广大职工广泛开展“当好主力军、建功‘十二五’活动”，配合市总积极实施职工经济技术创新工程。一是开展“创建学习型组织，争做知识型职工”活动，引导广大职工牢固树立终身学习理念，全面兴起学习热潮。推荐8名基层工会干部参加省、市总工会组织的工会干部培训。二是开展以”当好主力军、建功‘十二五’”为主题的职工群众性经济技术创新活动和建功立业活动。各企事业单位结合工作实际，开展不同形式的岗位比武、技术创新、提合理化建议、节能降耗等竞赛活动，全区17名选手参加焊工、钳工、行车工、数控车床工和叉车工五项技能大赛。三是开展寻找禹会“最美青工”活动。联合团区委开

展以“岗位技能促振兴，奋斗的青春最美丽”为主题的寻找禹会“最美青工”活动。产生10名禹会“最美青工”，10名禹会“最美青工”提名奖。

【关爱帮扶】 开展“两节”送温暖，市总拨一点、区财政拿一点、有关单位捐一点，筹措资金27万余元，使300户在册困难职工过上温暖祥和的“两节”。根据市总工会《关于开展2014年金秋助学活动的通知》精神，辖区94名考入重点大学和二本院校的特困职工家庭考生得到市总工会的救助金28万余元。开展再就业服务活动，联合区人社局组织辖区近300名有就业意愿的人员，参加市总举办的企业招聘周活动。开展女职工“关爱行动”，对21户单亲困难女职工家庭实施救助；组织28名下岗失业女性参加市总组织的月嫂技能培训；组织40名困难女职工参加“两癌”免费筛查活动。开展日常救助，全年向帮扶对象提供生活救助、医疗救助21.8万元。

【送文体进企业】 为扎实推进企业文化、职工文化建设，区工会积极配合市总开展的“送文体进企业”活动。年内，蚌埠通达汽车零部件有限公司、行星工程机械有限公司、安徽豪杰塑胶制品有限公司、嘉怡景服装有限公司、建华管桩有限公司5家企业申请的文体器材全部到位，文体进企业得到落实。

【职工书屋建设】 根据市总关于《蚌埠市工会2014—2018年职工书屋建设实施方案》精神，区工会在摸底审核的基础上，为豪杰、嘉怡景、行星、市运驾校、天一锅炉、光大彩印、建华管桩、锦绣社区8家单位申报市级职工书屋。年底，8家单位不同数额职工书屋建设款到位，为职工书屋的规范化建设奠定了基础。

【“安康杯”竞赛】 建立健全安全管理制度，提高员工的安全防患意识和自我保护意识，动员组织31家企业参加2014年度全市“安康杯”竞赛活动。辖区蚌埠江淮车轮有限公司产品车间轮辐一班、安徽省安银金融机具设备有限公司内盒组和安徽煤田光大有限责任公司胶印车间分别获工人先锋号称号。

【基层建设】 全年新组建工会50家，新增会员2436人。完成市总工会下达的“双目标”任务。全区有各级工会组织611个，会员37518人，其中农民工会员6858人。全区规模较大的企业均能按要求召开职代会，开展民主评议领导干部和征集优秀提案、合理化建议活动，2个乡镇5个社区先后召开区域性职代会，完成了工会的换届选举工作。在全区10家企事业单位开展职代会民主评议领导干部工作，职工代表402人评议112名领导干部，推动了企业民主管理工作的开展，密切了干群关系。区厂务公开工作领导小组分别对区环卫所等4家区属企事业单位的厂务公开工作进行抽查。

【“双亮、双树”】 区工会根据市总《关于在全市企业工会开展“双亮、双树”活动实施方案》，及时召开企业工会主席动员会，传达市总《关于在全市企业工会开展“双亮、双树”活动实施方案》，印发《关于在全区企业工会开展“双

亮、双树”活动实施方案的通知》，明确指导思想、目标任务和实施步骤等具体要求，统一思想认识。26家企业按要求做好悬挂标牌，各工会主席以戴牌上岗或设置办公桌牌等形式亮出身份，并在公开栏公布工会主席办公电话、手机号码等联系方式。在“双亮”的基础上，企业工会不断丰富活动内容，创新活动载体，扎实开展亮职责、许承诺、办实事活动。

2015 工　会

【概况】 2015年，区工会在区委和市总工会的正确领导下，紧紧围绕全区工作中心和市总工会下达的目标任务，坚持一手抓发展，一手抓维权，积极履行工会职责，推动工会工作取得新进展。全年新组建工会29家，新增会员3511人，其中农民工2311人，超额完成市总工会下达的“双目标”任务。完成1个省级劳动竞赛先进集体、1个省先进班组；3个市级先进单位、4个工人先锋号、14名先进生产（工作）者、3个劳动竞赛优胜单位、1名劳动竞赛先进个人、1个市“安康杯”竞赛组织工作优秀单位、2名市级五一巾帼标兵、1个女职工工作规范化示范单位、1名市级先进女职工干部、1名市级女职工建功立业先进个人的推荐申报，并获得相应表彰。

【技术创新工程】 围绕中心，动员广大职工发挥主力军作用，配合市总积极实施职工经济技术创新工程。深化“创建学习型组织，争做知识型职工”活动，以学习型企业和学习型班组建设为抓手，引导广大职工牢固树立终身学习理念。本年推荐4名基层工会干部参加省、市总工会组织的工会干部培训。继续开展以“当好主力军、建功‘十二五’”为主题的职工群众性经济技术创新活动和建功立业活动。各企事业单位开展不同形式的岗位比武、技术创新、提合理化建议、节能降耗等竞赛活动，充分调动广大职工的生产和工作积极性。

【关爱帮扶】 区工会联合区人社局组织辖区近300名有就业意愿人员，参加市总举办的企业招聘活动。全年为750户申报救助的困难职工建立电子档案，其中260户特困职工获得天洋集团救助，193户特困职工给市、区县级领导干部结对帮扶。春节期间筹措27万元，使近300户在册困难职工得到500~2000元不等的生活和医疗救助。积极参与市总组织的第十八届“育才关怀行动”，69名困难学子得到救助（每人3000元现金和一只皮箱）。发挥基层工会帮扶工作站作用，做好困难职工的各类救助工作，全年向帮扶对象提供生活、医疗救助21万余元。开展女职工“关爱行动”，对20户单亲困难女职工家庭实施每户600元的救助，组织40名

困难女职工参加“两癌”免费筛查。

【服务基层】 推进企业文化、职工文化建设，配合市总开展“送文体进企业”活动，6家企业获赠体育器材，7家单位获21000元的职工书屋建设款。根据市总《关于对中小企业开展职工技能培训给予补贴的暂行办法》，区工会为蚌埠通达汽车零部件有限公司和佳先功能助剂股份有限公司两家企业向市总申领技能培训补贴。

【“安康杯”竞赛】 动员组织行星工程机械公司等34家企事业单位参加2015年度全市“安康杯”竞赛活动。区行星工程机械公司减速机车间车工班组获省优胜班组称号，豪杰塑胶制品公司、天源气体公司和海峰印刷公司获市优胜企业称号，新黄山玻璃制品公司瓶罐车间机制维修组、区环卫所清运队、禹会区文化馆分别获市工人先锋号称号，区工会获市优秀组织奖。

【关爱劳模】 组织发动全区各级工会对辖区内省部级、市厅级劳模和困难劳模进行摸底排查。8月份完成2名全国劳模、79名省部级劳模、95名市级劳模的登记汇总上报工作，规范劳模档案。春节期间举办迎新春劳模座谈会，对劳模进行节日慰问。组织劳模健康体检。做好特困劳模的帮扶救助工作。

【民主建设】 辖区乡镇、风景区、社区全部建立区域性职代会制度，并先后召开区域性职代会，完成社区工会的换届选举工作。区工会配合指导江淮车轮有限公司、通达汽车零部件有限公司等7家企事业单位开展职代会民主评议领导干部工作，402名职工代表参加评议。推动厂务公开，抽查4家区属企事业单位的厂务公开情况。

2014 共青团禹会区委员会

【概况】 2014年，禹会区共青团工作在区委、区政府的高度重视下，在团市委的指导和帮助下，禹会区各级团组织紧紧围绕中心，服务大局，以促进青年创业就业、提升志愿服务水平、优化青年成长环境、巩固团的基层基础为重点，切实履行组织、引导、服务、维权“四项”职能，全区广大团员青年在推动禹会跨越发展的实践中，贡献青春和力量。2014年团区委被评为全市先进团组织。

【组织及阵地建设】 区委高度重视团建工作，团干部培训教育纳入全区干部教育培训规划。团区委联合组织部门制定村级团组织换届方案，一批大学生村官、致富能手、专业合作社负责人担任了村级团干部。在社区中推行区域化团建，9个社区均成立青年工作共建委员会，辖区100多家企事业单位及社会团体加入共建。团区委积极推行团务公开制度，各乡镇、社区均设团务公开栏。在美好乡村建立青少年活动室，在社区建立青少年科技馆、城市生活e站等青少年活动阵地。在企业、农村学校新建“共青书屋”3家，6000多名中小学生及青少年先后到活动基地开展主题活动。

【思想道德建设】 年内，团区委组织全区青年先后开展“青春建功中国梦”“我为核心价值观代言”“我心中的中国梦”励志语录征集、“共建美丽禹会，青年勇当前”大讨论、迎国庆党史国情知识竞赛、禹会区中小学生中国梦主题征文、演讲比赛，全区各级团组织以“青春建功新禹会，同心共筑中国梦” 为主题开展一系列丰富多彩的主题实践活动。在马城学区、十中等学校新建具有禹会特色的花鼓灯、科普等中学生社团5家，全区中小学校集中组织开展“红领巾心向党——十八大与我们的未来”“红领巾相约中国梦”“改陋习、做文明蚌埠人”等各类特色主题教育活动，参与中小学生2000余人次。开展“五四”红旗团支部、青年文明号、青少年文明岗评选活动，开展“践行核心价值观最美乡村青年”评选、禹会区“最美”青工、“十佳校园”之星评选等一系列活动，评选出区级以上先进典型30余名。

【服务社会发展】 在全区开展 “中小学校团队工作进社区”工作，从蚌埠医学院选拔17名优秀大学生到9个社区担任一个月的暑期社区助理员，服务社区建设。在一线和重点项目中建立“青年突击队”，全年全区有200余名青年参与征迁拆违等重点工作。在美好乡村建设中开展“青春关爱、青春创业、青春闪光、青春飞扬”四大行动，“三夏”期间，全区有300多名团员青年活跃在秸秆禁烧一线。团区委先后联合安徽财经大学团委，组织100余名大学生志愿者开展“凝心共聚中国梦，携手共建美好乡村”共青文化墙绘制活动，绘制共青团文化墙10多面。联合科协组织“科普知识三进’活动6场，受教育群众4000余人次，联合司法局、卫生局、人社局等单位，深入乡镇开展“三送三服务”活动，为基层送政策、送岗位、送法律，发放宣传资料6000余份。在社区服务大厅设立“青年微笑服务岗”。涂山庙会、花博园会展，“三线三边”环境整治中都有共青团员服务的身影。

【服务青年创业就业】 在社区服务大厅设窗口，为有就业、创业需求的青年提供服务。团区委召开“奋斗的青春最美丽励志分享会暨金融知识培训班”，进行青年金融知识培训，解读小额贷款流程，宣传青年创业政策。联合区人社、农委等部门开展农村青年技能培训班5期，培训青年600多人次，在马城镇农业专业合作社新建青年创业培训基地2家，在行星、通达等企业建立青年就业见习基地3个，提供见习岗位40余个，切实服务广大青年成长成才，为5名农村创业青年发放贴息贷款。为40余名青年创业贷款牵线搭桥。

【志愿服务】 一是在全区组建100多名青年参加的青年志愿者服务队，分为平安志愿者、爱心助教志愿者、文明创建志愿者等多个支队，全区各级青年志愿者累计开展志愿服务300余次，服务群众4000余人次。二是在社区、乡村、敬老院等建立大学生社会实践基地4家，团区委先后联合蚌埠医学院团委、蚌埠电子信息学院团委，开展大型敬老助残活动6次，大学生志愿者到区开展社会实践活动1000余人次。

【团队活动】 团区委先后组织200多个家庭及青年参加“魅力青春、低碳骑行”自行车慢骑比赛、国庆长跑比赛、羽毛球健身赛、迎“六一”大型亲子户外拓展活动等。200多名青年参与“青春绿动生态禹会、同心共圆美丽梦想”为主题的植树造林活动。团区委以“关注青年需求，搭建交流平台，展示青春风采”为主题，开展禹会区首届“单身青年交友联谊活动”。马城镇的“爱心助学”、长青乡团委“青年创业孵化工程”、大庆社区“暖心女儿志愿服务”项目、朝阳三小“古诗文经典诵读”、区法院团委“巡回法庭进社区”、师范二附小的“生命教育”、前进二小的“习礼育德”等特色团队活动项目成为全区团建精品工程。

【关爱青少年】 联合区残联与高校在社区、乡镇建立青年助残联络站，帮助残疾人解决困难。发动社会面向残疾儿童开展文化用品微心愿征集活动，为100多名残疾儿童实现微心愿。开设“阳光助残”周末课堂，组织大学生志愿者帮助残疾人子女补习功课，累计开展爱心助教600余人次。3次为留守儿童进行自护教育。20余支关爱留守儿童的大学生爱心志愿者队伍常年活跃在全区中小学校、社区。全年共筹集助学资金20余万元，为20名困难学生圆了大学梦。开展共青团工作与人大、政协委员“面对面”活动，组织政协委员走进师范二附小开展倾听日活动，建立“委员爱心助学基金”，建立10个长期帮扶对子。

【青少年普法维权】 联合司法、检察院等单位开展“江淮普法行”大型法律宣传活动，组织青少年到区法院参加“青少年普法教育公众开放日”等活动。联合综治等部门，举办禹会区“平安建设、法治建设”知识竞赛，全区16支代表队参加。投入4000余元，制作青少年自护教育和法制教育展板，全年各团组织累计开展各类法制宣传活动15次，发放宣传资料4000余份。蚌埠十中青少年维权社团、禹会区法院刑事审判庭被命名为市级青少年维权岗。

2015 共青团禹会区委员会

【概况】 2015年，全区共青团工作在团市委的精心指导和帮助下，在区委、区政府的高度重视下，禹会区各级团组织紧紧围绕中心，服务大局，充分发挥职能作用，引领全区广大团员青年在推动禹会跨越发展的实践中，贡献青春和力量。团区委被评为全市先进团组织，全市共青团系统宣传工作先进单位，新媒体运用先进单位。区检察院团支部被评为省级“五四红旗”团支部。禹会区团委组织推报的“阳光助残、青春同行”青年志愿服务项目获第二届安徽省青年志愿服务项目大赛一等奖。3家青年集体被评为市级青年文明号。马城镇团委获全市农村基层团建示范乡镇称号。禹会区团委“青春助力美丽家园”项目获全市优秀农村基层团建创新项目。1名青年在全省寻找最美乡村好青年中，被评为省级“乡村好青年”；1名青年教师被评为安徽省最美青工；2名青年被评为全省优秀青年志愿者。

【文明创建】 把“文明城市，青年同行”作为全年团的工作重点，引导团员青年在文明创建中发挥生力军作用。开展“爱我禹会，登山环保”“小手拉大手，共建文明城”“中小学校团队工作进社区”和文明礼仪记心中等活动。在秸秆禁烧易发生时段，乡间地头活跃着一支支禁烧“青年突击队”。

【青年志愿者】 全区组建了由800多名青年参加的青年志愿者服务队，参加团市委组织的“三下乡”主体活动。启动“美丽禹会青春同行”青年志愿服务项目，20多支青年志愿者服务队伍，在张公山社区开展集中服务活动。全市“校地共建，青春创城”国际志愿者日纪念活动在金域社区举行，团区委和蚌埠医学院团委签署志愿者服务协议。全年与蚌埠医学院、安徽财经大学密切合作，举办“阳光助残、青春服务”进社区大型演出5场，阳光课堂、法制进社区等各类志愿服务活动10余场，参与大学生志愿者达1000余人次。

【传播正能量】 建立禹会共青团公共微信号，长年关注不少于6000人，实现线上与线下的思想引领互动。年内团区委开展禹会“最美青工”评选，参与人数上万人。针对青少年网上聊天、游戏无节制的现象，区团委制定青少年网络文明公约，开展绿色上网行动。通过线上线下互动开展“我为核心价值观代言”青春励志语句征集、最美禹会风景、节俭养德家庭生活小窍门征集、“改陋习、做文明蚌埠人”等主题活动。开办“禹会青年论坛”，每期确定一个主题，组织青年立足本职做主题演讲，全年共组织5场。以社区青少年综合服务平台、中小学校家长学校等为主阵地，开办“新青年市民素质提升课堂”，每月举办不少于一期。

【特色活动】 团区委在全区青少年中开展“传统文化进校园、进社区活动”，联合文化馆、书法协会等组织把皮影戏、书法送到未成年人当中。全年组织开展“与信仰对话”“红领巾相约中国梦”、爱国主义教育等主题教育实践活动，参与团员青年、少先队员3000多人次。“五四”期间，邀请优秀大学生代表为青少年做主题励志演讲。在各个小学开展少先队工作“彩虹工程”。开展“五四”红旗团支部、青年文明号、青少年文明岗评选活动，开展“践行核心价值观最美乡村青年”评选、禹会区十大“最美”青工、“十佳校园”之星评选活动。开展“奋斗青春最美丽”系列励志故事分享会，引导青少年奋发向上。

【组织阵地建设】 以社区居委会换届为契机，全区各社区配齐配强社区团干部队伍。强化对基层团建工作的指导和考核，对基层团组织实行统一管理，分类指导，对团的重点工作实行项目化管理。完善共青团联系青年体系，团区委统一建立了非公企业团建群、机关团员青年群、基层团组织群、单身青年交友联谊群、学校团组织及大学生村官等QQ群，各基层团组织也相对应建立相关网络，加强与青年联系。在秀水、金域、锦绣社区建立三个青少年综合服务平台，大庆社区建立青少年科技馆、城市生活e站等青少年活动阵地。在马城中学建立禹会区青少年卫生宣传基地。2所高校与辖区社区建立团建共建基地。全年6000多人次中小学生及青少年到活动阵地开展主题活动。配合区委组织部对大学生村官进行培训，2名大学生村官在全市“青春献沃土，共圆中国梦”演讲比赛中分别荣获第一名、第三名。

【青少年教育】 建立禹会区预防青少年违法犯罪教育基地，区委组织部、团区委、金域社区联合建立金域社区社会组织联盟，引进13家社会组织，对青少年服务进行项目化运作。团区委预青工作在全市预防青少年违法犯罪领导小组会上做典型发言。强化青少年自护教育，专门制作30多块未成年权益保护展板深入到社区、乡镇、学校进行巡回宣传，下发《青少年自护教育画册》5000余份。组织中学生到法院开展体验日活动，组织区检察院团支部编排法制情景剧，深入到学校、社区进行表演。“12·4”法制宣传日期间，团委联合高校普法志愿者，开展“创城在行动，法制在身边”普法宣传活动。

【关爱帮扶】 各级团组织发动社会力量关注困难儿童，资助各类贫困学生30多名。六一前夕，团区委联系爱心企业及其他团组织进行留守儿童系列关爱活动，并组织蚌埠卷烟厂、蚌埠交通局等5家团组织与农村留守儿童、残疾儿童进行长期的结对帮扶活动。团区委开展爱心微公益征集活动，为100名留守儿童实现微梦想。组织50多名残疾儿童、留守儿童到少儿活动城开展关爱活动。组织大学生志愿者在禹会区每周一次在残疾人服务中心开设爱心周末课堂，免费为残疾子女补课600余人次。扶持青年创业，举办创业

青年分享会，为8名青年发放贷款贴息，并组织青年进行金融知识培训。

2014 妇 联

【概况】 2014年，区妇联在区委区政府的正确领导和市妇联的精心指导下，紧紧围绕大建设大发展的工作目标，以实施“五项行动一项建设”为抓手，积极履行妇联职责，推动妇女工作取得新进展。

【项目创建】 调查论证，经省、市妇联审核，确认大庆社区和宗洼村为“妇女之家”示范项目点、禹王农业为徽姑娘农家乐项目点、蚌埠龙达专业合作社为女子专业合作社项目点。成立禹会区实施省妇女专项经费项目工作领导小组，负责协调项目点的创建工作。选派人员参加省、市妇联组织的关于妇女专项经费项目培训，指导各项目点按要求制定项目实施方案和具体计划，确保项目点创建有序推进。妇女之家项目点依托维权站、就业帮扶站、老人儿童活动室、家庭生活指导室、文化娱乐室、图书阅览室等多种平台，为妇女在文明素质、就业创业、信访维权、关爱帮扶、文化娱乐等方面提供便捷高效的服务。禹王农业以发展短途游和带动周边农村妇女增收为目标，以餐饮、垂钓、采摘开展系列创建活动，体现了“徽姑娘”农家乐经营特色。龙达专业合作社在原有的基础上，扩大种养殖规模，引导更多的农户加入，带动农民共同致富。

【服务妇女创业就业】 指导有创业意向的妇女申请小额担保贷款，年内全区有130名妇女享受贴息小额贷款850万元。组织妇女参加市、区举办的各种培训：组织21名妇女参加月嫂培训班；联合禹王农业、龙达合作社组织50多名妇女进行蔬菜、花卉苗木种植培训；分别组织500余名有就业意向的妇女参加市妇联举办的“姐妹牵手技能对接”招聘会和区工会、劳动等部门举办的辖区用工招聘会，发动辖

区50家企业为求职人员提供就业岗位，促使200多人达成就业意向。

【维护妇女儿童权益】 按照《禹会区妇女儿童发展规划(2011—2020年)》目标任务分解书和实施方案的要求，整理和分析各成员单位报送的相关数据和分析材料，形成监测报告。依托基层妇联组织，健全妇女维权站、维权热线、家庭纠纷调解站等妇女维权服务机构，及时调处家庭纠纷，维护妇女儿童合法权益。全年各级维权站共接待来电、来访案件169起，调处家庭纠纷128起。

【关爱贫困妇童】 利用春节、“三八”“六一”等节日，多方筹集爱心捐助10余万元，为春蕾女童、留守流动儿童、困难妇女解决实际问题。“两节”期间，对辖区50户困难家庭、20名春蕾女童、留守儿童进行救助和慰问。“六一”期间，组织区领导和妇儿工委成员单位对区属6个小学、幼儿园开展慰问活动；协调区县级领导干部慰问帮扶25名结对子的“春蕾女童”。联合区工会开展关爱贫困单亲家庭慰问活动，为21户贫困单亲家庭送去12600余元慰问金和慰问品。协调佳先功能助剂有限公司捐款5万元开展关爱100名春蕾儿童、留守流动儿童助学活动。

【创建活动】 区妇联联合区综治办印发《关于进一步深化平安家庭创建活动的实施意见》，联合区文明办、美好办转发《蚌埠市“美丽家庭”命名表彰暂行办法》，年内完成500户平安家庭、120户美丽家庭创建目标，确定50户为平安家庭示范户和美丽家庭标兵。发动基层妇联依托妇女之家，为妇女群众“送知识”“送智慧”“送温暖”。通过开放读书室、电子阅览室、活动室，不定期组织妇女群众学习党的惠民政策，收看远程教育课程，举办专题讲座，提高妇女群众的能力素质，使基层妇女之家真正成为党开展妇联工作的坚强阵地和妇女喜爱的温暖之家。

【节日主题活动】 “三八”期间，一是举办庆“三八”表彰大会暨健康知识专题讲座，表彰66户五好文明家庭、平安家庭示范户、美丽家庭和20名好婆婆、好媳妇；二是印发《禹会区纪念三八国际劳动妇女节104周年实施意见》，发动基层妇联组织开展宣传表彰、走访慰问、妇女保健、文化娱乐、志愿者行动等系列纪念庆祝活动。“六一”期间，协调组织爱心人士和志愿者开展关爱贫困儿童、留守儿童、春蕾女童活动5次，捐助款物近10万元。“八一”前夕，推荐5名好军嫂参加市第九届“百名好军嫂”评选活动，喜获大会表彰。

【家庭教育宣传实践月】 在“家庭教育宣传实践月”活动期间，朝阳社区开展“好妈好爸”亲子实践活动；金域社区开展“暑假我帮父母做家务”活动；朝阳三小家长学校举办“亲密之旅 亲子关系”家庭教育讲座；喜迎门社区开展暑期青少年法制教育活动；秀水社区举办未成年人安全教育讲座和家庭亲子阅读活动；宗洼村开展净化暑期网络环境家庭护卫行动；迎淮社区开展社区大讲堂系列活动。区妇联订制5000余把印有防溺水宣传倡议书及图片的小扇子和5000份《致家长一封信》发放到各乡镇、社区，在基层家长学校开展家庭教育专题讲座、现场咨询、座谈会35场，近7000名家长参加活动，表示争当双合格家长。

【组织建设】 确保基层妇联“有人干事、有阵地做事”，区妇联紧紧抓住换届的良好时机，从健全组织机构、完善工作制度、提高队伍素质三个方面入手，着力加强自身建设。在村“两委”换届期间，区妇联印发《关于全区村妇代会换届选举工作的实施方案》，确保全区39个村妇代会换届选举圆满完成，村妇代会主任100%进入“两委”班子。

2015 妇联

【概况】 2015年，禹会区妇联贯彻落实区委、区政府确定的发展目标和市妇联的工作要求，围绕中心，立足基层，服务大局，团结动员广大妇女群众，进一步解放思想，创新发展，大力实施“五项行动一项工程”，促进全区妇女儿童事业不断发展，不断开创新时期妇联工作新局面。年内，表彰15户家庭为禹会区“最美家庭”示范户；50户家庭为禹会区“平安家庭”示范户。

【服务创业就业】 一是联合区人社局开展妇女就业岗前培训，组织辖区内100多名妇女参加培训，近70人上岗就业。二是会同区人社局在马城镇开展以“搭建供需平台 促进转移就业”为主题的“春风行动”招聘会，近700名妇女参加，近300名与招聘单位达成就业意向。三是分别组织500余名有就业意向的妇女参加市妇联举办的“姐妹牵手技能对接”招聘会和区工会、劳动等部门联合举办的辖区用工招聘会，发动40余家企业为求职人员提供就业岗位，200多人达成就业意向。三是在长青乡宗洼村以推广农业技术为主题举办农村妇女培训班，百余名妇女参加培训。四是以“徽姑娘”农家乐和龙达女子专业合作社为引领，组织妇女开展果树养护和苗木种植培训，80余名妇女参加。

【维护妇女儿童合法权益】 一是发挥基层维权阵地作用，依托基层妇联组织，联合综治部门，健全妇女维权站、维权热线、家庭纠纷调解站等妇女维权服务机构，及时调处家庭纠纷，维护妇女儿童合法权益。年内各级维权站共接待来电、来访案件126起，调处家庭纠纷92起。二是联合喜迎门社区在小区广场开展了以“万家联动·送法到家”为主题的妇女维权宣传活动。三是做好“三八”维权月宣传活动，以蚌埠市“建设法治中国·巾帼在行动——万家联动·送法到家”三八维权月启动仪式在大庆社区举行为契机，现场发放宣传资料，开展妇女维权宣传活动。四是积极参加维权宣传活动，区妇联、区综治办等有关部门联合开展以“坚持男女平等基本国策，保障妇女儿童合法权益”为主题的维权宣传活动，利用展板、宣传资料广泛宣传《妇女权益保障法》《婚姻法》《未成年人保护法》、新两纲等法律法规，并为妇女群众现场解答有关妇女维权方面的知识。

【《两纲》评估】 根据市、区妇儿工委关于做好《两纲》中期评估工作安排，一是制定迎检方案。二是召开《两纲》中期评估工作协调会，明确在《两纲》中期评估工作中各成员单位的工作职责和具体任务。三是做好《两纲》监测统计数据的收集、梳理、汇总工作。市检查组在对《两纲》中期评估工作进行全面检查，顺利通过市妇儿工委的检查验收。

【巾帼志愿服务】 一是推进巾帼志愿服务队伍建设。通过多种形式组织招募巾帼志愿者，把热心社会公益事业，乐于奉献的女党员、女干部、女教师，吸引到巾帼志愿者队伍中来，广泛吸收各行各业的妇女加入巾帼志愿者队伍并做到有巾帼志愿者花名册，活动信息等资料；二是联合团区委组织巾帼志愿者在张公山社区开展“美丽禹会 青年行动”志愿者集中服务活动。活动现场开展义务整治老旧小区环境，提供专家义诊、测量血压、春季疾病知识预防宣传、消防知识入户、维修电器等20多项便民服务。

【关爱儿童】 成立关爱留守儿童志愿服务队伍，在乡镇、社区开展关爱活动。区妇联联合辖区区域化共建单位先后深入希望小学、马城小学进行“六一”慰问，并建立长期结对帮扶机制。“六一”期间，开展“同片蓝天，同享幸福”公益活动，组织50多名留守儿童、残疾儿童畅游儿童娱乐城，并招募10多名青年巾帼志愿者陪伴他们度过别样的儿童节。区领导班子率部分妇儿工委成员单位看望慰问张公山第一幼儿园、张公山第二幼儿园、张公山第三幼儿园和马城镇孝义小学的全体师生，为孩子们送去节日礼物，并和孩子们欢聚一堂共庆六一儿童节。在前进二小、师范二附小等6所小学及社区开展“让我玩”公益体育活动。

【家庭创建】 一是继续倡导美丽家园由美丽家庭做起，组织全区村妇代会主任参观学习市级美好乡村示范点长青乡宗洼村的做法和经验。二是继续开展“万户低碳家庭行动”，利用展板及发放《低碳生活进家庭知识手册》向居民宣传环保理念，倡导健康生活方式。三是开展五好文明家庭、平安家庭创建活动。联合区综治办印发《关于进一步深化平安家庭创建活动的实施意见》,联合区文明办印发《关于深入开展五好文明家庭创建活动实施意见》,完成500户五好文明家庭及平安家庭的创建标目标。四是发动乡镇、社区开展寻找"最美家庭"活动。区妇联下发《禹会区2015年寻找"最美家庭"活动实施方案》,张贴寻找最美家庭宣传画、发放《致全区广大妇女及家庭的一封信》及寻找最美家庭宣传单等,鼓励辖区居民通过自荐、推荐等方式参与到活动中来,最终有6户被评为市级"最美家庭"。五是开展"书香家庭 亲子悦读"活动,培养家长和孩子共同阅读的兴趣和习惯,营造"人人爱读书、家家飘书香"的良好社会氛围。活动中,秀水社区开展"亲子阅读 诵读经典"活动;喜迎门社区开展"与父母共读一本书"亲子阅读活动。其他乡村、社区也开展了不同形式的阅读活动。

【扶贫济困】 一是利用春节、"三八""六一"等节日,为特困母亲、困难儿童等弱势群体送温暖。元旦春节期间,帮扶40户贫困妇女家庭;母亲节期间,对辖区19户贫困妇女家庭进行救助;二是开展"庆六一 助春蕾"主题活动并举办启动仪式,区妇联协调动员社会各界人士献爱心,拓展"春蕾计划"领域,关爱留守流动儿童,帮助困难妇女儿童解决突出问题,有20名困难女童获得爱心人士提供的每人500元爱心资助和长期结对帮扶。

【妇女之家建设】 2015年是社区组织换届年,区妇联会同区委组织部、民政局联合印发《关于在全区城市社区居民委员会换届选举中抓好社区妇联组织换届选举工作的通知》,确保社区妇联换届工作在社区"两委"换届选举中同步开展、同步推进。以妇女之家为平台,发动基层妇联依托妇女之家,为妇女群众"送知识""送智慧""送温暖"。开放读书室、电子阅览室、活动室,不定期组织妇女学习党的惠民政策,收看远程教育课程,举办专题讲座,提高妇女群众的能力素质。通过成立机构开展不同形式的活动,使基层妇女之家真正成为党开展妇联工作的坚强阵地和妇女喜爱的温暖之家。

2014

工 商 联

【概况】 全区工商联工作紧紧围绕区委、区政府发展禹会、建设禹会工作中心,解放思想,推动科学发展,促进社会和谐,服从工作大局,服务会员企业,促进非公经济人士健康成长。禹会区在2014年度省委省政府《关于2014年度全省发展民营经济考核结果的通报》中被考核为"2014年度发展民营经济考核得分位居前列的县(市、区)"。

【学习培训】 2月,组织学习省工商联《关于在全省范围内开展对影响非公有制经济发展"三门"问题大调研的实施方案》。5月,组织中海融资担保公司、华宇投资公司、金星小贷公司、名都置业公司、筑金开发公司、安银公司等15家规模以上有投融资行为的非公经济实体共同学习国务院颁布的《国务院关于进一步促进资本市场健康发展的若干意见》;组织创业机电有限公司、华天焊割科技有限公司等12家有营销特色的企业负责人到营销工作具有一定特色的"欧神若陶瓷蚌埠营销中心"学习参观考察。6月,组织20余位具有一定代表性的辖区非公经济代表人士学习文件、学习《全国工商联章程》。组织安徽万宝玻璃公司副总经理王文庆、蚌埠筑金投资咨询公司董事长胡甲庆、安徽普源离心机械公司总经理沈云旌和副总经理沈云翔等4人参加市委统战部和市工商联在市委党校举办的全市非公有制经济代表人士培训班。9月,组织辖区创业机电有限公司、晶菱机床有限公司、安徽普源分离机械制造有限公司等8家民营企业负责人到淮南市淮南唐兴液压机械有限责任公司等4家企业进行参观考察交流。10月,组织华宇投资有限公司、安徽科洋印务有限公司等30余家中小企业会员单位参加市委组织部、市经信委、市人力资源保障局、市商务局和市工商联等5家单位联合举办的"2014·中国(皖北地区)宏观经济形势与地方经济发展高峰论坛";组织10位部分企业家参加市联和市教育局安排的对市重点学校蚌埠新二中学校、北师大(蚌埠)学校和蚌埠市特色教育学校等教育单位进行参观考察指导活动。

【为会员服务】 1.为会员提供融资服务:3月,为蚌埠神龙笔业公司协调贷款;4月,为安徽创业机电公司在蚌埠农商行协调解决400万元的资金支持。2014年总计为178户中小微企业作融资担保贷款逾10亿元人民币。区工商联副主席单位、蚌埠市金星小额贷款公司2014年为蚌埠天一锅炉公司等10多家企业累计融资2000余万元,有效缓解了企业生产流动资金运转不畅的难题。2.为会员提供政策信息服务:2月,将省委统战部、省工商联在近期即将开展的在全省范围内对影响非公有制经济发展的"玻璃门""弹簧门""旋转门"(简称"三门")问题进行一次专项调研活动信息通过网络邮箱向工商联执委以上单位发送;3月,将《蚌埠市人民政府关于调整蚌埠市区城镇土地使用税等级范围和适用税额标准的通知》通过网络邮箱向广大会员单位发布。6月,把中国人民银行将对符合审慎经营要求且"三农"和小微企业贷款达到一定比例的商业银行下调人民币存款准备金率0.5个百分点"的利好信息,通过网络邮箱向相关的会员企业发布。3.协调解决发展中问题:1月,为会员单位蚌埠市联威移门解决经营发展中的问题;4月,为安徽科洋彩印公司退税理顺关系;5月,为安徽晶菱机床有限公司与高科能源公司牵线搭桥,达成合作互补意向。4.为企业提供用工服务:3月,促成南京自控仪表有限公司与安徽蚌埠机电技师学院达成招聘用工服务;5月,促成安徽(蚌埠)煤田技师学院和安徽高科能源有限公司合作,企业参与学院举办的用工招聘会。5.组织辖区10多家有用工需求单位积极参加市联和市人社部门举办的劳动用工招聘会。

【光彩事业】 区工商联积极引导会员投身光彩事业,主动承担社会责任。1月,蚌埠行星工程机械有限公司捐助秦集镇天河敬老院人民币6000元;安徽环宇塑胶制品有限公司捐助蚌埠市福利院价值人民币6000元的生活用品。4月,区民营企业家,安徽好思家涂料有限公司董事长王琦先生到马城镇花园小学看望在校的学生,并送去价值人民币1万元的学习用品。5月,蚌埠市中海关爱少年儿童基金会委托市工商联和区工商联到蚌埠市东海七村离退休人员活动室,捐助来到这里的6位少数民族困难学生每人1000元人民币,并向这六位少年儿童致以亲切的节日问候。庆祝第30个教师节,蚌埠市中海关爱少年儿童基金会的若干企业家们向全区困难教师群体捐资人民币10万元。原蚌埠江淮车轮有限公司瞿勇董事长个人出资35.995万元资助97名辖区内历届、应届家庭贫困大学生。10月,蚌埠市行星工程机械有限公司成立"蚌埠市行星人才关爱教育基金会",该基金会将首次以奖学金方式向蚌埠学院机电系33名品学兼优的大学生颁发每人3000元合计人民币10万元的奖学金,以助学子们健康成长。

【队伍建设】 2014年12月29日召开区工商联执委会。年内接纳安徽嘉怡景服饰有限公司、蚌埠市乐淮矿泉水有限责任公司(蚌埠市荆涂石榴专业合作社)、蚌埠市筑金开发有限公司、蚌埠绿源精细研磨设备有限公司、蚌埠市比尤特包装印务有限责任公司为工商联新的会员单位。

2015 工商联

【概况】 2015年,区工商联在区委、区政府领导下,在区委统战部的指导下,围绕区委、区政府发展禹会、建设禹会工作中心,解放思想,推动科学发展,促进社会和谐,服从工作大局,服务会员企业,为企业牵线搭桥。

【参政议政】 组织会员企业参与民营企业信息网上直报工作。在禹会区人大十六届五次会议和禹会区政协八届四次会议上,工商联界别的人大代表和政协委员对禹会区的发展提出四条建议、13条提案,在2015年,这些建议和提案均得到圆满的解决和落实。2015年12月,在禹会区人大十六届六次会议和禹会区政协八届五次会议上,工商联界别的人大代表胡俊杰等三人提出人大建议3条和政协委员胡延孟等14人提出政协提案31条,为禹会区的政治、经济和社会发展献计献策。

【学习培训】 元月,区工商联率部分企业家走访考察界首市工商联(商会)组织建设和为民营经济发展做好服务工作的经验。4月,工商联执委会学习《中华全国工商业联合会章程》;区工商联聘请禹会区国税局局长为企业家们解读小微企业享受所得税、增值税暨企业固定资产可加速折旧等税收优惠政策;聘请禹会区市场监督管理局副局长解读企业工商年报申报工作要求、购销合同申请质押融资、专用商标权质押融资以及企业守合同重信用的认定等服务企业的专项业务知识等;组织安徽普源离心机械制造公司、嘉怡景服装有限公司等10位民营企业家参加市联在浙大举办的"企业家高端培训班"的学习培训。5月,区工商联携安徽创业机电设备公司到固镇工商联和固镇工业园区考察。7月,组织学习《安徽省人民政府关于金融服务"三农"和实体经济发展的意见》《安徽省人民政府关于深化农村金融综合改革的意见》。11月,组织13家小微企业共同学习《蚌埠市人民政府办公室关于印发蚌埠市设立中小企业续贷转贷过桥资金实施方案的通知》。

【评先评优】 8月,区工商联推荐蚌埠行星工程机械公司、蚌埠通达汽车零部件公司、蚌埠市嘉怡景服装公司和蚌埠天源气体公司等四家单位参加蚌埠市评先评优活动。11月,经推荐,蚌埠明月草有限公司的信息直报员胡甲庆总经理被安徽省工商联授予民营企业信息直报单位"先进个人";安徽华天焊割科技有限公司被安徽省工商联授予信息直报点企业"先进集体"。

【为会员服务】 为有融资意向的会员单位提供服务:4月,为会员企业安徽神龙笔业有限公司与市工商银行小微金融业务中心牵线搭桥;5月,区联利用神龙笔业公司"凯凯"牌注册商标,协调蚌埠市市场监管局商标科负责同志到该公司考察商标抵押可融资事项;5月,为解决嘉怡景服装公司流动资金,与蚌埠市市场监管局商标科联系,请求给予该企业办理动产质押融资手续;11月,邀请税务、银行等部门举办"税融通"座谈会,让小微企业了解市政府出台的扶持小微企业的政策,并伍佰超市与市建行朝阳支行联系,达成90万元的"税融通"小额流动资金的贷款支持。为会员单位提供政策信息服务:2月,通过邮箱和短信向各会员单位转发国务院会议精神,让各会员单位在第一时间了解到党和国家扶持中小微企业的政策;6月,把市政府对企业续贷、转贷要"过桥"伸手扶一把的政策转告会员单位,使安徽科洋彩印公司成功的从市蚌投公司下属的中途公司获取150万元的续贷转贷过桥资金、安徽高科能源公司从市蚌投公司下属的中途公司获得300万元的过桥资金支持;8

月，将省光彩事业会拟对全省小微企业融资贷款最高贴息5万元的帮扶活动信息提供给最需帮扶的小微企业，区内小微企业神龙笔业公司、黄敏肉牛养殖公司和安徽科洋彩印公司等3家单位被市工商联推荐到省光彩事业会审核，以便能享受贷款贴息的帮扶资金支持。2月，区工商联召开2015年银企融资座谈会，与会的13家有融资需求的企业就当前银行与企业之间的融资进行了有效的沟通与交流，推动了中小微企业的发展。8月，促成中海融资担保有限公司为黄敏肉牛养殖公司出具担保函为其担保。

【组织交流】 元月，区工商联率领部分企业家走访界首市工商联（商会），安徽晶菱机床有限公司、安徽创业机电有限公司与安徽菲茵特电梯有限公司分别就其机械装备改造和粮食输送机械动力系统的供给达成合作意向。3月，界首市工商联（总商会）一行10人到禹会区考察。5月，带领安徽创业机电公司等企业负责人走访固镇县境内的安徽海涛机械制造有限公司。8月，组织部分对铸件有需求的安徽晶菱机床有限公司、安徽普源离心机械有限公司等5家企业到淮南市翔辰机械有限责任公司参观交流考察。

【光彩事业】 引导会员投身光彩事业，主动承担社会责任。“六一”前夕，安徽万宝玻璃有限公司和蚌埠新宇建筑安装工程有限公司共同出资3万元购买文具盒书包资助禹会区马城镇北一中学的学生；蚌埠中海关爱儿童基金会的10位企业家出资2万元购买文具、铅笔和练习簿等学习用具，由区教育和体育局牵头分别到朝阳社区朝一幼儿园和秦集镇天河明星幼儿园分发给幼儿园的孩子们。8月，蚌埠行星工程机械公司在蚌埠学院设置的“行星奖学金”中投放人民币10万元，以助学子们健康成长。9月，蚌埠中海关爱儿童基金会为庆祝第31个教师节，出资10万元交禹会区教育局用于资助困难师生。

【会员发展】 本年度，区工商联通过企业申请、会员介绍、登门考察等程序吸收5名新会员单位：蚌埠市乐淮矿泉水有限公司、蚌埠市虹兴汽车贸易有限公司、蚌埠市绿源精细研磨设备有限公司、蚌埠能源集团有限公司和安徽天晟安防科技有限公司。

【完成上级交办工作】 多次组织区内15家企业监测点建设企业完成市工商联交办的网上填写企业调查问卷工作。4月，完成组织8位企业家参加浙大企业高端培训。5月，区工商联派人参加在北京举办的《中华工商时报》第一期通讯员学习班的学习培训。5月，区工商联派人参加省工商联举办的信息写作培训班学习。

2014 残疾人联合会

【概况】 2014年，禹会区残疾人联合会在区委、区政府的领导下，大力推进残疾人保障体系和服务体系建设，全面提升有关残疾人事业发展的各项工作，营造良好的助残氛围，加快残疾人步入小康社会进程，创建全省残疾人工作示范区。

【惠残民生工程】 按照“公平、公开、公正”的要求，坚持“应助尽助，一个不漏”的原则。成立民生工程领导小组，制定《2014年禹会区贫困残疾人生活特别救助实施细则》和《民生工程资金管理办法》，完善统计、宣传、督查等各项制度，保质、保量、及时、准确地完成惠残民生工程各项任务。完成全年省政府民生工程任务，对1639名贫困残疾人实施生活特别救助，其中一、二级残疾人1106人，三级残疾人533人，共发放救助金109.8万元。贫困白内障患者复明手术27例，回访率100%，满意率100%。贫困精神残疾人药费补助260人，发放补助26万元，回访100%，满意率100%。贫困残疾儿童抢救性康复项目任务数46人，实际完成48人。2014年一户多残家庭生活补助156户，发放补助资金26.21万元。贫困老年残疾人生活补助388人，发放补助资金37.21万元。

【康复服务】 禹会区残疾人康复中心成功申报省人工耳蜗和贫困聋儿（助听器）抢救性康复项目定点康复机构，从而成为全市唯一一所集脑瘫、孤独症、智障和听障四项安徽省残疾儿童抢救性康复项目定点康复机构。

1.社区康复：通过区残联要求申报《乡镇社区康复工作季度计划》《社区季度工作开展情况》，并配有康复工作开展情况图片等资料，使社区康复工作井然有序，大大促进了社区康复站（室）工作的开展。本年度接受服务残疾人3989人次，社区康复协调员累计69人。

2.视力康复：贫困白内障患者免费复明手术27例；低视力配用助视器38人；盲人定向行走训练34名。

3.听力语言残疾康复：本年度禹会区残疾人康复中心收训听力残疾儿童26名。开展家庭听力残儿康复训练9名。

4.肢体残疾康复：脑瘫儿机构康复训练16名；肢体残疾儿童社区、家庭康复训练13名；成人肢体残疾人社区、家庭康复1210人；贫困肢体残疾儿童矫治手术1例；

5. 智力残疾康复：智力残疾儿童康复机构康复训练6人；智力残疾儿童社区、家庭康复6人；成人智力残疾人社区、家庭康复7人；

6.精神病防治康复：监护精神病人634人，接受医疗救助的贫困精神病人563人，孤独症儿童康复训练9人。

7.残疾人辅助器具供应服务：残疾人假肢装配5例，残疾人矫形器装配6例，其他辅具供应91件，其中国家彩金享受残疾人免费发放64件。

8.儿童残疾预防：本年度新诊断0~6岁残疾儿童14人。利用“爱耳日”“盲人节”“聋人节”等节日开展大型宣传教育，儿童残疾预防、知识讲座等活动。

9.康复人才培养：培训康复管理人员25人，培训康复业务人员65人，培训社区康复协调员65人。

【残疾人就业】 落实残疾人就业政策，将未就业残疾人中有就业能力和就业愿望的残疾人纳入就业援助范围，采取资金补助、税费减免、用工奖励、免费培训等措施，推进残疾人就业和创业。实施“万人就业工程”，投入资金16.8万元，对70名创业残疾人和8名农村残疾人大棚种植户每人一次性无偿提供3000元创业启动资金。投入24.6万元，对以个人身份交纳职工社保的残疾人、公益性岗位安置的残疾人、超比例安置残疾人单位进行补贴。依托残疾人就业培训基地和农业技术部门，采用集中办班和分散培训的形式，开展残疾人职业技能培训，全年举办各种职业技能培训班5期，培训残疾人182人。开展残疾人就业调查、就业登记、职业介绍、就业援助、就业招聘工作，走访残疾人3000人次，介绍就业210人次，举办春、秋两季残疾人就业招聘会，17家企业提供岗位35个，录用残疾人25人，全年新增就业77人。

【助残活动】 区残联、乡镇、社区残联成立志愿者服务站13个，制定助残志愿者征集、管理、服务、培训、表彰等管理办法，为500名助残志愿者建立档案。与蚌埠医学院、安徽财经大学商学院、安徽电子信息职业技术学院等高校共同建立“大学生助残志愿者基地”，开展“爱心1+1”，“居家助残”“阳光助残 与爱同行”等主题活动，每周日为30名残疾人子女提供义务家教，定期上门为重度残疾人家庭服务。发动辖区企业志愿者开展文化助残活动，筹集资金1.1万元，为73名贫困重度肢残人订阅全年“淮河晨刊”，麦当劳和大白鲸游乐园在六一期间，免费为18名残疾儿童提供食品和游乐活动。区残联积极倡导助残志愿行为，把每年三月的第三个星期日定为“禹会区助残志愿者活动日”，2014年3月16日，在南岗游园举办广场演出和志愿服务，弘扬助残行为，征集助残志愿者。

【宣传文体活动】 通过各种主流媒体宣传惠残政策、助残事迹、残疾人自强典型。全年在省、市报纸、电视上发表宣传稿件38篇，参加省残联、省残疾人事业新闻宣传促进会共同举办的2012—2013年度安徽省残疾人事业好新闻评选，区残联选送的新闻稿件《创业还债 盲人兄弟一诺千金》获文字类一等奖，《追梦的赤子段诗闻》《从跑社区诉苦到私营养鸡场主》获文字类三等奖，《社区开设盲文普及班》获摄影类三等奖。举办“我梦最美残疾人才艺展”，展出残疾人创作的各类艺术作品46件（篇），选送17件作品参加蚌埠市残疾人书画展。各乡镇、社区因地制宜，广泛开展“文化周”和“健身周”活动，举办各具特色的文化、体育活动12次，参加人员260人次。全国肢残人活动日（8月11日），国际盲人节（10月15日），全国特奥日（7月20日）、区肢残协会、盲人协会、精神（智力）残疾人及亲友协会组织文化、体育活动6次，参加活动残疾人280人；在10月26日举办的安徽省第六届残疾人运动会上，禹会区残疾人运动员孔琪取得女子铅球项目金牌和标枪项目银牌，吕玉越取得中国象棋比赛银牌。10月，吕玉越代表安徽省参加全国第六届残疾人运动会。

【残疾人信访维权】 区、乡镇、社区残联成立“残疾人法律援助工作站”，2014年处理省、市、区交办的信访事件3起，提供法律援助4起，调解重大纠纷3起，残疾人获得经济补偿10万元。区残联2014年接待残疾人信访673批（次），712人次，信访问题办结率100%。配合区政府征迁拆违和三边三线整治，帮助征迁残疾人困难户3户，向住建委提出盲人和重度残疾人住房优先分配建议，得到区政府的采纳。

【组织建设】 建立专业、规范、高效的残疾人工作者队伍，区残联按照规定的程序，为乡镇、社区、村配齐残疾人专职委员和助理员，全区有残疾人专职委员12人和助理员49人，举办残疾人工作者培训班5期，培训对乡镇、社区残联工作者120人次。为了全面掌握全区残疾人基本状况，区残联成立专门组织，制定调查方案，培训调查人，深入开展残疾人基础信息核查，2014年，对4928名残疾人的基础信息进行核查，11月10日完成自查和抽查。

2015 残疾人联合会

【惠残民生工程】 2015年省政府调整民生工程项目，区残联负责落实“贫困残疾人救助与康复民生工程”。区、乡镇、社区各级残联调整“民生工程领导小组”，在乡镇、社区建立《民生工程联络员制度》《民生工程信息报送制度》《民生工程回访宣传制度》《民生工程绩效考评制度》。根据省、市残联要求制定《2015年禹会区贫困残疾人救助与康复实施办法》，举办两期“民生工程管理系统培训班”，对民生工程系统录入人员进行培训。2015年6月底，对符合救助条件的1211名残疾等级为一、二级贫困残疾人和601名三级贫困残疾人，共1812人发放救助金120.92万元，超指标171人，超额发放救助金11.12万元。完成贫困白内障患者免费复明手术37例，按照全国白内障创建工作标准，年内全面完成“六个无障碍”，为212位白内障患者实施手术，并荣获“全国白内障无障碍区”称号；向320名贫困精神残疾人发放药费补助；坚持“定点机构训练、质量考核合格、政府购买服务”路径，救助45名残疾儿童开展医疗康复和康复训练。2015年一户多残家庭生活补助174户，发放补助资金29.23万元。贫困老年残疾人生活补助444人，发放补助资金42.62万元。

【社区康复服务】 禹会区将社区康复作为推进康复事业发展的战略要务来抓，努力形成“领导重视、队伍充实、平台夯实”的工作基础；大力推动将残疾人社区康复纳入社区卫生、社区建设、社区服务等基层基本公共服务体系；充分利用和调动社区资源，开展社区康复，推广简便、易行、受益广的康复内容，使残疾人在家庭和社区得到便利、有效、持久的康复服务。2015年接受社区康复服务的残疾人4722人；为40名低视力患者适配注视器；开展盲人定向行走训练一期10人；开展残儿听力语言康复9名，其中装配人工耳蜗1名、助听器1名，康复训练7人；开展残儿肢体残疾康复18名；开展成人肢体残疾人社区、家庭康复1117名；开展智力康复25名，其中智力残儿社区、家庭康复16名，成人智力残疾人社区、家庭康复9名；开展精神病防治康复512名，其中接受医疗救助的贫困精神残疾人394名，开展孤独症儿童康复训练14名；开展残疾人辅助器具供应服务417件，其中国家彩金项目残疾人免费发放236人。

【康复机构建设】 坚持“满足需求、合理规划、严格质量”原则，扎实推进康复服务机构、辅具服务机构和人才建设。禹会区残疾人康复中心，有管理人员4名，业务人员22名，其他人员9名。中心按各类机构的准入、评估标准和中国残联制定的“康复机构服务规范”和“康复机构分级管理标准”，规范机构管理。2015年举办各类残儿家长培训班7期，培训197人次；举办残疾人工作者康复培训班2期，培训89人次。中心本年新收训各类残儿192名，其中：孤独症康复训练儿童38名、脑瘫儿童康复训练80名、智障儿童康复训练52名、听障儿童康复训练27名；开展残疾儿童康复服务132人次。

【儿童残疾预防】 抓好儿童残疾预防工作，真正将儿童残疾预防工作提上议事日程，利用各类“残疾日”“爱耳日”“爱眼日”“志愿者活动”等节点并经常性地加强残疾预防宣传工作，普及残疾预防和康复知识，提高公众残疾预防意识。全面开展0~6岁儿童残疾筛查工作，儿童残疾筛查是残疾预防的重点工作之一，本年度新诊断出残儿17名。与卫计委、妇幼保健部门加强合作，推动建立筛查工作长效机制，加强服务能力建设，对筛查出来的残疾儿童采取积极申请康复训练救助、配发辅具等项目，使他们得到及时有效的妥善康复治疗训练。

【残疾人就业】 禹会区残联按照中国残联“残疾人就业服务机构规范化建设”要求，在区委、区政府的高度重视和大力支持下，建成“禹会区残疾人就业服务所，于2015年7月1日正式投入使用。禹会区残疾人就业服务所，位于长乐路550号(丰原小区内)，面积300平方米，设有就业服务大厅、职业评估室、劳动争议调解庭，开展“按比例安排残疾人就业年审”“就业信息发布”“残疾人职业介绍和技能培训”“残疾人就业援助”“残疾人职业能力评估”，并联合区人社局设“残疾人劳动争议仲裁”和“残疾人下岗失业登记”等专业窗口，为残疾人提供“一站式”就业服务。禹会区残联主动联系用人单位，收集适合残疾人工作的岗位，举办“禹会区残疾人就业招聘会”，为肯德基、欧尚超市、欣康盲人推拿馆等10家单位，提供会计、统计、保安、美工、按摩师等共49个职位，提供420个岗位，招聘视力、听力语言、肢体残疾人，120名残疾人与用人单位达成用工协议。区残联经过考查，按照安置不少于10人，辐射不少于20人的要求，在马城镇“劲隆农业科技有限公司”和“龙海养殖有限公司”建立农村残疾人就业扶贫基地，在“创业机电有限公司”建立城市残疾人就业扶贫基地，三个基地安置、带动52名残疾人就业，各基地与残疾人签订一年以上的合同，提供培训、实习、供应和销售一条龙服务。禹会区采取基地+学员的形式，开展“定单式”职业技能培训，从2015年9月中旬到10月中旬，开展“残疾人职业技能培训月”活动，“残疾人就业扶贫基地”参与制定培训课程，派人传授实用技术，带领学员实地观摩，提供一定的岗位和项目，招录聘用或带动辐射残疾人就业。2015年培训残疾人112人，超额完成全年培训任务。继续执行残疾人创业扶持政策，投入18.3万元，对57名创业残疾人和8名农村残疾人大棚种植户进行创业扶持，投入24.6万元，对交纳社保残疾人、公益性岗位招录的残疾人、超比例安置残疾人单位进行补贴。

【助残活动】 区残工委制定《禹会区关爱残疾人志愿服务活动年度计划》，对2015年志愿助残活动进行详细的部署，区残联印制宣传画15张和“致广大残疾人朋友的一封公开信”500份，在社区宣传栏内张贴，向残疾人宣传本次活动的内容和意义；在新闻媒体上发表稿件3篇，宣传助残事，走访受助残疾人家庭，了解服务需求，让残疾人能及时得到志愿服务，全区结对定向帮扶残疾人201人，签订帮扶协议，定期走访，加强联系，及时帮扶；区残联、工商联举办“企业家爱心助残”捐款活动，发出倡议书、设置募捐箱，为特困残疾人捐款，为8名特困残疾人家庭每个发放1000~3000元生活救助，于10月18日举行捐赠仪式；各乡镇、社区助残志愿者服务站广泛开展助残服务，全年523名志愿者，提供服务11项，服务总时间14600小时，431名残疾人得到帮扶；2015年12月31日，禹会区“阳光助残 青春同行”项目，获“第二届安徽省青年志愿服务项目大赛一等奖”；2015年3月21日，区残联成立全省首家“爱心助残志愿者活动基金”，为助残志愿服务提供必要的保障。

【宣传文体活动】 配合加快推进残疾人小康进程，不断营造和优化外部舆论环境，不断丰富残疾人的精神文化生活，为残疾人事业发展和残疾人状况改善发挥作用。区残

联5月19日，举办“残健携手 共奔小康”演讲比赛，15名残疾人和助残志愿者参加比赛；7月始，区残联开展文化周活动，各乡镇、社区结合本地特色，广泛开展绘画、剪纸、读书、广场舞等活动，共举办各类文化活动20场，约500人参加文化周活动。

【残疾人信访维权】 区、乡镇、社区法律援助工作站2015年接待残疾人信访439批次，471人次，处理市长热线3件。为做好创建全国文明城市活动，切实抓好辖区残疾人无障碍建设和管理工作，禹会区成立无障碍建设和管理督查检查组并专门出台《禹会区无障碍监督检查工作落实方案》，针对辖区无障碍设施情况进行全方位地检查，涉及金融、商场、超市、电信、供电、供水、燃气、学校、邮政、红绿灯、药店、公交、主次干道、背街小巷、公共厕所、医疗机构、新建居民小区、农贸市场、餐饮、旅行社、文化馆、社区服务中心、文明村镇等20余家责任单位和行业主管部门。据统计，此次专项督查共排查出亟待改造的问题和隐患262处。区无障碍督查组将督查情况逐一反馈给相关单位，要求相关责任单位按照无障碍设施建设和管理规定限期整改，并将整改落实情况上报区创城办，确保无障碍建设和管理工作落实到位。

【示范区建设】 区政府与省政府残疾人工作委员会在2013年签订《创建全省残疾人工作示范区目标责任书》，2015年把禹会区建成“全省残疾人工作示范区”。在区委、区政府的高度重视下，在区残工委各成员单位的共同努力下，经过两年的工作，禹会区全面完成创建“全省残疾人工作示范区”各项目标任务，2015年12月31日，省政府残工委正式授予禹会区“全省残疾人工作示范区”称号。

法　治

●综述

●公安

●检察

●法院

●司法行政

2014 综述

【概况】 2014年，禹会区综治工作在上年度种种事件影响下，5月，被省确定为社会治安综合治理工作重点管理县（区）。面对负面影响，全区政法干警精诚团结，围绕严厉打击违法犯罪活动，加大社会矛盾化解力度，推进“平安创建”工作，维护社会和谐稳定。

是年，禹会区政府出资100余万元，新招聘治安协警员50人，充实公安巡防大队30人、马城派出所10人、交警大队10人，用于增强社会治安防控力量。区公安分局开展人民群众安全感和满意度“双提升”百日攻坚活动，成立两个5人街面专职治安巡防小组，在主要街面进行治安巡逻；各城区派出所成立一个3人专职巡逻队，每天不定时或错时在城区主要路段、商业街区、人员密集区域和居民小区开展专职治安巡逻；马城、长青派出所各组建一支专职巡逻队，每天在街区集市、主要道路、各行政村等地有针对性地开展治安巡逻，并利用农村广播宣传安全防范知识；城乡社区警务落实“一村一警”警务模式，对违法犯罪分子起到威慑作用，群众见警率大大提高。在中小学建立反邪教警示教育基地15个；对39个行政村进行“无邪教村”评审命名。

【打击违法犯罪】 区公安部门坚持以“命案侦破”和“打黑除恶”为龙头，开展“春节行动”“夏秋季行动”“冬季行动”“利剑–3号”等一系列专项行动，严厉打击严重暴力犯罪。年内共立刑事案件1767起，同比下降5%，其中八类主要刑事案件发案24起，同比下降21%；侵财案件发案1578起，同比下降25%。侦破刑事案件686起：发生命案1起，破命案2起(其中一起为14年前的命案隐案)。加大违法治安管理案件的调节和查处力度，受理治安行政案件7309起，查处7309起，查处率100%，其中调解4362起，治安处罚6244人。区法院共受理各类案件3185件，审（执）结3164件，其中受理刑事案件371件，审结358件（含旧存），结案率为96.49%。区检察院共受理各类提请批捕刑事案件228件317人，批准、决定逮捕202件280人，受理移送审查起诉案件379件550人，提起公诉338件487人，移送他院审查17件21人次。

【治安防范专项行动】 社会治安重点地区排查整治活动。发动干部380余人次，群众1.5万余人次，开展社会治安重点地区大排查52次，排查出社会治安重点地区13个，确立市级督办重点整治地区2个，区级督办重点整治地区2个。各乡镇、社区和相关职能部门结合“三线三边”专项整治、文明创建等工作认真开展整治活动，公安机关立刑事案件26起，查处治安案件89起，惩治违法犯罪人员108人，13个社会治安重点地区整治完毕，2个市级督办和2个区级督办地区整治后治安环境良好，面貌焕然一新，重点地区整治工作成效明显。

打击非法采石集中整治活动。由禹会区委政法委牵头，成立打击非法采石集中整治指挥部，从2014年3月下旬起相继部署开展打击非法采石集中整治百日行动、常态化巡查防控及封山禁采工作，共扣押各类机械设备68台；张贴封山禁采公告300份，在10余条进山采石重要路口浇铸车辆禁入隔离墩26个，对现场阻碍查扣设备并辱骂恐吓执行公务人员的5名当事人进行强制带离，对2名当事人进行立案查处及网上追逃。对林场区域内及转移至外围的50余处非法采石碎石设备及场地进行20余次大规模联合集中整治，捣毁清除场地设施，查扣车辆设备，彻底打击非法经营者的采石及生产能力。安徽卫视、蚌埠电视台、《安徽法制报》《蚌埠日报》《新安晚报》等新闻媒体对禹会区打击非法采石集中整治行动进行数次跟踪报道。

淮河沿岸非法采砂集中整治活动。依法取缔非法采砂点1个，拆解非法采砂船只16艘，有效保障淮河沿岸坝体安全。

206国道交通安全整治和治超行动。通过设立交通卡点和加大道路巡查力度，对超载和存在安全隐患的过往车辆进行查处。针对国道两侧群众摆摊销售石榴存在重大安全隐患问题，蚌埠市公安局交警支队三大队联合相关部门开展整治行动，在安全区域设立4个集中销售点，对道路两侧摆摊设点予以清理，实行12小时不间断路面巡查，既维护群众利益，又保障道路交通安全。

打击非法传销专项活动。针对城乡结合部等地开展“2014皖剑”和“春季战役”等打击非法传销专项行动，出动人员2200余人次，车辆270多台次，发放《打击传销宣传手册》“一封信”等资料500余份。组织开展“无传销社区（村）”创建活动，9个社区和21个村被命名为“无传销社区（村）”。

【综治维稳信访工作中心（站）建设】 2014年5月13日，区委办、区政府办制定《禹会区乡镇、社区综治维稳信访工作中心建设实施方案》，统一制定组织网络、职责任务、工作制度、运行机制和工作流程等并张挂上墙。共建成综治维稳信访工作中心12个，其中一类中心9个，二类中心2个，三类中心1个；建成综治维稳信访工作站39个，其中一类工作站6个。在全区建立27个社区警务室，实现了社区民警全覆盖。张公山社区建立“社区服务110”平台，设立24小时在线的“服务零距离”百姓QQ群和“社区服务110”热线电话，受理解决群众诉求，该平台建立以来，共接待咨询、投诉80余次、解决居民日常求助73起、调处矛盾纠纷38起、解决群众生活困难问题42起。

【矛盾纠纷多元化解】 坚持社会矛盾源头治理，加强人民调解队伍建设，建立各类基层矛盾纠纷调解组织78个，其中专业性调解组织17个，人民调解员达235人次。乡镇、社区每半月、区每月召开一次矛盾纠纷排查调处协调会，对邻里纠纷、家庭矛盾等一般性矛盾纠纷进行排查梳理，研究化解矛盾的方法。2014年，全区共排查一般性矛盾纠纷576起，调处570起，调处成功率为99%，没有发生重大矛盾纠纷。

【平安创建】 2014年3月19日，开展2013年基层平安创建命名活动，新命名平安村7个、平安单位21个、平安学校4个、平安企业4个、平安医院2个和平安小区9个，并在全区通报表彰，以基层平安促进全区平安。大庆路小学和前进路第二小学被评为市级"平安学校"。

【禁毒工作】 区禁毒委开展禁毒宣传"六进"活动，开展"2014春风行动""纪念虎门销烟175周年大型禁毒宣传"等禁毒宣传及巡回展览活动12次，组织23人赴蚌埠戒毒所参观学习戒毒工作相关程序及业务知识，组织13人到市社区戒毒工作中心进行岗位培训。区法院流动法庭在钓鱼台社区现场开展庭审活动,使社区居民了解庭审程序,同时接受法制教育。

【维稳工作】 2014年，禹会区成立维护社会稳定应急处置指挥部，下设"两大队一直属中队"，即以公安巡防大队为主体的执勤大队(40人)，以行政执法大队为主体的备勤大队(80人)，以政法、信访、宣传、交警、消防、卫生、司法行政等部门参与的直属保障中队(15人)。"两大队一直属中队"在区维护社会稳定应急处置指挥部的领导下，针对辖区突发性、群体性事件，开展警戒、疏导等应急处置工作，切实维护社会大局稳定。在重点敏感时段，共启动维稳应急预案7次，切实加强值班备勤，每日实行信访稳定"零报告"，对重点信访人员、涉法涉诉信访人员，严格落实包保制度和重点信访维稳问题专题调度制度，保障重点敏感时期的社会稳定，受到市信访联席会议通报表扬。

【法治知识竞赛】 由禹会区委政法委牵头筹备，联合区委宣传部、区直机关工委、区教育局、区司法局、共青团禹会区委等五家单位于2014年12月2日、3日共同举办平安与法治建设知识竞赛活动。比赛在区政府大会议室举行，由辖区2个乡镇、涂山风景区、9个社区、区公安分局、区检察院、区法院、区教育局等16家单位选送的48名选手参赛。比赛经过二轮预赛，决出了8支代表队参加最后的决赛，经过紧张的必答、抢答和现场演讲三个环节角逐，喜迎门社区参赛队以总成绩排名第一荣获竞赛一等奖，长青乡和区检察院参赛队分获二等奖。

2015 综　述

【概况】 2015年，禹会区委提出，全区政法工作要以创新社会治理方式和治理能力，夯实基层基础为着力点，深入推进平安禹会、法治禹会和过硬队伍建设，强化综治工作整改，解除省社会治安综合治理重点管理，切实提高维护社会大局稳定、促进社会公平正义、保障人民安居乐业的能力和水平，为全区经济社会发展营造安全稳定的社会环境、公平正义的法治环境和优质高效的服务环境的工作目标。禹会区各级、各部门紧盯综治工作目标任务，积极开展整改和提升，综治工作面貌大有改观，安徽省综治委于4月底解除了对禹会区的社会治安综合治理重点管理。

是年，禹会区社会管理综合治理委员会更名为禹会区社会治安综合治理委员会，重新调整了区综治委组成人员，加强综治工作的组织领导。区委、区政府主要领导与12个乡镇、社区，34个成员单位和4家辖区企业签订《社会治安综合治理工作目标责任书》，逐级压实综治工作目标责任制。

【打击违法犯罪】 区公安部门坚持以侦破命案为龙头，将影响群众安全感的暴力犯罪作为打击重点，深入开展治安重点地区、重点场所排查整治，扎实开展"扫黄、扫赌、扫毒"专项行动，全区共立刑事案件1526起，同比下降6.9%，破获刑事案件349起：其中，立七类暴力案件5起(命案2起，强奸案3起)，破七类暴力案件8起，(含1起放火积案，2起命案积案)；立侵财类案件1362起，同比下降6.4%。

【社会治安重点地区排查整治】 全区2015年初排查出社会治安重点地区8处，确立张公山美食广场为市、区两级督办重点整治地区。整治过程中，公安机关破获刑事案件26件，查处治安案件85起，惩治违法犯罪人员53人，重点地区整治取得较好成效。

【特殊人群服务与管理】 对4名常住区易肇事外省籍人员所在社区落实包保稳控措施；加强易肇事肇祸精神障碍患者服务管理，将33名3级以上重症患者列为易肇事肇祸精神障碍患者重点关注，落实乡镇(社区)、村(网格片)、社区民警、家庭监护人"四位一体"包保责任制；区残联为690名精神障碍患者全部办理精神残疾证，每年享受药物治疗补助。

【危爆物品安全排查整治】 为深刻汲取天津港瑞海国际物流有限公司"8·12"危险品仓库特别重大火灾爆炸事故、芜湖镜湖区杨家巷私人小餐馆发生液化气罐爆炸造成17

人死亡的沉重教训，切实增强各级职能部门和基层单位做好危爆物品排查和安全隐患整治工作的责任感，禹会区综治办牵头组织开展二次危爆物品集中安全大排查大整治工作，全面排查全区所有从事危险品生产、储存、运输、经营、使用和处置的生产经营单位，并将检查情况登记造册，严格督促企业整改安全隐患，落实安全生产主体责任；排查整治工作中共检查各种危险化学品罐119个，各种汽油、柴油和液化气罐890个，查出各种隐患160处，执法检查部门出具执法文书，督促企业立即进行整改，消除各类安全隐患。

【非法采石集中整治】 禹会区打击非法采石集中整治指挥部开展打击非法采石常态化巡查、封山禁采及夜间突袭整治行动，成立二支巡山护林队开展常态化巡查；设置26个隔离墩和4座限高架，阻止大型采石机械设备及车辆进入林区；发布封山禁采通告并印制300余份，设置大型公告宣传牌4块，宣传巡山护林和打击非法采石的相关政策与法律。白天开展集中整治行动9次，夜间突袭行动58次，现场抓获盗采当事人3人，行政拘留1人，查扣采石车辆设备61台套；与淮南大通区开展联合执法2次，捣毁两区交界处的8处石料加工设备，对非法盗采形成极大震慑。

【校园周边环境综合整治】 为有力推进全国文明城市创建和全国未成年人思想道德建设先进城区创建工作，切实净化校园周边环境，禹会区综治办制定开展净化校园周边环境专项整治行动工作方案，召开专题工作会议进行部署，对校园周边环境整治工作做出细致安排，针对全区校园安全和校园周边安全隐患整治排查与落实开展了四轮排查，共梳理各类问题72个，以定期交办限期整改的方式交由各个职能部门和乡镇社区开展整治。

【矛盾纠纷多元化解机制项目建设】 全面启动“三调联动”工作体系项目和行业性专业性调解组织项目建设，成立区多元化矛盾纠纷调解项目建设工作领导小组，制定《禹会区健全人民调解、行政调解、司法调解“三调联动”工作体系项目建设实施方案》及《禹会区推进行业性专业性调解组织项目建设实施方案》，明确工作任务和完成时限。区综治委与各乡镇、社区及相关职能部门签订项目承办委托书，将项目建设责任逐级分解。全区成立56个人民调解委员会，委任专兼职调解员235人。建立区级矛盾纠纷联合调处中心1个，乡镇社区矛盾纠纷联调联处工作中心12个，村级矛盾纠纷联调联处工作室39个，行业性专业性调解中心（室）5个。建立“警民联调室”8个，选派16名人民调解员与派出所联合开展矛盾纠纷调解工作；区法院、区检察院建立诉调、检调工作室2个，开展联调对接工作。建立单修河个人调解室、李钧QQ调解室、周立顺行政调解室等一批人民调解机构和道路交通事故调解委员会、劳资纠纷（仲裁）调解委员会等行业性调解机构，有效化解矛盾纠纷维护社会和谐稳定。坚持社会矛盾纠纷源头治理，村每周、乡镇社区每半月、区每月坚持召开一次矛盾纠纷排查调处协调会，对邻里纠纷、家庭矛盾等一般性矛盾纠纷进行排查梳理，研究化解矛盾的办法与途径。2015年，全区共排查一般性矛盾纠纷377起，调处375起，调处成功率为98%，遇到问题就地解决。

【警民联调室建设】 禹会区成立区“警民联调”工作领导小组，制定《关于建立“警民联调”工作机制的实施方案》，在辖区8个派出所设立“警民联调”室，成功化解32例邻里纠纷、60余例家庭内部矛盾。

【平安创建】 2015年3月25日，开展2014年基层平安创建命名工作，授予朝阳社区等7个社区为“平安社区”，授予八里桥村等9个村为“平安村”；授予中粮生化(安徽)股份有限公司等7家企业为“平安企业”；授予蚌埠市安利医院等7家医院为“平安医院”；授予白衣初级中学等4所学校为“平安学校”；授予中央储备粮蚌埠直属库等16家单位为“平安单位”，并在全区通报表彰。

2014 公　安

【概况】 2014年，禹会区公安工作以党的群众路线教育实践活动为契机，紧紧围绕履行好“维护社会大局稳定、促进社会公平正义、保障人民安居乐业”三大任务，着力提高维护社会稳定、驾驭社会治安的能力，着力建设过硬队伍、树立良好形象，着力规范执法、提升执法质量和执法公信力，着力增强人民群众安全感、满意度，全力确保社会大局、治安局势、公共安全管理形势和公安队伍“四个稳定”，推动公安工作全面深入发展，营造辖区安全稳定的社会环境、公平正义的法治环境和优质高效的服务环境。

【维护政治稳定】 严密部署，精心组织，确保“亚信峰会”、南京“青奥会”环苏安保圈安保维稳安全。分局分别多次召开专题安保部署会，对巡逻勤务模式、社会面巡防及内部检查督导等做出细致部署。出动警力2656人次，动用车辆650余台次，参与大型活动安保30余次，圆满完成禹会区正月十五花鼓灯抵灯大赛、清明节前景区祭祀扫墓场所、涂山庙会、蚌埠市第二期花博会、冠宜国际大厦盛大开放日和文艺汇演活动等安全保卫工作。

【维护社会稳定】 全年排查化解矛盾纠纷2166件，妥善处置突发性群体性纠纷22起。加强源头治理和动态管理，运用社区网格化管理平台，获取各类涉稳信息，先后超前排查涉稳预警信息200余条，快速化解处置20起纠纷。集中开展矛盾纠纷大排查大调处活动。重点排查化解征地拆迁、农民工讨薪等引发的不稳定因素，建立完善村治保主任、社区民警、派出所、公安局、党委政府五级矛盾纠纷排查化解机制，成功调解华光集团生产死亡事故、中环水务水管爆裂等纠纷，查处柏庄"春暖花开"、喜迎门工地老板拒不支付劳动者报酬等案件，化解矛盾纠纷980余起。年内，公安分局共妥善处置第一、第四、第五人民医院等医患纠纷30多起及围堵中粮集团大门、春暖花开工地打架斗殴、打砸荣盛售楼部等事件。实施专项维稳：1.重点围绕"城市大建设"和重大活动，组织开展"访民意、出实招、促和谐"专题宣传活动，社区和户籍民警坚持主动服务，公安户籍管理工作主动服务于城市建设发展大局。2.办理"全能神"邪教案件8件，刑事拘留8人；起诉6人，取保候审2人。3.配合区政法委对3名"法轮功"痴迷人员进行转化教育，成功转化2名痴迷人员。张某为网上炒作"盐巴"被关押等事件。

【打击违法犯罪】 落实"严打"，组织开展"守护平安"—春季、夏秋行动，刑侦部门严打刑事犯罪战役"利箭—1号"行动、打击"两抢一盗"等多发性侵财案件、打击利用游戏机进行赌博等一系列专项斗争，坚决遏制和打击各种违法犯罪活动。2014年，禹会分局共立各类刑事案件1720起，比去年同期2297起下降577起，下降25.1%，破各类刑事案件686起，破案率为38.8%。其中故意伤害致死案件立案2起，破获2起，破案率100%；立七类暴力案件30起，破获27起，破案率90%；破获侵财类案件522起；追捕各类逃犯99名（其中命案逃犯1名，历年逃犯9名、外省逃犯22名）；破获涉枪涉爆案件2起，收缴枪2支、子弹100发、管制刀具16把。全年共抓获各类犯罪嫌疑人439人，刑事拘留326人、逮捕227人、移送起诉378人。摧毁各类犯罪团伙14个（其中恶势力团伙4个），瓦解成员90余人（恶势力团伙成员55名），追缴各类涉案财物总价值数70余万元。实行侦破命案一长双责制，破获"5·27"胡某故意伤害致人死亡案，破获2001年前命案隐案一起。破获省厅挂牌的冒充医生系列诈骗案、系列网络诈骗案，破获一特大诈骗团伙案、流窜团伙持刀抢劫案、诈赌团伙案、系列拦路抢劫案、团伙系列入室盗窃案，破获系列砸车窗盗窃重大案件，破获重大财物被盗案和利用电子遥控干扰系列盗窃汽车内财物案等一批有影响案件。在开展打击"两抢一盗"等多发性侵财案件中，破获侵财性案件212起，打击4团伙，抓获犯罪嫌疑人51名、破获系列案件8串，破获案件140余起。"利箭—1号"行动中破获案件160起，抓获犯罪嫌疑人36名，打掉团伙4个，破获省厅挂牌案件2个。通过"QQ追逃技战法"获悉因故意杀人被广西警方上网的逃犯曾某正藏匿在广西某地，6月16日，抓捕组远赴广西北海市将嫌疑人抓获。

【"守护平安"专项行动】 专项行动中破获侵财类案件522起，打掉7个团伙，抓获侵财类犯罪嫌疑人102人，开展集中返赃活动21次，返还追缴的现金及财物价值70余万元。3月起，禹会辖区接连发生多起拦路抢劫案，以重案队民警为主的专案组民警采取"5+2""白+黑"的非常规工作模式，走访排查、查阅视频监控，搜寻犯罪嫌疑人留下的蛛丝马迹。最终于6月24日23时许，在海关大坝附近成功抓获犯罪嫌疑人吕某，破获系列拦路抢劫案。4月始，在张公岛、第一人民医院等地连续发生轿车车窗被砸车内物品被盗案件，责任区刑侦一队抽调精干警力组成专案组，经过大量的走访排查、信息研判，于6月12日17时30分许，在张公山湖心岛东出口成功抓获犯罪嫌疑人李某，破获10余起砸车窗盗窃案件。

【技术破案】 2014年录入全国勘验系统1722起，录入十类案件245起，现场勘验率为100.8%，十类案件勘验率为100%，指纹提取152枚、足迹提取254枚、生物物证提取410份；利用指纹、DNA比中违法嫌疑人30人，直接破案32起。全年发布预警31篇、串并案件52串、发布分局刑事案件分析研判11篇及发布信息质量通报300余篇，跨区域平台发布协查信息264条，收建指纹卡1655份、DNA血样1114份、SIS采集913条。

【打击涉毒违法犯罪】 开展2014扫毒、百城禁毒会战等专项行动。实行领导包片、三天一推进等措施，推动禁毒攻坚会战深入开展。2014年，共破获涉毒案件54起，抓获犯罪嫌疑人54人，缴获冰毒363.76克，海洛因42.2克，麻古2粒。强制隔离戒毒118人，社区戒毒110人，新查获吸毒人员111人，清查娱乐场所186家，集中开展禁毒宣教活动26场次，发放各类宣传资料1100余份，铲除罂粟1064株。

【严惩经济犯罪】 破获省厅挂牌督办的特大组织领导传销案，先后查处非法运输卷烟、非法经营卷烟、非法经营烟花爆竹等案件。重点围绕传销、非法集资等涉众型经济犯罪，假币、信用卡诈骗、侵犯知识产权等与群众生活密切相关的经济犯罪，开展"5·15"打击和防范经济犯罪宣传日等活动，揭露常见犯罪手法，提高群众防范意识和能力。年内共受理各类经济案件34起，立案23起，破案14起。抓获各类犯罪嫌疑人27人，刑拘19名，取保候审17名，逮捕11人，移诉15起23名。案件涉案总值3000余万元，挽回经济损失500余万元。

【治安管控】 一是加强常态化消防检查，检查场所62处（次），下发《整改通知书》20份。二是加强动态化重点人口管理，做到"静知落点、动知轨迹、行知方向"，走访3000多户、215个辖区单位，帮助群众解决实际问题150件。三是规范行业场所管理，形成“查、防、控”管理机制。检查场所200余家次。四是加强治安乱点整治，在案件多发地段、时段以及复杂场所布设警力，排查治安突出问题和治安乱点数22个，整改22个，使治安突出问题得到有效整治，取信于民、服务于民。以打击食品犯罪保卫餐桌安全、危爆物品安全开展大检查大整治、打四黑除四害、治爆缉枪专项整治专项行动为抓手，深入推进社会治安整治。从巡逻防护、旅馆、留宿洗浴场所、网吧阵地管控等方面着手，积极构建常态化社会面巡防机制。年内，通过巡防抓获各类现行违法人员200余人，可防性案件下降10%。推进“一村一警”，抓好校园周边秩序整治，派驻兼职民警和132名专职保卫人员到城镇中小学和幼儿园，建立校园警务室。3月17日，钓鱼台派出所在迎河桥小学开展“反暴力入侵事件应急演练”活动。截至11月底，全区受理治安行政案件7309起，查处7309起，其中调解4362起，查处率100%；治安处罚6244人，其中警告1人，罚款228名，拘留474人。

【协同破案】 与市场监督管理局、烟草专卖局及检察院、法院等部门的协调配合，加大对食品、烟草等领域犯罪案件的侦办力度，破获公安部挂牌的生产销售伪劣卷烟网络案，查获假冒“玉溪”软盒香烟60条、“利群”新版硬盒香烟318条、红“南京”香烟385条；破获省厅挂牌张某等销售有毒、有害食品案，移送起诉7人；破获“仁和高速2013.10.13”运输伪劣产品等案件。

【打击黄赌】 全年共查处黄赌案件519起，其中治安案件503起，刑事案件16起；抓获涉案人员403人，其中涉黄人员36人，涉赌人员367人，刑事拘留36人，治安处罚367人，缴获赌博机300余台。年内，共破获涉赌刑事案件10起，刑事拘留25人，涉赌行政案件39起，治安拘留108人，罚款97人；收缴赌博机672台，捣毁涉赌场所39个，收缴赌资41405元，罚款89100元；查处涉黄案件5起，刑拘6人，治安拘留24人，罚款18人，“扫黄禁赌”取得显著成效。

【队伍建设】 区公安分局党委始终把思想政治建设置于队伍建设的首要位置来抓，深入进行“为何从警、如何做警、为谁用警”大讨论活动，从源头上解决“为谁执法，为谁服务”的思想意识问题。继续做好单修河那样的亲民爱民、执法为民的先进典型的培养选树工作，成立一支社区民警组成的“单修河班”。围绕实战、服务实战，全面开展武器警械使用、现场盘查控制、警情处置等实战训练。在“亚信峰会”安保期间，分局采取事先不打招呼方式，模拟发生持械斗殴警情，开展紧急拉动演练，对集结时间、人员情况、携带警用装备、警械武器情况等进行检测，使全体民警时刻保持临战状态，全力做好应急处突准备，确保随时拉得出、冲得上、打得赢。严抓执法规范化建设目标，在全分局进行一次执法质量的“大排查”“大检修”，对存在和排查出的问题采取明确单位、具体到人、挂牌整治。

2015 公安

【概况】 2015年，禹会区公安工作认真落实市局和区委、区政府决策部署，紧紧围绕基础信息化、警务实战化、执法规范化、队伍正规化“四项建设”，推动公安工作全面深入发展，营造辖区安全稳定的社会环境、公平正义的法治环境和优质高效的服务环境。

【维护稳定】 拓宽情报信息搜集渠道，广辟情报信息来源，加强情报信息收集和分析研判，5月，依法将“全能神”骨干江某、陆某执行逮捕移送起诉。全年共排查化解各类矛盾纠纷4500余起，处置群体性事件23起，处置个人极端暴力事件15起。圆满完成2015年涂山庙会等到安保任务。

【打击违法犯罪】 组织开展“春雷行动”“守护平安系列行动”“命案积案攻坚”“打击盗窃电瓶车摩托车和扒窃犯罪”“飓风行动”等专项行动为主线，坚决遏制和打击各种违法犯罪。年内成功破获“2001.6.14”“2007.08.03”杀人案，并协破黑龙江省黑河市“2001.07.26”故意伤害致死案。深入推进打击黑恶犯罪攻坚行动，全年共刑拘涉黑涉恶“九类犯罪”嫌疑人64人，上报涉黑涉恶团伙线索4个，打掉涉恶团伙3个22人。把盗窃、诈骗等群众反映强烈的犯罪作为打击

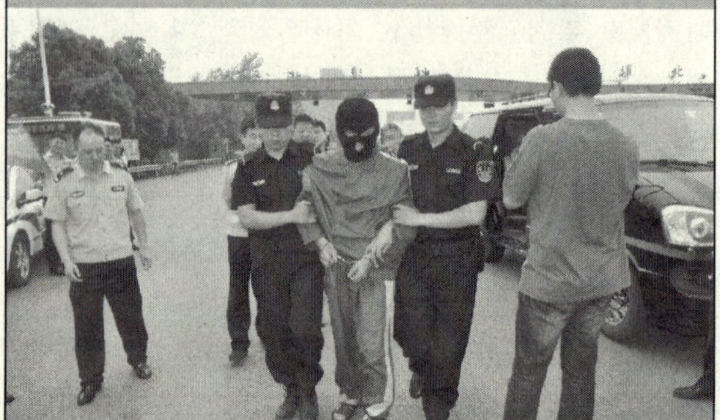

重点，采取多项措施，狠抓侦查破案，截至11月底，抓获侵财犯罪嫌疑人143人，破获侵财案件326起，破获许某系列盗窃电动四轮车案、钱某系列盗窃空调外机案、陈某系列扒窃案、顾某系列盗窃高档自行车案等系列案件15串，配合网监支队破获公安部督办的非法侵入计算机案件，抓获成员3人，打掉王某团伙入室盗窃案、成某团伙盗窃电瓶车案、钱某团伙盗窃电瓶车案、姜某团伙诈骗案等侵财犯罪团伙10个38人，组织各类返赃20余次，返还摩托车、四轮电动车、高档自行车、苹果手机、现金等赃物，总价值60余万元。经侦部门受理各类经济案件39起，立案37起，破案14起；抓获各类犯罪嫌疑人23人，移诉13起、23名；抓获逃犯2名，案件涉案总值1000余万元，挽回经济损失100余万元。截至11月底，共立各类刑事案件1808起，比去年同期1791起增加17起，与去年基本持平，破各类刑事案件480起，破案率为26.5%。其中故意杀人案件立案2起，破获2起，破案率100%，破获命案积案2起；立七类暴力案件10起，破获9起，破案率90%；破获侵财类案件326起；破获贩卖毒品案件37起；追捕各类逃犯62名（其中命案逃犯1名，历年逃犯14名、外省逃犯26名）。全年共抓获各类犯罪嫌疑人369人，刑事拘留317人、逮捕223人、移送起诉335人。摧毁各类犯罪团伙13个，瓦解成员60余人，其中摧毁侵财团伙10个38人，摧毁恶势力团伙3个22人，追缴各类涉案财物总价值数60余万元。年内侦破王某某销售有毒、有害食品案，周某某销售假药案，陆某某持有伪造假币案、唐某涉嫌销售假冒注册商标案等案件，一举捣毁位于市柴油机厂内的一处为制作假酒提供包材的大型窝点，现场收缴“古井原浆”“口子窖”“皖酒王”“柔和种子”等知名产品回收包装十万余件。

【刑侦信息化】 2015年，共录入全国勘验系统案件1797起，录入十类案件121起；十类案件勘验率为100%，指纹提取53枚，提取率43.8%，高于市局要求的12%；足迹提取96枚，提取率79.3%，高于市局要求的45%；生物检材委托数107起，委托率8.5%，高于市局要求的4%；利用指纹、DNA比中违法嫌疑人36人，直破案件36起。收建指纹卡1905份、DNA血样1338份、SIS手机信息采集1154条，发布信息质量通报80余篇。通过视频结合各类信息平台，深入研判抓获各类嫌疑人40余人，破获某系列盗窃电瓶车案、王某系列强奸、抢劫案等一批案件，并结合人像比对技术成功破获一起命案积案。年内，刑事技术部门共提取现场足迹32枚，提取现场指纹20枚，送检生物检材42份，通过指纹、DNA等刑事技术成功比中嫌疑人7名，直接破获案件7起。

【网上追逃】 通过全国在逃人员信息、人口信息、旅馆业管理信息等系统，及时核查、比对在逃人员；通过科技追逃、网络追逃等新型技战法及网格化巡逻抓获在逃人员。全年共抓获各类逃犯62名，其中命案逃犯1名，历年逃犯14名，外省逃犯26名。

【打击黄赌毒】 2015年，全区共破获毒品刑事案件54起，其中省厅涉毒目标案件1起（带破6起），抓获贩毒犯罪嫌疑人54人，收缴毒品491.07克，其中冰毒450.57克，海洛因40.5克。全年强制隔离戒毒107人，社区戒毒24人，新查获涉毒87人。踏查乡间村地500余亩，铲除非法零星种植罂粟苗1520株，立破行政案件20起、刑事案件1起，行政处罚20人，移送起诉1人。禁毒大队通过对在办涉毒案件的深挖，经过近两个月的侦查，成功破获“2015.03.15”省厅毒品目标案件，抓获韩、张等涉毒人员15名，缴获冰毒200余克，一条由阜阳市临泉县通往蚌埠市的贩毒通道被彻底摧毁。年内全区共开展各类公共场所不同形式的检查冲击24次，分局统一组织清查行动3次，出动警力及其他人员742人次。查获吸毒人员16人。查处非法购买易制毒化学品行政案件2起，行政处罚2家。各单位以开展“春风行动”等禁毒宣传为契机，认真开展禁毒预防教育与宣传，禁毒宣传“进社区、进校园、进场所”等一系列形式多样的宣传教育活动，开办不同形式的毒品预防教育课讲座会14场，受教育师生500余人次。开展禁毒宣传活动32场次，展出宣传板报440块次，发放禁毒宣传资料1.3万余份册，受教育人数达7千余人次。年内共查处涉赌案件186起，其中刑事案件14起，采取刑事强制措施18人；行政案件172起，行政处罚413人，其中行政拘留169人，收缴具有赌博功能的游戏机459台。查处涉黄案件17起，其中刑事案件3起，采取刑事强制措施4人；行政案件14起，行政处罚26人，其中行政拘留5人。

【电信网络诈骗防范】 分局共出动警力500余人次开展防范电信网络诈骗宣传活动，深入100余家企业宣传，接受群众咨询6000余人次，发放宣传资料4万余份，取得良好的社会效果。

【治安管控】 构建常态化社会面巡防机制，加强巡逻盘查，增强对社会面的震慑力和管控力，全年共出动巡逻警力约7000余人次，抓现行违法犯罪人员66人，刑拘41人，行政拘留10人，其中抓获逃犯17人。治安部门结合缉枪治爆、治安重点单位安防设施建设等专项行动，认真落实涉危单位、校园、列管重点单位安全监管措施，确保涉危单位、校园、列管重点单位的治安安全，有效预防重大涉危案件和事故的发生。收缴自制土雷管20个，查处非法运输危险物质（烟花爆竹）案件2起，收缴各类烟花爆竹1000余件。监督销毁遗留在马城铁矿内的4800公斤炸药和5100发雷管。公安分局先后二次召开辖区派出所及辖区旅馆业、留宿洗浴业、网吧业主和相关工作人员，共计400余人次参加的行业场所治安管理工作会议。建立飞信群和QQ群，定期发布温馨提示、处罚案例、法律规定，督促业主加强实名登记工

作，同时，通过频繁地与业主互动，为业主答疑解惑，联系解决工作中难题，强化业主实名登记的意识。

【队伍建设】 坚持政治建警，以深化党的群众路线教育实践活动为抓手，以“三严三实”专项教育和“4+1岗位争先”活动为重点，教育引导广大民警牢固确立人民警察核心价值观，永葆公安队伍的忠诚本色。分局党委倡导“向我看、带着干”，班子成员带头包村、分片负责、督导推进。共组织包村民警下村约1000人次，发放各类宣传资料15000余份，采集人口、房屋信息20000余条，调解各类矛盾纠纷60余起，帮助群众解决实际困难50余件，以包村民警刘新怀为原型的微电影《暖心》获省厅表彰，多个事例在《新浪网》《安徽商报》《蚌埠日报》《蚌埠公安在线》等媒体报道、转载。强化警务技能训练，围绕实战、服务实战，全面开展武器警械使用、现场盘查控制、警情处置等实战训练，根据实战需求，模拟可能出现的各种极端复杂、突发事件场景，有针对性地开展实战演练。坚持“轮训轮值、战训合一”，开展轮值轮训培训班4期，队伍整体素质得到不断提高。加强党风廉政建设和反腐败工作，针对队伍管理上存在的问题，加大督促检查力度，及时将公安部、省厅、市局等通报的违法违纪典型案例传达到各单位，组织开展警示教育。开展执法规范化建设，开展“严格公正执法、树立底线意识”专项教育整顿活动。出台“三项制度”，深入推进执法规范化建设。

2014 检 察

【机构设置】 禹会区检察院编制47人，现有在职干警42人，下设反贪局、反渎局、公诉科、侦监科、监所科、控申科、民行科、技术科、政治处、办公室、案管办、预防办、计装科共13个内设机构(另有调研室、法警大队2个内设部门)。现有领导班子成员7人，检察委员会专职委员1人。干警中有研究生学历9人；本科以上学历40人。

【概况】 2014年，区检察院深入推进实施“5201”工程，狠抓执法办案、紧抓作风建设，拼搏进取，务实创新，各项检察工作取得新的突破。在全市检察机关20项考评排名中，有16项工作进入前三，9项位居第一，创历史最好成绩。连续三年以总评四区第一、全市第二的佳绩，获评全市检察机关“先进基层检察院”，实现“三连冠”。2014年区检察院再次被最高人民检察院表彰为全国检察宣传先进单位。《检察日报》《检察之光》《安徽法制报》《蚌埠日报》等报刊多次以专版形式对禹检院进行报道。

【查办职务犯罪】 坚持有案必查，有腐必惩，加大职务犯罪案件查办力度。共立案侦查贪污贿赂案件23件23人、渎职侵权案件4件4人，立案数、大案要案数创历史新高，通过办案，为国家挽回经济损失108万元。注重查办大案要案，共查办五万元以上的大案21件21人，查处要案3件3人。在全市检察系统反贪“百日攻坚”活动中，禹会区院获得第二名。严格贯彻《两个证据规定》，运用同步录音录像、司法鉴定、文证审查等现代科技手段全面收集固定证据。反贪工作年终考评位居全市第一。

▲2014年6月23日市区两级检察机关联合开展举报宣传活动。

【预防犯罪宣传教育】 紧扣“安徽检察预防行”主题，多措并举开展预防工作，发预防教育宣传620份，开展行贿(犯罪)档案查询工作862次。利用在辖区建立的2个预防职务犯罪警示教育流动基地，开展警示教育；借助蚌埠市高铁站电子显示屏、交通主干道两旁建筑围墙和公交大巴车体进行职务犯罪预防宣传；主动与蚌埠街门户网站、蚌埠日报社合作，通过主流网络媒体宣传普及法律知识；建立与禹会区法院合作的庭审观摩教育制度，共同印发《案件庭审旁听教育制度(试行)》文件；深入莱特集团市政重点工程项目“热胜青577”工程施工现场和高新区市政重点工程“黄山大道”建设现场进行法制宣传，做好重点工程预防。预防工作连续三年考评全市第一，预防办创作的一幅摄影作品获全省预防职务犯罪摄影大赛优秀奖。预防工作被确定为禹会区院品牌业务重点培育打造，争创省级品牌业务。

【打击刑事犯罪】 严厉打击各类刑事犯罪，全年共受理各类提请批准逮捕案件228件317人，经审查批准、决定逮捕202件280人；受理移送审查起诉案件379件550人，提起公诉338件487人，提起公诉案件有罪判决率100%。开展打击危害食品安全犯罪专项惩治活动，办理张某某等8人利用工业松香加工烤鸭的生产、销售有毒有害食品等系列案件，法院均已做出有罪判决。承办全市知识产权案件统一审查起诉工作，共受理16件20人，全部办结。贯彻宽严相济刑事司法政策，不批准逮捕31人，不起诉2人。侦监工作年终考评全市第一。

【接访维稳】 建立健全信访制度，创新完善接待方法，构建涉检信访处置新格局。接待群众来访207人，检察长接访41人，联合接访21次；受理控告申诉案件71件71人，办理国家赔偿案件1件，开展刑事被害人救助20人。创新开展回访考察、实地接访，主动到居民、村民家中实地接访，就地化解矛盾纠纷，将为民服务落到实处。一名干警被评为安徽省"第二届控告申诉检察接访能手"。

【诉讼监督】 一是加强刑事诉讼监督。纠正漏捕9人，监督公安机关应当立案而不立的5件6人，监督公安机关不当立案7件7人，建议行政执法机关移送涉嫌犯罪案件9件14人；纠正漏诉17人，追诉漏罪2件。对侦查、审判活动中存在的问题，提出书面和口头纠正意见209件次；向人民法院提出抗诉的案件，年内改判3件7人。二是加强民事行政检察监督。共受理各类民事行政监督案件线索47件。提请抗诉2件，采纳1件；提出检察建议32件，均被采纳；对执行活动监督15件，对诉讼活动中违法行为监督6件；做出不支持监督申请决定5件、终结审查7件。三是加强监所检察监督。坚持日巡查、周检查、月评查和重大节日全程同步监督检查的"四查制"，配合蚌埠戒毒所共同构建和谐稳定的监管场所。认真做好在押人犯羁押必要性审查工作，共发出羁押必要性审查建议书21份，均得到采纳。四是加强内部监督制约。发挥案管中心职能，对案件实行"执法信息网上录入、执法业务网上审批、执法流程网上管理、执法活动网上监督"。制定《案件管理工作通报制度》《流程监督管理工作规定》等制度，强化内部监督管理。共受理案件777件1022人，发送流程监控通知书314份，接待律师阅卷228人次，组织开展案件评查4次，评查案件597件。

【参与社会综合治理】 坚持把参与社会综合治理作为检察工作重要内容，自觉服从和服务区委工作大局，积极配合参与征迁拆违及"城中村"等治安复杂地区的集中排查整治工作，为村"两委"换届提供法律服务，大力推进美好乡村建设。妥善处置群体性事件，及时介入辖区内发生的重大案件，依法快捕快诉。认真开展禁毒宣传、食品安全宣传等法制宣传教育活动，加强对未成年人的法制教育，区检察院3名法制副校长定期为辖区中、小学生上法制课。加大对监外执行"五种人"管理的监督力度，开展了减刑、假释、暂予监外执行专项检察活动，针对存在问题，发纠正违法通知书28份，建议收监执行罪犯1人。综治工作在检察环节得到较好落实。

▲2014年4月10日禹会区检察院干警深入长青乡石巷村为村民实地解决问题。

【政治思想建设】 扎实开展党的群众路线教育实践活动，领导带头，率先垂范，保证教育实践活动不空、不偏、不走过场，编发教育实践活动《简报》85期。在蚌埠市检察院与蚌埠电视台联合举办的全市检察机关"践行党的群众路线、提升执法办案能力"知识竞赛中，区检察院代表队荣获二等奖。结合群众路线教育主题实践活动选好主题开展党建工作，充分发挥党员、团员模范带头作用，引领新风正气，激发干警干事创业的热情，党建工作连续四年考评全市第一。

【队伍建设】 检察院党组始终坚持"三重一大"集体研究制度，发挥好班子核心作用，营造干事创业良好的政治生态氛围。率先在四区增设计财装备科、职务犯罪预防办公室两个内设机构。以贯彻实施两法为契机，深入开展学习交流和理论研讨活动，组织干警参加脱产培训学习65人次，组织召开全市检察机关理论研讨会2次。两名院领导被聘为安徽财经大学法律硕士研究生兼职导师；一名干警被评为全省检察理论研究人才，一名干警被授予第六届"省级优秀公诉人"称号；四名干警被评为全市检察理论研究人才；五名干警被评为全市"检察业务办案能手"。在禹会区举办的"平安建设和法治建设"知识竞赛中，检察院代表队荣获二等奖。

【理论研究成果】 重视理论研究，构建检察大宣传格局，凝聚检察正能量，宣传、调研工作考评全市第一。区检察院在《湖南社会科学》《比较法研究》等国家和省级刊物上发表调研论文47篇；在《检察日报》《法制日报》、人民网、新华网、省院门户网站等省级以上报刊及网络媒体上发表宣传稿件161篇；自行创办的双月刊《禹检新风》报，出版23期。检察长撰写的论文《我国羁押必要性审查制度可操作性探讨》入选全省检察理论研究成果资料库、撰写的征文《完善基层检察院人大代表联络工作制度的几点思考》获蚌埠市纪念人大成立60周年征文评选三等奖；2014年禹会区检察院再次被最高人民检察院表彰为全国检察宣传先进单位。

【检务保障】 规范办案工作区管理使用，严格履行看管、搜查、传唤等司法警察岗位职责，确保安全办案无事故。按照上级检察院的要求，再次投入200余万元，新建侦查指挥平台，完成“案件信息公开”配置、中心机房升级改造和分级保护建设工程，实现办公办案的规范化、现代化。办案工作区规范化升级顺利通过省院验收。在年终考评中，计装、警务、信息化工作均获第一。

【党风廉政建设】 认真抓好“两个责任”落实，严格履行检察长主体责任和纪检部门监督责任，廉政教育，常抓不懈，逢会必讲。建立干警执法档案和廉政风险防控管理制度，与全体干警家属签订廉洁家庭承诺书，把好家庭廉洁关。严格执行中央八项规定，紧抓作风建设，坚持“零容忍”从严治检，始终保持检察干警零违纪、错案和办案安全事故“零发生”的良好记录。在获评“市级廉政文化建设示范点”基础上，区检察院被市纪委确定为“省级廉政文化建设示范点”报送单位。

2015

检　察

【概况】 2015年，区检察院在市检察院和区委的正确领导下，深入推进实施“5301”工程，紧紧围绕区委中心工作和党组既定目标，狠抓执法办案、强抓规范司法、紧抓作风建设，扎实开展规范司法行为专项整治工作，进一步提升规范司法水平和执法公信力，攻坚克难，务实创新，各项检察工作取得新的突破，有25个集体和个人受到市级以上表彰奖励。在全市检察机关20项考评排名中，有17项进入前三，9项位居第一，进入前三和单项工作第一均为全市三县四区中首位。连续四年以总评第二的佳绩，荣获“全市先进基层检察院”称号。

【查办职务犯罪】 本年度共立案侦查贪污贿赂案件18件18人、渎职侵权案件3件5人，查办大要案17件19人，为国家挽回经济损失44.4万元。按照全院“一盘棋”思路，构建大侦查模式，针对职务犯罪存在关联性、行业性、隐蔽性的特点，转变办案模式和思路，强化“抓系统、系统抓”，形成“顺藤摸瓜”的滚动态势，查办一批在本地有较大影响的窝案串案。开展“120天攻坚计划”和查办基层涉农惠民领域职务犯罪专项行动，得到市检察院的肯定和表彰。反贪工作成效显著，被市检察院记集体三等功一次。

【犯罪预防】 在严惩腐败的同时，更加注重职务犯罪预防，更加注重标本兼治，着力在深入挖掘、工作创新上下功夫。撰写犯罪分析18篇，预防调查18次，开展警示宣传教育258次，受教育人数达3000余人次。利用在辖区建立的两个预防职务犯罪警示教育流动基地，年内两次组织乡村干部参观，以案说法开展警示教育，得到市人大、区委的肯定；率先在全市制作廉政鼠标垫，拓展预防宣传新渠道；延伸触角，加强对非公企业的职务犯罪预防，与蚌埠铁路看守所共同建成全省首家非公企业警示教育基地，得到区委的重视，禹会区预防职务犯罪领导小组专门下发文件，确定为禹会区重点廉政教育基地。预防工作连续四年考评全市第一。

【打击刑事犯罪】 严厉打击各类刑事犯罪，全年共受理各类提请批准逮捕案件274件366人，经审查批准、决定逮捕238件315人；受理移送审查起诉案件436件626人，提起公诉379件518人。贯彻宽严相济刑事司法政策，不批准逮捕45人，不起诉9人。开展“破坏环境资源和危害食品药品安全犯罪专项立案监督活动”，依法快审快捕办理一批非法采矿、销售假药等系列案件。侦监工作连续两年考评全市第一。

【维护社会稳定】 全年受理举报案件14件，初核4件；申诉案件20件，立案复查15件，提出抗诉1件，审查结案4件；受理民事监督案件21件，阻碍诉讼权利案件13件。受理国家赔偿案件1件1人。开展对不服公安机关不立案审查，申请监督4件4人。落实好检察长接待日、联合接访等活动，接待群众来访106人，开展举报宣传活动四次。构建来信、来访、网络、电话多渠道控申举报平台，方便群众诉求。

【诉讼监督】 坚持公平正义价值追求，全面加强诉讼监督，切实加强刑事诉讼监督。监督公安机关立案11件17人，监督公安机关撤销案件7件，建议行政执法机关移送涉嫌犯罪案件8件18人，公安机关全部立案；向人民法院提出抗诉案件13件，市检察院均予以支持，其中市中级人民法院直接改判2件，发回重审8件。切实加强民事行政诉讼监督。共受理各类民事行政监督案件82件，其中对生效裁判监督案件，提请市院抗诉5件，提出再审检察建议6件，提出检察建议1件，向侦查机关移送犯罪线索1件；提请市院抗诉案件获市院支持2件，再审建议被同级法院采纳3件，检察建议被法院采纳1件。开展民事违法行为调查33件，针对审判程序中违法行为，向法院发检察建议24件，均采纳；针对执行活动的监督，发出检察建议5件，法院采纳5件。积极探索对行政执法活动的监督，办理督促行政执法部门履行职责案件20件。民行工作年终考评全市第一，一名同志被市妇联授予蚌埠市“巾帼建功标兵”称号。切实加强监所检察监督。开展减刑、假释、暂予监外执行和社区矫正人员脱管、漏管专项检察活动，发纠正违法通知书38份，建议收监执行罪犯3人；认真做好羁押必要性审查工作，共发出羁押必要性审查建议书29份，均得到采纳。切实加强内部监督制约。共受理案件887件1163人，发送流程监控通知书并收到书面回复102份，组织开展案件评查4次，接待律师阅卷133人次，发布重要案件信息15件，公开生效法律文书248份。

【推进检务公开】 开展“检察开放日”“举报宣传周”等活动。利用现代信息网络技术，大力推进阳光检务，借助四个平台拓展检务公开：一是借助案件管理平台，开展案件信息查询，公开终结性法律文书，发布重大案件信息，使案件管理中心成为检务公开的一个重要窗口和服务载体；二是借助控申接待平台，将检察长接待日、举报电话、受案范围等在控申大厅公布，制作检民联系卡，方便群众诉求；三是借助互联网平台，开通检察门户网站、检察外网、禹检微博、微信，及时与群众交流互动，让社会和群众最大限度地了解、支持、监督检察工作；四是借助新媒体平台，加强与主流网站媒体的密切联系，积极开展检媒共建活动，提升新媒体时代舆论引导能力，坚持正面宣传报道，传递检察好声音。

【司法行为整治】 开展为期一年规范司法行为专项整治，坚持开门搞活动，利用检察门户网站、禹检微博、微信、禹检新风报等新闻网络媒体宣传活动开展情况，采取走访座谈、典型案例剖析、案件质量评查、发放征求意见表等形式，深入查找、集中整治司法不规范突出问题。克服两张皮现象，把专项整治工作成果融入日常检察工作，体现活动成效。以窗口部门“三提升”，规范司法行为，提高服务质量；以“四举措”管控三公经费，打造阳光财务，强化规范化管理；以“三大承诺”规范律师接待服务、保障律师执业权利，律师好评率达100%，安徽史怀畅律师事务所为区检察院送上“微笑待人，贴心服务”锦旗。

【政治思想建设】 开展党的群众路线教育实践活动整改落实情况“回头看”，巩固教育实践活动成果。深刻理解“三严三实”的实质内涵，坚定“三个自信”，打牢高举旗帜、听党指挥、忠诚使命的思想基础。以党建带队建，充分发挥党员、团员模范带头作用，引领新风正气，激发干警干事创业的热情。2015年，禹会区检察院团支部被团省委表彰为2014年度“安徽省五四红旗团支部”。

【队伍建设】 坚持把领导班子建设作为队伍建设龙头，加强班子的思想、组织、业务和纪律作风建设，发挥好班子核心作用。坚持德才兼备、以德为先的选人用人导向，选好用好干部。年内对12名干部职务职级职称调配。组织干警参加各类脱产培训学习58人次，积极配合市检察院开展全市检察机关电子检务技能培训竞赛活动，区院获优秀组织奖。

【理论研讨成果】 开展学习交流和理论研讨活动。2015年区检察院在《法制与社会》《法制博览》等学术性刊物上发表调研论文68篇；在《检察日报》《法制日报》《蚌埠日报》、省院门户网站等报刊及网络媒体上发表宣传稿件107篇；自行创办的双月刊《禹检新风》报，出版29期。在全省检察机关举办的“我的才艺我来秀”理论研究征文等活动中，区检察院有9名同志获奖。教育、宣传、调研工作年终考评均获全市第一。

【检务保障】 规范办案工作区管理使用，严格履行看管、搜查、传唤等司法警察岗位职责，确保安全办案无事故。建立“三公”经费支出公开公示制度，主动接受监督。加快科技强检步伐，完善网络安全管理，完成分级保护建设、多功能视频会议室和中心机房升级改造等工程，以检察信息化建设推进司法规范化建设，计装工作连续三年考评全市第一。

【党风廉政建设】 廉政教育，常抓不懈，认真学习贯彻《中国共产党廉洁自律准则》和《中国共产党纪律处分条例》两项党内规则。建立干警执法档案和廉政风险防控管理制度，与全体干警家属签订廉洁家庭承诺书，把好家庭廉洁关。2015年区检察院荣获“省级廉政文化建设示范点”称号；一名干警家庭被评为蚌埠市第二届“廉洁家庭”。严格执行中央八项规定，紧抓作风建设，坚持“零容忍”从严治检，始终保持干警零违纪、错案和办案安全事故“零发生”的良好记录。

2014 法　院

【概况】 2014年，区法院紧紧围绕“努力让人民群众在每一个司法案件中都感受到公平正义”的工作目标，牢牢把握司法为民、公正司法工作主线，全面做好审判执行工作，大力加强自身建设，努力提升审判质效和司法公信力，各项工作均取得新进展，为禹会区、高新区经济发展、民生改

会通四海

善、社会稳定提供有力司法保障。区法院全年共受理各类案件3185件，审(执)结3164件(含旧存)，收、结案数同比分别上升27.76%和27.68%。涉案标的额1.387亿元。收、结案数均创历史最高水平。禹会区法院被最高人民法院授权为知识产权和涉外、涉港澳台民商事案件一审管辖法院，被市中院指定为蚌埠辖区环保案件一审管辖法院。

【刑事审判】 全年受理刑事案件371件，审结358件(含旧存)，结案率为96.49%，判处罪犯524人。一是依法审结抢劫、强奸、故意伤害等严重暴力犯罪案件74件，判处罪犯105人，其中五年以上有期徒刑7人。依法打击涉"全能神"等邪教组织犯罪5起，判处6人，进一步净化社会风气。依法审结破坏市场经济秩序等犯罪27件，判处50人，依法保护法治市场环境。二是坚持宽严相济刑事政策，惩罚犯罪与保障人权并重，对因邻里纠纷等引起的情节轻微罪犯266人判处拘役、管制或适用缓刑。促进刑事和解10件，受理刑事附带民事案件12件，为受害人挽回经济损失180余万元。三是依法审结贪污、渎职、贿赂等职务犯罪18件，判处21人，其中5年以上有期徒刑5人，10年以上有期徒刑2人。

【民商事审判】 全年受理各类民商事案件2157件，审结2156件(含旧存)，结案率为99.95%。一是注重维护公平诚信市场秩序。高度重视合同类纠纷审理，审结建筑工程施工、房屋买卖、保险、借款等合同纠纷338件，对当事人经济利益进行适当调整、平衡，促进市场诚信。二是加强涉民生案件审判力度。对拖欠农民工工资、医患纠纷、侵权类纠纷、劳动争议、涉农等事关群众切身利益的案件，实行快审快结，审结相关案件133件，最大限度回应群众诉求。三是积极开展巡回等便民审判。深入纠纷发生地就地审判，化解纠纷，全年巡回审判案件244件。马城法庭立足基层，贴近群众，多措解决纠纷，共受理各类案件292件，审结291件。

【行政审判】 全年受理各类行政案件96件，审结96件，其中审查行政非诉执行案件65件。一是切实履行司法审查监督职能。纠正不当行政行为，维护行政相对人合法权益。本年，有2件行政行为存在瑕疵的案件，通过协调，行政机关主动变更具体行政行为。二是依法支持行政机关正确履职。依法支持行政机关履行社会管理职能，确保法律实施和政令畅通。共判决维持行政机关具体行政行为9件。联合烟草专卖局等行政部门开展依法行政培训班3次，提供咨询5次。三是积极参与行政决策和服务。积极参与政府法律事务，协助政府依法行政。全年参加土地征收、环境保护、计划生育、知识产权保护等联席会议9次，主动提供法律指导。特别是在政府征迁工作中，提前介入协调被拆迁户26户，进入非诉审查程序的25件案件，全部协调撤诉。

【执行案件】 2014年，受理执行案件561件，执结554件(含旧存)，结案率为98.75%，执行标的额3900余万元。一是以信息平台为载体，多方联动。依托上级法院与国土、工商、房产、银行、公安等单位建立的信息网络查控平台，健全覆盖辖区的执行联动网络，完善机制，推进执行联动和执行快速反应机制建设，及时查控被执行人财产400余人次。二是以威慑机制为依托，强化措施。全面推行被执行人财产申报制度，媒体曝光110余人次，限制出境、限制高消费、限制贷款90余人次，建立执行威慑机制，将44名"老赖"纳入"全国法院失信被执行人名单信息公布与查询网"，继续加大对规避执行行为的惩治力度，采取查询、冻结、扣押等强制措施312件次，有效提升执行效率。三是以专项活动为契机，创新方式。以涉民生专项执行活动、春雷行动等活动为抓手，创新执行方式，采取就地执行、集中执行、指定执行等多种方式，开展专项执行行动5次，执结案件近100件，为权利人挽回经济损失1000余万元。

【三大审判品牌】 1.知识产权审判品牌。区法院主动融入党委中心工作，充分发挥知识产权司法职能，积极营造尊重知识、保护创新的良好氛围。被安徽省高院发布的《知识产权保护状况白皮书》称之为"独具安徽特色的知识产权刑事、民事、行政'三合一'审判模式"初显成效。全年共受理涉商标权、著作权、商业秘密、特许经营合同和技术转让合同等知识产权民事、行政案件61件，审结61件。涉及"中华牌"铅笔、"BB牌"滤清器等众多商标品牌，有力打击假冒伪劣，鼓励自主创新，净化投资环境。审理知识产权刑事案件20件，审结20件，有罪判处23人，为被害人挽回经济损失200余万元，服判息诉率达100%。在全国法院系统率先开展知识产权刑事犯罪量刑规范化改革，省高院两次组织专题调研组并携合肥、芜湖两家知识产权基层管辖法院前来调研，决定在全省推广区法院试点经验。区法院审理的被告人尤某等三人侵犯著作权罪案例入选最高人民法院颁布的"全国法院50件典型知识产权案例"，开创了近年来蚌埠地区审判案例入选全国案例的先河。2.涉外案件审判品牌。最高人民法院去年11月批复指定区法院管辖金额100万元内的一审涉外、涉港澳台民商事案件，使得本市涉外案件在蚌埠即可实现两审终审。这不仅为全市改善投资环境、促进对外开放，加快重返第一方阵提供方便快捷司法服务，更在全省范围内完善了合芜蚌自主创新试验区涉外司法管辖布局。本年受理涉外案件8件，结案8件，涉外审判实现良好开局。为加强蚌埠市机关、企业、群众对禹会区法院获得涉外、涉港澳台民商事案件管辖权的了解，区法院送法上门、出门宣传，先后走访高新区管委会、蚌埠海关、市工商联等职能部门及多家大型外贸企业，为方便涉外企业及外商就地维权，推动招商引资，促进经济发展主动提供优质高效司法服务。3.环保案件审判品牌。区法院针对环保案件专业性强等特点，突破三审分立限制，由同一审判庭集中审理环保三类案件，实现审判资源高效整合。全年，区法院环保刑事、行政、民事案件均实现零的突破。全市首例环保刑事案件于1月27日在本院开庭审理。三名被告人因非法倾倒危险化工废物，严重污染环境被依法追究刑事责任。该案通过中国法院网、禹会法院腾讯、新浪官方微博同步进行庭审直播。省内外多家新闻媒体跟踪报道，引起广泛社会反响。3月份，区法院受理并顺利审结全市首例噪声污染纠纷案件。全年开展环保专题宣传7场次，向环保行政部门、相关企业发送环保司法建议书5份。定期与各级环保行政部门互通信息，共商环保大计，全力打造环保司法利剑。安徽省高院相关领导对区法院着力营造的三大特色审判格局给予“全省独有，全国罕见”的高度评价。

【司法公开】 建立完善“审判流程”“裁判文书”“执行信息”三大公开平台，推进立案、庭审、执行、听证等审务全面公开，网上公开判决文书1100余份，网络、微博直播庭审21场次，在线网民点击近100万人次；对区法院互联网站全面改版升级；借力新媒体，拓展公开渠道，开通区法院官方微博、微信，及时发布工作动态及案例；实现“法院开放日”活动常态化，全年近300名群众走进法院旁听庭审；广泛开展普法宣传，积极参与综治工作。利用“4·26”知识产权日、“6·26”国际禁毒日、“12·4”国家宪法日等重要时点，走进群众，采取接受咨询、以案说法等形式普及法律知识，增强全社会懂法守法护法意识。

【便民服务】 规范诉讼服务中心建设，健全完善服务承诺、诉讼引导、判后答疑等制度。增加社区巡回审判点、法官工作室，将庭审开进社区、普法融入群众。强化弱势群体司法保护，对残疾人、老年人等特殊群体提供上门立案、预约开庭等服务。对农民工追索劳动报酬等涉民生案件建立“绿色快速通道”，依法减、缓、免诉讼费4万余元。对符合法定条件的多名申请执行人、刑事被害人发放司法救助金4万余元。全年保全案件109件，小额诉讼案件175件，保障当事人合法权益及时兑现。电子送达210起，提高送达效率，减轻当事人诉累。设立涉军维权服务台，高效妥善审理涉军案件17件，省高院双拥涉军维权专项考核组给予高度评价，在省高院8月1日举行的涉军维权工作新闻发布会上，本院有两件案例被重点推介。认真贯彻最高人民法院涉诉信访“四个必须”“五项制度”，建立信访工作联动机制，提请党委、政府及社会相关单位联合化解纠纷，共接待来访群众100余人次，息诉罢访率90%以上，12件复杂疑难信访案件得以妥善化解。

【民主监督】 本年，区法院主动走访省、市、区各级人大代表13人次，认真听取并依法妥善办理代表意见和建议11条；邀请政协委员视察、座谈、旁听庭审21人次；主动接受检察机关法律监督；认真听取律师对审判执行工作的意见和建议；在完成陪审员“倍增计划”中，一方面结合区划调整，通过社区、村(居)委会推荐，择优任命陪审员，另一方面结合本院三大特色审判，从市科协、知识产权局、环保局等部门聘请专业人员担任陪审员。共提请区人大常委会任命人民陪审员75名，基本实现禹会区、高新区各社区、村居全覆盖，陪审员构成充分体现广泛性与专业性的有机统一。普通程序案件人民陪审率达到94.1%。区法院人民陪审工作走在全市法院前列。

【审判队伍建设】 区法院深入开展党的群众路线教育实践活动，活动期间梳理出12个问题并及时通报、整改。本院连续第八年开展党风廉政教育周活动，层层签订责任状，配设7名兼职廉政监察员，确保干警不越线、不踩线、不碰线。开展“传帮带”活动，由经验丰富的法官对新进青年干警一对一进行言传身教；返聘法院资深老法官，牵头组建评查组，实现从程序性评查向文书说理等深层次评查的转变。每季度开展优秀文书、问题文书评比通报。成立法官沙龙、学术研讨会等多个兴趣小组，年内开展主题研讨13次，开展书画摄影、登山比赛、演讲比赛、法官讲座和道德讲堂等活动23次，不断丰富干警文化生活。连续第五年编撰全院法官审判和调研成果《禹会法苑》四册系列普法读本。全年发表干警新闻宣传，文学、摄影作品近2000篇，其中市级以上媒体采用1300篇，省级以上媒体采用700篇。全国法院系统第二十六届学术讨论会征文活动中，蚌埠地区有10篇论文参加全国评选，本院有5篇入选。区法院连续四年荣获全国法院网络宣传先进单位，连续六年荣获全省司法宣传先进单位。

2015

法　院

【概况】 2015年，区法院围绕“努力让人民群众在每一个司法案件中感受到公平正义”工作目标，牢牢把握司法为民、公正司法工作主线，全面做好审判执行工作，大力加强自身建设，努力提升审判质效和司法公信力，各项工作取得突出成效，为禹会区、高新区经济发展、民生改善、社会稳定提供有力司法保障。全年共受理各类案件3592件(含旧存)，审(执)结2936件，涉案标的额10.75亿元，法定审限内结案率100%，平均审理天数38.11天。截至本年度，区法院先后四次被最高人民法院指定为知识产权案件集中管辖法院、本市涉外涉港澳台商事案件集中管辖法院、皖北五市行政案件集中管辖法院、皖北涉外涉港澳台商事案件集中管辖法院四类案件集中管辖法院。这是全省独有、全国罕见，表明区法院的工作得到上级法院尤其是最高人民法院的高度认可。

▲禹会区法院法官公正司法，赢得群众好评，图为群众敲锣打鼓为法院送来锦旗。

【刑事审判】 年内共受理刑事案件420件（含旧存），审结368件，判处509人。一是打击犯罪，维护稳定。严厉惩处“两抢一盗”案件89件，严厉惩处寻衅滋事、聚众斗殴等妨害社会管理秩序犯罪101件。对50名醉驾者以危险驾驶罪判处刑罚。从严判处3件生产、销售危害食品安全案件，审结毒品类案件55件。判处五年以上有期徒刑37人，三年以上五年以下有期徒刑52人。二是推进反腐，营造环境。全年共受理职务犯罪案件17件，判决11件11人。三是切实加大对刑事被害人保护力度，着力加强刑事附带民事案件调解工作。刑事附带民事案件调解率达92.72%，为受害人兑现损害赔偿款150余万元。全年宣告无罪、检察机关撤回起诉案件3件8人。

【民商事审判】 依法审理婚姻家庭纠纷490件。妥善审理劳动争议、拖欠农民工工资等案件259件。审理民间借贷案件372件。审理买卖、保险、金融等各类合同纠纷案件1132件。认真贯彻“调解优先、调判结合”原则，着力构建“全面、全员、全程”调解模式，675件调解结案，520件撤诉结案，调撤率达61.14%。全年共受理各类民商事案件2463件，结案1961件，法定审限内结案率100%。

【行政审判】 行政审判以强化平等保护，维护相对人合法权益，妥处行政纷争为原则，以监督支持并重，维护合法正确的行政行为和行政管理秩序为手段，强化沟通协调，促进良性互动。年内共审结及审查房屋登记、劳动保障、城建拆迁等行政案件20件，变更、撤销行政行为案件4件，变更、撤销率为16%。支持行政机关行政行为及确认支持非诉案件22件。审结行政案件25件、审查非诉案件6件。

【案件执行】 一是健全与公安、工商、银行、土地、房屋产权登记管理部门等单位的工作联动机制，穷尽执行措施，全年共查询、冻结2100余次，最大限度保护债权人合法权益。二是将“老赖”在官方网站、报纸、区政务中心显示屏等曝光，纳入失信人名单，禁止其乘坐高铁、动车、飞机，禁止其高消费。全年共有14名被执行人受到司法拘留、限制高消费、限制出境或罚款处理，1名被执行人被追究刑事责任。通过曝光威慑，有17名被执行人主动履行义务，履行到位标的额达108万元。三是加强执行流程管理、探索执行案件繁简分流，平均执行天数从去年的48.71天降至今年的31.65天。全年累计受理执行案件666件，结案585件，结案率为87.84%，执行标的额1.92亿元。

【四大审判品牌】 1.致力铸造知识产品审判的禹会品牌，完善“三合一”审判模式。受理知识产权民事案件193件，审结191件。受理知识产权刑事案件10件，审结5件，有罪判处11人。审理的多起具有指导性意义的知识产权案件连续三年入选全国、全省司法保护典型案例，也是安徽省唯一一家入选最高法院案例的基层法院。2.着力铸造涉外案件审判品牌。全年受理涉外、涉港澳台民商事及协助台湾地区送达民事司法文书案件10件，结案9件。3.铸造行政案件审判品牌。2015年6月，经最高人民法院指定，禹会区法院集中管辖合肥、宿州、淮北、阜阳、亳州五市一审行政案件，成为全国首批三个试点地区真正实现行政案件异地集中管辖的法院之一。为有效应对行政案件集中管辖工作，起草《禹会区法院行政案件集中管辖报告》。11月，区法院应邀参加由上海、浙江、江苏、安徽四省市高院院长率部分中基层院长参加的长三角地区行政审判会议，对行政案件集中管辖相关问题进行了专题研讨。4.铸造环保案件审判品牌。本年审理的沈某某诉某设计院噪声污染一案被评为全省

▲禹会区法院加大知识产权保护力度，打击假冒伪劣商品。图为禹会区法院联合公安等部门集中销毁伪劣假冒产品。

优秀指导案例。

【多元化纠纷解决机制】 着眼纠纷多元化解决，创新多元

化纠纷解决机制，在全区建立并形成党委领导、政府支持、司法推动、便民利民的多元化纠纷解决格局。在社区、乡镇等所有行政村设立136个联络点，构建覆盖全辖区的"三级纠纷服务网络"。邀请辖区100余位村支书、居委会主任、人民陪审员担任专兼职解纷员。邀请市科技协会、市环境保护协会等12家单位成为特邀调解组织，着力拓宽调解工作社会参与度。区法院在诉讼服务中心增设诉前调解专区，专门负责诉调对接、司法确认等工作，完善工作机制，实现诉调对接工作规模化、常态化运作。区法院被推选为安徽省多元化纠纷解决机制示范法院，经验做法被省高院编发专题简报向全省推广。区法院应邀参加最高人民法院"中国审判荣昌杯·多元化纠纷解决机制高端论坛"并做典型发言，撰写的论文获得全国征文二等奖。

【司法公开】 坚持"以公开为原则，不公开为例外"，细化司法公开举措28项。推进审判流程公开、裁判文书公开和执行信息公开，上网裁判文书2247份，裁判文书上网率排名全市第一、全省第四。通过中国法院网、新浪网络、微博直播庭审43场次。利用"6·26"国际禁毒日等重要时点，走进群众，采取多种形式普及法律知识。区法院坚持向人大及其常委会主动汇报工作，主动接受行政审判工作专项审议，邀请人大代表旁听庭审活动62人次，走访人大代表9人次，虚心听取意见建议4条，自觉接受监督。

【队伍建设】 按照建设学习型党组织要求，围绕"三严三实""专题党课"等活动，组织全院干警专题学习20余次，开展中心组学习12次，干警撰写心得体会和学习笔记人均5000字以上，在审判一线推出党员先锋岗，实行挂牌上岗，有效发挥党员先锋模范带头作用。围绕司法体制改革，推行院长、审判委员会委员办案制，本年院长、审委会委员直接办理案件150余件。院长接待来访群众70人次，完成网上申诉信访平台和远程视频接访系统建设。院领导进行庭审观摩、文书评查等20余次。组织全院法官在"国家宪法日"向宪法宣誓，举办演讲比赛2场次，开设道德讲堂4场次，大力弘扬社会主义核心价值观，广泛开展庭审观摩、业务竞赛、优秀法律文书评比等岗位练兵活动。组织干警参加最高院、省高院、市中院举办的业务培训80余人次。开展廉政提醒谈话6人次、任前廉政谈话12人次，发放"廉政监督卡"3000余张，配设7名兼职廉政监察员。积极开展警示教育，组织观看廉政警示片等，让干警真正在思想上筑牢拒腐防变"隔离带"。

2014 司法行政

【概况】 2014年，禹会区司法工作运用法治思维和法治方式做好法制宣传、人民调解、律师管理、社区矫正和安置帮教等各项工作。至年底，全年开展纠纷排查活动2346次，排查出矛盾隐患264个，调处民间纠纷1788件，调处成功率为98%。全区基层法律服务所受理诉讼代理97件、非诉讼代理749件。区法援中心受理法律援助案件343件。全区在管社区服刑人员285人，刑满释放人员当年回归109人，均无重新犯罪。

【法制宣传】 5月，在马城镇开展法制宣传教育活动，强化基层法制建设，提高广大村民的法制观念和遵纪守法意识。贴近基层、服务群众，不断满足群众增长的法律需求，结合社区群众关注的热点难点问题，开展"法律进社区"活动，组织律师、法律工作者通过以案说法，开展法制讲座、设立便民窗口，解答法律咨询、参与纠纷调解等形式定期开展好法律服务工作，通过法律宣讲进社区、法律服务进社区等活动，让更多的社区群众享受到优质便捷的法律服务，使他们养成自觉学法用法、依法办事的良好行为习惯。与法院协调，开办"流动法庭"全年共组织群众旁听28场次，受教育群众近7000人次。开展"法制电影进农村、入社区"活动，联合区相关部门精心准备《咱也学学打官司》《道路交通安全常识》《农民工务工维权》《防范诈骗常识》等以案说法专题影片巡回在全区农村、社区放映。

【人民调解】 2014年，禹会区从组织建设、队伍建设、机制保障等方面着手，推动人民调解工作迈上新台阶。全年全区共调处各类矛盾纠纷3615件，调解成功率为92%以上，无民转刑案件、无自杀性案件、无群体性械斗事件的发生。巩固和发展村、乡镇（社区）、企事业单位等人民调解组织，加强医患纠纷、征迁拆违、劳资纠纷、土地流转等行业性、专业性人民调解组织建设，织密"人民调解防护网"，推动基层调解工作广覆盖深拓展。同时在华禹物流园成立物流纠纷人民调解委员会，妥善化解物资流通领域中的物流企业之间、物流企业与客户、物流企业与务工人员之间的各类矛盾隐患和纠纷。

【社区矫正】 加强监督管理工作，开展社区矫正严格规范执法专项督查，认真履行监管审批责任，签订矫正责任书，强化矫正小组责任，严格确定矫正小组监督人和奖惩措施，对不服管理、违反监督管理规定的社区矫正人员，依法给予惩处，维护了刑罚执行严肃性。成立处置社区矫正工作突发事件应急指挥中心，负责领导和指导全区社区矫正工作突发事件的处置、调查和善后处理工作。同时制定全区社区矫正工作突发事件应急处置预案，加强应急保障，确保突发事件防范有力，处置迅速，应对有效。利用手机短信平台，建立“社区矫正短信平台”，运用通俗易懂、简洁精练的语言，定期向全区所有社区矫正人员发布各类信息，提升监管水平，提高工作效率。

【安置帮教】 协调相关部门落实就业扶持政策，将刑释人员纳入困难群体进行失业登记，落实减免税政策和金融服务政策，促进其就业和创业，同时积极落实对刑释人员低保、就业培训和救济等政策，帮助解决实际困难，使其基本生活有保障。依托辖区企业，建立社区矫正人员和刑满释放人员就业培训基地，强化特殊人群管理服务职能，对有就业(创业)意向的社区矫正人员和刑满释放人员，开展职业技能培训、就业(创业)指导，并根据其技能专长提供推荐就业服务。全区共有刑释人员365人，有359人得到安置，重新犯罪率低于2%。

【法律援助】 降低门槛，扩大范围，将法律援助纳入民生工程、将困难标准提高到最低生活标准的2至3倍，将所有的生命权、健康权、身体权和劳动争议纠纷案件等纳入援助范围。全区共受理法律援助案件450件，接受群众咨询2645人次。制作“法律援助联系卡”200份，发放到区法院、区检察院和区公安分局三家单位，联系卡内容涉及刑事案件申请法律援助的范围，联系电话，工作地址，方便公检法部门了解刑事案件法律援助的要求等情况，及时为受援者联系指派，为申请人提供便民法律援助服务。

2015 司法行政

【概况】 2015年，禹会区司法行政工作认真贯彻党的十八大、十八届三中、四中、五中全会精神，进一步围绕中心，服务大局，以维护社会和谐稳定为首要任务，强化服务经济社会发展、服务和保障民生，不断拓展领域、创新方法、打造品牌、彰显职能，推进全区司法行政工作不断迈上新台阶。至年底，全年开展纠纷排查活动3346次，排查出矛盾隐患464个，调处民间纠纷1988件，调处成功率为98%。全区基层法律服务所受理诉讼代理197件、非诉讼代理749件。区法援中心受理法律援助案件356件。全区在管社区服刑人员295人，刑满释放人员当年回归372人，均无重新犯罪。

【法制宣传】 做好“六五”普法总结验收工作，组织区法制宣讲团成员和普法志愿者深入长青、马城各行政村12次，逐村采取集中宣讲的形式，向农民群众宣传相关法律法规知识。加强青少年法制教育，强化学校法制教育主阵地的作用，依托青少年法制教育基地，开展法治演讲、法治作品征集、法制书画展等开展形式多样的法制教育活动；以家庭教育为主渠道，以社会力量为主格局，发挥退休老干部、老教师的作用，吸收司法所长、公安干警、法官、检察官、律师、基层法律服务者为普法宣讲团成员，定期参与青少年法制教育工作。

【人民调解】 加强“警民联调”工作，建立相对规范的工作流程和工作制度，形成一套基本完善的“警民联调”工作机制。全区8个“警民联调”工作站，按照“处置要早、调解优先、调防结合、定纷止争”要求，调解婚姻家庭、邻里、轻微侵权和情节轻微的打架斗殴、故意损毁公私财物等治安案件107件，调解成功102件，调解成功率达98%以上，防止民转刑18起，防止上访22起。

【社区矫正】 加强对社区服刑人员思想教育，认真组织开展社区服务，做到内容、方式、时间和效果“四落实”。开展适应性帮扶工作，积极与民政、社保、税务等部门沟通协调，落实各项帮扶政策，协调解决社区服刑人员的就业、就学、最低生活保障和临时救助等问题。积极探索社区矫正监管教育新模式，利用微信平台，建立“社区矫正微信平台”，运用通俗易懂、简洁精练的语言，每周向全区所有社区矫正人员发布各类信息，提升监管水平，提高工作效率。

【安置帮教】 建立社区服刑人员和刑满释放人员就业培训基地，强化特殊人群管理服务职能，对有就业(创业)意向的社区服刑人员和刑满释放人员，开展职业技能培训、就业(创业)指导，并根据其技能专长提供推荐就业服务。全区共有刑满释放人员372人，有368人得到安置，重新犯罪率低于2%。

【法律援助】 加大法律援助工作力度，重点围绕解决农民工工资拖欠、工伤赔偿、劳动保护等问题开展法律援助，设立劳动监察大队法律援助工作站，公示援助条件、范围和工作流程，为务工人员提供有关法律咨询解答，受理务工人员涉及的劳动争议等援助事项，为他们维权开辟绿色通道；完善“便残助残”援助措施，提高法律援助的案件质量和社会效果。全年共办理法律援助案件356件。

武装 消防 人防

- 人民武装
- 消防
- 人民防空

2014
人民武装

【概况】 2014年，禹会区人民武装工作在蚌埠军分区党委和区委、区政府的正确领导下，人武部党委坚持以党的十八大精神和习主席重要讲话精神为指导，坚决贯彻落实党中央、中央军委和上级党委决策指示。围绕“牢记强军目标、献身强军实践”主题教育活动，强化思想政治建设，深化军事斗争准备，狠抓党委班子和干部队伍建设，落实依法从严治军、加强安全管理，大力开展民兵预备役工作，出色完成上级赋予的各项任务。

【战备救灾】 根据市区划调整变化，禹会区增加天河、涂山等，防汛、森林灭火任务加重，结合形势任务变化，区人民武装部及时将各类非战争军事行动预案进行修订完善，确保方案科学管用；高标准编组120人的民兵应急分队，100%在位，分队退伍军人占70%。在春节、清明涂山山火扑救行动中，快速反应、迅即出动，始终保持高效的战备状态。加强战备值班，按照上级战备要求，值班首长、值班员始终保持24小时在位，战备值班分队保持联络畅通，战备物资按标准要求准备到位，确保战备工作落到实处。10月份，同步参加军分区统一组织的战备紧急拉动演练，全体干部齐装满员、出动迅速，圆满完成演练任务。

【民兵整组】 结合民兵整组任务和辖区机构调整的实际，武装部在前期进行认真的摸底调查，深入到各社区了解人员年龄结构现状、人员在位及分布情况，准确详细地掌握第一手资料；在摸底调查的基础上，研究制定整组方案计划，3次召开专武干部例会，部署整组任务，进行民兵整组相关业务培训，确保整组工作扎实有效开展。本年民兵整组严格按照基干民兵的编组原则和要求，结合辖区1乡、1镇、9个社区、1个高新区、8家企业单位的人员情况和专业特点，共编组3类队伍15个分队。突出编实民兵应急分队，退伍军人比例、经训率、在位率分别达到78%、89%、93%，4月下旬，军分区民兵整组工作检查组拉动马城镇40名民兵应急分队人员，到位率、退伍军人率分别达到100%和90%。重点编组民兵新型支援保障分队，在中粮生化、天润化工、皖酒集团、丰原集团等单位编组防化救援分队；在安徽柳工编组装甲装备维修分队和装备勤务保障分队；在电子41所编组民兵通信保障分队，确保专业技术分队编实建精、能用管用。

【国防动员潜力调查】 2014年，接到国防动员潜力数据采集和政治动员数据采集任务后，禹会区立即召开会议部署，将兵员采集、队伍采集的任务进行分配，并对各类表格内容的填写进行规范。由于当前退伍军人退役时登记的信息如联系方式、家庭住址等变动较大，信息收集比较困难，各基层单位能够不等不靠，积极行动，多方协调拆迁办、派出所等单位对退伍军人信息进行收集，并采取电话问询、上门了解等形式对退伍军人各类信息进行逐一核实登记，确保数据采集工作高标准高质量完成。

【民兵军事训练】 根据年度训练计划安排，年内开展10项民兵军事训练活动，参训人数375人，训练时间760小时，圆满完成训练任务。其中，防空兵指挥专业、防化骨干、操舟机手集训由省军区统训，专武干部、民兵营连长兼情报信息员、高炮连集训由军分区统训，森林灭火分队、防化救援分队、应急分队、通信保障分队集训由人武部组训。各项训练计划科学、组织严密，安全顺利，民兵分队整体作战能力进一步提高，应对多样化军事任务的能力得到增强。

【专武干部考核】 2014年，贯彻中央9号文件精神，促进党管武装工作在基层有效落实，区人武部会同区委组织部，派出两个考核小组，利用2天时间重点对辖区乡、镇、社区共11家基层单位党工委班子和14名专武干部进行考核。考核采取党工委班子和个人述职述廉、民主评议、个别谈话、查阅资料、实绩考核、专项调查、考核评价、考核结果反馈等步骤进行，区人武部重点对考核对象党管武装、政治教育、军事训练、战备工作等8项内容进行考核评估。通过考核评估，检验考核对象党管武装落实情况、专武干部履职尽责情况，有效增强基层党组织管武装、爱武装的责任意识，提高专武干部的“专武”意识，推动党管武装在基层得到落实。

【兵员征集】 按照“一季征兵、全年准备”思路，结合民兵组织整顿时机，对征兵情况进行调研摸底，做到早准备、早筹划、早部署。一是多次召开工作部署会。禹会区党委先后2次召开区常务会议、人武部先后3次召开专武干部例会，专题讨论研究当前征兵工作形势，部署兵役登记、宣传发

动任务，统一思想，明确任务。二是组织征兵工作培训。本年征兵工作部分调整，实施网上报名，体检标准、政审标准也有部分改变，人武部组织征兵办公室成员、专武干部集中培训，对网上报名方法、要求，以及新的体检、政审标准等传达讲解，确保征兵工作顺利开展。三是加大征兵工作宣传力度，将征兵时间调整、优惠优待政策传达到各家各户。征兵办采取广播宣讲、张贴宣传标语、电话讲解、上门走访登记等多种手段全方位进行宣传，动员广大适龄青年勇跃参军。四是强化指导兵役登记，每周随机到点检查3个基层单位，检查了解征兵政策宣传、兵役登记等开展情况，现场探讨研究当前征兵工作遇到问题及对策，确保征兵准备工作顺利开展。本年征集新兵141人（含女兵5人），圆满完成任务。

【思想建设】　一是精心组织理论学习。部党委根据自身工作实际，拿出专门时间，原原本本学习规定书目，特别是注重抓好习近平总书记系列重要讲话精神的学习（学习《之江新语》《干在实处 走在前列》《“三个同样一个要” 教育宣讲提纲》《习主席国防和军队建设重要论述读本》系列、《大别山精神》《党在新形式下的强军目标》《党的民主集中制》等12本书及习近平总书记在兰考的讲话，军委、军区领导讲话等内容）。先后参加10期分区组织的主题读书会，围绕践行强军目标、筑牢军魂意识、履行职能使命等内容，积极开展“人武部要有人武部的样子”大讨论，人人撰写读书学习心得体会，学习期间共撰写各类体会文章30余篇，在总政建言献策频道发表文章6篇（其中精华稿1篇、A级稿3篇）。二是扎实开展经常性思想工作。坚持每天个人读书读报，增强学习党的路线、方针、政策的主动性、自觉性；坚持每周一次工作讲评，增强干部职工提高自我认识问题的能力；坚持每季度一次思想分析制度，了解掌握干部职工的真实思想底数，廓清干部职工思想上的模糊认识；关心干部职工工作生活，把解决思想问题与实际问题结合起来，做好一人一事的思想工作，营造暖心留人的好环境。

【拥政爱民】　部党委认真贯彻军民共建美好乡村建设《意见》，按照“浓厚一个氛围、完善一套机制、解决一些实事”的思路，抓好结对帮扶等制度落实，3月份和5月份，部党委分别走访宗洼村、冯嘴子村，和村委会共同研究共建方案，牵头发动驻军单位积极参与。10月份，结合“美好乡村”建设组织开展新一轮结对捐资助学活动，共资助困难学生12名，捐助金额12000元。“国庆节”“老年节”期间，武装部协调区政府、教育部门给干休所送去一台精彩的慰问节目，五所学校师生共70余人参加慰问演出。1月，应地方政府请求参加涂山风景区扑灭山火行动，集结速度快、扑灭山火彻底，区党委政府对武装部门给予较高评价；2月，组织应急分队60余人进行抢险救灾演练；4月中旬，协调驻区部队院校共200余人开展军民共建“八一林”活动，共种植各类树种2000余棵。开展向现役战士、军人家庭、作战部队基层主官家属、困难优抚对象“送光荣、送问候、送温暖”活动，本年重大节日期间向5名基层主官家属、7名现役困难战士家中送去慰问金和礼品。

【国防教育】　7月，邀请海校教授到区作国防形势报告，并组织区委干部过军事日活动；8月，组织辖区150余名青年学生军事夏令营活动；9月，筹划组织辖区国防教育日活动，协调军事单位为辖区6所中小学派出12名军事教员，并成立“关心下一代工作委员会”，定期组织军事训练和开展国防教育；10月，到8所中小学校进行国防教育情况调研活动，发放调研材料800余份并形成调研文章（调研文章在总政建言献策频道发表）。

【战勤训练】　按照上级军事工作指示和年度工作实际，以真打实备的总要求，抓好各项军事工作的落实。一是抓好各种预案的拟制。3月份着重抓好后勤分队、后勤装备保障方案的完善。二是抓好后勤技能训练。科学制定训练计划，抓好后勤医疗保障分队在岗训练，扎实做好大规模作战准备。三是抓好民兵训练保障。认真落实“平时服务”要求，民兵训练服装合体率100%、训练误工补贴打卡发放率100%、伙食保障满意率100%。四是抓好民兵一体化分队装备器材的保障与管理，新购风力灭火机10具。对器材室的战备物资，现有器材和物资装具，组织人员定期进行维护。

2015 人民武装

【概况】　2015年，全区武装工作在军分区党委的领导下，人武部党委坚持以党的十八大精神和习主席重要讲话精神为指导，坚决贯彻落实党中央、中央军委和上级党委决策指示。围绕“三严三实”“依法从严治军”等主题教育活动，一是坚持以“三严三实”主题教育为主线，着力打牢高举旗帜、听党指挥的思想政治基础。二是坚持以完成多样化军事任务为目标，着力提升部队能打仗、打胜仗的战斗力水平。三是坚持以“三严三实”教育为契机，着力营造拥政爱民、军民共建的和谐氛围。四是坚持以推进现代后勤“三大建设任务”为牵引，着力提高服务官兵、保障打赢的后勤保障能力。强化思想政治建设，深化军事斗争准备，狠抓党委班子和干部队伍建设，落实依法从严治军、加强安全管理，大力开展民兵预备役工作，出色的完成上级赋予的各项任务。

【战备抢险】　结合形势任务变化，区人武部及时将各类非战争军事行动预案进行修订完善，确保方案科学可用。本

会通四海

年，本区担负蚌埠市民兵应急连的任务，根据上级任务和本区实际，科学、细致、高效的编组民兵应急分队，在位率100%、退伍军人率80%。5、6月份进入汛期后，结合防汛任务要求马城黄苏段、荆山湖行洪堤坝区域内险工险段现状及特点，及时修订《抗洪抢险应急行动预案》，制作《防汛救灾工作图》，并组建一支由退伍军人、专业技术人员组成的100人的抗洪抢险应急分队，为有效完成任务打下基础。按照上级战备要求，值班首长、值班员始终保持24小时在位，战备值班分队保持联络畅通，战备物资按标准要求准备到位，确保战备工作落到实处。

【民兵整组】 按照基干民兵的编组原则和要求，结合辖区实际，共编组3类队伍15个分队。年内3次召开专武干部例会，部署整组任务，进行民兵整组相关业务培训。一是突出编实民兵应急分队，退伍军人比例、经训率、在位率分别达到78%、85%、93%。12月份，军分区两次拉动本区120名民兵应急分队人员，到位率、退伍军人率分别达到100%和85%；二是突出编实专业技术分队，编组防化救援分队时，结合辖区内化工企业较多，专业对口、人员在位率较高的实际，在中粮生化、天润化工、皖酒集团、丰原集团等单位编组防化救援分队，结合安徽柳工具有较强的机械装备生产和维修能力等实际，编组装甲装备维修分队和装备勤务保障分队，确保专业技术分队编实建精、能用管用；三是充分挖掘编组资源，协调申请在建化管桩、新能源集团新建企业武装部，扩大编组范围。

【国防动员潜力调查】 年初，在接到军分区下发的国防动员潜力数据采集和政治动员数据采集任务后，立即部署，将兵员采集、队伍采集的任务进行分配，并对各类表格内容的填写进行规范。各基层单位克服退伍军人退役时登记时联系方式、家庭住址等变动大的困难，不等不靠，积极行动，多方协调拆迁办、派出所等单位对退伍军人信息进行收集，并采取电话问询、上门了解等形式对退伍军人各类信息进行逐一核实登记，确保数据采集工作高标准高质量完成。

【武装专项考核】 1月，人武部对辖区内2个乡镇、9个社区进行武装工作年终绩效考核，考核党管武装落实情况、专武干部履职尽责情况，考核分四个方面：(1)征兵工作(0.5分)、(2)民兵工作(1分)、(3)国防教育(0.3分)、(4)拥军优属(0.2分)。经检查考核发现各单位资料齐全、工作落实基本到位。比较好的单位是锦秀社区、金域社区和张公山社区。

【民兵训练】 年内共开展6项军事训练活动，2、3月份，在军分区的统一组织下，禹会区进行专武干部集训和民兵营连长兼情报信息员集训。4月份，在军分区教导队组织民兵应急分队训练，并结合可能担负的任务与市公安局特警支队、区公安分区巡防中队和区行政执法局备勤中队共同组织维护稳定应急处置突发事件的演练，通过训练演练有力地提升了民兵应急分队处置突发情况的能力。5月中下旬，根据省军区统一计划安排，防化救援分队赴淮南参加区域联训。5月下旬，禹会区同步参加军分区组织的“蚌动—2015”演练。6月初，在军分区教导队组织民兵通信分队集训。6月下旬至7月初，在军分区统一计划下，组织民兵高炮连集训，并赴江苏射阳靶场进行实弹射击演练，圆满完成演练任务。

【兵员征集】 按照“一季征兵、全年准备”的工作思路，征兵任务下达后即先后2次召开区常务会议、3次召开专武干部例会，专题讨论研究当前征兵工作形势，部署兵役登记、宣传发动任务。加大征兵工作宣传力度。利用广播、宣传车等多种手段全方位进行宣传，督促各单位积极悬挂、张贴征兵宣传标语，共悬挂宣传横幅50余条、发放张贴宣传标语2000余份。根据征集任务完成情况，给乡镇、社区精神和物质奖励。各单位征兵任务完成情况与年底目标考核相挂钩，未完成任务不得评为先进单位。积极动员大学生入伍，每入伍1名大学生补助所在乡镇、社区工作经费1000元；入伍的大学生义务兵优待金在执行蚌埠市当年标准的基础上，每人奖励5000元。全年148兵征兵任务顺利完成。

【思想建设】 坚持以“三严三实”主题教育为主线，着力打牢高举旗帜、听党指挥的思想政治基础。部党委成立教育实践活动领导小组，召开专题党委会，制订教育实践活动方案，对教育实践活动进行全面部署。一是精心组织理论学习。部党委根据自身工作实际，拿出专门时间，以总政印发的习主席国防和军队建设重要论述《选编》和《读本》的学习教育材料为基本教材，原原本本学习规定书目，特别是注重抓好习总书记系列重要讲话精神的学习。二是扎实开展经常性思想工作。坚持每天个人读书读报，增强学习党的路线、方针、政策的主动性、自觉性；坚持每周一次工作讲评，增强干部职工提高自我认识问题的能力；坚持每季度一次思想分析制度，了解掌握干部职工的真实思想底数，廓清干部职工思想上的模糊认识；关心干部职工工作生活，把解决思想问题与实际问题结合起来，做好一人一事的思想工作，营造暖心留人的好环境。

【拥政爱民】 一是大力开展涉军维权工作。根据《安徽省高级人民法院、安徽省军区政治部关于印发进一步加强涉军维权工作的指导意见的通知》等有关文件精神，加强军地沟通和了解，促进军地合作，协商和解决各种实际问题，共同做好涉军案件审判执行工作，更好地为国防建设和军人军属服务，经与区人民法院协商，禹会区人武部党委一班人与禹会区法院党委一班人共同讨论并签字成立《军地共建涉军维权联席会议制度》。为积极开展双拥共建活动、处理涉军维权案件建立绿色通道，为驻地军人提供更优质的服务保障。二是开展关爱老人活动。“国庆节”“老年节”双节到来之前，人武部组织文艺节目到干休所慰问演出。三是向现役战士、军人家庭、作战部队基层主官家属、困难优抚对象“送光荣、送问候、送温暖”。本年结合重大节日，共向12名基层主官家属、15名现役困难战士家中送去慰问金和礼品。

【国防教育活动】 4月，组织区委干部参观应急出动演练。7月，邀请海校教授来区作国防形势报告。8月，分别到四中、十二中进行国防知识宣讲，增强学生的国防意识。9月，筹划组织辖区国防教育日活动，协调军事单位为辖区6所中小学派出12名军事教员，并成立“关心下一代工作委员会”，定期组织军事训练和开展国防教育。10月，到8所中小学校进行国防教育情况调研活动，发放调研材料800余份并形成调研文章（调研文章在总政建言献策频道发表）。

【后勤保障】 针对新形势下民兵担负多样化军事任务越来越频繁的特点，分析研究后勤保障需求，按照后勤保障工作要运行常态化要求，充分细化保障兵力、明晰保障模式和保障要求，制定《后勤保障动员预案》《后勤保障扩编预案》和《后勤保障行动预案》等方案计划，有力促进动员潜力向保障能力快速转变。严格按照《南京军区战备工作有关细则》的规定，先后累计使用经费2.32万元，分批次购置抗洪抢险、处突维稳等器材装备计170件（套），并按照“三分四定”要求，进行分门别类、划区存放，有力促进战备工作落实。

2014 消 防

【概况】 武警蚌埠市禹会区消防大队，下辖禹会区消防中队，建制为正营级，承担着禹会区全区内的火灾扑救和抢险救援任务。2014年，禹会区消防大队贯彻落实《消防法》、《安徽省消防工作条例》和区政府消防工作会议精神，围绕服务经济社会发展，充分发挥防火灭火、抢险救援主力军的作用，圆满完成各项消防安保任务。区消防大队全年出警198起，其中灭火救援112起，抢险救援86起。出动车辆296车次，出动人数1682人次，抢救被困人员18人，疏散被困人员105人，抢救财产价值412万元。

【消防行动】 全年开展“守护平安 冬季行动”等系列专项行动。行动期间消防大队检查社会单位895家，发现火灾隐患671处，督促整改火灾隐患646处，下发责令改正通知书505份，办理行政处罚案件14起，临时查封3家、“三停”3家违法违规商户，罚款6.03万，拘留4人。

【消防大事简记】 3月15日，禹会大队联合区工商、质监行政执法、市场监督局等部门在欧尚超市东门广场开展假冒伪劣消防产品宣传活动，提高全社会防范和抵御假冒伪劣消防产品的整体能力。4月，禹会大队在支队举办的演讲、队列会操比赛中获得二项比赛第二名和条令条例知识竞赛第三名；圆满完成涂山庙会安保任务。5月，在支队举办的春季消防运动会上取得第四名，获精神文明奖。5月底6月初，大队搬入新竣工营房。7月25日，禹会区四大班子领导在区长陈建功的带领下，亲切看望慰问坚守在防火、灭火救援第一线的消防官兵。9月，大队电子阅览室建成，大、中队官兵一人一台电脑连入互连网；建成3D电影院，丰富官兵业余生活。10月29日，禹会大队召开消防监督执法干部公开述职述廉大会。禹会区副区长孙本龙及辖区社会单位消防安全负责人参加此次会议。11月，在全市消防部队秋季业务对抗赛中荣获团体第一名。11月3日，禹会区消防大队联合区市场监督管理局、辖区派出所深入辖区消防产品销售点开展消防产品质量集中检查专项行动，同时加强消防产品打假宣传，切实从源头上消除安全隐患，净化消防产品市场。12月5日，禹会区召开今冬明春火灾防控工作会议暨第四季度区消防安委会成员会议。12月11日晚，禹会区消防大队监督执法人员对辖区多家公共住宿、休闲、娱乐等人员密集场所进行消防安全工作突击检查。12月22日，禹会大队组织召开火灾高危单位消防工作会议，火灾高危单位代表参加会议。

【开展专题教育活动】 年内，大队深入开展三项主题教育与三项主题活动，即：“坚定信念、铸牢警魂”主题教育活动、党的群众路线教育实践活动，“牢记强军目标，献身强军实践”主题教育活动，五四运动纪念活动、学习雷锋与建党92周年系列教育活动。中队先后开展观看爱国电影、知识竞赛、演讲比赛、歌咏比赛并在支队开展的“牢记强军目标，献身强军实践”演讲比赛活动中取得二等奖。

2015 消 防

【概况】 2015年，区消防大队全年共出警237起，其中灭火救援112起，抢险救援86起。出动车辆330车次，出动人数1986人次，抢救被困人员16人，疏散被困人员390人，抢救财产价值616万元。大队获区文明单位称号。

【消防行动】 全年开展“守护平安 冬季行动”等系列专项

行动。行动期间大队检查社会单位1036家，下发责令改正通知书547份，发现火灾隐患933处，督促整改火灾隐患893处，办理行政处罚案件43起，临时查封12家和“三停”7家违规商户，罚款17.07万，拘留4人。

【消防大事简记】 1月，开展夜间实战化演练；1月4日，禹会区安委会召开劳动密集型企业专项整治行动动员部署会；1月23日，禹会大队联合区公安分局开展乡镇宗教场所消防安全检查。2月，圆满完成总队跨区域灭火救援拉动演练；春节前慰问退伍老兵和“春蕾助学计划”帮扶对象。4月，圆满完成涂山庙会安保任务；为全面部署禹会区2015年防火工作，坚决预防和遏制重特大火灾特别是群死群伤火灾事故的发生，禹会区政府召开2015年安全生产委员会暨消防安全委员会全体(扩大)会议。5月份，参加总队“5·12”地震救援拉动演练。6月，开展辖区内养老机构熟悉演练，做好养老机构的消防安全管理工作；6月9日，禹会大队联合区民政局召开辖区养老机构消防安全整治推进会，为弱势群体筑起消防安全“防火墙”。7月，参加总队高层建筑灭火救援实战演练；7月31，禹会区青少年消防夏令营在禹会消防大队正式启动，来自全区中小学的几十名师生及其家长，共同走进消防大队营区与消防官兵零距离体验消防。8月，开展中小学暑期夏令营活动；指导辖区内专职消防队参加全市专职消防队员业务对抗赛。9月，圆满完成抗战胜利70周年纪念活动安保任务。10月，圆满完成花博园保卫任务；10月23日，禹会区常务副区长孙如斌带队在全区范围内排查餐饮的安全消防工作。11月，禹会区消防大队以“11·9”宣传周为契机，在全区范围内开展消防宣传活动；11月5日，蚌埠市禹会区召开2015年度消防安全委员会暨冬季防火工作会议；11月13日，禹会区区委常委、副区长丁云兵率督导组检查指导禹会区重大火灾隐患单位整治工作。12月，禹会区消防大队对全区所属8个派出所全年消防监督管理工作开展情况进行年终考核；12月24日，禹会区消防大队在禹会区副区长丁云兵、公安分局副局长赵浩的带领下，在全区范围内统一开展圣诞元旦消防安全“零点”夜查行动。

【开展专题教育活动】 年内，大队深入开展“三严三实”教育、尊干爱兵教育、心理健康教育、卫生防病教育、使命宗旨教育；开展“缅怀革命英烈、传承消防精神”主题活动；开展“学习践行强军目标，做新一代革命军人”主题教育活动。

人民防空

【概况】 2014、2015年度，全区人民防空工作认真贯彻《人民防空法》和国务院《关于加强人民防空工作的决定》、认真贯彻省、市人防工作会议精神，围绕习总书记提出的“能打仗、打胜仗”的新时期军事斗争准备要求，坚持“长期准备、重点建设、平战结合”的人防建设方针。在市人防办(民防局)的指导下，按照“长期准备、重点建设、平战结合”的人防建设方针。以人防政策和法律、法规为依据，按照目标管理要求，狠抓各项任务的落实。

【安全管理】 二个年度内，区人防办加强对辖区内的人民防空工程安全管理检查，每季度的检查和专访不少于2次，对重点结建工程的使用和检查更为仔细认真彻底，特别是对心怡绿洲、怡康新都、九洲大厦的地下室使用液化石油气的情况，区人防管理部门都能和人防工程使用的管理人员有耐心地讲明危害和后果，以避免事故的发生。通过人防办人员的讲解和努力工作，确保辖区内的人民防空工程的防汛、防火等安全方面平安无事故。为配合市政府创建文明城市的需要，区人防部门配合行政执法局拆除辖区内的人防口部房。

【宣传教育】 积极学习和贯彻第六次全国人防会议精神，区人防办与区教育局、区科学技术协会和辖区内有关学校联系，在学校开展人民防空、防灾等知识的宣传教育。加强人防法律、法规和防空减灾知识的宣传教育力度。通过区教委、区科学技术协会建立平台，积极主动地宣传人民防空、防灾等方面的知识，深入开展“两防”进校园的活动，发放爱国主义教育的小册子。在重点路段上挂上宣传条幅，向市民进行人防意识的宣传教育。每年“9·18”警报试鸣，警报覆盖率逐年提高。从而使全区的广大市民和青年学生的国防观念和人防意识得到更好地加强和提高。

【应急场所建设】 根据市人防办的要求，本区对应急避难场所的建设给予高度重视。区人防部门多次协商和辖区内张公山公园意见达成一致，确立在张公山公园建立人防应急避难场所。以备战时进行人员疏散，能较为有效地确保战时人员和物资的安全。对于确定的应急避难场所，区人防部门经常去巡视。

【准军事化建设】 区人防部门在完成区国动委要求的办公室正规化建设任务后，按照市人防办考核标准要求，有计划地加强准军事化建设工作的落实工作。工作人员配备了统一制服，办公室全面做到了“六有”，人防办工作人员严格执行请假报告制度，按照要求及时、准确规范报送有关资料。

【问题与不足】 城市大建设项目与所涉及的人防工程协调不够，有待加强。经费缺少致有些工作难以开展。

经济监督管理

●发展和改革

●统计

●审计

●国土资源管理

2014 发展和改革

【概况】 2014年，全区发展和改革工作，在区委、区政府的正确领导下，坚持以加快转变经济发展方式为主线，以项目和投资为抓手，加强政策研究和经济运行调节，努力发挥综合经济部门职能作用，为保持全区经济平稳健康发展和社会事业的全面进步做出积极贡献。

【经济计划编制】 根据2013年度全区经济实绩和市目标要求，研究提出2014年国民经济和社会发展计划、年度投资计划和重点项目建设计划，及时将任务分解落实到部门和项目单位、落实到每个具体项目和责任人。同时，加强对计划执行和落实情况进行检查，及时掌握动态、发现问题并提出对策建议。坚持每月分析全区经济运行情况，针对经济运行中出现的新情况、新问题，深入调查研究，准确判断经济运行情况，把握经济走势，提出切合全区发展实际的意见和建议，形成季度经济运行综合分析报告。为区委、区政府理清思路、决策部署提供重要依据，较好地发挥了参谋助手的作用。

【重点项目建设】 针对国内经济下滑的不利形势，区发展和改革部门坚持以项目为抓手，突出投资拉动作用，力促全区经济平稳健康发展。区发改委在项目建设和投资管理方面：一是科学编制全区项目库，年内全区安排各类重点推进项目124个，有28个项目列入省“861”行动计划；48个项目列入市“3461”行动计划。二是实行“项目大使”服务项目，选派8名业务骨干担任佳先水滑石、高科能源装备二期等11个项目的“项目大使”，帮助企业办理立项、环评、图审等工作，有效的简化程序，提高效率。三是多措并举保障项目。每月定期组织召开重点项目推进会，每季度开展区委、区政府班子项目巡察巡视活动，及时协调解决项目在建设过程中的存在问题和困难，保证项目按计划顺利推进。四是围绕国家产业政策和投资导向，积极谋划全区十三五重点项目，重点在战略性新兴产业、社会事业等领域编制一批重大支撑项目。五是科学制定年度部门目标任务。结合各乡镇、社区、区直部门掌握的续建项目及新开工项目资源，考虑到招商引资完成情况，区发改委科学合理地分解全区固定资产投资目标，并制定详细的全区固定资产投资目标考核办法。六是严格按照固定资产投资统计要求，实施全区固定资产投资项目月报表制度。每月提前摸排全区

▲◀2月11日，区委区政府召开全区改革发展大会，区长陈建功与区属单位签订目标责任书。

项目进展情况，并对各部门申报项目进行审核，不重报、不漏报、不错报。全年实现固定资产投资99亿元，同比增长20.1%。

【服务业】 全年坚持把发展服务业作为转方式、调结构、促发展的重要举措，抢抓战略机遇，突出项目建设、加快转型升级，全区服务业保持平稳增长的发展势头。全年全区服务业增加值同比增长9.9%，超全省平均水平。

【项目运作】 一是积极做好政策对接，全力以赴争取国家、省、市的资金支持，年内共争取到中央预算内投资项目7个，其中保障性安居工程配套项目3个、政法项目1个、粮食物流项目1个、养老项目1个、卫生项目1个；为6个企业争取到2014年皖北贴息，2个企业争取2014年省战略性新兴产业专项资金。累计争取中央资金约3000万元。二是积极谋划2015年社会事业投资计划，上报钓鱼台社区服务中心、长青乡宋滩村基层服务平台等15个项目。三是主动向上级发改委汇报衔接，配合做好全市重点企业和重大项目调研、现代服务业发展、全市3461重点项目调研等相关工作。四是认真贯彻落实项目审批工作新政策。认真研究国家发改委2014年11号令《政府核准投资项目管理办法》，严格按照政策要求，结合实际，每月上报项目审批信息。

【产业转型升级】 依托资源优势和产业基础，培育发展新材料、高端装备制造、电子信息等主导产业，通过强化产业配套，实现战略性新兴产业的较快发展。为企业争取战略性新兴产业资金和政策支持，帮助企业推进新产品，促进企业提升产能。全区全年实现战略性新兴产业产值167.02亿元，同比增长2.5%，保持全市总量第一。

2015 发展和改革

【概况】 2015年全区发展和改革工作在区委、区政府的正确领导下，坚持以加快转变经济发展方式为主线，以项目和投资为抓手，加强政策研究和经济运行调节，为保持全区经济平稳健康发展和社会事业的全面进步发挥积极作用。

【入库项目】 全年新增9个项目审批入库：安徽水利（蚌埠）和顺地产有限公司的和顺第九街区项目的计划总投资6.2亿元；蚌埠联盟国际置业有限公司的联盟国际家博城项目计划总投资100亿元;蚌埠市恒大机动车驾驶员培训学校的机动车驾驶员培训学校建设项目的计划总投资1.1亿元。滨河西片区12号地块安置房项目计划总投资6亿元；如意嘉园三期计划总投资1亿元；安徽鸿泰新能源装备制造项目计划总投资6.5亿元；万象新天美食坊项目计划总投资2.2亿元；禹都新天地项目计划总投资9亿元；纺南宿舍安置房项目计划总投资3.7亿元。

【服务业】 全年完成服务业增加值36.24亿元，增长11.1%。全年新增规上服务业企业5户（安徽禹惠物流有限公司、蚌埠市华东运输有限公司、蚌埠市宏通运输有限公司、泗州戏剧院、禾泉农庄）。

【新兴产业】 全年累计完成战略性新兴产业产值177.20亿元，同比增长6.1%，占规模以上工业产值比重45%。与上年同期持平。新增三户战略性新兴企业（蚌埠市金盾电子有限公司、安徽冠建再生能源有限公司、安徽中电玻璃机械有限公司）。

【重点项目建设】 2015年全区发展改革工作立足于服务企业、服务项目，努力发挥部门职能作用，加强项目调度和项目推进，积极帮助相关项目单位协调解决项目推进过程中遇到的困难和问题。对全区23个重点项目明确责任分工及进度安排，制订《2015年禹会区重点项目进度表》，按照倒排工期的要求，明确项目各阶段时间节点，以加强协调调度，确保重点项目顺利实施推进。对纳入2015年市“3461”行动计划的开、竣工项目和暂未纳入“3461”行动计划但符合每月在《蚌埠日报》通报标准，且年内计划开、竣工的项目进行细致的梳理、筛选，制定详细的推进计划，编制“禹会区2015年开竣工项目计划表”。全年计划安排开工项目共23个，计划总投资57.6亿元；竣工项目14个。编制并上报禹会区2016年度“3461”行动计划项目建议表，其中续建项目25个，计划总投资72.8亿元，计划新开工项目16个，计划总投资26.2亿元，谋划项目27个。为加快重点项目建设，形成《禹会区发改委重点项目推进会会议制度》，定期召开周项目调度会、月项目推进会和季项目观摩会，每周形成一篇项目推进清单，切实强化重点项目协调保障力度，加快重点项目建设步伐，推进重点项目提质提效。

【项目运作】 根据近两年中央投资情况，区发改委对中央投资项目进行系统的梳理和分类，印发《关于进一步做好中央投资项目前期工作的通知》，详细列出申报中央和省投资项目所需要的有关条件，共争取项目资金1.51亿元：1.城市保障房基础设施建设中央投资项目，经与市发改委积极协商对接，禹都新天地、滨河西片区12号地块、滨河西片区11号地块棚户区改造项目中央预算内争取资金4400万元。2. 2015年国家物流业转型升级项目，根据《安徽省发展改革委关于做好2015年国家物流业转型升级项目申报工作的紧急通知》要求，上报蚌埠港国际集装箱码头有限公司“蚌埠新港物流园”项目，争取资金100万元。3.皖北地区

会通四海

财政贴息资金项目，根据《市发改委市财政局关于申报2015年加快皖北地区经济发展财政贴息资金项目的通知》，对全区内符合条件的项目进行逐一梳理，申报安徽冠宜箱包有限公司、安徽万宝玻璃有限公司、蚌埠天一包装制品有限公司三家企业，共争取资金90万元。4.申请2015年农村饮水安全工程中央预算内投资资金2455万元。5.申请2015年农村饮水安全工程水质检测能力建设项目中央预算内投资资金214.48万元。6.申请蚌埠市纺织厂南宿舍项目资本金4634万元，马城自来水厂项目资本金2100万元。7.申请长青卫生院等社会事业类项目专项资金125万元。

【"十三五"规划】 做好"十三五"时期重大项目谋划，为禹会区"十三五"规划目标实现提供有力支撑，实现禹会经济跨越式发展，按照市委关于"发展重新布局、工业提升层次、环境脱胎换骨"的总体要求，紧紧围绕"全面建成小康社会、冲刺蚌埠市第一方阵"这一中心目标，坚持创新、协调、绿色、开放、共享五大发展理念，区发改委提出五个方面的要求：一是突出体现全面建成小康社会的新要求；二是突出体现全面深化改革的要求；三是突出体现经济转型升级提质增效的要求；四是突出体现保障和改善民生的要求；五是突出体现以经济和社会事业可持续发展的要求。区发改委制订《禹会区"十三五"谋划项目库》。

【公务用车制度改革】 贯彻党的十八大和十八届三中、四中全会精神及《党政机关厉行节约反对浪费条例》，加快推进全区公务用车制度改革，根据中央《关于全面推进公务用车制度改革的指导意见》《安徽省公务用车制度改革总体方案》和《蚌埠市公务用车制度改革实施方案》，发改委负责牵头，协同区党委办、区政府办、区编办、区财政局、区人社局、区行管局等部门共同制定《禹会区公务用车制度改革实施方案》，分别上报市车改办和区委、区政府。

2014

统　计

【概况】 禹会区统计局是禹会区人民政府主管全区统计和国民经济核算工作的直属机构。主要职责是贯彻执行国家统计法律、法规，监督检查统计法律、法规的实施，执行国家和省下达的统计调查任务，组织领导和综合协调全区各部门的统计和国民经济核算工作。2014年，区统计局加强统计跟踪监测，完成统计培训和第三次全国经济普查、统计监测分析等重点工作。

【统计跟踪监测】 在完成常规统计工作任务基础上，加强对工业、固定资产投资、商贸、服务业等重点行业的统计跟踪监测，全区经济发展保持平稳较快的良好态势，主要经济指标增速好于全市平均水平，部分指标总量位次较上年有所提高。在通报的2014年度11项主要经济指标中，7项指标增速高于全市平均水平，6项指标增速居全市前4位，与上年同期相比，固定资产投资、全部财政收入和服务业增加值3项指标居全市位次前移，地区生产总值、进出口总额和战略性新兴产业产值3项指标居全市位次持平。全区实现地区生产总值142.08亿元，同比增长11.5%，高于全市平均水平1.4个百分点，其中一、二、三产增加值分别增长5.2%、12.4%、9.9%。

【统计基础工作】 开展统计培训工作，提高全区企业统计人员持证上岗率。全面调查清理统计人员持证上岗情况，摸清统计人员持证上岗数量，通过各专业统计群、电话通知等形式，将报名考试的信息及时传达到相关单位及统计人员，要求不具备统计从业资格的统计人员报名参加国家统计从业资格考试，获得统计从业资格证书，全面提高基层单位统计人员业务素质。组织新报名参加从业资格考试65人，继续教育学习32人，另外有8人参加职称考试。制定培训计划，利用专项调查的统计培训会议、统计年报会议和全国第三次经济普查的培训会议等契机，传授统计知识和统计方法。

【统计监测分析】 加强统计监测，认真研判数据。对全区主要考核指标完成情况进行实时监控，及早介入，提前预警。每月召开一次经济形势分析会，撰写统计分析材料，为区领导参加市政府经济形势分析会和每月各部门工作推进会，提供统计数据和统计分析材料。全年区统计局撰写经济运行情况分析报告10篇，4期送阅材料。在政府信息公开网发布信息233篇，其中1篇被《蚌埠信息》采用，5篇被《禹会区信息》采用。

【全区第三次全国经济普查】 普查登记1772个法人单位，306个产业活动单位，18654个个体工商户。区统计局荣获“安徽省第三次全国经济普查先进集体”称号。在全国百名“最美普查员”评选中，锦绣社区普查员郭君当选。

【统计执法】 强化统计法制宣传，全年累计举办统计法制培训、专题讲座3次，开展“法律六进”活动2次，开展现场普法宣传活动3次，组织统计法有关知识竞赛、考试320人次，发放普法教材220册，发放普法宣传材料350份，进一步提高了社会各界对统计工作的知晓率和支持率，营造了良好的统计工作环境。坚持亮证执法、规范执法、文明执法，所有查处案件都做到事实清楚、证据充分、定性准确、程序合法。积极组织局工作人员参加统计执法证资格考试，有5人获得统计执法检查员资格。加强统计执法监督、夯实统计法制基础，对全区224家“四上”企业开展统计执法检查，全年统计执法检查单位70个。

2015 统　计

【概况】 禹会区统计局加强统计基础建设、统计法制建设、统计信息化建设，统计跟踪监测，完成统计培训和统计监测分析等重点工作，努力提高统计数据质量。保质保量地完成区农业、工业、批零住餐业、房地产业、服务业、固定资产投资等专业月报、季报和年报。全面、出色完成规下工业季度调查、1%人口抽样调查、月度劳动力调查、文化产业、城乡一体化等专题调查及其他临时性的调查任务。积极筹划第三次全国农业普查工作，成立禹会区第三次全国农业普查领导小组。详细编制普查经费预算，并纳入2016年全区经费预算，为普查工作提供资金保障。

【统计跟踪监测】 全年在完成常规统计工作任务基础上，加强重点行业的统计跟踪监测，全区经济发展保持平稳较快的良好态势，主要经济指标增速好于全市平均水平，部分指标总量位次较上年有所提高。在通报的2015年度11项主要经济指标中，7项指标增速高于全市平均水平，4项指标增速居全市前4位，与上年同期相比，地区生产总值、规模以上工业总产值、固定资产投资、外商直接投资、进出口总额和城镇常住居民人均可支配收入6项指标增速居全市位次前移，全部财政收入、社会消费品零售总额和战略性新兴产业产值3项指标增速居全市位次持平。全区实现地区生产总值173.86亿元，同比增长11.4%，高于全市平均水平1.2个百分点，其中一、二、三产增加值分别增长4.7%、11.8%、11.1%。

【统计监测分析】 发挥统计部门自身的信息资源优势，深入开展调查研究，建立和完善经济运行情况报告制度，及时提供区经济运行情况分析报告11篇，《禹会区规模以上工业企业一季度经济运行情况分析》《禹会区批零住餐企业一季度经济运行情况分析》等6篇统计分析，及时、准确、全面地反映全区经济社会发展状况，为区委、区政府和社会各界提供较好的统计服务。全年及时提供统计信息210篇，其中31篇被《禹会信息》采用，1篇被省统计局网站刊载，全市统计系统信息报送量居全市第一位。不断加强自主创新工作，形成《关于禹会区四上企业创新调研报告》《禹会区运输业与现代物流的融合发展》《禹会区化工企业能源利用效率研究》等一批有价值的调研成果，以此达到提升统计服务能力、促进统计事业科学发展的目的。

【绘制禹会区统计地图】 2015年初启动全区统计地图绘制工作。用高清卫星地图为底图，清晰标绘禹会区各乡镇、社区统计工作范围。随着统计地图逐步绘制完成，明确了工作职责，为今后各项大型普查和统计调查等工作不留死角、应统尽统，打下了坚实的工作基础。

【基本单位名录库更新维护】 年初以来共新登记入库单位816户，截至2015年底，禹会区名录库中单位有3344户，其中法人单位2610户，产业活动单位734户。全区新增入库32户“四上”单位，其中工业17户、批零住餐业6户、服务业5户、房地产3户、建筑业1户。2015年新申报入库房地产项目6个，项目计划总投资合计89.1亿元，项目申报成功率100%。

会通四海

【统计宣传与执法】 统计法制宣传教育工作扎实有效。利用“12·4”国家宪法日和“12·8”《统计法》颁布日为主要时点进行宣传活动，悬挂宣传条幅12条、制作展板5块、发放各类宣传材料500余份，利用各乡镇社区电子屏宣传统计法，播放统计知识每日一问。印制700余份统计张贴画，在春节前夕发放给辖区“四上”企业、乡镇社区首席统计员、辅助员及调查户、区各主管部门，进一步提高社会各界对统计工作的知晓率和支持率，营造了良好的统计工作环境。利用各专业年报会议、《统计上严重失信企业信息公示暂行办法》发放等活动，告知统计法律规范中统计数据质量、统计原始记录和台账、统计从业资格持证等具体的要求，说明统计的职能和依法统计的现实意义。全面规范统计执法行为。有针对性的开展执法检查，全年对65户企事业单位进行执法检查。

2014 审计

【概况】 2014年全区审计工作在区委区政府的正确领导下，在市审计局的业务指导下，深入贯彻党的十八大、十八届三中、四中全会精神，按照省、市审计工作会议部署和年初任务安排，围绕政府工作重心，充分发挥审计在完善国家治理中的“免疫系统”功能，共完成审计项目48个，其中：财政预算执行审计1项、经济责任审计2项、财政财务收支审计2项、跟踪审计1项，政府投资建设工程预算审核22项，固定资产投资竣工结算审计20项，节约政府投资资金313.5万元。

【财政预算执行审计】 促进落实积极财政政策的各项措施，加强管理、完善预算制度、规范资金分配行为，完成2013年度区级财政预算执行和其他财政资金收支审计，延伸区司法局、区商务局、区残联、区保健站三个区直部门和一个二级单位预算执行情况审计，提出审计建议4条。

【经济责任审计】 引导领导干部树立科学发展观和政绩观，推动本部门、本单位科学发展，促进领导干部守法、守纪、尽责。完成区环卫所、朝阳一小2个单位领导人任期经济责任审计，移送审计事项一件。

【财政财务收支审计】 规范所辖乡镇、社区财政、财务收支管理，保证资金、资产安全、完整、规范使用；完成朝阳社区、迎淮社区2个社区的财政财务收支审计；追缴重复报账资金6500元，促使社区完备固定资产报废手续，促进社区票据收款、缴存合规合法。

【跟踪审计】 根据省审计厅稳增长促改革调结构惠民生防风险政策落实跟踪审计要求，组织力量，对区相关政策落实情况进行跟踪审计调查。涉及跟踪审计单位11家，提出建议6条。

【政府投资审计】 2014年完成工程预算审核项目22个，预算价214.24万元，核减额21.68万元，核减率10.12%；完成固定资产投资结算审计项目20个，送审金额1263.41万元，审减额92.16万元，审减率7.29%。引入第三方复核机制，对涂园二期安置房建设项目复审核减工程价款199.66万元，再审核减率4.12%。

【制度建设】 拟定出台《禹会区乡镇、社区审计监督暂行办法》《禹会区征地拆迁项目跟踪审计管理暂行办法》《禹会区政府投资建设项目跟踪审计工作方案》3个规范性文件。

【廉政组织建设】 开展党的群众路线教育实践活动，完成各阶段的学习任务，查摆问题，上报群众路线教育实践活动第一批和第二批问题整改清单。严格执行中央“八项规定”和省委“三十条规定”，把党风廉政教育工作当作日常工作来抓，进一步提升审计监督能力。

【政务公开】 建立政务信息公开专栏及政府信息公开栏目，及时公布审计工作动态、审计计划等，接受公众监督。2014年向社会公开审计动态和信息75篇。

2015 审计

【概况】 2015年全区审计工作在区委、区政府的领导下，区审计局深入贯彻十八大、十八届三中、四中、五中全会精神，围绕区政府工作重心，充分发挥审计的保障和监督作用，完成审计项目53个，其中：财政预算执行审计1项、经济责任审计3项、财政财务收支审计1项、跟踪审计2项，审计调查2项，政府投资建设工程预算审核10项，固定资产投资竣工结算审计34项，节约政府投资资金63.04万元。

【财政预算执行审计】 促进落实积极财政政策的各项措施，加强管理、完善预算制度、规范资金分配行为，完成2014年度区级预算执行和其他财政收支审计；延伸园区办、发改委、统计局、科技局四个部门预算执行审计。

【经济责任审计】 引导领导干部树立科学发展观和政绩观，推动本部门、本单位科学发展，促进领导干部守法、守纪、尽责，完成区经济和信息化委员会、区城市管理行政执法局、张公山社区居委会3个单位领导人任期经济责任审计。

【财政财务收支审计】 规范区属乡镇、社区财政、财务收支管理，保证资金、资产安全、完整、规范使用；完成秀水社区财政财务收支审计；移交纪检核查事项一项。

【跟踪审计】 对区稳增长促改革调结构惠民生防风险政策落实情况跟踪审计；派出审计人员对2015年度保障房安居工程建设资金跟踪审计。出据审计报告8份。

【审计调查】 开展区2014年度城乡义务教育经费保障情况审计调查；开展区农村居民最低生活保障资金管理、使用情况专项审计调查。

【政府投资审计】 完成工程预算审核项目10个，出具审计建议10份；完成政府投资建设结算审计项目34个，送审金额481.2万元，审减额63.04万元，审减率13.1%。加强对区入库协审单位的监督，对其出具的工程结算价格审核。

【参与文明创建】 参与文明城市创建，按照责任分解对包保片区和路段定期进行巡查，与责任单位联系督导。

【政务公开】 建立政务信息公开专栏及政府信息公开栏目，及时公布审计工作动态、审计计划等，接受公众监督。2015年向社会公开审计动态和信息118篇。

2014 国土资源管理

【重点项目用地】 区国土分局主动加强与上级各部门联系与沟通，为全区大建设重点项目征地报批做好服务。2014年共完成项目用地组卷报批14个批次，面积1092.618亩，其中农用地724.3485亩，耕地644.5665亩，建设用地366.5595亩，未利用地1.71亩，圆满完成市、区两级重点项目落地工作。

【农田保护】 辖区基本农田分布在马城镇、长青乡及涂山风景区境内，市政府与区政府签订目标责任书，确保本区6493.69公顷基本农田保护面积不减少，质量不降低，区政府与乡政府等有关部门签订目标责任书，乡政府将基本农田地块落实到行政村，并与涉及到的行政村签订基本农田保护责任书，纳入各村目标考核责任制。同时建立定期巡查制度，对重点区域巡查每星期至少两次；并建立基本农田保护图、表、册档案。

【土地利用规划实施】 在新一轮土地利用总体规划实施工作中，区国土管理部门切实做好新一轮规划宣传，协助区政府做好重点区域内的土地利用布局安排，科学合理安排有限的新增建设用地指标，注意把握好土地利用总体规划与各类专项规划的衔接。

【农村集体土地确权和登记发证】 根据蚌埠市政府办《关于农村集体土地确权和登记发证若干问题的处理意见》和《关于蚌埠市农村集体土地确权和登记发证工作实施方案》文件精神。区国土分局配合区政府和区直有关部门依法做好符合条件农民的宅基地的勘测审批工作，坚决杜绝占用农用地建房现象，全年共办理农民建房审批共569户。

【违法用地整治】 为贯彻落实市政府全市土地卫片执法检查工作方案和市整违办关于开展卫片执法检查违法用地整治工作的文件精神，全面完成辖区内2014年度土地变更调查117块图斑的外业核查，完成土地变更调查外业记录表、遥感监测图斑信息记录表、违法用地图斑认定审核记录表、拆除图斑核实记录表的填报工作，完成22块设施农用地图斑信息核实记录表和1块临时用地图斑信息核实记录表的手续完善及填报工作。对于变更调查涉及36个没有用地手续的图斑，区国土分局、国土所及时同区、乡两级政府沟通，全程跟踪督促，完成8个违法图斑的拆除任务。

【征迁拆违】 区国土管理部门配合区委区政府征迁拆违工作，保障全区大建设项目用地，做好项目征迁工作中的预审和现场踏勘，保证项目用地依法征迁。建立辖区内土地管理动态巡查制度。国土分局配合马城国土管理中心所人员分成三个巡查小组，对区域内的集体土地加强巡查，发现违法用地情况给予及时制止。

【地质灾害预防和矿山环境治理】 区国土分局按照市局要求对辖区内主要地质灾害的分布进行全面排查和准确掌握，开展地质灾害防治知识宣传教育。并配合区、乡政府及时监控和有效处置灾情、险情，切实避免或减少地质灾害造成的人员伤亡。在重点做好上洪、大洪山3个地质灾害隐患点进行动态巡查的同时，每一个地质灾害点还安排专门人员值班。对没有列入地质灾害隐患点的区域，实施动态巡查，确保人民群众的生命和财产安全。

【城市居民房屋登记发证】 年内全区居民办理房屋土地使用证数量大、任务重，区国土分局增添办证设备，改进作风、强化责任、优质服务、加班加点、利用节假日并延长工作时间，全年办理居民房屋土地使用权证3000余份，服务质量受到广大居民好评。

2015
国土资源管理

【土地概况】 最新统计全区土地面积22867.68公顷，其中农用土地13978.58公顷、未利用土地4240.81公顷、建设用地4648.29公顷。全年区国土管理部门继续做好基本农田保护和土地利用总体规划的实施工作，全年共办理居民房屋土地使用权证3400余份。

【重点项目用地管理】 为保障全区建设发展用地，区国土管理部门积极做好全区大建设重点项目征地报批服务，主动加强与上级各部门联系沟通，了解和掌握国家土地供应政策和企业用地需求及项目建设进度，做好项目建设用地报批组件、预审和服务协调工作。2015年共完成项目用地组卷报批13个批次及1个单独选址项目，面积1274.4705亩，其中农用地871.2105亩、耕地772.671亩、建设用地374.2065亩、未利用地29.0535亩，圆满完成市、区两级重点项目落地工作。

【农村集体土地确权和登记发证】 根据蚌埠市政府办《关于农村集体土地确权和登记发证若干问题的处理意见》和《关于蚌埠市农村集体土地确权和登记发证工作实施方案》文件精神。区国土分局配合区政府和区直有关部门依法做好符合条件农民的宅基地的勘测审批工作，全年共办理农民建房审批共436户，没有农用地建房现象。

【执法检查用地整治】 为贯彻落实市政府全市土地卫片执法检查工作方案和市整违办关于开展卫片执法检查违法用地整治工作的文件精神，禹会区采取强有力措施，迅速组织力量实地核查、拍照，填写内业，确保每个图斑的准确性，做到图、实地、数一致。在规定时间内，全面完成辖区内2015年度土地变更调查67块图斑的外业核查，完成土地变更调查外业记录表、遥感监测图斑信息记录表、违法用地图斑认定审核记录表、拆除图斑核实记录表的填报，完成15块设施农用地图斑信息核实记录表和3块临时用地图斑信息核实记录表的手续完善及填报工作。对于变更调查涉及24个没有用地手续的图斑，区国土分局、国土所及时同区、乡两级政府沟通，对需要拆除的违法用地图斑，全程跟踪督促，在规定时间内，完成11个违法图斑的拆除任务。

【征迁拆违】 全年，区国土管理部门根据区委区政府的征迁拆违工作任务，保障全区大建设项目用地，一是认真做好项目征迁工作中的预审和现场踏勘工作。在每一个用地项目上报审批之前都配合市局有关科室及土地监察支队人员到项目实地现场，踏勘有无违建及用地纠纷问题。二是建立辖区内土地管理动态巡查制度。国土分局配合马城国土管理中心所人员分成三个巡查小组，特别是在节假日期间对区域内的集体土地加强巡查，发现违法用地情况给予及时制止。

【地质灾害预防和矿山环境治理】 区国土分局按照市局要求对辖区内主要地质灾害的分布进行全面排查和准确掌握，开展地质灾害防治知识宣传教育。配合区、乡政府及时监控和有效处置灾情、险情。重点做好上洪、大洪山3个地质灾害隐患点的动态巡查，在每一个地质灾害点安排专门人员值班，填写值班记录，发现隐情及时上报。对没有列入地质灾害隐患点的区域，实施动态巡查点。

【国土管理队伍建设】 区国土分局和马城国土管理中心所，直接担负着辖区内的国土资源管理和利用工作，区国土分局组织分局党员同志参加市国土局群众路线教育实践活动和培训；参加支部集中学习和自我学习《群众路线教育活动读本》，每位党员均按要求自觉撰写多篇学习心得体会；组织党员前往渡江战役总前委孙家圩子旧址纪念馆，进行革命传统教育。组织全体人员学习习近平总书记“三严三实”和在兰考的讲话，对照“四问”活动方案，开展自我检查，进行自我查摆，并按要求撰写个人对照检查材料。在提高政治理论水平的同时，注重加强业务知识和管理知识学习，积极参加市局组织的各种培训和讲座，提高业务能力，自觉用科学理论、法律知识指导工作实践。

土地小知识

地质灾害：

是指在自然或者人为因素的作用下形成的，对人类生命财产、环境造成破坏和损失的地质作用（现象）。如崩塌、滑坡、泥石流、地裂缝、水土流失、土地沙漠化及沼泽化、土壤盐碱化，以及地震、火山、地热害等。

工业 园区建设

●综述

●工业园管理委员会

2014 综　　述

【概况】 2014年，全区实现规模以上工业总产值363.18亿元，增长12.1%。实现规模以上工业增加值96.18亿元，增长12.8%。实现工业投资26.26亿元，增长30.45%。规模以上企业达到83家。

【优化发展环境】 开展“服务企业拓展年”活动，全区累计走访和调研企业150家(次)，召开专题调度会(座谈会)20场(次)，梳理企业问题、困难和建议116项，具体问题的解决率达90%以上，为企业提供咨询服务600余次。切实减轻企业负担，26家企业经被认定成为2014年蚌埠市重点帮扶企业，享受“五缓三降三补贴”优惠政策。帮助企业争取专项资金支持，安徽天润化学工业股份有限公司获得2014年国家产业振兴和技术改造专项资金1090万元。蚌埠市东方金河毛纺有限公司、蚌埠市绿源精细研磨设备有限公司、建华建材(蚌埠)有限公司、蚌埠市行星工程机械有限公司、安徽丰原集团有限公司共获得2014年省企业发展专项资金290万元。区经信委荣获2013年度蚌埠市工业经济运行先进单位、2013年度蚌埠市技术创新先进单位和2013年度蚌埠市工业和信息化融合先进单位称号。

【重点工业项目建设】 禹会区小微企业创业基地当年建成标准化厂房5.13万平方米。总投资1.6亿元的丰原涂山制药GMP医药生产线综合技术改造、总投资1.74亿元的亚源印染年产5000万米高档面料印染生产线技术改造等项目竣工投产。总投资5亿元的安银金融机具生产、总投资1.2亿元的徽泰电气年产万套智能电器控制柜、总投资1.2亿元的冠宜型材铸铝门等项目开工建设。

【企业创新发展】 企业技术中心认定:蚌埠市方阵商品混凝土有限公司、建华建材(蚌埠)有限公司、蚌埠市天一包装制品有限责任公司成为2014年市认定企业技术中心。

两化融合示范企业认定:蚌埠市行星工程机械有限公司被认定为2014年安徽省信息化与工业化融合示范企业。安徽佳先功能助剂股份有限公司、安徽晶菱机床制造有限公司、安徽安宇乳胶制品有限公司、蚌埠市比优特包装印务有限责任公司被认定为2014年蚌埠市信息化与工业化融合示范企业。

专精特新企业认定：安徽佳先功能助剂股份有限公司、蚌埠市行星工程机械有限公司被认定为2014年度安徽省专精特新中小企业。蚌埠丰原涂山制药有限公司、蚌埠中实化学技术有限公司、蚌埠市海峰印刷有限责任公司、蚌埠高科能源装备有限公司、蚌埠市绿源精细研磨设备有

限公司、安徽煤田光大彩印有限责任公司被认定为2014年度蚌埠市专精特新中小企业。

工业设计中心认定：蚌埠玻璃工业设计研究院、蚌埠通达汽车零部件有限公司被认定为2014年市级工业设计中心(首批)。

产学研联合示范企业认定：安徽佳先功能助剂股份有限公司被认定为第六批安徽省产学研联合示范企业。

自主创新品牌示范企业认定：安徽丰原集团有限公司、蚌埠丰原涂山制药有限公司被认定为2013年度蚌埠市自主创新品牌示范企业(首批)。

【企业产品创新创优】 安徽佳先功能助剂股份有限公司二苯甲酰甲烷(DBM)产品通过欧盟REACH法规全球领头注册。蚌埠市行星工程机械有限公司盾构机主驱减速机、液压油缸及再制造产品达到国内领先水平，部分性能指标达到国际先进水平，产品能够替代进口。蚌埠国电龙源环保发展有限公司脱硫石膏、蚌埠华东石膏有限公司保温建筑石膏被认定为安徽省2014年资源综合利用产品。

【2014年工业大事】

1月，安徽皖酒制造集团有限公司被授予首届“蚌埠市市长质量奖”称号。

1月，中粮生物化学(安徽)股份有限公司总经理李北、安徽佳先功能助剂股份有限公司董事长李兑入选2013年度蚌埠经济人物。

▲安徽佳先功能助剂股份有限公司在新三板挂牌

2月，安徽佳先功能助剂股份有限公司在新三板挂牌(全区首家)。

8月，蚌埠玻璃工业设计研究院成功并购德国光伏企业阿旺西斯公司。

9月，禹会区入选全省首批信息消费试点县(市、区)，为全市唯一入选县区。

9月，蚌埠玻璃工业设计研究院院长彭寿、中粮生物化学(安徽)股份有限公司总经理李北入选2013皖北地区年度工业经济人物。

9月，蚌埠玻璃工业设计研究院、中粮生物化学(安徽)股份有限公司、安徽丰原集团有限公司上榜2014年安徽企业100强。

2015 综　述

【概况】 2015年，全区实现规模以上工业总产值398.26亿元，增长8.49%。实现规模以上工业增加值102.89亿元，增长12.1%。实现工业投资35.39亿元，增长34.75%。规模以上企业达到99家。

【优化发展环境】 切实减轻企业负担，27家企业经被认定成为2015年蚌埠市重点帮扶企业，享受“五缓三降三补贴”优惠政策。帮助企业争取专项资金支持，建华建材(蚌埠)有限公司、蚌埠通达汽车零部件有限公司、蚌埠玻璃工业设计研究院、安徽新源热电有限公司、蚌埠华东石膏有限公司共获得2015年省企业发展专项资金261万元。安徽丰原发酵技术工程研究有限公司获得2014年度省民营企业主导制定标准奖补资金20万元。24户企业共获得2014年度市级促进新型工业化发展专项资金182.5万元。安徽冠旗艺术玻璃有限公司、蚌埠市行星工程机械有限公司共获得省产业集群专业镇专项贷款800万元。区经信委荣获蚌埠市2014年度经济和信息化工作目标考核一等奖、蚌埠市2014年度电力设施和电能保护工作二等奖。

【老工业区搬迁改造】 成立禹会区老工业区搬迁改造暨退市进园工作领导小组，完成搬迁改造区域内工业企业前期摸底调查工作。

【重点工业项目建设】 禹会区小微企业创业基地当年建成标准化厂房3.1万平方米，累计建成8.23万平方米。总投资1.2亿元的冠宜型材铸铝门等项目竣工投产。总投资5亿元的安银金融机具生产、总投资1.2亿元的徽泰电气年产万套智能电器控制柜等项目加紧建设。总投资1.02亿元的兴能管业等项目开工建设。

【企业创新发展】 企业技术中心认定：蚌埠中实化学技术有限公司、蚌埠市东方金河毛纺有限公司、安徽省方大水泥制品有限公司成为2015年市认定企业技术中心。两化融合示范企业认定：建华建材(蚌埠)有限公司、蚌埠中实化学技术有限公司被认定为2015年安徽省信息化与工业化融合示范企业。蚌埠中实化学技术有限公司、建华建材(蚌埠)有限公司、蚌埠嘉怡景服装有限公司、蚌埠市奥特纸箱机械有限公司、安徽中晶光技术股份有限公司被认定为

2015年蚌埠市信息化与工业化融合示范企业。两化融合管理体系贯标试点企业认定：蚌埠市行星工程机械有限公司、蚌埠通达汽车零部件有限公司、安徽冠宜箱包有限公司被认定为2015年省级两化融合管理体系贯标试点企业。工业和信息化领域标准化示范企业认定:蚌埠玻璃工业设计研究院被认定为省工业和信息化领域标准化示范企业（第二批）。专精特新企业认定:蚌埠高科能源装备有限公司、安徽冠旗艺术玻璃有限公司、安徽万宝玻璃有限公司被认定为2015年度安徽省专精特新中小企业。蚌埠市方阵商品混凝土有限公司、安徽远大机械制造有限公司、蚌埠市神牛生物制品有限公司被认定为2015年度蚌埠市专精特新中小企业。工业设计中心认定:蚌埠通达汽车零部件有限公司被认定为2015年省级工业设计中心(全区首家)。安徽冠旗艺术玻璃有限公司被认定为2015年市级工业设计中心。

▲蚌埠通达汽车零部件有限公司金属燃油箱占国内客车市场份额八成以上。图为生产车间一角。

【安徽省诚信企业】 安徽晶辉玻璃制品科技有限公司、蚌埠市奥特纸箱机械有限公司、安徽中旭建设工程有限公司、安徽万宝玻璃有限公司、蚌埠市比优特包装印务有限责任公司、蚌埠嘉怡景服装有限公司、蚌埠市顺昌水利工程有限公司、蚌埠市方阵商品混凝土有限公司被认定为2014年安徽省诚信企业。

【企业产品创新创优】 蚌埠中实化学技术有限公司2,3二氟-4-乙氧基苯酚、3-乙氧基-4-甲氧基苯腈、3,4,5-三氟苯硼酸，安徽远大机械制造有限公司1GQL-135型精细旋耕机、3SHGL-21（135）型自走式精旋土壤火焰杀虫机、2FGL-15(135)型自走式精细旋耕施肥(药)机被认定为2015年安徽省新产品。

【2015年工业大事】

1月，蚌埠市行星工程机械有限公司董事长姚爱民入选2014年度蚌埠经济人物。

3月，安徽佳先功能助剂股份有限公司入选新三板成分指数样本股(首批)。

4月,安徽中晶光技术股份有限公司在新三板挂牌。

6月，蚌埠玻璃工业设计研究院承建的安徽省功能玻璃行业技术中心被认定为安徽省行业技术中心(首批)。

9月,蚌埠玻璃工业设计研究院、安徽丰原集团有限公司上榜2015年安徽企业100强。

9月，中粮生物化学（安徽）股份有限公司被授予第二届“蚌埠市市长质量奖”称号。

10月，中粮生物化学（安徽）股份有限公司BBCA牌柠檬酸、蚌埠玻璃工业设计研究院超薄浮法电子玻璃入选安徽工业精品（首批）。

2014 工业园管理委员会

【机构概况】 蚌埠市禹会区工业园管理委员会于2006年设立，2013年7月经蚌埠市机构编制委员会批准正式成立，为正科级全额拨款事业单位，下设工业园管理办公室。工业园管理委员会人员编制5名，设主任1人、副主任1人、办事员3名，实际到位4人。

【职能职责】 工业园管理委员会主要职责为：负责领导和组织工业园区全面工作；编制工业园区建设规划、开发建设方案和年度计划、招商引资，指导监督园区企业生产经营等。

【基础设施建设】 2014年，区工业园管委会为满足园区内项目建设的需要，编制完成《禹会工业集中区基础设施建设拓展方案》，并根据方案启动园区内规划H-1路、H-2路建设和兴华路、高新路、H-1路、H-2路路灯安装两项基础设施建设工程。其中：H-1路、H-2路总长约1.1公里，修建14米宽沥青路面和双侧各3米宽人行道。路灯安装工程计划安装LED路灯84盏和2座配套使用的箱式变电柜、控制柜。两项工程于2014年年初完成设计招标，10月开工建设。

【招商引资】 2014年，禹会区工业园管委会积极开展各类招商活动，采用多种方式宣传推荐禹会工业集中区。年内先后赴山西等地开展宣传推介活动，并对在谈的经纬纺机项目、中建材钛酸钡项目、水滑石项目等进行考察。接待多批次外省、市客商，向他们介绍禹会工业集中区的基本情况和各项优越条件。园区内成功签约引进招商项目3个。

【重点项目建设】 1月园区内箱包制造基地项目一期、高科能源设备生产项目一期建成投产。其中：箱包制造基地项目一期完成厂房、职工宿舍楼建设面积为8.6万平米，安装机器设备约300台/套，招录用工约350人；高科能源生产项目，一期建成1.5万平米标准钢结构厂房，办公及配套用

房约3000平方米，招录用工约80人;智能电气控制柜项目、金融机具项目分别于5月、7月开工建设。智能电气控制柜项目，占地面积约40亩，该项目主要从事电力智能控制柜、工业制造智能控制柜、生活小区自动化系统管理设备的研发与制造。金融机具项目占地面积87.054亩，总建筑面积约6万平方米。该项目主要从事金融行业金库门，保险箱、柜的研发与生产。

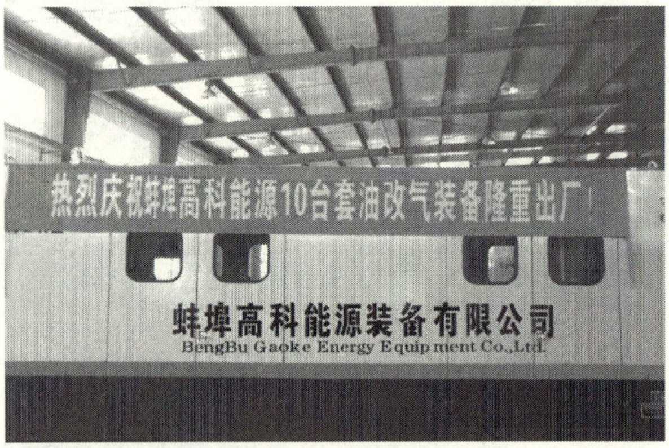

【项目用地报批】 为保障项目建设需要，工业园管委会2月对园区内新能源成套装备项目、安宇乳胶二期项目、高新路南侧地块所需的用地报批材料按要求进行组卷。先后完成土地勘测技术报告书、征地情况确认调查表及失地农民养老保险摸底调查等项工作。三宗用地于4月底获省政府批准，5月市政府下达征地通告。其中，新能源成套装备项目用地于10月份完成征用，12月份挂牌出让。

【马城园区建设谋划】 根据蚌埠市新的区划调整，2013年下半年马城镇由怀远县划归禹会区管辖。禹会区工业园管委会根据区委、区政府加快建设马城新区的要求，于2014年初在马城镇范围内选址计划建设马城工业园。同时，对马城镇现有的道路、供电、供水等基础设施现状进行调查，并依据马城镇总体规划完成马城工业园区的编制和马城工业园区基础设施建设方案。

2015 工业园管理委员会

【基础设施建设】 3月，禹会区工业集中区内H-1、H-2路工程、兴华路等4条道路路灯安装工程竣工并投入使用。两项工程于2014年10月启动建设，共计投入建设资金约1200万元。工程建成后，依托园区周边市级城市主干道——中环线、黄山大道、东海s大道等和前期已建成的兴华路、高新区，园区内形成"四横两纵"的交通路网，配合已建成的供电、供水、通信等管线，园区内现有基础设施基本能够满足项目建设的需要，为园区的发展与建设打下了坚实的基础。

【招商引资】 2015年，禹会区工业园管委会继续做好招商引资工作，积极参与区政府、区招商局组织的招商活动，宣传推荐禹会工业集中区和马城特色产业园。年内先后迎来分享通信、齐星立体停车设备、电子显示屏等项目单位的考察;马城特色产业园内成功引进蚌埠玻璃设计院年产12万立方米PC构件项目，该项目计划占地120亩，拟投资3.2亿元，主要从事新型装配式房屋构件的设计与生产。

【重点项目建设】 年内，禹会工业集中区内金融机具项目、智能电气控制柜项目建设稳步推进;新能源成套装备制造项目、箱包二期项目分别于10月、12月开工建设。截至12月底，金融机具项目已完成5栋厂房主体建设，智能电气控制柜项目首期2栋标准化钢构厂房主体建成。

【项目用地报批】 2015年，根据园区内项目及基础设施建设用地需求，区工业园管委会对园区内部分道路用地及因规划调整取消的铁路线部分用地进行了报批，共报批土地面积45.411亩。省政府于2015年12月7日下达批复批准了上述用地。同时，为保障马城园区内项目用地需要，园区办积极联系怀远县国土局，按其要求制作了180亩复垦建新地块土地勘测技术报告，并对计划使用180亩用地的年产12万立方米PC构建项目、规划加油站项目等用地进行了报批组卷。

【马城园区规划】 2015年，马城镇总体规划由市规划部门予以确定，区园区办依据马城镇总规，将206国道新线和现状206国道之间，新居路两侧，建华管桩公司及以南用地划定为马城工业园开发建设范围，占地面积约1100亩。根据马城镇总体规划，园区办对园区内基础设施建设进行谋划，计划首期先行建设园区内富民南路及相关设施。

【园区服务管理】 完善配套基础设施，提升园区内生产经营、建设环境，提升园内企业对园区环境的满意度。年内，工业园管委会对一期园区道路两侧环境进行整治，采购安装6块园区道路指示牌和3块园区指示牌。对沿东海大道、黄山大道、兴华路、禹和路两侧进行绿化种植，园区内的生产环境得到明显改善。

农　业

- 综述
- 林业
- 水利

2014
综　述

【概况】 2014年，禹会区农林水利工作紧紧围绕“农业强、农民富、农村美”的总目标，按照提升农业、延伸农业、增值农业的要求，着力提升农业科技水平、提高组织程度，推进现代农业发展，促进农民持续增收。

【农民收入】 2014年，全区域小麦丰收，收购价提高，农民家庭经营现金收入稳步提升，农民外出打工收入增长，农民人均现金收入大幅增加。预计(因区划调整，区域、人数变动较大，准确数字统计有误，故用“预计”，下同)，2014年农民人均纯入9653.67元，较去年增长11%。一产增加值3553.52万元，较去年增长4%。规模以上农产品加工产值增长8%。

【粮食生产】 2014年，区政府高度重视小麦生产，积极组织农技人员做好田间管理，小麦抽穗期，区财政投入26万元，争取上级资金60万元，实施小麦“一喷三防”全覆盖。全区粮食总产10.85万吨。其中，小麦单产492.5公斤，较去年增长26.3%；水稻单产602公斤，较上年增长9.45%；玉米平均亩产415公斤，增长36.1%；大豆单产107公斤，增长24.3%。

【畜牧水产业】 2014年畜牧业生产与往年持平，预计，全年肉类总产10000吨、禽蛋产量1800吨、奶产量1800吨；出栏猪6.5万头、家禽220万只；全年完成水产品产量5800吨。积极申报孔津湖泥鳅养殖基地为绿色食品养殖基地；完善修订全区重大动物疫病防控工作预案，共防疫家禽300万只，大牲畜15000头、生猪10万头，羊4.5万只，春季动物疫病集中免疫率100%，全区无重大动物疫情发生。年内，财政总投资140万元，新增2个生猪标准化养殖小区和1个奶牛健康养殖小区。

【蔬菜生产】 区农业主管部门高度重视设施蔬菜基地建设，在组织农技人员指导菜农科学种植的同时，积极为蚌埠市涂山绿园蔬菜科研专业合作社申报无公害蔬菜生产基地。全区蔬菜种植面积达2.1万亩，其中新增设施蔬菜面积350亩，完成全年任务的116.7%。

【农业产业化】 2014年兑现土地流转奖励补助资金40万元，预计，2014年全区新增土地流转面积4000亩，全区土地流转面积达5.46万亩，占承包经营面积的49.62%，其中50亩以上耕地规模流转面积达50816亩；新增市级以上农业产业化龙头企业15家，新增农民专业合作社4家，新增家庭农场2个，100%完成区级任务。本年，新申报国家级示范社1个、省级示范社1个、省级家庭农场1个；全区现有农民专业合作社总数达54个、市级农业龙头企业15家、国家级农业龙头企业1家；4个市级特色专业一村一品示范村。

【质量监管】 2014年，开展综合执法4次、专项执法检查15次，重点加大对化肥、农药、植物生长调节剂等农业投入品销售管理，对全区27家农药经营门点进行拉网式检查，坚决禁止高毒高残留的农药流入市场，有效规范农资市场秩序，保障农业投入品和农产品质量安全。

【病虫害防控】 2014年，先后组织春季化学除草、小麦纹枯病、穗期赤霉病等重大病虫害防治工作，及时发布植保信息9期，发布《小麦中后期主要病虫害发生趋势及防治技术意见》《小麦赤霉病防治警报》等，加强全区小麦、水稻病虫害防治工作的开展，全区防治小麦纹枯病面积6万亩次，防治麦蜘蛛7.5万亩次等，累计预防面积达50万亩次。

【农机管理】 2014年，全区新增拖拉机入户46台，年检拖拉机52台，新办驾驶证62个，换证33个。联合收割机入户56台，年检73台，发跨区作业证66个。全年共争取中央财政补贴资金254万元，购置大型农业机械75台套，发放年检安全宣传资料2500份。

【测土配方施肥】 2014年，区农业管理部门加大对种粮大户、科技示范户、基层农技人员等测土配方知识培训，发放配方施肥建议卡1万份，大大提高了群众对测土配方施肥知识的了解，建立1.5万亩测土配方施肥项目示范片，在5个村实施整村推进配方肥，项目区内施用配方肥比例增加，占基施化肥比例50%以上。全年共采集土壤样本460个，完成小麦“3414”试验、肥效试验、校正对比试验以及2+X、中微量元素试验各一个。为企业提供肥料配方7个，推广配方肥6000吨，施用面积15万亩。通过测土配方施肥项目的实施，全区小麦应用测土配方施肥较习惯施肥亩平均增产小麦40公斤，增产率为9.4%，亩平增收46元。

【农民负担】 规范开展"一事一议",严格执行农民负担监督卡制度等各项减负政策,完成4.5万份农民负担监督卡发放工作,积极开展村干部离任审计工作;完成11.5001万亩小麦、3.82万亩玉米的良种补贴面积审核上报工作。全区未出现农民负担反弹问题,农民负担形势平稳。

【秸秆综合利用】 区政府出台《2014年禹会区秸秆禁烧和综合利用工作方案》和详细的考核办法,拿出专款对秸秆综合利用和禁烧工作进行奖补。"三夏"期间,区农业管理部门全员参与秸秆综合利用和禁烧工作检查督查,在全区范围内实现全部禁烧;编写《麦秸腐熟全量还田种植水稻技术》《小麦秸秆堆沤还田技术》等技术资料,大力开展宣传,并到各试验点现场指导。年内,全区购买2吨腐秆剂,示范面积3800亩,并开展小麦秸秆粉碎还田玉米宽窄行播种,水稻全量还田增施腐熟剂、田边地头堆沤等7种模式进行秸秆还田技术试验示范,为大力推广各种形式的秸秆还田技术做好基础。本年度,全区实施秸秆综合利用13万亩,实施秸秆机械化粉碎还田9万亩。

【农技服务】 2014年,完成240个科技示范户的培育,每位科技指导员为所包示范户制定门牌、发放示范户手册、技术资料等,通过到田间地头指导、打电话、发短信等方式,向农民传播现代农业理念。在上半年省、市农委电话查询显示,示范户对农技人员的培训与服务普遍感到满意,其中"很满意"占被调查农户的98%、比较满意占被调查户的2%。

【"美好乡村"建设】 贯彻落实市、区关于"美好乡村"工作精神,区农业管理部门明确专人负责此项工作。一是积极落实村庄绿化工程,通过争取市里的项目资金,落实马城农场主干渠硬化及村庄主干道硬化工程,完成马城农场、冯嘴村的村庄主干道绿化工程;二是积极改善村庄基础设施,年内,宗洼村自来水工程全面建成并投入使用。

【存在问题】 1.农业产业化经营水平不高,龙头企业规模不大,产业链条不长,示范带动辐射能力仍然偏弱,农产品加工业特别是精深加工发展缓慢;2.基层服务体系不健全。区乡镇农业科技人员较少,在编不在岗现象严重,部门职能难以充分发挥,示范引导带动力度不强,科技服务手段创新不够;同时,项目所需的区级配套资金难以落实;3.少数干部缺乏在市场经济条件下驾驭市场农业发展的能力,工作中存在拖沓、推诿现象,推进力度不大。

2014

林 业

【概况】 2014年,在区委、区政府的正确领导下,在市林业局的指导和帮助下,认真贯彻落实省、市林业工作会议精神,科技兴林,依法治林,大力护林,增强功能,精心组织,周密部署,积极开展林业工作。全区造林4595.85亩,完成义务植树6万株,四旁植树2万株,育苗1000亩,森林抚育3000亩,森林城镇2个。森林覆盖率20.55%,活立木蓄积量10.2万立方米、林木绿化率20.1%,改造石榴400亩、新增葡萄50亩、梨100亩,超额完成本年度市绿化委员会及区级下达的林业任务。完成2014年度的各类林业统计报表,依法办理林木采伐的申批,本年累计依法办理采伐林木1800立方米。

【林木防病】 2014年,按照蚌埠市松材线虫病防治指挥部办公室有关文件要求,区林业部门组织林业技术人员对本区长青乡的孤山、秦集镇的徐小山上的枯死木开展冬春两季除治工作,严格按照松材线虫病除治技术规程操作,对枯死树、衰竭木进行清除。认真做好杨树病虫害防治工作。组织人员参加市林业局举办的杨树病虫害防治技术培训班,并及时开展杨树病虫害普查工作,对杨树面积较大的小班进行监测,认真落实防范措施,确保本区杨树无虫害。在区境内的206国道、高速公路两侧开展杨树食叶害虫防治;在黑虎山、涂山设置松材线虫病防治引诱木,积极开展松材线虫病防治理;在大洪山林区及相关交通要道口开展美国白蛾的监控工作。

【森林防火】 认真贯彻落实森林防火有关要求,做到早安排,早部署。在全区范围内广泛开展护林防火宣传,明确森林防火职责,落实防火责任主体,与各乡镇、风景区签订森林防火目标管理责任书,认真落实防火责任制,做好森林防火隐患排查整改工作。去冬今春,孤山、涂山发生火灾2起,但由于防范措施到位,火灾均在第一时间内得到及时扑灭,杜绝了大的火灾发生。

【资源调查】 根据省林业厅有关文件要求，区林业管理部门组织人员参加全市林业二类资源调查技术培训，调查人员对本区126个公里网点调查。

2014 水利

【水利建设】 全年完成农田水利基本建设投资1000万元，完成新建广德、石巷泵站2座；更新改造泵站石巷二级泵站、孔津湖泵站2座，100%完成全年任务；修复和新建机井30眼，完成全长10公里的龙南新及孔津湖排涝沟的清淤工程，完成土石方10万立方米，100%的完成全年任务；积极改造末级渠系，完成马城农场渠道硬化800米，前郢主干渠清淤硬化600米，共计1400米。

【重点工程建设】 一是总投资1300万元的天河下游治理补充工程顺利推进，协助市水利部门，保障好施工环境，完成韩郢村、广德等村水利工程占地补偿工作，新建泵站一座；二是完成总投资200万元的农发涂山小流域治理项目的招标及开工建设；三是在汛前完成淮河黄苏段应急抢险抛石工程及堤身道路加固工程，保障淮河干堤安全度汛。

【防汛抗旱】 修订完善全区防汛抗旱工作预案，按照规定成立防汛抗旱领导小组；组织人员对全区重点水利工程进行全面检查，并储备编织袋2万条，块石800吨；积极实施黄苏段崩岸应急整治工程，完成孔津湖排涝站的维修工作；为应对8月下旬的涝情，投入30万元，紧急采购两台发电机组和两台机电泵，累计抽排田间涝水20立方米，将15000亩秋粮灾情降到最低。

【项目实施】 2014年，积极编制各种水利项目实施方案，一是将孔津湖洼地整治工程及洪集水库除险加固工程列入禹会区2014年小型水利提升改造工程计划，年内实施方案已经编制完成并通过市级专家评审。二是完成沿淮小型泵站提升改造实施方案的编制。三是全面完成2.84万人的农村饮水工程，完成西朱、三尖塘等三个村农村饮水管网延伸工程，新建日供水1500吨的冯嘴水厂。四是总投资150万元的涂山小流域治理综合项目获得省发改委批准，实施建设。

2015 综述

【概况】 2015年，禹会区认真贯彻落实省委一号文件提出的“加大改革创新力度加快农业现代化建设”的要求，坚持“高产、优质、高效、生态、安全”的方针，以全面建设小康社会总揽农业农村工作全局，全面落实党的惠农政策，以加快转变农业发展方式为主线，以促进专业化、标准化、规模化、集约化为重点，保持农业和农村经济的持续、健康、快速发展，提升全区农业现代化水平。

【农业经济】 春夏之交，小麦抽穗期雨水较多，小麦赤霉病轻度爆发。为做好全区小麦病虫害防治工作，区政府争取“小麦一喷三防”项目资金，统一采购多菌灵、叶面肥为全区13.29万亩小麦进行统防统治。本年，小麦实现平均单产468.5公斤/亩，总产5.36万吨，分别比上年增长9.7%和11.4%；水稻亩产615公斤，较去年增长3.7%；玉米亩产468公斤，较去年增长12.8%；大豆亩产113公斤，较去年增长3.8%。蔬菜生产稳步发展。积极为蚌埠欣鑫特色蔬菜瓜果农业专业合作社申报无公害蔬菜生产基地，为蚌埠鑫欣特色蔬菜合作社和涂山绿园蔬菜专业合作社申报蚌埠市蔬菜标准园创建项目；加大设施蔬菜建设，着力推进钢架、水泥骨架标准大棚，以及日光温室、连栋温室等，新增设施蔬菜面积258亩，超额完成200亩的目标任务。全年一产产值86172万元，同比增长4%，新增家庭农场1个；农民人均现金收入11113元，增长约11%。

【科学施肥】 去冬今春围绕“测土、配方、配肥、供肥、施肥指导”五个核心环节测土配方施肥，加大对种粮大户、科技示范户、基层农技人员等测土配方知识培训；做好辣椒氮肥总量控制试验，实施小麦、水稻“3414”试验各一个，肥效试验两个、校正对比试验两个、2+X试验一个、中微量元素试验一个，取土样、秸秆样420个，全年整建制推进配方肥10个行政村，为企业提供肥料配方7个，推广配方肥6000吨，施用面积15万亩。测土配方施肥区氮肥较习惯施肥区减少4公斤，磷肥减少0.8公斤，钾肥增加2公斤，平均每亩节肥2.8公斤。

【畜牧水产】 畜牧业生产与往年持平，全年肉类总产7300吨、禽蛋产量1500吨、奶产量2800吨；出栏猪5万头、牛0.6万头、羊2.5万只、家禽120万只；完成水产品产量6500吨。

【农业机械】 2015年，全面贯彻实施农机购置补贴政策，全区新增各类农机具116台(套)，争取中央财政购机补贴资金296.1万元，拉动农民农机购置投入1200万元。新增各类联合收割机88台，大中型拖拉机52台，秸秆还田机25台，烘干机6台；2015年机耕作业面积19.89千公顷，机耕面积10.67千公顷，机播面积10.01千公顷，机收面积18.99千公顷，农业综合机械化率达85%。

【产业化经营】 为提升农业规模化生产水平，提高土地产出效益，推动农业产业化进程。本年，全区以土地流转为突破口，修订了《禹会区加快农村土地承包经营权流转促进农业规模经营奖补办法的通知》，促进土地向专业大户、家庭农场、农民合作社和龙头企业集中，提高农业科技应用水平和资金投入效益。通过联结带动增强农户致富能力。年内，全区有1家国家示范农业专业合作社，2家省级示范农业专业合作社；市级以上农业龙头企业达到16家(其中1家国家级农业龙头企业)、家庭农场9家；农民专业合作社56家，入社社员达3000多人，带动农户1万多户。全区土地流转面积达5.8867万亩，占承包经营面积的53%，其中50亩以上耕地规模流转面积达51517亩，新增4000亩。

【产业项目建设】 年内，与上海光明米业集团洽谈，以天河西为中心流转3万~5万亩土地，建立生态种植加工粮食生产基地、科研基地等现代农业示范区；与中国农业大学等单位合作大力推进农业嘉年华项目。本年末，已对该项目进行初步规划，拟投资3亿~5亿元建立农产品展示销售厅，高科技农业、林业栽培展示厅、休闲旅游餐饮区等现代观光休闲农业区；积极申报大洪山森林公园旅游综合体项目、涂山石榴产业休闲旅游项目等，大力发展都市休闲采摘、农业旅游度假、高端体育运动健身、养老、疗养、康复，提升石榴产业。

【农民减负】 严格执行农民负担监督卡制度。统一印制农民负担监督卡4万份，指导乡镇规范填写并全部发到户。指导乡镇规范操作"一事一议"筹资筹劳。全区共申报25个项目，其中生产路8条、清淤4个、生产用排水沟1个、公益性生活服务项目12个。25个项目全部严格按照规定议事范围、议事程序、限额标准进行，切实减轻农民负担。

【质量安全监管】 为确保农业产品质量安全，2015年，共出动执法人员60人次，突击对全区重点区域(集贸市场)、重点单位进行检查。重点检查种子、农药、化肥、兽药、饲料和饮料添加剂等农资产品。帮助经营户建立农资进销台账，建立农资质量可追溯制度，健全全区农资生产经营主体档案，杜绝坑农害农事件的发生。

【动物疫病防控】 坚持把加强动物防疫体系建设作为保障畜牧业健康发展的重点工作常抓不懈，修订区级禽流感疫情应急预案、扎实开展春季集中免疫，筑牢免疫保护屏障，落实防疫资金，加强组织村级防疫员技术培训，认真做好疫苗定购和供应，精心组织开展免疫注射工作，并规范免疫档案。2015年，全区免疫注射高致病性禽流感累计300万只、鸡瘟240万只、口蹄疫累计15万只、猪瘟累计12万头、蓝耳病累计12万只；购置猪耳标4万只，牛、羊耳标分别为1万只、2万只。

【秸秆综合利用】 出台2015年秸秆综合利用机具及设备补贴办法，办法规定：凡在本区境内直接从事农业生产的农户和农业生产经营组织，或在本区境内从事秸秆综合加工再利用的企业，购买秸秆打捆、粉碎机械设备，在享受国家购机补贴的基础上，区政府累加补贴至购机费用的40%。区政府通过招标采购方式投资88万元购买10台打捆机。本年末，全区拥有秸秆还田机56台、秸秆粉碎机220台、打捆机13台。加大秸秆收购工作力度，培育秸秆收购经纪人，设立收购点，加大对秸秆综合利用的引导和支持力度，大力推进秸秆原料化、肥料化、基料化、饲料化、能源化。2015年全区秸秆还田16万亩，秸秆收购9.08万亩(用于饲料的秸秆1.8万亩，燃料0.458万亩)。

【土地确权】 按照省、市统一部署，禹会区积极开展农村土地承包经营权确权登记颁证试点工作，成立领导小组，制定实施方案，印发2000本工作手册，召开全区农村土地承包经营权确权登记颁证工作动员布置暨培训会议，做好招标申报准备工作、积极配合市级公开招标。年末，全区外业测绘进度已经完成22050亩。

【环境整治】 按照区"创城"工作要求，区农业部门加大对淮河河道及周边环境整治，一是加大堆砂场的整治力度，对长青乡、涂山风景区以及马城镇所有堆砂场砂堆进行清运。共出动执法人员2000余人次，装载机和挖掘机400台次，运砂车3000车次，清运堆砂场31处50万立方米等。二是严厉打击非法采砂行为，集中拆解采砂机具。共出动执法人员800余人次，执法车辆300余车次，大型机械100台次，依法拆除所有采砂船78艘（含高新区），其中大泵船43艘，小泵船35艘。依法取缔非法小码头和吊机。通过招投标方式选择专业拆除单位执行小码头和吊机的拆除工作，淮河河滩地内的12座非法小码头和5座吊机彻底被摧毁取缔。同时为保障河道畅通，对西防洪堤至席家沟闸段水面9户违章搭建房屋，全部拆除其违章搭建，恢复河滩地原貌。

【存在问题】 1.农业发展速度整体实力仍然较弱。生产经营总体上仍比较分散，集约化水平不高，生产效率和效益较低。与农业发达地区比，市场竞争力尤其是以技术、品牌、产品续加工等为主要内容的核心竞争力明显偏弱。2.乡镇农技人员较少，涉农机构职能难以充分发挥。缺乏高层次专业人才，科技创新能力不足，农业新品种推广力度不足，服务质量和水平还有待提升。3.农业抗御自然灾害能力不强。由于投入不足，农业科技含量低，基础设施薄弱，农户各自为政，农业仍摆脱不了靠天收的局面。4.龙头企业市场竞争力弱，龙头企业经营规模小、科技含量低。

2015 林业

【概况】 2015年，在区委、区政府的正确领导下，在市林业局的指导和帮助下，区林业部门认真贯彻落实省、市林业工作会议精神，科技兴林，依法治林，大力护林，增强功能，精心组织，周密部署，积极开展林业工作。本年度，全区造林主要分为三个部分：平原造林、高速公路两侧绿化和石质山造林，重点是涂山和独山的石质山造林及高速公路两侧绿化。为做好2015年造林工作，区政府加大招商引资力度，吸引和鼓励企业办基地，走企业+基地的林业产业发展模式，鼓励社会力量参与造林。2015年，全区共完成市重点造林3506.3亩；义务植树10万株，四旁植树10万株，育苗1000亩，完成本年度市政府下达的植树造林任务。本年度共累计依法办理采伐林木1200立方米。

【林木病虫病防治】 按照蚌埠市松材线虫病防治指挥部办公室有关文件要求，区林业部门组织林业技术人员对黑虎山、石巷山、涂山上的枯死木开展冬春两季除治工作，严格按照松材线虫病除治技术规程操作，对枯死树、衰竭木进行清除。认真做好杨树病虫害防治工作。组织人员参加市林业局举办的杨树病虫害防治技术培训班，并及时开展杨树病虫害普查工作，对杨树面积较大的小班进行监测，认真落实防范措施，确保杨树无虫害。

【森林防火】 认真贯彻落实森林防火有关要求，做到早安排，早部署。在全区范围内广泛开展护林防火宣传，认真落实防火责任制，做好森林防火隐患排查整改工作。由于防范措施到位，去冬今春，孤山、涂山等发生火灾0起。

【古树名木资源调查】 根据省林业厅有关文件要求，区林业管理部门组织人员对全区古树名木资源展开调查，10月底前顺利完成。

2015 水利

【基础设施建设】 2015年，全区水利工程建设完成投资500万元，累计共投入工时0.95万个，出动机械台班0.72万个；完成土石方6.8万立方米，更新改造孔津湖泵站、涂山、白衣泵站3座；新建维修机电井10眼；开挖疏浚大沟8.5公里；新建铺设砂石道路10公里；配套建设各类桥涵闸等渠系建筑物20余座。水利工程建设有效改善灌溉1.2万亩，改善除涝面积0.9万亩。争取到的涂山杜郢小流域综合治理项目主体工程10月底全部完成，有效改善了项目区植被覆盖率，减轻水土流失的危害，提高流域土地利用率和生产率；中央投资1473万元的农村安全饮水工程11月底建设完工并投入供水。

交通管理

●交通管理

●公路

2014 交通管理

【概况】 2014年，交警三大队紧紧围绕“降事故、保安全、保畅通”的工作目标，认真贯彻落实交通安全宣传“五进”工作措施，集中开展各种道路交通违法行为专项整治活动，全面提高群众交通安全意识，努力预防和减少道路交通事故，为经济发展和社会稳定创造良好的交通安全环境。本年度，共计处罚各类交通违法行为25737起：其中处罚醉酒后驾驶16起，饮酒后驾驶30起，无证驾驶521起，骑、乘摩托车不戴头盔417起。大队辖区共发生道路交通事故2013起，办理简易事故1844起，办理一般事故167起，办理特大交通事故3起。

【队伍建设管理】 认真组织开展社会主义核心价值观、人民警察核心价值观教育和反腐倡廉宣传教育。完善绩效考核标准、奖惩办法，建立健全接处警、交通警卫、突发事件处置、队务会、勤务、值班备勤、请示报告、业务学习、装备管理、内务管理、车辆管理、网络信息流程管理制度等基本制度，实现以制度管理队伍的目的。严格落实公安部“五条禁令”和党风廉政建设等制度，大队领导与中队民警签订责任状。严格执行《公安机关人民警察内务条令》，强化养成教育，认真开展“荣辱观”教育，学习先进示范典型。坚持“值日警官”制度，落实首问负责制。实施绩效管理，切实按照考核标准和要求，从民警的工作作风、工作态度、效率、执法质量和群众的满意率等进行综合评定，形成竞争激励机制，充分激发队伍活力。

【行车秩序整治】 春运40天，大队针对春运道路交通安全工作特点，合理安排警力，切实加强重点公路的管理，强化安全隐患多发时段、路段和区域交通安全的防范。春运期间，大队共出动警力700余人次，警车90余辆次，设置临时执勤点3个，查处各类交通违法行为150余起，有效的打击和震慑道路交通违法行为，为市民的安全出行打下坚实的基础。“春季”“夏秋”交通整治行动，大队共出动警力180人次，警车90辆次，查处各类交通违法行为21511起。按照“政府领导、属地负责、联合行动、依法治理、疏堵结合、确保稳定”的原则，开展电动、燃油三轮车非法载客营运专项整治，取缔电动、燃油三轮车非法载客营运。第二十届世界杯足球赛期间，交警三大队6月16日至7月14日加大酒后驾驶行为的查处力度，在辖区范围内组织开展酒后驾驶集中整治14次，出动警力220余人次，警车42辆次，查处涉牌涉证80余起，查处各类交通违法行为430余起。

【交通安全宣传】 大队把交通安全宣传进农村、进学校、进社区、进企业、进家庭置于宣传工作的重点，使重点群体的交通安全宣传工作经常化、制度化。一是创新内容、形式，加大宣传力度和广度；二是根据农村道路交通、春运、春节、清明、五一、端午、中秋节的交通特点，利用各种宣传材料、挂图、教育片、活动宣传牌等，在农村集市街头、学校校园组织巡回展出、播放；三是强化自身宣传，提高社会认知度，全年大队在各级新闻媒体上刊发新闻报道40篇，其中省级电视4篇，市级电视14篇，市级报纸22篇，采用微信数94篇。

2015 交通管理

【概况】 2015年，交警三大队在市局、支队党委正确领导下，在支队机关科室的精心指导下，围绕道路交通安全管理中心工作，突出“遏事故，促安全，保畅通”目标，狠抓思想政治、队伍建设、路面执勤、业务办理、专项整治、事故预防、交通安保、安全宣传、综治维稳等各项工作。全体人员开拓进取、顽强拼搏，圆满完成以道路交通安全管理为中心的工作，为辖区经济发展、群众安居和社会和谐贡献力量。本年度，大队共处理各类交通事故27747起：其中醉酒驾驶56起，无证1071起，无牌635起，未年检253起，饮酒驾驶125起，黄单8785笔，超员66笔，危化品1起，行政拘留25起，刑事拘留23起。

【队伍建设】 开展思想政治教育，对民警思想动态出现的问题做到“早发现、早疏导、早解决”，将各种矛盾解决在萌芽状态。开展廉洁自律教育，组织学习廉洁自律纪律规定，切实增强自重、自律、自控意识和能力。开展警示教育，从“酒、车”等易发问题入手，将管理拓展到八小时以外。开展执法思想教育，进一步规范执法执勤活动，促使民警严格依法履行职责、规范执法执勤行为，自觉做到严格、公正、文明执法。为切实解决全体民警、协管员在敬业意识、纪律意识、服从意识、执行意识、自律意识和表率意识等方面存在的突出问题，上半年集中开展为期一个月的纪律作风集中教育整顿，着力解决突出问题。开展“严格公正执法、树立底线意识”专项教育整顿活动，全员梳理执法服务过程中不公正、不文明、不廉洁的突出问题，落实整改措施。

【规范化建设】 经常深入开展案卷自检自查，就案件考核相关要求，案件办理存在的问题及相关规范等环节查找问题。并按照总队、支队相关规定，统一规范案卷装订、制作要求。将监督工作列入绩效考核范畴，定期对民警进行考核。完善岗位职责、工作流程，通过建立和完善各项制度，确保执法规范全面落实，坚决纠正以罚代纠、以罚代管、变相处罚和其他违规违纪行为。启动立案突出问题专项治理，集中解决群众反映强烈的立案突出问题。建立问题清单台账，逐一列明存在问题、责任单位、责任领导、整改措施。针对存在的问题，立行立改，充实完善。本年度，大队按照“4+1”岗位争创活动要求，认真开展提升群众满意度规范执法活动，教育、引导民警树立大局意识、责任意识和理性、平和、文明、规范的执法理念，在执勤执法中进一步规范民警执法操作规程和执法用语，细化制定文明服务用语和服务忌语规范，推进执法记录仪在大队全面使用，详细记录民警执法工作，规范民警执法执勤，队伍的执法质量和执法水平明显提高。

【集中整治】 1.春运道路交通管理整治。大队制定周密细致的方案，全方位开展春运交通安全保卫战。春运期间共出动警力1200余人次，警车600辆次，设立春运服务站一处，发放交通安全宣传材料2000余份，悬挂宣传横幅4条，制作交通安全宣传展板20块，共登记客车2000余辆次，查处各类道路交通违章2133起。2.“校车整治”。组织校车集中整治3次，各中队组织4次。共出动警力900人次，警车350辆次，走访幼儿园、中小学20所，检查各类校车100余辆次；粘贴宣传挂图200余张，发放交通安全宣传单5000余份，给近5000名学生、家长和驾驶员上交通安全课，得到广大市民特别是学生家长的一致肯定。3.酒驾查处。在辖区内的集市、超市、工厂等人员集中的地方，广泛宣传《刑法修正案》对“酒驾入刑”的有关规定，在全社会形成强大威慑。年内大队组织120余次查处酒驾统一行动，出动警力2400余人次，警车400余辆次，共查处饮酒后驾驶125起，醉酒后驾驶56起，饮酒驾驶营运车辆2起。4.涉牌涉证整治。年内大队共出动警力1600余人次，警车1100余辆次，共检查各类机动车11500余辆，查处无证1071起，无牌635起。5.违停纠治。多次开展专项行动，对城区主、次干道“违停”车辆进行集中整治。年内张贴违停告知单8785笔。6.交通隐患排查。坚持预防为先，将交管整治向前段延伸，组织民警深入辖区企业，检查企业安全管理主体责任、交通安全生产制度、车辆登记台账等。做好“营转非”大客车管理工作，逐车进行检索、比对、了解、追查、督促、整改。按“见车见人、一车一档”的要求建立台账，严格落实各项管理措施。针对很多货车钻空子现象，采取流动巡逻和定点检查的方式，重点对胜利西路、中粮大道等货车较为集中通行路段切实形成严管态势。共出动警力400余人次，警车100余辆次，共查验大货车1000余辆次，处理大货车交通违法行为200余起。7.危险品运输查处。组织民警深入辖区企业进行排查指导，对企业危险品运输车辆状况，驾驶员资质、驾驶人安全教育落实情况进行全面排查，根据辖区危化品运输车辆违法行为的规律、特点，依托重点路段巡控和临时执勤点，对危险化学品运输车辆实现“逢车必查，一个不漏”，坚决杜绝隐患车辆在道路行驶。

【重点时段管理】 清明、五一、十一小长假，大队坚持提前谋划部署，及时掌握辖区重点时段、路段的流量变化，按照上级关于高峰时期全警上路、平峰时期错时用警、重点时段集中布警的要求，将大部分警力和装备投放到易发生拥堵的路段等重要场所，一旦发生事故或道路拥堵时快速处理。三个小长假，大队累计出动警力230人次，出动警车190台次，检查各类车辆1350余辆次，发放宣传资料950余份。5月16涂山庙会，大队全警投入、全力以赴、加强现场交通疏导、管理服务，从早到晚一直坚守在庙会现场，疏导交通，逐台车辆进行提示和引导。6月上旬高考，辖区有四中和十二中两个考点。大队精心部署，制定突发事件工作预案。以考点为中心，在考点周边及道路设置临时执勤点，对进入考场及周边道路的车辆进行科学的疏导和分流，加强与过往车辆驾驶人员沟通和交流，减少鸣喇叭等行为，避免对学子考试造成的影响。

【窗口服务】 车驾管服务站等窗口岗位，全面推行服务前置、限时服务、延时服务、预约服务、上门服务。在业务大厅张贴业务须知、范围和服务承诺，严格落实一次性告知、首问负责、限时办结等制度。制定服务承诺制度，明确服务责任和办理时限，向社会和办事群众公开，最大限度的减少群众办事的等待时间和往返次数。年内，共办理年审换证总量16656条，其中换证9445条，年审7211条，非现场处罚38796条，一次性12分72条，大客车异地处罚3386条，交管E点通2649条。

【交通安全宣传】 一是宣传工作实行责任制。对各中队规定工作任务和目标，进行细化，并且每季度进行一次考核，使中队领导和民警，人人身上有责任，有担子。二是宣传形式多样化。充分利用播放光盘、图板展览、上交通安全课等多种形式开展宣传，全年共制作宣传横幅30多条，宣传牌25余块，散发宣传材料6400余份。三是利用新闻媒体宣传效果显著。截至11月底大队有2篇稿件被中央级媒体采用，7篇稿件省级媒体采用，90篇稿件被市级媒体采用。

2014 公　路

【农村公路建设】 为加快改善辖区农村公路路面破损严重、道路等级低、安保配套差等现状，尤其是对新划归禹会区管辖的马城镇，围绕市区领导要求尽快发展马城新区目标，不断创新工作思路和措施，强力推进农村公路建设。2014年争取省、市、区资金约1900万元，对马孝路、广德—庙前、G206马城段、涂山—石巷、宋滩村道进行道路升级改造。将马城镇辖区道路约150公里的指标里程和4座桥划入区管理，并通过行政村撤并，新增约35公里农村道路纳入省厅建设项目库，为辖区农村道路快速发展奠定坚实基础。

【农村公路养护】 农村公路加强管养，对重点路段进行全面养护和定期巡查，全年共组织开展安全隐患检查8次，排除隐患18处，整修面积达26000平方米，设置安保设施167根（牌），投入费用近50万元；组织治超工作3次，共拆除5处违法建筑、非交通标志7处，散发路政法规宣传单1500余份，治理超载车辆5台次。

2015 公　路

【农村公路建设养护】 2015年，马孝路、广德—庙前路改造完成，全线建成通车，启动黄郢路、张湾路、花郢村路等11条约14.3公里的农村公路升级改造，总投资约1300万元，年底完成面板铺设。在做好建设工作的同时，加大对农村公路的养护力度，做到建养并重、有路必养，坚持勤巡查、勤养护、管理到位。

商贸　旅游

●商务

●市场监督管理

●旅游

2014 商　务

【概况】 2014年，全区商务工作在区委、区政府的领导下，商务局全面贯彻落实党的十八大三中、四中全会精神，围绕工作中心，服务大局，认真推进各项工作。本年度，全区累计实现进出口额7.51亿美元，总量居全市第一，同比增长22%；进出口孵化新增实绩企业9家，超额完成任务，全市排名第四；区社会消费品零售总额共完成23.43亿元，增长13.8%，增速位列全市第四。

【惠民工程】 2014年，禹会区商务局强抓民生工程建设，积极做好新建或改造标准化菜市场及开展农产品进超市工作。年内全区有3家农产品进超市点顺利布点完成，每天都有30种以上的蔬菜平价进入超市，极大丰富周边群众的菜篮子，真正使老百姓得到实惠。

【维护成品油市场经济秩序】 2014年，为了保障全区加油站点的安全，区商务局在摸清情况的基础上，联合多家执法单位多次下点宣传，指导安全用油。同时对无证或超范围经营的单位和个人下达违法行为通知书。8月份，经区政府批准，成立区专项整治领导小组，对没有整改到位的4家经营点进行现场拆除。对超范围经营企业的3家，非法的14家全部取缔。有效消除马城镇内重大安全隐患，维护成品油市场经济秩序。

2015 商　务

【概况】 2015年全区商务工作在区委、区政府的领导下，区商务局全面贯彻落实党的十八大四中、五中全会精神，围绕工作中心，服务大局，认真推进各项工作。本年度全区完成进出口总额8.16亿美元，总量位列全市第一，新增实绩企业8家。全区社会消费品零售总额共完成27.82亿元，增长13%，增速位列全市第四。

【蚌埠新港二期项目】 蚌埠新港二期项目由安徽省港航建设投资集团投资建设，总投资约10亿元。在建的后方物流园，在淮河大堤与胜利西路之间，与前方作业区间距约2.7公里，通过一期进港道路过穿堤旱闸和胜利西路连接。总建设用地面积383.387亩，分为两个阶段实施。第一阶段建设用地面积132.55亩，计划工期9个月。建设1、2、5、6#仓库、3#配送仓库（拆装箱库）、4#保税仓库、1#件杂货集装箱通用堆场和周边道路以及相应的生产生活辅助建筑物。项目第一阶段建设基本完成，已引进顺丰速递、纳爱斯等物流仓储项目，下一步将重点建设二类水运口岸、进境粮食指定口岸、皖北杂粮交易市场及仓储、皖北航运物流中心等四大项目。

【安全生产检查】 区商务局继续高度重视本局职能范围内的安全生产检查监督工作，坚持开展好日常检查和宣传教育，年内，天津爆炸事故、电梯事故发生后，禹会区商务局根据上级的统一安排和部署，安排专人对辖区内的主要公共场所的电梯的运行安全和辖区内成品油的安全进行了专项检查，同时对马城镇辖区内的私营成品油站点进行了全面取缔，进一步降低了辖区内相关安全生产事故发生的几率。11月9日，禹会区商务局和禹会区百大购物中心联手在百大拓基广场举行了“11·9”消防演练活动，辖区内的商务流通领域企业均派员观摩此次活动，活动中，在区消防大队的指导下，开展了现场扑救火灾演练和人员疏散演练，取得了预期的演练活动成效。

2014 市场监督管理

【概况】 区市场监督管理局在原蚌埠市工商行政管理局禹会区工商分局的基础上组建，于2014年2月21日，正式挂牌成立，设区市场监管稽查大队，下设6个市场监督管理所。区市场监督管理局在区委、区政府的领导下，在市工商、质监、食药局等上级业务部门的监督指导下，转变职能，创新工作机制，贯彻落实党的十八大精神，开展党的群众路线教育实践活动，坚持以服务经营主体促进辖区经济发展为工作中心，坚持以食品和特种设备安全工作为重点，紧紧围绕区和市工商、质监、食药局年度目标认真谋划并开展工作，完成全年各项工作任务。

【市场监督管理】 做好食品、药械安全监管工作，确保食品、药械市场安全。提高监管水平，全年组织和参加业务培训10余次，累计培训人数200余人次。制定出台食品安全监管相关制度及重大食品安全事故应急预案，构建食品安全应急网络。落实“四员”和食品安全监管“网格化”制度。对全区中、小学校和幼儿园食堂开展四次专项检查，开展农贸市场、餐厨废弃物、餐饮小摊贩、豆制品、散装食用油等各类专项治理活动，共关停14家，立案查处7家，下达责令整改通知书91份。开展“医疗器械五整治”专项活动，全局共出动执法人员260人次，共检查涉药涉械单位390余户次。

【质量技术监督】 区市场监督管理局组织执法人员对辖区电梯、锅炉、起重机、压力容器等特种设备使用企业，进行安全大检查。对辖区所用生活小区民用电梯，逐一检查并建立民用电梯维保监管档案。开展“六打六治”暨特种设备专项检查工作，共检查特种设备使用单位70余家；检查各类特种设备400多台套次；下达特设监察指令书18份；发现并解决各类安全隐患28处。按照计量有关要求，配合市质检检验中心，对辖区乡镇（社区）所有医疗机构计量器具，开展免费强制检定；对辖区民用“四表”计量，开展专项监督检查；对辖区商场、超市电子秤，开展专项执法检查。

【服务经济发展】 建立政务服务窗口一站式服务，局建立审批许可窗口入驻区政务中心，负责全部行政审批许可事项，实施一站式服务。共办理各类行政许可审批事项2386件。截至2014年年末，禹会区各类市场主体合计10298户，其中内资企业249户、外资企业22户、私营企业1337户、个体户7269户、农民专业合作社84户。

【帮扶企业】 全年，区市场监督管理局为75家企业和个体户申请注册102件注册商标，其中帮扶3家企业申报省著名商标；帮扶5户个体户和农民专业合作社争创省著名商标。帮扶辖区2户1企业办理商标质押贷款1500万元；为辖区企业办理动产抵押14件，被担保主债权5亿余元。

【监管执法】 一是开展食品案件查处，查处工业松香拔鸭毛、销售冒用厂名厂址白酒等食品违法案件20件，罚没款36500元。移送司法机关追究刑事责任4案6人。二是商标侵权案件查处，共立案6起，结案1起，罚款1万元。三是开展合同格式条款专项整治，办理合同案件1件，处罚0.05万元。四是开展广告专项检查，对医疗广告、旅游广告、涉农广告、户外广告进行整治。共查处违法广告案件1起，处罚500元。五是加大对无证经营等违法行为的打击力度。区局全年共立案158件，罚款20余万元。

【群众路线教育】 一是成立党的群众路线实践教育领导小组负责活动开展。二是制定《禹会区市场监督管理局群众路线教育实践活动实施方案》《禹会区市场监督管理局深入开展“三访三谋三建设”活动的实施方案》《禹会区市场监督管理局深入开展党员干部为民服务“四问”活动的实施方案》《禹会区市场监督管理局深入开展“教育实践看成效、深化改革见行动”活动的实施方案》《禹会区餐饮行业和食品安全专项整治方案》。三是组织党员到孙家圩参观革命传统教育基地，到张公岛和市检察院参观廉政警示教育基地，请区检察院领导进行警示专题讲座，组织观看焦裕禄、忠诚、杨善州等教育电影等。四是积极开展意见征求。五是认真开好专题民主生活会。六是扎实整改，建章立制，推进党风廉政建设。

【消费维权】 举办“3·15”消费者权益日纪念活动，创建以12315、12331、12365为平台的“三位一体”维权体系，全年接到各类投诉申诉举报18件，办结18件。消费投诉解决率达到90%以上。完成辖区查无联席会议各项工作，建立并实施查无长效机制。实施每月检查通报制。开展证照管理示范区域创建工作。共查处取缔无照125户；下达限期办照通知书120份；抄告转办2户；配合区其他部门取缔12户。

2013—2014 年度禹会区获得市级“重合同守信用”企业名单

表1

序号	企业名称	法定代表人	企业类型	
1	蚌埠市比优特包装印务有限公司	袁洪良	有限公司	市级
2	安徽省伟佳印务有限公司	骆小伟	有限公司	市级
3	蚌埠丰原涂山制药有限公司	汪洪湖	有限公司	市级
4	蚌埠市金厦花园农贸市场管理有限公司	焦 杰	有限公司	市级
5	安徽安宇乳胶制品有限公司	王雪莹	私营	市级
6	蚌埠君和国际大酒店有限公司	孙金娣	内资企业	市级
7	蚌埠市海峰印刷有限公司	刘海峰	有限公司	市级
8	安徽创业机电设备有限公司	韩玉琴	私营	市级
9	蚌埠禹王农业发展有限公司	倪得华	有限公司	市级
10	蚌埠大地饲料厂	钱传运	个人独资	市级
11	怀远县中山奶牛养殖场	许中山	私营	市级
12	怀远县利志蚌埠华运超市加盟店	张家志	私营	市级

续表1

序号	企业名称	法定代表人	企业类型	
13	蚌埠市中晟物流有限公司	马立奎	有限公司	市级
14	怀远县瑞丰现代农业种植专业合作社	赵其瑞	农合	市级
15	蚌埠鹏飞现代农业有限公司	路鹏飞	有限公司	市级
16	蚌埠农业达现代农业有限公司	胡本号	有限公司	市级
17	安徽新兴综合养殖有限公司	马万翔	有限公司	市级
18	安徽省金海种业有限公司	胡林海	有限公司	市级
19	怀远县涂山彩色包装厂	成祖萍	个人独资	市级
20	蚌埠市天赐混凝土外加剂有限公司	张洪喜	有限公司	市级
21	怀远县孔津湖农业专业合作社	董在良	农合	市级
22	蚌埠建华管桩有限公司	雷秀清	有限公司	市级
23	蚌埠创业商贸大市场有限公司	杨传长	有限公司	市级
24	蚌埠市益恒化工科技发展有限公司	余士凤	有限公司	市级
25	安徽亚特机电设备有限公司	王百云	有限公司	市级
26	蚌埠虎头火柴有限责任公司	濮正刚	有限责任公司	市级
27	安徽天润化学工业股份有限公司	马东泰	有限公司	市级
28	安徽豪杰塑胶制品有限公司	许忠安	有限公司	市级
29	安徽佰仕化工有限公司	方习培	有限公司	市级
30	安徽中电电气有限公司	檀　华	有限公司	市级
31	蚌埠市金翼厨具有限责任公司	王德志	有限责任公司	市级
32	蚌埠市新黄山玻璃制品有限公司	叶洪涛	有限公司	市级
33	蚌埠南辉电子有限公司	王　辉	有限公司	市级
34	蚌埠市华兴电子网络有限公司	吴晓斌	有限公司	市级
35	安徽省蚌埠市瑞达交通设施科技有限责任公司	朱永志	有限责任公司	市级
36	安徽省蚌埠工业自动化研究所有限责任公司	罗路生	有限责任公司市级	
37	安徽煤田光大彩印有限责任公司	薛　平	有限责任公司	市级

2013—2014 年度禹会区获得省级“重合同守信用”企业名单

表2

序号	单位名称	法定代表人	组织机构代码	注册号	企业类别	行业类别
1	蚌埠卷烟材料厂	应礼耀	149870223	340300000026333(1-1)	集体	烟草制品业
2	安徽中烟工业有限责任公司蚌埠卷烟厂	王茂林（委托代理人）	77283778-3	340300000027922(1-1)	有限公司	制造业
3	蚌埠建华管桩有限公司	雷秀清	563413327	340300400004060	有限公司	建材

2015 市场监督管理

【概况】 2015年，禹会区市场监督管理局在区委、区政府的正确领导下，在市工商质监局、市食药局等上级业务部门的监督指导下，坚持以服务经营主体促进辖区经济社会发展为工作中心，坚持以食品安全和特种设备安全工作为重点，紧紧围绕区和市工商质监、食药工作的年度工作目标认真谋划，按照序时要求稳步扎实地开展各项工作，完成各项工作任务。

【市场监督管理】 加强日常监管和专项整治。对辖区食品生产企业、餐饮经营户、食堂，流通食品经营户、生产食品的小作坊全部建立监管档案，坚持每季度至少检查一次。对农贸市场坚持一月一巡查。在日常监管的基础上，开展“学校食堂食品”“年夜饭”火锅市场、夏季餐饮食品、牛羊肉、明胶、面制品安全专项整治，不断规范餐饮市场秩序。开展创建食品安全示范集贸市场活动，从食品源头把好监管关。抓好对医疗机构的监管。坚持以日常检查为基础，以医疗器械“五整治”专项行动“回头看”专项活动为手段，结合年度监管计划安排，制定详实的监督检查方案，全局共出动执法人员360人次，检查医疗机构4900余户次，对检查中发现问题及时进行整改。

【工商质监监管】 全年办理各类行政许可审批事项2047件，其中办理各类市场主体设立登记522件、变更登记461件、注销登记86件；办理个体户名称预先核准681件。办理食品流通许可证243件、餐饮许可证54件。截至年末，禹会区各类市场主体合计13296户，其中内资企业347户、外资企业18户、私营企业2000户、个体户8827户、农民专业合作社104户。

【监管执法维权】 年内，帮扶3家企业申报省著名商标。办理动产抵押13件，被担保主债权3亿余元。开展旅游市场专项整治。加强户外广告巡查，开展多次广告专项整治行动。重点加强医疗广告、旅游广告、涉农广告、户外广告的整治。认真查处各类案件。共立案185起，结案182起，罚没款188000元。围绕“双打”行动，多次组织开展专项检查行动，清理整治各类市场。开展维权、商品质量监测和各类市场专项整治，尽职尽责维护消费者的合法权益、建立和谐诚信的市场环境，大力推进12315、12331、12306维权网络建设。年内，区市场监督管理局共接到各类申诉、举报、投诉168件，有效举报投诉68件，办结28件，协调纠纷调解18件，受理消费者咨询40件，为消费者挽回经济损失3万元。开展商品抽检工作，全年共抽检115组。区市场监督管理局始终冲在打击传销工作第一线，加强宣传，严防死守，全区被评为“无传区”。开展春节特种设备安全大检查；开展电梯安全大会战，组织维保单位对辖区电梯开展自查；开展燃煤锅炉节能减排攻坚战；开展儿童用品质量安全监督检查专项行动；组织辖区40家企业积极参加首席质量官培训活动；开展2015年检验检测机构资质认定专项监督检查，督促实验室自查等相关工作；指导帮助辖区中粮生化参加（质量评审）并获得市长质量奖。

蚌埠市禹会区有效著名商标名录

（截至 2015 年）

表 3

序号	商标名称	企 业 名 称	认定使用商品、服务	备注
1	来比林	蚌埠丰原涂山制药有限公司	赖氨匹林	
2	丰原	安徽丰原集团有限公司	果糖注射液、赖氨匹林	
3	邦吉	安徽中粮生化格拉特乳酸有限公司	乳酸	
4	JIAMYOU 及图	蚌埠卷烟材料厂	香烟过滤嘴棒	
5	禾泉农庄	安徽禾泉农庄假日酒店管理有限公司	住所（旅馆、供膳寄宿处）、餐厅	
6	禹峰	蚌埠市庆丰米厂	大米	
7	佳先及图	安徽佳先功能助剂股份有限公司	二苯甲酰甲烷、硬脂酰苯甲酰甲烷	
8	团结	蚌埠团结日用化学有限公司	肥皂	
9	TR 及图	安徽天润化学工业股份有限公司	聚丙烯酰胺	

2014 旅游

【概况】 2014年，全区接待入境游客数比上年增长20%；外汇收入比上年增长21%；接待国内游客数比上年增长19%；国内旅游收入比上年增长17%；旅游总收入比上年增长19%。

【旅游项目建设】 全区在建及新开工旅游项目5个，其中亿元以上项目2个，森禾科技花卉产业园景区续建项目、张公山景区改造项目、淮河闸分洪道景区建设项目总投资额达到4亿元。正在进行洽谈旅游项目4个，其中亿元以上的旅游项目2个。另有29个项目进入省旅游项目库。

【旅游品牌创建】 2014年，创建黑虎山庄AAA级、永福山庄AA级农家乐示范点和禹王农业生态园、禹润农业生态园AA旅游景区。创建工农业旅游示范点1个，星级诚信旅行社1家，省旅游乡镇1个。

【资金扶持】 年内为6个旅游景区、景点申报2014年度省旅游发展专项资金，同时为花鼓灯第一村争取文化旅游建设专项资金5万元。张公山AAAA级景区争取市级三线三边专项经费10万元、禾泉AAAA级景区争取省旅游项目费用120万元。

【旅游监管】 狠抓旅游安全，积极受理旅游投诉，做好旅游统计，建立健全旅游市场综合治理、质量监督、行业自律、工作联动和奖惩机制，坚持每周一个电话，每月一次通报，每季度联合工商、消防、卫生、安监局等部门对全区景区景点和相关旅游企业进行旅游质监执法检查。同时开展"元旦""春节""国庆"等黄金周旅游执法综合执法大检查。全年出动检查人员150余人次，向相关涉旅企业发出口头和书面整改意见10余条，确保涉旅单位安全生产管理机构设置、人员配备和安全责任制落实、特种作业人员持证上岗和职工安全知识教育面均应达到100%。

【旅游推介】利用花鼓灯文化艺术品牌，编制《禹会区旅游精品线路》和《禹会区旅游景点景区宣传册》，加强与主流媒体联系，积极推介禹会区现有旅游资源。大力推介禹会区丰富的旅游资源及旅游精品线路。全年开展旅游推介会6场，外出推介4次、组织森禾花卉展、涂山庙会、张公山金秋菊花花展、禾泉山庄美食节和春节游园活动12场次。全区节庆期间每天旅游拉动各类消费收益超250万元，

2015 旅游

【概况】 2015年，全区旅游工作在谋项目、抓品牌、促发展上下功夫。旅游经济持续发展，随着旅游业的不断发展，全区的旅游各项开发工作进展顺利，所获成绩连创新高。全区接待入境游客数比上年增长15%；外汇收入比上年增长16%；接待国内游客数比上年增长18%；国内旅游收入比上年增长15%；旅游总收入比上年增长15%。

【智慧旅游】 区旅游部门以探索创新政府主导企业参与模式，利用蚌埠旅游网、蚌埠旅游官方微信、蚌埠旅游微博、蚌埠智慧旅游APP、禹会区旅游网、蚌埠智慧旅游官方微信发布禹会区农家乐、景点景区旅游信息，成功举办"禹会区景区、农家乐创意旅游信息发布会"，仅在"国庆节"小长假期间，各农家乐、景区旅游人数和旅游收入增长20%，又分别在"六一儿童节""端午节"小长假、国庆节期间利用各种信息媒体着重向社会推介农家乐、景区旅游。

【旅游项目建设】 紧抓重点旅游项目建设推进工作，全年旅游项目入库项目5个，其中亿元项目2个。森禾花卉产业园二期工程生态停车场、园林化厕所建成投入使用。花卉交易市场多功能区正在建设中。淮河蚌埠闸水利风景区彩虹桥建成通车，景区南大门、分洪道景点和湿地公园内部路面设施改造正在建设中。在抓重点项目建设的同时积极跟进禹王宫恢复重建项目推进工作，该项目规划已经完成。上级部门拨付建设资金50万元到位。全年创建旅游品牌项目：全国工业农业旅游示范点2个、星级"农家乐"示范点4个、旅游商品生产销售企业近5家、省优秀文化旅游乡镇2个。

【投资收益】 全区累计完成文化旅游服务业投资2亿余元。淮河蚌埠闸水利风景区、张公山公园、禾泉山庄、蚌埠植物园(森禾)等AAAA景区本年新增服务业配套项目陆续建成并投入使用。2015年的花鼓灯艺术节、郁金香花展、薰衣草花展，禾泉风风火火过大年、农历三月"涂山庙会"成功举办，成为文化与旅游相结合，与服务业发展相结合，引导消费的品牌。全区旅游节庆活动期间每天拉动各类消费收益超300万元。

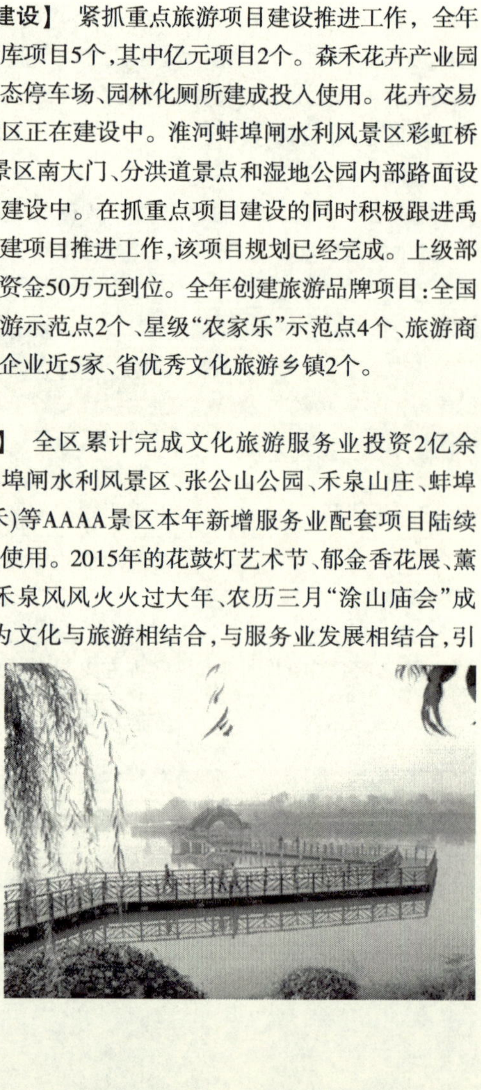

财政 金融 税务

●财政

●金融

●国税

●地税

2014 财　政

【概况】 2014年全区财政工作，面对严峻复杂的宏观形势和经济下行压力，攻坚克难，稳中求进，财政收入平稳增长。财政部门围绕全区中心工作，稳步推进“营改增”改革，加强投融资管理，突出做好民生工作，抓好强农惠农政策的落实工作，重点强化组织协调，及时分解收入目标任务，积极组织收入，保障重点支出。全年完成财政总收入117228万元，与上年同期增长6.1%，其中：地方收入74821万元，与上年同期增长16.5%；上划中央收入39423万元，与上年同期增长21.5%；出口退税2984万元，与上年同期下降78.4%。全年财政公共预算支出76375万元，比上年增长32.9%，其中上级专项转移支付安排的支出16993万元。

【积极组织收入】 针对2014年经济下行和财政收入低位增长压力，区财税部门不断强化征管措施，缓解财政收入下滑趋势。一是强化组织协调。及时分解收入目标任务，定期召开财税调度会议，及时解决税收征管过程中出现的问题，定期走访纳税大户，加大税款入库调度力度，保证税收及时足额入库。二是增强纳税服务意识。认真贯彻落实国家财税优惠政策，及时兑现企业财税奖励，缓解企业受经济下滑影响带来的压力。三是扎实开展综合治税工作。区协税护税服务中心通过开展税源清查、税收宣传、涉税信息采集及委托代征等工作措施，充分发挥政府各部门、各乡镇、各社区协税护税职能，全力营造诚信、公平、有序的税收秩序。四是加强非税收入管理。完善“收支两条线”制度，加大行政事业性收入、罚没收入和国有资产处置收入的征管力度，为财政收入增长提供有力支撑。

【保障重点支出】 区财政部门不断调整和优化财政支出结构，强化财政支出管理，在支出规模扩大的同时，支出结构也趋于合理，民生工程、社会保障、三农、教育、卫生等重点社会事业支出投入不断加大，一般性支出得到有效控制，并全力支持城市大建设，有力地促进了社会各项事业全面进步。重点支出方面：落实教育经费投入保障机制，投入义务教育经费1253万元，投入教育“均衡发展、教育展翅”工程及校园危房改造工程800余万元，用于学校标准化建设、品牌学校打造以及农村薄弱学校建设等，用于改善中小学办学条件。加强政法部门建设，投入政法专项资金755万元，用于改善办案条件。推进文化事业建设，投入经费370万元，用于花鼓灯传承人生活补贴、文化场所建设和居民健身活动，丰富辖区群众文化娱乐生活。全年采购招标项目121个，采购资金6440万元。政府采购实现了高效节约，公正透明，并严格监督采购和招标工程质量，采购工程质量均符合要求。

【稳步推进“营改增”改革】 大力宣传营改增政策和财政扶持政策，充分调动企业纳税、清缴欠税和招商引税的积极性。扎实推进营业税改征增值税改革试点，全年拨付扶持资金7845万元，有效减少交通运输业和六类现代服务业税负。

【突出做好民生工作】 全年财政投入民生工程资金2亿元，其中区级配套5977万元。区政府一直将保障和改善民生放在突出位置，一是通过强化组织领导、统一协调、逐级落实、分工明确的工作机制，联合各部门监督检查，确保目标任务如期完成。二是通过开展社情民意调查、特邀人大代表和政协委员视察、专栏公示、绩效评价考核等方式，群众满意度、支持率大幅提高。从实施情况看，城乡医疗救助、高龄补贴、贫困残疾人救助等补助发放类全部按序时进度发放到位，真正保障了辖区困难群众的基本需求；工程类项目进展顺利，345套公租房基本建成，农村危房改造、农村清洁工程、“菜篮子”工程等工程类全部完工，形成群众得实惠、事业得发展、政府得民心的良好局面。

【加强投融资管理】 加大与金融机构合作力度，年内达成意向融资41.83亿元，融资到位7.86亿元，有力推进城乡建设改造步伐。其中与国开行合作列入棚户区贷款额度31.74亿元，现签约贷款3.77亿元，与农商行合作流动资金贷款4100万元，与徽商银行合作融资3500万元，与建行合作林权抵押贷款9500万元，采用发行资管计划方式融资2.38亿元。

【落实强农惠农政策】 认真落实党中央、国务院出台的一系列强农惠农政策，健全财政补贴资金监督管理。全年通过财政补贴农民资金“一卡通”发放各项强农惠农资金3919万元，较好完成各项补贴的发放工作。

【公务卡制度运行情况】 自2013年5月1日起在全区范围内实施公务卡制度以来，稳步推进公务卡制度改革，全年实行公务刷卡支出703万元。严格执行中央“八项规定”和党政机关厉行节约文件要求，“三公”经费得以控制，行政成本明显降低，“三公”经费支出400万元，同比下降35%。

【财政监督监管】 加强财政监督制度建设，创新监督机制。按照《禹会区财政财务工作专项检查方案》，开展财政财务工作专项检查，全年抽查18个单位，其中限期整改9家。开展“小金库”专项治理工作，专项检查112个单位，检查发现“小金库”违纪问题1例，移交司法机关处理。加强监管力度，会同审计、监察等部门对涉农专项资金进行专项检查。加强国有资产管理，完成全区109家行政事业单位资产管理信息系统录入升级工作，核实统计全区共有土地和房屋总价3.96亿元，为全区提高资产使用效能打下基础。切实加强土地出让金管理，通过自查自纠，顺利通过国家审计署土地出让金专项审计验收。

2015 财 政

【概况】 2015年区财政工作在市财政局指导下，在区委、区政府的正确领导下，在区人大和政协的监督支持下，面对严峻复杂的宏观形势和经济下行压力，攻坚克难，稳中求进，财政收入平稳增长，重点支出保障有力，财政管理与改革扎实有效，预算执行情况良好，有力地促进了全区经济和社会事业平稳较快发展。全年完成财政总收入129855万元，与上年同期增长10.8%，其中：地方收入87518万元，与上年同期增长17.0%；上划中央收入19909万元，与上年同期下降49.5%；出口退税22428万元，与上年同期增长651.6%。全年财政公共预算支出90857万元，比上年增长19.0%，其中上级专项转移支付安排的支出17438万元。

【重点支出】 落实教育经费投入保障机制，投入义务教育经费1285万元，投入教育"均衡发展、教育展翅"工程及校园危房改造工程1955余万元，用于学校标准化建设、品牌学校打造以及农村薄弱学校建设等，改善中小学办学条件。加强政法部门建设，投入政法专项资金1253万元，用于改善办案条件和基础设施建设。推进文化事业建设，投入经费100万元，用于花鼓灯传承人生活补贴、文化场所建设和居民健身活动，丰富辖区群众文化娱乐生活。建立禹会区政府市级限额以下小型工程建设类项目施工企业和工程服务类定点供应商库，完成工程类招标16个，服务类招标67个，金额229万元。

【民生工程】 年内全力实施27项民生工程。强化资金保障，全年财政投入民生工程资金1.67亿元，其中区级配套2967万元。区政府一直将保障和改善民生放在突出位置，一是通过强化组织领导、统一协调、逐级落实、分工明确的工作机制，联合各部门监督检查，确保目标任务如期完成。二是通过开展社情民意调查、专栏公示、绩效评价考核等方式，群众满意度、支持率大幅提高。城乡医疗救助、贫困残疾人救助等补助发放类全部按序时进度发放到位，真正保障了辖区困难群众的基本需求；工程类项目进展顺利，287套公租房分配入住，农村饮水安全、农村危房改造、小型水利工程改造提升等工程类全部完工，形成了群众得实惠、事业得发展、政府得民心的良好局面。

【公务卡制度改革】 全年公务支出刷卡支出830万元。全力推进政府向社会购买公共服务方式，进一步推动政府职能转变。严格执行中央"八项规定"和党政机关厉行节约文件要求，"三公"经费得以控制，行政成本明显降低，全年三公经费支出395万元，同比下降2%以上。

【加强投融资管理】 一是积极利用政策性银行贷款资金。国开行累计放款23.5亿元，用于棚户区改造等建设项目。年内使用国开行贷款10.4亿元。二是积极争取商业银行贷款。新增农业银行贷款额度2.2亿元，本年度实际到位资金1.1亿元，用于滨河西片区11号地块开发建设；新增农发行资本金贷款4600万元，资金已投入项目建设；新增徽商银行贷款1500万元；新增农商行贷款8000万元；光大银行2.2亿元贷款项目额度获批。三是不断创新融资模式。与徽商银行合作，设立总额6.67亿的城镇化基金，主要用于征迁、安置房建设及其他大建设项目。采取融资租赁方式，与兴隆融资租赁公司合作，融入资金2340万元。成立蚌埠市禹源投资有限责任公司，积极争取农商行流动资金贷款4000万元。四是加强债务规模控制，规范融资程序。融资规模在可控制范围内，融资程序进一步规范，每笔融资的程序、规模、成本都经区相关会议审议，并报区人大审批。

【扶持企业发展】 围绕工业强区，积极落实"调、转、促"政策，加大企业扶持力度。一是大力支持支柱企业，确保企业稳定生产。拨付中粮生化股份有限公司增值税退税资金5045万元，有效缓解企业受经济下滑影响带来的压力。二是大力扶持交通运输企业发展，减轻企业税负。拨付企业"营改增"专项扶持资金6625万元。三是大力支持企业创新，扶持企业发展。拨付丰原集团、八一化工等11家企业创新资金1685万元。四是大力支持企业上市，壮大企业规模。拨付中晶光有限公司新三板上市奖励140万元，拨付天润化工股份有限公司直接融资奖励资金150万元。五是大力促进企业外贸进出口。拨付佳先助剂、蒙疆贸易公司等7家企业外贸促进资金392万元。

【涉农资金专项整治】 为提高全区涉农资金管理工作水平，加强涉农资金的监管，确保涉农资金安全、规范、高效使用，根据《关于印发<蚌埠市涉农资金专项整治行动实施方案>的通知》(财农[2015]339号)的要求与部署，向区内各涉农单位分解任务，组织各单位各部门逐项开展自查自纠。本次专项整治行动共涉及农民补贴补偿类、农业生产发展、农业生态修复和治理、农村社会事业及公共服务等各级财政资金5860万元。通过整治，各项涉农资金管理良好，各项涉农资金项目均有序实施开展，各项惠农补贴资金及时足额兑现。

【财政专项检查】 一、按照省市相关文件精神，蚌埠市财政局监督检查科一行莅临对禹会区盘活财政存量资金有关情况进行专项检查。主要检查本区专户的开户依据、批准文件及财政专户核算的内容。本区盘活存量资金工作按照要求将非税收入及时足额缴入国库，未出现截留、占用、挪用或拖欠应当上缴国库的预算收入，并且将所有政府收入和支出列入预算。2015年，全区共清理盘活存量资金2589万元，统筹用于保障"三农"等社会事业投入，充分发挥了存量资金使用效益。二、11月，淮南市财政局一行严格按照省财政厅相关文件精神，对禹会区2014年度决算信息公开和2015年度预算信息公开工作进行检查。检查组一行重点检查了2014年决算公开工作。查看了在禹会区政府信息公开网站公开的《蚌埠市禹会区2014年财政决算报告》、2014年本级财政决算说明、2014年"三公"经费决算情况说明；各部门决算情况说明及表格、各部门"三公"经费决算情况说明；《2014年禹会区财政预算执行及2015年预算草案的报告》、禹会区财政收支预算说明及表格、"三公"经费预算安排情况说明；禹会区各部门预算情况说明、各部门"三公"经费预算情况说明等信息。

2014 金　　融

【概况】 2014年，全区小贷公司累计发放贷款9090万元；佳先功能助剂成功登陆新三板；天润化工成功发行1亿元中小企业私募债；高科能源等7家企业进入省直接融资后备资源库。在年底的金融工作会议上，区政府被市委市政府表彰为"新三板挂牌工作先进单位"。

【搭建银企沟通机制】 通过召开各种形式的银企对接会，加强银企双方的了解信任，加大金融对地方经济发展特别是实体经济的支持力度。结合党的群众路线教育实践活动，组织银行、证券等单位，深入辖区中小企业，主动对接，上门对接，帮助企业查找问题，分析原因，并针对企业的具体生产经营状况制定专门的融资方案。同时，保持与银行和企业沟通，主动邀请银行负责人、企业负责人座谈，增进双方了解。9月份，与工行蚌埠市分行召开银政企对接会，辖区20余家中小企业负责人参会，达成合作意向9家。

【有效推进直接融资】 组织召开关于"新三板"上市专题工作会议，多次走访辖区企业，为企业宣讲"新三板"的相关政策及法律法规，调动企业家们参与"新三板"挂牌的积极性。在认真调研的基础上，上报安徽佳先功能助剂股份有限公司、安徽中晶光技术有限公司、安徽行星机械科技股份有限公司及安徽省安银金融机具设备有限公司为"新三板"挂牌上市推荐企业；推荐安徽好思家涂料有限公司、蚌埠通达汽车零部件有限公司、安徽万宝玻璃有限公司、蚌埠高科能源装备有限公司等4家公司为安徽省股权交易市场挂牌企业。2014年，安徽天润化工有限公司成功发行1亿元中小企业私募债；2月17日，安徽佳先功能助剂股份有限公司成功在全国中小企业股份转让系统（"新三板"）挂牌上市（股权简称：佳先股份；股权代码：430489），为蚌埠市第二家，禹会区第一家"新三板"挂牌上市企业；安徽中晶光技术股份有限公司完成新三板挂牌申报工作，申请挂牌材料由新三板正式受理。

【推行企业股权和分红激励机制】 2014年玻璃设计研究院、护聪防护、瑞杰新材料、安银金融机具、奥特纸箱、万宝玻璃6家企业列入全市企业股权和分红激励试点范围，行星机械、创业机电、高科能源3家企业纳入备案。

【全面优化金融环境】 全面加强金融环境建设，着力提供良好金融氛围。5月份，集中开展防范打击非法集资宣传月活动，重点打击非法集资活动，联合乡镇、社区在全区范围宣传非法集资并参加5月23日在淮河文化广场举行的集中宣传日活动，通过打击非法集资，有效防范金融风险的发生，确保金融资产质量持续提高，以环境引领金融，以金融助推环境，推动各类主体阳光发展。

2015 金　　融

【概况】 2015年全区小额贷款公司继续发挥服务小微企业作用，全年累计投放贷款5880万元；安徽中晶光技术有限公司成功登陆新三板，成为蚌埠市第六家，禹会区第二家新三板挂牌企业。在全市金融工作会议上，禹会区再次被市政府评为2015年度"新三板上市工作先进单位"。

【有效推进直接融资】 2015年，禹会区完成"新三板"上市企业1家（中晶技术），累计完成"新三板"上市企业2家（佳先股份、中晶技术），另有3家（行星机械、禾泉农业、亚源印染）进行股改，同时积极发展培育一批上市后备企业，做到培育一家、成熟一家、挂牌一家，实现滚动式发展。

【建立充实直接融资后备资源库】 积极对辖区中小企业摸底调研，先后两批次共推荐上报7家企业进入直接融资后备资源库，其中高科能源、行星工程机械、方阵混凝土、中晶光技术和北师大蚌埠附属学校等5家企业推荐进入全省场外市场挂牌后备资源库；佳先功能助剂推荐进入全省上市后备资源库；嘉怡景服装推荐进入全省债券融资后备资源库。3月份，本区又将禾泉农业、中旭建设、亚源印染等3家公司纳入后备资源库，进一步充实了本区的上市后备力量。

【非法集资问题专项整治】 成立禹会区打击和处置非法集资工作领导小组，按照“谁审批、谁主管、谁准入、谁负责”的原则，开展地毯式摸底排查。7月，区金融办联合金域社区等单位举行禹会区开展防范和打击非法集资集中宣传活动，以条幅、展板、宣传彩页为载体，多方位、多角度地向市民宣讲非法集资的常见手段、表现形式和社会危害等，引导市民自觉远离非法集资。活动期间共发放宣传彩页1000余份，接受咨询60多人次。

2014 国 税

【概述】 紧紧围绕市局和区委区政府工作部署，以党的群众路线教育实践活动为统领，以基层建设为主线，以绩效管理为抓手，依法组织收入，强化税收征管，优化纳税服务，加强队伍建设和党风廉政建设，圆满完成2014年各项工作任务。荣获第十届安徽省文明单位、安徽省卫生先进单位、绩效管理优秀单位等荣誉称号。全年组织税收收入6.3亿元，同比增收0.27亿元，增长4.56%。

2014 年前 100 名纳税大户

表 4 单位：万元

序号	纳税人名称	小计
1	安徽八一化工股份有限公司	14727.16
2	安徽中粮生化燃料酒精有限公司	10904.77
3	中粮生物化学(安徽)股份有限公司	2542.94
4	蚌埠玻璃工业设计研究院	1994.75
5	蚌埠建华管桩有限公司	1834.25
6	蚌埠百大置业有限责任公司	1633.87
7	蚌埠国电龙源环保发展有限公司	1460.08
8	安徽天润化学工业股份有限公司	1155.05
9	蚌埠丰原涂山制药有限公司	1146.73
10	安徽新源热电有限公司	1135.86
11	蚌埠中环水务有限公司	1026.97
12	安徽强盛船务有限公司	755.75
13	安徽宏业纺织有限公司蚌埠棉纺分公司	706.57
14	蚌埠市新黄山玻璃制品有限公司	692.06
15	安徽省振兴物流有限公司	530.96
16	蚌埠鑫韵物流有限公司	489.91
17	安徽丰原大药房连锁有限公司	471.74
18	安徽天源物流有限公司	470.68
19	安徽中旭建设工程有限公司	463.48
20	蚌埠市红瑞物流运输有限公司	427.16
21	安徽丰原蚌埠医药有限公司	397.77
22	蚌埠市全顺运输有限公司	348.32
23	安徽佳先功能助剂股份有限公司	340.66
24	蚌埠永飞物流有限公司	333.76
25	安徽宝轮运输有限公司	333.48
26	安徽丰原化工装备有限公司	326.39
27	蚌埠市红瑞红运输有限公司	316.39
28	蚌埠电力规划设计院有限公司	302.04
29	安徽省志成物流有限公司	300.33
30	蚌埠市阳光电力维修工程有限责任公司	288.89
31	蚌埠建华物流有限公司	281.68
32	蚌埠市宏通运输有限公司	281.49
33	蚌埠市鑫源运输服务有限公司	276.17
34	安徽吉海船务有限公司	257.07
35	怀远县运通运输有限责任公司	254.22
36	蚌埠日报社	248.01
37	蚌埠华皖纺织有限公司	234.88
38	蚌埠市南山物流有限公司	225.12
39	蚌埠市光明运输有限公司	218.22
40	深圳市凯盛科技工程有限公司蚌埠分公司	215.75
41	蚌埠金田汽车运输有限公司	214.52
42	安徽中粮生化格拉特乳酸有限公司	195.79
43	合肥百货大楼集团蚌埠百货大楼有限责任公司百大禹会购物中心	192.36
44	蚌埠市鑫龙物流有限公司	186.87
45	蚌埠市利胜化工科技发展有限公司	178.88
46	蚌埠市新诚建筑安装工程有限公司	175.47
47	安徽三联物流有限公司	174.03
48	安徽省新源电子加工制造厂	171.32
49	蚌埠市和谐物流有限公司	166.02
50	安徽蚌埠淮河船闸有限公司	164.82
51	蚌埠市中原宝安毛纺织有限公司	151.36
52	蚌埠市海峰印刷有限责任公司	149.39
53	安徽锦程物流有限公司	139.85
54	安徽省安银金融机具设备有限公司	137.6
55	安徽晶菱机床制造有限公司	137.43
56	蚌埠市光明汽车贸易有限公司	136.94
57	蚌埠市天一包装制品有限责任公司	136.36
58	安徽省安化物流有限公司	130.15
59	安徽禹惠物流有限公司	127.57
60	安徽佰仕化工有限公司	124.17
61	安徽达禹置业有限公司	123.87
62	蚌埠金域房地产开发有限公司	123.55
63	蚌埠市天安物流有限公司	110.85
64	蚌埠速邦物流有限责任公司	108.92

续表4

序号	纳税人名称	小计
65	蚌埠市华丰运输有限公司	103.57
66	蚌埠市宏盛物资回收有限公司	102.08
67	蚌埠市环宇压缩机厂	98.78
68	安徽豪杰塑胶制品有限公司	95.71
69	蚌埠市锦龙运输有限公司	94.66
70	蚌埠万通运输有限公司	94.27
71	安徽联强物流有限公司	93.95
72	安徽省山花毛纺织品有限公司	91.25
73	蚌埠玻璃工业设计研究院华利机具厂	90.99
74	蚌埠海鑫印务有限责任公司	89.57
75	安徽富海通航运有限公司	88.11
76	安徽省瑞鑫物流有限公司	86.76
77	蚌埠平安运输有限公司	83.4
78	蚌埠市建筑工程质量检测中心	79.88
79	蚌埠市启帮物流运输有限公司	78.67
80	安徽丰原物流有限公司	78.25
81	安徽江淮车轮有限公司	77.66
82	蚌埠恒泰运输有限公司	75.74
83	安徽弘毅物流有限责任公司	74.74
84	安徽中晶光技术股份有限公司	72.49
85	蚌埠能源集团有限公司	71.51
86	蚌埠市汇丰运输有限责任公司	70.26
87	蚌埠永胜运输有限公司	69.61
88	安徽省志远航运有限公司	66.22
89	蚌埠轻化药机有限责任公司	64.93
90	蚌埠市方阵商品混凝土有限公司	64.67
91	蚌埠市晶辉玻璃制品厂	61.92
92	蚌埠强大运输有限公司	61.18
93	蚌埠市捷安物流有限责任公司	58.99
94	蚌埠市华金技术开发有限责任公司	58.51
95	安徽国峰印务创意设计有限公司	58.36
96	蚌埠清泉水技术设计咨询有限公司	57.41
97	蚌埠市诚信运输有限责任公司	55.51
98	蚌埠盛兴运输有限公司	55.02
99	蚌埠天发运输有限公司	54.84
100	蚌埠市新天化工有限公司	54.82

【税收法治】 将执法督察工作贯穿日常征管的全过程，不断提高税务人员依法行政意识和水平。认真落实《安徽省国税系统规范行政处罚裁量权实施办法》，制定《禹会区国税局行政处罚工作意见》，统一处罚标准和程序，规范了行政处罚自由裁量权。全面落实税收政策，2014年兑现各类税收优惠1.5亿元，确保税收优惠政策不折不扣落实到位，有力地支持了实体经济的发展。

【纳税服务】 细化落实首问责任制、限时办结制等各项规定，做到即接即办、一次性告知或有效引导，提升服务效率。开展换位大体验，增进税企相互理解，进一步和谐征纳关系，树立了全方位为纳税人服务的工作理念。召开税企座谈会，及时了解企业对税务部门的意见和建议。区局领导班子成员深入企业开展走访调研，了解企业在生产经营等方面存在的困难，及时帮助企业寻求解决途径，得到纳税人和社会各界的广泛好评。

【税收征管】 加强日常管理，做好开业登记基础信息维护，提高税务登记完整率，减少差错率，按照税务事项加强税源后续管理。认真开展交通运输业专项整治，规范行业征管秩序，降低行业执法风险。制定《禹会区国税局风险应对工作考核管理办法(试行)》，规定考核原则、考核指标，针对纳税评估、风险提醒、风险核查不同特点，细化、量化各项指标，提高区局风险应对的质量。

【基层建设】 加强区局领导班子成员自身理论学习和党性锻炼，增强班子凝聚力，提升班子综合素质。规范议事规则，实行重大事项集体研究，提升决策水平。加强业务基础建设，建立完备的户管台账。及时做好征管资料的收集、整理、立卷和归档工作。积极推行绩效管理，将三级考核指标层层分解到分管领导、责任科室及责任人员，做到"人人头上有指标，项项指标有落实"，激发干部队伍的积极性和主动性。加大办公环境整治，确保办公室窗明几净。区局荣获省级卫生先进单位荣誉称号。

【政务管理】 严格执行中央"八项规定"，厉行节约。严格执行局长办公会、局务会议事规程，认真贯彻落实民主集中制，对涉及行政处罚、纳税评估、出口函调等税收业务，涉及税干切身利益的问题都要经过集体讨论研究。加强车辆及驾驶员管理，实行公务用车审批制度。提高公文和信息报送质量，不断提高禹会国税形象。

【纪检监察】 认真落实"一岗两责"，做到任务明确、责任到人。健全内控机制，加大责任追究和过错追究制，规范执法行为，减少执法风险。邀请检察院专家进行预防职务犯罪知识讲座，开展警示教育，以系统内发生的典型案例教育身边的人，预防职务犯罪行为发生。

【群教活动】 精心开展一系列富有成效的学习教育活动，为活动开展奠定思想基础。坚持开门搞活动，区局领导班子成员分别深入教育实践活动联系点企业开展走访调研。还通过召开群众和纳税人座谈会、发放调查问卷、设置征求意见箱以及税企联谊QQ群等形式，广泛征求意见。区局领导班子和成员深入查摆问题，开展自我剖析，精心撰写和修改对照检查材料。针对群众意见反馈和查摆发现的问题，在活动中边查边改。制定“两方案一计划”，提出整改落实、专项整治和制度建设任务，确保整改成效“不空”“不偏”“不虚”。

【税务文化】 认真开展道德讲堂、“书香国税” 等活动，丰富基层文化生活，提高文化品位。和长青乡石巷村结对帮扶，多次慰问长青乡石巷村贫困老党员和贫困儿童，并开展多项社会公益活动。

2015 国 税

【概述】 2015年，禹会区国税工作以基层建设为主线，以绩效管理为抓手，依法组织收入，全面落实税收政策，规范税收执法、优化纳税服务，提升征管质效，加强队伍建设和党风廉政建设，较好地完成全年各项工作任务。2015年共组织税收收入65518万元，同比增收3604万元，增长5.82%。

2015 年前 100 名纳税大户

表 5　　单位：元

序号	纳税人名称	小计
1	安徽八一化工股份有限公司	123891111.59
2	蚌埠玻璃工业设计研究院	46554768.66
3	中粮生物化学(安徽)股份有限公司	17102211.03
4	安徽新源热电有限公司	16243176.78
5	安徽天润化学工业股份有限公司	16002807.63
6	蚌埠丰原涂山制药有限公司	12798140.60
7	建华建材(蚌埠)有限公司	10691078.50
8	蚌埠中环水务有限公司	10126663.71
9	安徽强盛船务有限公司	9222732.27
10	蚌埠市新黄山玻璃制品有限公司	9035000.66
11	安徽丰原大药房连锁有限公司	6290646.29
12	安徽中旭建设工程有限公司	5584208.22
13	安徽丰原蚌埠医药有限公司	5517635.81
14	安徽天源物流有限公司	5304044.37
15	安徽蚌埠淮河船闸有限公司	4996049.45
16	安徽江淮车轮有限公司	4784993.22
17	安徽省振兴物流有限公司	4623966.98
18	安徽建工集团蚌埠建材有限公司	4547884.23
19	安徽佳先功能助剂股份有限公司	3732492.84
20	深圳市凯盛科技工程有限公司蚌埠分公司	3305020.08
21	蚌埠电力规划设计院有限公司	3237629.92
22	安徽佰仕化工有限公司	3161210.05
23	安徽省安银金融机具设备有限公司	3156489.30
24	蚌埠市方阵商品混凝土有限公司	3135422.04
25	蚌埠日报社	3015113.17
26	蚌埠鑫韵物流有限公司	3011633.64
27	蚌埠市红瑞物流运输有限公司	2825708.72
28	安徽宏业纺织有限公司蚌埠棉纺分公司	2632694.13
29	安徽中粮生化格拉特乳酸有限公司	2545573.06
30	安徽省瑞鑫物流有限公司	2413582.40
31	蚌埠市南山物流有限公司	2297767.49
32	合肥百货大楼集团蚌埠百货大楼有限责任公司百大禹会购物中心	2224590.60
33	蚌埠市鑫龙物流有限公司	2168394.20
34	中国建材国际工程集团有限公司蚌埠分公司	2140363.29
35	蚌埠市天一包装制品有限责任公司	2037314.80
36	蚌埠市祥运物流有限公司	1981522.90
37	安徽丰原集团有限公司	1928957.20
38	安徽省志成物流有限公司	1904193.67
39	蚌埠杭氧气体有限公司	1880535.36
40	安徽禹惠物流有限公司	1824542.39
41	安徽省新源电子加工制造厂	1816470.99
42	蚌埠百大置业有限责任公司	1713917.04
43	蚌埠市宏通运输有限公司	1583930.86
44	蚌埠建华物流有限公司	1555485.38
45	蚌埠永飞物流有限公司	1459824.24
46	蚌埠金田汽车运输有限公司	1442792.51
47	安徽锦程物流有限公司	1433283.53
48	蚌埠速邦物流有限责任公司	1411442.72
49	蚌埠市建丰运输有限公司	1,407,647.72
50	安徽佑骏商品混凝土有限公司	1383207.26

续表 5

序号	纳税人名称	小计
51	蚌埠中实化学技术有限公司	1338151.12
52	安徽吉海船务有限公司	1327508.19
53	安徽金皖化物流有限公司	1266454.36
54	安徽汇能动力股份有限公司	1203300.30
55	蚌埠市海峰印刷有限责任公司	1198184.93
56	蚌埠华皖纺织有限公司	1196359.78
57	安徽富海通航运有限公司	1191392.77
58	蚌埠市经纬船务有限公司	1190025.74
59	安徽豪杰塑胶制品有限公司	1187258.96
60	蚌埠市中原宝安毛纺织有限公司	1186964.88
61	蚌埠市天安物流有限公司	1185149.08
62	蚌埠恒泰运输有限公司	1173835.59
63	蚌埠市光明运输有限公司	1171847.67
64	蚌埠市锦龙运输有限公司	1158221.49
65	蚌埠金域房地产开发有限公司	1137613.80
66	蚌埠市红瑞红运输有限公司	1100274.50
67	蚌埠市新诚建筑安装工程有限公司	1093588.14
68	安徽宝轮运输有限公司	1056612.86
69	安徽省蚌埠闸工程管理处	1011819.72
70	安徽中晶光技术股份有限公司	982592.34
71	蚌埠市宏盛物资回收有限公司	957799.38
72	蚌埠市光明汽车贸易有限公司	954673.13
73	蚌埠市鑫源运输服务有限公司	944451.54
74	蚌埠江海船务有限公司	934175.90
75	蚌埠市诚信供水服务有限公司	922323.53
76	蚌埠市全顺运输有限公司	898173.70
77	蚌埠市建筑工程质量检测中心	888437.45
78	安徽省安化物流有限公司	886411.07
79	安徽弘毅物流有限责任公司	872904.89
80	蚌埠市启帮物流运输有限公司	842237.27
81	安徽省远航物流有限公司	829814.63
82	安徽丰原物流有限公司	825148.19
83	安徽志伟运输有限公司	812857.02
84	蚌埠玻璃工业设计研究院华利机具厂	809531.96
85	蚌埠禹会百大合家福连锁超市有限责任公司	791272.53
86	蚌埠盛兴运输有限公司	758585.22
87	安徽省志远航运有限公司	741432.51
88	安徽永达物流有限公司	738220.66
89	蚌埠市华丰运输有限公司	733902.54
90	蚌埠市汇丰运输有限责任公司	730724.13
91	安徽人和项目管理有限公司蚌埠分公司	710960.45
92	蚌埠市启瑞运输有限公司	696821.23
93	蚌埠港国际集装箱码头有限公司	689125.34
94	蚌埠市晶辉玻璃制品厂	673273.99
95	蚌埠市宏祥物流有限公司	670130.19
96	安徽省山花毛纺织品有限公司	666094.78
97	蚌埠市新天化工有限公司	651066.60
98	安徽华润涂料有限公司	651051.61
99	蚌埠能源集团有限公司	638829.52
100	蚌埠万通运输有限公司	626394.37
101	蚌埠清泉水技术设计咨询有限公司	620057.00
102	安徽三联物流有限公司	618081.07
103	蚌埠蓝图运输有限公司	605271.62
104	安徽煤田光大彩印有限责任公司	592631.44
105	安徽联强物流有限公司	587676.03
106	安徽晶菱机床制造有限公司	562209.69
107	蚌埠市奥特纸箱机械有限公司	551733.42
108	安徽万宝玻璃有限公司	549146.33
109	蚌埠汇通运输有限公司	547270.21
110	蚌埠市弘驰运输有限公司	531506.63
111	安徽川渝物流有限公司	522250.17
112	蚌埠市永诚纺织有限公司	511867.67
113	蚌埠市新源电力检修安装有限公司	505570.68

【税收法治】 全面落实《税务行政处罚裁量权实施办法》，修改完善区局行政处罚工作意见，明确处罚程序，细化处罚标准。积极扶持小微企业发展，2015年落实各项税收优惠政策减免税款近2亿元。

【税种管理】 顺利完成消费税政策重大调整，对1家电池生产企业和12家涂料生产企业开征消费税。对780户增值税一般纳税人完成增值税专用发票系统的升级。全面完成1124户企业的所得税年度汇算清缴，汇算清缴面达100%。严格执行《全国税务机关出口退免税管理工作规范》1.0版，对47户企业进行出口退税信用评定。

【纳税服务】 定期召开工作调度会，推行纳税服务包保制。按照“进市场、访企业、普税法”的思路，扎实开展第24

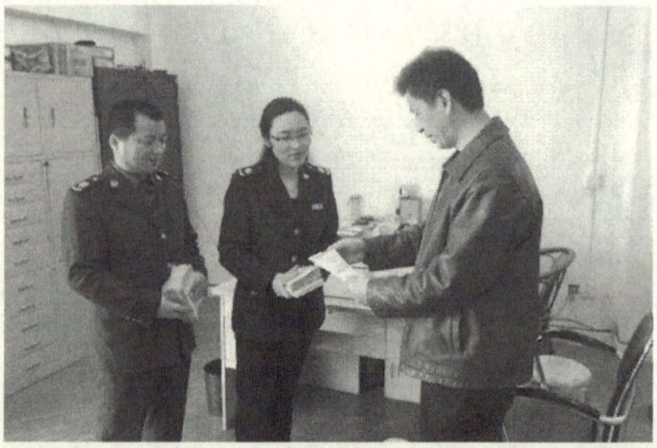

个税收宣传月活动。开展形式多样的纳税人大走访活动，拉近了税企之间的距离。

【税收征管】 结合《全国税收征管规范》1.1版和新的税收业务岗责体系，规范征管业务操作。按照“四合一”的补充风险分析模式，开展风险应对数据补充分析。全年开展风险核查216户，补缴税款4.28万元。开展纳税评估44户，评估税款166.13万元，滞纳金加收率、调账率和资料完整率均保持100%。召开国地税合作工作联席会，制定联合工作制度，以禹会区协税护税中心为平台，加强信息交换和信息共享。

【信息化建设】 为确保金税三期顺利上线，先后开展四次数据清洗。对准确性、完整性、可持续性数据进行业务验证，按时做好系统压力测试。12月份开始进行双轨运行，为单轨运行奠定坚实基础。

【教育培训】 全年按照年初制定的干部培训计划并认真组织实施。坚持每周三、周四下午进行政治和业务学习，做好岗位练兵日常做题和每季一测，形成常态化学习练兵新格局，税干的业务能力得到提升。

【基层建设】 加强区局班子政治理论学习，提升党性修养，增强责任担当，提升班子综合素质。开展“巩固深化拓展”主题实践活动，认真开展“回头看”。开展“113系列专项活动”，紧紧围绕“强化五种意识”和“解决六个方面问题”的专题内容，进一步加强干部队伍建设。

【绩效管理】 组织绩效管理、个人岗位绩效管理同步推进。将绩效考评指标落实到具体部门，分配到具体税干，做到“人人头上有指标，项项指标有落实”。建立绩效考核风险防控机制和过错责任追究机制。区局获得2015年度全市国税系统绩效管理优秀单位称号。

【纪检监察】 认真落实党风廉政建设责任制，经常性开展警示教育，认真组织《中国共产党廉洁自律准则》和《中国共产党纪律处分条例》学习教育。结合省局巡视、执法督查，开展内部执法督查。坚持把廉政风险防控具体到每项业务、每项流程、每个岗位，不断压缩监控死角和盲区。

【三严三实专题教育】 通过党组中心组理论学习、集体交流讨论、干部自学等形式，深入开展“三严三实”专题教育活动。“七一”前夕，杨青云局长做了题为《自觉践行“三严三实”，做“忠诚干净担当”的国税好干部》的专题党课报告。12月29日，召开“三严三实”专题民主生活会，针对领导班子及班子成员不严不实问题，制定整改方案，建立整改清单，认真加以整改。

【税务文化】 围绕“培育核心价值观、汇聚发展正能量”主题，开展了形式多样的文明文化创建活动。弘扬“大禹”文化理念，创立“大禹”文化品牌，倡导“禹立潮头、会通四海”的创新精神，“淮水禹风、自强不息”的进取精神，“大禹风骨、国税精神”的务实精神。

2014

地 税

【概况】 2014年，税源管理五局围绕中心工作，以群众教育路线为抓手，发挥税收职能，提升征管质效，强化队伍建设，出色完成各项工作任务。先后获得安徽省地方税务局现代化分局、安徽省地方税务局十佳单位，成为当选单位中人员和户管量最大的基层管理分局。2014年，税源管理五局共组织地方税入库4.9亿元，同比增收8639万元，增长21.4%。超额完成禹会区政府下达的目标任务。

2014 年前 100 名纳税大户

表 6 单位:元

序号	纳税人名称	小计
1	蚌埠荣盛伟业房地产开发有限公司	79969594.72
2	中粮生物化学(安徽)股份有限公司	45097586.18
3	蚌埠汉阳造置业有限公司	21513603.05
4	安徽中粮生化燃料酒精有限公司	16952424.62
5	中国建材国际工程集团有限公司蚌埠分公司	14801956.88
6	蚌埠柏庄置业有限公司	14763751.33
7	安徽八一化工股份有限公司	12662382.05
8	蚌埠玻璃工业设计研究院	8851619.99
9	蚌埠市淮河工贸有限责任公司	8664697.13
10	禹会区个体税收征管综合服务中心	8153300.33
11	蚌埠荣盛嘉业房地产开发有限公司	7556852.49
12	蚌埠金伟置业发展有限公司	6054209.71
13	蚌埠百大置业有限责任公司	5982972.67
14	蚌埠希望饲料有限公司	5518980.48
15	蚌埠中环水务有限公司供水工程分公司	5505669.87

续表 6

序号	纳税人名称	小计
16	蚌埠丰原涂山制药有限公司	5242721.68
17	安徽兴光置业有限责任公司	5157567.86
18	安徽欧尚超市有限公司	4487849.50
19	安徽欧尚超市有限公司	4480000.00
20	蚌埠金域房地产开发有限公司	4445537.72
21	安徽丰原集团有限公司	4426435.01
22	蚌埠信地置业有限公司	4211181.50
23	蚌埠中环水务有限公司	4164563.93
24	蚌埠禹会建设投资有限责任公司	4158829.49
25	蚌埠市禹会区财政局	4121043.75
26	建华建材(蚌埠)有限公司	3982780.65
27	安徽达禹置业有限公司	3845551.43
28	蚌埠市兴亚建筑安装工程有限责任公司	3752275.11
29	安徽华光光电材料科技集团有限公司	3572570.17
30	华天建设集团有限公司	3418024.47
31	蚌埠能源集团有限公司	3412562.09
32	中国核工业中原建设有限公司	3253962.61
33	蚌埠市建筑工程质量检测中心	3231177.69
34	怀远中联水泥有限公司	3110850.00
35	安徽天润化学工业股份有限公司	2987721.70
36	安徽省蚌埠市双珠房地产开发有限公司	2889430.33
37	安徽水利开发股份有限公司	2681045.25
38	蚌埠市筑金房地产开发有限公司	2632557.24
39	安徽新源热电有限公司	2487764.38
40	蚌埠通达汽车零部件有限公司	2287355.45
41	蚌埠市阳光电力维修工程有限责任公司	2143893.66
42	北京安联置业发展有限公司	2070819.42
43	泰康人寿保险股份有限公司蚌埠中心支公司	2040169.55
44	蚌埠海亮房地产有限公司	1919113.29
45	浙江省建工集团有限责任公司	1843599.77
46	安徽六建建设集团有限公司	1816144.53
47	蚌埠市新诚建筑安装工程有限公司	1811669.24
48	安徽冠宜箱包有限公司	1753778.54
49	安徽中粮生化格拉特乳酸有限公司	1713462.04
50	安徽佳先功能助剂股份有限公司	1629049.56
51	禹会区个体税收征管综合服务中心长青点	1628182.91
52	太平财产保险有限公司蚌埠中心支公司	1599820.07
53	中建七局第二建筑有限公司	1531482.10
54	蚌埠欧尚超市有限公司	1523194.13
55	蚌埠国电龙源环保发展有限公司	1500040.47
56	福建省龙天建设工程有限公司	1469780.58
57	中城建第六工程局集团有限公司	1423261.29
58	蚌埠市禹会建筑安装有限责任公司	1419494.86
59	安徽禾泉农庄假日酒店管理有限公司	1385034.58
60	蚌埠市鑫通电力成套设备安装有限责任公司	1344715.91
61	蚌埠市新黄山玻璃制品有限公司	1338152.89
62	安徽省第一建筑工程公司	1320203.81
63	安徽丰原化工装备有限公司	1275864.38
64	蚌埠市三星置业有限公司	1273550.61
65	安徽丰原大药房连锁有限公司	1197805.92
66	安徽三建工程有限公司	1191279.28
67	安徽蚌埠涂山制药厂	1177176.81
68	江苏美尚生态景观股份有限公司	1056100.73
69	蚌埠江淮车轮有限公司	1033382.03
70	蚌埠天河花园建设开发有限公司	1026119.14
71	安徽强盛船务有限公司	989228.96
72	蚌埠市三建建筑安装工程有限公司	985319.03
73	安徽省蚌埠市久久劳动服务有限公司	978952.62
74	安徽广坤置业有限公司	944355.05
75	安徽丰原国际贸易有限公司	940938.75
76	合肥建工集团有限公司	924888.00
77	蚌埠市东方金河毛纺有限公司	912984.78
78	北京安联置业发展有限公司	911913.83
79	蚌埠拓基置业投资有限责任公司	910164.21
80	蚌埠日报社	895243.39
81	新兴铸管(蚌埠)建筑工程有限公司	887191.10
82	安徽元鼎建设工程有限责任公司	849699.23
83	安徽蚌埠淮河船闸有限公司	847462.56
84	蚌埠市一建建筑安装工程有限公司	821423.86
85	蚌埠市行星工程机械有限公司	817437.25
86	安徽禾泉农庄生态农业有限公司	805185.35
87	蚌埠市第一污水处理厂	801736.38
88	南京市第八建筑安装工程有限公司	777480.20
89	华安财产保险股份有限公司蚌埠中心支公司	766185.10
90	蚌埠市天一包装制品有限责任公司	760838.16
91	安徽皖酒制造集团有限公司	721211.63
92	蚌埠中贝建筑安装工程有限公司	704335.80
93	蚌埠市禹会区尊皇国际酒店	692591.65
94	安徽省振兴物流有限公司	678273.91
95	蚌埠冠宜置业有限公司	657578.42
96	安徽省水利物资股份有限公司蚌埠分公司	643295.28
97	蚌埠高科能源装备有限公司	642079.70
98	安徽中旭建设工程有限公司	636978.87
99	安徽省安银金融机具设备有限公司	626528.20
100	天安财产保险股份有限公司蚌埠中心支公司	623059.82
合计		424101863.70

【税源管理】 一是加强税源摸排。定期开展税源摸排和税收预测，制定收入指导性计划。二是强化税源监控。加强比对分析，全年预测偏差率5%以下。三是提升税源管理质效。充分利用税源监控信息，找准重点提质效。全年仅土地转让等一次性税源入库4710万元，清欠450万元。四是抓住重点税

源。重点加强制造业及土地使用税管理，2014年重点税源入库占比达84%以上，土地使用税增幅达94%。

【纳税服务】 一是搭建税企沟通平台。充分利用各种平台资源。建立税企恳谈会机制，使征纳沟通常态化。二是开展特色服务。通过举办高新技术企业专场培训会、一对一服务、上门现场办理、引导办税等方式，帮助企业解决实际困难。三是落实税收优惠。全年依法减免地方税4250万元，为53户企业办理缓缴2784万元。

【依法行政】 一是规范税务行政处罚行为。全年下达限改文书3890户次，下达限缴文书389户次，行政处罚56户次，罚款1.76万元。二是坚持集体审议制度。定期对涉税审批备案、定额核定、资格认定、税收执法等重要事项实行集体审议。三是加强涉税事项后续管理。设计《税收优惠备案审核记录》，对优惠备案、资产损失等涉税事项跟踪管理。共审核补正资料40余户次，终止4户不符要求的减免税备案，补税148.8万元。获2014年度安徽省地税局“依法行政示范单位”荣誉称号。

【征管基础】 推进征管基础年活动、提升绩效五率指标质量，税务登记信息完整率和准确率达99%以上。定期推送未申报和未缴纳信息，未申报和未缴纳户数比例全市最低，1~11月未按期申报催报率94.32%位居全市首位。定期推送新户信息，督促岗位人员办理三方协议，全年网上申报办理3110户，推行率达98.8%、网上缴纳税款率为87.2%，均为全市第二位。开展提升征管数据质量工作，通过在线监测、风控推送、自行比对等方式开展数据质量核实整改，清理整改错误信息11000余条。开展基本信息核查和比对，落实异常信息核查责任制，及时纠正异常信息。停业信息按月实地核查，避免虚假停业，月均停业仅2~3户。通过定期票表比对，补缴企业所得税24.1万元，个体调增达点户44户。设置专职清欠岗，以分类彻查底数、发布欠税公告、部门联动清欠等方式依法清欠450万元，其中陈欠350万元。通过营业税临界点户管理、以票控税、票表比对等堵塞漏洞等加强个体税收管理，全年新增达点户44户、已达点户调增定额59户，月新增定额66万元。增加恢复正常申请文书，规范非正常户管理，全年规范认定非正常户107户，恢复正常的34户均按规定进行处罚。把参保人数作为主要征缴依据，实行集体审议减少自由裁量权，从而公平残保金征缴，全年新增残保金费种鉴定660户次，征缴面1042户次，入库残保金349万元。初步实现征缴范围全覆盖。大力清缴水利基金欠费。全年71户补缴118万元。

【征管质效】 强化备案审核，完善登记台账，以提高汇缴质量，全年审增所得额245.6万元。通过制定《两税明细申报信息采集工作落实意见》等五项措施提高两税信息采集质量，夯实两税明细申报基础信息，采集率达98%以上。以“源头管理”和“终端管理”加强资源税代扣代缴管理，实现资源税552.25万元，同比增长超7倍。风险监控平台应对成效显著，4813条疑点信息的整改反馈质量得到风控中心认可，整改率位居全市前列。强制参保工作进展迅速。实施每周通报制、逐户实地核查落实强制参保工作。登记15户，撤销49户，缴纳社保费4.5万元。

【社保费清缴】 在坚持依法行政前提下努力破解社保费征缴难题，依法先后采取下达催缴通知书、查询银行账户、责成提供欠费担保、下发征收决定书等执法措施，并积极协调法院等有关部门合力开展欠费清缴，强制执行入库一企业(拓普森电池有限公司)社保费欠费152.8万元，强制执行入库社保费欠费152.8万元，为全省地税系统首例通过司法途径清理欠缴社保费。

【工作创新】 一是创新专业化管理工作机制。确立3+5岗责体系，建立分级统一调度、岗位分工协作的团队管理新机制。通过持续改进，实现征管循环外的任务推送、涉税事项跟踪管理等工作的流畅运转。在实践中不断探索，逐渐形成“环节牵头人负责制和工作项目责任人负责制”，进一步强化团队管理分工协作，解决一岗多人责任问题，大大提高工作效能。二是创立个体税收社会化管理新模式。设立两处个体税收代征点，实现除税款核定、行政执法以外的税收业务全代理。三是强化信息管税实现两税管理科学化。通过核查契税缴纳情况，倒查房产土地交易线索；通过与征管系统基础信息比对，查找遗漏登记信息；通过对疑点企业实地核实，补充完善两税信息，督促纳税人补缴税款。全年共比对缴纳契税纳税人54户，信息交换85户次，年新增两税税源473万元；补缴两税130万元，加收滞纳金7.1万元。

【队伍建设】 一是以“包容、协作、奉献、进取”文化理念为引领，强化团队合力。二是把找问题、改作风贯穿始终，扎实推动党的群众路线教育实践活动开展。三是通过工作点评和结果利用引导争先进位，营造积极向上的工作氛围，优化绩效管理。四是完善内部制度，强化效能建设，整合完善内部管理制度。五是加强思想引导，凝聚合力。针对规范津补贴后队伍管理出现的新情况、新问题，剖析问题根源，提出应对措施。坚持正面引导与地税文化和团队精神建设相结合，使个人的价值实现与税收事业发展目标紧密结合。2014年，获市直机关“服务民营经济发展共产党员示范窗口”荣誉称号。完成8.3亿元招商线索，位列蚌埠市地税系统第一名。

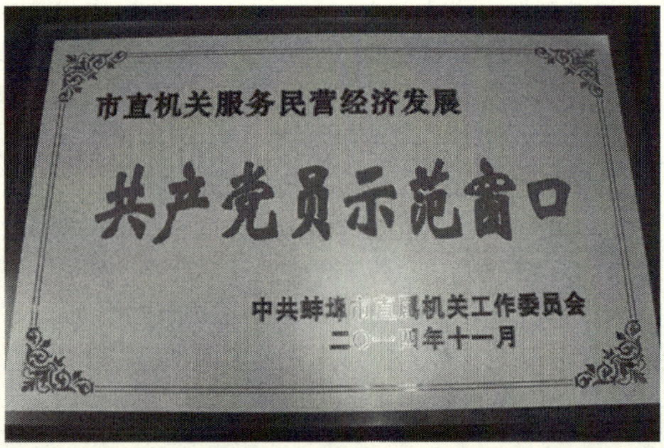

【党风廉政】 开展吃喝风、“红包”风及以“为税不廉和为政不为”等专项整治活动；坚持“四个责任落实”积极贯彻落实《蚌埠市地税系统履行党风廉政建设“一岗双责”暂行办法》。根据人员、岗责和环境变化，完善廉政风险防控体系，修订职权目录104条，权力运行图65幅，风险点243个，并根据实际操作情况向蚌埠市地税局提出建议19条。

【文明创建】 加强文明创建，树立地税形象。以此作为内强素质外树形象的重要抓手，寓于队伍建设之中。对内大力开展地税文化建设，把个人的价值实现与税收事业发展目标紧密结合。对外积极开展公益、志愿者活动，不断扩大蚌埠地税的社会影响力。2014年，在省级文明单位大展台发布信息187篇，在市文明创建管理系统投稿120篇，居系统和地区前列。

2015 地税

【概况】 2015年，税源管理五局围绕中心工作，发挥税收职能，提升征管质效，强化队伍建设，扎实开展主题学习讨论和“三严三实”专题教育活动，出色完成各项工作任务。2015年组织地方税入库6.39亿元，增长30.9%。超额完成禹会区政府下达的目标任务。

2015年前100名纳税大户

表7　　单位:元

序号	纳税人名称	小计
1	蚌埠荣盛伟业房地产开发有限公司	46183538.19
2	蚌埠禹会建设投资有限责任公司	43849568.47
3	中粮生物化学(安徽)股份有限公司	37682513.27
4	蚌埠汉阳造置业有限公司	37595352.37
5	中国建材国际工程集团有限公司蚌埠分公司	23992292.30
6	安徽华光光电材料科技集团有限公司	17468953.98
7	蚌埠玻璃工业设计研究院	17093186.14
8	蚌埠城建投资发展有限公司	16543862.78
9	蚌埠信地置业有限公司	15549263.46
10	蚌埠柏庄领地置业有限公司	15478046.04
11	安徽八一化工股份有限公司	15107401.02
12	蚌埠柏庄置业有限公司	12813314.98
13	蚌埠荣盛嘉业房地产开发有限公司	9492207.45
14	安徽兴光置业有限责任公司	9262957.80
15	蚌埠中环水务有限公司供水工程分公司	9033521.05
16	蚌埠市三星置业有限公司	8642268.48
17	安徽丰原集团有限公司	7703458.67
18	蚌埠市城市投资控股有限公司	7601738.21
19	蚌埠丰原涂山制药有限公司	6400978.62
20	蚌埠海亮房地产有限公司	6140087.73
21	安徽六建建设集团有限公司	5983980.84
22	安徽广坤置业有限公司	5414408.22
23	华天建设集团有限公司	5115858.18
24	蚌埠能源集团有限公司	5059077.20
25	蚌埠中环水务有限公司	4919413.77
26	蚌埠金域房地产开发有限公司	4651446.99
27	江苏天宇建设集团有限公司	4423300.00
28	蚌埠市兴亚建筑安装工程有限责任公司	4125580.56
29	中铁四局集团建筑工程有限公司	4098133.77
30	陕西航天建筑工程有限公司	4065837.98
31	安徽天润化学工业股份有限公司	3882409.43
32	蚌埠永曜富泰地产有限公司	3857848.05
33	安徽省蚌埠市双珠房地产开发有限公司	3840816.03
34	蚌埠冠宜置业有限公司	3816520.29
35	汕头市南华建筑有限公司	3745673.02
36	禹会区个体税收征管综合服务中心	3736974.07
37	安徽中粮生化燃料酒精有限公司	3663626.61
38	泰康人寿保险股份有限公司蚌埠中心支公司	3635333.74
39	安徽新源热电有限公司	3610919.64
40	建华建材(蚌埠)有限公司	3194768.33
41	蚌埠市禹会区财政局	3184781.25
42	蚌埠欧尚超市有限公司	3,133,900.49
43	中国五冶集团有限公司	3088030.48
44	合肥建工集团有限公司	3087987.03
45	蚌埠市华金技术开发有限责任公司	3064097.57

续表 7

序号	纳税人名称	小计
46	中建八局第三建设有限公司	3006817.14
47	安徽水利开发股份有限公司	2674483.75
48	安徽禹兴投资发展有限公司	2508195.46
49	安徽达禹置业有限公司	2464367.28
50	安徽冠宜箱包有限公司	2437204.98
51	安徽丰原大药房连锁有限公司	2390862.42
52	浙江省建工集团有限责任公司	2355135.63
53	江苏鼎鑫建设工程有限公司安徽分公司	2249405.42
54	蚌埠市建筑工程质量检测中心	2059210.09
55	安徽中粮生化格拉特乳酸有限公司	2045334.69
56	太平财产保险有限公司蚌埠中心支公司	1990534.45
57	禹会区个体税收征管综合服务中心长青点	1981646.60
58	蚌埠市新黄山玻璃制品有限公司	1939979.38
59	蚌埠东润置业有限公司	1653650.22
60	蚌埠市阳光电力维修工程有限责任公司	1607191.61
61	安徽省路港工程有限责任公司	1580211.47
62	蚌埠百大置业有限责任公司	1551923.08
63	安徽禾泉农庄假日酒店管理有限公司	1416319.46
64	安徽佳先功能助剂股份有限公司	1391618.90
65	安徽水利(蚌埠)和顺地产有限公司	1339768.80
66	安徽丰原化工装备有限公司	1330464.22
67	松阳县天立建筑劳务开发有限公司	1313725.23
68	蚌埠市三建建筑安装工程有限公司	1213727.62
69	安徽阳光水务有限责任公司	1203449.29
70	怀远县涂山风景区投资发展有限公司	1171312.50
71	安徽强盛船务有限公司	1168411.68
72	北京安联置业发展有限公司	1135278.53
73	安徽中旭建设工程有限公司	1128614.93
74	蚌埠市新诚建筑安装工程有限公司	1127610.38
75	蚌埠市众鑫金属材料有限责任公司	1100559.82
76	中建七局第二建筑有限公司	1092802.00
77	蚌埠江淮车轮有限公司	1092751.07
78	江苏美尚生态景观股份有限公司	1092387.25
79	中城建第六工程局集团有限公司	1071854.33
80	安徽五建建设工程集团禹会有限公司	1059389.36
81	蚌埠市东方金河毛纺有限公司	1037913.14
82	福建省长鸿建筑工程有限公司	1034801.00
83	安徽省安银金融机具设备有限公司	1030104.20
84	蚌埠禹会建设投资有限责任公司	1015237.50
85	蚌埠汇能小微企业创业中心有限公司	1011606.93
86	蚌埠市第一污水处理厂	1008807.17
87	蚌埠市方阵商品混凝土有限公司	955717.46
88	中国核工业中原建设有限公司	942612.08
89	安徽省蚌埠市久久劳动服务有限公司	931507.50
90	江苏江安集团有限公司	911278.04
91	华安财产保险股份有限公司蚌埠中心支公司	900789.47
92	安徽水安建设集团股份有限公司	897998.03
93	安徽元鼎建设工程有限责任公司	892556.57
94	蚌埠市金河建筑安装工程有限责任公司	856597.89
95	蚌埠市天一包装制品有限责任公司	799393.95
96	安徽省瑞丰建筑劳务有限公司	789467.73
97	新兴铸管(蚌埠)建筑工程有限公司	761733.60
98	蚌埠高科能源装备有限公司	757867.87
99	蚌埠市朝阳置业有限责任公司	756518.78
100	安徽首泰东方资产管理有限公司	753360.74
合计		540027303.24

【税源管理】 一是强化税源监控。定期开展税源调查,把握收入动态和收入结构,全年预测偏差率5%以下。二是突出重点税源管理。重点加强制造业及土地使用税管理,重点税源入库占比达80%以上。三是强化房、土两税管理。加强与第三方信息比对,对国际汽车城26户纳税人开展土地使用税清算,8户企业补税20万元。三是强化欠税清理。坚持欠税清理常态化管理,将税收不良记录认定作为重要抓手,全年清理机内陈欠716万元、新欠114万元。

【纳税服务】 一是开展特色服务。举办高新技术企业专场培训会,开展小微企业培训专场咨询,打造系统服务品牌。二是全面落实税收优惠。全年小微企业税收减免698万元,减免其他地方税3321万元。三是全力支持企业上市。通过"四个服务"(定制服务、办税服务、预警服务、优惠服务),帮助昊方机电、环球药业等新三板企业实现上市。

【征管基础】 一是提升绩效五率指标质量。税务登记信息完整率和准确率达99%以上;未按期申报催报率98%;重点户财务报表报送率100%;网上申报推行率达到99%。二是提升征管数据质量。通过风控推送、自行比对等方式开展数据质量核实整改，清理整改错误信息4000余条。三是规范非正常户管理。加强实地核实，规范认定非正常户83户，对恢复正常的37户按规定进行处罚。四是比对水利基金缴费情况。全年23户补缴42.9万元。

【征管质效】 一是营业税专项清理活动成效显著。清理入库营业税等地方各税800万元。二是两处以上所得个人所得税比对核实取得佳绩。31人自行申报补缴个人所得税25.5万元。三是税收优惠备案事项后续管理得到加强。对2户纳税人进行减免资格中止，对7户减免税数据进行核实调整，减少税收损失近90万元。

【依法行政】 一是规范税务行政处罚行为。全年下达限改文书447户次，下达限缴文书1896户次，行政处罚72户次，罚款1.96万元。二是执法过错认定总量和过错率保持较低水平。位居全市前列。三是坚持集体审议制度。定期对涉税审批备案、定额核定、资格认定、税收执法等重要事项实行集体审议。

【金三软件上线】 一是抓好基础准备。规范准确做好信息采集、岗责配置，持续开展数据清洗等工作，清洗各类数据13000余条。二是强化宣传培训。对内组织全员培训；对外抓好纳税人培训，组织1300多人次参加金三网上申报及个税软件培训。三是加强演练测试。围绕双轨试运行全面测试、验证、演练，及时反馈存在问题。

【工作创新】 创新税收优惠后续管理方式，制定《税收优惠后续管理工作规程》，选取最常用的30余个备案项目制作《常用减免税备案事项后续管理方式清单》。改变以往“重实地核查”方式，引入第三方信息比对，简化流程。通过对优惠事项重点和一般项目的分类，明确部门职责分工，加强后续监督管理。

【队伍建设】 开展“讲规矩守纪律主题学习讨论”和“三严三实”专题教育活动。一是注重读原著学原文和悟原理。将专题教育融入到经常性学习教育中。组织学习22次，专题讨论5次，全员撰写心得体会35篇。二是注重问题查摆和立行立改。领导班子及个人均建立问题清单和整改台账，明确整改时间表、路线图和责任人，实行盘点销号。三是注重亲身实践和工作特色。与“三结三联三服务”单位钓鱼台社区共同组织党员到小岗村实地学习，弘扬沈浩精神。在分局内网开设“主题学习讨论”活动专栏，为全员参与提供良好平台。四是注重组织生活会实效和成果转化。围绕践行“三严三实”中存在的突出问题，从思想源头和制度建设入手，重点解决干部思想问题，及时把会议成果转化为工作成效。

【党风廉政】 压实班子责任。强化领导班子在整体工作中的领导者、执行者和推动者作用，负起全面领导责任。压实“一把手”责任。强化第一责任人意识，做到亲自抓、主动抓、严格抓，扛起主体责任。压实分管责任。扮演好实施者和监督者两个角色，既主动领导，推进具体工作，又督查纠偏，查处工作不力和违反规定行为。压实分工责任。坚持集体领导下的个人分工负责制，强化分级管理和逐级负责工作机制。强化责任追究。全年共对2起违反纪律行为进行问责。

【文明创建】 一是以群众喜闻乐见的方式，做好、做实、做优道德讲堂。二是落实创城工作各项举措，开展文明交通岗执勤，志愿者服务等日常工作，省级文明单位大展台和市文明单位动态管理系统工作进度以及接受文明办派遣第三方检查始终位于系统内和所属区域较好位次。三是荣获安徽省第十届文明单位和安徽省“巾帼文明岗”荣誉称号，成为安徽省地税系统序列中唯一一家跨系统以城市序列申报成功的单位。

城区建设与管理

- 蚌埠禹会建设投资有限责任公司
- 住房和城市建设
- 城市管理行政执法
- 市容环境卫生管理

蚌埠禹会建设投资有限责任公司

【概况】 蚌埠禹会建设投资有限责任公司（简称建投公司）成立于2009年2月，由蚌埠市禹会区人民政府出资设立的国有独资公司，直属蚌埠市禹会区政府领导，具有合法的承贷主体资格，注册资本人民币1亿元。企业职能为区政府项目投融资平台，企业主营范围为棚户区、旧住宅区、改制企业土地的收储整理，和安置房、道路、景观等基础设施建设。2014年至今先后获得区先进单位、优秀部门、纳税大户、特别贡献奖，市先进单位。

【安置房建设概况】 2014年建投公司承担建设滨河西片区一号地块（秀水新村一村）、十一号地块（秀水新村二村）、十二号地块、吴湾路、秦集农民安置小区一期安置房项目的建设工作，累计开工面积78.18万平方米，安置房7134套，廉租房483套，当年完成安置房还原893户，廉租房配租233户。

2015年建投公司在建项目面积约106.68万平方米，9683套（含廉租房483套）。其中新开工纺织厂南宿舍项目、秦集老贯徐农民安置小区三期项目共计总建筑面积约28.5万平方米，2066套安置房，且当年竣工交付安置房25.5万平方米，2537套（含廉租房287户）。

【项目融资概况】 2014年建投公司以棚户区改造项目为载体，与国开行达成意向融资35.19亿元，已与国开行签约贷款7.22亿元；以秦集镇老贯徐、陈郢安置房和宗洼村旧村整治建设项目为载体，与国开行签约贷款8.92亿元。通过其他金融机构融资5.09亿元。

2015年建投公司使用国开行贷款10.4亿元，累计用款13.2亿元，其中：工程用款7.2亿元、征迁用款6亿元。通过与其他金融机构合作融资贷款10.1亿元，并争取棚改项目配套基础设施中央补助资金4400万元。

【资产规模概况】 2014年建投公司资产规模达13.15亿元，同比增长45.3%。

2015年，建投公司注册资本增资至1亿元；总资产规模达25.89亿元，较上年增加12.71亿元，同比增长50.7%；资产负债率35.5%，较上年下降了11%。

2014 住房和城市建设

【概况】 2014年，禹会区住房和城市建设工作在区委、区政府正确领导下，在市直部门的大力指导下，根据年度确定各项目标任务，区住房和城市建设管理部门精心组织、层层分解、明确责任、狠抓落实，经过全区上下的共同努力，攻坚克难，扎实推进，圆满完成全年目标任务。

【目标任务完成情况】 2014年，市级下达禹会区全年目标任务：大建设完成投资16.4亿元，完成征收55万平方米，新开工安置房40万平方米，竣工25万平方米，完成回迁2500户。年底完成投资30.2亿元，完成目标任务122%，完成征迁66.4万平方米，完成目标任务120.8%，完成安置房开工面积56.3万平方米，完成目标任务140.7%，完成安置房竣工面积29.6万平方米，完成目标任务118.4%，完成安置房回迁2750户，完成目标任务110%。

【大建设征迁】 2014年，全区围绕全年大建设及棚改各项目标任务，集中人力、物力重点进行集中连片棚户区改造。计划动迁的18个棚户区（城中村）改造项目中，除化工企业周边棚户区及马城棚户区外，其余11个棚户区项目完成征迁。其中滨河西片区13、14、18#地块棚户区，占地170亩，涉及征迁706户、7万平方米，2014年5月份动迁，滨河西片区北片区12~19#共8个地块约600亩、4000户全部完成拆迁。滨河西片区南片3#地块及周边棚户区占地125亩，涉及征迁约1200户、7万平方米，8月份完成征迁、交付净地，滨河西片区南片仅剩6#地块。柴油机A区671户、4.5万平方米，完成征迁交付净地；B区完成摸底调查。老贯徐城中村近几年在西出口环境整治、东海大道环境整治、美好乡村建设等项目带动下，基本完成整村拆迁，其中2014年完成征迁10万平方米。

【市政设施养护】 结合“三线三边整治”和“文明创建”工作，加强城市道路基础设施建设改造力度，投入资金400万元，对辖区36个样本点小区基础设施、123条主次道路、13条背街小巷进行维修改造。组织实施友谊北路等4处出水口整治改造，共清理明沟千米、疏通下水近万米、清运垃圾50余吨。协助市重点工程局完成纬四路南段、长乐路、兴中路等4条“断头路”打通工作。对东海大道、G206等4条国省道沿线房屋和冷水村等2个美好乡村近万户房屋进行刷白。

【农村公路养护】 农村公路加强管养，对重点路段进行全面养护和定期巡查，全年共组织开展安全隐患检查8次，排除隐患18处，整修面积达26000平方米，设置安保设施167根（牌），投入费用近50万元；组织治超工作3次，共拆除5处违法建筑、非交通标志7处，散发路政法规宣传单1500余份，治理超载车辆5台次。

【园林绿化】 根据《蚌埠市城镇园林绿化提升行动实施方案》的要求，结合老旧小区整治改造，对涂山风景区、秀水新村等9处绿化进行提升，完成新增绿地面积10.8万平方米，占任务总量的104%；提升改造面积20万平方米，占任务总量的100%；新增3个街头游园；建成一条4.5公里张公山景区绿道；打造一条9公里东海大道绿化精品示范工程。

【住房保障】 2014年市政府下达禹会区的住房保障工作任务：完成廉租房开工345套，基本建成329套，竣工300套，配租96套。全年共完成廉租房开工345套，基本建成458套，竣工345套，配租137套，完成租金补贴1603户，全部圆满完成上级下达的目标任务。截至2014年年底以廉租住房租金补贴方式保障的户数计1603户，全年共发放租金补贴499.99万元，实现辖区低收入住房困难家庭应保尽保。

【安置房项目】 推动安置房建设工作，开工是基础，建设是保障，回迁是根本。2014年实施的14个安置房建设项目中，有开工任务的项目为11个，其中3个新项目实现大面积开工，开工面积约46万平方米，分别是：滨河西片区12#地块一期开工2.77万平方米、二期开工12万平方米；吴湾路棚户区一期开工18.3万平方米；老贯徐二期开工13万平方米。年底还将开工陈郢安置房一期17万平方米、老贯徐安置房二期14万平方米。

【建筑工程监管】 做好辖区工程质量和安全生产监督管理工作，监督检查辖区工业和区管6层以下房屋建筑等项目工程的施工安全与质量管理，全年共监督在建工程8项，建筑总面积60096平方米，工程总造价5604.73万元。办理辖区建设工程质量安全手续8件，发放施工许可证8件。安全生产形势平稳发展，施工现场安全生产合格率100%，未发生重大伤亡、机械、火灾、环境、中毒等事故，完成年度安全生产管理责任目标。

【农民建房审批】 2014年度，共组织六个批次568户农村建房审批，共涉及1乡1镇1个风景区共38个行政村。其中长青乡52户，马城镇437户，涂山风景区79户。在7月、12月牵头组织监察、规划和乡镇实施农民建房审批“回头看”督查，共抽查批准建房户120户，对发现违反审批内容建房的13户下达整改通知。

2015 住房和城市建设

【概况】 2015年，全区住房和城市建设工作在区委、区政府领导下，在市直部门的大力指导下，根据年初确定各项目标任务，精心组织、层层分解、明确责任、狠抓落实，经过全区上下的共同努力，攻坚克难，扎实推进，圆满完成全年目标任务。

【目标任务完成情况】 2015年，市级下达禹会区全年目标任务：大建设完成投资24.78亿元，完成征收55万平方米，新开工安置房30万平方米，竣工20万平方米，完成回迁2500户。年底完成征迁59.5万平方米，完成目标任务108%，完成安置房开工面积79.7万平方米，完成目标任务265.7%，完成安置房竣工面

积52.5万平方米，完成目标任务262.5%，完成安置房回迁3434户，完成目标任务137.36%，完成投资30.2亿元，完成目标任务122%。

【征迁实施】 组织领导是全区征迁工作取得成绩的前提和保障。禹会区所开创的“区委、区政府全面统筹，主要负责同志统揽，各班子分头负责的工作体制”受到市委、市政府主要负责同志的高度赞扬，并在全市推广，在工作中严格落实“四个一”（即：一个项目，一名县级领导，一套班子，一个方案）。强化工作调度，坚持“每周一通报、每半月一调度、每月一讲评”的工作调度机制，及时收集、研究出现的问题、难题。建立项目承包责任制，将工作任务详细分解到每一个项目、每一个项目责任主体，并明确任务数量和工作进度，确保按序时进度计划推进。在征迁项目工作部署上，制定征迁项目详细周密的工作方案，倒排工期，先易后难，挂图作战，把征迁任务量化到每一天，细化到每一户，征迁组每天向项目负责人报告工作进度，项目负责人加强与领衔领导的沟通衔接，对工作中存在的问题和阻力，吃不准、理不清的难题及时提交指挥部研究决定，确保征迁工作效率，加快征迁推进进度。

【市政设施养护】 本年，继续加强城市道路基础设施建设改造力度，更好地促进创建文明城市活动的开展。坚持对辖区12条区管道路日常巡查，疏通清理下水道12公里，清理明沟及出水口400米，更换窨井38座，雨水进水井26座，

铺设下水道管道798米，完成封闭小街小巷7089平方米路面。完成老旧生活小区环境整治封闭路面3.8万平方米，载侧石12000米，更换窨井盖座719套（只），更换下水道291米。在汛期来临前，区住建委组织人员每月1次对辖区内市政基础设施进行检查，对发现缺少窨井盖座和排水管网不畅问题，及时发现并处理，确保区管道路无坑洞，排水管网畅通，窨井盖无丢失，设施完好率达95%以上。

【园林绿化】 根据《蚌埠市城镇园林绿化提升行动实施方案》的要求，结合文明城市创建和老旧小区整治改造，全区完成新增绿地面积23.129万平方米，占任务总量的106%；提升改造面积为20万平方米，占任务总量的100%；新增绿地游园2个，占任务总量的100%；绿道建设完成3.2公里，占任务总量的100%。先后完成东海七村、大庆二村等31个老旧小区绿化改造工作，并指导各社区对余下约80个老旧小区开展绿化移植工作，认真做好区管道路绿化的灭虫、浇水等养护工作，提高了辖区植树成活率和绿化保存率。

【住房保障】 2015年市政府下达禹会区的住房保障工作任务是：完成实物配租803套，新增租赁补贴105户。本区实际完成市第五批保障性住房798户配租任务，同时区第三批次287套公共租赁住房和第四批次726套（含市本级下划的210套）公共租赁住房的实物配租工作也全面完成，冠宜国际箱包制造基地配建公租房项目完成2#、3#公租房分配230套。2015年新增廉租住房租金补贴保障户106户，截至2015年年底以廉租住房租金补贴方式保障的户数计705户，全年共发放租金补贴268万元，实现了辖区低收入住房困难家庭应保尽保。

【建筑工程监管】 做好辖区工程质量和安全生产监督管理工作，监督检查辖区工业和区管6层以下房屋建筑等项目工程的施工安全与质量管理，全年共监督在建工程6项，面积32244平方米，办理辖区建设工程质量安全手续6件，发放施工许可证6件。开展工地日常巡查30余次，针对检查中发现的质量安全隐患，共下发建筑工程质量安全停工通知书4份，整改通知书6份，要求有关企业认真整改，确保建设工程的质量和安全。配合市直部门做好辖区建筑工地围挡的设置，督促各开发企业按照要求保质保量完成公益广告布置。按照大气污染防治要求，加强辖区施工工地和商砼搅拌站的现场巡查，督促各责任单位落实大气污染防治措施。全年实现建设工程质量全达标，安全生产“死亡事故零指标”的基本目标。

【房屋管理】 2015年度区住建委负责华美家园、康乐大院、涂园新村、秀水一村、喜迎门等5处共计1341户公租房的日常管理，全年累计收缴租金138.1万元，公租房租金收

入实行“收支两条线管理”，建立健全各类租金收缴清册、台账，建立健全严格的租金收缴销对账制度，租金收缴做到日清月结。严格按照《蚌埠市廉租住房入住管理办法》不定期的对配租公租房承租户的租赁使用情况进行走访、核查，对承租人的家庭人口、住房面积、是否享受低保等变动情况一一认真核实，及时掌握入住户的实情，预防和制止公租房转租、转借及空租现象的发生。

2014 城市管理行政执法

【概况】 2014年，城市管理以推进环卫作业机械化、市场化、户外广告整治，规范商贩正确经营为突破口，解决群众关心的重点、难点问题，推进全区的城市管理工作。

【市容秩序整治】 按照“属地管理、条块结合、以块为主”的原则，积极配合社区（乡镇）突击整治市容管理工作中的重点、难点问题，重点开展规范经营门店、取缔流动摊贩和烧烤排档、骑路市场占道等市容整治行动。全年共出动人员21552人次、车辆4780台次，组织市容专项集中整治962次，发放宣传材料22056份，清理违章占道9717处，清理乱堆乱放7659处，清理乱挂横幅1247条，清理无证流动摊点7616个，暂扣违章经营物品752件，规范非机动车占道停放8988起，清理非法广告宣传6887张，整治无证无照小餐饮62户。迎接各方面检查318次。对金域名城小区南门、张公山北门等重点区域，采取行政执法局牵头，多次组织区公安分局、区市场监督管理局，配合金域社区进行集中整治。在开展整治行动的同时，还积极引导烧烤摊点集中经营、入室经营、规范经营，要求经营户使用环保烧烤设备，减少油烟的排放，坚决杜绝露天烧烤占道经营现象。

【打击非法采砂】 年内先后5次配合马城镇开展打击非法采砂集中整治行动，共计出动执法人员400余人次，共清理2处码头，清运砂石30余万方，驱离外地采砂船只50余艘，依法拆毁非法采砂船只150余艘。

【防违控违】 制定《禹会区城区防控违工作奖惩考评实施办法》，明确各社区的工作职责，落实各项风险考核机制，全面提升城区的防控违工作实效，以实现城区违法建设“零增长”、“新违建必拆”的目标。同时调整工作重心，整合执法力量，严格履行职责、不折不扣地拆除辖区内的各类违法建设。防控违执法中队共巡查防控新生违法建设1783处，有效的遏制突击建房，乱搭乱建等违法建房行为。在防控违中队巡防控制、上报违建信息的基础上，安排专人将各乡镇每日的违建拆除情况以信息的形式编发至相关区领导，实现巡防发现与违建拆除无缝对接。年内共组织强拆行动49次，出动执法队员1100余人（次）、车辆330余台（次），拆除违法建设401处，拆除总面积达14万平方米。

【物业管理】 制定《禹会区物业管理暂行办法》。《办法》的制定实施，更好的规范全区物业服务企业行为，提升物业服务水平，维护广大业主的合法权益，促进禹会区物业服务市场的健康发展。

【三线三边整治】 严格按照区委、区政府工作部署要求，对照《市“三线三边”集中整治任务书》督查督办的问题，本着“负责任、高效率、创一流”的精神，针对辖区铁路专用线、河湖沿岸、主干道路等重点区域开展“三线三边”环境整治，清理死角垃圾，美化城市环境，共计拆除东海大道、中粮大道等城市主干道两侧的店招店牌285处，道旗广告500余处。在全市率先完成高速公路两侧的27处高立柱广告拆除工作。在全市“三线三边”六月份考核情况通报中，禹会区河湖沿线、景区周边整治得分位居全市第一名。

2015 城市管理行政执法

【概况】 2015年，围绕创建全国文明城市工作的总体目标和文明创建城市管理动态化考评工作，认真履行城市管理行政执法职能，着力创新机制，改进工作方法，提高工作效能，破解工作难题，积极探索城市管理网格化管理模式，努力提高城市管理水平，为禹会区经济社会实现又好又快发展做出应有的贡献。

【市容秩序整治】 按照"属地管理、条块结合、以块为主"的原则，重点集中清理整治一批市容环境中的重点、难点、热点问题，尤其是对百姓多次投诉的金域名城南门沿街占道、前进路旧货市场占道、长乐路白马农贸市场周边市容脏乱、兴中路市容秩序差等问题进行集中整治，取得初步成效。特别是对兴中路为期近30天的专项集中整治行动，使道路两侧经营门点达到齐门售货标准，违法搭建全部被拆除，流动摊点基本取缔。金厦花园农贸市场外车辆乱停放现象显著改观，店招店牌统一规范设置，道路保持畅通有序，受到辖区群众的高度好评。全年累计出动执法队员2.1万人次，执法车辆4100余台次，清理违章占道、乱堆乱放9700余处，清理无证流动摊点1100余个，规范非机动车占道停放6800余起，辖区市容环境面貌明显改观。

【祭祀管理】 为保证清明节、中元节期间市区道路顺畅和环境质量，开展不文明祭祀行为集中整治活动，倡导市民进行文明祭祀。不文明祭祀行为集中整治行动从源头上抓起，在全区范围内开展整治违规贩卖烧纸、冥币、元宝等祭祀用品，年内共计出动执法人员600余人次，执法车辆120余台次，暂扣各类烧纸230余捆，冥币、元宝70余捆，教育人员3000余人次，确保重点街路市容环境秩序的有序可控。对贩卖祭祀用品及明火祭祀地点，实行"定点、定段、定员"值守，并加强执法车辆的夜间巡查，对全区实施动态拉网式管控。落实巡查监管责任制。与区民政局、区市场监督管理局联合，对封建迷信陋习当场劝阻、制止，向当事人宣讲烧纸弊端，倡导文明祭祀。

【户外广告管理】 以"规范、美观、安全、提质"为整治目标，坚持"整治一条路、规范一条路、巩固一条路，"的工作原则，把店牌店招专项整治与开展示范路创建工作紧密结合起来，年内先后对涂山路、胜利路、朝阳路道路两侧老旧、残损等影响市容市貌、有碍观瞻的店招店牌进行清理、拆除、更换。共计拆除店招店牌879块，面积4000平方米，新更换店招店牌672块，面积3000平方米，进一步美化亮化了城区市容市貌。

【控违拆违工作】 按照"发现在早、处置在小"的原则，建立实施信息反馈机制和限时督办制度，对群众举报、热线转交、领导交办的各类违法建设，及时反馈属地责任单位，限时予以处置。共组织依法拆迁行动81次，及时查处并拆除各类违法建筑134处、违建面积4.5万平方米，有力地打击各类新生违建行为，取得良好成效。在进行拆除违法建筑时，严格按照法定程序，按要求送达文书、通知到位、告知当事人相关权利，做好当事人的思想工作，准确评估风险，防范暴力抗法；拆除过程注重录像等存证工作，确保安全拆除。全过程做到有理有据、依法拆除，不给清理整治违法建设留下后遗症。

2014 市容环境卫生管理

【环境卫生】 坚持每天早上4点到7点，对全区11条重点路段进行机械化保洁作业，以前的作业是"扫马路"，现在机械化作业被誉为"洗马路"。这是本年实现环卫作业方式根本性改变。加大对全区薄弱环节和重点区域的清扫保洁力度，按照"清扫无缝隙，保洁全覆盖"的要求，加强对全区环境卫生薄弱环节的整治。全年共突击卫生死角65次，出动人员700人次，共清理垃圾900余吨。

2015 市容环境卫生管理

【环境卫生】 本年8月，禹会区生活垃圾转运中心建成并投入运行，该中心位于东海大道与涂山路交叉处，占地13.34亩，总投资3000万元，日处理能力500吨。按照密闭、环保、高效的垃圾收运标准体系进行设计，采用水平压缩工艺，配置9辆15吨密闭自卸车式垃圾运输车，有效降低运输成本，避免运输过程中二次污染，有效提高建成区内生活垃圾转运能力，而且辐射范围可到涂山风景区、马城等，为城乡环卫一体化工作奠定了基础。积极实施城乡环卫一体化，使农村居民生活垃圾得到集中收集、转运。环卫服务公司与涂山风景区签订农村清扫保洁和垃圾收集协议，环卫所共安排20名清扫保洁人员，购置20辆人力三轮车用于村庄垃圾收集，农民生活环境得到改善。

城区规划 环境保护

● 城区规划

● 环境保护

2014 城区规划

【概况】 2014年，禹会区规划分局着眼城市大建设、大发展，围绕改善城市结构、完善城市功能、提升城市品位，立足当前、放眼未来，高起点规划，高标准建设、高效优质服务，通过分局全体人员共同努力，全面完成2014年各项工作任务。

【履行工作职责 完善规划管理】 2014年，禹会区规划分局认真按照工作职责及目标责任书，开展工作，高质量、严标准地完成各项工作目标任务。共核发项目选址意见及选址意见书28份；核发规划设计要点及规划设计条件27份；核发建设用地规划许可证19份；审核修建性详细规划（总平面）26份；审查30个项目的建筑方案；核发建设工程规划许可证35份；办理建设工程竣工验收手续12份；审批农民危房翻建350份；指导建设单位制作项目公示公告牌12个。

【落实城市发展计划 做好规划审批】 认真落实城市发展框架“363”计划，完善规划编制体系，研究禹会区旧城现状，推进棚户区改造及新区建设：1. 完成蚌埠花卉交易市场、安银金融机具、蚌埠新港二期、微小企业产业园等项目的规划许可工作，确保产业项目尽早开工、早日投产运营。2.完成滨河西片区1#、12#地块、吴湾路3-2#地块、2#地块、4#地块、6#地块、建设里、新船塘等棚改项目的规划条件、规划方案审批及规划许可工作。3. 完成G206国道（马城段）、大庆西路（马城段）、安徽省淮河干流一般堤防加固工程（蚌埠市境内）等项目选址工作。4.完成马城公交枢纽站、新船塘公交首末站、六公里公交首末站及北师大附属蚌埠学校、马城镇张湾小学等项目的规划审批等工作。5.参与、协助《蚌埠市城市总体规划（2012—2030年）》、综合交通规划、专项规划、控规通则等规划编制工作的编制工作，协助完成马城镇总体规划、马城新区控制性详细规划编制工作，积极与规划编制单位对接并协助完成滨河西片区、张公山地区、席家沟以西地区、大禹文化园控制性详细规划修编工作，参与、协助天河周边、涂山及黑虎山地区规划编制工作、禹墟遗址公园规划研究及西部4个化工厂及其周边地区城市更新规划研究工作，指导、协助做好村庄建设规划编制。6.积极开展规划师进社区活动。

2015 城区规划

【概况】 2015年，充分利用涂山、黑虎山、天河、蚌埠闸景区及大禹文化、淮河文化、花鼓灯文化等山水文化资源，围绕打造山水文化旅游禹会城区做好规划服务，促进禹会区文化旅游产业的发展及产业转型；有序推进新区建设，做好马城新区污水处理厂、给水厂、变电所及道路等基础设施规划，促进基础设施项目尽快开工建设，提升基础设施承载力。

【履行工作职责 完善规划管理】 2015年，禹会区规划分局认真按照工作职责及目标责任书，开展工作，共核发项目选址意见及选址意见书28份；核发规划设计意见及规划设计条件17份；核发建设用地规划许可证16份，用地面积1550247.87平方米；审核修建性详细规划及项目总平、单体方案规划调整42份；核发规划设计方案审查意见通知书29份；核发建设工程规划许可证31份，建筑面积930378平方米；办理建设工程竣工验收手续12份，竣工建筑面积646299平方米。

【落实城市发展计划 做好规划审批】 认真落实城市发展框架“363”计划，完善规划编制体系，研究禹会区旧城现状，积极推进棚户区改造工作及新区建设工作。完成重点工作：1.服务基础设施建设，为城市大建设、大发展提供基础保障：完成红旗一路西段、马城自来水厂、马城污水处理厂、供水管线抢修中心等项目选址工作。2.服务产业经济，促进产业强市：分别完成三一机械、徽泰新能源、蚌埠新港二期、微小企业产业园、方圆机电、冠宜箱包二期、高科能源等项目的规划审批工作，确保产业项目尽早开工、早日投产运营。3.做好公共服务配套设施规划工作，提高公共服务水平：完成禹会区全民健身中心，安徽财经大学三本学院，第一人民医院综合病房大楼等项目的选址工作，完成马城镇花郢、梅姚、塘底、白衣小学等项目的规划审批等工作。4.注重民生工程，加强规划服务：为秦集镇农民安置小区、吴湾路保障性住房建设、禹都新天地、马城新区、纺南、新东王、柴油机厂等安置房小区做好规划服务，促进项目尽快开工，积极做好辖区内农民个人住房规划审批工作，改善农民及困难职工居住条件和环境。5.加快推进旧城改造，提升城市形象，改善居住环境和条件：完成万象新天，柏庄跨界临淮苑等项目的建设用地规划许可证办理及修建性详规审查。6.完成锦绣香堤2#地块、观澜御湖世家2#地块、盛景花园、滨河西片区1#和11#地块、玻璃院自建住宅楼、天一包装制品厂房等项目竣工核实。

【规划编制】 参与、协助综合交通规划（轨道交通规划）、教育等专项规划、控规通则等规划编制工作，协助完成马城新区控制性详细规划编制工作，参与、协助天河周边、涂山及黑虎山地区规划编制工作、钓鱼台遗址公园规划研究及西部4个化工厂及其周边地区城市更新规划研究工作，指导、协助做好村庄建设规划编制。

2014 环境保护

【机构职责】 2008年成立禹会区环保分局，隶属市环保局。主要职责是宣传贯彻国家有关环保政策、法规，监测、统计，组织制定本辖区的环境规划，制定落实本辖区的城镇环境规划及生态建设工作；依法对本辖区排放污染物的单位和个体工商户征收排污费；负责对辖区内非重点排污企业污染物排放和污染治理设施运行情况的监督管理；负责辖区内三产服务业、建筑施工业的环境管理；负责处理辖区内群众来信来访，协调处理环境污染纠纷、生态破坏事件及环境污染事故处理，办理区级人大、政协环保方面的议案、提案等；负责对辖区内建设项目环境影响评价预审，建设项目“三同时”制度验收预审及执行情况的检查并提出处理建议；完成市环境保护局和区政府交办的其他工作。

【秸秆禁烧】 成立由区委书记任第一组长，区长任组长的禹会区秸秆禁烧工作领导小组；制定方案、考核办法、召开动员大会，建立区包乡镇、乡镇包村、村包农户三级责任制，先后出动宣传车辆400余次，发放《给农机手的一封信》3000份，村村张贴标语、悬挂横幅，发放《致农民群众的一封信》8万份。实现辖区内未发现一处火点，被蚌埠市秸秆禁烧领导小组评为无火点示范区。

【燃煤锅炉整治】 全区22家使用的27台生活燃煤锅炉纳入淘汰范围，在集中整治期间，首先采取集中暂停经营的方式强迫经营单位进行能源替换，并下达限期淘汰通知书，区环保分局组织定期召开调度会，即时掌握工作进度，不定期召开区分管领导、各职能部门和乡镇、社区责任单位负责人参加的协调会，年底全部完成生活燃煤锅炉整治目标。

【餐饮油烟治理】 经营餐饮行业油烟污染扰民，影响环境空气质量。区政府组织区环保分局、区市场监督管理局、各乡镇、社区开展油烟综合整治，向经营户发放《限期整改通知书》将油烟达标、要求及法规告知经营户。对18家大中型餐饮单位完成油烟净化设施安装。对群众反应强烈的金域名城小区南门饭店、张公山美食城周边，区环保分局组织区行政执法局、社区多次开展专项整治，引导烧烤摊点集中经营、入室经营、规范经营，减少污染。

【扬尘治理】 成立禹会区治尘工作领导小组，组织开展专项整治。先后组织执法人员对辖区域内30余家建筑工地、道路施工现场等施工单位和建设项目现场进行全覆盖、地毯式检查，特别就工地建筑材料管理、渣土清运、运渣车辆运行管理和冲洗加盖等防护工作开展逐项检查。确保所有施工单位要在开工前制定施工现场扬尘控制方案；落实施工现场实施封闭围挡、道路硬化、材料堆放遮盖、进出车辆冲洗、工程立面围护、建筑垃圾密闭清运等措施。

【违法企业治理】 区环保分局分别对金域蓝湾、观澜·御湖世家项目施工方安徽六建建设集团有限公司和华天集团蚌埠有限公司涉嫌违法夜间施工的行为按照法律程序施行处罚。对污染严重的“十五小”“新五小”，做到发现一家取缔一家。

【信访投诉处置】 全年区环保分局接到环境保护投诉200余件，办理率和办结率均为100%，并将办理情况及时向投诉人反馈，征求投诉人的理解。

【放射源安全检查】 年内，区环保分局共出动18人次，对辖区内2家企业单位(天一科技环保有限公司、市汇丰锅炉厂)、6家医疗机构(蚌埠新华医院、蚌埠禹会区人民医院、黄山医院、蚌埠创伤康复医院、蚌埠天洋中西医结合医院、马城镇中心医院)进行放射源安全检查，消除安全隐患。

【畜禽养殖污染防治】 对辖区内畜禽养殖场、养殖户环评执行情况、污染防治措施落实情况、畜禽废弃物综合利用和无害化处理措施以及相关机构和管理制度进行摸底调查。

【排污治理】 强化对污染物排放的监督管理，提高排污申报与核定的工作质量。全年，共对36家单位进行排污申报，对28家单位进行收费，其中企业14家、建筑工地12家，共计收费85.6万元。

【生态创建】 协调区政府各职能部门做好绿色社区、美好乡村、生态乡镇(村)等创建工作，争取国家、省、市各级环保专项资金。全区环保工作围绕美好乡村创建，协调各职能部门、科研单位，在农村污染治理技术选择等方面，积极为各乡镇、村提供技术指导。

2015 环境保护

【环保宣传】 区环保部门利用每年“6·5”世界环境日前后。开展形式多样的宣传活动，增强公众环保意识和法制观念。2015年，区环保分局先后组织大型宣传4次，参与市环保局宣传10余次，在9个社区发放共计100顶环保宣传帽、20副巡带、15个展板、100份低碳环保宣传单、30份环保法律法规宣传册、200份环保购物袋。引导广大人民群众树立环保观念，举报各种违反环保法规行为。

【秸秆禁烧】 制定《2015年禹会区秸秆禁烧和综合利用工作方案》，成立由区委书记任第一组长，区政府区长为组长，区委常委、区政府、区人大、区政协分管领导任副组长，有关部门负责人为成员的禹会区秸秆禁烧工作领导小组，负责组织领导全区秸秆禁烧工作。逐户宣传，签订禁烧承诺书、发放技术明白纸、综合利用协议书各3.5万份。发挥中小学生的作用，在全区开展以"禁烧秸秆，保护环境"为主题的"小手牵大手"宣传活动，发放《"小手拉大手"禁烧秸秆告家长书》2万余份。各村结合实际开展特色宣传，组织花鼓灯歌手将禁烧宣传编成花鼓灯歌，组织花鼓灯艺人进行传唱。成立禁烧宣传组、督查巡查组、应急灭火组、执法保障组。制定网格化管理。形成区包乡镇、乡镇包村、村组干部包户的三级包保体系。设立秸秆回收点，对秸秆回收加工形成生物质成型燃料，实现秸秆综合利用。拓宽综合利用渠道，综合治理。全年秸秆禁烧实现零火点，并获得全市"无火点禁烧区"荣誉称号。

【环保大检查】 2015年，禹会区环保分局认真贯彻新《环保法》《安徽省大气污染防治条例》《蚌埠市环境保护大检查工作方案》等文件，按照"全覆盖、零容忍、明责任、严执法、重实效"的总体要求，以"严厉打击环境违法行为，夯实环境保护工作基础，建立健全环境监管执法长效机制，防范重、特大环境污染事件发生，切实维护人民群众环境权益"为目标，深入贯彻落实环境保护大检查各项工作任务，成立环保大检查工作领导小组，印刷发放环保宣传册6000份、餐饮服务业及工业企业一封信1000份，出动执法人员502人次，检查企业119家次，开展饮用水源保护区检查16次，发现环境违法行为17个，关停取缔8家，行政处罚2家，实施扣押1家，完成挂牌督办整改3家，处理信访投诉300余件。区大气办开展为期15天的春季大气污染防治专项执法行动。重点打击生活燃煤锅炉死灰复燃、餐饮业无净化设施等违法行为。对辖区内主次干道设有包间的所有餐饮服务经营单位拒不安装油烟净化装置的，联合社区、执法局、市场监督管理局开展集中整治。全年完成油烟净化装置并正常运行的餐饮单位达50余家。

【燃煤锅炉淘汰整治】 2015年通过宣传引导、企业自行整改、下发限期整改通知书等一系列措施成功完成对第一人民医院、晶辉玻璃制品厂、皖酒制造集团、123医院等8家单位10台（合计37.5蒸吨）10蒸吨/时及以下燃煤锅炉淘汰整治；蚌埠市新黄山玻璃制品有限公司完成烟气治理。同时，对完成淘汰整治任务的燃煤锅炉开展逐一核查，确保淘汰、整治到位，防治死灰复燃。对未按照时间节点拆除的单位依法强制关停。

【挥发性有机物专项整治】 年内，区环保分局分别对辖区内安徽天润化学工业股份有限公司、安徽江淮车轮有限公司、安徽佳先功能助剂股份有限公司、蚌埠中实化学技术有限公司、安徽佰仕化工有限公司、蚌埠海鑫印务有限责任公司、安徽煤田光大彩印有限责任公司、蚌埠市比优特包装印务有限责任公司8家涉及挥发性有机物排放单位进行专项整治，年底全部完成整治。

【汛期重点监管】 针对辖区内安徽亚源印染有限公司、蚌埠中实化学科技有限公司、安徽天润化学工业股份有限公司、安徽佰仕化工有限公司、安徽佳先功能助剂股份有限公司等多家化工企业严格按照汛期、高温期间的环境管理要求，加强企业环境管理，逐户下发监察意见，确保不发生突发环境事故。

【环境信访矛盾化解】 2015年，共接到投诉200余件。均在规定时限内办结，并将办理情况及时向投诉人反馈，征求投诉人的理解，办理率和办结率均为100%。

【排污监管】 强化对污染物排放的监督管理，全年对48家单位进行排污申报，对24家单位进行收费，其中企业17家、建筑工地4家，三产3家，共计收费197万元。超额完成排污费征收任务。

【实施网格监管】 贯彻国务院办公厅《关于加强环境监管执法的通知》以及《安徽省环境监管网格体系建设指导意见》《蚌埠市建立网格化环境监管体系实施办法》，建立并发布《禹会区网格化环境监管体系实施办法》，划分区、乡镇（社区）、村（片）三级网格，对工业集聚区、饮用水源地、重点企业等环境风险重点区域细化重点网格，明确各级网格职责，建立信息通报、联动协作、责任追究等保障措施。

教育　科技

- 教育
- 科技和知识产权
- 科技成果选介

2014

教 育

【概况】 2014年禹会区有义务教育学校45所，其中普通中学7所，十二年一贯制学校1所（北师大蚌埠附属学校），在校学生4519人；小学37所，在校学生13623人。幼儿园22所，其中公办6所，民办16所，全区有省一类园1所，在园幼儿6901人。中小学、幼儿园教职工1978人。小学专任教师合格率100%，初中专任教师合格率100%，全区学前教育毛入园率98.64%；小学、初中学龄人口入学率100%。顺利通过国家教育部县域义务教育均衡发展工作国家认定，成为蚌埠市首批义务教育基本均衡发展县区之一，禹会区教育局获蚌埠市县区年度目标考核综合奖第一名。

▲区委书记王庆国视察马城中学

【学前教育】 圆满完成第一期学前教育三年行动计划，启动《禹会区学前教育第二期三年行动计划》，坚持政府为主导，新建城乡公办幼儿园。深入开展“园本教研”活动，有针对性的开展幼儿教研活动，坚决制止幼儿教育小学化倾向。10月10日迎接省级社区学前教育实验区的验收，两所市级一类园（汽车士官学校幼儿园、张公山第三幼儿园）的创建工作通过市级视察，为最后的验收做好准备。2014年荣获市学前教育先进集体。

【素质教育】 落实立德树人根本任务，坚持德育为先，年内对全区学校开展德育工作年检，总结学校德育工作经验和成绩、教师节庆祝大会表彰德育工作先进单位和个人，区教育局获全市德育工作年检一等奖，对优秀班主任、“三好学生”“优秀学生干部”“先进班集体”进行表彰。2014年获蚌埠市“五四”红旗团委、市少先队工作标兵单位；参加“走复兴路，圆中国梦”全市青少年爱国主义读书教育活动，区教育局获优秀组织奖；开展“中国好人”的宣传和评选活动，钓鱼台小学教师葛海燕获敬业奉献型“中国好人”提名。举办每年一次的区中小学田径运动会，举办足球、篮球比赛，全区各中小学共组建篮球、足球队44个。

组织实施“少年蚌埠”行动计划，推进国家课程、地方课程和校本课程三级课程体系建设。丰富活动载体，开展中小学生艺术展演活动、中小学大课间活动展示评比观摩活动，中小学球类比赛以及中小学生大合唱比赛。以“立德树人”为根本目标，以体验教育为基本途径开展“红领巾相约中国梦”“改陋习做文明有礼蚌埠人”“学雷锋做有道德的人”“争当百佳小卫士”“关爱明天，普法先行”等主题教育活动。

【教育改革】 贯彻落实《深入推进蚌埠市基础教育改革与发展的实施意见》和市政府《关于实施中小学集团办学的若干意见》，组建了蚌埠一中教育集团、马城中学和孝仪中学、蚌埠二中教育集团禹会实验学校；实施集团化办学，加强薄弱学校的改造进度，降低择校强度，促进了教育均衡发展。推进“少年蚌埠”行动计划，该计划是最具蚌埠本土特色的教育创新项目。着眼于培养学生的综合素质，为学生的终身发展奠基，围绕厚德少年立起来，阳光少年动起来，快乐少年唱起来，智慧少年读起来，创新少年做起来等五个主题开展活动。推进教师管理制度改革，探索实施“大编制”管理，统筹教师调配流动推动区域内教师交流，促进教师资源均衡配置，招聘编外教师和“三支一服”教师。

【教育民生工程】 城乡义务教育经费得到保障。2014年继续免除城乡义务教育阶段学生学杂费和公用经费并实现补贴标准，城乡一体化，各项指标均达到或超过省颁标准。持续推进教育均衡发展和学校标准化建设，投入资金712万元加强学校装备建设；实施“均衡发展，教育展翅工程”投入资金2544万元用于学前教育发展，继续教育培训、课堂教育改革，重点投入1200万元用于马城地区学校建设。继续加大校园网络建设和校园网站建设，对校园接入宽带进行升级改造，公开招标6所校园网站建设项目，认真做好班班通培训工作。全年全区投入76375万元用于教育民生工程。

【教育督导】 加强教育督导评估工作，建立督学责任区制度，加强教育督导工作的组织领导，成立禹会区人民政府教育督导委员会，建立了督学责任区，聘请15名教育责任督学，实行统一制作责任督学公示牌并公示。6月20日市级复查，8月5日省级抽查专家组对教育督学工作充分肯定，高度评价。圆满完成2013年度党政领导干部教育工作督导评估市级复查和省级抽查任务，评估等级为“优秀”。

【集团化办学】 根据市政府《关于实施中小学集团化办学的若干意见》，钓鱼台区域九年一贯制学校整体规划的建设方案上报市政府。1月7日，蚌埠一中与禹会区孝仪中学集团化办学签约仪式在孝仪中学举行。市教育局局长党委书记刘玉泽、禹会区副区长蒋敏娣、蚌埠一中校长洪顺刚、禹会区教育局局长李晋等相关领导参加签约仪式。1月22日，蚌埠一中教育集团孝仪中学挂牌，教育集团管理委员会成立。

【重大教育项目】 北师大蚌埠附属学校一期建设工程，含中小学教学楼、小学实验楼、学生食堂、学生宿舍等八栋建筑共计7.7万平方米校舍，学校中心广场、运动场、篮球场、排球场等教学设备于8月20日顺利交付学校使用，学校新招聘55位教师经过岗前培训正式上岗。9月1日北师大蚌埠附属学校正式开学，有700位优秀学生入校就读。

【特色学校创建】 推进"一校一品"特色发展，制定实施《禹会区特色学校创建工作方案》，形成"特色立校、特色强校、特色兴校"的良好态势，2014年，全区2所小学和幼儿园列入市级特色小学、幼儿园创建计划。4月中旬成功组织"校校行"学校特色展示活动，城区13所中小学进行学校特色和工作亮点的展示，推动学校特色文化的发展。

【规范办学行为】 认真执行省、市相关文件，召开专题会议，布置规范办学工作，以开学工作检查为契机检查学校公示栏内容：课程表、作息时间表和收费项目，发挥社会家长和学生的监督作用，组织督导到各校督查规范办学情况，与各校签订《规范办学目标责任书》落实责任，加大惩处力度，将规范办学行为落实到实处。建立督查通报制度，对违反规范办学行为的学校及时下文通报，并督促整改。

【教师队伍风采】 采取"请进来、走出去"的形式邀请市教科所专家开设专题讲座，组织中小学教导主任、教研组长、骨干教师赴南师大、上海、合肥等地学习。开展优秀教师"送教下乡""骨干教师"示范课，落实与华东师大普教中心合作协议，加强青年教学教师的培养，积极推荐教师参加各级各类业务竞赛活动，获国家级奖项12人，省级奖项8人，市级奖项131人次。8位教师获第五届教坛新星称号，何俊盘同志被评为"市首届无私奉献老人之星"。推进"名师工程"，开展首届名师评选工作，评出首届名教师5名，并成立5个禹会区首批"名师工作室"。在教师节前夕召开庆祝大会，对25名师德先进标兵、区优秀正副职、优秀教育工作者进行表彰和奖励。开展编外教师招聘工作，新招聘编外教师48名和10名"三支一服"教师，为禹会教师队伍注入新的活力。

【教育活动】 抓教学常规管理，促教学质量提升。切实加强各校对教学环节、备课、上课、作业布置和批改、单元检测、辅导等教学各环节的管理，进一步促进学校向规范管理、精细化管理要质量。针对"学困生"继续开展"我能行争进步"比赛，组织学生参加学科竞赛、英语讲故事比赛、单词比赛等各类活动，获一、二、三等奖260余人次。召开毕业班专题会议研究布置毕业班工作，加强对中考命题、中考趋势、导向的研究。开展区第二届"先进教研组"评选活动。继续加强教研课题研究和申报，2014年全区共组织申报省、市课题15项。

【学校体育】 采取措施切实保证学生每天一小时体育锻炼时间，组织实施2014年国家教育部重新修订的《国家学生体质健康标准》，开展面向全体学生的体质健康测试。开展足球进校园活动，全区共有男女足球、排球、篮球队44个，年内举办一次全区中小学生田径运动会。

【学校安全防范】 加强学校安全教育管理，深入推进“平安校园”建设，明确安全工作校长负责制，签订安全工作责任书，定期召开安全工作例会和综治工作例会。对防青少年溺水、防校园暴力伤害以及食品安全、季节性传染病、交通及校车安全、用电及防火安全等做出具体布置，提出严格要求。全区未发生一起重大安全事故。

【其他事项】 三项教育改革任务：生均公用经费提标提前完成，人事大编制改革迎接市编办、市教育局的首次调研。学生评价体系方案上报市教科研。完成全区中小学生体检工作。全区18000多名学生接受专业医疗机构的体检。体检率达到100%。原农村民办教师教龄补贴认定完成二批人员的认定。开展语言文字规范化学校创建，朝阳一小和长青中心校顺利通过省市评委的验收。

2015 教 育

【概况】 2015年禹会区有义务教育学校45所，其中普通中学7所（十二年一贯制学校1所，学生1378人），在校学生4300人；小学37所，在校学生14007人。幼儿园23所，其中公办7所，民办16所，全区有省一类园1所，在园幼儿6298人。中小学、幼儿园教职工2046人。小学专任教师合格率100%，初中专任教师合格率100%，全区学前教育毛入园率98.72%；小学、初中学龄人口入学率100%。2015年党政领导干部履行教育职责督导考核并获蚌埠市优秀等次；区教育和体育局获得蚌埠市县区年度目标考核优秀等次。2015年5月政府机构改革，区教育局更名为区教育和体育局。

【学前教育】 充分重视抓好学前教育的重要性和紧迫性，在圆满完成第一个学前教育三年行动计划的基础上，有序推进《禹会区学前教育第二个三年行动计划》，2015年度全区新建公办、普通幼儿园建设类项目圆满完成。宗洼幼儿园建筑面积2400平方米，6个配套教学班能容纳幼儿180人左右，滨河西片区幼儿园建筑面积4400多平方米，12个配套教学班能容纳幼儿360人左右。从2010年至2015年全区新增公办普性幼儿园12所（其中新增公办园10所），2所园（汽车士官学校幼儿园、张公山第三幼儿园）顺利通过一类园的评比验收。2015年获蚌埠市第一期学前教育三年行动计划先进单位。

【德育教育】 以立德树人为根本目的，把德育工作放在首位。培育和践行社会主义核心价值观。让社会主义核心价值观进学校、进班级、进学生头脑，区教体局未成年人思想道德教育讲师团到学校讲课，受教育人数达一万人次。通过组织教师和学生利用微信等宣传平台开展“我为核心价值观代言”“核心价值观”地画大赛活动；结合新中国成立66周年和纪念中国人民抗日战争暨反法西斯战争胜利70周年时间节点开展“我的中国梦，向国旗敬礼”和“童心向党”歌咏比赛，以开发“习礼育人”区域教育为重点，广泛开展文明礼仪和成果教育，开展“做一个有道德的人”“奋发向上崇德向善”爱国主义读书活动和“筑梦童年”为主题的关爱留守儿童和残疾儿童活动，组织实施“美德少年”评选与美德少年面对面学习。区教体局关工委被评为“安徽省关心下一代工作先进单位”。

【精神文明创建】 根据市、区文明创建工作的总体部署，积极参与文明城市创建工作，成立创城工作领导小组和办公室，制定创建方案，明确工作职责和任务，保证创建经费投入，做到任务、人员、经费三落实。大力加强未成年人思想道德建设，努力营造创城氛围，美化校园环境，广泛开展中华经典传统文化教育活动，大力弘扬爱国主义精神，注重家庭、注重家教、注重家风。年内每月创建工作检查评比，未成年人思想道德建设工作得分多次达到和超过全市平均分以上。11月份组织局创城领导小组成员和各校校长、书记赴铜陵参观学习，学习铜陵创城经验。

【蚌埠二中禹会实验学校】 2015年3月25日，“蚌埠二中禹会实验学校（筹）”揭牌仪式在蚌埠十一中隆重举行。禹会区区委书记王庆国、区长陈建功、市教育局副局长谢影、蚌埠二中校长李新义、区四大班子和区教育局各部门主要领导等出席仪式。禹会区各中小学校长、书记等，钓鱼台小学、蚌埠十一中师生代表共计200余人参加仪式。蚌埠二中禹会实验学校是本区2015年度重点建设工程。区委、区政府十分重视，成立了蚌埠二中禹会实验学校(筹)领导小组和工作组。新校建设正式进入实施阶段，学校建设总体设计敲定，新校建设任务交由区建设投资公司负责组织实施。

【教育重大项目】 1.北京师范大学蚌埠附属学校二期建设工程，按照建设规划北师大蚌埠附校二期工程图书电教楼、文化交流中心、学生宿舍楼等75000平方米，主体建筑和标准运动场、体育看台年内施工建设，图书电教楼主体工程封顶。2.安徽财经大学商学院新校建设工程项目由祥兴集团负责建设，9月份举行奠基仪式。建设规模42万平方米，计划总投资10亿人民币，占地面积1000亩，一期建设15万平方米，二期建设27万平方米。本年2、3、5、6号教学楼、后勤办公室，8、9、10号学生宿舍楼，2号食堂主体均封顶。

【薄弱学校改造】 为促进教育均衡发展，禹会区教体局一方面加大对教育重大项目的建设，另一方面加大对薄弱学校的改造。2015年禹会区教体局启动对马城地区薄弱学校改造工程，全面改薄项目计划总投资1687.5万元，分别是：建设项目前后期费用150万元。项目总中标价1537.6793万元。实施的项目是：梅姚、花郢、塘底、白衣、黄郢等5所小学的综合楼，建筑总面积9656平方米，另外又投资220万元用于张湾小学室外场地、围墙和传达室工程、师范二附小室外场地改造工程、马城中学和中心小学室外场地工程，项目均竣工投入使用。

【智慧校园建设】 2015年实施“禹会区教育形象提升工程”，大力推进“三通”和“智慧校园”及实验室建设。全区44所中小学均接入互联网，网络接入率和校园网建有率均达到100%，接入宽带全部达到国家要求的10兆以上，投入822万元新增计算机房17处，教师用机298台，“班班通”设备129套。为教师配备计算机1351台，在全市率先实现教师人手一机，提前完成教育部提出的建设要求。班班通设备实现全区中小学100%全覆盖。开通安徽教育资源应用平台，开通率为100%；班级社区的开通率为100%，教师空间开通率为98.9%，学生空间开通率为89.07%。2015年11月底，禹会区25所智慧校园项目学校基本完成综合管道及布线、校园及班级监控系统、教学公共广播班级无线APP全覆盖，市教育局综合管理平台和校园智慧管理平台开发基本完成，家校互动系统于11月26日在七中举行上线仪式，教师发展系统、教务系统、校产管理系统等陆续上线。2015年全区新建小学科学实验楼7座，初中实验室一座。

【教师队伍建设】 制定2015年度干部培训计划并纳入年度教育综合预算，组织开展“校长讲坛”，组织50多名校长书记和50多名学校中层干部分别参加北师大干部培训班；浙江大学干部培训班培训，印发《交响2014卷》，做好师德考核和年度考核工作，师德评为优秀等次的共394人，年度考核优秀等次的共196人。嘉奖93人，市政府记三等功2人，领导干部考核评出蚌埠七中、张公山三小等6个班子，王兆信等6名优秀正职领导干部和6名优秀副职。2015年9月禹会区与厦门海沧区签订“中国好老师”互联互通项目。多渠道组织教师招聘。2015年共招聘编办教师9人，“三支一扶”教师7人；全区全年城级及校际间教师支教交流人数达126人，校长、教师的交流比例分别达到17.5%和10.2%。2015年招聘编内教师9名、编外教师47名、“三支一扶”教师8名。2015年推选的钓鱼台小学葛海燕参加“中国好人”评选，并获得敬业奉献型“中国好人”荣誉称号。开展名师工作室送教活动，6月2日，市陈辉忠名师工作室，禹会区张敬秀名师工作室带领成员到马城中学，开展“市教坛新星展示名师工作送教”区域交流活动；陈辉忠名师工作室初中组成员，市教坛新星金婷老师和马城中学吴振非展示两节精彩的“同课异物”课。

【教学教研】 积极开发区域教材，印发《禹会区中小学校校本课程开发与实施管理办法》，着力做好区域教材的编写和推广，修订和完善《安全教育》和《尚礼有德》两会校本教材。开展教育信息技术与小学教学有效融合专项教研活动，按照自身钻研—网络交流—集体研讨—课堂呈现—反思提高—互助引领的流程开展集体备课。加强诗词教学，出版诗刊《禹会诗韵》，收录师生诗词作品百余首。2015年8月成立“蚌埠市禹会区教体局诗词楹联学会”，承办市级书法教学研讨活动，两项书法教育课题被省教育学会立项为省级课题。积极开展语言文字示范校创建工作。蚌埠十中顺利通过市级“语言文字示范学校”验收。抓实课题研究，从申请立项、研究过程、课题结题三个节点入手，抓好课题研究工作。2015年共申报课题19项，结题8项。

【学校体育】 先后举办2015年度中小学田径运动会，西片中小学校园足球联赛，上半年率先在全市举办“区长杯”青少年校园足球联赛，中小学生篮球、排球比赛，中小学生体

质健康监测。2015年在开展校园足球布点校创建活动中，对8所学校进行命名，完成基层网点校布局，有2所小学1所中学共三所学校评为国家级校园足球布点学校。2015年，在安徽省青少年足球锦标赛中蚌埠十中女子足球队荣获亚军，受到市教育局的奖励，区教育和体育局获得“安徽省社会体育先进单位”称号。

【校内住户征迁】 根据“蚌埠市土地市场管理委员会”2014年3月26日会议纪要，禹会区于2015年初成立“禹会区校内住房征迁指挥部”，制定《禹会区校内住房征迁实施方案》，成立五个工作组开展征迁工作。全区128户校内住户征迁工作基本完成。

2014 科技和知识产权

【概况】 2014年，禹会区科技和知识产权工作在区委、区政府的领导下，坚决落实全面深化改革各项任务，突出创新主体、创新载体、产学研一体建设，充分发挥科技职能部门作用，勇于先行先试，取得一批产业成果、科技成果、人才成果和改革成果，科技工作进入全市前列。全年实现高新技术实现产值195亿元，同比增长21.6%，增幅居全市第二。全年分两批推荐申报国家高新技术企业6家、复审4家、

重新认定6家，全年共4家新申报企业成功通过认定，国家高新技术企业总数达到40家，居全市第二。全社会研发经费（R&D）投入达3.8亿元，居全市第一，占GDP比重2.35%，居全市第二。全年开展产学研合作活动6次，达成产学研合作19项，并成功促成安徽佳先功能助剂股份有限公司与韩国开展技术合作，将产学研合作推到国际合作高度，开创了蚌埠市产学研合作的新突破。

【专利工作】 发明专利累计申请510件，同比增长14.61%，发明专利申请量占专利申请量的比重为59%，高于全省平均9个百分点；发明专利累计授权225件，同比增长26%，发明专利授权量占专利授权量的比重为23%，高于全省平均5个百分点。发明专利申请量和授权量继续领先全市。每万人口发明专利拥有量达10.39件，保持全省市辖区前列。

【创新成果】 安徽丰原发酵技术工程研究有限公司、中粮生物化学(安徽)股份有限公司、蚌埠丰原涂山制药有限公司、蚌埠丰原医药科技发展有限公司荣获“安徽省发明专利百强企业”荣誉称号；丰原集团控股有限公司和蚌埠玻璃工业设计研究院被确定为全国知识产权优势企业；中粮生化、涂山制药、行星机械、佳先等4家公司被确定为蚌埠市知识产权示范培育企业，行星机械和天润化工两家公司被认定为安徽省创新型试点企业；蚌埠通达汽车零部件有限公司和安徽佳先功能助剂股份有限公司被认定为安徽省创新型企业。

【研发平台建设】 依托骨干企业新建中粮生物化学（安徽）股份有限公司技术中心国家企业技术中心1家，安徽中粮生化燃料酒精有限公司、安徽天润化学工业股份有限公司、安徽佳先功能助剂股份有限公司、安徽中粮生化格拉特乳酸有限公司省工程技术研究中心4家，得到省厅600万经费支持。

【优化科技创新环境】 1.深入开展政策宣传，积极帮助企业充分了解政策、享受政策，全区科技型企业共减免所得税款近0.69亿元，争取市“1+2+N”政策资金636万元，省“1+6+2”自主创新专项资金1823万元。2.拓宽融资渠道，利用市专利权质押贷款风险补偿专项资金，以风险补偿，贷款贴息和贴费的方式支持专利权质押贷款工作的开展，推进科技金融结合。2014年累计贷款额突破0.5亿元。

【重大项目实施】 加强对省科技重大专项申报指南的研究，广泛征集、积极组织企业申报，共征集申报项目12项。“G8.5浮法TFT-LCD玻璃基板关键技术及产业化研究”等9个项目过关斩将、榜上有名，全年获科技部“科技型中小企业技术创新项目”立项2项，国家火炬计划立项2项，安徽省

科技计划项目立项5项。获批省重点新产品4个，省高新技术产品20个，市级农业科技专家大院1家。获项目资金总额达800余万，居全市第一。

【服务平台促对接合作】 充分利用国家专利技术蚌埠展示交易中心、国家创新驿站蚌埠基层站点和省科技路路通蚌埠分站资源进一步整合，实现互通、互联、共享，日访问检索量50次以上，下载量20次以上。上报各类技术需求和供给信息73条，年开展各类对接活动20多次，促进技术合作和交易30多项，有力地促进创新要素在企业中的流动。

【人才工作】 组织申报安徽省第七批“115”产业创新团队3支，入选蚌埠市第四批“3221”产业创新团队2支、蚌埠市青年企业家（创业者）协会会员5人，蚌埠市高科能源装备有限公司被确定为清华大学博士实践基地，新建蚌埠玻璃工业设计研究院姜德生院士工作站和蚌埠市第一人民医院贺林院士工作站2家省级院士工作站。开展民营科技企业职称评审工作，13人获评初、中级职称，2人获得高级职称。

2015 科技和知识产权

【概况】 2015年，禹会区科技和知识产权工作，落实全面深化改革各项任务，突出创新主体、创新载体、产学研一体建设，充分发挥科技职能部门作用，勇于先行先试，取得了一批产业成果、科技成果、人才成果和改革成果，科技工作进入全市前列。高新技术产业发展迅速，全年高新技术实现产值235亿元，同比增长20.51%，增幅居全市第二。全年分两批推荐申报国家高新技术企业6家、复审5家、重新认定5家，全年共3家新申报企业成功通过认定，国家高新技术企业总数达到43家，居全市第二。全社会研发经费（R&D）投入达4.2亿元，居全市第一，占GDP比重2.65%，居全市第二。全年开展产学研合作活动5次，达成产学研合作11项，产学研合作研发经费达1200多万元。

【专利工作】 发明专利累计申请753件，同比增长47.65%，发明专利申请量占专利申请量的比重为63.25%，高于全省平均11个百分点；发明专利累计授权343件，同比增长52.45%，发明专利授权量占专利授权量的比重为36%，高于全省平均8个百分点。发明专利申请量和授权量继续领先全市。每万人口发明专利拥有量达12.56件，保持全省市辖区前列。

【创新成果】 “超薄浮法电子玻璃关键技术及成套装备的开发与应用”项目获安徽省科技进步一等奖，“高纯柠檬酸酯类增塑剂的固定化催化合成及杂质控制”项目获安徽省科技进步三等奖；全年获蚌埠市科学技术进步一等奖2项、二等奖4项、三等奖4项，获安徽省第四届专利优秀奖4项。

【研发平台建设】 中粮生物化学（安徽）股份有限公司技术中心国家企业技术中心和安徽中粮生化燃料酒精有限公司、安徽天润化学工业股份有限公司、安徽佳先功能助剂股份有限公司、安徽中粮生化格拉特乳酸有限公司安徽省工程技术研究中心4家，顺利通过年度考核验收，再度获得国家、省300万元经费支持。

【优化科技创新环境】 1.全面贯彻落实《关于进一步扶持高层次人才创新创业实施意见》《关于发展众创空间推进大众创新创业的实施意见》和《蚌埠市加快科技服务业发展实施方案》。积极做好“十三五”科技发展规划编制工作。积极帮助企业充分了解政策、享受政策，全区科技型企业共减免所得税款近0.8亿元，争取市“1+2+N”政策资金800余万元，省“1+6+2”自主创新专项资金2000余万元。2.拓宽融资渠道，利用市专利权质押贷款风险补偿专项资金，以风险补偿，贷款贴息和贴费的方式支持专利权质押贷款工作的开展，推进科技金融结合，2015年帮助12家企业累计获得贷款0.6亿元。

【重大项目实施】 区科技局加强对省科技重大专项申报指南的研究，广泛征集、积极组织企业申报，共征集申报项目18项。其中，获国家火炬计划立项2项，安徽省科技重大专项立项3项，安徽省2015年科技计划项目立项8项。共获项目资金总额达1000余万元，居全市第一。

【服务平台增活力】充分利用国家专利技术蚌埠展示交易中心、国家创新驿站蚌埠基层站点和省科技路路通蚌埠分站资源进一步整合，实现互通、互联、共享，日访问检索量60次以上，下载量30次以上。上报各类技术需求和供给信息125条，年开展各类对接活动30多次，促进技术合作和交易30多项，有力地促进了创新要素在企业中的流动。

【人才工作】 全年入选省首批“特支计划”创新创业领军人才3人，省第四批“战略性新兴产业技术领军人才”4人，省优秀企业专利联络员1人，省高校科研院所知识产权专员1人，市“3221”产业创新团队2支，市民营科技企业初、中级专业技术资格5人，高级职称3人。全年全区15家企业共争取市人才政策支持资金185万元。

科技成果选介

【达比加群酯原料及胶囊剂】 该项目取得的标志性成果：1.研制出原料合成的工艺路线；2.取得新药证书，临床批件、注册批件；3.技术水平国内领先。关键技术指标：①本项目试验研究通过y药品审评中心的技术审评，获得药品注册批件及批准文号。②本项目原料及制剂各项质量指标达到原研厂家产品水平。③本项目原料、制剂生产工艺成熟、稳定，质量可控，可以满足工业化大生产要求。经济指标：若公司达比加群酯原料及胶囊剂上市后，达比加群酯（规格60x150mg/盒）在美国的销售价格为409美元，目前市售的心血管类抗凝血药物价格普遍都很高，排在全球销售前两位的依诺肝素、氯吡格雷销售价格很高，达比加群酯的上市价格将非常可观，年销售额3000余万元，实现利税1500万元左右。该项目获得相关发明专利授权3项。

【生物天然气（沼气）综合利用技术】 该项目将沼气经脱硫、脱碳、加压等工艺净化，得到甲烷含量≥95%（或97%）、高位发热量≥31.4MJ/m³、H_2S≤15mg/m³，变为生物天然气（BNG）或压缩天然气（CNG）进行高效利用，将企业废水处理产生的10万Nm³/d沼气用于提纯生产天然气，每日可制取天然气6万Nm³，年产2160万Nm³生物天然气，实现废弃物的资源化利用，从而达到开发可再生能源和节能减排的目的，每年可减少温室气体CO_2排放2万吨。该项目年生产总值达9460万元，解决60人就业。该项目发明专利已申请2项。

【轨道交通信号系统关键施工技术研究及应用】 该项目通过对轨道交通信号系统施工技术研究，发明了铁路信号道岔操纵箱，保证了室外道岔控制电路配线检测正确率；发明了计轴设备安装试验检测装置，实现了模拟行车，提高了检测计轴磁头安装精度；针对裂缝波导管在各种复杂地形下的配置难题，通过穷举搜索等算法，研制出专用计算软件，能迅速甄选出最优的布置方案；优化信号室内设备的安装调试方案，并研制出一系列专用施工及调试产品，解决了室内放线慢、道岔试验、计轴试验、联锁试验等一列性工程技术问题；改进信号室外设备施工调试工艺，解决了室外轨旁设备安装、工程试验、联合调试等施工技术难题，获得了“铁路信号联锁试验模拟仪”等2项实用新型专利。该项目成果已成功应用于北京、上海等地部分地铁线路，取得了较好的经济社会效益，该项目研究成果形成了3项省级工法，获得发明专利1项，实用新型专利5项。

【全自动超声波皮棉在线加湿系统的研究与应用】该项目解决了机采棉加工前，皮棉烘干清理使皮棉回潮率过低、皮棉纤维拉力变小、纺纱质量不能保证，以及皮棉弹性过大，打包时容易炸包断丝等问题。项目采用超声波雾化方法，雾化颗粒小，雾化均匀，能满足皮棉加湿的需要；采用皮棉产量和回潮率在线传感检测的办法，针对不同的皮棉产量和回潮率，自动控制加湿量，使加湿后的皮棉回潮率符合国家标准要求；设有水箱自动加热和保温护层装置，保证在严寒季节工作时，水温能满足工作需要；整机设计结构紧凑、安装维修方便、环保、节能、安全性能好。该项目获得授权发明专利1项。

文化　体育

●文化

●体育

2014 文化

【成果】 2014年，历经2年挖掘、整理、保护、传承的省级非物质文化遗产——余家皮影戏的精品剧目《金兜山》，成功入选“国家文化部优秀剧目扶持项目”。禹会区文化馆风华艺术团被评为“蚌埠市十大特色文化团队”；禹会区锦绣社区、迎淮社区分别被评为“蚌埠市十大特色文化社区”；禹会区锦绣社区农家书屋被评为“蚌埠市十佳农家书屋”。全区3户家庭被评为“书香之家”。

【公共文化设施建设】 全区9个社区建成综合文化站服务中心，禹会区马城镇冯嘴村市级农民文化乐园建成投入使用。完成马城镇文化站升级改造。建成喜盈门信息共享活动室。

【文艺演出】 开展“禹会区2014年迎新春送文化进基层演出”“文化志愿者进基层服务”活动，举办“禹会区2014年迎新春文化志愿者进社区演出”，并承办在市科学宫广场举办“蚌埠市春节广场文化活动系列——禹会区专场文艺演出”36场。举办禹会区第二届“禹会区正月十五花鼓灯抵灯大赛”，全区12支花鼓灯班子参加大赛，特别邀请凤台县花鼓灯艺术团传经送宝。在“蚌埠市春节广场文化活动暨正月十五闹花灯”期间区文化部门精心组织辖区5支花鼓灯队伍参加演出。

【非遗传承】 完善文化遗产保护规定，为保障花鼓灯艺术传承，区政府为辖区市级以上花鼓灯艺人增加生活补助，全年发放花鼓灯非物质文化传承人生活补贴15万元。协助省非遗保护中心摄制组，拍摄禹会区余家皮影戏记录片。在2011年与蚌埠学院共建的基础上，蚌埠学院《地方院校传承——演类非物质遗产研究》进入省级课题，并将冯嘴村作为蚌埠学院音乐系专业学习、实践基地。完成马城镇申报国家级文化艺术之乡工作。

【文化惠民】 1.文化场馆免费开放：按照市、区民生工程任务要求，区文化馆和2个乡镇文化站全部实现免费向群众开放，全年共组织各类文体活动72场。2.公共电子阅览室建设：电子阅览室建设按照“按时建设成、建成即达标、建成能使用”的要求，严格规范建设过程中的各工作环节。编制建设管理程序，项目实施方案，制定《禹会区综合文化站建设实施办法》，定期向上级部门汇报工程进展情况。严格按照国家有关规定进行工程招标。年内喜迎门社区公共电子阅览室设备全部安装到位，管理制度，开放时间等公示上墙，投入使用。

【农村文化建设】 1.农家书屋维护：年内，全区39农家书屋由以前农家书屋建设，调整为维护，注重整合资源，实现资源共享，制定《禹会区农家书屋后续维护管养实施办法》，把农家书屋与村文体活动室相结合，提高农家书屋的利用率。2.农村文化信息共享工程建设：文化信息共享工程建设按照上级的要求对每个文化信息共享工程村基层服务点（与农村党员远程教育服务点共建）网络设施的宽带接入、运行维护进行检查，严格规范建设过程中的各工作环节。为全区信息共享室从新配备信息共享机顶盒接受设备，开展文化宣传讲座等文化娱乐活动。3.农村文艺演出活动：根据市民生办、文广新局下发的《2014年蚌埠市农村文艺演出活动实施办法》文件精神。区文化部门积极和市属文艺团体安徽省泗州戏剧院、安徽省歌舞剧院对接采用政府出资、院团包办的方法，为农民送去高水平的文艺演出。全年实现到农村演出39场。4.农村电影放映：根据2014年农村电影放映民生工程任务，区承担39个村，468场放映任务，区文化部门统筹安排、积极协调上级部门，重新增添一部电影放映设备，加强放映工作管理力度，在所有电影放映机上加装放映监控系统，对放映工作进行实时监控。全面完成农村放映任务。

【文物保护】 完成马城花郢村文物保护抢救性发掘，配合省考古所对钓鱼台遗址进行发掘，出土一批古代文物，全年组织考古宣传进社区、乡村4次。现场帮广大群众鉴定文物106件。

【文化人才建设】 全年举办文化艺术培训10次，农村文化管理员培训2次，全区有各类文化业余艺术团10支、村级花鼓灯艺术团6支，各类文艺骨干1000多人。全区文化艺术志愿者50余人。全面开展百馆千村结对帮扶工作，聘请安徽省泗州剧院对花鼓灯第一村冯嘴村进行花鼓灯辅导工作。

2015 文化

【概况】 2015年，禹会区文化工作取得新成效，公共文化、民生工程工作位列全市前列，建成一批基层公共文化设施。培育各类群众文艺团体10支，长青乡宗洼村农民文化乐园建成，马城镇、长青乡综合文化站改造提升。编排一批文艺节目在省市演出中获得荣誉。

【群众文化建设】 区文化部门参加“2015禹会区迎新春‘三下乡’文艺演出”“2015禹会区迎新春文艺汇演”，组织“文化志愿者进基层服务”活动、“禹会区2015年迎新春文化志愿者进社区演出”“2015禹会区正月十五花鼓灯抵灯大赛”等群众文艺演出11场。编导的舞蹈《俏夕阳花鼓情》和《大辫子》参加市文广新局主办的2015年度“温馨蚌埠 欢乐珠城”全市优秀节目展演，精彩的表演受到市领导和观众的一致好评。组织非物质文化传承人冯开苗家庭在科学宫广场参加蚌埠市春节广场文化活动——家庭才艺展演，花鼓灯节目《欢乐玩灯人》荣获二等奖。在市文广新旅局组织的“民间花鼓灯艺人评选命名”工作中，禹会区4名花鼓灯传承人分别获得蚌埠市十大“金锣手”“金鼓手”“金镲手”“帅鼓架”的荣誉称号。年初，长青乡宗洼村列入省级“农民文化乐园”建设试点单位，区文化部门统筹安排现有的资源，为宗洼村投资建设公共电子阅览室等文化设施，该村“农民文化乐园”建设完成。

【非遗文化】 区文化部门在弘扬传统非遗文化中积极推进皮影戏文化进基层、进校园：非物质文化遗产——余家皮影戏优秀剧目《金兜山》，自2015年1月起，分别在张公山第一幼儿园、朝阳三小等校园，和张公山社区、万达广场组织系列“传统文化进基层、进校园”文艺演出10场。制定“冯嘴村花鼓灯艺术2015工作方案”，聘请有着丰富花鼓灯艺术教研经验、国家一级编导金明老师、泗州戏剧院国家一级舞蹈演员郑军、周昊担任区花鼓灯的艺术编导和少儿花鼓灯演员培训老师，逐步实施“舞红花鼓灯 创造新生活”的区域文化发展战略，夯实“中国花鼓灯第一村”的文化品牌。为增强花鼓灯艺术生命力，以非物质文化文艺团体和企业联合的形式，与能源集团共建“花鼓灯艺术团”，在打造企业文化的同时，更好地发展和传承民间优秀传统文化、弘扬花鼓灯艺术。

【公共文化设施建设】 年内，一场二堂三室四墙面积2000平方米的宗洼村农民文化乐园建成：一场（建设一个室外文化体育广场，配置必要的户外健身器材，搭建一个永久性大舞台，硬化露天舞场1200平方米，设计统一的背景墙）、二堂（在村委会二楼建面积300平方米，能够满足农民群众举办文化节庆、文化礼仪、文化活动以及村民议事集会等功能需求的礼堂；同时在三楼建150平方米讲堂，面向农民群众和农村党员进行思想道德教育、形势政策宣讲、科学与法律知识普及、生产技能培训等活动的讲堂）、三室（建设布置好文化活动室、图书阅览室、文化信息资源共享工程室）、四墙（在二堂的墙上布置绘制有村史村情展示墙，主要展示介绍村庄沿革变化、文化遗存、红色历史、革命事迹、先贤故事、物产特产、重大事件与活动等；乡风民俗展示墙，主要展示介绍积极健康的家训、族训，家谱、族谱，村规民约，以及村内拥有的非物质文化遗产等；崇贤尚德展示墙，主要展示介绍建国以来优秀基层干部，本村各类好人，道德优秀和优秀学子，成功人士等；美好家园展示墙，展示介绍美好乡村风貌图片，村庄发展远景规划、村民创作的文艺作品等）。整合文化基础建设，公共资源提升改造，马城镇、长青乡综合文化站重新规划设计室内文化活动场地，增加室外文艺演出场地400平方米。

【民生工程实施】 围绕惠民、便民，采取有效措施，加大2015年民生工程工作力度，采取政府购买服务，完成农村电影放映468场，送文艺下乡39场，文化馆（站）免费开放，农家书屋、公共文化信息建设等民生工程全面向群众开放。

【文化审批】 2015年承接市下放文化行政审批权12项，在区行政服务中心设立服务窗口，全年接待各类咨询办件150人次，办结项目20件。

2014 体 育

【概况】 先后组织开展禹会区元旦、春节群众体育趣味系列活动；组织参加蚌埠市首届社区运动会；举办“温馨蚌埠，健康珠城”禹会区专场健身项目展示活动；组织参与2014年蚌埠市老年趣味运动会。组织开展全国第六次体育场地普查，经普查全区共有183块体育活动场地。同时完成1000人的国民体质监测前期准备工作。

2015 体 育

2015年5月，政府机构改革，原区体育工作职责并入区教育局，区教育局更名为区教育和体育局，李晋任党委书记兼局长。全区体育工作，继续完善全民健身组织，全面推动《全民健身条例》和《全民健身计划》的实施和宣传。强化全民健身服务，打造全民健身体育活动平台，提高全民健身科学化水平。

【骨干队伍建设】 年内，4名二级社会体育指导员参加一级社会体育指导员省级培训。组织举办一期社会体育指导员培训班，审批发展三级社会指导员30名，全区社会体育指导员总数达到1246名。

【服务全民健身】 1.开展国民体质测试。在全区社区、乡镇测试点开展国民体质测试工作，组织秀水社区居民200人参加蚌埠市国民体质状况抽测。全年测试各类人群3000人，达到全区常住人口的1%。2.开展“万千百、511”两个全民健身工程项目申报。全区共申报全民健身苑4处、社区晨晚练点9个和17个农村村级农民健身点。市体育局对以上项目进行核查通过。年内，给长青乡、马城镇、涂山风景区的17个行政村配备17套农民体育健身器材；对全区9个社区38个小区更换体育健身器材47件、维修73件，维修费用达22000元；区政府为秀水社区全民健身社区体育俱乐部出资4万元配备室内健身器材一套。3.以构建全民健身公共服务体系为核心，突出全民性、参与性、互动性和综合性的活动理念，以“全民健身日”为主题，举办2015年禹会区“全民健身日”主题活动，活动由“体制监测”、“科学健身指导”“全民健身志愿服务”“体育场地开放”“全民健身日系列赛事活动”等板块组成。4.举办社区科学健身项目推广活动，项目包括羽毛球、广场舞、太极拳、健身操等，参与人数达4000多人次；举办各社区参加的社区体育比赛，参与人数达2000多人次。举办禹会区元旦、春节群众体育趣味系列活动，参与人数达6000多人次。5.推动学校体育设施向社会开放。年内全区有6所学校的体育场地向公众开放，满足群众健身需求。

【比赛活动】 年内，举办2015年中小学生田径运动会、西片区中小校园足球联赛、中小学生阳光体育冬季长跑比赛、中小学生球类比赛、中小学生国家体质健康监测、禹会区首届社区体育运动会、社区羽毛球比赛、禹会区农民篮球选拔赛、国民体质健康测试等赛事活动，组队参加蚌埠市首届城乡全民健身体育运动会。

【学校体育】 先后举办2015年度中小学田径运动会，西片中小学校园足球联赛，率先在全市举办“区长杯”青少年校园足球联赛，中小学生篮球、排球比赛等。十中女子足球队获安徽省青少年女子足球比赛第二名；朝阳一小获安徽省青少年航空模型锦标赛小学组团体第一名。

【足球布点校创建】 2015年，全区学校开展校园足球布点校创建活动，年内完成对8所学校进行命名，完成基层网点校布局，有2所小学1所中学评为国家级校园足球布点学校。

社会生活

●民政

●关心下一代

●卫生

●人口和计划生育

●民族宗教

2014
民　政

【概况】 2014年，全区民政工作在区委、区政府的坚强领导下，在市民政部门的精心指导下，在全区各相关部门的关心支持下，以"服务民生、保障民生、改善民生"为重点，以"上为政府分忧，下为百姓解愁"为落脚点，立足实际，着力维护安定和谐的社会大局。

【救助体系建设】 在社区信息化网络平台设立统一的救助申请受理窗口，明确部门职责和分工，制定社会救助申请分办、转办流程，规范办理时限，为解决困难群众"求助有门、受助及时"打造"绿色通道"。结合实际统一规范辖区内各社区乡镇窗口服务标准，做到"一明显二摆放三上墙"，即"窗口标识明显、摆放救助政策宣传单、摆放申请办理流程图、救助政策上墙、工作职责上墙、监督投诉电话上墙"。

【低保提标扩面】 根据安徽省"十二五"期间城乡低保标准倍增规划任务，从2014年1月起，将市区城市低保标准由月人均380元调至420元，农村低保标准由年人均1800元调至2400元。2014年，全区城乡低保重审工作以保障和改善民生为主题，严格操作程序，加强规范管理。3~6月对全区城市低保进行年度审核和提标扩面，采取社区与社区、乡镇与乡镇之间先互查，民政局最后审查的方式，审查后全区城市低保累计增加181户、447人、147510元；停止112户、282人、58374元；增标1177户、1442人、497337元；减标127户、234人、48575元。农村低保累计增加65户、80人、16000元；停止65户、80人、16000元；增标156户、203人、40600元；减标156户、203人、40600元。

【救急机制建设】 一是建立"救急难"工作发现机制，注重社会救助各项制度和救助资源的衔接配合。区民政局印发《禹会区民政局"救急难"工作实施方案》，各乡镇、社区分别出台"救急难"工作方案。二是建立区、乡镇、村(社区)三级主动发现救助管理网络，实现"三级联动"，健全信息统计周报和逐级报送制度。在"救急难"工作机制中，明确各乡镇、村(社区)的"报急难"信息联络员，公布联系方式。对社会救助工作中存在的各类隐患及时开展排查，做到"镇不漏村、村不漏户、户不漏人、人不漏项"，并做到"五个不放过"，即"走访人不到户不放过、不见本人不放过、困难人员情况不搞清楚不放过、发现问题不就地解决不放过或解决措施不落实不放过、确需集中供养的不送至供养机构不放过"，确保对困难群众情况心中有数，救助及时到位。三是建立救助联席会议制度。做好救助资源的统筹衔接。整合住建、人社、公安、卫生计生、教育等部门信息资源，起草《关于建立禹会区社会救助部门联席会议制度的通知》。四是发挥现有的农村五保供养服务机构和市区内的民办养老机构在急难对象发现、快速响应方面的优势，为"救急难"工作提供支撑平台。在"救急难"工作方案中，公开社会救助热线，畅通群众申请救助和有关人员报告急难情况渠道。五是拓宽发现渠道，落实专人负责，及时了解、掌握、核实辖区居民遭遇突发事件、意外事故、罹患重病等特殊情况，积极发挥社区(村)服务功能和社会组织、慈善工作者和志愿者的作用，主动帮助弱势群体提出救助申请并协助落实，增强救助针对性，实现社会保障和重点救助的无缝对接。

【村"两委"换届选举】 2014年6月17日，禹会区村"两委"换届选举工作全面启动。在村党组织换届选举中，全区共有2956名农村党员，参加选举党员2675名，参选率达90%以上。村委会换届选举，全区共登记选民73651名，实际参加投票选举57829名，参选率达79%，较上届提高7%。截至9月9日，禹会区下辖长青、马城2个乡镇和涂山风景区，共计39个行政村完成村"两委"换届选举任务。本次换届选举共选举产生村"两委"成员237名，其中书记、主任75名，"一肩挑"的3名；女性54名；连选连任的63名；交叉任职的20名；除马城村外，其余38个村"两委"班子职数、结构比例均符合规定要求。

【养老服务机构建设】 年内，根据《禹会区养老服务社会化考核标准》，对辖区各社区创建工作逐个检查验收，对工作开展较好的社区，按每个2000元的标准给予鼓励，对工作突出的社区给予双倍奖励。2014年，禹会区不断落实优惠政策，对符合条件的社会办养老机构给予一次性床位建设补贴2000元和日常运营补贴每人每月100元的资金补助。2014年年内新建禹会区世纪老年公寓、禹会区张公山常乐老年公寓等民办养老机构6家，新增养老床位250张，参与老年福利服务事业的社会力量不断扩大。

【示范社区建设】 全区9个社区中，单体办公和活动用房面积超900平方米的社区7个，其中超1500方米的社区3个，设有“七室、一站、一校、一场所、一中心”。社区的各类服务（党员服务、经济服务、人民调解、民政事务、人口计生、综治维稳信访、文明创建、社保就业、文教体委、便民服务）均在社区服务中心受理。社区还推行错时上下班服务、上门服务、代理服务，形成零距离、面对面的社区服务模式。2014年，禹会区设立示范社区建设专项资金，对金域、大庆社区重点打造，装修及服务设施配套共支出150余万元，金域、大庆示范社区获成功验收。

2015 民　政

【概况】 2015年，区民政工作在区委、区政府的正确领导下，在省、市民政部门的精心指导下，认真贯彻党的十八大精神以及省、市、区有关民政工作的一系列方针政策，牢固树立“以人为本，为民解困”思想，结合实际，按计划扎实推进各项工作，努力提升民政工作水平，保障全区人民群众的基本生活权益，推动全区民政事业的发展。

【救助体系建设】 年内，相继出台《禹会区城乡岗位责任制》《禹会区城乡低保工作职责》《禹会区城乡医疗救助实施办法》《农村居民最低生活保障实施办法》以及《孤儿基本生活保障实施办法》等一系列文件，对岗位职责、救助对象、救助标准、审批程序、资金筹措与管理等进行明确规定，加强各项社会救助制度的统筹衔接。区城乡低保经费实现拨付及时、档案内容齐全完整，专人保管，低保工作逐步实现分类施保、应保尽保、规范化管理。本年度末，全区累计发放城市低保金3398.211万元，共保障100911人次；发放农村低保金785.356万元，共保障32952人次。全区城乡医疗救助程序日益简化、操作逐步规范，大大增强医疗救助的及时性，有效缓解城乡居民困难群众“看病难”问题。年末，全区累计发放城乡医疗救助4430人次，发放救助金额275.70万元。2015年，全区城乡临时救助上级拨款201万元，区级配套129万元，全区累计发放临时救助金额264.7万元。本年末全区有五保集中人员157名，五保分散人员585名，五保供养救助标准提高10%，全年发放五保供养金236.67万元。

【防灾减灾救灾】 2015年发放春令冬荒救灾款95万元，其中购粮油19.89万元，现金打卡75.11万元，使灾民生活得到及时救助和基本保障。开展“5·12”防灾减灾日宣传活动。区民政局在淮河文化广场通过摆展板，发放防灾减灾知识宣传单等方式向群众宣传防灾减灾相关知识。设立救灾物资储备仓库，用以储备救灾物资。救灾物资包括500份大米、500桶油、20顶帐篷、100床棉被等。实行24小时值班制度和领导带班制度，并明确规定全体民政干部职工手机24小时开通，时刻做好抗灾准备。

【优抚安置】 2015年，区委、区政府更加重视新一轮双拥创建工作，把双拥创建工作纳入重要议事议程，确保各项优抚政策落实到位，安置政策全面落实。全区有各类重点优抚对象810人，其中伤残军人181人、三属人员14人、在乡复员军人22人、带病回乡退伍军人142人、两参退役人员87人，60周岁以上农村籍退役士兵362人。本年为810人发放487万抚恤金，累计为各类优抚对象375人次办理医疗保险（新农合）42.7万元。

【拥军优属】 春节及“八一”期间，各乡镇社区按区双拥工委的统一安排，召开座谈会、茶话会、走访部分优抚对象等，区委、区政府主要领导组成慰问组分别走访慰问蚌埠军分区及部分驻蚌部队，向全体官兵致以节日的问候并送去慰问金，春节及“八一”合计慰问部队26万元，把党和政府的关怀和温暖传递给广大官兵，激励他们投身国防事业、报效祖国。全区双拥工作呈现“基础扎实、氛围浓厚、创新突破、成效显著”的良好局面。

【文明祭祀管理】 文明祭祀实行常态化管理，经常性地宣传引导，让广大群众了解文明祭祀的重要性和必要性，积极鼓励丧户通过市平山公墓、芦山文化陵园、涂山公墓等地的公共祭祀台，网上祭祀、鲜花祭祀等文明祭祀方式来寄托哀思。对重点祭祀时段，如中元节、十月一、冬至等，把重点路段巡查和丧葬用品市场执法检查相结合，规范丧葬用品市场管理制度，使文明祭祀工作渐渐步入常态化管理轨道。

【民间组织管理】 本年末，全区共有民办非企业42家，社团组织8家。一是组织进行2015年民间组织年检，二是抓好社区民间组织培育发展，凭借区养老服务社会化示范区的优势，抓好社区民间组织的培育和发展，认真履行好社区民间组织业务主管单位的工作职责。

【婚姻登记和收养】 年内完成1994年以来的婚姻登记记录补录工作，本年度，共办理结婚登记2914对、离婚登记1305对；贯彻《中华人民共和国收养法》做好收养登记工作，办理收养登记2件，确保流浪、乞讨人员及时得到救助。

【养老服务体系建设】 做好养老补贴认定，应补尽补，全年及时足额发放高龄补贴282.18万元。五保供养金养老补贴发放及时到位。2015年新增居家养老补贴制度，为年满70周岁以上城乡"三无"人员、享受低保待遇对象及生活不能自理经济困难的"失独"家庭成员给予每人每月100元居家养老服务补贴。坚持以人为本的方针，积极支持和引导社会力量参与养老服务建设，年内新建禹会区金色晚年老年公寓、禹会区晚霞老年公寓等民办养老机构4家，新增养老床位336张，禹会区养老服务设施条件不断完善。

【禹会区公办敬老院改扩建竣工】 2014年11月，禹会区对现有的马城镇庙前敬老院进行改扩建，项目总投资120万元，2015年6月，禹会区马城镇庙前敬老院进行改扩建项目完工，占地面积5000平方米，房屋建筑面积1000平方米左右，扩建床位70张，进一步解决马城镇五保老人集中供养问题。

【社区居委会换届】 2015年，全区9个社区依法实施换届。第三届社区换届工作从7月开始，按照先开展社区党组织换届，后进行社区居委会换届的顺序进行。到9月中旬，禹会区9个社区共选举产生居委会班子成员52人，其中：主任9人，副主任18人，委员25人，平均年龄43岁；党员51人，占98%；本科以上学历32名，占62%；男同志26人，占50%；35岁以下的6人，占12%，社区居委会第三次统一换届选举工作圆满完成。

【示范社区建设】 2015年，喜迎门社区活动用房项目建设完成。年内，禹会区设立社区建设专项资金，大力推动社区基础服务平台建设，对喜迎门进行重点打造，装修及服务设施配套共支出120余万元。年末，全区9个社区中，单体办公和活动用房面积超1000平方米的社区7个，其中超2000方米的社区2个，内设经济服务站、社保就业站、民政事务站、人口计生站、文教体卫站、便民服务站等工作站，以及社区综合行政执法中队，下设社区公共服务大厅，实行开放式办公、"一站式"服务。

2014 关心下一代

【概况】 2014年，全区各关工委关心下一代工作者抓好培育和践行社会主义核心价值观教育，贯彻落实省委28号和市委15号文件精神，开展各种关爱活动，为促进青少年健康成长做出贡献。

【组织建设】 2014年5月，区委调整关心下一代工作委员会领导班子成员，调整充实区关工委青少年教育报告团成员。11月，中旭建设集团、通达公司、江淮车轮公司、万宝、行星机械工程等五家民营企业成立关工委组织。

【主题教育】 暑假期间，区关工委青少所教育报告团成员冒着炎热酷暑，深入社区、乡镇、风景区做报告15场，宣讲社会主义核心价值观。开展征文活动，各社区、中小学校在"培育社会主义核心价值观"主题教育中，共收到"老少共筑中国梦"征文128篇，其中25篇获市关工委奖励。

【文件落实】 6月，市委督导组就全区关心下一代工作贯彻落实省委28号市委15号文件情况进行检查。区委书记王庆国陪同督导组观看各基层关工委工作展板，区委组织部长庞延铁代表区委作汇报。督导组实地查看区朝阳三小关工委和锦绣社区关工委文件落实情况，督查组对文件落实工作表示满意。

【助学帮困】 朝阳关工委名誉主任牛全起从微薄的工资中拿出5000元帮助学习困难孩子，又和喜迎门关工委一道为西朱村特困儿童捐赠5000多元的学习用品。教育局关工委讲师团为马城中学捐赠价值万元图书。

2015 关心下一代

【概况】 2015年，全区关心下一代工作以纪念中国关工委成立25周年暨表彰大会为契机，认真学习落实中共中央总书记、国家主席、中央军委主席习近平对关心下一代工作作出的重要指示。区关工委组织各级关工委成员和报告团老同志认真学习贯彻，进一步明确关工委工作的重要意义，充分发挥"五老"作用，推动全区关心下一代事业更好发展，为建设美好禹会做贡献。

【组织建设】 为促进民营企业关心下一代工作的开展，区关工委专门召开民营企业关工委建设座谈会，区委组织部、区非公经济工委和五家民营企业关工委主任参加会议，在座谈交流中进一步以明确关心下一代工作的性质和任务，依托关工委这个平台对青年的关爱尽心尽责，不断归纳总结研究，在实践中创新，在党委的支持下发展壮大。安徽冠宜箱包有限公司、北京师范大学蚌埠附属中学于12月26日成立关工委组织。

【主题教育】 区报告团成员认真编写宣讲教材，并从中国传统经典文化中精选名人、名言、名诗，分别以"爱国篇""诚信篇""敬业篇""友善篇""学习篇""礼仪篇"等，走进各中小学校、社区、乡、镇、风景区，为青少年进行宣讲，全年做报告79场。

【少年普法】 区关工委牵头联合教育体育局、司法局、综治办、团委五家下发《关于在全区开展第三届"关爱明天 普法先行"青少年普法教育》活动的通知，活动启动后各关工委把"关爱明天普法先行活动与树家风，立家规、传家训"结合起来，共收到家规简约181篇。

【助学帮困】 机关退休支部与区关工委联合资助3600元给予前进二小困难留守儿童，长青乡石巷村和王岗村分别捐款2800元给本村的困难留守儿童，区教育局关工委资助师范二附小8名残疾留守儿童每人200元，计1600元。

2014 卫　生

【概况】 禹会区卫生局是禹会区人民政府的工作部门，担负着全区医疗卫生、预防保健、卫生行政执法、健康教育等行政管理工作。现有区妇幼保健所、疾病预防控制中心、新型农村合作医疗管理站、钓鱼台街道平安社区卫生服务中心、长青乡卫生院、涂山风景区社区卫生服务中心、马城镇中心卫生院等7个下属事业单位、6个社区卫生服务中心、2个乡镇卫生院和仁康医院、禹会区人民医院、黄山医院、安利医院4家民营医院。

2014年，禹会区卫生局在区委、区政府的正确领导下，认真贯彻执行党的卫生方针、政策，突出抓好新农合、疾病预防与控制、妇幼保健、农村卫生等工作，加大卫生监督力度，狠抓卫生基础设施建设。全面提升基本医疗及公共卫生服务水平。区卫生局（爱卫办）被市爱卫会评为"2014年度先进集体"。区卫生局被区安全生产委员会评为"2014年安全生产目标管理先进单位"。

【基层卫生机构建设】 根据《安徽省人民政府办公厅关于进一步完善基层医药卫生机构和村卫生室运行机制的意见》文件精神，禹会区于1月22日召开区长办公会，专题研究"进一步完善村卫生室运行机制和村医保障政策实施方案"，并下发了《关于进一步完善村卫生室运行机制和村医保障政策实施方案的通知》等相关文件。区卫生局研究下发《关于做好村医到龄退出工作有关问题的通知》。调整完善基层医疗卫生机构绩效考核指标，重新核定4家政府举办的基层医疗卫生机构的支出和收入，并将基层医疗卫生机构的支出纳入区财政预算范围，4家医疗卫生机构的医疗收入（含药品、公共卫生收入）全部上缴区财政，区财政在"基层医疗卫生财政专户"中对药品收支进行分账核算、专款专用，进一步提升基层医疗卫生机构服务能力和水平。重点加强村卫生室药品零差率销售的监管，村卫生室药品实行网上集中采购，有效解决农村居民看病贵的问题。

【新农合】 全区共有2个乡镇，39个行政村，共27684户，91384人参加新农合，参合率达112.27%（部分村转化为非农户口，但是还在农村居住，可以享受参加新农合的政策），比去年提高3个百分点，筹资额人均390元。

新农合普通门诊工作由区合管站审核、报补，实行总额预算。为更好的落实这项工作，区卫生局制定《禹会区新型农村合作医疗门诊统筹总额预算实施方案（试行）》，并及时审核、拨付报补基金。

【项目建设】 全面推进城乡卫生服务体系建设。为提高全区城乡卫生服务的水平和急救能力，积极谋划和推动城乡卫生服务体系建设。一是区农村急救体系建设项目完成。二是谋划建设新的长青乡卫生院、涂山风景区社区卫生服务中心项目，计划征地20亩，投资2000万元，获区发改委立项。三是谋划建设新的区疾控中心，计划建设4000平方米，投资1200万元，获区发改委立项。完成妇幼保健所1000平方米业务用房项目建设并投入使用。

【公共卫生服务】 1. 城乡居民健康档案规范化电子建档233372人，建档率完成年度目标的79.94%(年度目标70%)。2.适龄儿童免费计划接种一类疫苗7200剂次，1~9月份接种58638剂次，完成年度目标的81.44%。3.孕产妇系统管理率计划管理880人，实际管理731人，完成年度目标83%；0~3岁以下儿童5356人，系统管理4873人，完成年度目标91%(年度目标80%)；0~6岁儿童15421人，保健覆盖率97%(年度目标90%)。4. 65岁以上老年人健康管理：对全区65岁以上老人建立健康档案，规范管理38592人，规范管理率91%。(年度目标为55%以上)；高血压患者规范管理17988人，管理率45.1%；(年度目标为45%以上)；糖尿病患者规范管理5612人，管理率83.74%；(年度目标为45%以上)。5.发现的重性精神疾病患者318人，全部纳入管理和干预，完成年度目标的100%。6.传染病疫情、突发公共卫生事件信息报告率和卫生监督协管覆盖率均达到100%。7.中医药健康管理服务目标人群覆盖人数为11755人，覆盖率为97.88%(年度目标60%以上)。8.区卫生局和基层医疗卫生机构全部使用"安徽省居民健康档案信息管理系统"，覆盖率达100%，健康教育完成规定的年度工作任务。

【妇幼保健】 1.建立健全区、社区、乡镇及村三级保健网络，产后访视率逐年提高，全年访视率为79%。2.做好农村怀孕妇女及城市流动人口怀孕妇女叶酸发放工作。区卫生局注重广泛宣传，以提高孕产妇对叶酸预防椎间管畸形的知晓率，充分发挥社区、乡镇卫生院、村卫生室保健员的作用。全年叶酸发放787人，发放工作顺利开展中。3.认真开展对托幼机构的卫生保健管理。全年儿童入园3873人，入园前体检3835人，入园体检率99%。对50所幼儿园儿童进行园内体检，在园人数5922人，检查人数5804人，体检率98%。其中沙眼发病率22.4%，龋齿发病率35.3%，贫血发病率3.5%，营养不良发病率2.1%。同时对园内食堂、环境、保健室进行监督管理，对晨检及全日制观察、传染病预防及消毒隔离等工作进行指导，使托幼机构卫生保健水平逐年提高。

【卫生监督】 一是加强传染病防治监督管理工作。区卫生局定期对传染病疫情报告情况、医疗机构消毒隔离制度执行情况、医疗废弃物处理情况进行监督检查，对发现的问题提出整改意见。年内对一级医疗机构除日常监管外，还对所辖医疗机构进行2次普遍检查，传染病疫情管理检查2次，医疗废弃物专项检查1次，医疗机构消毒监测1次，增强各医疗机构传染病防范意识。二是加强医疗质量监管，防范医患纠纷发生。区卫生局组织卫生监督员按照"蓝盾"行动和蚌埠市医疗市场专项整治方案，对全区7家一级医疗机构和33家社区卫生服务站，38家村卫生室，52家个体诊所，12家单位医务室，3家专科门诊进行医疗质量、医疗安全等方面进行全面督查。对2家一级医疗机构"毒、麻、剧"药品使用情况进行专项检查，规范"毒、麻、剧"药品采购渠道和使用要求。三是整顿和规范医疗市场秩序，严厉打击非法行医。区卫生局按照《蚌埠市关于进一步加强医疗卫生机构依法执业监管工作的通知》文件要求，加大非法行医的打击力度。对未取得医疗机构执业许可证擅自开展诊疗活动的"黑诊所"进行查处，全年共查处非法行医5户。核实取缔"黑诊所"5户。对4家超范围行医和使用非卫生技术人员的违法行为实施处罚。对辖区9家有"B超"的医疗机构进行检查，有效打击利用"B超进行胎儿性别鉴定和选择性终止妊娠"行为。

【疾病预防控制】 1.传染病报告工作。每月对传染病发病情况进行疫情分析，为上级业务部门提供准确数据。2014年禹会区共报告法定传染病4309例，其中乙类传染病1994例，丙类传染病2315例，无甲类传染病病例发生、无重大传染病暴发流行。2.艾滋病防控工作。截至10月13日，全区累计报告艾滋病患者36例。在日常工作中，对所有患者进行随访，按时完成药品的发放工作。认真开展艾滋病干预工作，干预性服务者467人次，发放宣传资料3000多份，安全套2000人份，开展艾滋病病毒抗体检测咨询359人，未发现阳性病例。组织社区医疗机构50多名女医务人员开展妇女面对面工作，提高广大妇女对艾滋病的认识和预防。3.疟疾防控工作。开展形式多样的宣传活动，向群众宣传疟疾防治的重要性，普及疟疾防治知识，通过设立宣传站、悬挂标语横幅、发放疟疾防治知识宣传资料1400多份，宣传袋1000多个，接受现场咨询160多人次，全区连续三年无疟疾病例。4.肠道传染病防控工作。5月1日始开展肠道传染病工作，每周汇总报告，共报告肠道疾病677例，无霍乱阳性病例发生。5.地方病防治工作。根据《安徽省碘缺乏病监测方案》，区疾控中心开展碘缺乏病防治监测工作。完成对禹会区5所小学200名8~10岁儿童甲状腺触诊及对其中100名儿童尿样采集，完成了禹会区100名中晚期孕妇尿样以及300户居民碘盐样本的采集工作，并与多部门合作开展"5·15"碘缺乏病防治宣传日活动，发放宣传资料1500余份，接待咨询200多人次，提高了公民对食用碘盐防治碘缺乏病意识。

【爱国卫生】 区爱卫办按照省、市爱卫工作计划要求，认真组织实施爱国卫生宣传和健康教育。组织辖区各乡镇、社区和医疗机构开展《迎新春、树新风，干干净净庆新年》《你我共同参与、消除结核危害》《保护听力、预防耳疾》《全面禁止烟草广告、促销和赞助》《第五个爱国卫生法制宣传周》等5次爱国卫生宣传活动，全区共有266家单位参加宣传活动，共出宣传展板266块，悬挂横幅82条，设咨询站82个，参加宣传人数407人。宣传活动共发放健康宣传资料20000余份，接受群众咨询1000余人次，免费测量血压800人次。贯彻落实市爱卫会《关于开展2014年度卫生创建工作的通知》精神，区爱卫会召开卫生创建工作会议，就卫生创建工作做了详细部署。区爱卫办会同市爱卫办复查省级卫生先进单位4家，申报省级卫生先进单位4家，省级卫生村4家，市级卫生先进单位6家，市级卫生村12家，完成年度创建目标。爱卫办结合病媒生物防治组织开展病媒生物密度监测工作，依托专业队伍，广泛开展以环境治理为主，多种防控手段为辅的病媒生物综合预防控制工作。委托蚌埠市易帮生物科技有限公司对辖区内14家单位、16个村病媒生物进行防治和密度监测，通过防治和密度监测，辖区内有关单位、村病媒生物密度均低于国家规定的指标。区卫生局投入3.5万元购置消杀药品，先后于7月、8月组织开展春、秋季统一灭鼠、灭蚊蝇、灭蟑活动。

2014 人口和计划生育

【概况】 禹会区人口和计划生育委员会是禹会区人民政府的工作部门，担负着全区计划生育等行政管理工作。以稳定低生育水平，提高出生人口素质为目标，加强人口和计划生育优质服务整体工作稳步推进。全面落实有利于人口和计划生育各项奖励优惠政策，通过全区人口和计划生育工作的不懈努力，实现了稳定低生育目标。禹会区的人口计生工作连续九年获得全市目标考核综合表彰；近3年连续被市政府授予“年度人口和计划生育工作先进区”称号，受到市政府表彰；2013年被国家卫计委授予“全国计划生育优质服务先进单位”称号，禹会区获“2014年度全省人口和计划生育工作先进区”称号，区计生委获省计生领导小组通报表彰。

【措施与机制】 区委、区政府高度重视人口和计划生育工作，多次召开专题会议，针对人口计生工作中的热点难点问题，听取人口和计生工作汇报，研究部署财政投入、利益导向、性别比综合治理等重点工作。区委、区政府主要领导多次深入基层调研指导人口计生工作，走访慰问计划生育家庭。全区实施人口计生目标管理责任制，将人口和计划生育工作纳入区对乡镇、社区、综合部门岗位目标考核，并根据实际情况进行动态管理，有力地促进了全区人口计生工作的转型发展。2014年先后出台《关于完善人口和计划生育利益导向机制的实施意见》《关于落实退休人员计划生育奖励政策的通知》等文件，制定《出生人口性别比综合治理工作实施方案》，使计生工作的难点热点问题得到解决，计生家庭的权益得到维护。

【计生宣传项目建设】 2014年以来全区大力宣扬计划生育政策法规，倡导科学文明的婚育新风，积极构建生育文化阵地。各乡镇、社区因地制宜，在基础条件较好的村（居），打造富有特色的新型生育文化园区，为社区居民营造温馨、舒适、合谐的环境，全区建成6个生育文化园区。秀水社区、张公山社区、喜迎门社区各新建一个“城市生活e站”，长青乡和马城镇各新建一个“幸福生活e站”，融生活服务、信息服务、帮扶救助等特色服务为一体，对居民提供生殖保健、就业指导、心理咨询、调解和网上阅读等多种服务。

【奖扶扩面关爱计生家庭】 2014年禹会区完善人口计生利益导向机制，完善配套政策，奖励标准提标、扶助人群扩面和特殊人群关爱实现新突破。全年为217名奖扶对象发放奖扶金21.7万元；为303名特扶对象发放奖扶金110.3万元；兑现独生子女保健费、退休人员一次性奖励金322.5万元；对奖扶人员提前到55周岁享受，奖扶扩面发放资金6.1万元；长效节育措施奖励兑现5.5万元；补贴城乡独生子女和农村双女户父母参加城乡居民社会养老保险金10.9万元。年内全区利用人口专项基金，共慰问计划生育贫困家庭96户，发放慰问金4.8万元；独生子女死亡的家庭，发放一次性抚慰金0.6万元，为303名特扶家庭成员免费办理计划生育特别扶助家庭综合保险，共3.03万元；为14户身患重病的计划生育家庭，发放一次性救助金4.2万元；为34户计划生育家庭中考上一、二、三本的大学生，发放助学金6.8万元；为9户与计生特殊家庭结对的计生困难家庭大学生发放助学金1.35万元。

【打击“两非”】 区计生委加强与区直各相关部门协调联动，在开展打击“两非”专项活动中，成立“禹会区出生人口性别比重点治理活动领导小组”，并结合全区实际，制定《禹会区出生人口性别比重点治理活动实施方案》，召开全区动员大会，全面部署重点治理工作。区纪委牵头，各相关部门抽调人员组成区“两非”案件专案组，区政府下拨专项经费开展工作。各乡镇、社区、区纪检监察、计生、卫生、公安、法院等部门密切配合，联手打击“两非”案件。年内全区“两非”案件共立案10起，结案10起，涉案人员11人，开除党籍3人，解聘2人，吊销护士资格证1人，罚没款6万元。全区出生人口性别比升高的势头得到有效遏制，呈现出稳中有降的势头。

2015 人口和计划生育

【机构设置与荣誉】 2015年5月，根据市委办公室、市政府办公室《关于印发〈禹会区人民政府职能转变和机构改革方案〉的通知》（蚌办〔2015〕25号）的要求，将原卫生局与原人口和计划生育委员会合并，更名为禹会区卫生和计划生育委员会。禹会区卫计委获得2015年“全省计划生育家庭发展能力建设工作先进奖”。2015年禹会区被省卫计委评为“安徽省卫生应急综合示范区”。禹会区被省卫计委评为“2015年度省级妇幼健康优质服务示范区”。禹会区卫计委获得“2015年蚌埠市卫生监督协管员技能竞赛集体二等奖”。

【医疗 医保 医药】 按省、市文件要求，出台《禹会区基层医疗卫生机构绩效考核办法》《禹会区完善村卫生室运行机制和村医保障政策实施方案》。完成符合“具有村医资质、从事村医工作10年以上、到龄从村卫生室退出的村医”条件的33名老村医每月300元的养老补助金的发放。解放军123医院、市传染病医院、海天医院对口支援马城卫生院，签订对口帮扶协议，改变基层医疗服务能力水平较低的现状。根据省、市卫计委文件精神，在全区推行村卫生室医疗责任保险机制，按照省财政出资1000元、区财政出资1000元、村卫生室自筹3000元的要求进行资金筹集。全区共有36家村卫生室自筹保险经费108000元，区财政出资36000元，共筹集144000元。按照《蚌埠市公立医疗卫生机构药品耗材设备集中采购实施办法》，禹会区以“区”为单位实行药品带量采购，区卫计委与4家中标药品供应企业签订配送协议。区属4家公立医疗机构分别与药品供应商签订药品购销合同，并与安徽省医药集中采购服务中心签订大型医用设备集中采购委托书。同时，加强村卫生室药品零差率销售监管，村卫生室药品实行网上集中采购，有效解决农村居民看病贵的问题。

【新农合】 全区共28052户，91384人参加新农合，参合率达113.77%，比去年提高1.5个百分点，筹资额人均480元。制定《禹会区新型农村合作医疗门诊统筹总额预算实施方案（试行）》，普通门诊由区合管站审核、报补，实行总额预算。同时，加强对新农合定点医疗机构的监管，年内督查医疗机构500余家次，查处违规医疗机构4家。

【公共卫生服务】 1. 城乡居民健康档案规范化电子建档217801人，建档率完成年度目标的101%，规范化电子建档率达81%；2. 适龄儿童免费计划接种一类疫苗72000剂次，接种65485剂次，接种剂次完成年度目标的91%。新接种总人数17862人，建卡3036人；3. 2015年孕产妇2011人，系统管理1700人，管理率85%，0~3岁儿童数6171人，系统管理5485人，系统管理率89%，0~6岁儿童数13402人，保健覆盖率97%；4. 65岁以上老年人计划规范管理21672人，实际规范管理22010人，完成年度目标的102%；高血压患者计划规范管理19715人，实际规范管理20153人，完成年度目标的102%；Ⅱ型糖尿病患者计划规范管理3310人，实际规范管理3727人，完成年度目标的113%；5.全区累计筛查发现患者923例，应筛查发现912例，完成任务的101%；6.传染病疫情、突发公共卫生事件信息报告率、卫生监督协管以区为单位覆盖率达到100%；7.中医药健康管理服务目标人群覆盖人数为2748人，管理2790人，完成年度目标的101%；8.禹会区卫生行政部门和基层医疗卫生机构全部使用“安徽省居民健康档案信息管理系统”，覆盖率达100%，健康教育完成规定的年度工作任务。

【妇幼保健】 建立健全区、社区、乡镇及村三级保健网络。全年孕产妇1825人，健康管理率100%。做好农村怀孕妇女及城市流动人口怀孕妇女叶酸发放工作。截至11月底完成叶酸人数909人，全年任务数870人，完成全年任务数105%。把“降消”项目工作日常化，对基层保健员定期进行业务培训，严格对乡镇卫生院妇产科进行监管，提高孕产妇的产前检查率、高危筛查率及住院分娩率，最大限度降低孕产妇死亡率和新生儿破伤风率。全年新入托幼儿1434人，入托前体检率100%。对40余所幼儿园儿童进行集居儿童体检；严格按照《托幼机构管理办法》要求对园内食堂、环境、保健室进行监管;对保健员进行培训，托幼机构卫生保健水平逐年提高。

【卫生监督】 卫计委定期对传染病疫情报告情况、医疗机构消毒隔离制度执行情况、医疗废弃物处理情况进行监督检查。全年现场检查医疗机构200余家次，对查出的超范围执业情况及非法执业情况近20家医疗机构下达停业整顿通知书，有效地规范医疗机构的执业行为。年内组织卫生监督员按照蚌埠市医疗机构专项整治方案对全区7家一级医疗机构、6家社区卫生服务中心、31家社区卫生服务站，38家村卫生室进行医疗质量、医疗安全等方面进行全面督查，最大限度地消除医疗隐患。按照《蚌埠市关于进一步加强医疗卫生机构依法执业监管工作的通知》文件要求，对未取得医疗机构执业许可证擅自开展诊疗活动的“黑诊所”进行查处，2015年共查处非法行医5起，核实取缔“黑诊所”4家，对辖区9家有“B超”的医疗机构进行了检查，有效制止“B超”胎儿性别鉴定行为。区卫计委承担辖区内公共场所、生活饮用水及学校卫生监管工作。全年接收130家公共场所和5家生活饮用水单位申请办理卫生许可证，核发100余家卫生许可证。对辖区已办理卫生许可证的423家公共场所、12家生活饮用水供水单位、27家学校完成日常监督检查。

【爱国卫生】 贯彻落实市爱卫会《关于开展2015年度卫生创建工作的通知》精神，区爱卫会召开卫生创建工作会议、部署2015年卫生创建工作。年内，区爱卫会复审省级卫生先进单位7家，申报省级卫生乡镇1家、省级卫生村3家、市级卫生先进单位3家、市级卫生村5家。

【疾病预防控制】 1.禹会区疾控中心全年共报法定传染病4087例，其中乙类传染病2146种，丙类传染病1560例，其他130例。无甲类传染病病例发生、无重大传染病暴发流行。2.全年累计报告艾滋病患者40例。全区管理患者36例(高新区管理4例)。积极开展艾滋病防治工作：共干预性服务者632人次，发放宣传资料3000多份，安全套2500人份。开展艾滋病病毒抗体检测咨询295人。3. 全区连续五年无疟疾病例。举行第七个“全国疟疾日”宣传活动。4.年内报告肠道疾病684例，并进行有效防控。5.根据《安徽省碘缺乏病监测方案》，区疾控中心完成对禹会区5所小学200名8~10岁儿童甲状腺触诊及对其中100名儿童尿样采集，完成全区100名中晚期孕妇尿样以及300户居民碘盐样本的采集工作，并与多部门合作开展“5·15”碘缺乏病防治宣传日活动，提高公民对食用碘盐防治碘缺乏病意识。

【流动人口服务均等化】 落实全国“一盘棋”和流动人口社会公共服务均等化。4月禹会区在扬州市邗江区成立驻邗江区流动人口协会，并在邗江区邗上街道开通“办证直通服务窗口”，群众无需返乡即可在当地办理一孩生殖保健服务证、生育证、流动人口婚育证明和独生子女光荣证。自“直通窗口”开通，办理流动人口婚育证明39件，一孩生殖保健服务证16件，二孩生育证2件，极大地方便了群众。

【“两非”整治】 由区纪委牵头，各相关部门抽调人员组成区“两非”案件专案组，开展出生人口性别比重点治理活动。区纪检监察、公安、法院等相关部门各负其责，全区各部门密切配合，综合治理，真正形成齐抓共管、综合治理出生人口性别比的工作格局。全区共立案10件，结案10件，其中主办案件9件，协办案件1件，突破大要案1件。涉案人员共18人，吊销医疗机构执业许可证1家，解聘3人，罚款4.5万元。

【优待计划生育女孩家庭】 一是对农村落实绝育措施的双女户给予不少于5000元的一次性奖励并免费办理意外伤害保险。二是对农村双女绝育户夫妻参加城乡居民社会养老保险的，在其个人选择缴费档次应享受政府补贴的基础上，每人每年再增加补贴35元；三是对农村双女家庭，参加新型农村合作医疗，由政府全部代缴个人缴费；四是将农村双女家庭列为家庭经济发展的重点扶持对象，在资金、技术、培训、信息、劳务输出等方面予以支持、优惠；五是落实计生女孩成才助学救助。对计划生育女孩家庭女儿考上三本以上高等院校时由人口基金提供2000元的学费资助。2015年，共为17名计生家庭女孩，发放助学救助3.4万元。

【落实优惠政策】 区委、区政府相继出台《禹会区人民政府关于完善人口和计划生育利益导向机制的实施意见》《进一步做好计划生育特殊困难家庭扶助工作的实施意见》《禹会区开展计划生育特殊家庭结对帮扶工作实施方案》等文件，完善人口和计划生育利益导向机制，依法落实各项奖励优待政策。2015年确认农村计划生育家庭奖励扶助对象227人，发放奖扶资金22.73万元；确认计划生育家庭特别扶助对象352人，发放扶助资金127.91万元；对参加城乡居民社会养老保险的计生家庭2406人，累计发放计生特殊补贴10.02万元；为9129人次发放独生子女保健费184.61万元；为43位长效节育奖励对象发放奖励金0.83万元；为4名失能半失能计划生育特殊家庭对象发放养老护理补贴4800元。

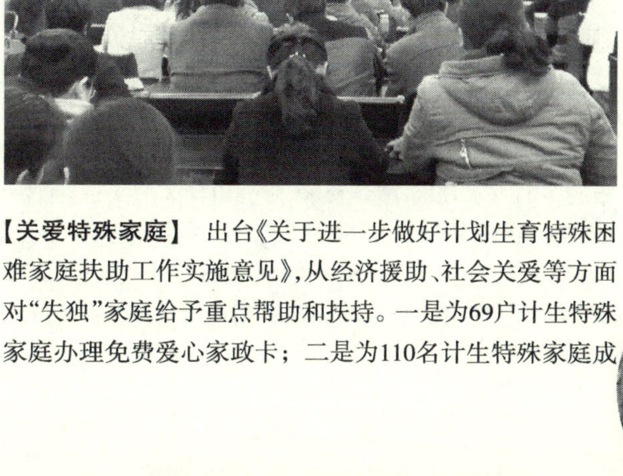

【关爱特殊家庭】 出台《关于进一步做好计划生育特殊困难家庭扶助工作实施意见》，从经济援助、社会关爱等方面对“失独”家庭给予重点帮助和扶持。一是为69户计生特殊家庭办理免费爱心家政卡；二是为110名计生特殊家庭成

员免费办理爱心理发卡；三是为2名计生特殊家庭第三代中3~6岁幼儿开展户外拓展训练；四是为17名65岁以上计生特殊家庭成员办理免费乘车卡；五是为9户60岁以上的农村计生特殊家庭提供生活必需品，委托暖心女儿和村干部定期上门照料；六是为38户60岁以上城市计生特殊家庭购买500元就诊卡，方便到市第一人民医院就诊；七是对计划生育手术并发症人员按照“三项制度”要求，及时纳入特扶，并在扶助金标准上按国家标准给予翻番补助，逢年过节均给予慰问。2015年，全区共确认计划生育手术并发症人员6人，发放扶助资金1.44万元。

出台《禹会区家庭医生责任制工作实施方案》及《关于做好老年人、慢性病人健康体检工作的通知》，规定对计生特殊家庭成员建立健康档案，每年一次健康体检，进行个人健康状况评估及制定个性的健康规划，发放健康教育资料，开展健康教育讲座，并且每年不少于4次提供上门健康咨询和指导服务等。2015年7月9日，禹会区为全省特殊家庭关怀救助工作经验交流会提供2个现场观摩点，其中大庆社区的暖心女儿志愿者服务队和锦绣社区的爱心储蓄银行经验做法受到省领导和兄弟县区的高度评价。

民族宗教

【概况】 2014—2015年，区民宗局深入学习领会党的十八大、十八届三中、四中、五中全会精神和习近平总书记系列重要讲话精神，以深入开展“三严三实”专题教育为契机，认真贯彻落实区委、区政府决策部署和市民族宗教工作会议要求，围绕中心，服务大局，凝心聚力，狠抓落实。民族工作紧扣“共同团结奋斗、共同繁荣发展”主题，深入开展民族团结宣传教育和民族团结进步创建活动，全面推进民族团结进步事业。宗教工作围绕“构建和谐社会、促进宗教和睦”目标，加强党的宗教政策法规宣传力度，依法管理宗教事务，大力加强宗教团体自身建设，积极引导宗教与社会主义社会相适应。全区民族团结、宗教和顺的良好局面进一步巩固，为全区经济社会全面发展营造了良好社会环境。

【民族团结进步宣传月】 2014年9月，民族团结进步宣传月启动，活动围绕“共同团结进步，共同繁荣发展”的主题，全面开展各项活动，按照宣传教育“六进”要求，努力把活动触角深入到社区、深入到乡村、深入到企业。在区少数民族较多的秀水社区、迎淮社区、张公山社区的街道两侧悬挂宣传条幅，主要街道、车站开展政策法律咨询，在公园、广场发放宣传资料，广泛宣传党的民族方针政策，大力营造全区民族团结进步的浓厚氛围，把宣传教育与各族群众喜闻乐见的活动结合起来，增强宣传教育效果。

【民族团结进步创建】 2014年，区辖秀水社区荣获蚌埠市“民族团结进步之星”的集体荣誉称号；2015年，区辖张公山社区荣获蚌埠市“民族团结进步之星”的集体荣誉称号。坐落于辖区的少数民族体育协会的会长刘俊江2014—2015年连续两年被市民委授予“民族团结进步模范个人”荣誉称号。2015年9月19日，区民宗局协办了蚌埠市“民族团结杯”首届少儿传统武术锦标赛，共有18支代表队200余名武术爱好者参加比赛，活动有力促进了各民族间的交往交流交融，使“三个离不开”思想深深扎根于各族少年儿童心中，同时对传承少数民族传统武术、加快发展民族体育事业起到了积极的推动作用。

【宗教政策法规学习月】 广泛开展以“国法与教规的关系”为主题的“宗教政策法规学习月”活动在6月启动，区民族宗教部门制发《宗教政策法规学习月活动方案》，组织了一系列主题鲜明、内容丰富、形式多样的活动，广大信教群众尊法学法守法用法意识进一步增强，一致认为国法高于教规，要坚持正信正行，在法律法规允许的范围内开展宗教活动，正确运用法律武器维护自身权益，依法表达合理诉求，自觉抵制利用宗教进行的非法活动，反对邪教、抵制极端、防范渗透，进一步促进全区宗教和睦、社会和谐稳定。

【宗教主要教职任职备案】 区民宗局把宗教活动场所主要教职任职备案工作作为加强宗教基础性建设的重要工作来抓，召开专题会议部署，制定工作方案，确保专项工作顺利推进。组织开展宗教场所实际教务负责人调查摸底工作，确保宗教场所主要教职人员和实际教务人员信息资料更加完善，底数更加清楚，宗教基础工作更加扎实。按照《蚌埠市宗教场所主要教职任职备案工作实施方案》，明确备案的范围、程序、方法、资料、要求等详细内容，保证在备案过程中做到有章可循、有据可依，确保宗教教职人员认定，备案工作规范有序地开展。经过区局的努力，全区13处宗教活动场所主要教职完成备案，备案完成率100%，实现了主要教职制度化、系统化、网络化的动态管理，为规范宗教活动场所的管理、维护正常宗教秩序奠定了基础。

【和谐寺观教堂创建】 严格按照蚌埠市“和谐寺观教堂”创建管理办法和评分细则将活动场所建设、教职人员队伍建设等工作有机结合起来。区辖钓鱼台基督教堂的陈波牧师入选安徽省百名培优对象。举办多次宗教代表人士培训班，通过谈话谈心、学习交流、述职总结等一系列活动，取得了一定的成效，受到了宗教界的好评。

乡镇　社区

- 长青乡
- 马城镇
- 涂山风景区管委会
- 朝阳社区
- 秀水社区
- 迎淮社区
- 张公山社区
- 金域社区
- 大庆社区
- 锦绣社区
- 钓鱼台社区
- 喜迎门社区

2014 长青乡

【概况】 禹会区长青乡地处城乡结合部，总面积36平方公里，人口3.3万，耕地面积15068亩，下辖11个行政村。长青乡地理位置优越，北靠千里淮河，南接合徐高速公路出入口，西邻天河黑虎山景区。206国道穿境而过，7条城市主干道交汇贯通，构成了独特的"两纵五横"交通网络。"千里淮河第一港——蚌埠新港"坐落在长青乡境内。长青乡被评为"安徽省特色产业集群乡镇"。

2014年，全乡上下在区委、区政府的坚强领导下，按照"争创省级卫生乡镇、打造美好乡村、建设幸福长青"的总要求，实施"四个主题，五个重点、六化同步"重大战略，完成十三届人大三次会议确定的各项任务。实现财政收入1.1亿元，完成预算155%，同比增长54.6%；固定资产投资15.23亿，完成全年目标任务的108%；招商引资11.53亿元，同比增长49.4%。深入开展党的群众路线教育实践活动，开展"办公用房整治、超标配备公车整治、奢华浪费建设整治以及小四风整治"等9项专项整治。圆满完成基层换届选举工作。

【工业经济】 完成工业固定资产投资5亿元，占全年总投资的32.9%。全乡拥有天地重工、行星工程机械、意力亚液压传动设备、通达汽车零部件等12家规上企业，产值200万元以上的制造企业近百余家，其中通达汽车零部件入选全市首批市级工业设计中心。占地约1000亩、总投资20.8亿元的冠宜箱包制造基地投产。总投资1.4亿元的安宇乳胶项目、总投资5亿元的安徽安银金融机具项目在建设中。总投资8亿元的祥兴箱包二期、总投资1.5亿元的冠宜铝型材项目、总投资1.2亿元的安徽徽泰智能电气控制柜项目签约待建。神州建材、金辰建筑、金铭玻璃器皿等一大批中小企业在本乡落户。

【农业经济】 一是森禾花卉苗木基地、天河周边农林果蔬基地辐射带动周边周蔡、三尖塘等村积极引进花卉苗木良种进行小户种植，花博园发展成为皖北花卉观赏旅游品牌，"产—供—销—游"一体化产业发展脉络逐渐清晰。二是改善农田水利设施，清理淮河河道周边石块、砂石150万方，新建和维修灌溉站3座，完成石巷泵站提升改造。发放良种、农资等各类奖补200余万元，全乡小麦、水稻、大豆作物全部参保，并及时兑现受灾作物理赔，能繁母猪参保率100%。三是皖酒集团集中流转西朱村土地1500余亩，对石巷村已流转土地及土地资源存量全面复核入库，全乡新增土地流转面积近3000亩。推进农民专业合作组织。开展各类农技培训近百场，参培2000余人。

【三产运营】 全年完成服务业税收7604万元，增长110%。一是禹通物流园入驻企业达285家。省"861"重点建设项目新港二期工程正式运营，结束淮河无集装箱码头的历史。二是在区级天河文化旅游古镇、涂山景区改造、淮河闸景区建设项目的辐射下，天歌园艺、禹王农业、大禹文化产业园等不断壮大，宗洼"月亮湾"生态休闲项目签约待建，大学生创业项目等一批小微个体涌现。三是总投资6亿元北师大附属学校项目建成招生；总投资1亿元的恒大驾校项目签约待建；房地产业大禹家园项目在建。

【招商引资】 编制《招商引资目标任务分解表》及《外出招商计划表》，与各村签订《招商引资目标责任书》，重新编制《长青乡招商引资宣传册》，谋划重点项目24个。开展"招商引资攻坚百日会战活动"，组织3批次十余人次前往江浙沪鲁等地招商。坚持以商招商，依托华禹物流商会等企业自治组织，聘请全乡大型企业负责人等10多名能人作为招商顾问，广交朋友，增进友谊，吸引投资。全年新签5亿元以上项目1个（安徽安银金融机具），亿元以上项目5个，储备工业升级、现代农业、文化旅游意向项目10余个。

【建设与管理】 一是顺利完成征地拆迁项目6个，动迁1806户，拆迁面积20余万平方米，交付净地1282亩。其中新东王及六公里两个项目分别作为市级大建设项目观摩示范点。二是累计拆除违建200余处，面积10万余平方米。三是老贯徐一期安置房全面竣工，586户居民回迁新居。四是开展“三线三边”环境整治，刷白路边墙体、种植树木、清除道骑广告，清运生活垃圾、清理草垛、清运河砂清除违建等。五是每月文明创建考核，实行常态巡查管理、集中行动整治。六是加大乡财政支持，组建保洁队伍，健全“组保洁、村收集、乡转运”的垃圾收运体系。七是做好午季、秋季秸秆禁烧，组建乡、村、防火站三级防火队伍，实行“人、技、物”联防。八是造林绿化，春秋二季造林3000多亩。荣获全市“造林绿化先进集体”称号。九是全面取缔淮河河道南岸非法砂石经营户，预防水土流失保护母亲河；规范黑虎山水库、石巷水库、许庄水库周边禽畜养殖户，减少排污，提高村民环保意识。

【社会服务保障】 建立统筹城乡的基本养老和基本医疗保险制度，实现社会保险制度全覆盖。转移农村劳动力202人，新增城镇就业人数556人，就业困难人员实现再就业人数38人。严格执行计划生育政策，完善计划生育利益导向机制，人口自然增长率为6.32‰。扎实推进为民服务“125工作法”落实，全乡投入60多万元，整改场所2000多平方米，为全乡11个农家书屋新配备图书千余册。成功配合举办第三届郁金香花展和第二届蚌埠花博会，吸引游客近百万人次。开展迁户分户，初步审核1500余户。实现政务服务零距离，政府热线、OA电子政务、微信政务服务模式逐步多样化、信息化。全年化解征地拆迁矛盾纠纷50余起，消化涉法涉诉案件2起，办结法律援助案件22起。普查企业140余家，8家规上企业实现安全生产标准化。

2015

长青乡

【概况】 2015年，全乡上下在区委、区政府和乡党委的坚强领导下，在乡人大的监督指导下，凝心聚力、奋力攻坚、开拓创新，全力推进经济社会各项事业发展，实现财政收入1.25亿元，完成预算100%，增长14%；固定资产投资15.17亿元，完成全年目标任务的101.1%；招商引资到位资金10.1亿元，超额完成全年目标任务，各项经济指标均居全区首位。

【工业经济】 全乡拥有晶辉玻璃、恒升日用品等41家规上企业，其中通达汽车零部件公司跃升省级工业设计中心。年内总投资5亿元的安银金融机具项目建成，总投资8亿元的祥兴箱包二期项目加快推进，总投资1.2亿元的智能电气控制柜项目签约，总投资6.5亿元的鸿泰新能源设备项目成功签约。总投资5亿元的禹会小微企业产业园即将投入使用，行星工程机械公司新三板挂牌前期准备，鑫通电力成套设备、金河建筑安装工程等中小企业生机勃发。

【农业经济】 总投资50万元的石巷、三尖塘、西朱等村水渠改造工程基本完工，总投资120万元的黑虎山、石巷水库除险加固项目稳步实施。发放良种、农资及公益事业等各类财政奖补150余万元，全乡小麦、水稻、大豆作物全部参保，并及时兑现受灾作物理赔。农村土地确权登记试点工作全面启动，许庄、三尖塘、西朱等7个村完成外业测绘1.78万亩。推进土地规模化经营，皖酒集团等企业集中流转土地近2000亩，新增土地流转面积近3000亩。宗洼村禹顺合作社规模不断壮大，周蔡、三尖塘村花卉苗木产业合作社筹划成立。全乡农民人均年纯收入突破万元。开展造林工程，造林面积2987.6亩，被评为省级森林城镇。

【三产运营】 年内新增运输企业15家，实现税收600余万元。占地8.8万平方米的蚌埠新港二期配套工程投入使用；禹通物流园二期建设加快推进；兑现运输企业“营改增”及老税制奖励共4924万元。森禾花卉苗木基地、天河周边农家乐餐饮、果园采摘、民俗旅游产业兴起，禹王农业被评为“省级农业产业龙头企业”。

【建设与管理】 完成安徽财经大学商学院、蚌埠闸南侧景观改造、兴中路西段等征迁项目12个，动迁423户，拆迁面积15万平方米，交付净地890亩。其中，老贯徐安置房三期、三水厂周边环境整治、禹会区全民健身中心等3个项目作为市级大建设项目观摩点。开展全国文明城市创建和争创"安徽省卫生乡镇"工作。投资100万元，对东海大道、涂山西路等4条主干道及长青南路、友谊路等4条次干道的围墙进行维修、刷白，安装各类公益广告340块，墙体彩绘76块，大型宣传横幅9条，主次道路形象明显提升。投资200万元对宋滩小区环境进行综合整治。对龙禹农贸市场、长乐路周边等重难点区域，开展市容环境专项整治。累计拆除违建50余处。做好午季、秋季秸秆禁烧，全年全域零火点。开展淮河河道及周边环境整治专项行动，取缔非法砂石经营户，依法拆除采砂船15艘。

【服务民生】 建立统筹城乡的基本养老和基本医疗保险制度，实现社会保险制度全覆盖。全年转移农村劳动力180人，新增城镇就业人数230人，就业困难人员实现再就业人数42人。为离任村干部、乡村退出医生、农村原民办教师、农村籍退役士兵等300余人发放生活补助。发放优抚、救济、低保资金831.17万元。老贯徐一期安置房580户居民回迁新居，全乡低收入住房困难家庭首批52户享受实物配租。引入海亮地产新型农贸市场，保障周边居民日常生活的消费需求。按照"一场、二堂、三室、四墙"的标准，打造长青乡综合文化体育站，为全乡11个农家书屋增配图书千余册。全年计生办证432例。

【综合治理】 扎实推进"平安长青"建设，年内多部门联合调解矛盾纠纷550件，成功率达到99%。开展信访积案化解攻坚月活动，积案化解率达90%以上。实施"铸安"行动，强化危化品、消防、燃气等领域隐患排查，排查企业单位74家，整改率达100%。

【民主法治建设】 全面梳理乡镇行政权力，公布行政清单和责任清单175项。办理人大代表议案、建议21件。加快法治政府建设，聘请法律顾问，依法处理各类诉讼案件7件。执行"八项规定"，"三公"经费支出压缩20%。

2014 马城镇

【概况】 2014年，马城镇上下在区委、区政府的坚强领导下，在镇人大的有力监督和大力支持下，认真学习贯彻党的十八届三中、四中全会精神，主动适应经济发展新常态，以经济建设为中心，以民生改善为重点，以加快发展、富民强镇为目标，依托区位优势、资源优势、产业基础和区划调整带来的新机遇，团结带领全镇广大党员干部群众，开拓创新，与时俱进，各项工作都取得较大成绩。

【经济建设】 2014年，全镇实现地区生产总值55亿元，同比增长5.77%；财政收入4208.22万元，增长14.54%。固定资产投资11亿元，增长52.78%；社会消费品零售总额2.2亿元，增长15.79%。城镇居民人均可支配收入增长3731元。农民人均纯收入9654元，增长10.87%。

【招商引资】 全镇干群解放思想，强化措施，真抓实干，积极打造招商引资平台，优化发展环境，全方位招商引资，大力发展工业经济。全镇上下形成"人人都是招商环境、事事关系马城发展"的共识，牢固树立"投资者是上帝、引资者是功臣，破坏招商引资者是罪人"的理念，努力营造亲商、安商、富商的良好氛围，以优良的环境、丰富的资源诚招广大客商。年内与投资1.2亿元山东临沂通佳工程机械有限公司完成签约，恒天集团总投资2.5亿元的马城货运码头项目落地，三江股份、方园机电、建筑产业园等投资项目即将落地。

【农业经济】 全镇耕地面积9.5万亩，2014年粮食总产量4.23万吨。全镇流转土地面积4.23万亩，涌现一批种粮大户。受益面积2.87万亩的高标准农田项目全面建设中。新增金海种业、孔津湖农业开发等市级以上农业产业化龙头企业15家。龙达农业、鸿恩草鸡等47家农业合作社规模壮大。孔津湖泥鳅等农产品参与农交会，远销海内外。全年新增植树面积2500亩。小麦“一喷三防”实现全覆盖，农业增收增效成果显著。

【马城新区建设】 马城镇(含天河科技园)总体规划获批。环境整治成效显著，实施大洪山封山治理，严打非法采石、采砂，取缔大洪山林场境内26家采石破碎场，拆解采砂船60条，保证淮河水道安全畅通。安置房建设扎实推进，20万平方米马城新村建设规划通过评审。防控违工作取得一定成效，区、镇、村三级巡查督查网络形成，日报告、周点评、月考核机制逐步建立，有效遏制违建的势头。畅通工程全面实施，206国道一级公路建设征迁工作全面启动。总投资近1500万元的马孝路、广德路两条道路主体完工。马城公交枢纽完成选址，新区污水处理、供水、供气、雨污排涝等综合配套专项规划编制完成。

【综合治理】 坚持把社会管理综合治理工作作为“保稳定、促发展”的重要政治任务来抓，建立镇治安巡防大队和村治安巡逻小分队，坚持夜晚治安巡逻，有效地减少各类案件的发生，确保重点项目的顺利实施。做好信访稳定工作，实行领导班子成员带班接访和带案下访制度，畅通信访渠道，全面开展矛盾纠纷排查调处工作，妥善处理群众来信来访，把矛盾化解在萌芽状态，维护社会稳定。严格执行《信访条例》有关规定，建立经常性信访工作机制，有效地解决了征地、拆迁、特殊群体及信访老户的诉求。严格落实安全生产责任制，强化全民安全意识，有效地防止安全生产事故的发生。

【社会事业】 做好老龄、妇女、儿童等社会事业工作，全镇小学适龄儿童入学率达100%，初中入学率达99%。强化青少年思想引领工程，切实维护青少年合法权益。疾病防控体系建设初步建成，医疗卫生条件不断改善，新型农村合作医疗工作扎实推进，广大农民因病致贫及时救助问题得到基本解决，农民普遍参加新农合。城乡居民养老保险续保和扩面工作取得突出成效，受到上级业务部门的肯定。圆满完成第三次全国经济普查。群众性文化体育活动丰富多彩，成功举办马城第二届广场舞比赛，非物质文化遗产花鼓灯保护工程通过国家级验收，禹会禹墟遗址得到专家认证。马城镇被省文化厅命名为“安徽省民间文化艺术之乡”。城乡居民享有最低生活保障。村民自治和村务公开得到落实，圆满完成村两委换届工作。殡改、移风易俗得到群众支持参与。设立马城镇为民服务中心，为居民提供劳动保障、医疗卫生等12类53项便民服务。人口与计划生育工作更加规范。

2015 马 城 镇

【概况】 2015年，马城镇上下在区委、区政府的坚强领导下，在镇人大的有力监督和大力支持下，认真学习贯彻党的十八届三中、四中、五中全会精神，主动适应经济发展新常态，以经济建设为中心，以民生改善为重点，以加快发展、富民强镇为目标，依托区位优势、资源优势、产业基础和区划调整带来的新机遇，团结带领全镇广大党员干部和群众，开拓创新，与时俱进，各项工作都取得较好成绩。

【经济建设】 全年实现地区生产总值58.5亿元，同比增长6.3%；财政收入3304.89万元。固定资产投资10亿元，增长15.2%；社会消费品零售总额3.8亿元，增长21.67%。城镇居民人均可支配收入增长2346元。农民人均纯收入12000元，增长24.3%。全面完成年初确定的各项工作任务，实现“十二五”完美收官。

【招商引资】 全镇干群积极打造招商引资平台，优化发展环境，全方位招商引资，形成“人人都是招商环境、事事关系马城发展”的共识，牢固树立“投资者是上帝、引资者是功臣，破坏招商引资者是罪人”的理念，完善上年度与投资1.2亿元山东临沂通佳工程机械有限公司签约后续工作，恒天集团总投资2.5亿元的马城货运码头项目继续落地的实施，三江股份、方园机电、建筑产业园等投资项目完善落地前工作。

【农业经济】 全镇耕地面积9.5万亩，2015年粮食总产量4.66万吨。全镇流转土地面积4.67万亩。总投资1435万元的马城高标准农田建设项目圆满竣工。新增鲲鹏农业科技有限公司、农兴农业现代农业专业合作社等市级以上农业产业化龙头企业8家。劲隆农业科技有限公司、鸿恩草鸡等47家农业合作社规模壮大。孔津湖泥鳅等农产品参与农交会，远销海内外。总投资200万元2015年度小型农田水利提升改造项目工程，涉及白衣、梅姚、胡圩、孝仪、西程、黄郢等村，项目工程已完成70%。全年新增植树面积800亩。小麦"一喷三防"实现全覆盖，农业增收增效成果显著。

【马城新区建设】 环境整治成效显著，实施大洪山封山治理，严打非法采石、采砂，加大对大洪山林场巡查力度，有力的打击采石现象，拆解采砂船40条，保证淮河水道安全畅通。安置房建设扎实推进，总投资8.5亿元的马城新区安置房项目开始土地报征。建立大洪山林场非法采石综合治理联动机制，非法盗采行为得到遏制。防控违工作取得一定成效，区、镇、村三级巡查督查网络已经形成，日报告、周点评、月考核机制逐步建立，有效遏制了违建的势头。畅通工程全面实施，206国道改造提升项目开工建设，马孝路改造工程、广德路改造工程全面竣工，11条乡村道路改造项目正在施工，马城自来水厂建设项目开工建设，马城快速公交枢纽项目完成土地征迁。总投资8.5亿元的马城新区安置房项目即将开始土地报征，马城新区呈现基础设施全面铺开、产业项目加速推进、产城一体融合不断加快的景象。

【综合治理】 建立镇治安巡防大队和村治安巡逻小分队，坚持夜晚治安巡逻，有效地减少各类案件的发生。认真做好信访稳定工作，实行领导班子成员带班接访和带案下访制度，畅通信访渠道，全面开展矛盾纠纷排查调处工作，妥善处理群众来信来访，把矛盾化解在萌芽状态，维护社会稳定。严格执行《信访条例》有关规定，建立经常性信访工作机制，有效地解决了征地、拆迁、特殊群体及信访老户的诉求。严格落实安全生产责任制，强化全民安全意识，有效地防止安全生产事故的发生。

【社会事业】 马城地区学校改扩建工程稳步推进，张湾小学教学楼启动建设，梅姚小学、塘底小学、花郢小学教学楼开工建设。小学适龄儿童入学率达100%，初中入学率达99%。2015年度马城镇农村饮水安全工程涉及全镇12个行政村，惠及人口4.91万人，11月30日实现供水。疾病防控体系建设已初步建成，医疗卫生条件不断改善，新型农村合作医疗工作扎实推进，广大农民因病致贫及时救助问题得到基本解决，农民参合得到普及。城乡居民养老保险续保和扩面工作取得突出成效，受到上级业务部门的肯定。群众性文化体育活动丰富多彩，非物质文化遗产花鼓灯保护工程通过国家级验收，禹会禹墟遗址得到专家认证。扎实开展午秋两季秸秆禁烧工作，再次实现"零火点"目标。城乡居民最低生活保障全面实现。设立马城镇为民服务中心，为居民提供劳动保障、医疗卫生等12类53项便民服务措施。

2014

涂山风景区管委会

【概况】 涂山风景区位于蚌埠市东海大道西段，与怀远县接壤，雄踞两山三河，即涂山、荆山、涡河、天河和淮河，面积40平方公里，辖区人口1.3万人，辖7个村1个场。交通极为便捷，302、303、311等公交车穿越境内。早在4000多年前大禹就在此劈山导淮，召会诸侯，娶妻生子，成为中华文明的发祥地之一。1987年，涂山风景区被安徽省政府批准为省级风景名胜区。景区物华天宝，人杰地灵，自然风光秀美，名胜古迹繁多，山上景点有禹王宫、启母石（望夫石）、台桑石、圣泉、白狐洞等50余处；山下景点有国家AAAA级旅游风景区禾泉农庄和蚌埠市花博园等10余处；民俗文化有被誉为东方芭蕾的花鼓灯和每年祭祀大禹治水的涂山庙会等；景区植被类型众多，万亩九州名果涂山石榴享誉全国。

【机构设置】 涂山风景区管委会是禹会区政府派出机构，为副县级参公事业单位，内设机构有综合科、资源管理科、社会事务科、市场开发科。管委会的主要职责是对景区范围内的建设、开发和经营活动实行管理、监督以及辖区的社会事务管理等，涂山风景区机关编制16人，其中1名副处级、3名正科级、4名副科级，8名工作人员，现有行政编制人员13人。

【经济建设】 加大征管力度，积极协调配合税务部门摸排税源，应收尽收；积极引进税源，培植税源，筑巢引凤，提高税收增长点。全年完成财政收入1800万元，超额完成全年财政收入任务。招商引资工作取得新进展，新签约项目3个，协议资金总额4.6亿元；在谈项目4个，意向总投资10.6亿元；完成固定资产投资8.1亿元；民营经济全面、稳定、有序发展。

【民生工程】 农民参加新农合共12684人，参合率达到99.69%；参加城乡居民养老保险7370人，参保率达96%；享受农村低保补助231户、431人，共发放救助资金36万元；享受大病救助28户、76人，发放补助资金8.05万元；发放重度残疾人特别救助金和一户多残生活补助84762元，近60名贫困残疾人受益；冷水村、杜郢村等发动群众筹资80万元，修建村级公路3公里。争取项目资金40多万元，上洪村三处村道与东海大道连接工程得到妥善修复。争取危房改造资金，10户危房待审核批准。

【综合治理】 坚持“打防结合、预防为主、专群结合、依靠群众”的工作方针，开展严打整治，加强基层基础建设，做好矛盾纠纷的排查调处，构建社会治安防控体系，社会治安状况保持平稳态势。投入30多万元新建综治信访维稳工作中心和7个村级综治维稳信访工作站，健全各项软件资料，选派3名同志集中办公，建立夜间治安巡逻制度，群众的安全感和幸福指数不断提升。落实《禹会区开展“信访积案化解绩效年”活动实施方案》，集中解决风景区疑难复杂信访问题，实行联系村干部走访工作日志上报制度，有效摸排各类不稳定因素，信访形势保持稳定。

【文明创建】 一是集中整治东海大道和206国道并坚持常抓不懈，道路景观明显改善。二是抓好美好乡村建设，拆除临时搭建物，清理垃圾杂物，修建下水道，整修路面，新修水泥路，安装太阳能路灯60盏，栽植绿化树木400棵，安装健身器材等。三是在广场、路口设立文化墙400多平方米，倡导文明新风尚；开展好婆婆、好媳妇、好儿女、十佳文明卫生户、十佳文明经营户评选活动。四是对禹王宫及周边环境进行整治，建立清扫保洁长效机制。五是加大防控违宣传力度，实施网格化管理机制，班子成员包保到村，国土、行政执法队员驻扎到村，村两委干部包到小组，责任明确到人；实行缴纳风险保证金制度，班子成员，国土、行政执法队员，村两委干部共缴纳保证金；坚持三级巡查制度，区、村及国土、行政执法队员三级防控违队伍进行全天候不间断巡查。在巡查中当场制止违法建筑42起，先后组织力量拆除违建面积2900余平方米。六是按照市三线三边集中整治工作任务对东海大道及206国道沿线全面开展“四清一种”行动，清理垃圾1800吨；清理违建16处，面积1360平方米；清理及平整人行道边绿化带1300米；清理东海大道路边残墙断壁约300平方米；维修破损墙体（墙体找皮）140米；建档工墙150米，种植绿化树木长1.5公里；G206国道两边树干刷白1000余棵。

【社会事业】 开展岗位对接专项活动，实施就业援助；完善就业再就业培训机制，提高劳动者的就业技能；做好小额贷款的调查，申报工作，共申报9户，72万元，实施全民创业工程，以创业促就业。2014年城乡居保参保人员7370人，完成目标任务的97%，接收企业退休退管人员182人，办理就业失业证97人，再就业140人，完成目标任务97%，劳动力资源调查录入农村6508人，城镇67人，完成目标任务。城乡低保按照审核审批程序进行增减，减12户27人，增31户39人，每月按时发放。五保户院外69人、院内2人，资金每季度发放一次。农村医疗救助享受24户、24人，发救助金44117元。

【安全生产】 安全生产和森林防火坚持日常监管巡查、责任追究制度。开展安全生产“打非治违”工作。开展“预防粉尘爆炸安全”专项整治和用人单位职业卫生调查统计活动，本年度辖区未发生大的安全生产和森林火灾事故。

【基层组织建设】 一是扎实推进党的群众路线教育实践活动，活动中合力解决群众面临的实际问题23件。二是结合农村基层党建的实际，创新党员教育管理模式，强力推行党员集中活动日制度。深入开展“1365”工程和“125”工程，积极推进服务型党组织建设。三是加强村级财务监督，圆满完成116名离任村干部的审计。四是加强村级活动场所建设，下洪村活动场所年久失修，争取10万元维修资金，改善村级办公条件。

【党风廉政建设】 修订机关干部学习制度、上班签到制度、值班制度、包村责任制度等，实现机关工作正常化、规范化。组织全体机关干部和区直部门干部学习贯彻中央八项规定精神和省纪委十条禁令。管委会与7村1场、8个区直部门单位签订《涂山风景区2014年党风廉政建设目标责任书》。抓“三务”（党务、政务、村务）公开促惩防体系建设，抓村级管理（整合纪检小组、村务监督委员会、村务公开监督小组、民主理财小组“四支队伍”，培育村级监督主体，加强村级民主管理）促民主建设。全年共查办信访案件5起，立案3起，处理干部3人。

【项目建设】 1.禹都·新天地12月份开工建设，项目为蚌埠市第一批新型城镇化建设项目之一，利用国开行贷款，总投资约7亿元，总用地约150亩，规划建筑面积32.4万平方米，主要用于陈郢新型城镇化建设及东海大道周边环境整治征迁需要。项目一期占地约90亩，建筑面积17.2万平方米，前期共完成投资约1200万元。2.蚌埠西出口四个安置区总建筑面积7.6万平方米，总投资约1.2亿元。截至年底，陈郢新村、冷水新村、上洪新村、涂园新村交付，完成回迁安置近500户居民。3.东海大道西段环境综合整治征迁涉及四村一场，需征迁居民822户、3150人，房屋15.8万平方米。年底，三个拆迁项目已签协议718户；已经拆除房屋673户，10万平方米，基本完成征迁任务。4.朝禹路至观景平台绿化景观项目总投资900多万元，道路全长2500米。完成流转土地55亩，拆除民房2户和企业2家，拆除房屋面积500平方米，确保绿化工程的顺利实施。

【农林水利】 一是全面完成400亩的植树造林任务，完成率100%；二是天河堤坝（韩郢村）的加固工程竣工；三是森林防火没有发生大的火情，基本实现区政府的目标任务；四是准备2万条编织袋，20立方米木材，100立方米石块和100立方米黄砂，全面完成区政府下达的防汛任务；五是组织农业技术人员开展技术服务，按要求完成“一喷三防”等田间管理任务。六是秸秆禁烧夏秋两季未发生一处火点。

【全国第三次经济普查】 配合做好全国第三次经济普查。涂山风景区共摸底单位2763家，其中：法人单位83家，产业活动单位20家，个体户2660家，普查完成量居于全区前列。

2015 涂山风景区管委会

【概况】 2015年，涂山风景区党工委、管委会在禹会区委、区政府的正确领导下，创新工作思路，端正工作作风，以扎实的工作态度开展各项工作，促进经济社会平稳发展。

【基层组织建设】 强化管理，打造“负责任、高效率、居一流”的干部队伍。针对五个场所面积未达标准的村进行实地调研，年底涂山村级场所主体完成大半，上洪、下洪村级活动场所开工建设，韩郢村活动场所即将开工。坚持“125”工作法，党工委定期对各村干部在岗情况、村级重大事项“四议两公开”落实情况、村情公示发布会议、村级党务、财务公开情况及重点工作落实情况督查并公示，对督查情况不好的村和村干部及时进行约谈，责令限期整改。发展经济，全力消除集体经济“空白村”。全面开展结对共建，以“三结三联三服务”为契机，开展形式多样的共建活动。

【重点项目建设】 1.禹都·新天地项目一期占地约90亩，建筑面积17.2万平方米；项目二期占地约60亩，建筑面积15万平方米。本年度项目一期13个单体开工，其中幼儿园已封顶，其他单体正在进行主体施工。项目二期图审正在进行。2.大禹文化旅游中心区项目施工图设计已完成，施工招标已落实，部分设施设备已预订制作。山上部分涉及的环山公路、停车场、供水泵站、工程用电已经全部完工，山下部分土地丈量、附属物登记、征迁补偿方案已经完成。3.涂山风景区环山道路及沿线石榴观光采摘旅游园项目办理立项手续、环评手续、国土部门用地预审、建设项目选址意见书。4.天河湿地休闲度假区项目完成概念性规划。5.蚌埠市禹会区休闲农业示范园项目已经怀远县发改委立项。已修建入园道路1000米，上山道路3000米，防火隔离墙2000米，蓄水池8个，栽植石榴、山楂、银杏等苗木38万余株。

【征迁控违】 征迁：1.东海大道西段环境综合整治项目（包括陈郢村、冷水村、上洪村、下洪村及涂山园艺场）涉及征迁户925户，征迁面积15.5万平方米；2.兴中路道路征迁项目（陈郢村）涉及征迁户42户，征迁面积5929.82平方米；3.206国道扩建项目（包括韩郢村、冷水村）涉及征迁户44户，征迁面积4584.35平方米。年底，三个项目进入扫尾阶段。控违：风景区年初制定防控违工作实施方案，建立“五项机制”：实施网格化管理机制、坚持四级巡查和检查考核制度、实行缴纳风险保证金制度、加大防控违宣传、实施动态日报，本年拆除违建16户2300平方米，发放防控违奖金168900元，处罚信息漏报责任人15人罚金3600元，处罚限期未拆除违建责任人11人罚金3300元，通报失职渎职防控违责任人3人，实现违建“零增长”工作目标。

【农业和农村工作】 落实各项惠民政策，直补资金涉及2665户，10万余元发放到位。全年共落实综合补贴129.85万元，小麦良种补贴15.46万元、水稻良种补贴6万余元、玉米良种补贴9万余元。大力发展蔬菜种植、水产、畜牧养殖。全风景区共有蔬菜大棚面积350余亩，主要集中在涂山村、陈郢村等。全景区水产养殖面积1000多亩，全年渔产量420多吨，并成逐年递增趋势。全年生猪存栏量1200多头，羊存栏量3000多只，肉牛30头，肉鸡3万羽，较去年相比略有增加。完善农田水利基本设施建设，制定2015年度小型水利改造提升计划，项目涉及杜郢、冷水、涂山、上洪等四村，具体设施包括：桥涵配套1座，涂山村排涝站技改1座，渠道衬砌0.7公里，大沟清淤3条，土方1.93万立方米，总投资47万元。先后完成造林作业设计、检查验收、指导全区林业生产、林木采伐管理、钱粮兑现等工作。景区全年完成造林面积1300亩，义务植树3万株，完成上级下达的林业生产任务。全面完成秸秆禁烧任务，实现全景区“零火点”。

【民生工作】 做好城乡低保、居保、农村五保户供养、新农合等民生工作。风景区农业人口13241人，参合人数13275人，参合率超过百分百；参加居民养老保险共计7521人，续保人数5643人，完成目标任务的85%。本年新增参保32人，完成目标任务400人的8%；接收企业退休退管人2人，办理就业失业证36人，实现再就业65人；劳动力资源调查录入农村6508人，城镇67人，均完成目标任务，其中农村劳动力转移就业4500人。小额担保贷款申请共7人，合计贷款金额为56万元，完成目标任务的22%；发放低保补助金94200元，涉及低保户313户，471人；五保户71户，72人，发放补助资金48450元；医疗救助119176元，涉及44人。

【旅游产业】 1.协助禹会区住建委完成涂山观景平台升级改造工程，翻修一面砂岩文化墙及平台围栏，新建观景亭一座，制作一系列景点指示牌与简介，方便游人了解涂山景点；2.根据风景区产业特色，邀请专业人员，组织对石榴发展进行前期调研，制定出“蚌埠涂山风景区石榴休闲产业发展规划”项目建议；3.涂山庙会圆满举行，风景区职工、村场干部等共170余人投入到涂山庙会执勤引导工作中，庙会期间接待游客20万人次，商贸交易额达上百万元。4.聘请专人收集、编写了禹会系列丛书的开篇之作《魅力涂山》。

【文明创建】 落实禹会区创建全国文明城市动员大会精神，风景区成立专项工作指挥部并制定创城工作实施方案，将涉及到景区的部分任务分解到单位，落实到具体人。风景区管委会与区环卫所合作，签订每年60万元的环境卫生清扫保洁协议。投入14万余元，开展多种形式的宣传动员活动。制作并发放创城工作一封信3000份，制作宣传条幅60条，分别在东海大道西段主要路口及核心景区制作120平方米的社会主义核心价值观宣传牌、120平方米的“讲文明、树新风”宣传牌、60平方米的文明旅游宣传牌和园艺场段200平方米文明创建文化墙，在陈郢村建设围墙1000米，墙体刷白2500平方米，制作8条共600平米方的创城及创园标语。

【社会事业】 开展校园安全大排查，全面落实中、小学生防溺水工作，坚决杜绝各类安全隐患发生；重视农村体育文化设施建设和未成年人工作，已建成农家书屋7个、留守儿童活动室1个，青少年活动基地1个，涂山风景区团工委联合关工委及妇联等部门，在中心校开展经常性的青少年教育活动；加强计生基础工作，全员业务平台、抚养费平台、人口交流平台、流动人口信息管理平台建设，超额完成市下达的免费孕前优生检查和婚前检查，完成率为101.16%，诚信计生示范村实现全覆盖，计生满意度测评满意率达96%以上，三项制度落实率100%，全年共发放奖扶资金3万余元，独生子女保健费4万多元。

【平安景区建设】 坚持开门接访、带案下访、主动约访制度，落实重点人群包保责任制，妥善解决群众合理诉求，及时化解来访群众矛盾，本年度风景区共接待来访群众38人32件次，排查各类矛盾纠纷28起，化解成功58起，化解成功率96%；办结市信访局交办信访积案2件，办结率达到100%。完善综治维稳信访工作中心(站)功能，并以工作中心(站)为依托建立涂山风景区矛盾纠纷联调联处工作中心及7个村工作室。成立由22名平安志愿者组成的治安巡逻队开展夜间治安巡逻，群众的安全感和幸福指数不断提升。高度重视安全生产和森林防火工作，对辖区内企业进行不定期安全检查，切实抓好日常宣传、健全日常监管巡查，全年未发生大的安全生产和森林火灾事故。

2014 朝阳社区

【概况】 朝阳社区地处禹会区中心地段，东起朝阳路，南至东海大道，西到圈堤西路，北至红旗一路，面积0.73平方公里。辖区单位有第一人民医院、第五人民医院、公交集团、中国农业银行科苑支行等单位。社区党工委下设九个支部，分别为直属、新风、新阳、新隆、新康、新苑、新民、新光和新安支部。按照“一委(社区党工委)、一居(社区居委会)、一中心(社区公共服务中心)、多社团(各类社区社会组织和志愿者组织)”的组织架构，组建社区党工委、选举产生社区居委会、成立社区公共服务中心，建立以党工委为核心、居委会为基础、公共服务中心为平台、各类社会组织共同参与的社区管理新格局。

【服务经济建设】 协税护税全年目标任务316万元，完成360万元；社会固定资产投资全年任务1.2亿，上报并认可完成投资任务1.5亿元；招商引资全年目标任务2亿元，超额完成，实际项目总投资合计3.76亿元。社区居委会对整合后社区所属房屋租金的征收工作加大力度，根据房屋不同情况，在原有的租金征收额度上提高5%~10%。

【党风党建】 党工委班子成员和社区党员每周开展二次政治学习，年内组织党员实地参观市检察院警示教育基地、张公岛、沈浩纪念馆、孙家圩子等，受教育人数多达300多人次，并结合个人工作实际开展“三严三实”和为民服务“四问”开展交流讨论，找差距，明方向。在党的群众路线教育实践活动中，坚持把学习教育贯穿于整个教育实践活动的始终，做到规定动作到位、自选动作有特色。社区与销售单位定期开展“平价超市进社区”活动，研究制订“特扶家庭”帮扶方案，把为民服务落到实处。为保证群众路线教育实践活动的成果，社区出台《关于建立朝阳社区干部考核制度》《关于建立朝阳社区财务审批报销管理制度》《关于建立“两代表一委员”工作室制度的通知》《党员干部改进工作作风联系群众的实施办法》等多项制度，真正做到用制度管权、用制度办事，确保整改工作落到实处。

【社会事业】 一是做好再就业帮扶工作。对辖区特殊困难人员进行摸底，并逐人制定援助计划，1~9月份，辖区就业困难人员实现就业92人。二是做好下岗失业人员技能培训和创业培训工作。全年共有28名下岗失业人员参加技能培训班。三是丰富辖区退休人员生活。元月份对辖区患有重病的退休人员家庭进行慰问；4月20日在十中举行“复兴梦晚霞情”广场舞比赛；5月9日，组织退休人员赴皇藏峪一日游；5月27日，结合群众路线教育与党办、计生一起动手为

会通四海

社区困难退休人员、失独家庭人家包粽子送爱心；10月，慰问辖区90岁以上高龄老人，组织辖区退休人员体检，实际体检人数587人。四是积极做好城市低收入家庭住房困难保障工作。辖区有274户、596人享受廉租房补贴，1~9月份累计发放廉租房补贴17.10万元。五是做好低保户救助工作。社区有445户、730人享受低保，1~9月份累计发放低保金256.77万元。办理残疾人贫困救助100人，精神病药补17人，一户多残4户。全年办理高龄补贴586人，发放补贴21.42万元。

【人口计生】 到12月末，朝阳社区常住户6166户，辖区总人口17620人，育龄妇女4261人，当年出生111人，其中：一孩92人；二孩17人，多孩2人。流动人口622人，流入已婚妇女181人。全年共入户摸底调查计划生育单独夫妇184户，办理一孩生育指标88人、二孩指标19人，计划生育政策符合率达到94%，累计发放独生子女证64人。为流动人口育龄妇女免费做孕检共计596余人次，为全面落实计划生育利益导向制度，2014年朝阳社区重点对36户计生特殊家庭做好服务，成立“一帮一”志愿者队伍，组建“暖心女儿”队伍，组织带领他们开展文体活动3次，节假日送温暖6次，发放慰问金、慰问物品共计12000元。

社区计生站按照区计生委统一要求，2014年兑现111位企业退休职工独生子女一次性奖励，共发放228000元；新增2户失独家庭；2014年对42位特别扶助人员共发放152880元，对455户发放独生子女光荣费23020元，办理省市人口基金补贴（贫困母亲2户1000元、子女成才2户4000元、大病救助1户3000元、紧急慰藉2户6000元、既往紧急慰藉14户1.4万元、春节送温暖9户4500元）共计30户，资金32500元。

【文明创建】 一是广泛宣传。制作“道德守礼”提示牌300个，在朝阳路和涂山路醒目位置进行张贴，制作志愿者服务宣传橱窗8块，居民楼墙面固定宣传板40余块。宣传创建文明城市在社区形成全覆盖。二是制定《朝阳社区文明创建和城市管理动态考评奖惩办法》。实施城市管理动态测评。三是开展老旧小区整治。清理垃圾广告，对辖区内285个单元楼道进行粉刷。集中清理涂山路不规范不文明、有碍市容广告牌。四是在涂山路朝阳一小路口和第一医院路口两侧分别设立交通文明岗。安排社区志愿者佩戴标志在规定的时间段内对行人进行文明交通劝导。五是成立5支志愿者队伍。年内在网上注册志愿者1200人，先后开展助老助残、法律咨询、环境保护、交通文明劝导、治安巡逻、卫生整治、便民服务等志愿服务活动。六是做好好人推荐评选工作。2014年文明站推荐推报好人50名，其中杨晓洁荣获2014年全国孝老爱亲模范先进个人。

【综合管理】 一是建立综治维稳信访工作中心。全面排查信访隐患和不稳定因素，并做好重点人员的稳控工作，对辖区38名可能上访人员，社区班子包保到人，消除上访念头。二是在红旗一路473号设立综治维稳信访办公大厅和调解室。为维护辖区的和谐稳定奠定了良好的基础。三是各网格组建信息员和义务调解员队伍。对排查出的问题进行梳理分类和化解，做到政策在基层落实、问题在基层发现、矛盾在基层解决、和谐在基层形成。截至9月30日，辖区共发生民事纠纷27起，调解率100%，调解成功率达100%。四是开展“春季战役”行动。提高群众对“拉人头式”和“资本运作”式传销的认知度，向居民发放宣传资料500多份，张贴标语50余张，本年3月通过市级验收为“无传销社区”。

2015 朝阳社区

【党风党建】 坚持社区党工委中心组学习制度；认真抓好党风廉政建设“一岗双责”制度落实；落实干部廉政谈话制度；规范“三公”经费支出，坚持重大支出集体研究制度；加强社区廉政文化建设，开展多种形式廉政教育活动。与美好乡村建设、服务型党组织创建、构建区域化党建格局等工作有机结合，切实做好“三结三联三服务”活动工作，不断提高党组织建设水平，活动中一是与市行政执法局结对共建，开展春节慰问困难户、植树节进行植绿补绿、文明创建相关工作专题辅导等六项专题活动，二是与马城镇前郢村结对帮扶，春节前夕社区主要领导带着米、油，救扶金亲临前郢村慰问特困党员和群众。“七一”前向马城镇前郢村的村级建设提供帮扶资金3万元。

【服务经济建设】 协税护税全年完成128.3万元；社会固定资产投资全年任务1个亿，完成全年任务；招商引资全年目标任务1亿元，完成1亿。

【安全防范】 认真落实安全生产“一岗双责”和消防安全“网格化”机制，对辖区各企业生产经营单位的安全生产工作的基本情况进行登记，并按月派专人进行检查，及时协调解决安全生产中存在的各类问题。积极组织开展火灾隐患重点地区整治，年内共计排查工厂企业、超市等各类场所76家，发现火灾隐患6处，均促其整改，牢牢守住了“城区安全”底线。

【项目拆迁】 征迁工作，社区领导班子明确目标，建立四项工作机制：即主动靠前工作机制、群众思想工作机制、征地拆迁工作考核机制和快速协调工作机制。2015年全社区共涉及到四个地块的项目：1.兴光B、C区，在上年度工作的基础上，年初全部完成，得到区委、区政府“大建设优秀项目组”荣誉表彰。2.第一人民医院病房大楼改扩建项目，4月份东片208户，西片48户居民住宅全面完成征收任务，对红旗二路茶叶街历史遗留下来的5间违章经营门面阻碍第一人民医院的扩建改造，在禹会区行政执法局支持下，依法强拆，该项目成为禹会区大建设观摩示范点，市委书记周春雨、市长白金明等市区领导亲临该征收项目视察，给予社区充分的肯定。3.公交公司宿舍周边棚户区项目，上半年社区完成对该征收项目的入户调查摸底，7月开始对公交公司宿舍周边棚户区共计283户进行实质性房屋的征收工作。截至年底签订征迁合同160户，完成任务数的57%。4.玻璃厂宿舍周边棚户区项目，该征收区域共有319户，年底前签订征迁合同210户，完成任务数的65%。5.完成蚌埠市第七中学校内91户房屋的拆除。

【文明创建】 社区创城专业队伍集中力量对辖区内老旧小区基础设施、违建、楼道乱堆乱放、小广告进行集中整治，并对楼道进行粉刷，其中清理乱堆乱放5000余处，拆除违建大棚、房屋50余处共计400多平方米，清理小区垃圾800余车，铲除菜园地300多平方米，粉刷楼道1.5万平方米，清理楼道内的小广告1万余处，对老旧小区内非机动车停放进行划线规范停放。社区与供电局联系安装楼道灯1300余盏，实现老旧小区单元楼道灯全覆盖，此举得到居民的赞赏。2015年社区推报好人120名，其中时桂桓在3月份当选蚌埠好人。

【在职党员进社区】 朝阳社区党工委以“亮党员身份，尽党员义务，建和谐社区”为主题内容，积极开展在职党员进社区活动。一是建立电子台账和信息库。做好报到接洽工作，社区共接收外单位在职党员240余人。二是设立公益服务岗位。广泛征集居民的需求，归纳梳理出八个服务项目，供党员选择认领。三是签订承诺书。在职党员在社区的倡议下，主动地签订“六带头”承诺书。四是服务群众作表率。社区组织召开座谈会，广泛征求在职党员对社区发展、建设的意见和建议6条。五是组织开展活动。3月7日，结合学雷锋活动在辖区怡康新都举办“弘扬雷锋精神 争当社区先锋”为主题的在职党员进社区启动仪式活动。9月25日组织在职党员开展“美丽蚌埠 社区新风”宣传活动，努力做到“六个带头”，以实际行动带动广大居民积极投身到争创全国文明城市的创城活动中去。12月5日，在国际志愿者服务日之际组织在职党员及广大青年志愿者们进社区、入楼栋，铲除“牛皮癣”清理小广告。

【社会事业】 下岗失业人员实现再就业482人，目标任务为520人，完成目标任务93%；其中就业困难人员实现就业156人，目标任务为455人，完成目标任务34%。城镇新增实名制就业人数102人，目标任务为650人，完成目标任务16%。新增个人小额担保贷款10户，贷款金额78万元，目标80万元，完成目标任务97%。居民养老保险完成134人，目标任务为139人，完成目标任务96%；居民医疗保险完成4022人，目标任务累计为6000人，完成目标任务的67%。

【民政优抚】 民政站全年慰问困难群体、发放80袋米、130桶油，办理新增低保54户；全年累计低保金发放268.36万元。全年大病救助50人，救助金17.57万元；临时救助58人，救助金7.35万元；80岁高龄补贴706人（其中百岁2人）发放补贴27.47万元；廉租房年审租金补贴102户、229人，发放租金补贴28.16万元，实物配租215户。贫困白内障免费复明手术体检28人，实施6人。儿童抢救性康复项目0~10岁共计4人。一、二、三级贫困残疾人生活特别救助共计103人。

【人口计生】 2015年兑现237位企业退休职工一次性奖励政策，共发放478000元。2015年对34户特别扶助人员共发放181320元，对464户发放独生子女费92010元，办理省市人口基金补贴（贫困母亲5户、大学生救助2户、亲情救助2户，其它9户）共计18户，资金14000元。针对辖区60岁以上计划生育家庭进行生活需求问卷调查，汇总及分析便于更好的服务。为提高生育质量，减少出生缺陷，组织辖区符合二孩政策的64对夫妇做免费孕前优生体检。为更好的服务群众，对四证办理人员、孕前优生人员，市区两级对市区180人进行了满意度抽查，群众满意度为83%。办理四证人员共计148人，办理一孩生育指标66人、二孩指标24人，计划生育政策符合率达到98%，累计发放独生子女证58人。

为流动人口育龄妇女免费做孕检共计186余人次。社区重点对36户计生特殊家庭做好服务，成立“一帮一”志愿者队伍，组建“暖心女儿”队伍，组织带领他们开展文体活动3次，节假日送温暖6次，发放慰问金、慰问物品共计12000元。在禹会区计生委的统一领导下，深化利益导向机制，对464户发放独生子女费92010元，享受人口基金补帖36户，资金60600元。

【综合管理】 一是社区综治维稳信访工作中心，对拟上访人员实行细化管理，化解矛盾，帮其消除上访的念头。二是打击传销预防邪教。三是加大毒品危害宣传力度，杜绝毒品进入社区。向居民发放《新型毒品危害》宣传单，增强居民“识毒、明毒、拒毒”的能力。四是加强人民调解职能作用，确保辖区社会稳定。社区发生各种矛盾纠纷12起，调解12起。调解成功率达100%。五是规范化管理。以“社区—网格—楼栋—居民”四位一体的管理与服务网格组织体系，健全服务队伍。网格内实行“AB”岗工作法，组建网格志愿者等服务队伍。每一位网格员每天不少于2小时入户了解居民住户信息，实现信息服务网格全覆盖，管理工作无缝隙。综治维稳信访工作中心接待办理群众来访48件，积案化解7起，开展法制宣传5次。加大打击传销的宣传，发放打击传销资料432份。

2014 秀水社区

【概况】 2012年社区管理体制改革，秀水社区由原纬四街道撤销后建成。辖区东至朝阳路，西至圈堤西路，南至涂山路，北至胜利西路，面积1.8平方公里。辖区内共有居民12046户，常住人口近3.6万人。

【社区建设】 社区以创建标准化示范社区为目标，坚持以规范社区管理、完善社区服务为重点，积极探索新社区工作途径，充分发挥社区在经济与发展中的基础性作用，不断提升社区服务水平。新建社区公共服务中心和综治信访维稳中心，打造城市生活e站，建成高标准的居家养老中心。秀水社区于2014年4月迁址到秀水新村综合服务大厅内。社区拥有六大工作站：党员服务站、文明创建站、劳动保障站、综治工作站、经济服务站、计生服务站。

【安全生产】 社区与辖区内的6家生产经营企业签订2014年安全生产目标责任书，共筑安全生产防护网。先后开展烟花爆竹销售点的安全登记排查，餐饮场所燃气安全专项整治活动，消除居民反应强烈的安全隐患。在2014年的“安全生产月”活动中，制作宣传展板、横幅、标语，深入辖区生产经营企事业单位，广泛宣传。7~9月份，集中开展安全生产大检查活动，排查社区经营网点30余家，发放并取回《生产经营企事业单位安全生产主体责任单位自查情况表》42份。

【招商引资】 坚持把招商引资、推进项目落实和协税护税工作作为经济工作的重点，抓住老城区的区位优势，紧跟棚户区改造步伐，大力引进商贸、餐饮、娱乐等项目，促进辖区服务业的快速发展。年内先后引进蚌埠柏庄领地置业有限公司等四家企业，招商引资资产2.0746亿元，完成目标任务的103.73%。完成固定投资1个亿的任务。

【社会事业】 2014年城镇新增实名制就业人数862人（完成区任务108%），安置下岗失业人员再就业854人（完成区任务190%），就业困难人员再就业837人（完成区任务558%）。推荐小额贷款30户251万元（完成区任务167%），就业技能培训24人（完成区任务120%）。办理城镇居民基本医疗保险8778人（完成区任务110%）。全年居民医保新增328人。办理城镇居民养老保险663人（完成区任务111%）。办理就业失业登记证311人，办理就业困难人员认证166人，审报“4050”社保补贴178人。新增低保户49户56人，新增低保金额13580元。困难家庭与低保人员申请大病、重病救助和临时救助共计69人，救助金额为16.86万元。

【服务退休人员】 社区共计接收退管人员5982人，移交社区管理服务率100%。每逢节日，组织开展送温暖活动，为社区重病、特困110人退休人员送去大米、食油、月饼等节日慰问品。10月12日组织50名退休职工参加市人社局举办的“复兴梦、晚霞情”退休职工大合唱比赛。组织5000余人参加人脸识别系统退休工人认证拍照。9月下旬组织社区917名社区退管人员体检，体检率91%。

【文明环境建设】 认真贯彻市区文明创建工作安排及部署，积极开展“三线三边”整治及城市管理日常工作。调整思路、提标加压、增加投入、加大力度，对生活小区进行集中整治，投入大量人力物力，清运小区垃圾，绿化小区、粉刷小区墙面、树木、楼道口，同时对辖区内的破损公益广告进行拆除整修更换，对违建进行拆除。按照区文明办部署，为提高辖区群众文明素质和城市文明程度，在辖区公共场所、主干道、商业大街、居民小区的醒目位置设立“遵德守礼”提示牌和“讲文明树新风”公益广告。

【安全稳定】 社区加强以社区司法所和网格片调委会（人民调解庭）为主的人民调解队伍建设，以预防矛盾激化为重点，做到“小事不出网格片、大事不出社区、矛盾不上交”，把问题解决在基层组织，把矛盾化解在萌芽状态。2014年全社区共排查调处矛盾纠纷149起，调解成功149起，调解率100%，其中调处婚姻家庭纠纷28起，邻里纠纷107起，其他纠纷9起。全年破获入室盗窃案共14起，盗车案件2起，一般盗窃1起。社区矫正对象29名，安置29人，安置率100%。认真开展3月份综治宣传月和“春季战役”“皖剑—2014”行动、“6·26”禁毒宣传日活动，联合区禁毒办、防邪办、打传办开展禁毒、防邪、打击传销等专项宣传活动。

【人口与计划】 一是加强计划生育队伍建设，提高计生队伍的政策理论水平和业务工作能力。二是加强实有人口信息管理，提高户籍人口、流动人口的计划生育管理服务水平。社区总人口33992人，已婚育龄妇女6386人，共出生152

人，政策符合率95.5%，出生率6.2‰，综合节育率95%，领取独生子女光荣证费896户；流入人口926人，流入已婚育龄妇女239人，孕检对象109人，期内出生20人；流出人口212人。统计年共办理《生殖健康服务证》87例，《独生子女父母光荣证》86例，二孩再生育审批17例。

【拆迁安置】 滨河西片区1号、11号地块及胜利西路综合提升改造工程涉及秀水新村共计892户还原户均入住新居。完成占地125亩、居民900余户，拆迁5.9万平方米的滨河西片区3号地块拆迁任务，交付净地。

【党的建设】 社区严格按照“照镜子、正衣冠、洗洗澡、治治病”的总要求，紧密结合为民、务实、清廉的主题，聚焦“四风”突出问题，开展党的群众路线教育实践活动。活动中组织专题学习40余场，召开不同层面座谈会4场，走访辖区党员群众150户，征求各类意见建议36条。先后分两个批次公布“秀水社区党工委即知即改清单”，并向社会公示整改情况。修订完善《秀水社区关于进一步严格考勤制度的通知》《关于进一步加强和改进党工委中心组学习的通知》《秀水社区网格化管理工作制度》三项制度；制定《秀水社区网格化管理督查考核办法》《秀水社区党工委联系服务群众制度》《秀水社区公共服务中心工作规范》等制度。

2015

秀水社区

【社区建设】 年内，社区新建舞蹈室、健身房、图书室、绿色网吧、爱心超市、志愿者之家等多个功能室，并配备专职管理员，方便、活跃社区居民的文化生活。2015年社区荣获禹会区“拆控违先进社区”“文明祭祀工作先进单位”荣誉称号。

【社会事业】 2015年城镇新增实名制就业人数855人（完成目标任务的106%），登记失业人员再就业率101%(完成目标任务的126%)，就业困难人员再就业率98%(完成目标任务的100%)。推荐小额担保个人贷款246万元(完成目标任务的100%)。城乡居民养老保险参(续)保缴费350人(完成目标任务152%)，养老金发放率100%。城镇居民医疗保险新增334人，累计办理9123人(完成目标任务152%)。办理就业失业登记证197人，办理就业困难人员认证116人，审报“4050”社保补贴110人。新增低保户74户82人，低保金额25710元。困难家庭与低保人员申请大病、重病救助和临时救助共计119人，救助金额为29.10万元。

【服务退休人员】 社区共计接收退管人员6412人，移交社区管理服务率100%。社区工作站在七一前对部分建国前老工人免费上门体检，中秋节对移交社区的退管人员中的6位重病和特困人员走访慰问，组织退休职工参加市人社局举办的第三届“复兴梦、晚霞情”退休职工大合唱比赛并取得优秀成绩，组织1094名社区退管人员体检。

【安全稳定】 2015年全社区共排查调处矛盾纠纷142起，调解成功142起，调解率100%，其中调处婚姻家庭纠纷25起，邻里纠纷110起，其他纠纷7起。重点整治前进路菜场，全年破获入室盗窃案共12起，盗车案件1起，一般盗窃1起。社区矫正对象26名，安置26人。

【人口与计划】 本年度社区有已婚育龄妇女6863人，出生163人，政策符合率94.5%，出生率6.1‰，综合节育率95%，领取独生子女光荣证费892户；流入人口967人，流入已婚育龄妇女239人，孕检对象109人，期内出生20人；流出人口195人。年内共办理生殖健康服务证88例，独生子女父母光荣证95例，二孩再生育审批38例。

【文明创建】 一是重点做好第三方检查考核样本点的环境整治。二是做好前进路旧货市场等重点区域的整治。三是联合区行政执法局、消防大队、市场监管局对纬四路农贸市场脏乱差情况进行全面综合整治。四是对辖区内老旧生活小区在摸底调查的基础上，制定完善的环境卫生、配套设施整治方案，分步整治。

【爱心中转站】 打造社区“爱心”公益品牌，成立“爱心奶奶团”党支部，秉承“奉献、友爱、互助、团结”的志愿精神，发挥党支部模范带头作用，积极参加志愿活动，“爱心奶奶团”筹集善款让福利院的儿童穿上过冬的新棉衣，让孤寡老人感受到温暖真情。在“爱心奶奶团”微公益的基础上，社区成立“爱心中转站”，鼓励辖区居民和社区工作人员将自己闲置物品，无偿转让给需要的人，让资源充分得到利用，让每个人都可以传递爱心。

【党的建设】 认真抓好政治理论学习，坚持周三下午集中学习和业余自学制度，全年组织中心组学习12次，机关党员干部学习40次。上报各类信息400余条。做好“在职党员进社区”工作。共接收360名在职党员，开展12次在职党员活动。加强党员与群众间、党员与支部间的联系，引导机关党员深入基层，直接联系服务群众，及时梳理群众诉求、及时处理群众难题。针对辖区困难群体多、老弱病残人多，社区党工委组织辖区共建单位党组织与困难居民一对一结对子，社区党员干部与辖区困难群众“一帮二”，开展助残、助学、助贫活动。建立残疾人弱势群体、贫困学生、贫困失业人员三类困难人群的家庭档案，与帮扶对象经常联系，在物质上给予扶持，在思想上给予鼓励。

2014

迎淮社区

【概况】 迎淮社区于2012年9月份由原先的上海栈、新船塘、淮上社区合并而成。东至朝阳路、南临胜利路、西接西圈堤、北依淮河，总面积约1.2平方公里。区域内居民3900多户，约1.3万人。社区设党工委，下设7个党支部，有中共党员468人。辖区内有新船塘、淮上等6个生活小区，中环水务、莱特集团等20余家企事业单位。

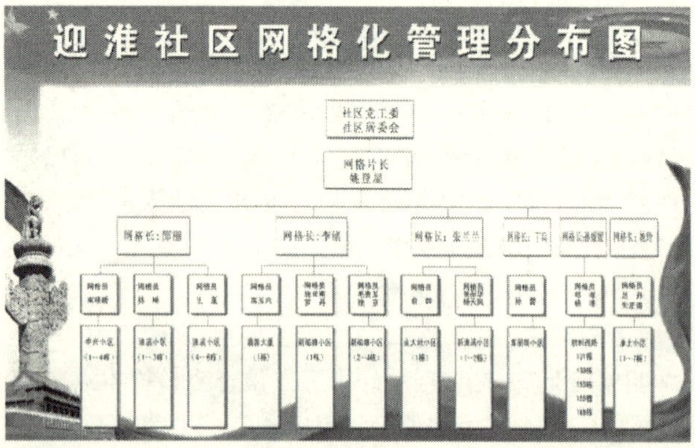

【社区建设】 社区遵循便民、高效、廉洁、规范的服务宗旨。坚持以群众利益无小事为己任，群众满意不满意作为衡量工作的标准。实行一站式办公、一条龙服务，设置了一站式服务大厅。服务大厅面积110平方米，工作人员23人。社区拥有六大工作站：党员服务站、文明创建站、劳动保障站、综治工作站、经济服务站、计生服务站。涉及服务项目60余项。是一个集咨询、告知、办理为一体的便民利民服务中心。认真做好民政双拥、社保就业、信访维稳、残疾人、工会、妇联儿童、人口与计划生育、党员服务、保障性住房、老年人等工作，为辖区企业做好服务。

【社会事业】 全年共为辖区内302户困难群众发放低保金8.21万元。办理廉租房补贴179户，487人，享受金额4.52万元。继续开展"扶贫济困送温暖"活动，为辖区特困群众发放大米200袋、食用油200桶，发放困难党员、困难群众慰问资金近万元。健全构建社会保障体系，通过摸底排查、结对共建、职业介绍等措施，重点帮助一批社区下岗失业人员和就业困难人员实现了再就业。全年新增就业400人，占全年目标任务80%；下岗失业人员实现再就业420人，其中就业困难人员50人，完成目标任务的63%。参加居民养老保险累计272人，新增22人，完成目标任务61%。居民医疗保险3664人，新增170人，完成目标91%。新增小额贷款1户5万元。全年共计办理就业失业登记证102人，其中困难人员认证75人，办理社保补贴77人。社区新增移交社区管理退休人员95人，累计接受退管人员2415人，在10月份的退休人员体检中，共体检370人，完成目标任务的85%。

【文明环境建设】 针对辖区情况制定文明创建及城市管理办法及奖惩细则，加大淮河西路、胜利西路、纬四路、淮上路沿街店面招牌、广告牌、出店经营整治力度。及时完成淮上小区、淮滨小区内违建拆除、小区内及楼道内乱堆乱放物品清理。对辖区所有的小区全面进行小广告等牛皮癣清除。通过努力，自4月份第三方及区检查以来，在每月的检查评比中，社区位列第一名2次，第二名2次。

【综合治理】 年初社区与辖区4家企事业单位、9家综治委成员单位和6个网格片进行签约，社区与辖区单位、网格片、综治委成员单位年度综治目标责任书签订率达100%。组织集中法制培训和综治业务培训活动，3月在客运西站前广场举办社区综治法制广场宣传活动，为群众答疑解惑。社区高度重视信访维稳工作，年内，先后有效处置了滨河西片区16、17号地块就地还原和喜迎门还原信访问题。

【经济建设】 一是大力开展招商引资，招商引资和固定资产投入完成5.76亿元，量位居禹会区九个社区第一名。二是积极抓好协税护税，引进纳税大户全顺运输企业，全年完成税收近400万元。

【人口与计划】 社区加大计生法律法规的宣传力度，为社区育龄人提供计生法律法规、新型婚育观念、优生优育、生殖健康等知识，进行避孕药具的随访，开展以优生优育和生殖保健为主的技术服务。全年共出黑板报12期，悬挂宣传横幅8条，发放8000余份宣传单和宣传手册。计划生育协会组织育龄妇女学习5次，活动8次，帮助计生困难家庭和特别扶助家庭解决困难问题，举办帮困活动6次。截至11月10日，年内统计数据为：1. 辖区常住总人口9040人，已婚育龄妇女2154人。2.流动人口：流入人口447人，流入已婚育龄妇女91人，流入孕环检对象46人。3.出生人口：年内出生70人；其中一孩58人，政策内58人；二孩11人，政策内6人；多孩1人。全年政策符合率92.86%，孕情掌握率76.16%，综合节育率94.1%，均达到市考核指标。4.征收社会抚养费32000元。

【重点项目建设】 年内社区启动13、14、18号地块征迁，三个地块共有民房762户，建筑面积35811.128平方米。该项目涉及企事业单位7家：兄弟机械有限公司、水泥制品厂小学、蚌埠市化轻公司、自来水公司一分公司、蚌埠市塑料厂、水泥制品厂、上海栈物资仓库。社区对以上地块的摸底情况进行公示，制定征收补偿安置方案，在蚌埠日报、区网站公示相关内容，发布征收公告。年末，13号地块133户，18号地块29户，上海栈市场21户签订协议。

2015 迎淮社区

【服务经济建设】 一是大力开展招商引资，发动社区上下积极提供信息，建立招商引资项目库，重点引进商贸物流和服务业等三产企业，完成招商引资到位资金2亿元，完成全年计划目标的100%；二是积极抓好协税护税，安排两名工作责任心强、能力突出的同志专门负责协税护税工作，协税护税完成金额127.76万元，上报固定资产投资1个亿；三是做好辖区企业服务工作，定期与辖区企业沟通，了解企业生产经营状况，同时做好已引进企业的服务保障，支持帮助淮河路机电一条街的企业做大做强。

【重点项目建设】 一是对滨河西片区12#、13#、14#、18#地块征迁存在的问题进行推进，上海栈地块征迁民房89户基本完成征迁协议签订。二是及时核算超期过渡费，按季度发放12#、16#、17#、景观廊道地块超期过渡费。三是按时完成13#、14#、18#、15#地块拆后的围挡工程。四是化解16#、17#地块被征迁群众要求还原的矛盾。五是协调解决水泥制品厂房改征迁后遗留矛盾。

【社会事业】 一是做好城市居民最低生活保障工作。全年发放城市低保335户178.75万元，办理大病救助93户，80岁高龄补贴411人，老年证办理49人，70岁以上享受低保77人，居家养老每月增加100元，全民医保补贴发放42人1680元，实物配租房办理90户，廉租房租金补贴续保108户，新增35户。二是通过结对共建、职业介绍等措施，重点帮助一批社区下岗失业人员和就业困难人员实现了再就业。全年城镇新增就业640人（完成目标任务的128%），登记失业人员再就业率100%（完成目标任务的100%），就业困难人员再就业率100%（完成目标任务的100%）。三是推荐小额担保贷款个人贷款45万元（完成目标任务的100%）。城乡居民养老保险参（续）保缴费333人完成目标任务103%，养老金发放率100%。城镇居民医疗保险累计办理3662人。

【人口与计划】 一是抓好计生队伍培训。对社区计生干部及各网格员进行专题业务培训。二是抓好流动人口育龄妇女孕检工作。采取上门访视为流动人口育龄妇女孕检，孕检率达100%。三是做好宣传。在辖区人流量较多的地方设立宣传点，向过往群众开展婚育新风、优生优育、避孕节育、奖励扶助、流动人口、生殖保健、预防艾滋病等知识咨询。到年底，总人口9084人，已婚育龄妇女2105人，共出生婴儿71人，政策内一孩54人，政策内二孩17人，政策符合率97.18%，出生率7.8‰，综合节育率95.95%，取得独生子女光荣证975人。

【综合治理】 一是社区与辖区单位、网格片、综治委成员单位年度综治目标责任书签订率达100%。二是按照上级的统一部署和安排，采取软件先行、硬件跟上，率先成立“三调联动”工作室。三是全面发挥综治维稳信访工作中心作用。全年接待群众来访76起，化解群众间矛盾纠纷45起。四是健全社会治安防控体系。社区社会治安防控领导小组、各网格片防控组织、社区治安员及常备社会治安防控队伍做好重点人员情况掌握、监控及帮教工作。五是加大征迁还原矛盾协处力度，化解出现的各种矛盾。

【文明环境建设】 一、以“弘扬雷锋精神”为主题，深入开展“学雷锋志愿助残 献爱心扬中华美德”系列志愿服务活动。二、开展志愿者文明交通劝导服务、关爱孤寡老人和留守老人、文明创建宣讲、文明祭奠等“讲文明、树新风”系列活动，26名辖区在职党员文明志愿者们在祭祀高峰时段，走上街头，为居民宣传烧纸钱祭祀的弊端。三、社区建立文明市民学校和道德讲堂。大力开展文明礼仪教育、思想道德教育，普及文明礼仪知识，宣讲传统道德理念，提升公民文明素质等。开展“我推荐、我评议身边好人”活动，辖区居民高金秀被评为“蚌埠市孝老爱心好人”。四、开展文明创建专项环境整治、打造亮点。

【党群党建】 社区党工委全面推行为民服务“125”工作法，“亮身份、讲奉献、比服务”公开承诺，创新服务方式方法，开展“思想大解放，岗位大换血”活动，提高社区队伍的综合素质。社区设立网络曝光台，邀请居民监督。社区与市招商局、市供电局开展“三结三联三服务”结对活动，签订结对共建协议。发挥党员模范作用，开展在职党员进社区活动，先后举办“迎新春春联秀”活动，迎新春文艺汇演活动，“弘扬雷锋精神 争当社区先锋”为主题的在职党员志愿服务月活动，组织社区工作人员和在职党员、“暖心女儿”和持扶家庭包饺子、包元宵，让特扶家庭感受到社会的温暖。在职党员在所在网格支部认领志愿服务岗位，参与社区各项活动，为社区居民做好事、办实事。

2014 张公山社区

【概况】 张公山社区辖区范围东至吴湾南路，西至华光大道，南至东海大道，北至涂山路，面积2.5平方公里，总户数13147户，总人口约3.40万人。社区是一个人口较为稠密，以居住为主的开放型老生活小区。境内拥有一机部设计院、蚌埠卷烟厂、第四人民医院、张公山一小、张公山三小、百大合家福超市等企事业单位。社区组织机构完善。党工委下设1个直属党支部，6个网格党支部。社区服务机构设有党员服务站、综治信访人民调解站、卫计站、经济服务站、民政社保就业站、文明创建文教体卫便民服务站、一站式服务大厅，为居民提供便利、快捷的服务空间。2014年社区荣获“全省综合减灾示范社区”“禁毒工作先进集体”“无传销社区”荣誉称号。

【社会事业】 全年城镇新增就业目标任务800人，完成城镇新增就业777人，完成目标任务的97.12%；下岗失业人员再就业目标任务450人、就业困难人员150人，完成下岗失业人员再就业689人，完成目标任务的153%；其中就业困难人员311人，完成目标任务的207%；小额担保贷款目标任务150万元，完成67万元，完成目标任务的44%；《就业失业登记证》发放181本；办理就业困难人员认定311人，办理灵活就业补贴178人；城乡居民养老保险参保438人，全年任务是600人，完成全年任务的73%；城镇居民医保参保12135人，全年任务8000人；就业技能培训任务是20人，完成全年任务的100%。

【文明环境建设】 为贯彻落实禹会区关于开展“三线三边”环境集中整治工作动员会议精神，推进社区环境综合治理，加快美好禹会建设，根据《禹会区关于开展“三线三边”环境集中整治工作的实施方案》的通知要求，社区结合实际，制定实施方案，按照“清洁化、秩序化、优美化、制度化”的标准，深入有效的开展“三线三边”环境集中整治工作。按照区文明办部署，为提高辖区群众文明素质和城市文明程度，在辖区公共场所、主干道、商业大街、居民小区的醒目位置设立“尊德守礼”提示牌和“讲文明树新风”公益广告。

【安全稳定】 社区坚持边排查边调解边整治，全面落实开展矛盾纠纷排查调处。建立健全矛盾排查调处三个工作网络。坚持抓早、抓小、抓苗头，及时收集、了解各类矛盾纠纷信息，排查治安隐患和不稳定因素。加强以社区司法所和社区调委会（人民调解庭）为主的人民调解队伍，以预防群体越级上访和恶性刑事案件为重点，强化基层人民调解工作，做到“小事不出网格片、大事不出社区、矛盾不上交”，把问题解决在基层组织，把矛盾化解在萌芽状态。为提高基层干部的矛盾调处能力，3月份举办一期调解员业务培训班，共95人参加。全年辖区共调解民事纠纷100起，调解100起，调解率达100%，成功率达98%。对排查出的治安重点地区（张公山皖酒美食广场），社区和派出所进行联合整治。在集中整治期间，抓获犯罪嫌疑人1人，制止打架斗殴6起，使美食广场的治安秩序明显改观。建立完善“社区110”工作模式，长盛路网格片警务室连续三年获省公安厅评审的“示范社区警务室”和“司法行政工作室”等荣誉。

【人口与计生】 2014年，全社区常住总人口约23783人，流动人口约10217人，已婚育妇4831人，全年新出生144人，其中政策内133人，政策外11人，当年政策符合率92.36%，出生率6.05‰，孕情掌握率82.2%，综合节育率95.98%，各项指标符合目标责任书要求。与海天医院联合开展“生殖健康服务月活动”，组织辖区育龄妇女进行免费体检。加强入户督查，全社区所有育龄妇女见面率达80%。年内荣获市级计划生育依法行政示范社区称号。

【社区文化】 6月，社区精心组织一支参演队伍，参加了在百大拓基广场举办的“温馨蚌埠，健康珠城2014年蚌埠市全民健身系列活动禹会区专场”演出活动，在此次展演活动中，社区代表队取得第一名的好成绩。为活跃社区文化，社区还组建了老年腰鼓队。

2015 张公山社区

【社区党建】 社区坚持以党建为龙头，创新思维、突出特色、打造亮点、推进发展。落实“125”工作法，开展“亮身份、讲奉献、比服务”公开承诺，打造区域化党建工作格局。落实“三会一课”制度，加强“党代表”工作室的建设，每周一定期接待群众来访。深入开展在职党员进社区活动，推进“5+x”志愿服务模式，着重推行“三单制”服务模式，根据群众实际需求设立9类服务岗位（政策宣传、治安巡查、困难帮扶、法律服务、医疗卫生、矛盾调解、环境美化、文明劝导、文体艺术）。通过开展在职党员服务登记，将他们的个人特长、服务意愿登记成档，分类管理，实现“居民点单”，

"党员接单"。深入开展学习"弘扬沈浩精神，建设模范部门"主题实践活动。社区采取集中学习与个人自学相结合的方式，按照"五个一"活动要求，通过"读、看、讲、谈、访"五步法，认真开展集中学习教育。社区紧紧围绕"三结三联三服务"的要求，2月9日张公山社区党工委与长青乡八里桥村党组织举行城乡结对共建活动签字仪式。

【社会事业】 全年完成城镇新增就业884人，完成下岗失业人员再就业880人，其中就业困难人员232人，小额担保贷款目标任务完成279万元，发放就业失业登记证118本；办理就业困难人员认定232人，办理灵活就业补贴221人。城乡居民养老保险参保11988人。社区有低保户400户，604人，每月发放低保金20.09万元。针对社区人口多，下岗失业等贫穷人口多，低保工作任务重，矛盾突出的情况，居委会成立低保评议小组，接受居民群众的低保申请后，通过认真调查摸底、入户核实、评议小组评议，张榜公示，在全年实施的分类施保工作中，对所有的低保对象家庭、调查就业及收入变化情况，进行全面核实走访，低保补差有升有降，管理实行分类，真正实行了动态管理。

【文明环境建设】 社区以"整体提升张公山社区文明程度"为工作的出发点和落脚点，结合社区实际，通过悬挂标语横幅、橱窗宣传栏、开展道德讲堂、组织志愿者宣讲、开展"走千家进万户"活动、发放一封信和《文明市民守则》等形式，有计划、有组织地在辖区开展创建"全国文明城市"宣传活动。张公山社区按照包保工作分工，落实具体包保人员跟踪问题清单逐条、逐项按照治理导则认真落实整改工作，先后开展小区环境卫生、沿街立面、市容秩序等方面的集中整治工作，重点开展小区楼道乱堆放、小区内乱搭建、"牛皮癣"、绿化带杂物、乱搭建等问题的清理，开展对主次干道道路两侧的"牛皮癣"、乱堆放、出店、占道经营、LED灯箱等地毯式的清理。全面铺开老旧小区整治，严格按照区创城办下达的各项目标任务，细化工作职责，明确包保责任，统筹安排，有序推进，确保创城任务的有效落实。

【安全稳定】 社区综治站和司法所对五年来的刑释解教人员进行摸底排查，并建立一人一档，做到底数清、情况明，制定了重点人口管理措施，根据帮教对象的现实表现，建立三级帮教小组，采取经常性教育与集中教育相结合的方式进行帮教，加强对刑释解教人员的管理，预防重新犯罪。辖区有刑释解教人员115人，安置109人，安置率94.7%。辖区共登记在册吸毒人员61人，强制戒毒1人，限期戒毒2人。6月8日社区综治委邀请派出民警给治安员及部分居委会干部作禁毒知识讲座，并在辖区展出禁毒板报14块。在创建无毒社区工作中，长盛网格片历年来无吸毒、涉毒人员。合肥、宣城、淮北等八个地市到长兴网格片参观学习社区戒毒(康复)工作。

【人口与计生】 社区常住总人口24340人，本年新出生158人，其中政策内146人，政策外12人，本年度政策符合率92.4%，出生率4.05‰，孕情掌握率82.2%，综合节育率95.98%，各项指标符合目标责任书要求。流入人口1171人，流入已婚育龄妇女230人，流入孕环检对象100人；流出人口339人，流出已婚育龄妇女92人，流出孕检对象76人，流动人口共计1510人。年内共办理生殖保健服务证123本，办理二多孩生育证28本，独生子女父母光荣证108本。全年共发放独保费8.23万元，惠及独生子女户1594户，完成孕前优生检查82对，办理退休一次性奖励433人，满意度调查296户，新申报特扶6人。对辖区内的特困计生家庭15户进行春节送温暖慰问，慰问金额达5000元。

【社区文化】 1.7月14日，张公山社区党工委组织在职党员在四村广场举办以"科技创新、成就大业，文明行事、健康生活"为主题的科技宣传活动。通过开展活动展出科普宣传展板1块，发放地震科普知识宣传资料、低碳生活、健康生活等小册子500多份。吸引了众多居民群众参加，宣传活动紧密贴近群众的生活，彰显了科技支撑跨越发展的主题，普及了健康教育、防震减灾、低碳生活等科普知识。受到社区群众的广泛好评。

2.为“纪念抗战胜利70周年”，8月21日，社区在广场举办文艺演出，以乐曲合奏《地道战》《胜利红花遍地开》，女声独唱《薇山湖》《松花江上》等不同的艺术形式，让大家铭记历史，缅怀先烈。

2014 金域社区

【概况】 2012年社区管理体制改革，金域社区由原张公山街道撤销后建成。辖区东至张公湖，西倚华光大道及吴湾南路，南接东海大道，北至胜利西路，面积3平方公里。辖区内拥有华光集团、国家粮食直属库、干休所、张公山公园等企事业单位10个，共有居民10200户，常住人口近30000人。

张公山风景区坐落于金域社区境内。金域名城金街口和白马购物广场成为社区经济发展的象征，瑶海家具城等10家大企业入住金域社区，使社区拥有大小商业网点5000多个，金域社区发展成为集餐饮、购物、休闲、娱乐为一体的多功能社区，渐成为禹会区商业中心。

【社区建设】 社区以创建标准化示范社区为目标，坚持以规范社区管理、完善社区服务为重点，积极探索新社区工作途径，充分发挥社区在经济与发展中的基础性作用，不断提升社区服务水平。社区新建社区公共服务中心和综治信访维稳中心，打造城市生活e站，建成高标准的居家养老中心。金域社区于2014年12月20日迁址到金域名城20号楼东侧的综合办公楼。社区拥有六大工作站：党员服务站、文明创建站、劳动保障站、综治工作站、经济服务站、计生服务站。年内社区完成区委、区政府下达社区2个亿招商引资目标任务。协税护税任务440万元，完成450万元。2014年社区荣获禹会区“征迁拆违大建设优秀项目组”“人大宣传信息工作先进单位”“禁毒工作先进集体”“无传销社区”荣誉称号。

【社会事业】 全年社区新增就业749人，完成全年目标任务的107%；下岗失业人员再就业733人，完成全年目标任务209%；困难人员就业342人，完成全年目标任务342%；为社区居民办理居民医保6004人，为11人办理居民养老保险。开展就业再就业宣传活动，一是加大对创业者小额贷款申办力度，扩大小额贷款覆盖面，对符合条件、符合政策的创业者，全方位做好支持创业服务工作，申请办理小额贷款11户，贷款61万元，完成全年计划的51%；二是积极为符合政策人员办理就业失业登记证150本；三是结合对新就业政策的宣传，为灵活就业人员办理社会保险补贴112人。对社区共计320户、525人享受城市低保金补助人员进行核查，取消22户、28人的享受城市低保金补助，对30户实际困难增加2254元低保金。给30人享受92700元大病救助补贴。对贫困重度残疾人生活救助做到应保尽保。

【服务退休人员】 全年社区共接收退休工人4355人。在“春节、中秋”两节期间，组织开展送温暖活动，为社区重病、特困135人退休人员送去大米、食油、月饼等节日慰问品。积极开展退休人员文体活动，在4月20日组织社区30名退休职工参加禹会区人社局举办的健身操大赛，10月12日组织50名退休职工参加市人社局举办的退休职工大合唱比赛并获得第三名。办理43位退休职工死亡抚恤金的发放。认真组织人脸识别系统退休工人认证工作，有近4000人参加拍照认证。在9月中旬组织社区1370名退休工人在海天医院进行体检。接收46名军转退休干部，逐人建立档案，组织他们参加党的组织活动。

【文明环境建设】 认真贯彻市区文明创建工作安排及部署，积极开展“三线三边”整治及城市管理日常工作。调整思路、提标加压、增加投入、加大力度，对生活小区进行集中整治，投入大量人力物力，清运小区垃圾，绿化小区、粉刷小区墙面、树木、楼道口，同时对辖区内的破损公益广告进行拆除整修更换，对违建进行拆除。按照区文明办部署，为提高辖区群众文明素质和城市文明程度，在辖区公共场所、主干道、商业大街、居民小区的醒目位置设立“遵德守礼”提示牌和“讲文明树新风”公益广告。

【安全稳定】 社区加强以社区司法所和网格片调委会（人民调解庭）为主的人民调解队伍建设，以预防群体越级上访和恶性刑事案件为重点，强化基层人民调解工作，做到“小事不出网格片、大事不出社区、矛盾不上交”，把问题解决在基层组织，把矛盾化解在萌芽状态。为提高基层干部的矛盾调处能力，3月份举办一期调解员业务培训班，共65人参加。全年辖区民事纠纷72起，调解72起，调解率达100%，成功率达98%。对排查出的治安重点地区（白马生活购物广场），社区和派出所进行集中联合整治，抓获犯罪嫌疑人1人，制止打架斗殴16起，使白马生活购物广场的治安秩序明显改观。社区打击非法传销工作指挥部组织公安、工商、行政执法、社区治安员及网格片干部等对张公山公园、白马生活购物广场及金域名城疑似传销人员进行集中清理，依法传唤一般传销人员2人。落实监管人员和责任人，社区矫正对象21人，安置21人，安置率100%。

【安全生产】 社区与辖区内的12家生产经营企业签订2014年安全生产目标责任书，坚持社区与单位对安全生产齐抓共管，共筑安全生产防护网。元旦春节期间重点做好烟花爆竹销售点的安全登记排查专项活动，清除居民反应强烈的安全隐患。4月份组织开展餐饮场所燃气安全专项整治活动，在2014年的“安全生产月”活动中，深入辖区生产经营企事业单位和社区，悬挂宣传横幅，张贴标语，制作“安全生产月”宣传展板，广泛宣传。7~9月份，集中开展安全生产大检查活动，发放并取回《生产经营企事业单位安全生产主体责任单位自查情况表》42份，排查社区经营网点50余家，制作安全生产记录18份，对3家存在安全消防隐患的经营户发出整改通知。

【民兵整组】 根据禹会区武装部年度整组工作指示精神，社区2014年度民兵整组工作在社区党工委、居委会的精心安排和部署下，从2月26日开始至3月18日结束。经过调查摸底，出入转队，政治审查，造册登记和点验等阶段工作，按照编组原则，圆满完成37名基干民兵编组任务。社区18到35周岁836人，适龄青年103人。经过整组，社区按照区武装部要求，建立应急3人、通信保障2人、物资油料10人、通信装备10人、信息员2人、装备勤务10人共计37人的民兵队伍。

【人口与计生】 完善育龄妇女登记制度，坚持登记及时、信息准确、录入及时，工作中及时了解并更改各项信息，确保统计准确率达到100%。全年为79对育龄夫妇按政策办理一孩生育证，为独生子女父母办理光荣证36份，二孩证13份。落实单独二孩政策的宣传，为13对符合条件的单独家庭办理了生育证。做好第二批企业退休职工计划生育一次性奖励兑现工作。

2015 金域社区

【服务经济】 2015年社区紧紧抓住金域名城、欧洲商城、白马市场等产业项目聚集在社区的有利时机，紧抓机遇促发展，依托吴湾路区位优势，努力培植新型商务中心。巩固完善传统商业，做好白马市场、金街口美食街综合利用，积极发展特色街巷，规范建设金街口美食街，正确引导餐饮、宾馆、夜市、网吧、专卖店、连锁超市、洗车业、修理业等服务业健康发展。社区完成区委、区政府下达的全年招商引资2个亿的目标任务。

【吴湾路拆迁】 吴湾路西侧拆迁项目是禹会区落实市委市政府2015年大建设工作安排的任务之一，该项目占地15亩、有拆迁户38户。该项目于2015年5月中旬正式启动，经过拆迁工作人员的辛苦努力，仅用时两个半月便圆满完成拆迁工作任务，整个动迁期间没有发生一起不稳定以及突发事件。

【党建党群】 社区党工委全面打造“组织建设、硬件建设、机制建设”，“三位一体”的党群活动中心。形成以党群活动中心为统领，条块结合抓党建、项目化管理抓推进的社区党建工作格局并形成“三大特色”：第一个特色，“网格书记”从兼任走向专职化，切实解决了基层党建基础薄弱的问题。第二个特色，支部建在物业上。社区帮助新怡绿洲小区、金域名城小区选举业委会，并成立业委会党支部。由于党支部作用的发挥，物业公司积极支持和参与社区各项工作，特别是在创建文明城市工作中发挥了良好的作用。第三个特色，打造“社会组织联盟”。区委组织部、区团委和金域社区党工委三家单位联手打造“金域社区社会组织联盟”，通过引入第三方机构，项目化管理运作的方式，多渠道提高服务群众的质量。到年底有13个社会组织入驻，提供10类服务群众项目，基本实现服务群体和服务内容的“双覆盖”。

【社会事业】 社区积极推进就业政策的实施，加强就业再就业公共服务平台建设，健全完善区、社区二级就业服务网络，及时传达用工信息，发挥社区资源优势，多渠道扩大就业岗位，本年度新增就业人员809人，完成任务的101%，下岗失业人员再就业808人，（其中就业困难人员256人），分别完成目标任务的80%和70%，完成区级下达的目标任务，免费职业介绍500人次。推荐40名创业人员办理小额担保贷款，有16名自主创业人员成功办理申请小额担保贷款计111万元，完成目标任务的92.5%。办理就业失业登记证120本，发放全国统一印制的就业失业登记证2458本。为6033名居民办理了全民医保，办理居民养老保险共计451人。共接收企业退休人员累计4607人，并进行了建模认证，接收率100%。其中上报136名退休工人进行特殊认证。开展企业离退休人员健康体检工作，为1307人进行健康体检，体检人数为应体检人数的75%。在做好健康档案的同时，社区工作站还依托片区社区卫生服务站，开展义诊活动，不断提高老人的生活质量和健康水平，确保老人“老有所医”。

【文明创建活动】 一是开展好人评选。社区积极发掘辖区

居民中的道德典型，推报“蚌埠好人”，全年社区共有5名同志被评为“蚌埠好人”，分别为爱岗敬业类、孝老爱亲类和乐于助人类，1名被中国好人提名。二是开展志愿者服务活动。在辖区内积极倡导在职党员作为志愿者带头人，发动群众参加各类志愿服务活动。组织在职党员参加文明交通劝导岗，组织志愿者到各类贫困户中进行走访帮扶。全年共开展志愿者活动36起，每月定期在志愿服务广场开展活动，参加人数共计1460余人次。三是每季度开展“道德讲堂”，提升居民素质。“道德课堂”的开展也丰富了居民生活。四是建立未成年人工作机构，开展留守儿童教育、“暑期三结合”、各类文化体育活动等相关工作。设置心理咨询室，心理辅导老师坐班，提高了未成年人的自我保护意识，丰富了未成年人的课余文化生活。

【安全稳定】 社区充分发挥社区综治维稳信访中心作用，形成矛盾联调、治安联防、处突联动、问题联治、平安连创等机制。全年辖区共调解民事纠纷77起，调解率达100%，成功率达98%。建好社区“三合一”综治维稳信访工作站，建立以社区网格片书记为主导，社区治保主任为骨干，综治、维稳、信访、司法“四合一”信息调解员网络。社区矫正对象23人，安置23人，安置率100%，落实监管和责任人。开展刑释解教人员帮教和社区矫正工作，辖区有刑释解教人员43人，安置40人，安置率93%。深入开展基层安全创建活动，创建“平安网格片”和“安全文明小区”。社区辖12个小区，创建“安全文明小区”8个。积极做好禁毒宣传工作。辖区共登记在册吸毒人员51人，强制戒毒1人，限期戒毒2人。

【人口与计划】 社区完善计划生育基础设施，以金域名城办公楼建成使用为契机，加强阵地建设，精心打造城市生活e站，组织育龄妇女、留守儿童，流动人口开展丰富多彩的活动，受到群众好评。2015年年底社区共有11830户，30130人，流动人口850人，孕检对象72人，新婚102人、办理一孩证156人、二孩证34人，光荣证113人，流动人口婚育证明2人；政策符合率90.8%，孕情掌握率70%，综合节育率94.8%，社区人口计划生育难度大，计生办根据社区实际情况开展富有特色的计划生育工作。如“情系流动，爱传万家”流动人口关怀关爱活动，为121人进行健康检查，全面完成全年目标任务。做好全年数据质量提升工作，共核对10项数据5000余条，并优化报表数据，确保各种数据达标。

【社区换届】 按照市区统一部署，金域社区党工委本着公开、公平、公正的原则，精心组织第三次社区换届选举工作，成立换届选举指导小组及办公室，制订《金域社区居民委员会第三次换届选举工作实施方案》，成立换届选举委员会，建立社区领导班子包片制度，及时督促检查、指导社区开展工作，并协助解决遇到的问题。为换届选举营造良

好的社会氛围，利用社区宣传栏对换届选举进行广泛而深入的宣传，以保证地区居民的知情权、参与权、选举权。8月26日，社区率先成为全市第一个按法定程序完成居民代表换届和社区居民委员会换届的社区。得到市区领导的表扬，居民参选率达78%，在职党员参选率达82%。

2014 大庆社区

【概况】 大庆社区地处蚌埠市西部，南北以中粮大道为轴，东以华光大道为界，西接黑虎山路；东西以涂山路为轴，南接东海大道，北接胜利西路。辖区面积约8.4平方公里。社区机关坐落于长青北路188号。办公电话4927776。大庆社区办事机构共有公务员3名，事业编制人员4名，聘用人员50名。社区下辖6个网格，分别是如意网格、丰原网格、康乐网格、友北网格、胜西网格、新龙网格。

【经济建设】 2014年大庆社区紧紧围绕区委、区政府中心工作，主动作为，不断深化职能转变，强化服务能力，提升发展水平，努力创造良好的区域经济和社会发展环境，财税总收入完成1400万元，完成任务的100%；固定资产投资目标为1.5亿元，完成1.768亿元，完成任务的118%；招商引资目标任务2亿，完成1.8亿，完成目标任务的90%。年内共引进合同项目2个（续建），项目总投资金3.8亿，到位资金3000万，在谈项目1个、船舶货运代理有限公司开工，项目总投资1.8亿。续建项目4个，到位资金6000万。

【劳动保障】 全年社区新增退休人员414人，减少162人，共接收退休人员7054人，移交社区管理服务率100%。新增实名制就业人员目标任务为800人，完成745人，完成任务的93%。安置就业困难人员273人；新增办理就业失业登记证997人，累计为辖区居民办理就业失业登记证4167本。完成社区就业再就业工作各项任务全年目标。

【社会事业】 根据居民的收入变化情况对享受低保金的家庭进行及时调整，动态管理。本年新增低保户50户，69人，22840元。对家庭收入变化，不符合享受低保的及时、准确的予以停保的共31户，46人，金额13770元。对家庭确有困难的给予相应增加低保金的共7户，金额610元，核减2户，金额380元。年内共办理低保519户，854人，低保金额286041元。办理大病救助45户，发放救助金额69450元。大庆社区工会有劳模8人，大病救助5人共9000元。金秋助学9人共计18000元。两节救助共计44人33000元，单亲家庭3人。

【计划生育】 年初及时与辖区单位签订人口和计划生育目标责任书，按规定及时完成WIS的录入工作。开展了计划生育宣传月活动，当天有300多人次现场接受咨询服务，为育龄群众免费发放避孕药具200余盒。为辖区13户“失独家庭”发放计划生育家庭医疗爱心“一卡通”，解决失独家庭就医看病难的困难。

【文明环境建设】 开展“三线三边”环境整治工作。对涂山路西段、东海大道如意家园A区和B区、中粮大道中段、胜利西路中段进行整治。开展整治大庆游园、中粮大道店招店牌专项工作，对如意嘉园A区和B区沿东海大道的外围墙进行统一的文化墙改造。认真做好第三方考核工作。制定文明创建和城市管理动态考评奖罚办法、文明创建城市管理实地考察样本点分解包保责任制和7个重点生活小区的包保责任制。对违章建筑和有碍观瞻的不文明现象，向经营户发放一封信和自拆通知书。不能自拆的进行强拆，保障道路净化、美化。

【重点项目建设】 柴油机厂及周边棚户区征迁项目共分A、B、C三个区域，征迁区域共有居民1608户。其中A区680户，动迁面积约3万多平方米；B区共有住户667户，动迁面积约3.5万多平方米；C区共有住户270户，动迁面积约2万6千多平方米。2月15日对A区实施动迁，占地共计84亩，至年底拆迁户数660户，完成任务的97.06%。对化工企业周边棚户区国有土地上房屋进行摸底调查，区域内共有住户4752户，合计面积257941.63平方米。启动大庆一村103、104栋预征收，涉及48户，面积3076.21平方米，37户签订预征收协议。

【综合治理】 积极做好两会及重点时段期间信访维稳工作，实行矛盾纠纷逐级“零报告”制度，千方百计把影响安全稳定的因素解决在基层，解决在内部，解决在萌芽状态。受理120件矛盾纠纷，件件得到解决。共排查矛盾纠纷15起，调处纠纷15起，民事纠纷调解率达100%，调解成功率达98%以上。无一起“民转刑”案件和因处理不当导致群体械斗、闹事事件和越级上访事件。深入开展对“法轮功”、实际神等邪教组织的重点排查和打击工作。辖区现有刑释解教人员51名，全部登记造册，并建立个人档案，实行“三位一体”或“两位一体”的帮教组织，落实帮教措施，使帮教率达100%；刑释解教人员就业44人，安置率达90%以上。大庆社区设有以个人名字命名的“李钧调解工作室”，该工作室为社区人员免费提供法律咨询，化解居民之间的纠纷和矛盾。服务社区调解矛盾的首席调解员李钧，是一名具有律师执业资格的志愿者。该调解室成功调解老人和子女之间的矛盾、夫妻矛盾、邻里矛盾等各类纠纷87起。

【党的群众路线教育实践活动】 在党的群众路线教育实践活动中一是精心组织，强化组织领导。按照要求制定活动实施方案；成立领导小组、督导组和群众评议团等工作机构；实行党工委成员联系点包保制，以党工委成员牵头督导联系1至2个党支部，指导支部党的群众路线教育实践活动开展。二是深入开展学习教育，保证学习效果。三是问计于民，广泛征求意见建议。四是深入开展谈心交心活动。五是自我剖析，确保对照检查质量。六是以整风精神开展批评，确保民主生活会主题不偏。七是坚持“边学边改、即知即改”，让居民群众满意。八是整改落实、建章立制。九是转作风、建机制，稳固党群关系。

【暖心女儿与美丽格格】 社区为帮扶计生特殊家庭，成立“临时女儿”志愿者服务队，专门对口帮扶照顾社区里14位失独老人，陪他们聊天，节日“问候”，使他们备感温暖，后更名为“暖心女儿”服务队，这个爱心项目在全区推广，蚌埠市计生委、固镇县计生委等多家单位多次到社区观摩。为外出务工人员在节假日期间回家和返程进行网上免费订票，社区开通“格格售票窗口”，被誉为“美丽格格”。社区“美丽格格”流动人口办证服务直通窗口、网上购票、便民服务和“暖心女儿”等特色服务被蚌埠市党的群众路线教育领导小组办公室125工作法采用，并选送至安徽省新闻联播黄金档播出。其中“美丽格格”服务窗口，为流动人口网上购票登陆中国文明网。

2015 大庆社区

【概况】 2015年，大庆社区紧紧围绕区委、区政府中心工作，主动作为，不断深化职能转变，强化服务能力，提升发展水平，努力创造良好的区域经济和社会发展环境，全年完成财税总收入1120万元；完成招商引资目标任务2亿元，完成目标任务的100%。

【民生工程】 全年社区新增退休人员390人，减少586人，共接收退休人员7372人，移交社区管理服务率100%。全年

实名制就业人员目标任务为900人，完成647人，完成任务的72%。安置就业困难人员185人；新增办理就业失业登记证496人，累计为辖区居民办理就业失业登记证4920本。根据居民的收入变化情况对享受低保金的家庭进行及时调整。社区共有低保户523户，816人，282552元/月。享受廉租住房实物配租279户，办理廉租住房租赁补贴132户，302人，保障面积4879平方米，保障金额34153元/月。社区工会有劳模20人，大病救助9人。金秋助学6人共计12000元。两节救助28人，共计53000元。

【社区服务】 社区办公和活动用房总面积达3000平方米，按照办公场所最小化服务场所最大化的要求，社区建成4个服务中心，18个功能室。针对辖区党员、群众、青少年不同服务群体，社区定期免费开放代表之家、老年大学、青少年绿色营地、百姓文化园、红阳书画社等功能室，在家庭服务、老年人服务、矛盾调处、青少年服务及文化娱乐等方面为居民提供便利、高效、优质的服务，逐步提高社区居民的生活质量和幸福指数。

【计划生育】 计划生育工作分组入户调查，完善户况交接表及信息通报单。审核新婚、怀孕、出生信息，所有信息录入信息交流平台。制作展板30块、发放宣传品1000余份、避孕药具600余份、制作图版100块。

【综合治理】 积极做好两会及重点时段期间信访维稳工作，实行矛盾纠纷逐级“零报告”制度，千方百计把影响安全稳定的因素解决在基层，解决在内部，解决在萌芽状态。社区以综治信访维稳站为平台，整合各方面力量努力化解矛盾纠纷，全年，共调解各类矛盾纠纷50余起，调解成功率达95%。全年经过中心调解矛盾纠纷24件，均成功化解，调处成功率在98%以上。无一起“民转刑”案件和因处理不当导致群体械斗、闹事事件和越级上访事件。深入开展对法轮功、实际神等邪教组织的重点排查和打击工作。对实际神邪教组织采取密切关注辖区基督教聚会点和信教人群，对异常情况及时做出反应，防止实际神邪教分子渗透。辖区现有刑释解教人员51名，全部登记造册，并建立个人档案，实行“三位一体”或“两位一体”的帮教组织，落实帮教措施，使帮教率达100%；刑释解教人员就业44人，安置率达90%以上。流动人口登记及持证率达95%以上，暂住人口领证率达95%以上，出租私房登记率达95%以上，办证率达85%，三名调解员用自己丰富的法律知识为社区群众调解纠纷和矛盾。

【文明环境建设】 一是宣传发动广大社区居民群众积极参与营造良好舆论宣传氛围，加大宣传力度，张贴定制有关社会主义核心价值观、志愿者服务、未成年人教育和双拥等宣传图片和宣传展板，发放宣传单共5000余份，营造良好的宣传氛围，增强广大群众文明意识，提高文明素质。二是加强市容环境卫生整治。三是加大对沿街小广告乱涂乱画，乱披乱挂和书报亭环境进行彻底清理。四是加大对沿街慢车道和人行道车辆乱停乱放进行规范并划出停车线，按时派出人员对自行车、电瓶车等车辆进行管理，使之摆放整齐。五是开展走千家进万户活动，每个网格员至少入户100户，征求其对社区的意见建议。

【党员的先锋作用】 为发挥党员的先锋模范作用和党组织的战斗堡垒作用，社区党工委开展丰富多彩的党日活动。开展在职党员进社区启动仪式、在职党员进社区便民服务活动，便民服务项目有：教育咨询、法律咨询、义诊、义务写春联等活动。开展“弘扬雷锋精神 争当社区先锋”志愿服务活动。开展“建设法治中国 巾帼在行动 万家联动 送法到家”宣传活动，与共建单位蚌埠闸开展“爱绿、护绿、保护母亲河”主题环保党员志愿者共建活动。社区党工委在深化“党员示范户”活动的基础上，按照“服务常态化、管理创新化、平安和谐化”的工作思路，突出“一支部一特色”，重点打造学习型党支部、服务型党支部、创新党员管理型党支部、邻里互帮互助型党支部、美化亮化环境型党支部等，着力构建主体明确、覆盖整体的党组织服务网络。通过“党员示范户”的开展，社区涌现出一批先进示范典型。如：“闲不住”的学习型党员赵文虎；贾兰多年义务照顾患有老年痴呆症82岁的老人赵霞；义务为居民调解纠纷的“李钧调解室”；社区的好帮手曹玲等。

2014 锦绣社区

【概况】 2012年禹会区撤街扩居体制改革，锦绣社区由原大庆街道的安纺社区和原锦绣社区合并而成。社区西起长青南路，东到华光大道，北起大庆三路，南到东海大道，区域面积2.45平方公里，总户数7909户，总人口22872人。社区组织设置为“两委一中心”（社区党工委、社区居委会、社区公共服务中心），内设一室六站（党工委办公室、卫生计生服务站、文明创建服务站、劳动社保服务站、民政服务站、综治信访维稳服务站、经济服务站）。社区工作人员41人，其中社区“两委一中心”班子成员6名，工作人员35名。社区党工委下辖9个党支部，分别为社区直属党支部、锦绣网格党支部、二麻网格党支部、纺北网格党支部、纺南网格党支部、长青网格党支部、华光九龙网格党支部、东海五村网格党支部、东海六村网格党支部。社区共有党员1082名。

2014年度获蚌埠市文化广电新闻出版局颁发的“蚌埠市十大特色文化社区、蚌埠市十佳农家书屋”，蚌埠市城市大建设及棚户区改造指挥部颁发的“蚌埠市棚改工作先进集体”，中国科协、财政部颁发的国家科普示范社区。安徽省妇女联合会颁发的安徽省‘三八红旗手’先进集体等称号。社区居民郭君、朱巧、沈红权三位同志当选“蚌埠好人”。

【网格化服务管理】 1.社区根据实际情况，在相对封闭式居民生活小区，以独立庭、苑、小区为参照，设置庭苑类网格；在老式开放型生活小区，以相邻楼栋为参照，设置楼栋类网格；在老城区居民区，以巷道为参照，设置巷道类网格；在相对集中的居民宿舍区，以原单位宿舍为参照，设置原单位网格。2.选好配好网格人员，“好中选好，优中选优”确定网格长；各网格长按照“谁用人、谁选人”的办法配齐网格员。全社区配备8个网格长，33名网格员，平均每名网格员负责240户。3.服务机制建设：一是具体做到“六个一”：建立一支民情信息员队伍，勾画一张网格化服务平面图，发放一张网格服务联系卡，建立一本《网格工作日志》，登记一份居民信息采集表，落实一项网格服务交办单。二是出台网格化管理服务机制。拟定并按程序出台“锦绣社区网格化管理实施方案”、“锦绣社区网格员督查考核办法”、“锦绣社区网格员走访入户”等系列制度，制作“锦绣社区网格化服务政策解读”，制定网格员“四要四不”（即：要整装持证上岗，不随意入室；要文明规范用语，不粗暴无礼；要耐心热情解说，不焦急烦躁；要认真记录在册，不拖沓应付）的行为准则。围绕网格员“责、权、利”，实行网格员“三个好”的措施。即：网格员服务业绩好、公众对象反映好、以奖代补保障落实好。坚持制度管事、管人，实现为居民服务的长效工作机制。4.建立服务平台，强化网格功能，运用信息管理技术提升网格管理服务效能。社区网格工作人员积极参加区和社区组织的网格人员专业培训，建立各种电子档案，安排社区各职能科室负责人传授各专业知识技能的业务培训班5次，培训对象涵盖社区居委会主任、副主任、一室六站负责人、网格长和网格员等共170人次。通过信息平台充分运用现有计划生育全员人口信息平台、党建工作信息平台、社区驻区单位台账、残疾人台账和低保户台账等信息，完善社区网格化建设需求，通过信息分类与整合帮助网格管理人员在具体工作中做到清晰明了，工作有的放矢。同时，为每一个网格人员配备手电筒、网格工作日志、工作证以及便民服务卡等必须用品，以提高网格员的专业水平。

【服务惠民】 禹会区撤街扩居举措，目的在为民惠民，而关键在服务。社区从工作理念上、工作方式方法上、工作绩效考评上着手，全面推行“五个”淡化，实现“五个”转变，即：淡化日常管理，向人性化品质服务转变；淡化坐堂理事，向网格化动态服务转变；淡化一岗一能，向双岗多能的服务转变；淡化同事满意，向突出公众服务满意为主转变；淡化行政办公资源，向多元化活动服务场所转变。完善提升三个平台：一是一站式服务大厅。将涉及居民办事的所有窗口合理布局在大厅内，规范服务方式，公布办事程序，安装电子显示屏，及时将党务、居务、政务、服务信息公布于众。二是党群活动场所。设置舞蹈室、活动室、星光老年室、日间照料室，在全社区设置8个室外活动场地，安装48套体育设备，投资80余万元购置电脑和文体活动器材。三是网格化服务。

【社会事业】 社区共接收退休人员4377人，本年度为失业人员提供免费培训各种专业技能300余人，下岗失业人员实现再就业468人，办理失业登记证1758人，新增小额担保贷款26户，共计169万元，办理居民养老保险300人，办理居民医保3230人。走访慰问就业困难人员和退休人员120人次。社区共有低保户265户，397人（保障人），保障金额11.13万元。春节期间帮扶和慰问困难家庭90余户。帮助申请办理大病救助37人次。低保家庭享受助学金12人。社区帮扶站积极联系各大专院校的青年学生和志愿者为小区的困难家庭开展各种服务活动。社区残疾人中肢体残疾人145人，精神、智力残疾48人，语言、听力残疾15人，低视力3人，双残以上残疾人家庭10户。社区落实残疾人的优惠政策，加大对残疾人康复的力度，康复医生上门对残疾人进行一对一的康复训练，为社区残疾人康复站增添康复设施、为困难残疾人赠送用品用具。

【综合治理】 创建综治维稳信访工作中心，对综治维稳信访工作中心的硬件进行规范化建设，制定工作制度、工作流程等，按要求落实接待人员，投入1.8万元，对中心进行装修粉刷以及内部的制度板牌制作。中心有效运转，年内接待来访10余次，有效地化解辖区居民的矛盾纠纷和个人诉求。打击非法传销活动，在辖区主要路段悬挂横幅，在小区楼栋张贴发放给全市人民一封信500余份，对辖区出租房屋主和房屋中介开展宣传教育，在辖区内组织公安、工商及社区工作人员开展巡查摸排4次。开展禁毒宣传“2014春风行动”，创建无毒社区，以“不让毒品进我家”等活动为切入点，在社区开展现场宣传，发放禁毒宣传单200余份，社区无新滋生吸毒人员，无制、贩毒行为。

【创建活动】 一是成立社团组织服务中心，建设19个社团组织，社员1000余人，其中党员50人。二是成立以离退休党员、大学生党员、青年志愿者为主的法律援助、医疗服务、家政服务、计生服务、义务教学服务、环境秩序维护等各类服务队，围绕党务工作开展节日民俗、关爱孤寡老人、义务修理电器，义诊援助、义务教学、保护环境卫生、文化娱乐、交通文明劝导、巡逻执勤等内容的志愿者服务活动。三是组织文艺汇演、美化亮化、老党员、老居干座谈会、锦绣好人评选等活动，丰富社区群众的文化生活。四是建立社区门户网站。通过因特网为广大市民提供服务。五是在春节、元宵节、清明节、端午节、中秋节、重阳节等传统节日开展“我们的节日”系列活动。六是结合创建全国文明城市开展文明创建志愿者系列活动，开展“关爱老人、从头开始”70岁以上老人免费理发系列活动。

【党政办工作】 紧紧围绕服务党工委、社区，服务基层，服务群众，积极做到参与政务，管理事务，搞好服务，团结拼搏，扎实工作，有效地保证各项工作的高效运转。全年党政办共处理上级来文、书面通知共200余份，接收和下达电话通知200余次、网上办公平台通知200多条，区公共信息网发布信息60余条，对所有收发公文做到专门登记。做好后勤保障，热情接待来访群众。

【社会组织联合会】 锦绣社会组织联合会本年度召开5次座谈会，开展指导、互动12次，为各个社会组织发展建设奠定基础。借助省民政厅“爱邻联盟”活动，联合会成立锦绣读书小组、纺织厂志愿者之家、二麻大院志愿者之家、纺织厂东大院邻里之家等公益组织；组建“爱尚拉丁”组合、满堂红腰鼓队、玖玖红模特队等文化组织。通过培育发展、完善章程，煤田京剧票友、大红绸健身舞队等三家社团取得法人登记证书。社区医疗服务站、创伤医院加入联合会。年内社区社会组织联合会共发展10余家社会组织加入。2014年11月锦绣社区社会组织联合会被安徽省民政厅评为基层枢纽型社会组织，中标安徽省民政厅“三社联动示范项目”，接受96000元专项资金。百灵鸟艺术团在11月参加市人社局举办的“晚霞情、复兴梦”社区歌舞大赛中获得二等奖。

2015 锦绣社区

【概况】 2015年，锦绣社区在区委、区政府的领导下，以服务群众为总揽，以强化服务能力、提升发展水平为着力点，突出工作重点，提高工作效能，坚持品质服务、奉献社区、心系群众的原则构建和谐、文明、幸福的锦绣。社区综合实力和整体形象得到增强和提升。

【组织建设】 全面推行实施《锦绣社区党工委议事规则（试行）》，从会议制度、民主集中制制度、通气报告制度等六个方面进行规范。突出扁平化领导和网格化管理先行先试。在扁平化领导具体工作中侧重减少层次，社区“两委”班子实行分工负责制，同时把社区分成7个网格，支部建在网格上，以党群活动中心为载体，配备网格专职副书记7名，在力求对党员服务实现最大扁平化服务的同时，也为支部建立在活动上打下切实可行的组织基础。年内，各网格党组织为社区居民办实事好事186件。社区党群活动中心承办大型活动13次，接待电话咨询97次，有效化解矛盾纠纷23次，接转党组织关系15人。社区共有党员883名（其中本社区在职党员22名、退休党员627名、下岗失业党员188名、大学生和退伍军人党员46名），来社区报到在职党员217名。制定《社区居委会换届选举工作流程及具体时间安排》。本次统一换届选举，共登记参加选举的居民数6528人，在职党员登记214人。换届后社区新的“两委”班子男性4人、女性2人；大专以上学历6人；本科以上学历4人；平均年龄45岁。

【计生服务】 锦绣社区是蚌埠市首批示范社区，安徽省首批计划生育城市生活e站授牌单位。截至2015年9月30日，社区常住人口14215人，育龄妇女数3446人，流动人口1201人，其中：流入人口941人，流入已婚育龄妇女255人，流入孕检对象87人；流出人口260人，流出已婚育龄妇女人95，流出孕检对象65人。新婚50人，出生106人，其中男孩57人，女孩49人，政策符合率为96.03%，性别比为116.3。安徽省煤田地质局蚌埠管理处、蚌埠卷烟材料厂、十中、师范二附小、泗州戏剧团、长青卫生院六家辖区单位和社区签订计划生育目标责任书。依托城市生活e站，社区计生站与就业和社会保障服务站，联手为计划生育家庭开展送信息、送岗位、送技能、送服务活动：组织12名育龄妇女参加电脑、十字绣、编织中国结等免费技能培训，为13名计生家庭人员提供就业岗位，为7名下岗失业人员申请办理小额担保贷款，开展“两节”计生送温暖为20户计生特困家庭送去生活用品，全年共有1567户独生子女家庭领取保健费8.29万元。

【民生事业】 2015年度，锦绣社区低保户296户，保障人数459人，总计发放低保资金181.77万元。社区对困难户无住房家庭进行全面摸底、统计，并对符合申请廉租住房的家庭申请廉租房补助，建立廉租住房台账，本年度为56户居民申请保障住房。对60岁以上的老年人和“空巢”老人进行摸底、统计，建立台账；为80岁以上的老人发放高龄补贴13.21万元。本年为残疾人办理残疾证17个，填报征迁拆违补助2户，填报万人就业补助2户，组织残疾人参加低视力辅助器具适配，开展创城志愿者助残活动5次，填报贫困残疾人生活救助112户，为残疾人发放辅助器具2个，做白内障复明手术2例。

【综合治理】 社区开展综治维稳信访工作中心建设，对照创建标准，制定工作制度、工作流程等，落实接待人员。完善中心硬件、软件建设。共计投入十万余元，全年中心共接待来电来访70余次，妥善处理十余起信访案件。年内，社区承接中央综治办调研课题“三调联动”的项目建设，全年共受理矛盾纠纷20起，都得以圆满的化解。加强流动人口管理、做好社会治安重点地区排查整治工作。综治工作站结合打击传销工作对出租房屋、进行治安查验，流动人口登记率达100%。针对辖区重点人员、刑释解教人员、社区矫正人员的情况，完善帮教组织网络。社区共有刑释解教人员32人、社区矫正人员18人。动员全社会积极参与平安志愿者的活动中。建立平安志愿者队伍，不定期的参与社区各项平安创建活动和精神文明建设活动，全年共出动义务巡逻队700多人次。认真开展净化校园及周边环境专项整治活动，对辖区肇事精神病人进行摸排。开展无毒社区创建，大力宣传，强化居民的禁毒意识。参加区政法委组织的综治宣传月活动和禁毒宣传。大力宣传法律、法规知识，进行《劳动合同法》《物权法》《安徽省人口与计划生育条例》《社会治安综合治理知识》等的宣传。在寒暑假期间，开展《未成年人保护法》及青少年暑期防溺水的宣传培训。开展《道路交通安全宣传》等。

【文明创建】 抽调5名精兵强将组成创城办公室，并落实分管领导、负责科室，全面推进文明建设任务的落实。社区每星期召开一次创城工作部署动员会议，建立“7+7”网格管理模式，7个网格，每个网格承担7项工作任务，实现文明创建的全覆盖、全天候、零距离。实行网格化管理，坚持包干到户、责任到人的原则，重点对6条道路、21个小区进行保洁，全面改善环境卫生面貌。组织7个网格对小区卫生死角、楼道、绿化带进行清扫，拔草、修剪、除虫，对长青小区、华光小区、公交大院等老旧小区补种绿化带；对道路上乱排污水、乱倒垃圾、乱堆物料、乱贴牛皮癣等脏乱差问题进行专项整治，做到无暴露垃圾、淤泥、渣土和卫生死角；清理多处出店经营、流动摊贩。

【社会保障】 做好宣传，张贴海报，利用社区网格化管理进行逐门逐户的上门摸底登记，重点放在下岗、失业人员就业问题和社会保险的参保问题上，特别是就业困难人员就业的帮扶工作，社区利用辖区和周边有关单位资源开展就业共建活动，积极为下岗、失业人员提供就业岗位，鼓励下岗失业人员灵活就业和自主创业，为下岗失业人员推荐小额担保贷款，积极鼓励下岗失业人员进行技能培训和创业培训，开展就业援助活动。2015年新增就业人员800人，完成任务100%。失业再就业人员601人，完成任务100%。就业困难人员488人，完成任务100%。个人贷款为185万元，完成任务95%。城镇居民养老59人，完成任务111%。新办理居民医保218人。社区退休人员为4135人，已认证4025人，未认证人员110人。应体检人数1009人，实计参加体检人数860人，完成率为85.2%。

2014 钓鱼台社区

【概况】 钓鱼台社区南至燕山路，北至东海大道，东至朝阳路，西至蚌埠机电技师学院，占地面积3.5平方公里，住户5365户，总人数14096人，驻区单位有汽车管理学院、第十二军干休所、军休三所、第十一中学、钓鱼台小学、蚌埠机电技师学院、省第一轻工业学校、欧尚超市等。社区党工委下设两个中心（社区公共服务中心、社区综治维稳信访工作中心）及6个工作站（党工委办公室及党员服务站、经济服务站及文明创建站、综治信访站及人民调解站、人口计生站、社保就业站、民政事务站）。社区公共服务中心开设党建群团、经济文化、卫生计生、社会救助、就业保障等大厅服务项目，建立健全限时办结、情况反馈、服务承诺等规章制度。社区完善管理体系，健全服务网络，全面实行网格化管理，划分为八个网格片，每个网格配备一名网格长，三名网格员，努力实现社区管理工作的科学化、精细化、规范化。

【重点项目建设】 辖区内兴中路改建工程是2014年市大建设项目中的一项重点工程，为确保兴中路的改建修建，成立专项整治领导小组，制定《兴中路临时市场依法拆除实施方案》，抽调钓鱼台社区、区行政执法局、区工商局、信访局、交警、消防等部门单位100余人，对兴中路（朝阳路至迎河路）临时市场两侧的违法建筑进行依法拆除。年内引进安徽吉海船务有限公司、蚌埠硅谷农业等企业，为社区带来新税源。

【民生工程】 社区成立民生工程领导小组，由专职人员负责日常工作。对贫困重度残疾人生活的救助，实行动态管理。有75名残疾人享受贫困重度残疾人生活特别救助；给予6户“一户多残”家庭、36名贫困三级残疾人、22名贫困老年残疾人、19名精神病患者生活或药费补助，11名白内障患者免费体检。全年新增26户廉租房补贴，社区共135户享受廉租房补贴。

【劳动保障】 社区全年新增退休工人62人，减少36人，新接收932人，移交率100%。新增就业目标600，完成618，完成率103%，安置困难就业213人，新增办理登记证69本，累计办理1023人。城乡居保参保缴费：目标任务参保211人，完成数214人，完成率101.4%，目标缴费人数169人，完成数181人，完成率107.1%。

【文明环境建设】 社区对照“三线三边”环境综合治理工作要求，制定长效机制方案，对老旧小区、主次干道及农贸市场进行环境整治。社区集中力量，克服人员少、标准低、易反复、任务重的困难，实行包保责任制，带领网格人员，划分区域，落实任务，量化指标，集中人力和物力，全力抓好各生活小区内基础设施改造、环境脏乱差的治理整治。

【社会事业】 落实125工作法。办公服务大厅人员严格按照上岗服务标准执行，规范大厅服务流程，并及时更新工作去向牌，在服务大厅落实首问负责制、领导值班制等。在社区范围内开展低保大审，审核后社区共有低保户719户，保障人口1185人，保障金额39.5万元。全年新增低保户35户，停保64户，转喜迎门268户。春节为低保户和残疾人共120人发放大米、油、棉被、现金等折合人民币共计两万余元。全年为19人申请临时救助，为48人提供医疗救助。"金秋助学活动"解决2名大学生的学费。开展扶贫济困送温暖捐助活动，募集2000多元。

【综合治理】 社区综治委紧紧围绕"以人为本，服务社区"的总体目标，"群防群治"，开展法律服务进社区活动，法律服务"连心桥"活动。社区坚持"两排查一分析"制度，部门排查和网格排查相结合，每半个月召开一次治安形势分析会。增强矛盾调解工作的预见性，做到抓早、抓小、抓苗头、早发现、早控制、早调处，力争把矛盾纠纷化解在基层、化解在源头、化解在萌芽状态。年内调解各类纠纷24起，调解成功率达100%。

【人口与计生】 社区组织计生协管员开展入户抽样调查，做好计生统计年报表上报工作。2014年统计年共出生93人，政策符合率93.55%，出生率7.87‰，综合节育率95.23%。做好信息上报、统计、核查、办证系统等各项培训工作，确保各类信息的发送、审核、回复工作。

2015 钓鱼台社区

【社区换届】 社区居委会第三次统一换届选举工作自2015年7月下旬开始，换届过程中，社区严格按照《中华人民共和国城市居民委员会组织法》《安徽省居民委员会选举规程》等有关法律法规，实行直接选举，实行观察员制度。8月底完成换届选举工作。

【经济建设】 社区克服地域小、人员少、资源匮乏的问题，立足"跳出钓鱼台求发展"的工作思路，积极开展招商引资工作。先后前往辽宁抚挖重工集团、西安金栋工贸有限责任公司、武汉华润、常州普达等企业洽谈联系进行招商引资，引进蚌埠江海船务有限公司、蚌埠经纬船务有限公司等，实现年税收240余万元。

【党建党群】 扎实开展社区服务型党组织建设工作，把服务群众作为抓社区党建全盘工作的着力点。增强社区党组织的凝聚力和创造力。加强社区网格党支部建设，推进社区"三有一化"建设，确保社区党组织有活力，在全区率先实行网格书记专职化，聘用4名退休党员担任社区网格党组织专职书记，并采取"月调度、季推进、年底验收"的形式，对各网格支部的运行、推进和完成情况，进行有序考核，并提出了建设一网格一特色的党建发展思路。

【双拥工作】 积极配合区民政局对军队退休干部，军队无军籍职工，带病回乡复退伍军人，"五老"人员、革命伤残军人和军烈属等人群，做好工资、抚恤金、定期补助、优待金、补贴的管理和发放。为企业军转干部办理医疗救助，解决他们的实际困难。八一前夕，召集社区退休军转干部和军属欢聚一堂，共迎八一。

【社会事业】 截至2015年10月，社区共有低保户692户，保障人口1030人，保障金额33.42万元，新增低保户18户，停保110户（其中包括停保退休船民70户）。社区老年服务协会和居家养老志愿者服务队协助社区做好老龄工作，为辖区老年人办理老年优待证12个，为196位80岁以上老人办理高龄补贴。办理70岁居家养老补贴166人，共计9.91万元。

【服务退休人员】 全年社区为辖区内的退休人员组织各种活动：观看爱国主义电影、到小岗村参观、参观革命历史纪念馆、参观蚌埠市档案馆和城乡规划馆，参加区"复兴梦晚霞情"广场舞比赛，喜迎"中秋、国庆"组织社区退休人员到市花博园开展游园活动，对辖区内困难退休人员进行中秋节走访慰问，重阳节举行退管人员第三届趣味运动会，春节前期组织召开退休工人迎春座谈会。

【文明创建活动】 围绕创建全国文明城市，社区投资80多万元，对辖区9个小区的环境进行整治，楼道刷白，绿化树木，安装楼道单元灯，小区路面固化，农贸市场的鸡鱼档改造和整体刷白，修建临时停车场等，沿朝阳路、燕山路制做不锈钢公益性广告牌17块，极大改善了社区环境。加强殡葬管理，推行殡葬改革，抓好移风易俗，倡导文明新风，清明节和中元节，社区民政工作站成立文明祭祀工作小组，严防死守，宣传引导文明祭祀。

【民兵整组】 社区民兵组织整顿工作从2月20日开始，经过筹划部署、调查摸底、组织实施、检查验收四个阶段，按照"平时能应急，战时能应战"的要求，严格落实人员，配备物资器材，优先把退伍军人和地专人员编入分队，人员在位率保持在95%以上。至5月初结束，社区建立应急5人、应急排1人、通信保障4人、公路护路10人、安全警戒5人、信息员4人，圆满完成29名基干民兵编组任务。

【综合治理】 社区社会治安综合治理以提高广大社区居民安全感和幸福指数为目标，坚持“打防结合、预防为主”的工作方针，认真抓好综治目标责任制的落实，深化“平安社区”的创建活动，加强“三调联动”和专业性、行业性调解组织两个项目的建设工作。全年辖区共调解民事纠纷24起，调解率达100%，成功率达98%。社区在全辖区开展以“排查隐患、清理堆放、防范事故”为主题的安全生产大整治活动，全面落实隐患排查治理措施。一是对小区内所有的防雨棚进行检查，二是对小区内私自拉扯电线进行整治，消除火灾隐患，三是各网格对片区内居民楼进行整治，疏通消防通道。

【人口与计生】 统计年出生109人，政策内101人，政策外8人，政策符合率92.66%，出生率8.35‰，在区目标控制范围之内，综合避孕节育措施落实率为95.29%，统计准确率为100%。截至年底，社区流入人口总数627人，孕环检对像76人，网上孕环检交验率100%。2015年新增计生特扶对象4人，社区奖扶特扶人员共27名，扶助资金全部发放到位。

2014

喜迎门社区

【概述】 2012年社区管理体制改革，撤销街道建制，原钓鱼台街道分喜迎门、钓鱼台两个社区而治。喜迎门社区辖区东至迎宾大道，西至迎河路，南接黄山大道，北至燕山路，面积1.5平方公里。共有居民近3000户，常住人口8000多人。

【经济建设】 社区班子把服务经济建设作为重要工作来抓，依托辖区驻有部队的优势，及时深入到部队、企事业单位、个体工商户中去，开展招商引资、协税护税工作。除协税护税没有完成任务外，按时完成全年招商和固定资产投资目标任务。同时为冠宜国际大厦建设做好区域性环境保障。

【劳动保障】 全年完成城镇新增就业人数610人，完成全年任务的97%；为社区下岗失业人员办理安徽省就业失业登记证590人，完成全年任务的93%；完成下岗失业人员再就业390人，完成全年任务的96%；就业困难人员再就业任务数120人，完成全年任务的95%；新增小额担保贷款32万元，完成全年任务的95%；就业技能培训58人，完成全年任务的90%；城镇居民参加养老保险人数320人，完成全年任务的89%；城镇居民参加医疗保险人数400人；对移交社区的245名企业退休人员进行社会化管理服务；为245名企业退休人员进行人脸识别摄像，为69名企业退休人员进行体检。

【民政工作】 做好城市居民最低生活保障工作，确保困难居民生活有所依。社区有低保对象276户487人、每月低保补助16.24万元。1~10月接受大病救助13户，春节期间慰问困难家庭80户，共发放油80桶、大米80袋。4月份完成低保户审核工作。配合区建委完成2014年廉租房年审，报停12户不符合廉租房保障条件的保障户，对1户符合条件的给予每月336元廉租补贴。

【计划生育】 开展春季集中服务活动以及“5·29”、“7·11”计生协会大型宣传活动。组织协管员开展计划生育清理摸底登记工作，截至8月统计年显示，全社区有育龄妇女1643人，已婚育龄妇女1208人，2013年10月至2014年8月出生24人，其中一孩21人，二孩3人，出生率21.52‰，政策符合率94.73%。社区流入人口总数197人，其中已婚育龄妇女64人，孕环检对像32人。网上交验孕环检信息143条，交验率100%。对特困人群进行登记，落实独生子女保健费、奖扶特扶资金发放。

【党的群众路线教育活动】 社区党工委紧紧围绕党的群众路线教育活动主线，着力打造服务型社区党组织，紧紧围绕促进社区转型、服务基层群众等工作重点，构建“纵向到底、横向到边”的服务群众工作网络，精心搭建党员联系和服务群众的平台，积极为社区居民服务。使社区党员在服务基层、服务群众、服务发展中创先进、争优秀，作贡献、当表率。活动从2月20日开始，用近8个月的时间，在区委联系点领导和督导组的精心指导下，社区全体党员尤其是领导干部按照“照镜子、正衣冠、洗洗澡、治治病”总要求。强化自我教育，聚焦“四风”问题，增强自律意识，在工作中以身作则，做学习典范。

【综合治理】 社区加大综合治理宣传力度，3月在江淮卫校开展“禁毒春风进校园”、在君和花园小区进行综治工作宣传，6月在喜迎门小区开展综治工作宣传和反传销知识宣传，制作宣传横幅40余条，板报30多块，发放宣传资料6350余份。社区重点对外来人员、流动人口、出租房屋的情况摸排稳控。与部队、企事业单位、居民、流动人口签订承诺书5200余份，签约率达90%。开展安全生产、消防安全、交通安全、打非治违、反邪教、打击传销等专项整治活动，摸排各类矛盾纠纷148件，调解率达到100%。年内社区共发生治安案件6起，同比下降60%。

【文明创建】 全年社区投入7万多元制作各类大型宣传板报100余块，条幅30余条，在两个生活小区制作宣传橱窗，大力宣传公民道德、爱国卫生等，发放宣传材料5000份。坚持每日巡查制度，确保辖区市容环境、道路干净整洁，无新增违章建筑。组织社区志愿者与物业人员一起开展环境整治、文明劝导和市容督察等活动，社区出动人员1200余人次，清运卫生死角垃圾、粉刷墙面、清除牛皮癣、乱贴乱画。在“三线三边”示范路整治工作中，在整治“三线三边”示范路工作会议上受到市、区的好评。

【重点工作】 喜迎门生活小区是政府安置小区，社区从今年的一月份对喜迎门小区一期房屋进行安置，主要安置：张公山大塘D区居民、张公山大塘E区居民、酱品厂B3、B4的居民，共计1555套，年内安置1245套，化解安置工作中各类纠纷和信访案件90多起。迎河桥小学及周边区域5月22日纳入征收范围后，社区做了大量的前期准备工作，按征收的程序积极推进，年内64户居民签拆迁合同10户。

2015 喜迎门社区

【概况】 随着生活小区建设完成，全年社区内新安置4000多户，年底社区住户达7123户，常住人口23150人。

【经济建设】 社区完成年内招商引资2亿元，完成全年任务的100%；完成固定资产投资2亿元，完成全年任务的100%；协税护税完成120万元。

【民政工作】 做好城市居民最低生活保障工作，确保困难居民生活有所依。年内社区有低保人员272户473人，月发放低保金15.48万元。全年办理大病救助和临时救助51户，春节期间慰问困难家庭100户，发放油100桶、大米100袋。全年新办低保户30户，办理居家养老服务补助47人。办理80岁以上高龄补贴60人，办理老年证24个，上报精神病患者药费补助5人，筛查出疑似白内障患者10人。70周岁及以上困难老年人意外伤害综合保险信息统计35人，配合区建委完成2015年廉租房年审工作。

【计划生育】 9月统计显示：社区总育龄妇女2134人，已婚育龄妇女1263人，2014年10月至2015年9月新出生40人，政策符合率94.7%，综合避孕节育措施落实率为95%。社区流入人口总数237人，其中已婚育龄妇女71人，孕环检对像38人。网上交验孕环检信息152条，交验率100%。春节至5月，社区组织计生协管员开展春季集中服务活动，共为3866人孕检和访视服务，活动中对早孕、计划外怀孕采取补救措施。

【综合治理】 重点加强对外来人员、流动人口、出租房屋的情况摸排稳控。开展安全生产、消防安全、交通安全、打非治违、反邪教、打击传销等专项整治活动，发放宣传单5500余份，与部队、企事业单位、居民、流动人口签订承诺书40余份，签约率达97%，摸排各类矛盾纠纷67件，调解率100%。开展集中宣传活动，发放宣传资料2000余份，向群众宣传禁毒知识，揭秘“1040阳光工程”的传销伎俩。

【文明创建】 确保辖区市容环境、道路干净整洁，无新增违章建筑，坚持每日巡查制度，对市、区通报事项进行及时跟踪督办。年内社区投入50万元对辖区两条主干道（示范路）及两个物管小区进行清理整治，对迎河水系喜迎门段进行清淤整治，制作各类宣传板报250余块，条幅100余条，发放宣传材料20000份，大力宣传尊德守礼、爱国卫生、社会主义核心价值观等。社区出动人员3000余人次，出动车辆1000余辆次，及时清运垃圾、粉刷墙面、清除牛皮癣、清理乱贴乱画等，社区环境面貌始终保持良好状态。

【物业自治】 社区服务转型，在物业管理服务上探索实行“物业自治”管理服务模式，成立全市首家社区自己的物业公司，负责辖区内的公租房小区的物业管理服务工作，社区作为物业公司法人，面向辖区居民招聘物业经理、保安、保洁在内的10余名工作人员（其中有2名残疾人）。按照低于市场价的标准，提供给居民同等质量的服务。物业管理服务工作人员大部分是身兼两职，以减少物业的开支，把节约的资金，科学用于小区的基础建设和居民的文化活动上，使群众业余文化生活更加丰富多彩。

【劳动保障】 社区全年完成城镇新增就业人数716人，完成全年任务的140%；为社区下岗失业人员办理安徽省就业失业登记证323人，完成下岗失业人员再就业377人，完成全年任务的107%；就业困难人员再就业66人，完成全年任务的101%；新增小额担保贷款50万元，完成全年任务的100%；；城乡居民参加养老保险人数28人，完成全年任务的155.6%。

【党群党建】 年内，按照成立社区选举委员会、改选居民代表、选民登记、候选人产生、召开选举大会等程序，圆满完成社区居委会的换届工作。社区党工委以“125”工作法为抓手，促进社区各项工作全面发展。要求全体党员尤其是领导干部全面贯彻“三严三实”总要求。强化自我教育，聚焦“四风”问题，增强自律意识，在工作中以身作则，做学习典范。社区党工委分析研究社区建设发展情况，全面梳理居民群众的各类需求，为80名社区在职党员，合理设置社区服务岗位和服务内容，为在职党员进社区志愿服务活动中认岗履职搭建平台。利用喜迎门38栋楼下的一楼门房，建成约500平方米的党员群众活动室，并设置乒乓球活动室、健身室、舞蹈活动室，方便社区党员群众的文化生活。

附　　录

- 禹会区农民住房规划建设暂行办法
- 关于进一步明确财政项目资金申请审批程序的通知
- 禹会区社区网格化管理信息化推进实施方案
- 关于印发《禹会区社会养老服务体系建设实施办法》的通知

禹会区农民住房规划建设暂行办法

2014 年 5 月 9 日

第一章　总　　则

第一条　为加强农民住房规划建设管理，规范农民建房行为，科学利用土地资源，有序推进新农村建设，促进城乡协调发展，根据国家、省、市等有关规定，结合本区实际，制定本办法。

第二条　本办法适用于禹会区行政管理范围内集体土地上的农民住房建设。

第三条　区规划分局负责农民住房建设的规划管理和农民住房建设项目的规划审批；区国土分局负责农民住房建设的用地管理和用地审批；区住房和城乡建设委员会负责农民住房建设管理和农民房屋产权管理；区行政执法局会同乡、镇人民政府（风景区管委会）负责违法建筑拆除；乡、镇人民政府（风景区管委会）负责本辖区内农民建房实施和批后管理监督。

区规划分局、国土分局和住建委负责指导乡、镇人民政府（风景区管委会）编制村庄布点规划和村庄建设规划。

第二章　规划管理

第四条　本行政区内农民住房按照建设位置与城区近期建设的关联程度，实施分级管理制度。迎宾大道—合徐高速—秦集镇总规规划备用地西边界线—涂山西路—黑虎山路—西外环路以东区域为一级控制区，以西区域为二级控制区。涂山风景区所辖区域参照一级控制区管理（危房鉴定参照二级控制区办理）。

一级控制区原则上不再批准零星自建个人住房，实行集中统一建设农民居住小区，由区人民政府作为建设主体，按一书二证程序报审。一级控制区范围内危房翻建按二级控制区范围内建房报批程序实施，原址翻建，不得增加面积。

二级控制区内农民建房应结合村庄整治和土地整治，合理布局保留房屋自建区、土地复垦区、集中统一建设区，作为农民住房建设审批的依据。符合条件申请新建住房的，按人均建筑面积不大于45平方米标准（独生子女按2人计算）申请个人自建住房。

第五条　区人民政府根据市规划部门确定的农民居住小区布点规划，编制各农民居住小区建设规划，并负责一级控制区内农民居住小区的集中统建和二级控制区内农民建房的规划管理工作。

乡、镇人民政府（风景区管委会）负责编制本辖区二级控制区内的村庄布点规划和建设规划，并经评审后，报区人民政府审批。经批准的村庄布点规划和建设规划分别报区规划分局、国土分局和住建委备案，作为农民住房建设审批的依据。

第六条　村庄布点规划以乡（镇、景区）为单位编制，村庄建设规划以行政村为单位进行编制，并结合农村土地整治规划，合理布局各功能分区。规划应当引导农民住房向规划居民点集中，控制自然村农民住房建设。

第三章　用地管理

第七条　农民建房坚持“一户一宅”(宅基地面积不超过160平方米)和“户籍所在地”原则。

第八条　二级控制区农民建房申请应参照现已固化的建房资料，在原宅基地范围内改扩建。确需新址建房的，必须符合村庄布点规划和村庄建设规划，积极引导村民在村庄建设规划新区范围内申请建房。在规划新区范围内申请建房的，原房屋需拆除，原宅基地退出。

第九条　农民住房申请宅基地的按照《关于印发蚌埠市区农民住房规划建设管理暂行规定的通知》（蚌政〔2009〕1号）和《蚌埠市区农民住房规划管理实施办法》（蚌政〔2011〕142号）规定执行。

第四章　建房管理

第十条　申请建房必须满足下列要求：

（一）对在公路两侧选址建房的，从公路两侧边沟外缘起，国道不少于20米、省道不少于15米、县道不少于10米，乡道不少于5米，村道不少于3米。（《中华人民共和国公路管理条例》第29条）

（二）距河道防洪堤防背水坡脚水平距离20米外。（安徽省实施《中华人民共和国河道管理条例》办法第24条第二款）

（三）距输气管线中心两侧5米外。（《石油天然气管道保护条例》第12条第二款）

（四）电力线、通信线垂直方向不得建房。水平距离距10千伏以下、35至110千伏、154至330千伏、500千伏电力线水平距离左右分别为5米、10米、15米、20米外；距通信架空线、直埋线水平距离分别为10米外。（《电力设施保护条例》第10条）

（五）距离加油站、加气站以及易燃易爆危险物品生产厂房、仓库水平距离100米外。（《汽车加油加气站设计与施工规范(GB50156-2012)》站址选择4.0.4）

（六）不得影响周围居民的通风、日照、排水和安全，不得乱堆乱放建筑材料和建筑垃圾影响公共交通和人们的正常生产、生活。

第十一条 申请建房条件：

1.因城市建设和发展需要，原住房被拆迁或宅基地被征用的无房户；

2.因婚嫁、人口增加等原因，以致人均住房建筑面积小于30平方米的；

3.经县级以上人民政府批准回原籍落户定居，无住房的；

4.原有住房鉴定确属危房、破旧需要改造或拆除，在原址翻建且符合规划的；

5.符合其它有关规定的。

第十二条 申请建房需提供材料：

1.《禹会区农民个人建房申请审批表》；

2.户籍证明材料（户口本、户主身份证）复印件；

3.四邻意见（村委会见证盖章）；

4.原房屋、宅基地权属证明（村、乡镇两级证明）；

5.建房所在地形图或村庄建设规划平面图，并标明拟建房位置；

6.村委会研究意见和公示结果；

7.工程设计图纸或选择《安徽省社会主义新农村住房图集》的设计户型；

8.危房翻建的，一级控制区内应提供市危房鉴定办公室出具的《房屋安全鉴定意见书》；二级控制区内应提供由所在乡（镇）人民政府按照《农村危险房屋鉴定技术导则（试行）》规定出具的《农村危房安全鉴定报告》。

第十三条 农民建房申报办理程序：

建房户申请—村委会签署意见—在村公示栏公示（包括申请建房户人口结构、现住房情况、宅基地情况、四邻意见、新建房屋面积、户型、层数等情况）—乡、镇人民政府（风景区管委会）国土所、城建所审查、绘制建房平面位置、尺寸图—区住建、规划、国土联合现场踏勘—经区国土、规划、住建联审后，报区人民政府审批—区规划分局核发《建设工程规划许可证》（复印件）—乡、镇人民政府（风景区管委会）放线、验槽—乡、镇人民政府（风景区管委会）组织国土所、城建所竣工验收—验收合格核发《建设工程规划许可证》（原件）

第十四条 各相关单位在办理农民建房审核、审批、发证等手续时，必须限时作出许可或不许可的答复。

村委会收到建房申请材料5个工作日内，召开村民代表会研究表决，并公示结果（公示期10天）。乡、镇人民政府（风景区管委会）组织国土所、城建所5个工作日完成资料审查和现场绘图。区住建委5个工作日完成牵头现场踏勘；区住建委每个月末承办区政府农民建房审批工作领导小组审批会议后，3个工作日内完成资料上报。区规划分局5个工作日内核发《建设工程规划许可证》（复印件）。乡、镇人民政府（风景区管委会）5个工作日内派员（不少于3人，应包含乡、镇、风景区的国土、城建、行政执法）现场放线定位。乡、镇人民政府（风景区管委会）收到竣工申请5个工作日完成验收。验收合格的，3个工作日核发《建设工程规划许可证》（原件）。

第十五条 农民建房应注意结构选型，要与当地建筑风格相结合，美观适用。乡、镇（风景区）协助行政村从《安徽省社会主义新农村住房图集》中确定3~5个房屋设计户型为各村建房样式，确定外墙材料、颜色。建房层数不得超过2层（不含隔热层），首层层高不得超过3.5米，二层层高不得超过3.3米，首层室内地坪标高不得高于四邻室内地坪标高。

第十六条 有下列情况之一的，一律不予审批建房：

1.不符合土地利用总体规划、村镇总体规划、村庄建设规划的；

2.非本村农业户籍的常住户人员；

3.有转让、出租、赠予、擅自改变房屋使用性质等行为的；

4.原有宅基地面积能解决分户需要的或原有宅基地面积超过标准的；

5.拆旧建新不同意将老宅基地退还集体、或在原批准的宅基地以外有违章建筑而未先行拆除的；

6.已享受过集体土地安置政策的；

7.违反第十五条规定的。

第十七条 有下列情况之一的，不列入申请建房面积计算：

1.已享受过集体土地安置政策的，建房申请面积需扣除已安置的面积；

2.户籍仍在本行政村，但已享受住房公积金、福利分房等优惠政策的；

3.已婚嫁、户口未迁出的，经核实已不在本行政村内居住或配偶方住房面积能够满足家庭居住需求的。

第五章 建设管理

第十八条 乡、镇人民政府（风景区管委会）应对农民建房选择的施工队伍（建筑工匠）进行备案，并审查户型图、施工图纸和建房户与施工队伍（建筑工匠）签订的施工承包合同、安全质量承诺书等。

第十九条 农民建房质量安全实行属地管理。乡、镇人民政府（风景区管委会）负责批后建设管理工作，对村民房屋建设质量、安全进行监管。区相关部门按照相关法律、法规协同乡、镇人民政府（风景区管委会）做好工程质量和

施工安全的监督管理。农民建房选用的原材料、构配件，应为正规生产厂家生产，严禁采购和使用无生产厂家、无材质证明、无产品出厂合格证的“三无”建筑材料。

第六章　违建查处

第二十条　乡、镇人民政府（风景区管委会）定期对农民住房建设进行监督检查，发现问题及时依法查处，限期整改。加强督查和事后审查，区住建、规划、国土、行政执法部门每半年对已审批的农民建房进行审查监督。

第二十一条　有下列情形之一的，由所在乡、镇人民政府（风景区管委会）责令停止建设、限期改正或拆除；拒不履行的，收回《建设工程规划许可证》：

1.未取得《建设工程规划许可证》开工建设的；

2.擅自改变《建设工程规划许可证》内容进行建设的；

3.买卖、转让《建设工程规划许可证》进行建设的；

4.未按规定放验线进行建设的；

5.未取得宅基地批准手续进行建设的；

6.其他违法建设行为。

第二十二条　有下列情形之一的，由村集体经济组织申请，经乡、镇人民政府（风景区管委会）同意，报原批准用地的人民政府批准，可收回宅基地使用权：

(一)不按批准的用途使用土地的；

(二)所建房屋不符合乡村规划的；

(三)新房建成后，拒不退出老宅基地。

第七章　责任追究

第二十三条　乡（镇、风景区）人民政府、土地、规划、住建等管理部门工作人员有玩忽职守、索取受贿、徇私枉法行为的，由其所在单位或上级主管机关给予行政处分；造成损失的，依法承担赔偿责任；构成犯罪的，依法追究其刑事责任。

第八章　附　　则

第二十四条　本办法如与上级部门有关政策不一致，以上级部门出台办法为准。

第二十五条　本办法由区政府农民建房审批工作领导小组解释。

第二十六条　本办法自印发之日起实施。

附件：1.禹会区农民建房申请公示表(略)

2.禹会区农民个人建房申请审批表（略）

3.禹会区农民建房规划验收表（略）

关于进一步明确财政项目资金申请审批程序的通知

为切实加强财政资金管理，严格财政资金申请、审批程序，合理调配财政资金，提高财政资金使用效益，根据相关法律、法规和有关制度，经区政府研究决定，现就进一步明确财政项目资金申请、审批程序通知如下：

一、财政项目资金内容

本规定所指的财政项目资金，是指项目资金额度达到10万元以上的货物购置类、服务类、工程类及其他项目资金支出。

二、财政项目资金来源

（一）年度部门预算安排的项目资金。

（二）年度部门预算之外安排的项目资金：

1.当年追加预算安排的项目资金（即：动用预备费、超收和上年结余安排）；

2.土地出让金安排的项目资金；

3.其他财政性资金安排的项目资金。

三、年度部门预算安排的项目资金

（一）项目部门在编制当年度预算时，提出项目资金申请报告，需细化到具体项目和实施单位，有明确的绩效目标、实施计划和时间进度，并附相关政策文件依据，报区财政支出管理领导小组会议研究同意后，列入当年财政预算，人代会后1个月内批复到项目部门。

（二）项目资金列入年度部门预算后，原则上项目内容、资金额度、实施单位等相关要素不得随意变更。如确因特殊情况需要变更的，需提出变更理由和变更内容意见，并附相关政策文件依据，报经区财政支出管理领导小组会议研究同意后执行。

（三）列入年度部门预算的项目资金审批权限，按照《关于进一步加强财政支出管理的通知》（禹政〔2013〕1号）文件中第三条、第三款执行。

四、年度部门预算之外安排的项目资金

（一）项目部门根据项目情况，提出项目资金申请报告，需细化到具体项目和实施单位，有明确的绩效目标、实施计划、时间进度和资金来源，并附相关政策文件依据，报区财政支出管理领导小组会议研究同意后执行。

（二）项目资金一经确定，不得随意变更。如确因特殊情况需要变更的，需提出变更理由和变更内容意见，并附相关政策文件依据，报经区财政支出管理领导小组会议研究同意后执行。

五、项目资金申请签批程序

（一）项目部门提出的申请报告，需经相关区领导批示后传送至区财政局，区财政局根据区领导批示、实际需要和政策依据情况，统一报由区财政支出管理领导小组会议研究。

（二）凡经区财政支出管理领导小组会议研究同意安排的项目资金，项目部门根据会议内容，填写《禹会区财政项目资金申请审批表》（见附件），并附申请报告和政策文件，报区财政支出管理领导小组成员和组长签批后，报送区财政局办理项目资金列入预算、变更或资金划拨手续。

六、其他相关事项

（一）区财政支出管理领导小组会议由组长主持召开，原则上半个月召开一次。如遇重大项目资金安排事项，经组长同意后，可随时召开。

（二）本规定自下文之日起执行，以前相关规定与本规定不一致的，按本规定执行。

禹会区社区网格化管理信息化推进实施方案

2014年5月9日

社区信息化建设是和谐社区建设的重要内容，也是社会信息化的重要组成部分。推进社区信息化建设，旨在通过建设社区管理和服务综合信息平台，实现社区管理网格化、信息传递扁平化和工作手段现代化，从而减少管理环节，降低办公费用，规范城区社区建设，创新社区管理与服务手段，促进社区建设均衡发展，制定本方案。

一、指导思想

以党的十八大精神为指导，全面贯彻落实科学发展观，坚持“政府搭台，企业唱戏，社会参与，居民受益”的方针，按照“统一规划、统一标准、统一建设”的原则，运用现代信息网络技术，通过推进社区管理与服务综合信息平台建设，完善社区管理信息系统、社区服务信息网站和网络呼叫系统，促进政府转变职能、改进作风，促进社区增强自治意识、扩大社区参与，促进社会服务业的产业化、现代化。

二、建设目标

长远目标：建立面向居民、覆盖城乡、统分结合、功能完善、服务便捷、管理规范、运行安全的社区管理与服务综合信息平台。

近期目标：2013年年底前由区委办、区政府办、区民政局等单位牵头，软件公司技术支撑，在我区选择一个社区进行“信息化社区”的试点采集工作。建立以居民信息为基础、以社区为终端、以部门为纽带、以区为中心、以电子信息网为支撑的全区社区管理信息平台，要求初步可利用社区管理平台实现社区事务管理的流程化，利用移动采集信息终端开展社区人户、房屋信息等领域的采集和管理，形成区、部门和社区内部网络管理平台的搭建。2013年下半年在前期试点的基础上，进一步拓展服务领域，丰富服务内容，开展社区远程服务、平安社区建设。初步建设完成社区事务网统一对外门户，为社区居民提供各类便民服务。不断扩大信息化社区示范点范围，力争在2014年底前实现全区70%以上社区建设成为信息化社区。

三、基本原则

1.以人为本，服务居民。以满足居民群众对信息服务的需求为出发点和落脚点，实现社区信息网络资源的互通互联，多渠道收集信息，进行整理、分析和更新，及时传递给居民，实现服务信息多样化、管理程序动态化、信息传递时效化。

2.统筹规划，整合资源。充分利用、整合各级政府及相关部门现有的信息及网络资源，调动企业及社会各方面的积极性，共同推进，避免重复建设，节省成本，统一应用较成熟的软件，实行集中管理、信息共享，最大限度地开发利用社区基础信息资源，服务政府、服务居民、服务社会。

3.因地制宜，注重实效。在统一规划和统一标准的基础上，因地制宜，分步建设，逐步完善。立足于实际需求，坚持以需促用、以用促建，突出应用，探索成本低、效果好的社区信息化建设模式，做到建得起、管得好、用得久，实现可持续发展。

四、主要内容

社区信息化建设主要包括社区管理信息平台建设与社区居民服务两个方面：

（一）社区管理信息平台建设（内部管理门户）

社区信息管理系统是以社区居民信息为基础、集社区居委会办公、管理、数据同步，提供给各级、各部门浏览、查询、统计、分析社区基础信息功能于一体的社区信息管理应用系统，实现“信息公开、在线办事、公众参与”。社区信息管理平台系统主要包括社区党建、民政、计生、档案、社团、群众等事务信息管理系统和社区办公自动化系统等子系统和办事大厅、报表统计、人户信息管理、移动办公等多个功能模块组成：

1.办事大厅

办事大厅可受理的业务包括民政、社保、计生、综治、教育、卫生、文明创建和残联八个方面。办事大厅受理业务可与禹会区社区事务信息网信息对接，将居民、社会、企业、政府等相关社会事务通过网络平台交办给相关责任单位，并进行督办督察，实现网上办公。

2.人户信息管理

通过人户管理可以完成的功能包括：房屋信息的录入、房屋信息的编辑、房屋信息的删除、人口的迁出、人口的迁入、人口信息的录入、人口信息的修改；其次，平台提供了丰富的房屋和人口查询功能，可以满足不同用户对于查询要求；再次，对于从某社区迁出的人口信息，社区工作人员可以查看到完整的历史记录。

3.报表统计

报表统计主要是以表格、饼图、直方图、柱状图的形式，统计各业务部门所关心的人口属性，并且可以指定不同的统计范围，如整个区、社区范围。

4.移动办公

移动办公是以社区管理信息平台为基础、利用无线网络供应商（电信、移动或者联通）无处不在的移动网，使用手机和利用网络供应商的终端采集软件，为社区工作人员上门移动办公，移动办公系统所有数据与社区信息化综合服务平台实时保持同步，当社区工作人员到居民家，可以实时通过手机终端查询到该户的登记状况，并进行核对。如发现变更或新增信息，可通过终端实时修改或录入。该系统安全性高，根据手机号码进行操作人员身份识别，并实施反馈到平台，平台根据身份分配操作权限。

社区管理信息平台的建设分四个层次进行：一是以社区为基础，安装社区信息管理系统软件，培训操作人员，及时、准确采集、录入、更新、上传社区基础信息，使社区日常管理、相关报表、申报业务等工作实现计算机处理和网络办公；二是以各职能部门信息中心为单位，配置相应端口，安装社区信息应用系统软件，建立相应职能的数据库，成立社区管理信息中心，为政府和相关部门提供辖区和直属部门内社区基础信息的浏览、查询和统计、分析等信息服务；三是建立区级社会事务管理信息中心，架构主服务器，分配系统节点，安装社区信息应用系统软件，设定终极管理权限，为政府和相关部门提供全区所有社区基础信息的浏览、查询和统计、分析等信息服务。四是建立移动信息化管理平台，实现移动办公。

（二）社区居民服务

社区居民服务是以互联网、语音、短信、邮件、即时通信工具等为互动方式，以政府公共服务、社会公益服务和便民利民服务为支撑的社区服务信息交流平台，是社区信息化的重要组成部分，通过建设社区居民服务门户和社区信息发布媒介，提高居民信息服务质量，构建居民便民服务体系。

1.社区居民服务门户（禹会区社区事务信息网）

社区居民服务门户是通过整合与居民相关的各类信息，包括办事指南、办事大厅、信息查询、公共事业收费、生活服务、公益服务、娱乐服务、我的家园、商务服务、二手市场、最新加盟企业、站内搜索、社区曝光台、回音壁、失物招领、社区公告等，居民能够通过社区门户方便获取便民信息，又能了解政府相关部门办公流程，提高政府部门办公透明化程度，为居民和政府各部门沟通交流提供一个方便快捷的网站服务平台。通过社区居民服务门户为社区居民提供包括社区商业、社区便民、社区娱乐等三大便民服务：

（1）社区商业服务。发展实体商家加盟，商家通过多渠道展示产品和服务，方便社区居民获取信息，建起商家与居民的沟通桥梁，并以此促进社区商业活动的开展，构建社区繁荣的商业氛围。

（2）社区便民服务。积极整合本地社会服务资源，开展便民利民服务，促进社会服务业的发展，运用多种渠道发布社区便民信息供居民查询，同时利用社区总机开展多种主动性便民服务，实现“民有所想、我有所应，民有所求、我有所为、民有所急、我有所帮”。

（3）社区娱乐服务。积极运用现代互联网技术建设网上虚拟社区，以城区小区、圈子为单元打造社区全方位关系圈，加强社区居民间的交流，并在此基础上为居民提供游戏、娱乐互动、实用工具、便捷通讯等服务。

2.社区信息发布

社区信息发布旨在为政府、物业、居民及商家搭建信息发布平台，满足政府重大信息及临时性预警信息的发布；例如政府部门的重大方针政策、气象局灾难性预警信息、卫生局卫生防疫信息、公安局警务协办信息、交通部门的路况信息等等，通过该平台，实现信息发布的自主操作，减少信息发布的流程环节，可实现该类信息发布的及时性。

另外，可将智能化终端镶嵌在该信息发布平台之上，满足居民水、电、气、电话等费用缴纳的实用性功能；也可将商家促销消息、旅游门票、订餐订房等相关信息以优惠券的形式供居民打印，满足居民多样化的信息需求。

五、实施步骤和保障措施

（一）准备工作

1.组织实施。禹会区社区网格化管理信息化推进工作在禹会区社区综合管理体制改革工作领导小组下组织实施。社区信息化建设是一项综合系统工程，横向涉及到多个相关部门，纵向涉及到从市、区、到社区的多个层级，为此，在领导小组管理下组织民政、人社、公安、卫生、住建、文广体旅、科技、综治、司法、妇联、计生、残联、供水、燃气、供电等部门单位成立区社区信息化工作管理办公室（区政府办），并设立单独网络办公平台，配备2至3人专项负责未来3年的社区信息化建设相关工作，各职能部门和社区党政办抽调一名同志全面配合信息化建设工作。包括具体负责规划制定，项目组织、协调推进、为社区提供数据，帮助工作人员开展信息收集工作和后期更新维护等工作。领导小组要充分发挥作用，加强组织领导和综合协调，认真研究制定方案，有计划、有步骤地实施。

2.配置硬件设备和资金投入。根据软件开发公司的需求，按照我区实际使用情况，配备传真机、扫描仪、数码相机、led显示屏、ups可持续电源、台式电脑、笔记本、服务器等相应系统设备，区级社区信息化办公室需设立独立的办公场所并在区级政府架设独立终端服务器，其中社区内部管理平台因涉及人员信息数据，从安全方面考虑需架设光纤到社区专线网络。我区应根据实际情况按照需要达到的功能配属相关网络和硬件设施，应组织软件开发公司和工作人员经过社区调研测算确定建设目标报送区委、区政府研讨后，统一公开招标建设。

3.人员配备。社区确定一名具备基本计算机操作能力的工作人员，为系统录入员。同时，根据社区工作实际量，配备6~10名信息采集员，负责前期信息采集工作。并且长期指定1名具有大专以上学历，熟练操作计算机的同志负责信息维护管理和后续更新工作。

4.其他准备工作。按照软件要求，提前印制信息采集表格。提前下发采集工作通知，要求居民按照规定前往社区或留在家中等待采集员采集信息。

（二）信息采集工作

1.与软件公司对接和业务培训。由中标的软件公司组织，区政府办、区民政局配合，对社区工作人员进行业务培训。培训内容包括：系统概述、系统特性、信息采集表格制定、信息采集注意事项、信息安全培训、常见技术问题解决等。

2.系统验收。系统架设完毕之后，由区政府办、区民政局负责对系统可用性进行验收，保证系统没有重大bug，能够正常运行。由社区工作人员进行试用，检验其实用性和稳定性，试用期初定为2000户信息，在确保系统能够稳定运行之后，方可验收付款。

3.维护和管理。经过培训后，社区工作人员应具备日常操作能力，领导小组办公室负责解决一般技术问题和联络软件公司。软件公司负责重大疑难问题的解决和系统升级等。

4.信息比对、入库。由社区联系辖区派出所和组织、残联、计生、综治、司法、民政、人社、住建、卫生、安监等部门将社区采集信息与派出所和相关部门登记信息进行比对，对存疑数据进行核查，确定最终入库数据。

（三）保障措施

1.整合资源。在推进社区管理与服务综合信息平台建设中，要充分利用当地政务网的硬件设施和相关部门的网络、信息资源，加强与相关部门和单位的合作，根据省、市的统一部署和建设要求，结合我区情况，从实际需求出发，逐步建设，不断完善。软件技术开发公司要抽调技术专家建立社区信息化建设专项支撑团队，明确任务要求，制定工作进度表，按时按要求完成实施任务，为社区信息化平台建设和正常运行提供坚实保障。要认真梳理好政务各级业务处理流程，积极配合项目人员将各类、业务处理流程电子化，最终实现社区事务的流程化。牵头建立起社区人户信息的采集模型，加大人户基础信息的采集力度，形成人户信息从采集、录入、稽核、管理等一整套长效工作体系，确保社区人户基础信息数据库的准确。

2.分级投入。采取向上级部门争取一定项目资金，专项用于社区管理与服务综合信息平台建设。同时，要落实区级财政配套资金，保证社区管理与服务综合信息平台建设的顺利推进。

3.评估验收。加强对社区管理和服务综合信息平台建设质量的考核评估，依照上级部门相关规定，组织工程验收。区政府办、区民政局要组织人员对各社区信息化建设情况进行检查和评估，拟对先进单位给予一定的奖励。

4.安全监管。本系统涉及大量居民私密信息，部分信息属涉密信息，一旦发生泄漏后果不堪设想。运行此系统计算机为涉密计算机，应严格禁止此计算机接入互联网，一旦发现违规上网情况，无论是否发生泄密情况，都将按照有关规定，严格追究有关人员责任。同时，在日常使用时，应对接触计算机人员进行严格控制，禁止非社区工作人员查询信息。信息调用采取逐级申请原则，按照系统管理员进行调用。除日常数据备份外，不容许任何人，以任何形式拷贝、转移基本数据。

关于印发《禹会区社会养老服务体系建设实施办法》的通知

禹民〔2014〕6号

各乡镇、风景区、各社区：

现将《禹会区社会养老服务体系建设实施办法》印发你们，请认真遵照执行。

禹会区民政局　禹会区财政局

2014年5月15日

农村五保供养及敬老院建设实施办法

区民政局　区财政局

第一章　总　　则

第一条　为贯彻落实《农村五保供养条例》《安徽省人民政府关于加快推进养老服务体系建设的决定》《安徽省城乡养老服务体系建设(2013—2015)实施方案》和《安徽省人民政府关于2014年实施33项民生工程的通知》(皖政〔2014〕1号)，完善农村五保供养制度，推进农村敬老院建设，全面提升农村五保供养水平，结合我区实际，制定本实施办法。

第二条　指导思想：坚持以人为本，以保障农村五保对象基本生活权益为目标，继续完善五保供养制度，着力改善敬老院设施条件，进一步提升农村五保供养水平，促进农村经济发展和社会和谐稳定。

第三条　工作目标：农村五保对象生活水平达到当地村民平均生活水平；到“十二五”末，农村五保供养服务机构集中供养能力力争达到70%左右。

第二章　实施内容

第四条　继续完善农村五保供养制度

(一)保障范围

持有农村户口的老年、残疾或者未满16周岁的村民，无劳动能力、无生活来源又无法定赡养、抚养、扶养义务人，或者其法定赡养、抚养、扶养义务人无赡养、抚养、扶养能力的，享受农村五保待遇。

(二)供养标准

分散供养年人均不低于2400元；集中供养年人均不低于3600元。具体由区级人民政府确定，并报市民政局备案。五保对象领取的“新农保”养老金、物价上涨临时补贴等不计算在上述标准内。农村五保供养对象承包的土地收益不能冲抵政府给予的供养费用。

(三)申请、审核、审批程序

1.个人申请。申请农村五保供养待遇，由本人或户主填写《农村五保供养待遇申请审批表》，提供居民户口本、居民身份证以及家庭收入状况证明等材料，通过村民委员会向户口所在地的乡镇政府、风景区提出申请。

2.村民委员会初审。

(1)村民委员会在5个工作日完成对申请人的家庭收入和实际生活情况的核实，并由调查人填写《农村五保供养待遇申请审核表》。

(2)将申请人家庭情况和评议情况在村务公开栏公示5天以上。对无异议的，在《农村五保供养待遇申请审核表》上签署意见，连同申请人本人户口本、居民身份证复印件、家庭收入状况证明以及其他相关证明材料报乡镇政府、风景区审核。对经评议或公示后复审不符合条件的，要书面通知申请人，并告知原因。

3.乡镇政府、风景区审核。乡镇政府、风景区在收到申报材料后，应对村委会上报的家庭收入调查表进行调查、核实，在22个工作日内完成，并由乡镇政府、风景区民政干部在《农村五保供养待遇申请审核表》签署意见。乡镇政府、风景区审核后，应将有关证件和证明材料一并报县级民政部门审批。对审核不符合条件的，要书面通知申请人，并告知原因。

4.区民政部门审批。区民政部门接到申报材料后，应在22个工作日内完成对申报对象材料的审核、重点调查和审批工作，并委托乡镇、风景区、村委会在公开栏公示5天。对无异议的，在《农村五保供养待遇申请审批表》上签署意见，并发给《农村五保供养证》。对不符合条件的，要书面通知申请人，并告知原因。

(四)动态管理

1.农村五保供养对象实行动态管理，确保符合条件的五保对象应保尽保。按审批程序对五保供养对象实行随机复核、适时调整。农村五保供养对象每年都要进行抽样审核、审批。

2.农村五保供养对象实行区、乡两级档案管理，做到一乡一柜，一村一档；省、市、区民政部门建立农村五保供养对象基础信息数据库，区级民政部门负责基础信息数据库的日常管理。

第五条　农村敬老院建设

(一)建设目标

2014—2015年，用2年时间，在现有4所农村敬老院、390张床位的基础上，再新建或改扩建1所左右标准化乡镇敬老院，增加床位70张以上，确保全区农村五保供养对象集中供养能力2015年达到52%、“十二五”末力争全区平均集中供养能力达到70%。

(二)建设方式

农村敬老院建设的主要方式：一是以新建敬老院院民住房为主；二是整合资源，对闲置的办公场所、学校等设施适当进行改扩建；三是经济薄弱的乡镇，对原有的敬老院进行改扩建，尽可能地增加床位数；四是添置设备和进行附属设施建设。

(三)建设标准

乡镇敬老院的住房、菜地、室外活动场所、附属设施建设和设备添置更新等，按照省民政厅《关于做好农村五保供养服务机构建设的指导意见》(民福函〔2007〕84号)有关规范标准实施。

(四)投资规模

按照民政部要求和省财政厅、省民政厅《关于印发〈安徽省农村五保供养服务机构建设经费管理暂行办法〉的通知》(财社〔2009〕260号)规定，五保供养服务机构供养对象人均居住面积及附属设施建筑面积不少于14平方米。以上基本建设和敬老院设备添置等所需经费，经测算每增加一张床位需1.2万元。

(五)项目建设与管理

1.项目建设以区级民政部门为主，实行“六统一”，即：统一规划立项，统一计划下达，统一设计，统一招标监理，统一资金管理，统一验收和预决算审计。

2.项目建设按照国家有关工程建设的规定实行县级民政部门法人责任制、招投标制、工程监管制和合同管理制。

(六)敬老院运行体制与管理

1. 政府投资建设的乡镇敬老院所有权归乡镇人民政府，乡镇人民政府是乡镇敬老院管理的责任主体，敬老院院长和其他工作人员由乡镇人民政府招聘。

2.农村敬老院管理工作人员的工资标准：不低于市区月人均1040元最低工资标准，敬老院每年的水、电、煤、基础设施维修、办公经费、院民常见病治疗等费用，按照院民年人均不低于700元列支。以上经费，必须列入乡镇人民政府财政预算，并按时足额拨付到位。

3.五保供养服务机构应按照院民与工作人员10:1的比例配备工作人员。

4.乡镇人民政府应加强对农村敬老院的管理，建立健全各项规章制度，切实为农村敬老院的院民提供舒适、安全的生活环境。

第三章　资金筹措及管理

第六条　资金来源

(一)各级财政一般预算安排的资金；

(二)其他资金。

第七条　资金管理

(一)五保供养资金、五保供养服务机构建设资金实行专账核算，专款专用。

(二) 分散农村五保供养对象生活补助资金通过涉农资金“一卡通”发放。集中供养农村五保供养对象生活补助资金由财政部门直接拨付到农村五保供养服务机构账户。

第四章　保障措施

第八条　区级人民政府是农村五保供养及敬老院建设的责任主体，负责本地农村五保供养及敬老院建设的组织领导、审定规划以及配套资金、建设用地的落实等事项，并要求规划、监察、建设、国土、公安、审计等部门根据各自职能分工履行职责。

第九条　区民政局、区财政局按照职能分工各负其责。区民政局负责编制建设规划、建设任务分解和对项目实施情况进行督查考核。区财政局负责安排落实省、区级财政资金，督促县级财政部门落实补助资金，并对补助资金的管理使用进行监督检查。

第十条　各级建立由民政、财政等部门负责同志参加的联席会议制度，协调研究和解决问题，部署阶段性工作重点和任务，制定下一步工作计划。

第五章　附　　则

第十一条　本办法由区民政局会同区财政局负责解释。

第十二条　本办法自下发之日起施行。

社会养老服务体系建设实施办法

第一章 总 则

第一条 为贯彻落实《国务院关于加快发展养老服务业的若干意见》《安徽省人民政府关于加快推进养老服务体系建设的决定》《安徽省城乡养老服务体系建设（2013-2015）实施方案》和《安徽省人民政府关于2014年实施33项民生工程的通知》（皖政〔2014〕1号），推进我市社会养老服务体系建设，结合我市实际，制定本实施办法。

第二条 指导思想

坚持以人为本的方针，以推动社会办养老机构和社区养老服务设施发展为重点，积极支持和引导社会力量参与养老服务，进一步改善我市养老服务设施条件；建立完善困难老年群体养老服务津补贴制度，切实保障困难老年群体基本养老服务需求；建立全市养老机构综合责任保险制度，提升养老机构服务保障水平。全面推进与我市人口老龄化进程相适应、与经济社会发展水平相协调的多元化、多层次、多形式的养老服务体系建设。

第三条 工作目标

到“十二五”末，全区基本建立以居家为基础、社区为依托、机构为支撑，布局合理、规模适度、功能完善、覆盖城乡的养老服务新格局。

（一）全区养老机构床位数力争达到每千名老年人40张。

（二）城市社区养老服务设施覆盖率达到80%，农村社区养老服务设施覆盖率达到50%以上。

（三）低收入老年人居家养老服务补贴和高龄津贴制度健全完善。

（四）全区养老机构综合责任保险制度普遍建立。

第二章 实施内容

第四条 社会养老机构建设

（一）建设目标

到2015年年底，城市养老机构中，社会办养老机构床位数所占比重力争达到50%。

（二）补助范围

符合《安徽省社会办养老机构建设指导意见（试行）》所列各项要求，由企事业单位、集体组织、民间组织、慈善机构及个人等社会力量，以独资、合资、合作等形式兴办，具备独立法人资格的各类老年公寓、养老院、护养院等（不包括公办养老机构、公建民营养老机构、老年医疗机构、老年住宅、老年社区等）。

（三）补助类型、补助标准及资金筹措

1.一次性建设补贴。对市区符合条件的社会办养老机构，市财政给予一次性床位建设补助1000元。

2.日常运营补贴（含公建民营养老机构）。依据《蚌埠市市区民办养老服务机构运营补贴实施办法》，对市区符合“正常运营满1年以上”等10项补贴条件的民办养老机构，依本市（含县、区）户籍实际入住人数，按每人每月100元给予运营补贴；对收住失能失智、低收入老年人的运营补贴，补贴标准按20%上浮。

3.贷款贴息补助。市区社会力量兴办的养老机构，从银行等金融机构贷款用于养老机构建设的，市财政按照同期三年期贷款基准利率的30%给予贴息补助。

4.政府购买服务补助。农村五保对象、城镇“三无”人员入住社会办养老服务机构的，将生活保障金直接转入机构，不足部分由所在区财政按同类人员入住收费标准全额补助。

第五条 社区养老服务设施建设

（一）建设目标

1.到2015年年底，社区养老服务机构覆盖全区城市社区和半数农村社区。

2.到2015年年底，城市养老机构中，社会办养老机构床位数所占比重达到50%以上。

（二）补助范围和补助标准

1.符合《安徽省社会办养老机构建设指导意见》所列各项要求，由企事业单位、集体组织、民间组织、慈善机构及个人等社会力量，以独资、合资、合作等形式兴办，具备独立法人资格的各类老年公寓、养老院、护养院等（不包括公

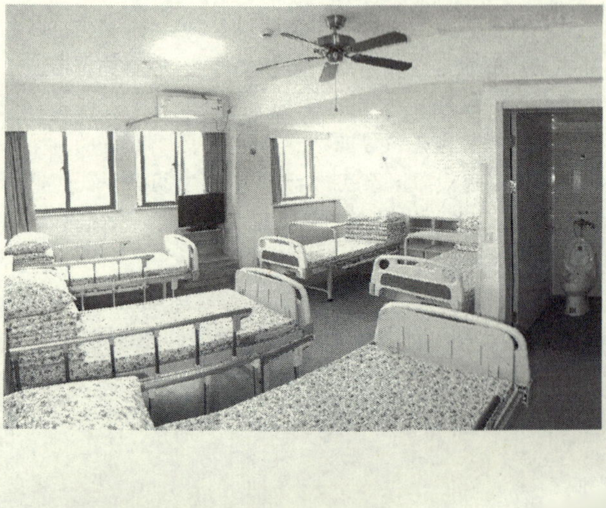

办养老机构、公建民营养老机构、老年医疗机构、老年住宅、老年社区等),可申请省级一次性建设补助。

2.符合《安徽省社区养老服务机构建设指导意见》所列各项要求的各类日间照料中心、日托站、托老所、社区养(助)老服务站等社区居家养老服务机构(组织),可申请省级一次性建设补助。

3.贷款贴息补助。社会力量兴办的养老机构,从银行等金融机构贷款用于养老机构建设的,可申请省级贴息补助。

4. 对市区符合“正常运营满1年以上、入住率不低于60%”等10项补贴条件的民办养老机构,依本市(含县、区)户籍实际入住人数,按每人每月100元给予运营补贴。

5.建立市区高龄老人津贴制度。发放标准:80至99周岁老年人,每人每年360元;100周岁以上(含100周岁)老年人,每人每月300元。

(三)申报、审批程序

1.每年年初,区民政局、区财政局根据全市社会养老服务发展总体规划和年度计划,明确当年补助重点、申报条件和补助标准,按规定程序逐级申报,由区级民政、财政部门审核汇总后上报至市民政局、市财政局。

2.补助资金申请、审批程序及所需提供资料,按照《安徽省省级社会养老服务发展经费管理暂行办法》(财社〔2012〕1386号)执行。补助经费由区级民政部门会同财政部门复审后报省相关部门。

3.民办养老机构运营补贴、高龄老人津贴按有关实施办法申报、审批。

第六条　建立养老机构综合责任保险制度

推动全区养老机构自主自愿参加综合责任保险,力争2014年底,实现全区养老机构综合责任保险制度全覆盖。具体办法按省有关文件执行(待发)。

第七条　申报、审批程序

(一)社会办养老机构和社区养老服务设施建设

1、每年第二季度,区民政局、区财政局根据全市社会办养老机构和社区养老服务设施建设总体规划和年度计划,明确当年补助重点、申报条件和补助标准,通知县级民政、财政部门根据本地老龄化程度和养老服务需求,按规定程序申报。市区由区民政、财政部门审核汇总后上报至市民政局。

2、补助资金申请、审批程序及所需提供资料,参照《安徽省省级社会养老服务发展经费管理暂行办法》(财社〔2012〕1386号)执行。

(二)低收入老年人高龄津贴的申报、审核按《蚌埠市高龄老人生活津贴实施办法》执行。低收入老年人居家养老服务补贴的申报、审核办法另行制定。

(三)养老机构参保补贴申报、审核办法按省有关规定执行。

第三章　资金来源及管理

第八条　资金来源

(一)各级财政一般预算安排的资金;

(二)社会捐助资金;

(三)其他渠道筹集的资金。

第九条　资金管理

社会养老机构、社区养老服务设施建设一次性建设补助、贷款贴息补助仅用于养老服务机构、社区养老服务设施基本建设、装修及设备、设施添置更新费用等;运营补贴、政府购买服务补贴仅限于设备添置、人员工资、人员培训、意外伤害保险费用等,其中人员培训和意外伤害保险费用不得低于10%。

第四章　保障措施

第十条　区级人民政府是社会养老服务体系建设的责任主体,负责本地社会养老服务体系建设的组织领导、审定规划以及配套资金、建设用地的落实等事项,并要求规划、监察、建设、国土、公安、审计等部门根据各自职能分工履行职责。

第十一条　区民政局、区财政局按照职能分工各负其责。区民政局负责编制建设规划、制定建设标准、下达建设任务、制订管理制度和对项目实施情况进行督查考核。区财政局负责安排落实区级财政资金,督促县级财政部门落实补助资金,并对补助资金的管理使用进行监督检查。

第十二条　区级建立由民政、财政等部门负责同志参加的联席会议制度,协调研究和解决问题,部署阶段性工作重点和任务,制定下一步工作计划。

第五章　附　　则

第十三条　本办法由区民政局会同区财政局负责解释。

第十四条　本办法自下发之日起施行。

生活无着人员社会救助实施办法

第一章　总　　则

第一条　根据《安徽省城市生活无着的流浪乞讨人员救助管理办法》(省政府令164号)、《安徽省人民政府关于2014年实施33项民生工程的通知》(皖政〔2014〕1号)、《安徽省人民政府办公厅关于进一步加强和改进流浪未成年人救助保护工作的通知》(皖政办〔2011〕87号)、《安徽省人民政府办公厅关于加强和改进城镇生活无着的流浪乞讨人员救助管理工作的意见》(皖政办〔2012〕58号)、《安徽省人民政府办公厅关于进一步加强孤儿保障工作的通知》(皖政办〔2011〕9号),为切实做好我市城镇生活无着的流浪乞讨人员、孤儿(含事实无人抚养儿童)等人员的救助工作,结合我区实际,制定本实施办法。

第二条　指导思想:坚持以人为本,保障流浪乞讨人员、孤儿等特殊困难群体基本生活需求,健全工作机制,完善工作制度,切实维护流浪乞讨人员、孤儿等合法权益。

第三条　工作目标

(一)基本建立起以依法救助、主动救助保护、心理矫治、教育管理、回归安置、有害乞讨行为治理、基层源头预防为主要内容,以政府主导、部门负责、社会参与、流入地与流出地联动的工作机制为保障,以救助管理机构(场所)和救助服务点为平台,以信息化为支撑的平台式、网格化、综合性的流浪乞讨人员救助管理工作体系。实现城镇街面基本无流浪未成年人。

(二)全面建立孤儿(含事实无人抚养儿童)基本生活保障制度,确保其生活水平不低于当地居民平均生活水平。

第二章　实施内容

第四条　依法救助城乡生活无着的流浪乞讨人员

(一)救助范围

城乡因自身无力解决食宿,无亲友投靠,正在流浪、乞讨度日的生活无着的人员;因务工不着、寻亲不遇、被偷被骗等原因而陷入困境、居无定所、流落街头的生活无着人员。

(二)救助内容

根据救助对象实际需求,按照自愿、无偿原则,提供生活救助、医疗救治、教育矫治、返乡救助、临时安置和源头预防等救助服务。

(三)经费来源

1.各级财政安排的专项资金;

2.社会组织或个人捐赠的资金;

3.其他渠道筹集的资金。

(四)保障措施

1.实行首接负责制。公安、民政、城管、卫生等部门在执行公务时发现流浪乞讨人员或接到群众反映有流浪乞讨人员的,要在第一时间按照有关规定实施救助服务,不得相互推诿。

2.强化源头预防。区、乡镇政府、风景区(社区居委会)是源头预防和治理流浪乞讨现象的责任主体,乡镇、风景区(社区)要及时掌握本地流入流出的流浪乞讨人员信息,加强监管、早期预防和干预,最大限度减少反复外出流浪乞讨现象发生。

3.坚持巡查制度,实施主动救助。各级民政部门和救助管理机构要加大巡查和救助保护力度,并适时会同公安、城管、卫生等部门开展救助管理工作专项行动,确保流浪乞讨人员及时得到救助。

4.加强平台建设,提升救助能力。完善市、区、乡镇(风景区、社区)、村委会四级救助服务网络和工作平台,落实乡镇(风景区、社区)、村委会救助管理信息员(联络员)制度,完善发现、报告、反应机制。

5.坚持"先救治、后救助、再结算"的原则,做好流浪乞讨人员中的危重病人、精神病人、危险传染等病人的救治工作,开辟"绿色通道",确保患病的流浪乞讨人员得到及时医疗救治。

6.做好临时安置工作,提高受助人员生活水平。一是加强安置点工作人员服务技能培训,必要时可有计划、按规定程序聘用(请)相关专业人员;二是加强食品卫生管理;三是进一步完善服务设施,确保生活在安置点的受助人员生活质量得到进一步提高。

7.相关单位和部门按照各自职责分工,充分发挥职能作用,形成信息共享,工作互通,密切配合的工作机制。

8.加强救助资金管理,确保专款专用。建立救助资金绩效评价制度,切实加强资金使用管理,确保救助经费安全、规范使用。

第五条　孤儿基本生活保障

(一)保障范围

1.失去父母、查找不到生父母且未被依法收养的未满18周岁的未成年人。包括亲属抚养、机构养育、家庭寄养、独立生活的孤儿;

2.父母双方同时患精神性残疾、服刑、二级以上重度残疾或父母一方死亡、另一方患精神性残疾、服刑、二级以上重度残疾的未满18周岁的未成年人(视同孤儿);

3.未满18周岁的感染艾滋病病毒儿童;

4.父母一方死亡、患精神性残疾、服刑、被强制戒毒、二级以上重度残疾,另一方弃养的未满18周岁的未成年人;

5.因家庭受灾或重大疾病导致家庭特别困难以及享受城乡低保一类保障标准家庭的未满18周岁的未成年人。

上述(一)、(二)款保障对象满18周岁后,但仍在普通高中、中等职业学校、高等职业学校、全日制普通本科高校就读和正在服义务兵役的可继续享受基本生活费补贴。

(二)保障标准

1.社会散居孤儿(含视同孤儿)、感染艾滋病病毒儿童基本生活费标准为每人每月不低于600元;

2.父母双方一方死亡、患精神性残疾、服刑、二级以上重度残疾,另一方弃养的未满18周岁的未成年人不低于500元;

3.因家庭受灾或重大疾病导致家庭特别困难以及享受城乡低保一类保障标准家庭的未满18周岁的未成年人不低于450元。

符合条件的儿童领取的基本生活费不计入家庭收入,不影响其本人及其家庭其他成员继续享受城乡低保、五保等社会救助政策。有条件的县、区,可以适当扩大范围,提高保障标准。

(三)申请、审核、审批程序

社会散居儿童申请孤儿基本生活费,履行以下程序:

1.申请(1)社会散居孤儿。由孤儿或其监护人向孤儿户籍所在地的社区居委会或乡(镇)人民政府、风景区提出申请,申请时应提供:

①公安机关、医疗机构或村(居)委会出具的孤儿父母死亡证明,或人民法院出具的宣告孤儿父母死亡或失踪的证明。由村(居)委会出具的孤儿父母死亡证明的,须提供2~3名邻居知情人的证明材料;

②孤儿户籍证明(身份证、户口簿);

③孤儿本人近期免冠照片;

④申请人填写的《孤儿基本生活费申请表》。

(2)事实无人抚养儿童。由儿童或其监护人向儿童户籍所在地的社区或乡(镇)人民政府提出申请,申请时应提供:

①属于父母患精神性疾病、正在服刑、被强制戒毒或二级以上重度残疾的未成年人,提供医疗机构、法院、公安或司法部门、残联提供的相关证明;属于父母失踪或者弃养两年以上,查找联系不到父母信息的未成年人,提供人民法院出具的宣告孤儿父母死亡或失踪的证明,或向公安机关的报案证明。其中父母双方一方死亡的,参照(1)①提供证明材料;

②儿童户籍证明(身份证、户口簿);

③儿童本人近期免冠照片;

④申请人填写的《孤儿基本生活费申请表》。

(3)贫困家庭儿童。由儿童或其监护人向儿童户籍所在地的社区居委会或乡(镇)人民政府、风景区提出申请,申请时应提供:

①父母双方一方死亡的,参照(1)①提供证明材料。另一方弃养的,须提供其本人放弃抚养权书面材料或2~3名邻居知情人提供的证明材料;因家庭受灾或重大疾病导致家庭特别困难的,须提供受灾情况证明或重大疾病病历;享受城乡低保一类保障标准家庭的,须提供城乡低保一类保障标准证明。

②儿童户籍证明(身份证、户口簿);

③儿童本人近期免冠照片;

④申请人填写的《孤儿基本生活费申请表》。

(4)感染艾滋病病毒的儿童申请基本生活费,由其监护人持国家医疗卫生机构开具的医学证明,直接向感染儿童户籍所在地县级民政部门提出申请,并由县级民政部门核定、审批。为保护感染儿童的隐私,不得以公示的形式核实了解情况。

年满18周岁后,仍在普通高中、中等职业学校、高等职业学校、全日制普通本科高校就读和正在服义务兵役的孤儿(含视同孤儿),须提供《录取通知书》、所在学校证明材料或《入伍通知书》、所在部队证明。

2.审核。社区居委会或乡(镇)人民政府、风景区在收到申报材料后,应在15个工作日内,对申请人情况进行核实。符合条件的,在《孤儿基本生活费申请表》上签署意见,连同相关证明材料复印件一并报县级民政部门审批;对审核不符合条件的,要书面通知申请人,并告知原因。

乡(镇)人民政府、风景区、社区居委会和民政部门应采取实地走访、入户调查等方式核实了解孤儿有关情况。为保护孤儿隐私,应避免以公示、评议的方式核实了解孤儿情况。

3.审批。区民政部门接到申报材料后,应在15个工作日内完成对申报对象材料的审批工作。符合条件的,在《孤儿基本生活费申请表》上签署意见,并自提出申请之月起,发放孤儿基本生活费;对不符合条件的,要书面通知申请人,并告知原因。孤儿监护人发生变化的,应按照程序重新办理有关手续。

(四)资金发放

1.孤儿基本生活费发放实行动态管理,按月发放。社区居委会、乡(镇)人民政府、风景区和区人民政府民政部门要采取多种形式,深入调查了解孤儿保障情况,及时按照程序和规定办理增发或停发孤儿基本生活费的手续。

2.孤儿基本生活费申请和发放情况由民政部门负责汇总整理。汇总整理后,由民政部门于每月25日前向同级财

政部门提出支付申请。

3.区财政部门对孤儿基本生活费实行专账核算，根据同级民政部门提出的支付申请，将孤儿基本生活费直接拨付到孤儿（或其监护人）个人账户。

由孤儿父、母所在单位或村（居）委会担任监护人的，孤儿基本生活费拨付到孤儿本人账户。孤儿在户籍地以外的地方就学、服兵役的，孤儿基本生活费由原户籍地财政部门直接拨付到孤儿本人账户。

财政直接支付确有困难的，可按规定程序以现金形式发放。

（五）监督管理

1.发放孤儿基本生活费前，区民政部门与孤儿监护人要签订相关协议，对孤儿监护人领取、使用孤儿基本生活费及孤儿养育状况提出要求；明确孤儿监护人的监护义务和责任。

2.民政部门应定期对孤儿养育状况进行巡查、走访和监督评估，督促监护人做好孤儿养育工作。

3.孤儿档案实行分级管理。市、区民政、财政部门应依托《全国儿童福利信息系统》同时为孤儿建立纸质和电子档案，乡镇人民政府、风景区、社区居委会为孤儿建立纸质档案。孤儿档案尤其是姓名、照片、地址、家庭信息等隐私信息不向社会公开，不得用于宣传或其他商业用途。

孤儿纸质档案内容包括：

（1）《孤儿基本生活费申请表》；

（2）孤儿相关证明材料复印件；

（3）孤儿的养育状况（成长、健康、学习等情况）；

（4）区民政部门对社会散居孤儿的走访记录；

（5）区民政部门与孤儿监护人签订的相关协议。

4.孤儿死亡、被依法收养或年满18周岁的，自次月起，停发基本生活费。服刑人员子女，自服刑人员解除刑期次月起，停发基本生活费。父母宣告失踪或死亡，但又查找到下落的，自查找到下落次月起，停发基本生活费。

5.因年龄原因被取消孤儿基本生活费的，民政部门须提前三个月告知孤儿或其监护人。取消发放时，有条件的地方可视情发给孤儿一定的一次性生活补贴。

（六）资金筹集

1.各级财政安排的专项补助资金；

2.城乡低保、农村五保等现行保障制度中用于保障孤儿基本生活的资金；

3.社会组织和个人捐赠、资助收入；

4.利息和其他收入。

区人民政府是孤儿基本生活保障工作的责任主体，具体负责孤儿基本生活费的筹集、发放和管理工作。

区财政、民政部门每年定期或不定期组织对孤儿基本生活费发放情况的专项检查或抽查。也可委托有关中介机构对孤儿基本生活费发放情况进行评估，发现问题，按规定纠正和处理，对虚报、冒领、截留、挪用孤儿基本生活费的依法追究相关责任人的法律责任。

第三章　附　　则

第六条　本办法由区民政局、区财政局会同有关部门共同解释。

第七条　本办法自发布之日起施行。以往有关规定与本办法不一致的，以本办法为准。